ゴダール、ジャン＝リュック

Jean-Luc Godard

四方田犬彦

白水社

ゴダール、ジャン＝リュック

装幀　加藤光太郎
カバー写真　Gamma Rapho / アフロ
『男性・女性』を撮影中のゴダール、１９６５

わたしは映画博物館の子供だ。

ジャン＝リュック・ゴダール、1992

ゴダール、ジャン＝リュック――目次

『気狂いピエロ』（スージー甘金）

凡例

＊本書におけるゴダールの発言、文章の多くは、『ゴダール全評論・全発言』Ⅰ（１９５０～１９６７）、Ⅱ（１９６７～１９８５）、Ⅲ（１９８４～９８）（奥村昭夫訳、筑摩書房、一九九八、一九九八、二〇〇一に刊行）に依拠している。出典表示をⅠ、Ⅱ、Ⅲとし、引用頁数を示すこととする。

＊　映画監督と制作者は、主題的意図に基づいて作品に題名を与えることが多い。日本の洋画配給会社の多くは、その原題を興行的理由から退け、独自に邦題を作成することが少なくない。『勝手にしやがれ』のように、批評的炯眼の感じられる秀逸な邦題は例外として、意味不明のもの、いたずらに作品の理解を阻むものも少なくない。本書では原則として日本公開題名を尊重するが、ゴダールの真意を理解するため、あえて原題の直訳を採用した場合も少なからずあることをお断りしておきたい。

1

ゴダールとわたし

1

ジャン＝リュック・ゴダールが逝去したのは二〇二二年九月十三日である。それから一年半が経過しようとし、わたしはようやく彼について書こうとしている。それはおそらく一冊の書物になることだろう。だがどのように書くべきなのか。というより、これ以上、どのように書き続けていけばよいのか。わたしにはまだわからない。この文章を書こうとしていくたびか書き直した。しかし、いまだにどう始めていいのか、よくわからない。

最初に考えたのは、たとえばこんな書き出しだ。

八十歳に到ったとき、彼はもはやパリの街角も地中海の強烈な太陽も、強烈な光線のもとに浮かび上がる自然など、何ひとつ描こうとはしなくなった。あたかも自分が博物館か映画館のなかに生まれ落ち、一歩も外界に足を赴けたことがなかったかのように、ほとんど無限なまでに世界に氾濫している映像のなかに戯れ、自在にそれを切り貼りして引用したり、ケバケバしい色に着色したり、速度を速めたり遅らせたりするようになった。彼が生きた世界は混沌としていた。悔悟した前衛主義者。廃墟となった記念碑。ポルノ映画。スピルバーグ。テロリズム。忘れ去られた夥しい書物。遺棄された虐殺の死体。フェルメールの少女……。恐ろしい速度のもとに次々と消費されていくこうした事柄に対し、彼はもはや怒ろうとはしなかった。それらはすべて宿命であった。思考を映像として表象するのではなく、映像を組み合わせることが思考なのだと自分にいい聞かせながら、彼はあらゆるイデオロギーの葬礼に立ち会った。、生まれ故郷のそばにある湖の岸辺を、保護犬を連れて彷徨しながら……。

いいや、これは気取りすぎだ。ジャン=ポール・ベルモンドが浴槽のなかで朗読しているエリ・フォール『世界美術史』の、安っぽいパロディにすぎない。もうこんな文章にただちに反応できるシネフィルは、日本には存在していない。昔はいた。今は消えてしまった。

ゴダールが亡くなった直後、わたしは久しぶりに『気狂いピエロ』を観た。バスタブが空っぽであることに初めて気が付いた。「五十歳に到ったとき、彼はもはや具体的なもの、はっきりとしたものを描こうとはしなかった」。ベルモンドは朗読している。ベラスケスのことだ。そこへ幼い娘がやって来る。誰もが知っている、あの場面だ。「彼はあたかも自分が大気や塵埃であるかのように物質世界を彷徨《さまよ》い、その内側に浸透するようになった。彼が生きた世界は悲しかった」。

ゴダールはどうだったのか。彼の生きた世界は悲しかったのか。

何ともいえない。アウシュヴィッツ。ジョン・フォード。ラーゲリ。広島。イスラエル建国。ポル・ポト。悪夢の連続だ。その悪夢の時代が映画を創った。いや、その逆かもしれない。映画がこの時代を創ったのだ。『夜と霧』と『栄光への脱出』、『地獄の黙示録』が映像を通して歴史を創り上げた。こうしたフィルムがなかったとしたら、人はまったく異なった歴史を心に抱くことだろう。いや、抱かなかっただろう。映画にならなかった事件は、歴史として忘れられてしまうのだから。映像はつねに自分が真実だと主張する。にもかかわらず、映像はつねに他の映像に取って代わられてしまう。真実はこうしていつも別の真実に取って代わられてしまうのだ。

『アヴァン＝セーヌ』（171/172 合併号）1976 年 7/9 月号。

ゴダールの真実とは何だろうか。
ゴダールの映像がゴダールの真実を創るのか。黒眼鏡。葉巻。逆立ち。ジェーン・フォンダを罵倒するゴダール。感動で泣きそうになりながらハンナ・アーレントを朗読するゴダール。サルトルといっしょに街頭で新聞を売っているゴダール。ゴダールの映像はただちに他の映像に取って代わられる。わたしの両の掌から砂のように零れ落ちていく映像。映像は真実を構成するのか。

別の書き出しはどうだろうか。
もっと誰もがわかるように、安心して読めるように、ひと昔前の百科事典か、現在のウィキペディアのように書いてみてはどうだろう。

ジャン＝リュック・ゴダール（一九三〇～二〇二二）はパリに生まれ、スイスのレマン湖畔で没した映画監督。ヌーヴェル・ヴァーグの異端児とも放蕩息子とも呼ばれ、『勝手にしやがれ』で長編映画の監督デビュー。パリの路上にカメラを持ち出し、平然とショットの繋ぎ間違いを披露するスタイルで、全世界の映画に影響を与えた。映画はゴダール以前とゴダール以後に別れるとまで評されることがあった。パリの五月革命の後、商業映画界に決別を宣言。一時はゴダールの名を捨て集団制作に身を投じた。しばらくの沈黙の後、商業映画界に復帰すると、ふたたび旺盛な創作活動に転じた。一九九八年には四時間半に及ぶ『映画史』を完成。九十二歳で没する直前まで新作の準備をしていた。まさに二十四時間、映画のことばかり考えていた監督だった。

これもつまらない。ＡＩをちょっと弄《いじく》れば簡単にできてしまう文章だ。誰だって書けるし、現に誰だって同じことを書いている。わたしはとてもこんな書き出しで書物を始めるわけにはいかない。

誰かが始めていてくれていたらよかったのだ。わたしはその続きを書いただろう。

だからわたしではない。誰が書いてもよかったのだ。そういったのはわたしではない。サミュエル・ベケットだ。ゴダールのフィルムには、ベケットの引用はなかったと思う。ボルヘスは愛読していたが、ベケットはどうだったのだろうか。世界中の書物と映画を引用していたというのに、日本の書物とベケットへの言及はなかった。けれども今となってはそんなことはどうでもいい。韓国人はいつも、始まったら半分終わったのも同じだという。始まってしまえばもうそれで充分なのだ。

ゴダールが亡くなった。あの、つねに変貌を続けていく天才が、追いついたと思ったときにはもう別のところに移っている天才がいなくなってしまった。ゴダールが亡くなったことで、わたしはようやく彼に追いつくことができるのだろうか。彼を飛び越えて、先に進むことができるのだろうか。

ゴダールについて生前にモノグラフを書いた者たちを例外なく見舞った不運。ようやく最新作に追いついたところで気が付いてみると、彼ははるか遠くにいて、新しいことをしている。あらゆるゴダール論は、発表された次の瞬間から古びてしまう。

では、もう安心していいのだろうか。アーカイヴに通いながら、サイードを、大江健三郎の研究論文を執筆するように、ホルマリンに漬けられたゴダールの死体解剖を安心して行なうことができるのか。

最後に観た彼の映像は、最後に聞いた彼の声は、いつのことだっただろう。遺作の予告編で次回作の説明をしている声を別にすれば、二〇二〇年四月七日に自宅でなされたインタヴューだ。あのとき彼は、次回作は二本を同時に発表するといっていたと記憶している。どこまで人を驚かせればすむのかと、わたしは呆れ返った。しかしそれは偽りではなかった。死を選ぶことがなかったら、彼はそれを実現していたことだろう。

わたしは思い出す。あの物悲しくも沈滞していた一九七〇年代が、鉛の歳月の時代がようやく半ばを過ぎようとしていたころだ。

わたしは二十五歳だった。内ゲバですっかり荒廃した大学で、それでも研究者になろうと思いながら、スウィフトの諷刺文章と格闘をしていた。大学院に進んだとき、同学年に何人かの映画好きを見つけ、みんなで雑誌を作ろうということになった。

わたしは、そう、思い出してきた。最初に映画について書いたとき、ゴダールの『東風』について書いたのだ。何と美しいフィルムだったのだろう。それ以来、わたしは四十五年にわたって彼のことを書き続けてきた。いつまでもいつまでも、ゴダールが生きていて映画を撮っているかぎり、自分は書き続けようと考えていた。ゴダールについては、およそ知っていることなら何から何まで書いた。考えたこと、思いついたことをすべて書いた。ゴダールについて書くことは、他ならぬ、彼のことを思考している自分のことを書くことに他ならなかったのだ。

あのころにいっしょにゴダールを観たり、映画について文章を書いて見せ合ったりしていた人たちはどこへ行ったのか。セリーヌが『なしくずしの死』の冒頭で書いている。「みんな行ってしまった。年をとり、惨めでのろまになった。めいめいの世界の片隅で」。

きっと彼らは、とうに映画を観ることなどやめてしまったのだろう。そしてそのことで挫折感など味わってもいないだろう。ゴダールのことは忘れてしまったに違いない。

わたしはいつも、独りで書いてきた。独りでゴダールの映画を観てきたのだ。

どうしようか。わたしはこれまで書いてきたことを読み返すべきだろうか。

おそらくそうすべきなのだろう。もう何について書いたのか、すっかり忘れてしまった。だがそれまでを含め、すべてを読み直した上で、改めてゴダールについて考えるべきなのだろう。大丈夫なのだろうか。わたしが過去に書いたものは、すでに他人が書いたものという気がしている。とはいうものの、わたしはそれに責任を負わなければならない。ゴダールをめぐる記憶の全重量を背負いながら、書き続けなければいけない。そんな大それたことがはたしてできるだろうか。

ゴダールがときおり自分の過去の作品を振り返りながら、新しい作品に向かったように、わたしも自分の過去のゴダール論を参照しつつ、筆を進めればよいのだろうか。わたしにはわからない。書いているうちに、少しずつわかってくるのかもしれない。そうありたいと思うのだが、ともあれすべてを進めるのだ。もう始まってしまったのだから、わからないならばわからないままに書き進めなければならない。

ゴダールの死の一報を聞いたときのことを思い出す。

わたしを見舞ったのは、「ああ、ついに」という言葉だった。ついに来たか。何人にも例外なく訪れる死に、とうとう彼もとり憑かれてしまったのだ。

わたしはただちにパリのニコルに連絡をとろうとした。ニコル・ブルネーズ、シネマテック・フランセーズの企画に深く関わり、最晩年のゴダールにもっとも信頼され、映像の蒐集や処理をめぐって献身的に協力した人物だ。だがフェイスブックを覗いてみて、これは不用意に連絡をしない方がいいと判断した。彼女の投稿には文字はなく、一面の黒画面しか映っていない。黒画面、そう、『イタリアにおける闘争』や『東風』に出現して毀誉褒貶を招いた、あの悪名高き黒画面だ。

呆然としているうちに、新聞から追悼文の依頼が来た。一般紙の夕刊と書評紙だ。わたしはそれを引き受けた。きわめて公式的な文章を、キチンと書いておかなければならない。世の中にはゴダールという名前を聞いたこともない人たちがいるのだから、その人たちにむけて彼の偉大さを説明しておかなければならない。

二十世紀の芸術家のなかでゴダールに匹敵する存在があるとすれば誰だろう。ピカソしかない。わたしは単刀直入に、新聞にそう書いた。後になって、『カイエ・デュ・シネマ』の追悼号がほとんど同じことを書いていることを知った。

ゴダールとピカソ。ひとたび自分のスタイルを確立するや、容赦なくそれを放棄し、変化を求めてやまない存在。今から考えて見ると、いかにも通俗的で凡庸な表現だ。誰が書いても同じであり、独創的でも何でもない。だがそれは真実である。この二人の人物は生涯、片時も逃さず、映画とは何か、絵画とは何かということを考え続けた。ひとたび自分のスタイルが確かなものになると、平然とそれを放棄して未知の方向に向かった。

「たゞ飽きることだけが、能力だった――」（折口信夫「生滅」）。

ゴダールは生前から、彼のフィルムを観たあらゆる人間を饒舌へと誘って来た。誰もが機会を与えられるなら、嬉々として彼について語った。わたしもそうだった。いや、わたしはその典型だった。

彼の死から数日が経つと、蜂の巣を叩いたように、誰もがいっせいに語り始めた。作品、とりわけ最晩年の作品について言及する人はわずかだった。多くの人は彼が自殺を選んだことに、あたかもそこに彼の芸術の本質があるかのように言及していた。ゴダールはこれまで何度も自殺未遂をしてきたと、ありもしないことを平然と書き記す者もいた。

わたしは不愉快を感じた。ゴダールの死そのものは重要ではない。自分で安楽死を選ぶ権利は、スイスではとうに法的に保障されている、ごく当たり前のことにすぎない。ゴダールがたまたまその選択をしたからといって、そこに奇異なことは何ひとつない。

そうだ、パゾリーニが殺害されたときもそうだった。誰も彼の作品について、彼の政治思想について論じず、その代わりに死にざまについて訳知り顔に語った。ゴダールの場合もどこが違うというのか。追悼文の書き手たちは、ゴダールのフィルムと言動をめぐる自分の無知と怠惰を隠すためだけに、彼の最期について無意味な言葉を重ねていたにすぎない。

わたしにとって耐えられないことがもうひとつあったとすれば、それは自分がいかにゴダールと親しかったかということを、得意げに書き散らす一連の者たちがいたことだ。彼らは自分こそがゴダールについて最後の言葉を握っていると確信していた。そして自分が一般の映画ファンよりも、またゴダール論者よりも、いかに卓越した存在であるかを証明することに懸命だった。三島由紀夫が死んだときにも、トリュフォーが死んだときにも、似たような現象が起きた。きっとこれはセレブの芸術家が、生前の盛名の代償に支払わなければならない代価なのだろう。わたしはニコルのことを想った。彼女はゴダールの死後、いっさいの発言を拒否してきた。個人的回想はおろか、追悼文の類すら発表していない。フェイスブックにむかって、黒画面を差し出しただけだ。

ゴダールが亡くなって半年ほどが経ったころ、そのニコルがひょいっと小ぶりの、とはいえ三百頁を超える書物を送ってきた。表紙には黒地に、どことなくルオーをサインペンで描いたような、フォトコラージュの顔。ゴダール本人が最晩年に描いた自画像である。題名は背表紙にだけ、「ジャン＝リュック・ゴダール」と、小さく記されている。彼女がこれまで執筆したゴダール論を集めた書物だった。

興味深いのは、そこに二〇一七年から二〇年までの、時期的にいうならば、遺作『イメージの本』と未完に終わった『奇妙な戦争』を準備中のゴダールから、直接にニコルに宛てたファックスやスマホのメッセージ、映像が、七〇頁以上にわたって、全篇カラーで掲載されていたことだ。ゴダールはスマホが好きだった。カンヌ映画祭での記者会見の際にも、足が悪くて遠出はできないが、スマホでのインタヴューなら引き受けるといい、みごとにそれを実践したほどだ。

ニコルの本に掲載されている映像は、実に多岐にわたっていた。顔を半分、帽子で隠している本人。飼い犬たち。少年時代のゴダール。一部を黒線で消された、書物の一頁。石段に脇に生えている雑草。パウル・クレーの絵画。写真機に膝をつけたダゲールの肖像写真。誰かが執筆したバルザック論の一頁。さまざまな原色に塗り潰された、森の写真……。

パラパラと頁を捲り眺めているだけで、九十歳に到ったゴダールの多様な関心の方向が窺い知れる映像の連鎖である。だがそれにもまして興味深いのは、彼がニコルに直接に宛てた、数々の短い手紙だった。

「あらゆる直線は、無限の円環の弧である。」という、中世の神学者ニクラウス・クザーヌスの言葉に、『ウイークエンド』の長い移動撮影がその証拠だ。」という説明がなされ、このフィルムの結末部を連想させる森の樹木の映像が添えられている。「ウイークエンド」は weekend ではなく、ouik end と綴られている。この一節を読んでわたしは、少年時代のゴダールが家庭でいつも駄洒落を連発し、厳粛なる沈黙をもってよしとするカルヴィン派の父親から、晩餐のときにいつも叱られていたという挿話を想い出した。ouik end とはウッカリミスなのか、それとも英語とフランス語に跨る、ジョイス的な言語遊戯なのか。

飼い犬の映像には、「目的はまたしてももう一度、変更になった。題名のない六画面を簡単にいうと、『彼ら全員』。審査の雷のごとき結論を急がせる。よろしく。JL」という言葉が添えられている。よくわからない。しかしそれがショートメッセージの本質なのだろう。ゴダールは保護犬を、確か五頭飼っていたはずだ。彼が四季の変化してゆく風景のなかで、自分の犬にカメラを向け続けるなどと、六〇年代の観客は想像ができただろうか。まるで『犬・星・人』のスタン・ブラッケージではないか。

わたしはパリに行った。

五年ぶりのパリは、以前と比べひどく荒廃していた。少なくとも、わたしにはそう見えた。

貧富の差が以前に増して拡大し、テロへの恐怖はもはや恒常化している。地下鉄の駅構内を含め、いたるところにホームレスを認めた。見知っていた小さな書店や名画座がいくつも消滅していた。パンデミックの脅威は表向き過ぎ去ったものの、徹底した移動制限の痕跡が随所に窺われた。

わたしが滞在していた二週間の間に、カルチエラタンでは正体不明の爆発事故でビルが破壊された。ナンテールでは、十七歳のアルジェリア系の少年が警察官に訊問を受け、その場で射殺された。ナンテールは『中国女』の学生たちの大学があるパリの西南の「郊外」、つまり場末だ。ただちに暴動が生じ、全国でおよそ六千台の自動車が燃やされ、千軒あまりの建造物が損傷を受けた。三千四百人が逮捕されたが、その大半は十歳代の少年でアラブ系だった。マクロン大統領はこうした非常事態が政治的な現象であることを懸命に隠蔽した。暴動の原因は家庭教育の不備による少年非行であるという観点から、暴動参加者の親たちへの家族手当の支給停止を検討していると、声明を発表した。愚かきわまりない発言だった。わたしは半世紀前、『楽しい知識』のなかでジュリエット・ベルトが語った言葉を想い出した。「FRANCE人は二〇〇〇年になったら、AFRANICになってるわ」。

わたしは書店の映画書コーナーで、ゴダール研究の新刊を探した。『カイエ・デュ・シネマ』の追悼号。マチルド・ジラールが中心となって編集された『リーニュ』のゴダール特集。もとよりゴダールとの対話を重ねてきたユッセフ・イシャプールの『ジャン＝リュック・ゴダール百科事典』（もっともこれは著者の急逝により、未完のまま刊行）。期待していたほどの発見はなかった。わたしは自分に贈られてきたニコルの本を探した。少部数で刊行されているからだろうか、それを大書店の映画書コーナーに見つけることはできなかった。

シリル・ルティが監督した、ゴダールをめぐるドキュメンタリー映画は、わたしを当惑させた。後に日本でも『ジャン＝リュック・ゴダール　反逆の映画作家《シネアスト》』という邦題で公開されたこのフィルムは、おそらくゴダールの死を聞いて大急ぎで作成されたものと推測される。少年時代のゴダールの写真が登場し、半世紀以上前のＴＶ録画を通してゴダールの家族が彼のことを喋る。そうかと思うと、すっかり老けてしまった現在のマリナ・ブラディやマーシャ・メリルといった、初期ゴダール映画のヒロインたちが、思い出を懐かしそうに語り、ナタリー・バイがそれに続く。アンヌ・ヴィアゼムスキーはとうに亡くなっているので、その回想的文章を、彼女とは似ても似つかぬ若い女性が朗読し、ジガ・ヴェルトフ集団時代について精緻な研究書を刊行したダヴィッド・ファルーが、語ることがけして容易でないこの時期について、実にわかりやすい解説をしている。アンナ・カリーナやジュリエット・ベルトへの言及はない。彼女たちはゴダールに先んじて亡くなってしまったからだ。

このドキュメンタリーはわたしの内面にある、時系列に従ったゴダール認識をひどく混乱させた。面倒くさいものを見ちゃったなという感じがした。初めて見るゴダールの家族の映像はわたしを少し驚かせたが、残余はいかにも通俗的に編集されている。見たくもないもの、見る必要のないものまでに、無理やりにつきあわされているといった感想を抱いた。

久しぶりのパリはわたしを失望させた。

一九七〇年代がまさに終わろうとするころ、ただひたすら未知のフィルムを観たいがためにこの都を訪れたときの心の躍動は、もはやわたしのなかにはなかった。八〇年代のわたしは、満足にフランス語を聞きとれないというのに、封切られたばかりの『パッション』を何回も観るため、カルチエラタンの映画館に足を運んだ。理解できなかった科白を確かめるためには、それが必要だったのだ。暗闇のなかで懸命にメモをとり、リュクサンブール庭園の前にある映画書専門店でゴダール文献を漁った。絵葉書やポスターを買い求めた。わたしは今でも（地下鉄構内用なのだろう）『パッション』の巨大なポスターを大事に持っている。

二〇二三年にはそのときの映画館も映画書専門店も消滅していた。そうなのだ、これがゴダールのいなくなったパリなのだ。わたしは自分にいい聞かせた。『勝手にしやがれ』や『男性・女性』のパリも、フィルム・トラクト（アジビラ映画）のなかに映し出されたパリも、二十歳代のわたしが、ハムを一枚挟んだだけの固いバゲットで一日を過ごしながら日に何本も映画を観てまわったパリも、もう地上から消滅してしまった。ゴダールが亡くなってしまったというのはそういうことなのだ。

わたしがこの騒然としたパリで会いたい人物は一人しかいなかった。ニコルだ。

久しぶりの再会だった。彼女が贈ってくれた書物のことで礼をいうと、ゴダールはジョイスと同じで、どこでも言語遊戯ばかりだから、日本語に翻訳するのは大変だろうという返答が戻って来た。

わたしたちはジョスリーン・サアブの思い出を語りあった。二人の共通の友だちであった彼女が四年前急逝したとき、ペール・ラシェーズ墓地で弔辞を読んだのはニコルだった。ニコルはレヴィナスを引用し、彼女は単に道徳的立場のみならず、具体的に現実の正義にもとづいて他者を起点としたと語った。それからしばらくしてわたしはベイルートを訪れ、自分の心の鎮静のためだけにジョスリーンについて一冊の書物を執筆し、ニコルへの献辞を添えた。ニコルはいった。でもアパルトマンもなくなったし、私物は競売に掛けられちゃったし、パリには彼女の痕跡はもう何も残っていないのよ。

ジョスリーンは一九八二年、イスラエル軍が故郷ベイルートを包囲し、レバノンが後々まで続く内戦に陥ったとき、定点観測ともいうべきドキュメンタリー「ベイルート三部作」を撮りあげた。また長きにわたって、大量のスティール映像を遺していた。彼女は脊髄癌を宣告されたとき、なんとかその映像を一冊の写真集として纏めておきたいと願ったが、三万ユーロの出版費用を工面することができなかった。二万ユーロまでは蓄えることができたが、残りの一万ユーロにはどうしても手が届かなかった。ゴダールがそれを聞きつけて、一万ユーロなら自分が出すことができるといい、小切手を贈って来た。彼は『イメージの本』を編集するにあたり、ジョスリーンのベイルート三部作からワンショットを借りていたので、ひょっとしてその礼をしたかったのかもしれない。いや、そんな貸し借り関係を推測することは、彼に対する侮辱だろう。ゴダールはもとより私有財産や著作権といった生臭い権利問題に、達観した姿勢をもっていた。でなければ四時間半の全篇がほとんど他人の撮った映像から構成されている『映画史』を編集監督することなど、思いつかなかっただろう。

ともあれジョスリーンは写真集『戦場の光景』を刊行することができ、出版記念を兼ねた講演会兼サイン会を行なった。彼女はその二週間ほど後に、二〇一九年一月に亡くなった。

ゴダールはねえ、ずいぶん無理をしたのかもしれないわねと、ニコルはいった。彼だってお金があるわけじゃなかったのよ。スイスのスタジオは自前ではなくレンタルだった。だから今、家主から追立を喰らっている。ゴダールは心身ともに健康で、何ら問題もなかったのだが、アンヌ＝マリに介護を依頼するのが心苦しいといって自殺した。簡単にいうと、愛のために自殺したのよ。

ニコルがあけすけに話す言葉ははたして本当のことなのだろうか。わたしには即座に判断ができない。だがそれにしても、けっして経済的に裕福とはいえなかったゴダールが、ジョスリーンのために一肌脱いで、一万ユーロの小切手を贈ったのだ。これは無償の行為だ、パレスチナに共感を示し、マフムード・ダルウィーシュを追ってサラエヴォにまで向かったゴダールが人生の最期に行った、美しき無償の行為のひとつだ。わたしは信じた。

いったいわたしは何を書いているのだろうか。こんな個人的な挿話を感傷的に語り合うことで、ゴダールに接近したことになるのだろうか。わたしはゴダールのいなくなったパリについて書くよりも、ゴダールがすぐ間近にいると感じられていた、わたしの東京での半世紀について書くべきではないだろうか。

わたしは記憶を手繰り寄せようと試みる。わたしはいつ、どこでジャン＝リュック・ゴダールに出逢ったのだろうかと。

わたしは今、これまで自分がゴダールについて書いてきた文章を読み直している。驚くべき分量だ。わたしはそれを、本書の後半にすべて収録しようと考えている。すべて？　そう、すべてだ。今の時点で読み返してみていかにも無邪気だと思えるものも、議論が不充分に終わったままになっているものも、後により細かな情報が入手できたため、細部の訂正が必要となったものも、とにかくすべてをこの書物のなかに再録するつもりだ。

「語られていることは、まさにその時点において、その時点のために、その時点に生きる人間によって語られつつあるものである。これは文字通り、いかなる場合にも真実といえる。」

若き日のサイードがスウィフト論（『世界・テキスト・批評家』法政大学出版局、一九八三）に書きつけたこのを航海の指針としながら、わたしはゴダールについて書いてきた。発せられた言葉は永遠の相において発せられているわけではない。書かれたものは、まさにその場において、まさにその時において書かれたものである。それは書かれるべくしてその時に書かれたのであって、固有の場所と時間から切り離すことができない。

だが、それにしても……と、わたしは読み返しながら考えている。なんと恥多き文章を書いてきたのだろう。愚かで間違いだらけの文章を発表してきたのだろう。

そう、あの頃はまだ、ゴダールについて圧倒的に情報が不足していた。風の便りにパリから切れ切れに寄せられる噂と、洋書屋に註文して三か月後に手にすることのできる雑誌や書物しかなかった。ゴダールの映画を観るときには、いつもこれが最後なのだ、もう二度と観られないのだと自分にいい聞かせながら、暗闇のなかでメモを取ったりしていたものだった。

わたしの心はいつも嬉々として、鳥のように空を廻っていた。ゴダールはつねにわたしを驚かせ、映画の本質にある楽天主義を思い出させてくれた。

ただ見ているだけであまりにも美しいと、ゴダールは書いたのだ。

わたしは撮影のときだけ映画を作っているのではない。夢みているときも、食事をしているときも、読書をしたり人と話しているときも、いつも映画を作っているのだ。一本のフィルムのなかには何もかもを入れてしまうべきだ……。

『ゴダール全エッセイ集』（竹内書店、一九七〇）にあるこうしたゴダールの警句の一つひとつに、わたしは感動し、魅惑され、行動の指針としていた。

ゴダールはわたしに映画を信頼せよと語ったばかりではない。世界全体を信頼せよと教えていたのだ。

2

わたしはいつゴダールに巡り合ったのだろう。

今これを書いているわたしの机の上には、六冊の『アートシアター』のバックナンバーが並んでいる。中学高校に通っている時分、授業をサボって新宿伊勢丹前の新宿文化でゴダール映画を観るたびに、一冊ずつ買い求めたものだ。相次ぐ引っ越しにもかかわらず綺麗に揃っているのは、初めからそれが貴重なものだと認識していたからだろう。『気狂いピエロ』（50号）、『ベトナムから遠く離れて』（57号）、『男性・女性』（59号）、『小さな兵隊』（64号）、『ウイークエンド』（71号）、『アルファヴィル』（77号）。最初の『気狂いピエロ』の奥付には「昭和42年7月」（１９６７）発行とあり、最後の『アルファヴィル』ではそれが「昭和45年5月」（１９７０）となっている。年齢でいうならば、それはわたしが十四歳から十七歳までの時期に当たっている。前日の催涙弾の臭気が立ち込める騒乱の新宿で、わたしはわき目もふらず紀伊國屋書店から伊勢丹百貨店へと進み、その向かいにある映画館街の一軒、新宿文化に通っていたのだ。

新宿文化こそがわたしのゴダール体験の始まりだった。ゴダールについて思考する根拠地だった。ゴダールばかりではない。ブニュエルも、パゾリーニも、大島渚も、パラジャーノフも、すべての「作家」たちをめぐる映画体験は、この黒と白の、ひどくシックな劇場から始まった。

ウェルズの『市民ケーン』を中学二年生で観て感動したわたしは、ATGの（おそらく最年少の）会員となり、監督名も俳優名も知らないまま、毎月のように配給上映されるフィルムを観るため、中学が終わると、井の頭線と山手線を乗り継いで新宿に通った。ゴダールの名前を知ったのはそのときである。『気狂いピエロ』の印象は、同時期に観た『戦艦ポチョムキン』や『忍者武芸帳』『火の馬』と強く結びついている。世界はこうして数年のうちに、幾重にも重なりながら大きく拡がっていったのだ。

『アートシアター』は一部が百円か百二十円。普通のロードショーのパンフレットよりもはるかに内容が充実している。巻末に脚本が掲載されていた。当時はまだヴィデオもDVDもなかった時代だったので、自分が観たフィルムの記憶を確認するにはこの再録シナリオが一番役に立った。何回それを読み直したことだろう。わたしの手元にある六冊は、いずれも脚本に、ボールペンで細かな書き込みがなされている。ショットの構図やサイズが略号で記されていたり、俳優の演技についてメモが、細かな字で書かれている（後にわたしは、パリのシナリオ掲載誌『ラヴァン・セーヌ』の頁にも同じ作業を行なった）。わたしは植草甚一から松本俊夫まで、当時最前線にいた批評家や監督たちが、試写会で観たばかりのゴダール映画について、ああでもないこうでもないと懸命に論を立てている文章を、真剣に読んでいた。今からすれば、誰も懐かしい人たちばかりだ。

一九六〇年代とは、難解であることが価値であると信じられた時代だった。フェリーニの『8 1/2』や吉田喜重の『煉獄エロイカ』と並んで、ゴダールのフィルムも難解派の総本山だった。現在はどうだろうか。今でも『気狂いピエロ』や『ウイークエンド』は難解だろうか。わたしはそうは思わない。当時の観客は、ゴダールが提出した問題を必死になって読み解こうとしていた。問題は解決されたのだろうか。いや、その表現は単純すぎるような気がする。問題を形成していた文脈が切り替わった。より本質的な問題が浮上して来ることになった。問題が帰属していた知の体系が解体に到り、役割を終え、明瞭な形で見えなくなってしまった。そうしたことがいえるのではないか。

一九八〇年代以降、テクストに難解さを期待する者はもういない。映画も文学も、面白いか・面白くないかの二極に分割され、瞬時のうちに消費されてしまう。難解さとは曖昧さ、不明瞭さであって、人はもはやそこに立ち止まることを嫌う。二〇二〇年以降では、まず「わかりやすさ」が推奨される。テクストは「ビギナーのため」に「サック

『気狂いピエロ』 日本初公開時(1967)のポスター。

リ」と理解できなければならない。そして、あらゆる意味でゴダールは難解ではなくなった。単にファッショナブルな過去であり、ノスタルジアの対象へと成り下った。この状況を前衛の宿命であると一般化して納得する気に、わたしはとてもなれない。だが事態の残酷さに気が付いている者は、いったいどれほどいるのだろうか。

十四歳のわたしに『気狂いピエロ』は難解だった。というより、何が飛び出してくるのか見当がつかず、次々と変転していく画面に引っ張られているうちに、突然すべてが終わってしまった。主人公が自爆する。地中海の陽光のなか、空中で男女が謎めいた詩を交互に朗読する。何が見つかった？　永遠よ。太陽を連れて行ってしまった海。わたしはこの詩句がランボーのものだと、後で知らされた。そこで翻訳でランボーを読みだした。

『気狂いピエロ』の主演ジャン＝ポール・ベルモンドのことは、それまで『リオの男』と『カトマンズの男』を観ていたので、知らないわけではなかった。彼は世界中あちこちの異郷を訪れ、たちまちユーモアとスリルに満ちたアクションを披露してみせる、いつも上機嫌な青年だ。『気狂いピエロ』はまったく違っていた。白地にサングラスを掛けてニヤついているベルモンドの大きな顔のポスターに釣られて映画館に入ってみたのだが、ベルモンドはいつもとは違い、ひどく悲し気に見えた。役柄があまりに繊細で憂鬱な人物なので、気安く感情移入をしたり拍手喝采を送るという気にはなれなかった。わたしは後に『薔薇のスタビスキー』で絶望の極みに立たされたベルモンドの表情を見ることになるのだが、『気狂いピエロ』におけるメランコリアは、またそれとも違っていた。地中海の青い海と晴れきった空の下で、誰に見られるわけでもなく破滅していく人間の孤独と愚かさ。それは、これまでわたしが知っていた、ベルモンドの観光地映画のどれとも大きく異なっていた。観終わった後ではプロットラインを追う気持ちなどとうに吹き飛んでしまい、ただただ原色の強烈さだけが頭に残った。

オムニバスの『ベトナムから遠く離れて』、『男性・女性』、『小さな兵隊』、『ウイークエンド』、『アルファヴィル』。必ずしも本国での制作年度の順ではなかったが、わたしはゴダール映画が公開されるたびに新宿に足を運び、しだいにこの監督が他の「巨匠」とはまったく違う、突拍子もないスタイルの持主であることを知った。

どのフィルムも恐ろしく違っていた。彼はアイドル歌手を通してパリの若者風俗を素描したかと思うと、遠い天体

『中国女』フランス公開時（1967）のポスター、ジュリエット・ベルト。

にパリそっくりの惑星があるという奇想天外な設定のもとに、コンピューターによる専制政治の悪夢を描いた。ベトナム戦争に抗議する監督たちが短編を持ち寄って一本のフィルムに纏めようとした際には、悲惨な戦闘が行われている場所から遠く隔てられた安全地帯で、それがいかに進歩的な内容であるにせよ、映画を撮影している自分たちとはいったい何なのかと、撮影行為そのものを問題視する映像を供出した。

当時、東京で暮らしていた高校生として、わたしはヴェトナム戦争を間近に感じていたが、アルジェリア独立闘争についてはほとんど何の知識もなかった。『小さな兵隊』に描かれている秘密諜報部と解放戦線の熾烈な陰謀合戦を、フランスの観客が感じていたように理解することはできなかった。だがいっこうに真意を汲み取れないでいるフィルムを通して、アンナ・カリーナという女優のもつアウラが強い印象をもって迫って来たことも事実である。これはATG系列ではなかったが、名画座で『女と男のいる舗道』を観ることで、わたしはこの女優の存在にさらに深い感動を受けた。

一九六八年に草月アートセンターで第一回の「フィルム・アート・フェスティバル」が開催され、フィルム・アート社から『季刊フィルム』が創刊されると、東京におけるゴダール熱には拍車がかかった。この雑誌はパゾリーニ、ブニュエル、マカヴェイエフとともにゴダールを断固支持し、彼らの作品の脚本を次々と掲載した。フィルム・アート社は翌一九六九年、一九七〇年に、『中国女』と『東風』を配給した。わたしは新宿紀伊國屋書店のホールで中平卓馬が講演し、『中国女』が上映されたときの観客の興奮を、今でも憶えている。『中国女』を観たばかりの観客たちは、まるで巨大な疑問符を突きつけられたかのように慌てふためいていた。わたしは『気狂いピエロ』に続いて、ここでも色彩の強度に圧倒された。粟津潔が作成したポスターでは、サインペンをナイフのように口に咥え、横目を見開いたアンヌ・ヴィアゼムスキーの顔を中央に置き、さまざまなショットが周囲を取り囲んでいた。彼は『東風』のポスターでは、ゴダールに何の関係もない、難波大輔事件をめぐる映像をコラージュして用いた。戦前に天皇を暗殺せんとして未遂に終わったテロリストのことである。ゴダールとは何の関係もない難波大輔を強引にモンタージュする粟津潔は、映像と映像の衝突が思考であると説くゴダールの教えをみごとに体現していた。

『中国女』に続いて新宿文化で『ウイークエンド』が上映されたときには、もうわたしは絶対に驚かないという、心の準備が一応できていたような気がしている。この監督がいかに荒唐無稽なことを仕出かしても、それを平然とした表情で受け止めなければならない。親殺し。強姦。食人。第三世界の抵抗運動。好敵手であったパゾリーニならば、その一つひとつに真面目に向かい合うはずであろう禁忌の一つひとつを、ゴダールはいとも軽々と、冗談半分に描いていた。世界に嘲笑してはならないものなど存在しているはずはないという不敵な態度である。わたしは大人しく観ていたが、終末の田舎へ向かう道路で延々と続く交通渋滞や、モーツァルトのピアノソナタが農村の広場で、これも延々と演奏される場面にまで来ると、わたしは馬鹿馬鹿しさを通り越して、やはり驚嘆を隠せなかった。ずっと後のことになるが、わたしは本稿の前の方で名前を出したドキュメンタリー映画作家、ジョスリーン・サアブとパリで知り合いになった。大銀行家の娘として生まれた彼女は、両親が進める政治家の息子との見合い話を堂々とすっぽかし、その足で『ウイークエンド』を観に行き、ゲラゲラと笑っていたといった。彼女はわたしとほとんど同じころに、ベイルートでこのフィルムを観ていたのだった。

わたしをもっとも強烈に圧倒したのは『東風』だった。夢みるブルジョア少女とアメリカ先住民。修正主義者の職場代表と北軍兵士。荒唐無稽としか思えないこうした組み合わせの人物が、緑鮮やかな原野で顔に塗料を塗って、映画の真の革命的なあり方について議論しあっている。もちろん何のことか皆目見当がつかない。ときおり字幕や画像が挿入され、画面が唐突に黒くなり、何も見えなくなったりする。わたしはこのフィルムの美しさに深い感動を感じた。映画が映画の臨界点に到達してしまったという印象をもった。もうこれから先、映画は一歩も進めないだろうという直感がしたのである。

だがそれはもはや「ゴダール」の作品ではなく、「ジガ・ヴェルトフ集団」による共同制作作品だった。ジガ・ヴェルトフとは誰ですか、どうしてそんな名前をつけたのですかと人から尋ねられると、ゴダールはつねに答えていた。ジガ・ヴェルトフは革命ソ連の偉大なるドキュメンタリー作家ですが、エイゼンシュテインのことは知っていても、この人の名前を知る人は少ない。自分たちはもっと彼のことを知ってもらいたいために、その名前を掲げることにしたのです。

一九七〇年ともなると、ゴダールはすでに幾重もの神話に囲まれた存在であり、さまざまな風評が飛び交うようになっていた。彼はパリの〈五月〉の直後、16ミリカメラを片手に路上に出ると、匿名でアジビラ映画を撮っている。スター監督としての自分の名声を恥じ、自己批判して集団制作を開始するに到った。マルクス=レーニン主義に基づいた映画制作に勤しんでいる。ニューヨーク、プラハ、パレスチナと、次々と居場所を変えながらTV向けの映画を撮り、それがほとんどすべてTV会社に放映拒否されている……。『季刊フィルム』と『批評映画』は、事あるたびにゴダールを論じ、彼が『イタリアにおける闘争』で提示した黒画面、つまり観客の視覚に対する拒否をめぐって、さまざまな解釈を掲載した。とはいうものの、ゴダールの最新のフィルムを観る機会はなかなか訪れなかった。それが可能となるには、柴田駿と川喜多和子によって設立されたフランス映画社が、三期にわたって開催した「ゴダール・マニフェスト」を待たなければならなかった。

「ゴダール・マニフェスト」は一九七〇年十月から七一年十一月にかけて、都合四期にわたって開催された。プログラムに主旨は明快だった。それまで思いつくままに配給され上映されてきたゴダール作品を、作家としてのゴダール像が明確に浮かび上がるよう、系列的自覚のもとに配給すること。次に、ジガ・ヴェルトフ集団を結成し、過激に活動しているゴダールを、その過激さの相において提示すること。こうして新宿の京王名画座、四谷公会堂、新宿文化の裏にあるアンダーグラウンド蠍座を会場として、長編短編あわせて十本が上映された。

わたしはこの連続上映によって、これまで観る機会を逸していた六〇年代のいくつかの作品、『カラビニエ』『メイド・イン・USA』『彼女について私が知っている二、三の事柄』などを観ることができた。また『イタリアにおける闘争』『プラウダ』『ブリティッシュ・サウンズ』といった、「ジガ・ヴェルトフ集団」の最新作品に接することができた。後者の三本は『東風』に負けず劣らず、常軌を逸したフィルムだった。しかしこの「マニフェスト」はわたしに、もうひとつ、きわめて重大な映画体験をもたらした。ゴダールの処女長編『勝手にしやがれ』の再上映である。

この神話的なフィルムは、東京ではパリで一般公開された一九六〇年四月十六日のわずか十日後、四月二十六日には、早くもロードショー公開がなされていた。パリ近郊の現像所でその完成前のラッシュを観た秦早穂子がただちにそれを傑作だと見抜き、配給のために動き出したのである。彼女は「息切れ」という原題を無視し、『勝手にしやがれ』という邦題以外は考えられないと直感した。そして東京の配給会社に買い取り価格を提案する手紙を認め、パリで試写が開始される以前に配給契約を結んだ。まさに天才的とでもいうべき洞察力、行動力である。

『勝手にしやがれ』が日本の戦後世代の監督たちにもたらした圧倒的な影響は、吉田喜重のデビュー作『ろくでなし』を観るだけで明らかである。後に日活ロマンポルノの雄となる小沼勝に到っては、ただちに日大芸術学科の卒業論文を『勝手にしやがれ』で書くことにしたという。唯一の例外が、日活の職業監督であった中平康であった。豊富な助監督体験をもつ中平は、『勝手にしやがれ』を一見して、「世界最低」の下手な映画だと却下した。『狂った果実』の監督にとって、現場での技術取得の体験をもたない素人がカメラを面白がって廻しているといった以上の感想をもつことはできなかった。彼は自分でもときおり同様のことをしていたにもかかわらずゴダールが平然とショットとショットを繋ぎ間違えている（フォ・ラコール）のを新しい美学だと見抜けず、単に技術的な稚拙さの現われであると考えたのだ。中平のこの感想は、当時の日本で大衆娯楽の王者であった映画に携わる者の発言としてそれなりに興味深い。ここではこれ以上踏み込まないことにする。

『中国女』を観て、『ウイークエンド』を観た後でようやく『勝手にしやがれ』に到達するというのは、映画体験としてはかなり倒錯的である。だが、おそらくわたしの世代には、たまたま最初の配給上映に間に合わなかったため、同様の体験をした人も少なくないのではないか。

この倒錯的体験にはおまけがついた。これはまったく日本的な事情にすぎないのだが、日活アクション熱烈なファンとして十歳代を過ごしてきたわたしは、『勝手にしやがれ』を観ている最中から、それが舛田利男が一九六七年に渡哲也、浅丘ルリ子主演で撮った『紅の流れ星』とほとんどおなじプロットラインであることに気が付いたのだった。ヤクザの男がふと出逢った女に迫ってみせるが、そのたびに拒否される。最後に女が警察に密告し、男は神戸の波止場で刑事に射殺される。現場に駆け付けた女は、いかにも冷酷そうに振舞う……。もちろん日活アクションの方がゴダールをパクったのである（六〇年代を通じて日活は、『カサブランカ』から『道』『カビリアの夜』まで、およそ世界の名作映画のプロットを片っ端から借用していたのである）。だがこうした個人的な事情を越えて、『勝手にしやがれ』はすばらしいフィルムだった。奇抜な着想が途切れることなく湧き上がり、突然に断ち切られ、抒情的であるかと思った瞬間、それが簡単に裏切られ、アイロニーに満ちた言語遊戯を発動させ、最終的に辛辣な韜晦に収斂してしまう。この悲し気でいかがわしいベルモンドが、六年後に「気狂いピエロ」に変身したのだった。

「ゴダール・マニフェスト」の意味は大きい。世界に率先して『勝手にしやがれ』を配給上映した日本人は、恐るべき目利きの実績をもっていたが、世界中の映画配給者と批評家が腫物に触るかのようにこわごわ眺め、積極的に関与することに躊躇していた「ジガ・ヴェルトフ集団」に対しても、率先して手を伸ばし、世界に先駆けてその作品の上映を敢行した。とはいえ、こうした歴史的意義とは別に、わたしにとってこの連続上映の際に強い印象を受けたのは、独り街角に立ってチラシを配っている川喜多和子を目の当りにしたことである。

あるときわたしは新宿の明治通りと新宿通りが交差する交通会館の角で、一人の女性がチラシを配っているのを見かけた。もう長い間立ち続けていたのだろう。声がすっかり嗄れている。彼女はそれでも道行く人の一人ひとりに向かって、懸命になって呼びかけていた。

「みなさん、ゴダールは立派な監督です！　今しか観ることはできません。今日もこれから上映です。『勝手にしやがれ』と『カラビニエ』はすばらしい映画です。ぜひ観てください！」

わたしは半折にされたチラシを受け取った。黄色の地に赤く鮮烈な字体で、「ゴダール・マニフェスト」と大きく書かれていた。

川喜多和子は映画への情熱そのものといってよい女性だった。だがそれにしても、「ゴダールは立派な監督です！」という呼びかけは、いったいこれは何だろう。なるほど「立派」という表現に異論があるわけではないが、いまだかつてゴダールをこうした表現で説明した人物はいなかったはずだ。おそらく彼女は上映館のロビーに控えていて、なかなか客足が伸びないことに焦燥を感じ、いてもいられない気持ちを抱いて眼の前の道路に飛び出すと、ビラ配りを始めたのだ。冷静になって考えて見れば、キャバレーやピンクバーの客引きではないのだから、街角の通行人がビラを受け取ってただちに映画館に飛び込むことなどありえない。だが川喜多和子にとって、そのような効率はどうでもよかった。声が枯れてしまっても、いっこうに気にかけることはなかった。

わたしはこの路上の人物が誰であるかをまったく知らなかった。かつて黒澤明のもとで助監督を務め、伊丹一三

フランス映画社「ゴダール・マニフェスト」（東京、1970〜71）のチラシ。

（後に十三）との結婚歴のある女性だと知ったのは、はるかに後になってのことである。彼女は映画批評を執筆し始めたわたしに、最初に映画の試写状を送ってくれた人物となった。

一九七〇年代とは、前衛という前衛が残らず失調し、過激な表現活動をしていた芸術家たちの行方が辿れなくなった時期である。新左翼運動が退潮し、政治的熱狂がひとたび醒めてしまうと、時を同じくして芸術の分野でも実験的な過去否定や社会的挑発が姿を消していった。難解なテクストは敬遠され、それに代わって出現したのは、優雅に消費されるべき文化商品の、際限のないカタログだった。ジガ・ヴェルトフ集団の解散後、ゴダールの行方は杳として辿れなくなった。彼は喧噪のパリを離れ、グルノーブルに移り、さらに故郷であるフランス語圏スイスへと「撤退」していったのだが、日本にいるかぎりいかなる情報も入ってこなかった。ゴダールばかりではない。この時期、ジャン・ジュネや足立正生といった、パレスチナ解放闘争に関わっていた作家や映画監督は、軒並み足取りが摑めなくなっていた。パゾリーニは殺害され、マカヴェイエフは日本に紹介されないまま忘れられた。先鋭的な映画批評誌は軒並み休刊となり、『ぴあ』『シティロード』に代表されるタウンマガジンが映画情報の担い手となった。解散したビートルズの面々が、それぞれ自由闊達に演奏活動をしていることだけが、わたしの心の慰めだった。

ゴダールの最新情報が久しぶりに東京にもたらされたのは、一九七八年十一月である。「フランス新作映画祭」と銘打って、日仏学院とアテネ・フランセ四階講堂で、デュラスの『インディア・ソング』やリヴェットの『セリーヌとジュリーは舟で行く』が上映された。このとき、何年間もその行方が知られていなかったゴダールの新作が二本、突然に日本の観客の前に供された。『パート2』と『うまくいってる?』という題名の、いずれも一九七五年に撮られた作品である。当時、大学院に提出する修士論文を執筆するため、八ヶ岳にある知人の山荘に閉じこもっていたわたしは、この上映に立ち会うため下山し、一回かぎりの上映に、かろうじて間に合うことができた。

ゴダールの二本の新作はもはや毛沢東主義やマルクス＝レーニン主義といったイデオロギー的スローガンを声高に叫ぼうとせず、一家族の構成員への虚構インタヴューと映像の執拗なる政治的分析に終始していた。何よりもわたしを驚かせたのは、女性という問題が前面に登場していることだった。いずれの作品も、女性による男性の批判告発という点において共通していた。

一九七〇年前後にゴダールをめぐって喧々諤々の論議を重ねていた評論家たちは、もうこの時期には熱気を喪失してしまっていた。わたしの知るかぎり、この二本を観るためにわざわざ日仏学院に足を運び、それを論じた者はいなかった。そこでわたしは（修論執筆を一時わきに置いて）それを論じる原稿を執筆した。題名は当時流行の山口百恵の歌を捩《もじ》って「イミテーション・ゴダール」とし、創刊まもない月刊誌『カイエ』の映画特集に発表した。雑誌が「映画」という特集を組めるほどにのんびりとした時代だったのである。『季刊フィルム』の編集委員の一人、松本俊夫さんがただちに注目してくださり、「いやあ、題名を見たとき、これは僕たちとは違う、次のゴダール世代が出てきたなあと思った」と、感想を述べてくださった。

ゴダールを観るために途中で下山したりしたものの、わたしは修士論文を八ヶ岳で無事に書き上げた。一九七九年一月、それを大学院に提出したわたしには、ソウルで外国人教師をするという仕事が待ち構えていた。この年、わたしはほとんどゴダールを忘れて過ごした。まったく何も知らずに飛び込んだ韓国では、知らないフィルムがいくらでも上映されていたからである。ただ一度だけ、例外があった。九月十二日、購読していた『コリアン・ヘラルド』の片隅に小さく、ジーン・セバーグの死が報じられていたのだ。わたしは『勝手にしやがれ』でロゴ入りTシャツとジーパン姿の彼女が、シャンゼリゼを歩きながら『ヘラルド・トリビューン』を売っている姿を想い出して、少し感傷的になった。

3

一九八〇年、わたしはそれまで何年かにわたって同人誌に発表してきた映画批評を纏め、二本のゴダール論を加えて、『リュミエールの閾《しきい》』という新書版の書物を朝日出版社から刊行した。出版社はフーコーやバルトといった現代思想の翻訳書と同じシリーズにそれを入れて刊行したので、書物を手にとったわたしは仰天した。表紙には『中国女』のスティールを用いた。フィルム・アート社に行って好きなだけゴダール関係の図版を借りて出すと、それをそのまま装丁家に渡しただけのことで、映像資料の版権使用料のことなどまったく眼中になかった。ずっと後になってアンヌ・ヴィアゼムスキーにそれを見せると、ひどく喜んでくれた。

最初の自著を手に意気揚々とした気分のわたしは、ただちにロンドンに向かった。心の中は未知のフィルムを観たいという気持ちでいっぱいで、大学院に留まって生真面目な比較文学研究を続けることには、もうすでに関心を失っていた。

ゴダールが商業映画に復帰し、新作『勝手に逃げろ』で大ヒットを飛ばしているという話を聞いたのは、このロンドン滞在時である。ウォータールー橋の側に佇む国立映画劇場（NFT、現在のBFI Southbank）が十月一日からゴダール全作品を上映し、初日には新作上映の後で監督本人が登壇するという。プログラムを見ると、とにかく断簡零墨に至るまで、ゴダールの手に罹った映像を徹底して集め上映するつもりらしい。〈五月〉の直後に制作された『ありきたりの映画』や、アメリカに渡ってカメラを廻したものの、中絶してしまったフィルムの断片を別人が再編集した『1A.M.』やら、日本では聞いたこともなかった作品がリストアップされている。イギリス人はすごい、徹底

している と感心した。

これは何が何でも駆け付けなければいけない。とはいうものの初日のチケットはとうに売り切れている。そこで知人のミュージシャンに頼み込み、コネのまたコネを使ってなんとかNFTに入り込むことができた。観客たちをかき分け、何が何でもゴダールに近づき、出たばかりの自分の本を受け取ってもらいたいという一心であった。

上映の一時間前に到着したというのに、NFTは上映館内もロビーも人でごった返している。そこで地下の映画書専門の書店に行って、時間を潰そうと思いついた。東京にいたときにはそんなものが出ているとも知らなかった書物が、山のように並んでいる。ジャン・ヴィゴの伝記もあれば、映画におけるブレヒトの影響を論じた研究書も、パウエル／プレスバーガーの豪華なカラー版アルバムも、とにかく何でもある。人気のない書店のなかで、どうやって持ち帰るかという考えもなく次々と書物を積み上げていたところ、しばらくして奇跡的な事件が生じた。ジャン＝リュック・ゴダールがふらりとやって来たのである！

わたしははじめ、それが本人かどうかを信じられなかった。第一、黒眼鏡をしていないじゃないか。だが、落ち着いて眺めてみると、どう見ても本人だ。今を逃したらもう機会はない。そこで蛮勇を振るって、というより、これから先もこれほどの勇気を振り絞ることは絶対にないだろうという気持ちをもって、彼に英語で話しかけた。

わたしは鞄のなかから自分の本を取り出し、ゴダールに受け取ってもらった。

ゴダールはしばらく表紙を見ている。彼がすったもんだの末に別れた妻、アンヌ・ヴィアゼムスキーが可愛らしいキャスケットを被り、人民帽のジュリエット・ベルトと写っている映像だ。

「僕は日本語が読めないからなあ」と彼はいった。それからすかさず、「いったい僕の何のフィルムについて書いた本なのか」と尋ねた。

「『東風』と『パート2』……それから『ここ とよそ』のこともちょっと書きました」

「それはありがとう。でも、どれももう昔のフィルムだから、一番新しいのを観てほしい」

「はあ」

「この本はいくらくらいの値段なのか」

「だいたい一ポンドくらいです」
「この表紙の映像を使うのにいくらかかったのか」
これは困った。『中国女』のスティールを借り出すのに、版権使用料のことなど考えてもいなかったからだ。わたしがうまく答えられないでいると、そこに助け舟が到来した。書店に入って来た三人が、あれってひょっとしてゴダールじゃない？　といった感じで騒ぎ出し、たちまち人が集まってきたからだ。わたしたちの対話はここで中断された。

後になって『万事快調』を観たわたしは、それがスタッフへの支払いの領収書の束を捲りながら、ゴダールらしき人物の手が次々とサインをしていく場面から始まっていることに気が付いた。そうなのだ、映画というのはまず下部構造、誰がどこにいくらお金を支払うかという問題から出発するのだと思うと、ゴダールがまずわたしに版権使用料のことを尋ねたことも、映画人として当然のことにように思われた。

もっともわたしはそこで、新しい疑問を抱かざるをえない。あの四時間半にわたる大作『映画史』で、過去の何百本もの映画作品から自在に映像を引用しまくった監督は、この問題をどう解決したのだろうか。それとも世界中の監督たちは、自分のフィルムの一部がゴダール作品に引用されただけでそれを名誉と思い、自分が世界映画史に認定されたという思いから、誰もあえて版権使用許可のことなど口にしようとはしなかったのだろうか。

ＮＦＴのゴダールに戻ろう。上映会場に戻ると、すでに観客席は満員だった。しばらくして『勝手に逃げろ』の上映が始まった。

まず青空が映し出される。パリではない、スイスの空だ。それから郊外を自転車で駆け抜けていく女性。家畜小屋で牛たちにお尻を向けて、いきなりオシッコをしてみせる女性。離婚歴のあるＴＶディレクター。この三人が順次登場し、絡み合っていく。ディレテクターは「ゴダール」という名前で、学校の教室で子供たちを前に、「ヴィデオとＴＶ、アベルとカイン」と黒板に大書してみせる。なんだかこれまでのゴダール映画とは、空間の拡がり方が違う。物語の場所がパリからスイスに変わったせいだろうか。パリを舞台にした六〇年代のフィルムと比べ、リラックスしているというべきか、あるいは日常生活のなかにある本来的な希薄さを体現しているというべきか。誰も観念的な科白を発しない。人を驚かせるような字幕や画像の挿入もない。その代わり、映像が突然にスローモーションになったり、停止してしまったりする。へえーっ、こんな軽やかな作風になったんだとわたしは思った。一度観ただけではまだ判断できないなと考えたわたしは、数日後にキャメドン・プラザでもう一度、同じフィルムを観た。ゴダールは今、五十歳だ。きっといろいろなことを考えたあげくのカムバックだろうな。

NFTに話を戻そう。上映が終わると、コリン・マッケイブが舞台に登場した。今回のゴダール大回顧展に合わせて、『ゴダール　映像・音声・政治』という最新の研究書を、ローラ・マルヴィとミック・イートンに手伝ってもらって上梓したばかりの、少し小太りの研究家だ。彼は当時はジョイスについて博士論文を提出したばかりで、まだケンブリッジのキングス・カレッジで英語と英文学を教えている講師にすぎなかった。このマッケイブが手招きをすると、上手からゴダールが登場し、満場の拍手を浴びた。I am God and Art!　というのが、彼の第一声だった。意気揚々といった感じだった。

マッケイブはどうやらゴダールがハリウッドで撮る予定の、『物語』*The Story*という次回作について、いろいろと尋ねてみたいらしい。これは最新情報で、マッケイブの新著の巻末に、そのスクリプトが部分的に掲載されている。もっともゴダールは、おそらく新作の企画が頓挫したのだろう、それについて口ごもり、明言しようとしない。事実、その後、この企画はマッケイブのフライングで終わったようであり、彼が後に執筆したゴダール伝にはいかなる言及もない。観客席からの質問はリラックスしたものだった。「あなたはseventeenのとき、何をしていましたか」と、誰かが聞いた。ゴダールはそれをseventyと聞き間違えて、「そんな、わかるわけがないですよ」と答え、誤解が判明して大笑いとなった。わたしの記憶では、過去の作品に言及してゴダールの変節を問うといった類の、新左翼的な質問は、誰もしなかったはずである。和気藹々とした雰囲気のなかで、ゴダールの登壇は終わった。

その次の日からわたしは毎日、地下鉄でウォータールー橋に向かい、ゴダール作品を観続けた。『勝手にしやがれ』や『女は女である』といった六〇年代前半の作品はいずれも満員だった。それが、〈五月〉の時期の作品になると観客席に空きが目立ち、『ありきたりの映画』では以前の三分の一くらいにまで減っていた観客のなかから、さらに席を立って出ていく者が次々と出てきた。

無理もない。ナンテールの学生とルノー工場の労働者たち五人が、顔もわからないままに延々と団地の隅の空地で討論をしているというだけのフィルムを、しかも英語字幕付きで一時間四十分も見せられるのであるから、退屈しない方がおかしいに決まっている。わたしもまた疲労感を覚え、途中から字幕につきあうことを放棄した。『ありきたりの映画』は、観客の視覚的欲望に対応して発展してきた映画という表象体形を平然と裏切っている。見ていても退屈でつまらない映画を積極的に作ることによって、ハリウッドに代表される、面白くなければいけない世界のすべての映画を批判する側に廻っている。いささか逆説的な表現になるが、わたしはゴダールはやっぱり大したものだ、いくら大回顧展が開催されようとも、名作とか傑作を遺した巨匠という風には絶対に記憶されないだろうという確信をもった。

こうしてわたしはロンドンで一か月をかけ、一九八〇年までにゴダールが手掛けた作品のすべてを観ることができた。同時にロンドンの若き映画理論集団の著作に親しむようになった。先の名を挙げたマッケイブとマルヴィ、それにひどく難解な文章を書くスティーヴン・ヒース、ヴィスコンティ評価で知られるジョフリー＝スミスといった面々である。彼らの多くはパリでバルトやラカンのゼミナールに出席し、構造主義と（勃興中の）ポスト構造主義の洗礼を受けた世代で、ＢＦＩが発行する雑誌『スクリーン』を拠点としていた。『スクリーン』がわたしに与えた影響には大きなものがあった。もしこの雑誌に掲載されたさまざまな論文を読まなかったとしたなら、わたしのブニュエル論もパゾリーニ論も、現在のような形では結実しなかっただろう。イギリスではフランスの現代思想は、まず映画研究という形をとって現れたのである。

こうした『スクリーン』派の面々と直接に顔を合わせたのはずっと後になってからだった。マッケイブには、一九八七年ＢＦＩにある彼のオフィスを訪問していろいろと話した。彼は自分が創価学会に入信し、この教団には政党があると聞いたがどのような政治方針をもっているのかを知りたいといった。その当時のマッケイブには、まだ大部のゴダール評伝を執筆する計画はなかったと思う。二〇〇〇年代に入ると、ロンドンでの映画学会でその他の何人かと席をともにすることがあった。もっともその頃、『スクリーン』誌は表題も内容もすっかり変化していて、英語圏でのフランス現代思想の最先端を切るといった昔日の面影はなかったのだが……。

一九八〇年に商業映画界に復帰してからのゴダールの旺盛な創作欲には、真に感嘆すべきものがあった。彼は『勝手に逃げろ』で肩慣らしをすると、『パッション』『カルメンという名の女』『こんにちは、マリア』と、八〇年代に話題作を次々と発表した。九〇年代に入って冷戦体制が崩壊すると、『新ドイツ零年』から『子供たちのロシアごっこ』、『フォーエヴァー・モーツァルト』まで、刻々と変化するヨーロッパ世界に目を向ける作品を精力的に撮り出した。彼は同時に自作のなかに積極的に自己省察を持ち込み、みずから喜劇的な役を演じてみせることもあった。一九九八年にはヴィデオで四時間半に及ぶ大作『映画史』を完成させた。またそれとは対照的に、わずか一枚の兵士の写真を素材に、かつてのフィルム・トラクトを思わせる超短編作品『サラエヴォに一礼』を作成し、あっという間にパリや東京でCFを撮り上げた。二〇一〇年以降に発表された、『ソシアリスム』、『さらば、言葉よ』、『イメージの本』といった晩年の作品は、ベートーヴェンの後期弦楽四重奏を連想させる。

ジガ・ヴェルトフ時代という〈煉獄〉を通過した後のゴダールの映画活動の豊かさについては、三度目のパートナーとなったアンヌ＝マリ・ミエヴィルの存在が大きかったようにわたしは考えている。もっとも彼女は自分の監督作品のことを別にしては表に出ようとせず、フェミニストたちのヘゲモニカルな運動からも一定の距離を置いている。日本ではゴダールについて饒舌を振るう者たちのなかで、彼女の役割の大きさに言及する人はほとんどいない。わたしはかつて『ゴダールと女たち』（講談社現代新書、二〇一一）のなかでミエヴィルの重要性について力説したのだが、世にいう「ゴダールおたく」たちの不興を買った記憶がある。彼らはゴダールについて数多くの情報を知っているのだが、批評と解釈という知的作業にいっこうに無関心であって、おそらくわたしの書いたものに退屈以外の何ものも発見できなかったのだろう。

わたしはここでひとつの告白をしておかなければならない。それは八〇年代以降のわたしにとってゴダールは、映画の唯一絶対神の存在ではなくなったという事実である。香港、台湾、中国、そして少し遅れて韓国といった東アジアの国々で、八〇年代の初頭、時を同じくして開始された「新浪潮」、つまりアジアのヌーヴェル・ヴァーグに、わたしは夢中になった。自分とほぼ同世代の監督たちの最新作品を観るたびに旅を重ね、資料を蒐集し、直接に彼らにインタヴューすることで、作家主義的観点から『電影風雲』（白水社、一九九三）を書き上げ、さらにB級の大衆娯楽映画に視点を移し、アクション映画、怪奇映画、メロドラマといったジャンルのアジア的類型学を樹立しようと試みた。それらは『ブルース・リー』（ちくま文庫、二〇一九）、『怪奇映画天国アジア』（白水社、二〇〇九）、『春香伝』をめぐる国際シンポジウム（国際交流基金アジアセンター）といった形で結実した。

わたしの映画的関心がこうして東アジア圏へと移行していくにつれて、ゴダールの位置が相対化されていったことは事実である。それは九〇年代から〇〇年代にかけてわたしが執筆した映画論を読むと、その痕跡を明確に辿ることができる。

同時代のアジア映画をめぐる探究の過程で、わたしは興味深い事実に気が付いたことがあった。東アジアのニューウェイヴにあって傑出した監督たちの中に、ゴダールの熱烈な崇拝者が少なからずいたことである。香港の譚家明《パトリック・タム》は、ほとんどのショットがゴダール映画に基づくというサイキック・スリラー『愛殺』（一九八一）を撮っていた。台湾の楊徳昌《エドワード・ヤン》も、その弟子に当たる鴻鴻《ホンホン》も、ヌーヴェル・ヴァーグに心酔するところから映画監督を目指した点で共通していた。彼らの間でゴダールは共通言語であり、わたしはそれを手掛かりとして彼らの創造した世界へと足を踏み入れていった。

その点では、学生時代に8ミリ映画から出発した日本の黒沢清も同様であった。わたしが知り合った七〇年代終わりに、彼と万田邦敏は一日二十四時間のほとんどの時間をゴダールについて考えているといった感じの映画青年だった。彼らはわたしの同人誌に寄稿し、わたしは黒沢の8ミリ作品を観て長い批評を書いた。わたしたちは五〇年代初頭にアンドレ・バザンの周囲に集まった映画マニアの一挙一動を、どこかで意識していたのかもしれなかった。

4

一九八〇年代以降、ゴダールはコンスタントに新作を撮り続け、日本におけるその配給上映状況は相対的に落ち着いたものとなった。きわめて個人的動機に基づいた短編やヴィデオのドキュメンタリーを除けば、商業映画として発表された作品は、日本のフランス映画社を中心とする配給会社が買い付け、ミニシアターで上映されてきた。なかには、これはどうかという奇怪な邦題をつける配給元もないわけではなかったが、おおむね順調な形で上映がされてきた。

映画雑誌と現代思想雑誌は機会あるたびにゴダール特集を組み、ジガ・ヴェルトフ時代のレアもの作品までを含め、DVDが刊行された。フレンチ・テイストを謳う女性雑誌が嬉々として新作を紹介し、トリュフォーやロメールといった、かつての「同級生」と並べ、おシャレなシネマとして喧伝した。ゴダールを芸術における政治的闘争の道標とする者は消え去り、代わってポストモダンの文化流行として、趣味的に消費する言説が支配的になった。少し遅れて、彼は大学院の博士論文の対象となった。その一方でゴダールは日本の服飾メーカーのためにCFを撮影し、皇族の名を称した賞を受け取りに来日した。

わたしはといえば、この四十年あまり、雑誌メディアから注文を受けるたびに、ゴダールについて書いた。いや、むしろ書きまくったというべきか。かつてゴダール通を呼ばれた人々、ゴダールの最後の言葉を自分だけは知っているといった口調で大言壮語していた人びとが一線から後退し、雑誌の目次立てを見て、まったく知らない年少のライターに囲まれるようになってからでも、飽きることなく書き続けた。そのなかでわたしが強い共感を覚えた人物を、二人だけ記しておきたい。

奥村昭夫《てるお》（一九四三〜二〇一一）は『三人でする接吻』（一九六八，16ミリ）で第一回草月実験映画祭の最優秀作品賞を受け、インディーズ（当時は「自主制作」と呼んだ）の映画監督として活躍、その後35ミリで『狂気が彷徨《さまよ》う』（一九七〇）を監督した。彼はゴダールの書きものを日本語に翻訳することに生涯を捧げた。『ゴダールの全体像』（三一書房、一九七九）を編集翻訳し、講義録『ゴダール／映画史』（筑摩書房、一九八二）を翻訳した。また三巻に及ぶ大部の『ゴダール全評論・全発言』（筑摩書房、一九九八〜二〇〇四）を独力で翻訳した。

奥村さんはきわめて慎ましく、もの静かな人物だった。日本の実験映画界における卑小なヘゲモニー争いから努めて距離を置き、バブル景気のなかにあっても浮《うわ》ついた「シネフィル」ブームに調子を乱されることもなかった。まさに煉瓦を積み重ねるように、みずから定めた仕事を着実に熟《こな》していった。パリの大学で博士号を取り帰国したばかりのフランス映画評論家が、一度もパリやスイスを訪れたこともなく、学位すらもたない奥村さんを馬鹿にする発言をしたことがあった。奥村さんはじっと俯いて何もいわなかった。いっこうに気にするところがないという感じだった。

奥村昭夫は六十七歳で生涯を閉じた。没後しばらくして、アラン・ベルガラの『六〇年代ゴダール』の翻訳書がわたしの手元に到着した。挟まれていた栞には「贈呈　訳者」と記されていた。

わたしにとって忘れ難いもう一人の人物は、岡崎京子（一九六三〜　）である。彼女はゴダールに霊感を受けた漫画を描き続けたが、深刻な交通事故が原因で筆を折らざるをえなくなった。彼女は少なからぬ漫画のなかにアンナ・カリーナと思しき人物を登場させ、ゴダールが得意とする突然の字幕の挿入や意図的に乱暴なショット繋ぎを、自作のなかに取り込んだ。自宅の浴槽に鰐を飼っているコールガールが主人公である『PINK』には、セックスと労働をめぐって、あきらかにゴダールの資本主義世界観の影響が見られる。

わたしは自分の小さな映画論集を纏めるときに、彼女にゴダールのヒロインたちの肖像を描いてほしいと依頼し、それはあっという間に実現した。アンア・カリーナがコンサートのため来日したとき、わたしは岡崎京子の漫画を手渡した。アンナはただちにそれが自分を描いていると気付き、今すぐにでも作者に会いたいといった。残念なことに、それは実現できなかった。日本の少女文化のなかにゴダールとアンナ・カリーナがいまだに強く記憶されているとすれば、それはひとえに岡崎京子のおかげである。

5

こうしてわたしは出発点に回帰する。ゴダールの訃報を聞き、彼について何かを書こうと決意したものの、書きあぐねて迷っている自分に戻って来る。

これまで多くの者たちが、ゴダールについて最後の言葉、結論的言辞を記そうと試みてきた。ゴダールはアンナ・カリーナ時代に尽きる。ゴダールの本質は尻を描くことにある。ゴダールは革命を起こした……。『カイエ・デュ・

シネマ』の同人であったと自称する人物から、来日時のゴダールの通訳を担当した人物まで、少なからぬ人物が余人には真似ることができそうもない言辞を考案し、おのれの卓越性を誇示しようと試みてきた。とはいうものの残酷なことに、こうした断言がなされてしばらく経つと、ゴダールはあたかもそれをまったく裏切るかのように新作を発表し、誰もが予想もしなかった地平へと足を踏み出していくのだった。その彼が息を引き取り、もはや新作を観ることがかなわなくなったからといって、その事実がわたしに、彼についての最後の言葉を口にする力を保証してくれるわけではない。今でもときおりビートルズの「新作」とやらが、コンピューター技術を駆使して発表されるように、ゴダールが編集しそびれた数多くの映像と音を合成して、「幻の未発表作品」とやらが映画祭を騒がせるといった事態も、ありえないとはかぎらない。

だが、それにしてもゴダールについて結論を下すこととは何なのか。それが本質的に可能であるか、不可能であるかを考える以前に、そもそも「最後の言葉」とは何を意味しているのか。およそゴダールは、こうした言葉に代表される決定論的観念を拒否するために、映画を撮り続けてきたのではないだろうか。

彼は『中国女』の冒頭に、「今まさに作られようとしている映画」と記した。『ウイークエンド』の冒頭では、「宇宙に彷徨っている映画」、「鉄屑のなかで発見された映画」と記した。そしてその後に撮られたフィルムは、その名も『ありきたりの映画』と題されていた。他のフィルムと同じようなフィルム。それから半世紀が経過し、彼は『シナリオ』というフィルムを監督すると宣言したが、結果的には『イメージの本』が完成された作品としては最後となり、『奇妙な戦争』の予告編が「遺作」として公開された。

ゴダールは『イメージの本』のことを、一度も「最後の作品」とは呼ばなかった。またそうだと考えてもいなかった。吉田喜重にとって『鏡の女たち』が、デレク・ジャーマンにとって『ブルー』が最後の作品であるようには、『イメージの本』はゴダールにとって最後の作品ではない。ましてそこに言述されている言葉は、エドワード・サイードの引用を含めて、彼にとって最後の言葉ではない。それはたかだか、途上にある言葉、目下進行中の言葉にすぎないのだ。

そうだ、思い出してみよう。

ゴダールは、そしてゴダールの映画を観てきたわれわれは、すでにいつの間にか、夥しい死者に取り囲まれていたのではなかっただろうか。

すでにヌーヴェル・ヴァーグの盟友たちは鬼籍に入っていた。すったもんだのあげくに絶交したトリュフォーは、もう四十年近く前に物故していた。ロメールは晩年、みっともないCD処理で評判を落とし、九十歳の高齢まで生きたが、それでも二〇一〇年にゴダールより先に行ってしまった。最後まで共産主義を信奉し、フランス社会に内在する階級差別を告発する作品を精力的に発表していたシャブロルも、最晩年にようやく世界との和解を認めるに到ったレネも、ほぼ同じころに世を去った。これはパリの「同級生」ではなかったが、ゴダールと同じフランス語圏のスイスを本拠地にし、彼より一年年長で、ポスト〈六八年〉問題を誠実に探究していたアラン・タネールも、ゴダールとほぼ時を同じくして亡くなっていた。もっとも日本の新聞メディアは彼のことをすっかり忘却しており、その死が報道されることはなかった。

監督たちだけではなかった。ゴダール映画のヒロインたちも相次いで世を去っていた。ジーン・セバーグは黒人解放闘争に深く関わりすぎ、四十歳で不審死を遂げた。アンナ・カリーナはゴダールと別れてからも映画に舞台にと活躍し、彼に先立つこと三年前に亡くなった。アンヌ・ヴィアゼムスキーは映画出演など若気の至りといわんばかりに、その後みごとに小説家に転身したが、やはり六十歳をすぎてまもなく、癌に倒れ亡くなった。

ゴダールが一時は信奉した、というより、画面を黒板代わりに用いながらその教説を説いてまわった思想家たちも、同じ運命を辿った。レーニンと毛沢東は、すでに当初から権威ある古典であった。ロラン・バルトとは『アルファヴィル』で声の出演を断られて以来、疎遠となっていた。ジガ・ヴェルトフ集団の理論的支柱の一人であったルイ・アルチュセールは鬱病が昂じて夫人を絞殺し、その後、悲痛な自叙伝を執筆して十年を生き延びた後、病没した。一時はゴダールをライヴァルだと認め、その俳優たちを借り受けて『豚小屋』を撮ったパゾリーニは、右翼テロによって殺害され、ゴダールが商業映画に回帰する少し前に生涯を閉じた。パリの知識人のなかでパゾリーニを珍しく擁護したサルトルも、やがて他界した。サルトルはかつてゴダールとともに路上に立ち、『人民の大義』なる毛沢東系の新聞を売り捌いたという経歴をもっていた。そしてエドワード・サイードとマフムード・ダルウィーシュ。この二人の亡命パレスチナ人は、ゴダールがしばしば後期の作品に発言を引用するところであったが、やはり白血病と心臓病で世を去っていた。

人間ばかりではない。ゴダールの登場人物たちが口にしていたさまざまなイデオロギーも、今では朽ち果ててしまい、干からびた形で廃墟に放置されている。アルジェリア戦争をめぐる懐疑も、ブルジョワジーに対する第三世界からの糾弾も、アメリカ帝国主義は張子の虎であると説く毛沢東主義も、ことごとくが失効し、地上でそれを声高に叫ぶ者を失ってしまった。皮肉なことに、それらはノスタルジアの対象として、文化商品のアンティックショップの店頭に並べられ売られている。アンナ・カリーナが『気狂いピエロ』で着用していたプリズニックの既製服や、ジュリエット・ベルトが『中国女』で被っていた人民帽と同じく、ノスタルジアを喚起する事物であると見なされている。懐かしき、美化されるべき時間。あらゆるノスタルジアは歴史的認識の正確な対立物である。そして、かつてあらゆる映像の背後にイデオロギーと歴史を見て批判したゴダールは、残酷なことに、今ではみずからがノスタルジアの標的と見なされ、回顧上映に集う観客たちに懐古の情を抱かせている。

ゴダールは誰よりも生き延びた。九十一歳の死の直前まで映画について考え、絵画作品を手掛け、言語遊戯に満ちた、不思議な手紙を執筆していた。彼は、ボードレールが「憂鬱」（『悪の華』に収録）の冒頭で述べたように、「千年生きてきた以上の思い出《スーヴニール》（記念品、お土産）を持っている。どんな抽匣《ひきだし》よりもたくさんの秘密を持っている」と書いたように、記憶のなかに数多くの映像と音とを仕舞い込んでいた。後期の『映画史』以降の作品は、それをかき混ぜ、ひっくり返した後で並べ直すような形で作られている。それらは死と不在に裏打ちされた、映画という表象体形が遺した遺品の品々なのだ。

ゴダールは『フォーエヴァー・モーツァルト』をめぐるインタヴュー（一九九六）のなかで、語っている。

映画はもはやものごとを支えるものじゃない。それどころか、ものごとの終止符なんだ。(Ⅲ、六一八頁)

わたしはゴダールについて長い間書いてきた。そして自分のこれまでの全映画体験を振り返り、そこでゴダールが果たしてきた大きな役割を自分のなかで整理しようと考えてきた。躊躇したあげくにではあるが、少しずつ少しずつ、自分がこれまで執筆してきたゴダール論、ゴダールについてのエッセイを読み出し、それを読み終えたところだ。

わたしにとってゴダールが驚異そのものであった六〇年代。ゴダールの行方がいっこうにわからなく、途方に暮れていた七〇年代。ゴダールが休みなく新作を披露し、思い切って彼と戯れることができるようになった八〇年代。大作『映画史』を迎え、それをどのように嚥下＝解釈すればよいのか、四苦八苦していた九〇年代。そして彼は矢継ぎ早に問いかけてくる世界状況の表象を前に、自分が個人的に滞在したパレスチナと旧ユーゴスラビアでの体験に鑑みて解釈を試みた二〇〇〇年代。その延長にあって、みずから自己言及性の深い魔の虜となったゴダールを前に、あらためて彼の作品世界の過激さに姿勢を正した二〇一〇年代……。

ゴダールのフィルムが、また彼が書いたものがそうであるように、わたしの書いたものにもはっきりと時代が刻印されている。時間が経過することによって古びていく部分、問題文脈が解消されていったものがあり、逆にその先見の明が注目され、その後ますます重要さを増していった部分もある。いかにも時代の軽薄さに調子を合わせたものがあり、逆にそうした風潮に警告を発しているものがある。テクストにおけるこうした差異を、わたしはわたしの歴史に属するものとして、虚心に受け容れることにしよう。

ゴダールは大量の映画を撮り、大量のエッセイを執筆し、さらに大量のインタヴューに応じた。この三者はいうまでもなく根本のところでは繋がり合っているが、細部を鑑みてみると、いたるところで齟齬を来たしている。三者のどこに重点を置くかによって、ゴダール論はまったく異なった相貌を見せるだろう。加えてわたしは、ゴダールを観てきたわたし、ゴダールに圧倒的な影響を受け、それを距離化するために努力を重ねてきたわたしという、物語のもう一人の登場人物の存在にも留意しなければならない。誰も客観的にゴダールを語ることなどできないのだ。〈わたし〉という関数を通してしか、その存在を確認することができない。有体にいえば、その語り手の数だけゴダールは存在している。

わたしは五十歳代の中頃からこの十年ほどの間に、四人の映画監督のモノグラフを執筆してきた。大島渚。内田吐夢。ルイス・ブニュエル。ピエル・パオロ・パゾリーニ。だがゴダールについての書物は、先行する四冊とは似ても似つかない形をとることになるだろう。

この五人に共通しているのは、十歳代の中頃から二十歳代にかけてのわたしが自分の映画観を築き上げるさいに決定的な影響を与えた監督たちであるという事実だ。当時早くも忘れられかけていた内田を別とすれば、残りの四人は〈一九六八年〉における文化流行の最前線に位置していた。彼らのフィルムが封切りになるたびにわたしは映画館に駆け付け、食い入るように画面を見つめた。まだヴィデオソフトもＤＶＤもなかった時代のことである。どの作品も一期一会の気持ちをもって真剣に見つめた。

『無明　内田吐夢』（河出書房新社、二〇一九）と『大島渚と日本』（筑摩書房、二〇一〇）は、ある主題のもとに二人の日本人監督の生涯と作品の分析に終始している。内田が生涯をかけて探究したのは、世界のあらゆる悲惨を見据えた上で、なおかつ自我の救済を信じ、それを希求しようとする人間の宿命である。大島の場合、わたしが焦点を投じたのは第二次世界大戦後の日本、いわゆるポストファシズム体制をめぐり、つねに異を唱え続けてきた監督の、映像をめぐる倫理と認識である。わたしは自分が設定したこの基軸に沿って、彼らのフィルムを読み解いていった。

『ルイス・ブニュエル』（作品社、二〇一三）と『パゾリーニ』（作品社、二〇二二）の場合には、こうした局所的な視座を自分に許すことをみずから禁じた。自分がこれから書こうとする書物が、日本語圏における最初のモノグラフであることを自覚していたためである。わたしは蛮勇を振るって、ブニュエルの、パゾリーニの全体像を再現しようと決意した。彼らが世を去ってすでに短くない歳月が過ぎている。彼らの作品はすでに映画史的にいって古典であり、欧米では諸言語による先行研究が夥しく存在している。そのうちでも重要にして基本的なものに付き合うだけでも、相当の時間と労力が要求された。いずれの書物も、探究を思い立ち執筆にとりかかるまでに十年以上、また実際の執筆が完了するためにふたたび十年以上、要するにこれまでの著書とは比較にならないほどの時間が必要だった。

ちなみにアレクサンドル・クルーゲ、テオ・アンゲロプロス、楊徳昌《エドワード・ヤン》、鈴木清順といった監督たちは、わたしのなかにあって、こうした古典作家たちとは本質的に違った位置にある。彼らが映画史のなかで占めている位置はすでに記念碑的な、揺るがしがたいものであるが、わたしは運がいいことに、過去に彼らに向かって直接に質問をする機会を与えられていた。また質疑応答を踏まえて執筆した自分の論考を彼らに読んでもらったりして、創造的な対話をすることができた。彼らは優れてわたしの同時代人であり、わたしは「今、ここにおいて」書くことができた。これはわたしの幸運であり、わたしはそれを誇りに思っている。この四人は映画史的にいうならばブニュエルやパゾリーニに並ぶ卓越した存在ではあるが、わたしにとっては、DVD全集が刊行されて久しい古典作家というわけではなかった。

ゴダールはどうだろうか。わたしにとって彼は、ここに名を挙げた監督たちの誰とも異なった位置にある。先にも述べたように、わたしは彼の映画を観ることで育ってきた。『気狂いピエロ』によってランボーを知り、『ウイークエンド』によってロートレアモン伯爵を知った。『東風』によってアルチュセールのマルクス主義認識論を知り、ハリウッドの映画表象の政治学を知った。そして『映画史』によって聖パウロの託宣を知った。そのゴダールについて、たとえその死が偶然の契機になったとはいえ、どのように接近していけばよいのか。

わたしのゴダール論の書物は、過去のいかなる書物とも違っていることだろう。とりわけゴダールの同時代人であったブニュエルやパゾリーニ、大島渚についてわたしが書いてきた書物とは、似ても似つかないものとなるだろう。はたしてそれは、喪の作業と呼ぶのにふさわしいものとなるのだろうか。おそらくその通りだ。ベンヤミンが『パッサージュ論』のなかで、歴史とは「哀悼的想起」Wingedenken であると書きつけたことを、ここで思い出さなければならない。歴史は「未完結なもの（幸福）を完結したものに、完結したもの（苦悩）を未完結なものに変えることができる」（ヴァルター・ベンヤミン『パッサージュ論』第四巻、今村仁司他訳、岩波書店、一九九三、三八頁）。わたしは、すでに完結したと信じられているゴダールを、未完結な存在へと強引に引き戻すために書き続けなければならない。

わたしはここで、「ゴダールとわたし」と題したこの文章を終えることにする。本書にあってこれから後に続く部分、つまり本書の第2部以降は、かつてこの半世紀近くの間にわたしが書いてきたものに若干の加筆を加えたものである。それぞれの文章の後に、現在のわたしからの註釈を記してみた。一本のフィルムになかにはすべてのことを入れなければならないと、かつてゴダールは宣言した。わたしもまた同じことを試みたのだ。一冊の書物のなかにはすべてのことを入れなければならない。書物を永遠に未完結なものに留めておくためには、その前にすべてのことを、余すところなく詰め込んでおかなければならないのだ。

（書下ろし）

誰にでも書けるゴダールの経歴と作品

ジャン゠リュック・ゴダール（一九三〇～二〇二二）はパリの裕福なプロテスタントの家庭に生まれ、スイスのフランス語圏の町で没した映画監督である。彼はパリ大学で人類学を学び、そのかたわらで、『カイエ・デュ・シネマ』誌が戦略として採用した「作家主義」に基づいて、映画批評の執筆を始める。最初に書かれた文章のひとつは溝口健二の追悼文で、彼を「宇宙開闢物語《コスモゴニー》」の作者であると呼ぶ。映画とは何ですかと尋ねられたゴダールは、「美しい感情の表現だ」と、立ちどころに答える。

一九五四年に短編ドキュメンタリー『コンクリート作戦』を監督。五九年に長編『勝手にしやがれ』を発表して注目を浴びる。クロード・シャブロルが制作を、フランソワ・トリュフォーが脚本を担当する。ハリウッドのB級ギャング映画を換骨奪胎したこのフィルムとともにパリで開始された「ヌーヴェル・ヴァーグ」は、やがて世界映画史に記憶されるべき事件となる。

以後、六三年に及ぶゴダールの映画監督としての活動は、大別して四つの時期に分けることができる。

ヌーヴェル・ヴァーグ時代（一九五九～六七）

ゴダールはこの八年間に一五本の長編と七本の短編を監督する。その中心にあったのは妻であるアンナ・カリーナへの愛と訣別である。戦争映画からフィルムノワール、ミュージカルからアイドル映画まで、彼はあらゆる映画ジャンルを横断し、それを批評的に継承する。一日を午前午後に分け、二本のフィルムを同時に演出するという離れ業を演じたり、現実のパリを地球から遠い彼方にある未来の惑星に見立ててＳＦ映画を撮るといった風に、ゴダールの一挙一動を、映画界と観客は驚異の眼をもって眺める。

ジガ・ヴェルトフ集団時代（一九六八〜七三）

パリの〈五月〉を予告するかのような『中国女』からこの時期は始まる。彼はそのプレスブックのなかで宣言する。世界を支配しているのはアメリカ映画であるから、アメリカやソ連の巨大な映画帝国のただなかに第二、第三のヴェトナムを創り上げなければならないと。ゴダールは毛沢東の革命理論とルイ・アルチュセールの表象批判論をしきりと引用し、あたかも画面が教室の黒板であるかのように、そこに文字や図像を取り入れ、討議の場としてのフィルムを実現させる。観客の視覚的欲望を制度的なものとして批判し、積極的に退屈な映画を作ること。画面一面を黒く塗りつぶすこと。政治を表象する映画ではなく、映画そのものが政治を体現している映画を制作すること。多くの観客はこうしたゴダールの実験を理解できず、失望して訣別を宣言したり、その難解さを解釈しようとしてさらなる迷路に踏み迷ってしまう。

この時期に中心となるのは二度目の妻となるアンヌ・ヴィアゼムスキーであり、ジガ・ヴェルトフ集団の重要メンバーとなるジャン＝ピエール・ゴランである。ゴダールはパリの路上に出てカメラを廻し、匿名のアジビラ映画（「フィルム・トラクト」）を撮る。ロンドン、プラハ、ハバナ、ローマといった、叛乱と革命の拠点地を廻り、ＴＶ会社に依頼された「革命的映画」を十本監督する（そのうちの五本が、ジガ・ヴェルトフ集団による集団制作）。もっともそのほとんどが放映を拒否される。パレスチナにも足を向けるが、方法論的懐疑に陥り、映像を作品として完成させることができない。

ソニマージュ時代（一九七三〜一九七九）

第二の訣別がなされる。ゴダールは商業映画の世界から撤退し、その行方が容易に辿れなくなってしまう。だがこの時期に彼の作品は、様式と主題において本質的な変化を体験する。

ゴランともヴィアゼムスキーとも別れたゴダールは、新しい伴侶であるアンヌ＝マリ・ミエヴィルとともにグルノーブルへ、さらにスイスのレマン湖畔のロールへと「撤退」し、アトリエ「ソニマージュ」を開設する。それは「音《ソン》」と「映像《イマージュ》」の合成語であるとともに、自分のものではない、別の人の映像だという、二重の意味の言葉である。ひとたび放棄されたパレスチナの映像は編集し直され、映像の受容と消費をめぐる批評的考察『こことよそ』に生まれ変わる。ヴィデオに親しむようになったゴダールは、長時間に及ぶTV番組を演出し、開設されたばかりのモザンビークのTV局のために尽力する。もはや登場人物たちが大文字の革命や叛乱を叫ぶ時代は終わった。ゴダールは家庭における子供と老人、それに周縁に置かれている女性たちに、カメラの方向を向き替える。

商業映画復帰時代（一九八〇～八八）

ゴダールは『勝手に逃げろ』で商業映画界に復帰する。彼はトレードマークだった黒眼鏡をやめ、35ミリとヴィデオの両方を平然と使いこなし、次々と新作を撮りあげてゆく。新約聖書のマリアの処女懐胎から十九世紀の著名なオペラまで、西洋文明が携えてきた神話的物語が次々と脱神話化され、『映画という小さな商売の興隆と頽廃』の一コマとして差し出される。彼はイザベル・ユペールからミリアム・ルーセルまで、新しい女神に恵まれて長編を撮るかと思えば、みずからも喜劇俳優よろしくスクリーンに姿を見せる。こともあろうに『白痴』のムイシュキン公爵を気取って、「ゴダール殿下」として現われる。さらに彼は個人的な私信やエッセイ、メモのような映像までをも、作品として提示する。また日本とフランスの企業に依頼され、あっという間にコマーシャルフィルムを作成してしまう。

大作『映画史』の時代（一九八八～二〇〇〇）

十年がかりで畢生の大作『映画史』全八章が完成する。四時間半に及ぶこのヴィデオ作品のなかでは、世界中のおびただしいフィルムが断片化されて並べられ、重ね合わされ、そこにゴダール本人の声と字幕が加わるという多声論的なるスタイルが採用される。これまでゴダールが行なった映画史の講義と多彩な映画的探求とが、みごとに統合されたというべきだ。

だがその一方で、ゴダールはヨーロッパの各地を転々とし、冷戦時代の終焉による新たなる混乱を素材に作品を発表する。かつての東ドイツを廃墟に見立てて『新ドイツ零年』を撮り、ロシアこそ物語の故郷だと礼賛して『子供たちのロシアごっこ』を撮る。ヌーヴェル・ヴァーグと無縁なままフランス映画界を代表していたアラン・ドロンを主役に『ヌーヴェル・ヴァーグ』を撮り、ニューヨークの近代美術館のため、芸術の権能の再確認させようと『古い場所』を撮る。いずれもが『映画史』の方法と主題を分有する作品であり、太陽の周囲を廻る惑星のような関係にある。

『映画史』の残響のなかの晩年（二〇〇一～二二）

六十八歳で『映画史』を完成させたゴダールは、その後の二十年余りの歳月を巨大な残響のなかで過ごす。それをアドルノやサイードに倣って「晩年の様式」と呼んでいいかというと、いくぶん留保の念が残る。その初期から晩年にいたるまで、他ならぬゴダールの存在自体が映画の晩年の様式であるといえるからだ。『十二月の自画像』以来、彼は過去の自分をそのまま受け入れるようになっていた。ベートーヴェンやイプセンのように、それまで芸術家として構築してきた業績を転倒させるような晩年を送ったわけではなかった。

二十一世紀に入って後もゴダールは、『映画史』において確立された、自作を含む過去の映像の引用コラージュを手法として、メタレベルの創作に専念している。だが新たに主題として台頭してきたのが、ヨーロッパと戦争である。第二次大戦中の抵抗運動を論じる『愛の世紀』。サラエヴォを媒介してパレスチナを論じる『われらの音楽』。地中海を進む豪華客船のなかでさまざまな国籍と言語の人間たちが謎めいた言葉を交わし合う『ソシアリスム』。遺作のひとつとなった『奇妙な戦争』の予告編でも、彼は両大戦間に果敢にも戦った二人の女性の肖像を描こうとしていた。ゴダールの最晩年はこうして、開かれた形で幕を閉じたといえる。

以上が、誰にでも書けるゴダールの映画的人生である。

誰が書いてもいい。誰かが書いていればいいのだ。


（書下ろし）

2

ぼくは　遊ぶ
君　は　遊ぶ
　みんな
映画で遊ぶ
君は　信じている
ゲームの規則を
それは、君が　まだ子供で
　映　画　に　は
大人だけの規則があると
知らないからだ
君がもう大人で
映画が子供の遊びだと
忘れてしまったからだ
この遊びはなんだろう
定義は　い　ろ　い　ろ
たとえば、二つ三つの定義
他者の鏡の　　なかに
自分のすがたを見つけること

すばやくそしてゆっくりと
世　界　を
自分自身を
忘れ 知 る こ と
考えること　語ること
ステキな遊び
そ れ が 人 生 だ

「みんなで映画を作ることを学ぶために友だちに宛てた手紙」ジャン＝リュック・ゴダール、一九六七年

一九八五年
「ぼくは遊ぶ」（四方田犬彦訳）

『G.S.』2 1/2号（一九八五）に掲載された。初出はパリで刊行されている映画脚本再録雑誌『アヴァン＝セーヌ・デュ・シネマ』一九六七年五月号である。ヴィデオソフトやDVDが存在していなかった一九七〇年代に映画を論じようとするとき、科白が丁寧に再現されているこの雑誌はとても貴重なものだった。「シネ・トラクト」を含め、ゴダールの〈五月〉時代の資料を満載した一九七六年七月／九月号は、ニコル・ブルネーズ（シネマテック・フランセーズ、パリ第一大学）やわたしの世代にとってとりわけ重要だった。オレンジ色の表紙がなつかしい。

わたしがゴダールの訃報を受けてただちに執筆した詩（本書七一一頁以降）は、この「ぼくは遊ぶ」をベースにして、『映画史』の手法に倣い、ギリシャ語や中国語といったさまざまな「異言」を重ね焼きしたものである。

序文

ジャン＝リュック・ゴダールとは誰か？『気狂いピエロ』の作者。ヌーヴェル・ヴァーグの異端児。元マオイスト。移り＝で、喧嘩早い天才。いくえにも重なった過剰な映像が、パイ皮のように彼を包んでいる。

だが、それだけではない。ゴダールを単

本号は、ゴダールを契機として、執筆され、編集される。
だが、それはけっして真実にして唯一のゴダール像を提示するためでも、
彼を特権的な主体として複数のフィルムの統轄点に祭りあげるためでもない。
以下のテクストは、これからはじめてゴダールの映画を見ようとする人と、
ゴダールの映画を見たあとで何事かをしようとする人のために書かれた。
だから、入門の書であるとともに応用の書でもある。だが、両者は最終的には同一のことだ。
われわれはゴダールについての何事かの知識を高みに立って教えようとして筆をとったわけではない。

なる映画[redacted]督と認識するだけでは、何も理解したことにはならない。ゴダールとは、音と[redacted]像をめぐる新しい思考であり、哲学であり、実践なのだ。[redacted]画はリュミエールによって考案され、グリフィスによって創生された。そして今、[redacted]画はゴダールによって不断の解体を生きている。[redacted]ダールに触れることは、事物の解体そのものをわが身で引き受けること[redacted]。

ゴダールから脱け出て、ゴダールを応用すること、それだけが重要である。

ある正当な見方によって獲得された真実のゴダール、という観念は、

何よりもまず廃棄されなければならない。

いま・ここで役に立つゴダールと、役に立たないゴダールがあるだけだ。

それを教えてくれたのが他ならぬゴダールであることは、いうまでもない。

われわれはいまだに複雑さの病のさなかにある。

ゴダールは語る。単純に、そして大胆に解体せよと。それが唯一の美徳なのだ。

ゴダールはどこにいるか。彼は、ロールにも、パリにも、東京にも、モザンビークにもいない。

◎ゴダールはいたるところに存在している。

四方田[redacted]彦

一九八五年

「序文」

「ぼくは遊ぶ」同様、『G.S.』2 1/2号（二〇～二一頁）に掲載された。この雑誌は一九八四年に冬樹社で創刊され、その後にUPIに版元を変えて、八八年に七号で休刊した。もっとも2 1/2号といった号もあるので、実際には九冊が刊行されたことになる。雑誌のタイトルは中世トゥルバドールが好んで用いたla gaya scienzaから採った。従来はニーチェ学者によって「悦ばしき叡智」と翻訳されてきた言葉である。雑誌の編集委員であったわたしは、それを「楽しい知識」と訳し直した。ゴダールが一九六八年に*Le Gai Savoir*というフィルムを監督していたからである。

2 1/2号は「ゴダール・スペシャル」と名付けられた。三八〇頁の本文中、三六〇頁がゴダール論という常軌を逸した号で、これも略してみると「G.S.」になる。わたしは「序文」を書き、図版構成の解説を書き、手元にある英仏の論考の翻訳を手配し、知り合いという知り合いに電話をかけまわって原稿を依頼した。それでもまだ足りないので、埋め草の原稿まで書いた。

この号で常軌を逸していたのは内容ばかりではなかった。活字の組み方をはじめ、装丁全体に前例のない実験が試みられていた。わたしの執筆した「序文」を鈴木一誌が組んだのが、ここに掲載された二頁である。

炎から炎

ニヒリで私はある日、私の大好きな彼らの映画を見に行きたいと思った。それは、黒い部分と白い部分のない、彼らがそう呼んでいる通り〈火の猫たち〉の、火の炸裂なのである。——アンリ・ミショー

——映画の始源的記憶というか、つねに映画を考えるときに立ち帰らざるをえないという体験があって、実はこれが火の思い出なのです。スクリーン全体を赤と黄の原色が覆いつくしていて、城塞も森も熱に融け始め形を失ない、たちまちのうちに紅蓮に呑み込まれてしまう。樹木も動物もすべて火達磨になって燃えている。そんな地獄絵のような光景ですね。もう二十年以上前の話だし、実際それほど過激な場面ではなかったのかも知れないけれど、私はその画面にまったく圧倒されてしまい、そう、たとえて見るならばゴダールの喜劇『カラビニエ』に登場する田舎兵士ミケランジエロが初めて入場した映画館のなかで当惑したように、要するにミケランジエロ的にその画面を受け容れてしまったのです。小供の頃、親に連れられ電車を乗り継ぎ初めて田舎の小都市の映画館を訪れたときのことです。それはおそらく東映の『孫悟空』ではなかったかと思うのですが、大魔王が巨大な扇を用いて大風を巻き起こし、悟空を焼き殺そうとする場面で、私はそれをたぶんにあるがままに受け容れて途中で大声を出して泣きだし一人で明るい廊下へ突っ走ってしまって、映画が終わるまで決して暗い座席に戻ってゆこうとはしなかった、という思い出があって、そういうわけで私にとって映画は火によって神話的に開示された、と言えるわけなのです。まあ、事物の起源を考えるという行為はつねに神話的にならざるをえない、というよりも始まりという概念そのものが神話のなかでしか成立しないわけですが。

——ジョルジュ・サドゥールがかの長大な『世界映画史』のなかで似たような事例を報告しています。ルイ・リュミエールが一八九五年に撮影した『列車の到着』が、映画というものを体験し始めて間もないフランスの観客たちに、現実の汽車が画面の下方左に向かって突入し、そのまま客席へ雪崩れ込む錯覚を与えたとのことです。現実では事物が主体に向かって接近したところで、事物の上部が視界から切り取られるということもないし、部分が全体に取り替わるという事態も生じえず、逆に主体の視野だけが狭くなるわけです。一方、スクリーンにおいては可視的空間の広さはそのままで、逆に対象である事物の細部が拡大されるのです。バラージュ・ベラが映像言語の特徴を論じるために引用したある女中の挿話を憶えていますか。シベリアのコルホーズを出てモスクワに到着してまもない少女が初めて映画館を訪れたときの話です。彼女はクローズ・アップが登場すると、巨大な画面のなかで人間の肉体が分断され畸型的に拡大されることの残酷さに耐えられぬ不快感を隠すことができなかった。これは、映像空間の約束事に無知なあまりに、画面を現実空間と等価のものと知覚してしまったためでしょう。

——個体の幼年時代は種の生命全体の歴史を無意識的に反復するという生物学的テーゼが甦ってきますね。私の火の体験もまた、誕生以来いまだ百年を経ない表象体系である映画の、ジャンルとしての歴史を小規模に準《なぞ》っていたのかも知れません。私が思い出すのは、この衝撃的な事件のあと九死に一生を得るという大病が続き、その療養中に書物を読むことを学んだ、ということで、さきほどの炎の記憶は（別に不必要なまでにロマン的になりたくもありませんが）文字言語習得以前の出来事なのです。映画のなかの炎は決して現実の炎ではない、現実の炎そのものをカメラで単に等価物に置き換えたものですらない。スクリーンの上の事物は徹底的に記号化されていて、その表象している起源の現実的対応物とは異なった物を指示することもできるし、単なる現実の表象の段階を離れ、約束事の記号ともなりうる。ただ私はあの時、そうした記号学的距離をもって炎を見ることができなかった、自分の文脈のなかに都合よく組み込むような視覚が十分に養成されていなかった。つまり、私はスクリーンという概念を所有していなかったわけです。そして両眼に巨大な異物をつきつけられて、あまりの苦痛と恐怖に泣きながら廊下へと出ていった、その一瞬ののちに、画面と現実の非連続性を理解しうるような視覚が成立したのではないか、という思いがします。本当はちょっとこんなに簡単に論理化できない問題かも知れませんが。

――今の視覚の話にいささか関係あると思うのですが、マクルーハンの書物のなかに興味深い話があります。ロンドン大学アフリカ研究所のジョン・ウィルソンという人類学者の報告からの引用なのですが、文字言語のないある原住民の部落で衛生管理のために水溜まりを埋めたり蚊を殺したりする方法を説明した啓蒙映画を見せたのです。そのあとで原住民たちに、彼らが何を見たのかと問うてみたところ、予想に反して彼らは映画本来の意図である蚊の駆除法については一切語らず、ただ一羽のニワトリを見た、と答えたというのです。ところが上映主催者である衛生監視員のヨーロッパ人たちはといえば、ニワトリが映画に映っていたなどということは、ついぞ気がつかなかった！　疑問に思ってフィルムを一コマ一コマ注意して調べてみると、五分間のこの映画のなかでなるほどわずか一秒あまりですが、ニワトリがスクリーンの隅を横切っているのが映っている。もちろん衛生作業の邪魔になるから登場人物のだれかに威かされて、すぐに画面右下に隠れてしまうのですが、それが原住民たちの〈見た〉すべてであり、あまつさえ彼らはこの教育映画が提示する「蚊を撲滅せよ」というメッセージをまったく理解できなかったのです。

――それは部落のなかでニワトリが何か宗教的に聖なる存在であったり、あるいは（クリフォード・ギャアツがジャワにおける闘鶏遊戯の分析で示したように）社会の秩序を維持するために重要な意味をもっていたために、そうした特異な解答がなされたわけですか。

――いえ、そうではなく、むしろ原住民たちの映画に対する視線が、衛生監査員によって代表されるヨーロッパの文明体系のなかで養なわれ栽培された視線（すなわちある点では私たちにも鋭く出刃包丁をつきつける問題なわけですが）、西洋の文字言語の伝統に沿って映像を理解する側の視線とは、決定的に異なっていたということです。原住民たちには、この映画のディダクティックな目的がまったく呑み込めなかった。そもそもニワトリが登場する場面は、一人の作業員がゆっくりと歩いてきて、水の溜まった空罐を見つけて拾い上げ、孑孑《ぼうふら》が発生しないように踏みつぶすという場面に偶発的に生じたのですが、彼らは決して画面全体を一つの意味内容をたずさえた記号学的統一体（単位）として見ていたわけではなく、むしろ画面のうえに映し出されている一つ一つの個物に焦点を合わせていたのですよ。言ってみれば、彼らは画面からコードを通してメッセージを読み取ろうと努力していたのではなく、ただ画面を走査していた。決して映画のもつ記号学的特徴に慣れてしまった私たちと同じようには見ていなかった。マクルーハンの語を引くならば、「眼は遠近法的に使われるのではなく、触覚的に使われる」(『グーデンベルグの銀河系』高儀進訳、竹内書店、九二頁)。これは文化人類学的に言って驚くべき事実だと思います。

——映画の約束事に慣れた人は、フォーカスを画面よりも少し手前に合わせるものだ、とよく言われますね。こうした物理的な視覚の問題はもちろんのこととして、すでに私たちにあっては〈見る〉という行為一つをとりあげても、種々の要素がこの行為のなかに沈澱していく。この画面はこういうことなのだ、といった視線の約束事がどんどんこちら側に絡みついている。〈見る〉ことの重層化が行なわれるわけです。映画というものは、もちろん地下のフィルム置場にある時には孤独の死の状態にあるわけで、あの薄暗い(暗黒であるとされているにもかかわらず、安全灯や禁煙の表示ゆえに絶対に暗黒になることはありえない)劇場のなかで上映され、それを私たちの視覚と聴覚が認めえたときに初めて映画として生成する。だから端的に言ってしまえば、映画とは映画と視線との交感劇、つまり具体的な個人的なまなざしの体験に他ならない。こういった事実を確認したうえで、今話している視線の虚構化——一定の文化的遠近法によるコード化といった事態を確認し意識的に考えねばならない。劇映画であれドキュメンタリー映画であれ、映画はなべてフィクションである一面を備えているわけなのだけど、その映画を見つめるという行為そのものもまたやはり別の制度によって操作されているフィクションであり、しかも操作されていることを隠蔽して自然の中性的な行為として考えるように強いられているフィクションであるわけです。こうした指摘にこそ、映画にまつわる構造的なものを顕在化させる契機があると思います。

——まあ、うまく顕在化できればいいわけですが……。ある意味で、くだんの原住民たちに映画の見方を教えるということは、文字言語を教えることよりも困難なわけです。おそらくエクリチュールを習慣化しヨーロッパの文化帝国主義に順応し始めた者から順番に、たやすく視線の制度化に順応してゆくことでしょう。アフリカ人たちが二人の人間の登場する映画を見ていて、一人が話の都合上スクリーンの外へ出たとしますね、すると大変なわけです。あの男はどうなったのだろう、どんな不吉な災難があの男の身の上に起こったのだろう、という真面目な疑問が生じるわけで、彼らを納得させるには、チャップリンの『モダン・タイムス』のラストシーンのようにその男が見えなくなるまでをえんえんと撮らなければいけない。同じように、新たな人物が登場するときには、これまた『第三の男』のラストシーンのように当初は中央遠方に小さな点として見えていた人物が時間を経て少しずつ正面へと接近し拡大してゆかなければならない。

――するとカメラがパンをしたりすれば、大変な騒ぎになりますね。

――ええ、画面に映っているものが実際に回転を始めるわけですから、急に建物が小さくなったり人間の顔が巨大になってスクリーン全面に君臨するというのは、当惑の対象になりこそすれ、決して意味作用をたずさえた単位とは受け取られないのです。

――今の話を聞いていると、私も一度そのような〈野生〉の眼のもとに映画を純粋に驚異的な存在として体験してみたい、という欲望が湧きあがってきますが、火星人が火星の文化体系と制度のもとに製作監督したフィルムでも見ないかぎり、無理なことでしょう。小供のころからわれわれの文明体系のなかで映画を見てきた人間にとって、というよりも先程の視線の構造化を暗黙のうちにみずからのなかに築きあげてしまった文明のうちに姑息に生息している人間にとって、この欲望は不可能の烙印を押されているのでしょう。『孫悟空』の赤の原野を見たという私の体験は、そう考えてみると幸福な幼年期の終わりを告げていたような気がします。

私がもう一つここで固執しておきたいのは、その画面を埋めつくしていたのがほとんど単一の色彩であり、また炎であったということです。さらにずっと後になってからですが、鈴木清順の『刺青一代』とか『野獣の青春』などを見るようになって時々はっと驚かされたのは、主人公（これは小林旭だろうが、宍戸錠だろうがいいのですが）が悪の親分なんかに斬りつけるとき、一瞬ですけれども画面が真赤に染まってしまう。何かのうえに血しぶきが飛ぶというのではなく、眼の前のすべてが真紅一色という風になってしまう。カメラの前に原色の折紙を挿入したみたいにね、スクリーン全体が覆いつくされてしまう。もちろんそのような瞬間は一時間半ほどの作品のなかでも、ほんの一、二カットもあればいいわけですが、その画面を視線が通過するというのは、ちょっとした至高の一瞬なわけです。

――ふつうに映画が、世界のさまざまに分節され多彩に色どられた事物を、ある特定の手口を用いて多様なままに結合させ、一つの統一的な意味を生産するシステムであるとされているならば、そしてそれが仮に真実であるならば、その真赤に塗られた画面というものは、意味の方へと統合されていくことへの映画じたいのもつ苛立ち、視線の文化的秩序によって弁別化され統合されてゆくことへの頑強な障害として読み直すことができるでしょうか。私には、清順のフィルムのなかで小林旭が感極まって殴り込みをかけるさいの、あの毒々しいまでの原色の映像は、それが徹底して人工的であるゆえに、映画というものを一定の秩序と限界のもとに程良く存在させている制度に対する嘲笑を、残忍にも暴力的にはらんでいるように思えます。

——ええ、あの赤も、悪い親玉が善良な老人に契約書の印を強要させようとして準備した朱肉のスクリーンいっぱいのクローズアップとも、主人公が斬りつけた悪漢の血の表現主義的抽象化とも、主人公の正義の情念の象徴とも、作品の統辞法と物語の進行のうえからはなんとでも文化的解釈がつくわけで、一応それはそれでもいいわけです。ただ私にとって、これは失ナワレシ幼年期へノウラミツラミから思うことですが、あの一瞬において映画は、一つの画面のなかに通常取り込まれるもろもろの差異、識別を可能とする差異といったものを導き入れることを一切拒否して、意味そのものを停止させ崩壊に至らせようとしたのではないか。私たちの文化とは意味作用ではなく、意味そのものです。赤い画面はそうした文化そのものを燃やし尽そうとする力の現われです。こうなると体験というものは侵犯性を帯びてきて、フィルムそれじたいがその時点であまりの強度《アンタンシテ》に耐えかねて燃え尽きはしないか、という夢想にとらわれます。燃やし尽くしたあとは、はたしてゴダールの『イタリアにおける闘争』のように真黒な炭になるかどうか。

——鈴木清順はわりと色彩を原色で塗りつぶしてしまうことが好きですね。私が一番印象に残っているのは、『東京流れ者』のラストシーン。部屋中が黒一色に塗りつぶされた陰気なナイトクラブの片隅で悲しみにうちひしがれた松原智恵子が、これまた黒いスーツの悪玉にピアノを奏いて歌を唄えと命令されている。そこに突如として、もう死んだと誰しもが信じていた渡哲也が全身白いスーツで登場して、あっというまに敵を葬り去ってしまう。すると真黒だった空間が少しずつ白く変化していって、考えてみればそもそも松原智恵子もまた白いドレスを身につけていたのだっけなどと思っているうちに、みるみるうちに画面が白で埋めつくされてしまう。

——そこで不死鳥の哲が名セリフを吐くわけです。「流れ者に女はいらねえんだ。女といっしょじゃ歩けねえんだ」(笑)。それから単一の色彩で画面を塗りつぶすと言えば、たった今思い出したのが、神代辰巳の『赤線玉の井抜けられます』。これは戦後の赤線に群がる売春婦たちを多声的に描いた、かなり目茶苦茶な作品なのですが、もうすっかり年期のはいった一人の女がスクリーンから消え去ったあとに「その娘の道具は海のように広かったという」という字幕がはいるのです。で、その直後に突然、満々と水をたたえた本物の青い海のシーンが挿入されるのですね（笑）。神代辰巳はいつも曖昧な終わり方をする監督ですが、本当にこれには驚嘆しました。あの白痴的なまでに青い海の美しさはすごい！

——なんだかエイゼンシュテインが映画の未来について絶望的になりそうなくらいにモノスゴイ場面つなぎですね。

——それでさっきの話なのですが、私は、映画というものが地球上のあちらこちらに夥しく存在していて、まあ私たちが今話しているここは新宿のゴールデン街なわけですけれども、二分でも三分でも外を歩けばもう何十種類ものフィルムが薄暗い部屋のなかで上映されていて、無数の人が一コマでも見落とすまい、と視線を投じている。そのフィルムにはそれこそ地球上のありとあらゆる可視的な物体——地球の全身像から女性の柔毛に覆われた生殖器までが、一定の秩序のもとに作品としての統一性を適当にあてがわれて表象されており、また商品価値と資本の論理に従って一定の回路のうちを循環するように仕組まれている。そういった人為的なもののうえに成立している映画という制度的存在が、ある時いっせいにフイと別の方向を向きはしないかと、不安と期待を胸に抱いているのです。それはたとえば真赤な原色の映画、もうまるでキチガイになってしまった映画、つまり原作であるとか演出であるとか、監督であるとか、あるいはまた映写技師（opérateur）や登場人物の存在しない映画、ひょっとして制度の名の下にほどよい観客席は準備してもらってはいるもののその席から一歩も立ちあがることの許されてはいないような臆病な観客のためにはけっして上映されることのないような映画。あらゆる操作者‐組織者（opérateur）による限定と領域化を一切否認したうえで、全体に対して部分が決して屈従することなく、断片としての正当性をつねに主張してやまない映画。一つの巨大な叫びが全体を貫通しているために、もう誰の耳にも沈黙との識別がつかなくなってしまった映画。無意識の欲動が絶対的に君臨している映画。キチガイであると言ったのは、見ている人間をキチガイにするというばかりでなく、それ自体としても途方もなくキチガイである映画。

——ただしその夢想された映画という存在も、それが映画であるという制度からは永久に逃亡できないのではありませんか。あなたが今熱狂的に語ってくれた映画のイメージは興味深くて、もしそのような作品が現実に創造されたとしたらちょっとのぞいてみたくもなりますが、その作品も作品であることから逃れ切ることはできないでしょう。というよりも、むしろ映画と映画ならざるものの国境線に接近すればするほどに、映画という限定がどうしても焼き切ることのできぬ鎖であることが余計に意識されてきて、結局、映画はより映画であるという同語反復的命題を強調してしまうといったイロニーに嵌りこんでしまう。

――なるほど、否定しようとする試みは、否定しようとするだけで、対象をより明らかな形で存在せしめてしまい、あらゆる否定的な力は即座にカウンターパンチをくらうという論理ですね。

――だから楽天的にフィルムの非人称化とか映画概念の彼方へ、などと口走ってしまうと、必ずしっぺ返しを喰らうわけです。映画と視線との間に取りかわされる制度的なものを告発するには、もっと蛇のように狡猾にならなければいけない。

――鳩のように純真にも、ですか。

――否定によって逆に構造的秩序をより強固なものと実感してしまった時代、たとえばさっき少し名前のあがったゴダールの果敢な闘争の後（それがはたして本当に後のことと言いうるか?・）、私たちは逆の方向へ向かおうとするベクトル、限りなく音と映像を組織していこうとする力が十分に存在していることを確認しておかなければならないと思うのですが。

――よくわかりませんが……。

――映画なら映画、文学作品なら文学作品について人が語りうるということ、語るということは何らかの形で原資料《マテリア》に秩序を導入することです。

ところでゴダールの『東風』（これもまた美しい原色塗料の織りなす巨大な儀式でしたが）について、誰も納得のいくかたちでは何事も言い得ないわけです。これまでの映画に対応できる批評言語をもってしては、もはや『東風』に対して沈黙する以外にない、そうした地点まであのペンキ芝居の造反マカロニ・ウエスタンは向かってしまったわけです。なまじ『東風』や以後のゴダール作品のなかで提示される言表行為をすべて「真実」のものとして（非ゴダール的に）受容し、その安易な敷衍によってゴダールを論じうると信じている者たちの楽観主義と比較してみると、この作品について口を閉ざしてしまった山田氏のほうがはるかに『東風』という作品によって犯されているわけで、その拒絶が道徳的だという気がします。

それではどうすればいいのか。「革命的映画」をはしゃぎまわればよいのか、それとも沈黙を続ければいいのか。そうではなく、まさに絶句するかしないかの境界線上で、どちらの方向へも決定的に進路を決めかねて留まっているべきなのです。語る行為がここでは吃る行為と同義になってしまう。語りえないことを認め、言葉を呑み込もうとする唾液で汚れた巨大な白痴の喉咽（あなたはフォークナーの『響きと怒り』の白痴の内的独白を読みましたか？）何かを口にしなければいけない、だが何を口にしていいのかわからない。言葉を言い切ってしまえば一挙に対象を確定し対象を支配操作することができるだろう。けれども『東風』を前にして誰も満足に言葉をあやつる術を知らない。

もちろん、『東風』のなかに映画史的な意味の含みを読み取ることは簡単にできるわけです。たとえば登場人物の一人であるブラジルの前衛的シネアストのグラウベル・ローシャが十字路で両手をひろげ、進路を決めかねているという場面を思い出してほしい。ローシャが進む方向に向かって白い妊婦服の女が赤い風船を蹴とばすわけなのだが、これはローシャが「真の革命的映画」へではなく、アルベール・ラモリスの『赤い風船』の系列におけるラテン・アメリカの第三世界の映画へと向かい、ジガ・ヴェルトフ集団の路線と訣別したことを暗示しているわけだ。しかし今この解読作業に用いられた手法は文化の側が要請してくる従来の解釈の論理であり、『東風』というフィルムじたいのもつ論理とは無縁の反動的なものと言えるでしょう。こうして『東風』を意味の側へ回収してゆくことは、たとえそれが論理的整合性を獲得していたにせよ、不毛な物として終わるに違いない。この作品は、こうした解読手法によるフィルムの囲い込みに対するスキャンダルとして登場したのだからです。だから、私たちは、言葉が白痴の表情を身にまとおうとする力と意味の組織へと向かおうとする力の両方に牽引されて未決定のままにある、ということの恍惚感を味わっているのだと思います。それがゴダールが私たちに語りかけた新たなる映画的悦楽のあり方ではないでしょうか。力はつねに表裏一体となって相反した方向に機能します。私たちにとってとりあえず必要なのは、その定位されざる空間で絶えまない諸々の力の運動に加担し、体験しうる限りの苦痛と恍惚を身に受けること。

『東風』「第三世界の映画はどっちですか」。

――先に構造や秩序という言葉がいくたびも用いられたわけですが、こういった風に問いを立て直すことはできないでしょうか。すなわち「映画とは何であるか」という質問ではなく、「だれがそれを映画と呼ぶか」あるいは、「どのような力、どのような文脈に帰属し所有されている時に、はたしてそれは映画たりうるか」。これは『道徳の系譜』のニーチェへの悪しきパロディなわけですが、映画がどれだけの否定の企てと拒絶をもってしてもなおかつ映画たりうる、いや映画であることによりいっそう近付くとすれば、それを映画と名付けている力が問題となる。

――だから、その力を暴露しようとする思考がある。一応ある。だけどその思考もまた別の力によって所有されている。

――あらゆる作品も思考も、それがいかに実験的であるか反動的保守的であるかを問わず、何らかの力によって秩序化され、世界映画史のなかの一挿話として順序よく年代と国籍に従って配列されてしまう。編年体というのは、これは暴力的な物ですね。『東風』にせよ、スタン・ブラッケージが蛾の鱗粉をフィルムに貼りつけた『モスライト』にせよ、まったく見知らぬ女性をつけまわし撮影機による強姦を行なったジョン・レノンの『レイプ』にせよ、眠る男を数時間にわたって撮り続けたウォーホルの『スリーパー』にせよ、その実験性の位相はおのおの別としたところで、すべていちように年表のなかの一駒と化してしまう。映画史という鯨のように巨大な物語のなかにたかだか元気のいい行為項として組み込まれてしまうのです。いかに映像の異化・距離化を実践し、映画概念の越境を成しとげようと試行を繰り返しても、それはその瞬間から前後の文脈のなかでほどよく秩序のなかに組み込まれ、突出した箇所は愛撫の反復により平板化と冷感症化の一途を辿り、事件は結局のところささやかな気紛れとして官僚的に処理されてしまう。

——隠蔽されてしまう。だから『東風』の風が吹きまくったあとでも、誰も決定的に再起不能なまでにその風にあてられてしまって映画批評を書いている者などいないわけです。ゴダールを時間のなかの物語の主人公に仕立てあげることでおのれの安心立命に多忙であり、ジガ・ヴェルトフ集団が今だに年表に組み込まれることを拒む事件として何であったかという問題から眼をそらし続けている。

ただね、あなたとは違うかも知れないし、これまでの自分の考えともうまく接続できないままですけれど、私にはあらゆる行為という行為が限りない往復運動のイメージのもとに現われるのです。『東風』まで行ったあとで映画はまた一つの極からもう一つの極へと振子時計のように半円の循環を行なうものではないか、先程の二つの相反する力というものは、そういった補償作用を司どっているのではないか。秩序について反撥し鋭く爪を研ぎすますのもよいのですが、私たちはこの秩序の領域内でしか呼吸ができないという二重の不幸の意識に苛まれているわけです。秩序へと回帰し、わけ知り顔で制度の皮膚のなかに潜り込むことはできないでしょうか。その意味で今見たいのは、ゴダールの『勝手にしやがれ・パート2』であり『万事快調』ですね。これは別に彼を特権的な操作者－組織者として祭り上げているからではない。現実に映画が存在し、私たちの網膜が存在している。構造も確実に存在していれば、力と力の対抗する磁場ではオルガスムスすら生じている。私たちは夥しい映画と交感・交接・性交を繰り返している、という日常の事実ゆえに、家族の日常性の解体を扱った『パート2』が重要となってくるのです。世界中の男女が日夜性行為に励むように、世界中の人間がフィルムとの間で交感劇を生じる。この恐るべき同時性が、映画の存在の果肉を形づくっているのです。

先程の『孫悟空』の炎がまだ消えていないのであれば、それが忘れ去られた映画館の片隅でいまだにちろちろと燃えそぼっているのであれば、やがては画面一面を埋めつくし一元的な侵犯を欲しいままにする大火へと自己増殖するわけですが、その時すでに火の背後には浄化されて再生を準備している世界の多様な事物とその運動がかすかに見え隠れし始めているのではありませんか。やがて画面が透明に近付き、地を長い間支配していた熱気が冷却されたとき、世界はふたたび鮮やかな形で出現し、動物たちが賑やかに闘争を繰り返すのだ、と信じたいですね。

――すると炎は、世界の大いなる〈意味〉というものが成就し、あるいは再生するための大がかりな通過儀礼と化する、というわけですか。『東風』のなかで、アンヌ・ヴィアゼムスキーが白や赤の塗料を躰や顔に塗りたくったりするのは……。

――そう、文字通り、世界の蘇生と映画の蘇生を願って、〈異形のもの〉〈カテゴリー分類不可能のもの〉に変身することであり、人類学者ヴィクトル・ターナーが指摘した三段階移行図式のうち、非意味の中間潜伏部分に匹敵します。ヴィアゼムスキーはノンセンスのペンキ罐に手を突っ込んでセンスを掬い上げようとする行為の最中であると、従来とは逆の方向に考え直すことすらできるでしょう。誕生するサンスとは映画そのものであり、世界そのものなわけです。したがって彼女は『東風』にあって世界魂《アニマ・ムンディ》、『ヨハネの黙示録』十二章にうたわれている「太陽を着たる女」を演じているわけです。

――けれどもはたして本当にその通りなのでしょうか。世界の大いなる〈意味〉というものがあらかじめ存在しているのでしょうか。それは映画に特定の形而上学を強要しているだけではないでしょうか。〈意味〉と呼ばれる一切は、あなたや私や文化一般が所有している解釈への意志と力によって、後に分秘されたものではないでしょうか。映画はただそこに、目の前にあるばかりなのです。

――それでは私たちは今まで……

――私たちは……

――何をしていたのでしょう。

――私たちは今まで夢を見ていたのです。巨大な業火の夢を。

一九七六年
「炎から炎」

ゴダールについて、というよりも映画について書いた、最初の文章である。執筆したのは一九七六年の夏。東京大学の大学院でスウィフトをめぐって修士論文を準備していたとき、同学年であった平野京子が中心となり、松浦寿輝、沼野充義が参加して同人誌を出すというので寄稿したものである。当時はまだ今でいうコピーでは費用が掛かると思ったのだろう、『闇祭』と呼ばれるこの雑誌は青焼き（ジアゾ式複写）で制作された。初出時の題名は「御空の大冒険」である。最初の単行本『リュミエールの閾』（朝日出版社、一九八〇）に再録するにあたって改題と加筆を行なった。

半世紀近く後になって読み直してみると、ゴダールに到達する前に長い迂回をしていることがわかる。『東風』や『イタリアにおける闘争』を観て強い衝撃を受けたものの、それをどのように言語化していいのかがわからず、これでもない、あれでもないと、戸惑いながら論を進めている。このエッセイを書いているとき、ジガ・ヴェルトフ時代のゴダールについて語っている資料で手元にあったのは、『映画批評』と『季刊フィルム』のバックナンバーだけであった。竹内書店の『ゴダール全集』（全四巻）は粟津潔装丁による、匣入りの美しい書物であり、大学時代のわたしのバイブルであったが、残念なことに一九六七年、つまりジガ・ヴェルトフ時代に突入する直前のゴダールまでしか捉えていなかった。わたしは『東風』を、『ゴジラ』や『宮本武蔵』に始める自分の映画体験が培ってきた映画観のなかに、どのように取り込んでいいのかがわからなかったのである。

とはいえ久しぶりに読み直して思ったのは、この文章を書いた時点で、わたしがすでに『東風』の後に、まだ予想はつかないにせよ、何か新しいことが起きると予感していたことである。『東風』はすべてを焼き尽くしてしまった。だがきっと焼け跡のなかから、まったく別の映画が出現するはずだ。わたしはその予感を、『ヨハネ黙示録』を援用しながら、〈死と再生〉（エリアーデ）という比較宗教学の用語を用いて説明しようとしている。事実、一九七六年の時点でゴダールはすでにポスト・ジガ・ヴェルトフ主義ともいうべき、新しい時期に突入していた。それに気付いた者は、パリにもスイスにも、ましてや東京にもほとんどいなかったのだが、実は彼は大きな転換を体験しようとしていたのだった。

イミテーション・ゴダール 『こことよそ』と『パート2』

『パート2』は、四、五ヵ月前にボルガールが私に会いにきて、いくらか古典的なやり方で配給するための映画を一本つくってみる気はないかともちかけたことから始まっています。彼はまた、「一緒に『勝手にしやがれ』のリメイクをしてみるのはどうかね?」と言ったのですが、私が結局それに応じることにしたのは、リメイクという観念が、つまりつくるのではなくつくり直すという観念がおもしろかったからです。それというのも、私がこれまでに何度か映画作家としての自分の人生をやり直してきたからでしょう。だから『勝手にしやがれ・パート2』という題名のなかで私に興味があるのは、「パート2」の方なのです。それに本当のことを言うと、この映画の現在の題名は『《勝手にしやがれ』にもとづく》ナンバー2』となっています。*

いささか長い引用になったが、数年振りの沈黙を破って七五年のカンヌ映画祭に突如登場し、新しい配偶者であるアンヌ=マリ・ミエヴィルを紹介しつつ、ゴダール伝説に汚染しきった記者団を前に約一時間半にわたって質疑応答に応じた際の、ゴダールの言葉である。とはいうものの、公開された『パート2』は、決してジャン=ポール・ベルモンド演じるミシェルを見失った、これもまたジーン・セバーグ演じるパトリシアの後日譚でもなければ、ましてやあの神話的作品の時空、役者だけを変更した単なるリメイクでもなかった。端的に言えば、『パート2』のなかには、いかにも杜撰に重ねあわされたヴィデオ映像のなかに冗長に映し出されたあるフランス人一家の生態しか存在していなかったのである。多くの観客たちが当惑した印象を抱きつつ会場を後にしたことは想像に難くない。

映画をつくり直すこと。ゴダールとミエヴィルは、かつて〈ヌーヴェル・ヴァーグ〉という商品名詞のなかで同胞視されてきたロジェ・ヴァディムが、『華麗な関係』において十数年前の佳作『危険な関係』の冗長な模倣をなしとげてしまったように、『パート2』を製作したわけではなかった。ましてや、二十五年という長い冷却期間を経た後にようやくのことで手にした忘却の客観性を唯一の手掛りとして、若書きの『レオナルド・ダ・ヴィンチ方法序説』を静かに読み直そうとした初老のポール・ヴァレリーの態度からも、二人は対極の位置にあったのである。事情がどうであるにせよ、ヴァディムとヴァレリーが不可逆的な時間進行に寄せる、ある種の安定した信頼感と、そこから必然的に帰結されうる振り返りの動作が、ゴダールとミエヴィルの場合にはどれほど禁じられた事であったかは、このインタビューの後続発言からも知ることができよう。「私は『勝手にしやがれ』を見直すたびに恥ずかしい思いをしてきました。〔…〕あれはファシズムから出ようとしながらも、ファシズム的色合いの濃い映画だということです」*。

実のところ、その製作費わずか六千万旧フラン（七五年当時で約四千万円——ちなみにこの制約は『もっとも危険な遊戯』を撮った村川透に類似した状況である）であり、製作者が古馴染のボルガールとジャン＝ピエール・ラッサムである点を除いては、『パート2』は、その遡行すべき原作であるはずの『勝手にしやがれ』とは、まったく無縁な音と映像の戯れに他ならない。丹念に登場人物のパロールを調べあげれば、あるいはニコラ少年の口から、「むかし、恋人を警察に売った女の人が言ったんだって」という曖昧な伝承を聞きとることができるかも知れない。だが、後述するように、この二つのフィルムの間にはいかなる類縁関係も存在していないのだ。放映時間はと言えば、一時間二十八分と前作より一分だけ短いことを付記しておこう。

さらに厳密に語るならば、『パート2』においては、監督の主体の同一性すら疑わしいと註記しておくべきである。映画という表象体系が、単に監督のみならず俳優、撮影、脚本を始めとする多元論理的《ポリロジカル》な創造を許容せざるを得ない特権的領域であることはしばらく脇に置くことにしても、『パート2』の監督としては、ゴダールとともに先程のミエヴィルの名が連名で掲げられているためである。あえて結論から先に口にしておこう。二人は、映画的環境を含む日常生活全般において誰しもが信じ込んでいる「リメイク」（つくり直し、やり直し）の観念の硬直性に対して、異議を申し立てているのである。端的に言うならば、「つくり直す」という動詞の意味内容じたいを、もう一度つくり直すために、フィルム行為を通じて観念を未決定な状態へと導こうと企てたのである。

だが、この言葉はまだ早急すぎる。二人が映画の「リメイク」に腐心したのは、この『パート2』が初めてというわけではないし、ましてやこの作品に限って〈ナンバー2〉の称号が、あたかも鈴木清順の『殺しの烙印』における宍戸錠の苛立ちがそうであったかのように、特権的に与えられなければならぬ理由も存在してはいない。思いだしてみよう。そもそも原《ウル》『勝手にしやがれ』じたいが、ハンフリー・ボガートに象徴されるアメリカの規範的な暗黒映画に対するゴダール少年の熱っぽい眼差しを唯一の根拠として、あえてその不可能なリメイクを損を承知で試みたフィルムではなかっただろうか。ゴダールには一貫して、たとえば『ボギー、俺も男だ!』でウディ・アレンという優等生の喜劇俳優にいかにも安易にハンフリー・ボガートの役柄を演じさせ、作品全体を完璧な『カサブランカ』のリメイクたらしめてしまうハーバート・ロスほどの、合理的で効率のよい才能もなければ、アメリカ映画に対するクールな距離感も欠落していたのである。そして、それゆえに『勝手にしやがれ』はギャング映画の小綺麗なパロディをはるかに通り越し、映画それじたいにおける〈リメイク〉の観念に不可逆的な異化作用を施してしまったのであり、加えて十年後のロスの時代錯誤ぶりをあらかじめ予言していたのである。それゆえにヌーヴェル・ヴァーグは永遠に讃えられるべきなのだ。おそらく『アルファヴィル』の主役にエディ・コンスタンティーヌを抜擢した時のゴダールの脳裏を横切ったのも、同じく〈リメイク〉をめぐる屈折した、そしてそれゆえに貴重な感情であったに相違あるまい。フィルムを引用すること、フィルムを修復すること、フィルムをつくり直すことこそ、作家ゴダールにとって一貫した主題であったのだ。

七五年以降、ゴダールとミエヴィルは、あたかも堰を切ったかのように、ヴィデオを媒体とする映像を大量に発表し始める。『パート2』を論じる場合に、決して無視してはならないのが、ほぼ同時期に発表された『こことよそ』であることは、言うまでもない。マキノ雅弘や渡辺邦男に勝るとも劣らぬ早撮りの名人ゴダールが、七〇年から五年間という異常な歳月を費やしてようやく完成しえたと伝えられる、この一時間足らずの作品こそ、まさにゴダール的〈リメイク〉が新たなる形で提示されているという点で重要なフィルムなのである。この映画は巨大な〈FT〉《と》いう文字盤のネオンサインに始まる。パレスチナの地で軍事教練に励み毛沢東語録を学習するコマンドたち、少年少女たちを映し出すと同時に、あたかも対象的であるかのように、無邪気にTVの映像を眺めているフランス人家庭の団欒が交互に登場させられる。そして、こうした映像のコラージュとはまったく無関係であるかのように、男の声で、次に女の声で、そしてフィルムの終わり頃にはふたたび女の声で、合計三度、次の言葉が反復されることになる。

一九七〇年にはこの映画は『勝利まで』と呼ばれていた。一九七四年にはこの映画はこう呼ばれる。『こことよそ』『とよそ』『と』……。

もちろん語っている声の主体が現実のゴダールとミエヴィルに帰着するかどうかは、ここでは問題ではない。〈五月〉以前から、いやさらに正確に語るならば初期の『シャルロットとジュール』で監督みずからが、ベルモンド演ずる主人公の声を完全に吹き替えてしまった瞬間から、すでにわれわれは、ゴダールの作品の後方に一貫して流れる曖昧にして饒舌な独白が、いかなる場合においても擬装された偽りの独白に他ならず、周縁の夾雑音や挿入される文字言語、他の登場人物のパロールと対等な位置にあって、ある種のポリフォニー的状況を呈してきたことに慣れていなければいけなかったはずである。『こことよそ』をあえて現実のゴダールとミエヴィルの状況論的物語へと帰着還元することを禁じえた時点から、言葉に真実な意味あいで、彼らの提示する映画的エクリチュールを批評しうる平面が開けうるもの、と信じておきたい。

映像《イマージュ》に警戒せよ、その魅惑に対してつねに距離を保つように心掛けよ、と語るゴダールの映像は、その当初から二律背反的な宿命を担わされていた。であるならば、『こことよそ』の背後に、作家の政治的内省を超越的に読み込まなければならぬ理由がどこにあろう。ゴダール自身のいささかヒステリックな強調を待つまでもなく、映画とは徹頭徹尾、音《ソン》と映像《イマージュ》であると相場が決まっているのであるが、ソシュールの語を借りるならば音声言語もまたすぐれて〈聴覚映像〉(image acoustique) なのであり、したがって観客はまずもって『こことよそ』の語りのもつイデオロギー的魅惑から距離を保つ必要があるのだ。ゴダールとミエヴィルの前で映画的に怠惰たらんとした時から、批評家はたやすく二人の作品のもつ「教育性」「啓蒙性」を、その当否はともかくとして好んで話題とし、ありもせぬ巨匠神話を捏造してしまう。だが、落ち着いて考えてみようではないか。ひょっとしてゴダールほど、映画を媒介とする、教育活動に無能なシネアストも稀有なのではないだろうか。他者の感覚を直して思考へと特定のイデオロギーを効率よく注入し浸透させていく作業を教育と呼び直してみるならば、大島渚の『愛の亡霊』のほうが、『こことよそ』と比較して、いかに優秀な教育活動に従事しているかという事実は、何人とて疑うことはできまい。巨大な〈F《と》T〉で始まる『こことよそ』を『セサミ・ストリート』や『おはよう子供ショー』と同列に見る者たちは、交感作用《コミュニケーション》と指示命令作用の差異を判別することができずにいるのである（同様の問題は、最近のドゥルーズとガタリの著作に対するレクチュールの問題においても、おそらく提出が可能であろう）。われわれはいつになったら『こことよそ』のもつ犬儒主義に気付くことだろう。この作品は、ゴダールとミエヴィルが仮に映画と名付けられた表象領域に寄せた、ささやかなユーモアの表現に他ならない。映画を破壊することでもなければ、無から創造することでもない、ただ映画の位置をズラし修復を試みること、すなわち映画自体をつくり直すこと。

というわけで、『こことよそ』において真に重要な問題とは、この作品が『パート2』に先行して、すでに新たなる〈リメイク〉の観念を提示している、という事実に限定されてくる。先に引いた台詞が映画の内部でかろうじて意義をもちうるとすれば、それは作者の政治観や美学の変遷とははるかに遠い地点で、眼前に繰り展げられているこのフィルムにとって起源たるべき原《ウル》テクストが消滅しているという異常な事態が、直接的に述べられていることである。存在していないフィルムの〈リメイク〉として提示されたフィルム。民間伝承とともに〈引用の織物〉（宮川淳）として特権的なジャンルである映画において、これが畸型的な現象であることは、誰の目にも明らかであろう。ここに『こことよそ』という題名の下に再組織された数々のカットの中にかろうじてその残滓を窺い知ることのできる『勝利まで』なるフィルムは、実のところ解体されるべき虚構の出発点として準備されていたのであり、『こことよそ』こそは、起源の自己消滅を果敢にも宣言し、その消滅と再生産の作業じたいを己の肉体となしえた奇跡的なフィルムに他ならない。奇跡とは、カール・ドライヤーが実演したように、死者の蘇生を指してそう呼ぶべきなのだ。ゴダールとミエヴィルはこの〈リメイク〉の運動性そのものを作品として提出しているのである。つねに己じたいを解体し、細胞と器官を混ぜあわし、背後には何もない映画。『こことよそ』の起源なき自己模倣は、バフチンがその莫大なラブレー論のなかで語った、中世の民衆の祝祭舞踏にも比することができないだろうか。「身体以外の外の世界と区別されておらず、閉じられず、完成されず、出来上がっておらず、発展して自分自身を変え、自分の限界を越えてゆく身体」(『フランソワ・ラブレーの作品と中世ルネッサンスの民衆文化』川端香男里訳、せりか書房、一九九五)。こうしたゴダールとミエヴィルの運動性は、おそらく過去の『中国女』や『ウイークエンド』に、冒頭からして「今まさにつくられつつある映画」「宇宙に迷った映画」といった字幕が挿入されていたこととも、決して無関係ではなかったはずだ。

では運動を停止してしまった時、映画は何と呼ばれるのにふさわしいのだろうか。ゴダールの語を借りるならば、それはまさに「ポルノ」であり「ファシズム」である。「私が思うに、愛を動くものとすれば、ポルノは動くものを動かなくしようとするもののことです」*。

さて、以上を前提としたうえで、『パート2』における異常とでも呼ぶべきリメイクの様相について、素描を試みることにしよう。このフィルムは基本的に三つの部分に分けることが可能である。始めと中間と終わり。始めと終わりは奇妙な明暗の対照をなしているために、後で触れることにして、中間部分から説明していこう。先に述べた事情から、映像は35ミリの黒い画面の内側に引用されることで明るく浮かびあがる複数のヴィデオ画面のなかで進行することになる。

中間部に登場するのは、六人からなるフランス人の家族である。これは前作『ことよそ』で、ことなげにTVを眺めていた日常的な団欒にも一見通じる舞台設定と考えられようが、通常の家族フィルムに登場する「幸福」のステレオタイプとはおよそ無縁な光景が、ここでは当然のごとくにしかもかなり冗長に展開することになる。家族を構成しているのは基本的には三組の対である。すなわち子供(ニコラとヴァネッサ)、両親(ピエロとサンドリーヌ)、そして老いたる祖父母の夫婦。

まず黒地を背景として分極化したヴィデオ画面のなかに、さらに小学校の黒板が登場し、字を習ったばかりのヴァネッサが一心に文字を書きつける。「うまれる・まえに・わたしは・しんで・いました」。以後、いくたびとなくこの文字が書かれ、フィルム全体を通してその光景が随時に挿入反復される。また同時に反復される場面が、ピエロとサンドリーヌの背位性交の光景であることは銘記しておかなければなるまい。接合された二つの臀部だけを大きく強調したこのカットは、それ自体としては、もはやエロチシズムからも程遠く、ただ黒板に落書きをする少女と共時的に提示されることで、家族のもつ秘かな禁忌に触れているのである。

この二つのライトモチーフの間に、いくつかのエピソードが挿入される。入浴するニコラが、その軀を拭く母親に向かって、男性と女性の生殖器の差異について真剣に尋ねる。レオ・フェレのシャンソンが室内に流れ、上機嫌のヴァネッサと母親が、不愉快そうに黙りこくって食卓に就いているニコラを椅子の後ろからからかったり、髪の毛を引っぱったりする。母親もまた入浴をすませたばかりなのであろうか、全裸の上に軽くバスローブを引っかけただけで、シャンソンにあわせてアパルトマンの狭い部屋から部屋へと浮かれ調子で踊り続ける。別の場面では、両親は子供たちを寝室に招いて具体的な性交為を見学させ、生殖器の機能と形態について教育を施す。ヴァネッサが無邪気に尋ねる。「どうしてママにはこんな穴があるの?」

こうした日常生活が淡々と紹介される間に、六人の登場人物はいつしかお互いの立場や考えを独白し始める。子供たちは、何年か前までは野原に過ぎなかった土地に次々と建物が建てられてしまって、環境がすっかり変化してしまったことを対話しあう。彼らにとっては、それが具体的に露出したかたちでの政治なのである。

父親のピエロはどうやら視聴覚関係の技術者であるらしく、毎日、工場と家庭の間を往復し、夫婦の営みの最中にも疲弊したままだ。彼は、同じく家庭内の重労働で疲弊したサンドリーヌと調和のある性生活を続けることができず、寒々とした浴室で縮こまったペニスを垂らしながら、洗面場に向かって放尿し、絶望的な表情で傍の鏡を見つめるばかりである。「あんたはいつだって立たなかったじゃないの、立ったためしがあって?」サンドリーヌは夫のペニスをなんとか勃起させようと、手で揉んだり口に含んだりして努力を重ねるのであるが、しだいに焦躁を重ねてゆく。たまりかねて自室に閉じこもり、寝台に横たわって機械的に下着を脱ぎ、マスターベーションを始めようとする。途中で室内に入ってきたピエロは、彼女の行為とは無関係なことを何か口にしただけで、積極的な反応を示すことなく外へ出ていってしまう。サンドリーヌは永遠に欲望を充足することができない。

祖母はと言えば、みずからの体験を織りまぜて女性の社会的地位向上と家事労働についての所見を、画面に向かって滔滔と語り続ける(その言葉の多くがオーストラリアのフェミニズム活動家ジャーメイン・グリアの著書からの引

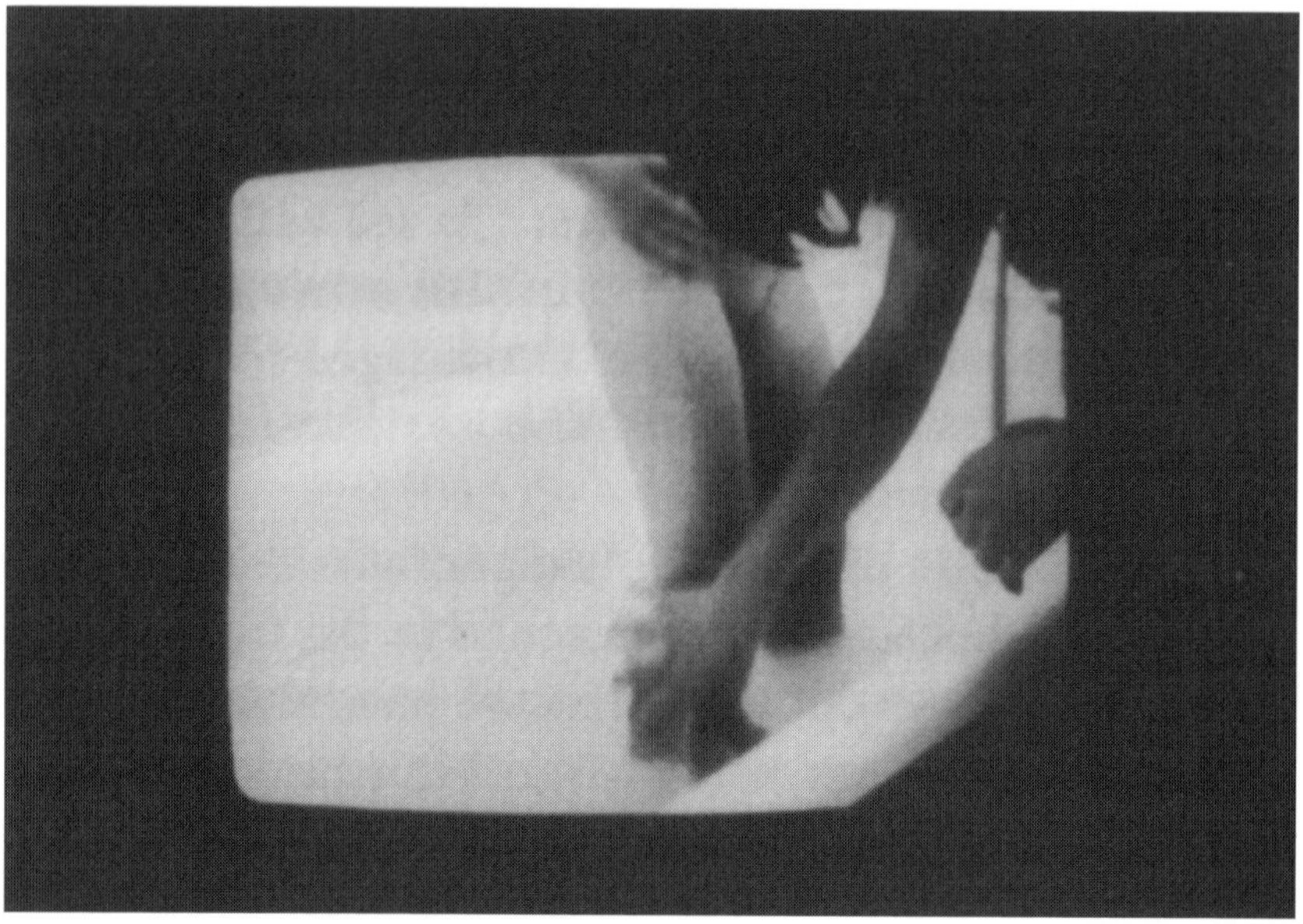

『パート2』「どうしてママにはこんな穴があるの？」

用であることが、判明している）。祖父もまたテーブルを隔てて画面の正面を向いて、ぽつりぽつりと栄光の過去を回想する。かつて労働組合の戦闘的活動家として一世を風靡し、他所に愛人を作ったこともあるのだが、今となってはもう誰もわしの金玉を舐めたり触ったりしてくれないのだ、とワインを片手に愚痴を零す。気がついてみるならば、卓の下のこの老人の下半身は裸であり、玉葱のように萎縮した生殖器だけが薄暗がりのなかに露出しているのが見える。こうして六つの仮の主体が互いの政治的状況を独白し、声と身体（音と映像）を通してフィルムを織りなしてゆく。

ここで、多くの登場人物の独白によって構成されてゆく他のフィルムを想起してみるのも、無益ではあるまい。マンキーウィッツの『裸足の侯爵夫人』において、亡きエヴァ・ガードナーを追想する複数の男たちの声は、具体的な登場人物の形を借りつつ、不在の中心点である主人公の真実の姿への接近を試みている。この試みが、声どうしに一定の相互関係をもたらし、物語的継起を見事に演じておおせている。こうした不在の中心点への収斂の意志に対して、多旋律的な証言が膨張と撹乱を獰猛に主張し、この二つの運動の憎悪愛に満ちた往還が作品行為たりえている例としては、オーソン・ウェルズの『市民ケーン』を記憶に留めておけばよい。〈薔薇の蕾〉と名付けられた希薄な球体こそ、主人公ケーンの彩しい友人と愛人に発話の許可を与えつつ、フィルム全体を支える「あらかじめ失われた」中心点であったのだ。

『パート2』においては、こうした中心性は完璧に欠落している。映像に並行してあるいは時にまったく無関係に流れる声は、決して統一的な〈家族の肖像〉像におさまりきれることもなく、同時に家族の生態といった真理を積極的に意志するわけでもない。観客とは無縁な地点で、声どうしで暗黙の了解を組織的につくりだしているわけでもない。彼らは身のまわりのありふれた事件について、彼らの文脈《コンテクスト》のなかで孤独にかつ具体的に語り続ける。声と声は互いの孤立を寡黙に認めあうばかりである。これは、『パート2』のなかで一度たりとも規範的な性交為が行なわれえないこととも関係している。子供たちは文化的禁忌により、大人たちは労働時間のずれから生じる疲弊により、老人たちは生理的な年齢により、いずれも性交から拒絶された状況にあるのだ。各の声は各の状況に他ならず、その政治性は安易に統合されることを拒んでいるのである。

複数に分極化しているのは音声ばかりではない。映像もまた多元的に分割されている。『こことよそ』や『うまくいってる？』が本来的にヴィデオで製作されたのに対して、これはもうほとんど当然のことであるが、放映するTV局を見つけだすことができず、仕方なしに35ミリへのリメイクを余儀なくされたというこの作品は、単にそれだけの胡散な挿話からも、ゴダールにおける〈リメイク〉の重層性を予想させているのであるが、おそらくこうした事情が起因してであろう、スクリーン全体は編集室の暗黒を背景に、明るく点滅する複数の画面を通して三代の年齢層における性と教育と労働をめぐる映像を流し続ける。「正しい映像（une image juste）が存在しているわけではない。ただ複数の映像（juste des images）があるだけだ」という『東風』のテーゼを、いささかドゥルーズ的に教育者ぶって引用することももはや不要であろう。『パート2』における映像の分割は、たとえばアルドリッチや昨今の粗雑なロック・フィルムにおける、もっぱら説話行為の効率を目的としたマルチスクリーンとは何の関係もない現象である。

あえて極言をしてみよう。現在、『パート2』をまったく動揺なく鑑賞できる人間は、ただ一人しか地上に存在していない。ニコラス・ローグの『地球に落ちてきた男』に登場するデヴィッド・ボウイのことだ。彼は、慌てふためく恋人のキャンディ・クラークを尻目に、十いくつものTVに同時に見入っていたではないか。

『パート2』の背景となる黒地の存在は決して偶然の産物ではない。実のところ、映写幕の白地の陰画に過ぎない、この背景の暗黒とは、ゴダールの多くのフィルム群においてほとんど恒常的に登場していた黒板、壁、文字、落書き、ペンキといった系列と深く関連しあっている。『女と男のいる舗道』における文字盤の挿入を始めとして、『中国女』で次々と政治的方針が描かれる黒板から、『イタリアにおける闘争』の悪名高い黒画面、『ことよそ』におけるヴィデオの地の黒に至るまで、黒画面とは、ゴダールと呼ばれる巨大な爬虫類の脊椎にも似た機能を担っているのである。『パート2』において、全ての映像はこの黒画面への引用（＝接木、移植）として登場している。家族たちは登場するのではない。映像として引用され、ブリコラージュの素材として供せられるのだ。『ことよそ』においても事態が同様であることは、いまさら言うまでもあるまい。いや、そればかりではない。黒板に執拗に落書きを続ける少女ヴァネッサとは、その〈書く〉という行為において、まさに『ワン・プラス・ワン』のイヴ・デモクラシーがテクスト相互の網の目を掻潜って復活した姿ではないだろうか。もしゴダールと呼ばれる作家が現実に存在しうるならば、彼はこの夥しい引用の受信文脈としての黒画面の隠喩以外の何物でもないことだろう。

　ここまで来て、ようやく冒頭と終結部について語ることが可能となる。『パート2』は、薄暗い編集室で二台のヴィデオを熱心に編集するゴダールの後ろ姿を映す固定画面から始まる。ヴィデオには、ニュース映画を皮切りに、ポルノ映画の断片はもとより『燃えよドラゴン』『タワーリング・インフェルノ』『家族の肖像』といった同時期にフランスで公開されたと思しき商業映画の見せ場が、デモ行進の群衆を描く映像と共存して、次々と驚くべき速度で引用されてゆく（「私はよく映画を見にゆきますが、今では芸術映画よりも商業映画を見る方が好きです」）*。この過剰な引用は、フィルムの自己同一性と署名性が徹底的に廃棄されてゆく美しい瞬間である。こうした目まぐるしい映像の洪水を背景に、この作品が現在の形態を取るに至った過程や自分たちが現在設立しつつあるソニマージュの機構が、時に毛沢東の語を引用しつつ長々と語られる。「これが政治《セ・ラ・ポリティック》なのだ」と繰り返し断言するミエヴィルの声の末尾が、時にcoupと聞こえてきたりする。

　終結部は冒頭と比較して奇妙なコントラストを見せている。いつのまにか家族のヴィデオテープが終点に達し、灰白色の画面しか映し出さなくなった画面を前に、すっかり疲労しきったゴダールが装置にうつ伏せになって眠りこけている。室内に光が照し込み始めたのにも気がつかぬほど、疲れ切っているのだろうか。空廻りする録音機の単調な機械音だけが残り、やがてエコーを効かせた女の声とともにそれも消える。「こうして昼が過ぎ、夜が過ぎ、一日が終わる。これは政治の映画。そしてお尻の映画……」。しばらく沈黙が続いた後に、どこからか小鳥の声が聞こえてくる（ジョン・レノンの『微笑《スマイル》』を連想するのは考えすぎだろうか）。眠ったままのゴダールを背景として、最後に配役が紹介される。この作品は決して現実のドキュメンタリーではなく、完全に演出された偽りの家族の肖像であったのであり、眠りこけるゴダール自身も、実のところ時々眼の周辺を動かしていることから、演技であることが判明する。

この映画をつくるということは〈パート1〉について考えることであり、なにが〈パート1〉や〈パート2〉や、あるいは〈パート3〉をつくらせるかを知ろうとすることです。*

〈五月〉以降、ゴダールが撮ろうと試みた作品の題名を思い出すままに羅列してみることは、それだけで興味深い。“One Plus One”（69）, “I AM”（中断）, “Tout Va Bien”（72）, “Moi, Je”（中断）, “Ici et Ailleurs”（70–75）, “Numéro Deux”（75）, “Comment Ça Va?”（75）,……。今書き写してみて改めて事態の馬鹿馬鹿しさに驚くのだが、いったい何という単純にして出鱈目な命名ぶりであろうか。あえて宇能鴻一郎風になることを恐れずに訳してみよう。「いち・たす・いち」「ぼくは」「いい感じ」「わたしって」「ここと そこ《ヒア・アンド・ゼア》」「二回目《ナンバー2》」「うまくいってる?」どう納得すればよいのだろう。日常生活において頻繁に使用されたあげくに、ほとんど固有の意味内容の消滅を来たし、ただその発話行為だけがわずかに身振りとして無意識的な痕跡を留めている言葉。流通はしているものの、もう誰の眼にも特別に映らなくなってしまった言葉。ロシア・フォルマリストであれば、いくらかの蔑意をこめて、徹底的に「自動化」された言語と呼ぶことであろう。『ここと よそ』の原題と想定された「勝利まで」の一語にしたところで、製作者たちが赴いたパレスチナ人民の下においては、おそらく同質の日常性を背負わされていたに相違あるまい。何もことさらに得意ぶってマラルメの日常言語=貨幣説をここでもちだす意図は毛頭ない。われわれの眼前にあるフィルムは、長年の使用が必然的にもたらした磨滅のあまりに、その多彩な表層の判別が困難となって、そんな銅貨のような表情

『パート2』編集機の前で疲れ切ったゴダール。

をしているのだろう。

なるほど、それは老ベケットが時折思いだしたように発する、極端に短い言葉の塊が“Assez”（たくさん）とか“Va et Vien.”（いったりきたり）といった風に、いかにもそっけなく表題づけられている現象に似ていなくもない。だが、やはり比較を試みるならば、後期の極端なまでに様式化された小津安二郎の作品行為の他に類縁を認めることは困難であろう。本気になって日本人の「家族の肖像」を描くことなど、一度たりとて眼中になかったこの偏執狂的なシネアストは、なんとその後期の重要作にこともなげに『お早よう』という題名を与え、ゴダールが『軽蔑』で見せた同語反復のノンセンス喜劇にも比すべき、まったく形骸化した言語交換劇を演出しているのだ。

言語を、そして映像を決して華麗にして秘教的な方向へではなく、あえてその貧しさ、凡庸さ、希薄さの方向へ向けようとする意志。晩年の小津がそうであったように、ようやく活動の中期に差し掛かったゴダールとミエヴィルは、映像の一見した杜撰さ、冗長さ、単純さを逆に新しい美学的（そしてある意味で政治的）強度として提出しようと試みている。『パート2』の冒頭に、ヴィスコンティの華麗にして徹底的に署名された作品である

『家族の肖像』がわずか数秒であるが引用されるのは、単なる気紛れからではない。同じ偽家族映画を製作するにあたって、ゴダールとミエヴィルは、映画という領域の片方の焦点からもう片方の焦点へと、素早い目配せを送っているのである。

進めば進むほど
わたしは単純になる
とりわけもっとも磨りきれた
隠喩を使う
それは玄冥なる真実
星は眼のようだとか
死は眠りのようだとか

ついに正当な評価を受けることなく終わってしまったがゆえに、逆にその献辞にもふさわしくジャン・ヴィゴとの血縁証明を見事に行なってしまった、ゴダールの初期の佳作『カラビニエ』の冒頭に書きつけられたこの謎めいた詩句の一節に、現在のゴダールとミエヴィルは、十数年の彷徨を経てますます接近しつつある。「もっとも磨りきれた隠喩としての真実」。これは実のところ、ホルヘ・ルイス・ボルヘスの引用に他ならない。〈五月〉以前の猥雑にして豊穣なゴダールに追憶の眼差を注ぐ者も、現在のゴダールとミエヴィルにありもしない教育者を読み取って拝跪（もしくは排毀）する者も、すでにこうした言葉が、あたかも黒板に白いチョークで走り書きされたようにあらかじめ黒画面のなかに痕跡を残していたという事実を否定することはできまい。家族の肖象とは、もっとも磨りきれた隠喩ではないだろうか。世界を解釈する際の。いや、世界を変革する際の。

（注）＊印は「人生のリメイク」（『ゴダールの全体像』三一書房、奥村昭夫訳、一九七九）による。

一九七九年

「イミテーション・ゴダール　『ことよそ』と『パート2』」

一九七八年、八ヶ岳の知人の山荘に閉じこもり修士論文を執筆していたとき、二回だけ下山して、東京のアテネ・フランセ文化センターに映画を観に行ったことがあった。アラン・ロブ＝グリエが来日し、彼のフィルムが連続上映されたときと、「新作フランス映画祭」と銘打って、日本で未公開の最新フランス映画が六本上映されたときである。日活ロマンポルノを見慣れていたわたしは、ロブ＝グリエにはせいぜいそのフランス版程度の感想しか抱かなかったが、後者には心底驚かされた。もっとも新しいデュラスとリヴェット、それにゴダールである。

『インディア・ソング』は、声とそれを語る主体の分離、表象された主体の本来的不在と虚無の提示によって、わたしのこれまでの映画観を激しく動揺させた。リヴェットの『セリーヌとジュリーは舟で行く』は、ルイス・キャロルの理想的な映画化であるような印象をもった。しかしさらにわたしを驚愕させたのは、ゴダールが一九七五年に単独で監督した『パート2』と、アンヌ＝マリ・ミエヴィルと共同監督した『うまくいってる？』である。そこにはジガ・ヴェルトフ集団解体後、ミエヴィルとともに家族に内在する政治を見つめ、ジェンダーとエイジングに焦点を投じるようになったゴダールの姿があった。といっても一度切りの上映である。『うまくいってる？』に描かれたパリの左翼ジャーナリズム内部の労働管理とポルトガルの「カーネーション革命」の動向については、とうてい分析的論述ができないと判断した。そこで『パート2』と、これもやはり同年に再編集されて完成した『ことよそ』を中心にして、「イミテーション・ゴダール」というエッセイに纏めた。いうまでもなく題名は、当時流行していた「イミテーション・ゴールド」という、山口百恵の曲に因んだものである。

わたしはこの三本のフィルムを観て、ゴダールがいよいよ新しいことを始めたと知り、期待に胸が時めいた。この原稿はわたしが韓国に向かう直前、『カイエ』一九七九年三月号に発表された。後に松本俊夫さんから、あの文章を読んだときには驚いたねえ。自分など思ってもみなかった題名にまず仰天したと読後感を告げられた。六〇年代のゴダールから片時も目を逸らそうとしなかった『季刊フィルム』の編集委員の感想を聞いて、自分は次の世代の者として、今後のゴダールを見つめていかなければならないという自覚をもった。

何という音楽？　何という物語？

一九八〇年、ゴダールは商業映画の世界に〈回帰〉する。新作『勝手に逃げろ』をひっさげ、主演女優のナタリー・バイを連れてカンヌ映画祭に出現する。いならぶ他の出品作に容赦ない罵倒を浴びせかける。彼の『勝手に逃げろ』はレネの『アメリカの叔父さん』やタルコフスキーの『ストーカー』とともに、上映される。だが、この〈回帰〉は同一なるものの再来ではない。ゴダールは『ウイークエンド』が終わった地点に復帰したわけではない。彼は突出点を乗り切った。枯淡の境地などといった常套句はまちがっても用いたくないが、かつてなかったほどにフットワークも軽やかに、あたかも画家が水彩画を描くかのように映画を撮り始めだしたのだ。より狡猾に、そしてより悦びに満ちて。画面にはもはや「イデオロギー」や「マルクス＝レーニン主義」とよばれるヒロインたちが直接跳梁することはなく、六〇年代のように娼婦や映画監督といった生身の男女がふたたび登場している。だが、彼らは『勝手にしやがれ』や『気狂いピエロ』のように、二人一組で単線状の物語の軌跡を描くのではなく、複数の結節点をもち、線と線の交錯によって、要約不可能な一つの平面を構成してゆく。

『勝手に逃げろ』を構成しているのは、めいめい異なった速度をもって活動し、時に交錯し、時に別方向へと分散してゆく三本のベクトルである。それらは場所から場所へ、仕事から仕事へ、関係から関係へと、つねに終わることなき移動のさなかにあり、この運動性こそがフィルムの身体を構成している。

ドニーズ・ランボー。彼女は都市生活に嫌気がさし、男友達とも別れて自転車で田舎へと旅立つ。旧友の元戦闘家に会い、地方日刊誌の仕事を得る。牧場を訪れ、民宿に泊まり、出会った人々と対話する。

ポール・ゴダールは、TV局のサラリーマンで、一見零落した『気狂いピエロ』の主人公を連想させる。彼は小学校でヴィデオについて教えている。女友達のドニーズに逃げられる。別居中の妻子と外で食事をしたあと、娼婦を買う。ポールは仕事部屋のホテルのある都市に留まり続けるが、交通事故であえない最後を遂げる。

イザベル・リヴィニールは、田舎から都市へと出てきた娼婦であり、その意味で『女と男のいる舗道』や『彼女について私が知っている二、三の事柄』の延長上にある人物といえる。イザベルは中年客の倒錯嗜好にも職業的矜持をもって応じ、自動車のなかへ拉致され、輪姦されても、動じない。新入りの娼婦にフェラチオの手口を教え、五割の上前をはねるというプラグマティズムをもちあわせている。彼女は自立した存在、みずからの世界観の内側で自由な存在である。

この三人の登場人物は、それぞれに水準の異なった命名がなされている。ドニーズ・ランボーはナタリー・バイによって演じられているが、この命名は同姓の少年詩人の放浪癖と過去への訣別を容易に連想させることを別とすれば、一般の劇映画の命名法と考えてよい。ポール・ゴダールはジャック・デュトロンに与えられた名であるが、監督と同姓であり、多分にこの映像教育家の戯画的な自己投影を感じさせる。イザベル・リヴィエールは、イザベル・ユペールによって演じられている。ユペールはどちらかといえば『赤毛のアン』の主人公を連想させる雀斑だらけの女優なのだが、およそジーン・セバーグからアンヌ・ヴィアゼムスキーへと流れるゴダール組の女優のなかで、もっとも監督の意図を前もって聡明に理解している存在と呼べるだろう。イザベルは次作『パッション』にも、イザベルの本名のまま登場しており、バイが完全に虚構の存在を演じ切っているのとは逆に、どこかしらドキュメンタリー的な雰囲気を漂わせている。ドキュメンタリーというならば、ポールの呼びかけに応じて声としてのみ登場するマルグリットなる女性は、実在のマルグリット・デュラスに他ならないし、逆に、イザベルの客の一人はMr. Personne（「誰でもない」氏）と呼ばれ、きわめて寓意的な処理がなされている。こうした事実は、『勝手に逃げろ』に登場するどの人物も、別々の原理に応じて存在しているといった印象を与えることだろう。

かつて『女と男のいる舗道』がブレヒトの手法を踏襲して、十二の挿話に分割されていたように、『勝手に逃げろ』もまた字幕の挿入によって、四つの部分に分割されている。ドニーズの都市からの逃走と田舎への旅立ちを中心とした「想像《イマジネール》」。ポールが黒板の前に立ち、妻子と会い、イザベルを誘うまでの一日を描いた「恐れ《プー》」。ホテルからホテルへと転々とするイザベルの生活に焦点をあてた「商売《コメルス》」。そして、ポールと駅で再会したドニーズがふたたび田舎へと戻り、都市に留まったポールがイザベルの同僚の娼婦が運転する車に轢かれ、そのはかない死の傍をそしらぬ顔で妻子が通り過ぎてゆくというまでを描いた「音楽《ミュジック》」。

　あえて解説めいたことは書きたくはないが、「想像」では脱出と未知なる世界への夢が、「恐れ」では『ユリシーズ』を凝縮したような生活の錯綜が、「商売」では愛と労働の結節点としての売春が核をなしている。最終章では、これまで別個に動いていた三本の線分が交錯し、また非常に近いところで同一の場所を占める。だが、それらは融合するわけでも、対立するわけでもない。『勝手に逃げろ』のタイトル・バックには監督 réalisateur の資格ではなく、演奏者 conducteur としてゴダールの名が掲げられているが、三人の登場人物は、むしろ反復して演奏される三つの主題とでも呼び直したほうが適切かもしれない。彼らは一点において出会い、そして別れてゆく。冷酷というよりも相互の無関心によって。だから、正確にいうならば、このフィルムの真の主人公とは、彼らを共時的に配置している平面、見取図、画面そのものである。

　家族の存在、都市と郊外の二項対立といった問題は、六〇年代のゴダールには見られなかったものである。『勝手に逃げろ』では、二通りの〈家族の映像〉が顔を覗かせる。母親が父親よりも容易に子供に触れられるという、制度化された慣習に不満をもらすポール。彼は、久しぶりに再会した小学生の娘にむかって次々と贈物のTシャツを投げつけ、あげくのはてに「お前のオッパイが見たい」などと苛立って口走る。冗談口調ではあるが、それなりに醜聞めいたこの欲望は、イザベルが客として奉仕する初老男によってグロテスクに反復される。彼はホテルを訪れてきた娼婦に、架空の父親と娘の物語を演じさせ、見えない母親に対して乳房の発育の具合を見せるように命令するのだ。なんというファミリー・ロマンスであろう。家族に内在する性という主題は『パート2』以降のゴダールに顕著であるが、ここでは現実の家族と家族をめぐるファンタスムが並置され、そのグロテスクな相同性が提示されることになる。

　人物の移動という点について、『勝手に逃げろ』は複数のベクトルを含んでいる。『勝手にしやがれ』以来、ゴダールは一貫して都市と郊外の間に中心と周縁の関係を見、中心から周縁へとどこまでも脱落し、ついに人間ならざる者

『勝手に逃げろ』　妹が姉を挑発する。

へと解体してゆく男女の物語を撮り続けてきた。『気狂いピエロ』のパリから地中海への、『ウイークエンド』のパリから食人の森への、また両者の倒立した形での『アルファヴィル』の模像のパリから模像の宇宙空間への主人公のカップルの脱出、移行、消滅を想起してみるならば、それは瞭然としている。もっとも、『勝手に逃げろ』では、都市と郊外はこうした一方的なベクトルをのみ喚起せしめる場所ではない。ドニーズとイザベルは正確に逆の方向のもとに運動しているし、ポールはジュネーヴと思しき都市に留まり続けて、そこで死を迎える。都市と郊外は円環の内外というモデルとしてではなく、選択すべき、きわめて重要な二項対立を構成しているのである。ポールが娘にむかって、この二世紀で重要な歴史《イストワール》とは、民族の移動などではなく、世界的な規模で黒鳥が森を離れ、都市の人工的宇宙に住み始めたことだと教えるとき、この二空間の選択こそが物語《イストワール》を作動させる根源的選択に他ならないことが暗示されているのだ。〈中性的《ニュートラル》〉であること、線分の両端のいずれにも決定的に属さないことで逆に相方に加担すること、ある事物と他の事物の中間にある接続詞〈と〉の位置にあくまで踏み留まること。『ワン・プラス・ワン』という題名を通してすでに予告され、『こことよそ』以降のゴダールが行動の指針として明確にうちだしたこの教えは、『勝手に逃げろ』では完全に内的論理として消化されている。イザベルはホテルからホテルへと移動を続け、ポールはドニーズとイザベルの間を振子のように往復する。郊外―ジュネーヴ―ローザンヌ。空間もまたいっこうに定まろうとしない。ドニーズは自転車旅行中に、一人の若い娘が二人の暴走族に殴られているのをたまたま目撃してしまう。娘は泣きながら、「私は選ばないわ」と叫んでいるのだが、それが何の選択の拒否を意味しているのか、いっこうに不明なままに、フィルムは次のセカンスへと移動してしまう。選ばないでいること。分岐点のただ中に留まり続けること。発端と結末を明確に固定することで物語が作動するものならば、『勝手に逃げろ』のなかでは何事も決定的な選択を体験しない。そもそもSauve qui peut (la vie) という題名自体が未決定的な二つの題名の「妥協」の産物ではないか。

だが、なによりも未決定な、差異形成の運動のさなかにあるのは、音と映像の間の関係である。『勝手に逃げろ』にかつてのような声高い、直接的な政治への言及が姿を消していることは、先に述べた。むしろ過去の栄光の物語に対する服喪の感情が流れているともいえる（イザベルは、コカコーラを飲む鄧小平のポスターを眺め、マルコムXからゲバラにいたる政治的英雄への落胆を物悲しげ口にする）。映画にあって政治学とは、何よりも音と映像の関係の次元で定立されなければならない、とゴダールは主張しているのだ。

ハリウッド映画で音が正しく用いられているといった意味で、『勝手に逃げろ』では音と映像は正しく用いられているわけではない。それらは流体のように移動し、あたかも三人の登場人物に似て、重なりあったかと思うと、たちまち分離したりする。一例を掲げるなら、ホテルから空港へとむかうポールの映像には、いましがた後にしてきたホテルの隣室から聞こえてきたオペラ歌手の練習の声がどこまでもついてまわる。そのポールがTV局でヴィデオの映像に取り囲まれていると、電話の受話器越しに、訣別を告げるドニーズの声がとぎれとぎれに聞こえてくる、といった具合だ。

とりわけ興味深いのが、小学校の特別授業の場面である。「映画とヴィデオ」と黒板（文字通り、ゴダールの例の黒板である！）にチョークで記し、さらにそのうえにいささか挑発的に「カインとアベル」と書き加えたポールは、いまここにマルグリットがいればなあなどと囁き、あたかも黒板の裏側にデュラスが潜んでいるかのように呼びかける。すると亡霊の顕現に似てデュラスの声が聞こえ、心なしか『インディア・ソング』のあの憂鬱そうなピアノの旋律までもが流れてくる。たちまち映像は、授業を終えて車を運転しているポールの視点に転じ、目の前を走るトラックが映し出される。それはサウンド・トラックしか存在していないというデュラスの奇怪なフィルム『カミヨン（トラック）』の、映像からの引用であり、背後には、テクストを包みこむ女の領域としての沈黙をめぐって、デュラスの朗読が流れてくる。まさしくデュラス的エピファニーだ！

音と映像の徹底した乖離による映像的実験を押し進めてきたデュラスについて、わたしは先に『インディア・ソング』を中心にして詳細な分析を試みたことがあった（『映像の招喚』青土社、一九八三、「声、世の果ての…」）が、そのデュラスに近年のゴダールが接近し、共感を寄せるのは、見方によっては必然的なことであったかもしれない。当初の予定によれば、かつての『中国女』のフランシス・ジャンソンや『気狂いピエロ』のサミュエル・フラーよろしくデュラスが画面に登場してドニーズ役のバイと対話をするという場面が設定されていたという。だがゴダールは、現実の『勝手に逃げろ』はその彼女を完璧に音声だけの存在に変容させてしまうことで、その不在を積極的に現前させることにみごとに成功している。もっとも、つねに相反するもう一方の極にも加担することを原理とするゴダールは、音声なき映像に言及することも忘れてはいない。ポールがイザベルを拾う夜の街角には劇場があって、声のでない映画なんてインチキだ、金を返せと、怒鳴りながら男が出てくる場面がある。彼は子供とともにチャップリンの『街の灯』を見てきたばかりなのだ。ここで問題となっているのは、フィルムを現実に構成している表象システムの秩序であることは、いうまでもない。

音楽の問題。音楽はこのフィルムのさまざまな水準の隠喩として使用されているがそればかりではない。『ウイークエンド』の野外のピアニストやドラマー、『ワン・プラス・ワン』のローリング・ストーンズを見てもわかるように、ゴダールほど、演奏する者をカメラに収めることに捉われたシネアストも少ないだろう。『勝手に逃げろ』も例外ではない。映像のうえでも、瀕死のポールの傍で無関心に演奏を続ける街頭オーケストラや公園のアコーディオン弾きとしても姿を見せている。イザベルを娼婦として買うある客は、四人の男女を複雑に組み合わせて、蒸気機関の構造を連想させる人間発声機を作りあげる。だが、もっとも奇妙なのは、登場人物の誰もがだしぬけに「あの音楽は何？」と問いを発することであろう。田舎のキャフェで、電話ボックスで、人々はなにげなしに、しかしあたかも特別な啓示を受けたかのように、いあわせた者たちに尋ねてまわるのだ。周囲の誰にも聞こえず、ましてや観客にも聞こえない不在の音楽。もちろんここには『気狂いピエロ』の末尾で喜劇役者レイモン・ドゥヴォスが演じてみせた、狂気の恋をめぐる呪われた旋律の挿話の残響を聞くことができる。『勝手に逃げろ』では誰もが不在の音楽に捉われている。観客にとっては存在せず、登場人物の虚構の内面にのみ鳴り響いている旋律、それはわれわれがすっかり慣れ切ってしまっている映画音楽の用法、すなわち外部からの音楽の導入に正確に倒立し、音と映像をめぐるコードそのものを虚構として告発してしまうのである。

「私が映画をおもしろいと思うのは、映画には創出すべきものはなにもないからです。この意味では、映画には絵画に近いところがあります。絵画でも創出はなされません。修正がなされたり、モデルがポーズをとったり、寄せ集め《アサンブラージュ》がなされたりするだけで、創出はなされません。音楽は違います。音楽はより小説に近いのです。（……）映画は、音楽を組み立てるのと同じやり方で組み立てられた絵画なのです」*。

『勝手に逃げろ』において音楽が占めていた場所を、二年後の『パッション』で占めているのは絵画である。ラウール・クタールがひさびさにカメラを担当し、ミシェル・ピコリが主演と聞けば、これではまるで二十年近く前に作られた『軽蔑』ではないかと耳を疑うのだが、さらに驚くべきことに、ここにはくだんの『軽蔑』におけるフリッツ・ラング同様に、ヨーロッパ文化を覆う規模の、とてつもない尺数をもったフィルムを撮ろうとする映画の夢と挫折の物語が描かれているのだ。その監督たち一行はといえば、美術史上のありとあらゆる名画を、生身の俳優の肉体を用いて再現し、残らずカメラに収めようという野心に深く捉われているのである。

『勝手に逃げろ』と同じく、『パッション』は画面いっぱいに拡がった空から語り起こされる。あえて要約すれば、次のようになるだろう。

田舎の村のシトロエンの自動車工場で働いているイザベル（イザベル・ユペール——登場人物はほとんど俳優と同

じ名で呼ばれる）は、戦闘的労働者として争議を試みるが、他の労働者から孤立してしまう。彼女は工場主ミシェル（ピコリ）と長期にわたって確執しており、工場内に踏みこんだ警官によって捕縛されたりもする。工場の隣にはホテルを兼ねたキャフェがあり、ミシェルの愛人ハンナ（シグラ）が切り盛りしている。ホテルにはポーランドから来た映画（TV？）製作の集団が逗留していて、監督のイェジー（ラジヴィオヴィッチ）を中心に西洋美術を主題とした超大作をスタジオで撮影中である。冬間で仕事のない村人たちはこぞってスペクタル場面のエキストラに出演している。イェジーは俳優を怒鳴りつけたり、製作者（ラズロ・ザボ）ともめたりして、苛立ちから解放される暇がない。そんな彼にハンナは魅惑を感じ、イザベルはある種の憧れをもってベッドをともにする。だが、結局大作の夢は挫折し、イェジーはホテルの給仕女を連れて去る。イザベルもまたハンナの車に乗って、どこかへと去ってしまう。

絵画は、このフィルムでは決定的な役割を演じている。レンブラントの「夜警」に始まって、ゴヤの「アルバ侯爵夫人」「五月三日の銃殺」、ベラスケスの「侍女たち」、アングル「オダリスク」、ドラクロワ、コロー……。けっして予算も馬鹿にならないはずなのに、いったいこうした際限のない活人画の羅列を動機づけているのは何なのか。そう惘《あき》れかえるほどに、名画という名画が参照され、俳優たちによって正確に複製される。イェジーはクレーンを駆使して活人画をカメラに収めようと懸命であり、ゴダールはその情景の一切を、照明装置の裏に隠れて接吻するカップルや、模型の城館の間を遊びまわるベラスケスの王女、撮影を放棄しようとする天使役の男優にヤコブのように喧嘩を挑む監督といった光景を交えて描いている。かてて加えて、クラシック音楽の洪水。モーツァルトの「レクイエム」やドヴォルザークの「新世界」はたまたベートーヴェンからフォーレまで、誰もが耳に親しい名曲という名曲の旋律が（ベリオの『シンフォニア』よろしく）ひっきりなしに画面に流される。それは名画の引用と重なって、一種異様な雰囲気を醸し出している。名画の羅列と名曲の羅列。ここにはゴダールに固有の、独創的な音も映像も皆無であり、ただただ両者を寄生虫的に借り受け、結合させ、同時に提示しようとする身振りだけが、まさにただ一つ身振りとして残されている。「映画には創出すべきものはなにもない」という、先のゴダールの発言を思い出してほしい。映画とは音と映像、すなわち音楽と絵画の結合であるという定義が、一切の夾雑物なしにぎりぎりの地点で達成されているのだ。古典的な映画監督の紋切型の映像に忠実に、クレーンに跨がって役者たちを叱咤激励するイェジーは、こうして二重の意味で原型的な映画を実現しているのである。

スタジオ内での撮影風景と比較すべきなのが、イザベルの勤めている工場でのそれである。工場では、時代に応じた華美なる衣裳をつけ、厳粛な表情で静止している俳優たちの代わりに、くすんだ作業着を身につけた労働者たちが活動している。カメラは荘重を装ったクレーンの移動を止めて、コマネズミのように警官に追われ、工場主に尻を叩かれるイザベルの追掛っこを、あたかも無声映画を思わせる文体で描いている。『パッション』はホテルを中継点としてこの二つの場所を描いているのだが、要するに何もかもが対照的である。古典音楽と工場の雑音。渋く豊饒な色彩と、単調で不調和な色彩。静止と運動。

こうした構図の根底から立ちのぼってくるのが、愛と労働の二項対立に他ならない。映画の労働と工場の労働。『パッション』では誰もが口をあわせたように、愛と労働の間に等号を引こうとする。スタジオの内部で俳優たちに「働け、働け」と号令をかけるイェジー。イェジーからスカウトされると、たやすくその労働が恋愛に近いものだと答えてみせるハンナ。シモーヌ・ヴェイユのように「労働は愛からは生じない、それは愛へと向かうものである」と宣言するイザベル。ポールは給仕女の服を脱がせ、性行為に及ぶかと思うと、実は（『軽蔑』のジャック・パランスを真似て）事務的なメモを彼女の背中を用いてつけだすし、ホテルの一室では一組の男女が性交の最中なのだが、男の号令に女がノルマのように応じて軀を動かす様子が描かれる。なるほど愛と労働は観念的には対立してはいるものの、こうして判別がつかないまでに混然と交じっており、明確に分けるのが困難である。売春はゴダールにとってつねに特権的な主題であったが、『パッション』にあってはあらゆる労働も恋愛の行為も、売春という偏光器を経て眺められている。ゴダールにはいくぶんか『火箭』のボードレールを思わせるところがある。すなわち、人間の関係性と意志疎通は売淫行為に他ならないという確信において。

もっとも、こうした観点を強調して、このフィルムを少女イザベルの性と労働をめぐる通過儀礼の物語である、と要約してしまうならば、強引な単純化に陥ってしまうことだろう。ここには、直接的な物語を阻止し遅延させる夥しい要素が、プリペヤード・ピアノに仕組まれたネジや消しゴムのように挿入されているのだ。まず注目すべきなのは、『パッション』に登場する主な登場人物がひとしく発語上の障害に見舞われている、という事実である。ミシェルは喘息を患っているし、ハンナはドイツ訛の、イェジーはおそらくポーランド訛とでも呼ぶべきであろう抑揚でフランス語を喋る。イザベルはといえば吃りで、たどたどしくもしかも真摯な口調で自己を主張する（彼女がイェジーと寝た直後に、寝台のうえでラテン語の聖句を唱えるすばらしい場面がある）。イザベルの吃音性は言語のみならず、頓珍漢な行動様式全般に及んでいて、しょっちゅう滑って転んだり、追手に捕まったりしている。聾唖のハーポ・マルクスがクラクションのついた杖を手にしているように、この幼なげな女道化師も小さなハーモニカをもっていて、意味もなく音をたててみたりしている。誰も美しく正しいフランス語など話さない。冒頭から誰もが言語的周縁地帯で、騒音という騒音に囲まれて声高に叫んでいるのだ。

『勝手に逃げろ』と同様に、『パッション』にも独自の合言葉が存在している。人々は田舎道で、キャフェで、スタジオで呪文のように復唱する。「これはいったい何という物語なのか」「これはいったい何という物語なのか」と。不思議なことに、彼らは自分たちの属している物語の自己同一性に不安を抱いており、メタ・フィルム的な視線を投げかけているかのようだ。だから、イザベルが吃るように、『パッション』の物語も執拗に吃り続ける。心理主義的因果律を欠いているのはゴダールのフィルムのつねであるが、ここでもまた出来事を動機付ける秩序は曖昧であり、一切はただ生起するにまかされているといった印象が与えられる。四人の主なる人物の恋愛関係はどこまでいっても劇を構成しないし、イェジーによって役を降ろされた美女は彼の前で短刀を振り回して踊るのだが、実際に彼を刺すのが別の男であったりもする。要するに、誰も決定的な行動をしない。誰も決定的な言葉を発しない。ミシェルはいう。「ここで何か決まり文句でも思いつけばいいのだが……」。これはいったい何という物語ですか。誰もが決定的な物語の到来を、あたかも神の降臨のように冀求しているのだが、もはやそんな便利なものなどどこを探してもありはしない。作者の探すピランデルロ、そして、物語を探すゴダール！　ゴダールは書いている。

「私はいつも物語に興味をもっていました。私には物語を語ることができたためしがないのですが、でも物語を語りたいという気持はいつもあって、それに支えられてきました。私はいつも物語を語りたいと思い、それを自分のやり方で……下手なやり方で語ってきたのです。そして今もやはり、物語の語り方をさがし求めています。

だからときどき、物語を別の方法でとりあつかおうとしたりするわけです」[*]。

ここで指摘されているのは〈五月〉以前の幸福なフィルム群においてゴダールが意識的に採用してきた手法――例えば劇映画におけるインタビューの導入、唐突な書物や絵画の引用、長廻し、人物の心理的非連続性であり、さらに説明するならば、こうした手法の根底にあって説話行為を限りなく脱線転覆へと導こうとする意志に他ならない。物語を断片化し、効率の悪い回路へと走らせること。ゴダールは独自の韜晦術のもとにそれを「下手なやり方」と呼んでいるが、ここにこそ人をして「作家」ゴダールを語らせてきた核が存在していたのである。

いささか皮肉な見方をするならば、ジガ・ヴェルトフ集団時代ほどに、ゴダールがもっとも平易で常套的な方法で、物語を語る声を信頼した時期もなかったのではないだろうか。もちろん、『プラウダ』にも『イタリアにおける闘争』にも、常識的な意味での物語は存在していない。雨傘をめぐる恋愛譚も、自動車泥棒のなしくずしの死も登場しない。だが、これらのフィルムでは、音と映像そのものが登場人物として現われ、弁証法なる模範的物語の定型に応じた演戯を行なっていたのではないだろうか。チェコスロヴァキアの具体的状況を提示する映像に続いて、誤まった分析の声が登場し、最後に正しい分析の声によって代替される『プラウダ』。同じく、一女子大生の映像が反動的な音声を離れ、真に革命的な音声を獲得するにいたる『イタリアにおける闘争』。ここでは、映画を構成するヒーローとヒロインとしての音と映像が自己批判を行ない、より高次の存在として再生するまでの儀礼的過程が物語として完璧に演じられていたのだ。一方に、具体的な音と映像の内容に見られる荒唐無稽、冗漫さ、雑音性。もう一方に、フィルムの枠組みとして準備された紋切型の物語。わたしはいまだにジガ・ヴェルトフ集団時代のフィルムに対応する言葉を発見できないでいるのだが、この二重性を検討することは重要であろう。

閑話休題。八〇年代に入って、ゴダールは物語に対し、より狡猾で周到な戦略を準備するにいたっている。『勝手に逃げろ』がそうであるように、『パッション』もまた、複数に系列化された力が交錯する場所の提示に終始しているフィルムである。要するにあるとき、フランスとスイスの国境近い村に幾組もの人々が偶然集まり、そして思い思いの方向に散っていってしまっただけのことだ。『パッション』は、ヴィデオ装置を積んだトラックが村に入る一本道で停滞し、ラウール・クタールをはじめとする製作スタッフが口々に作業の困難について言葉を投げかけあう場面から始まっている。それは規範的な物語の単線的進行に対する、妨害と遅延への予告であると同時に、舞台の提示なのだ。ラストでは同じ田舎道をヒッチハイクするイザベルをハンナが拾い、給仕女をイェジーが自分の車に乗せる。めいめいが好きな方向へと車を走らせてゆく。「この物語は始まったときと同じように終わるのよ」とイザベルはいう。始めも終わりも、ともにさりげなく曖昧である。『パッション』には、価値付けや命令の意志が消滅している。愛と労働は対比され、問題として定立されるが、規範化を施されるわけでも、結論が導き出されるわけでもない。要するに、ただ提示される、同じ場所に隣りあう存在として提示されているのに留まっている。それは完結性を欠いたフィルム、究極の言葉を発することのないフィルム、nマイナス1のフィルムなのだ。黒沢清が『パッション』を巨大なラッシュと呼んだとき、彼はその本質をいいあてていたのである。

活動と静止。移動と停滞。登場人物が口々に同じ合言葉を虚空に向かって投げつけることで共通しているこの二本のフィルムには、運動性という映画の本質に関わる批評的思索が大きな位置を占めている。もとよりゴダールの作品にはしばしば写真が顔を覗かせていた。とりわけ『ジェーンへの手紙』や『うまくいってる?』では、一枚の写真をもとに種々の水準での分析がなされていた。また『6×2』に収められている「写真商会」では、冒頭にバングラデシュ独立戦争時の虐殺写真が登場する。だが、通常ならば数秒で別の映像に代替されると誰しもが期待するにもかかわらず、その映像はなんと十分の長さにわたって画面に登場し続けることで、すっかり映像の意味論的電荷を変えてしまっている。『勝手に逃げろ』では、運動性への思索は、全編いたるところで行なわれているストップ・モーションの反復として登場している。スイスの郊外を軽やかに自転車で駆け抜けるドニーズ。二人の若者に殴打されて泣き叫ぶ女。ドニーズとポールの対話。こうしたなにげない場面で、何の予告も動機付けもなく画面がいくたびも停止し、ふたたび動きだすといった事態が起きている。それはペキンパーの暴力場面におけるスローモーションや、キューブリックの『時計じかけのオレンジ』における喜劇的な早廻しといったふうに、コード化された速度調節ではさらさらない。音楽にたとえてみるならば、再生機のスイッチを単純に点けたり消したりする行為に似ているかもしれない。風景の抒情は非親和化され、人々の動作は不自然なものと化してしまう。こうした統一的速度の解体は『パッション』でも、ハンナ・シグラの顔を映し出すヴィデオにおいても登場している。要するに、ここでは映画そのものが吃っているのである。登場人物が吃り、物語の継起的進行が吃り、そしてフィルムの運動自体が吃る。何の動機も、何の必然性もなく、ただ吃らないことによってかろうじて進行している世界を浮き彫りにするために。移動と停滞、逃走と吃音。永遠に最後《デルニエ》の者と映像を欠いたシネアストであるゴダールの、もっとも新しい《デルニエ》姿はそのようである。

一九八三年

「何という音楽？　何という物語？」

『ユリイカ』一九八三年五月号に、「ゴダールを導入する」と連携する形で発表された。詳しくは本書一三五頁の注記を参照のこと。

変奏映画史

読書の悦び

▼「あなたが映画に撮りうるもっとも素敵なものは、本を読む人々である。なぜ、まだ誰もそういう映画を撮ってないのか、私には不思議で仕方ない」「人は、生きている限り気に入ったものを引用する。だから私は引用しつつある人々を画面に見せるのだ」（ゴダール）

家族の肖像

▼「わたしが完成させたいと願う、真に〈政治〉的なフィルムは、わたし自身についてのフィルムになるでしょう。わたしが何であるかを、わたしの娘と妻に見せてやりたい。だから、ホーム・ムーヴィ。家族映画は映画の大衆的基盤を反映しています」（ゴダール）

▼よく知られているように、リュミエール兄弟の最初の作品の何本かは家族映画であった。彼らは、ウエハースを手に牛乳粥を呑んでいる赤ん坊を撮影した。港を出る小舟を埠頭に佇んで眺める二人の夫人と赤ん坊を撮影した。庭で水撒きする男に悪戯をしかける少年を撮影した。映画の当初より、撮影対象として家族はつねに大きな比重を占めている。

▼今日、人が8ミリカメラを購入する時、家族の肖像を描くことがたいがいの場合におおきな動機とされている。小津安二郎の『生れてはみたけれど』、R・アンリコの『追想』、J・イレッシュの『エスケープ・ホーム』といった作

品には、登場人物の撮影した家族映画が引用されているが、そこで問題となるのはきまって神話的結晶作用を施された家族の概念である。「ハリー伯父さんとマーサ伯母さんは、ポータブル画面に映し出されたちっちゃなスージーが、アイスクリームコーンをなめている姿をみて、きっとご満足のことでしょう」と、あるアメリカの家族映画のハウツー本は冒頭で語りかける。

▼ジャンルとしての家族映画の内部に蓄積される家族の映像、それは現実の家族の姿ではなく、特定のイデオロギー的処置がなされている。登場するのは遠出の記録、芝生、幼児の誕生日、微笑する母親。排除されるのは、家族内部での性的抑圧、経済的不均衡、老人問題。ようするに、家族映画は家族の問題を隠蔽し消去するために機能する。

▼幼児はしばしば現実の両親とは別の真の両親の存在を仮定し、ありえぬ物語の主人公としての自分自身を想像する。フロイトは、ある小さなテクストのなかで、この現象を〈ファミリー・ロマンス〉と呼んだ。ありえぬ両親をめぐるありえぬフィルムを、人はいつ撮影することであろうか。

◆ゴダールの邦題をつけ直す試み

勝手にしさらせ
アルジェから遠く離れて
ベルモンドの妊娠珍騒動
わたしだけの人生
ミケランジェロの世界一周
新ユリシーズ
さよなら女友達
人妻
未来都市のレミー
クレイジー大作戦

変奏映画史

Jean-Luc Godard

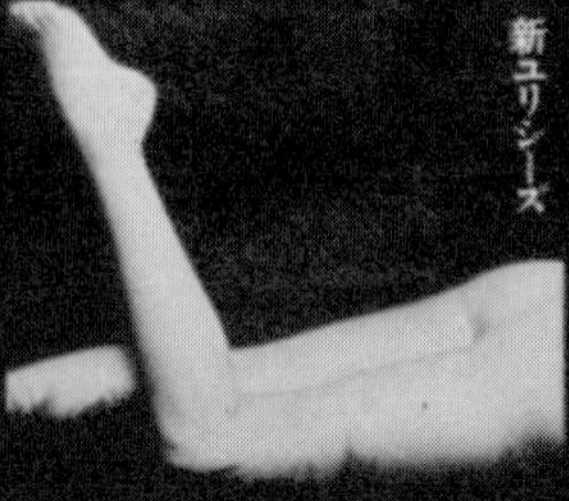

食人集団
●ウイークエンド 67
●楽しい科学 68 69
ワン・プラス・ワン 68
ミック・ジャガーあるいはわが闘争
●ありふれた映画 68
●もう一つの映画 69
●ブリティッシュ・サウンズ 69
ハロー・グッドバイ・毛さん
プラハは燃えているか
●プラウダ 69
●東風 69
赤旗のガンマン
●イタリアにおける闘争 70
ローマの革命的な出来事
●ウラジミールとローザ 70
造反者・四人はアイドル
●万事快調 71 72
●ジェーンへの手紙 71 72
J・フォンダ、お前は何だ
パリ=パレスチナ
●ヒア&ゼア 75
家族の肖像
●パート2 75
万事不快調
●うまくいってる? 76
●6×2 76
ゴダールの写真学入門
NE VEULENT PAS LE PROGRES ILS VEULENT ETRE LES PREMIERS
●フランス曲り角漫遊記 77
ふらんす道中膝栗毛
●勝手に逃げろ 80
ゴダールのすたこら人生

恋のピンボール
怪奇しがらみ殺人事件
パリ人妻売春暗黒史
革命はわれらがもの
食人集団
エミール'68
ミック・ジャガーあるいはわが闘争
さあ翔べ、ここがヴァンセンヌだ！
狂熱のライブ、ジェファーソン・エアプレイン
ハロー・グッドバイ・毛さん
プラハは燃えているか
赤旗のガンマン
ローマの革命的な出来事
造反劇・四人はアイドル
これでいいのだ
J・フォンダ、お前は何だ
パリ＝パレスチナ
家族の肖像
万事不快調
ゴダールの写真学入門
ふらんす道中膝栗毛
ゴダールのすたこら人生

一九八一年

「変奏映画史」

『美術手帖』が映画のスチール映像を何百枚もモンタージュして、何か特集を作ってくれないかと提案してきた。この当時、試写会に行くと、袋に入ったスチール写真を渡してくれたもので、わたしの手元にはそれが大量に溜まっていた。それを利用して作ったのがこの号（一九八一年十一月号）である。図版と図版の間に埋め草として執筆したのが、「読書の悦び」「家族の肖像」「ゴダール映画の邦題を変える試み」という短い文章である。原稿料は出なかったが、その代わりだといって編集者が、一九六八年以降の『カイエ・デュ・シネマ』の全目次を複写して送ってくれた。これは後々まで重宝した。

〈私〉は映画の身体を生きる——ゴダールとタヒミック

言われた事柄よりはむしろ、
それが言われた瞬間が真実なものである。
ゴダール

映画にとって、〈私〉とは何であろうか。映画は、実在する特定の個人の物語を前に、どのように振舞うことができるだろうか。

ごく単純に考えて、映画にむかって差し出される実在の〈私〉の物語が存在する。これまでに数多くのフィルムが、自伝を原作として製作された。前世紀のフランスでおのれが母と妹弟を惨殺したピエール・リヴィエールの供述調査も、今世紀の日本で貧窮に喘ぎつつ文学を志した少女の放浪記も、サルディーニャ島の羊飼い出身の言語学者の手記も、ともに映画化されている。暴力団の組長時代の前半生を描いたフィルムに自演して東映実録路線の全盛を築いた、安藤昇のような俳優もいる。とはいうものの、たとえ自伝が文学的ジャンルとして成立しようとも、自伝に基づいた映画がジャンルを形成することはない。フィルムの素材として採用される自伝の多くは、娼婦や犯罪者といった社会の周縁部の住人を主人公としている。映画はただ常軌を逸した物語を必要としているだけなのだ。あえて自伝実録を標榜したところで、それは見世物小屋の呼び込みの文法の域を出ないだろう。なるほど、映画という鏡に映しだされたとき、真実の自伝と虚構の小説という古典的分割は無効となるだろうが、〈私〉の物語はつねに映画に先行して存在していて、映画はそれを後から模写するにすぎない。

第二に、分身《ドゥブル》の心理学の問題。自分の作品に濃厚な自伝的要素をもちこむ、といった作風の映画作家が確実に存在する。とりあえず、フェリーニとトリュフォー。『アマルコルド』はフェリーニが少年期を過ごしたイタリアのリミニ地方への甘やかな追憶に満ちているし、『大人は判ってくれない』や『思春期』には、薄幸だった少年トリュフォーの体験が重く影を落としているという。舞台背景に極大極小の違いはあるが、この二人には妙に共通するところがある。ともに映画製作を主題とするフィルムを撮りあげ、マルチェロ・マストロヤンニとジャン＝ピエール・レオという男優を一貫して主人公に起用してきた。彼らはいずれも監督たちの他我的存在《アルター・エゴ》といってよい。とりわけレオの場合には、『大人は判ってくれない』から『逃げ去る恋』に至るまで、二十年以上にわたってアントワーヌ・ドワネル物の連作につきあったためか、身振りからごく些細な表情までがトリュフォーに酷似してしまい、日常生活では逆に街角の他人によってトリュフォーがレオに間違えられるといった奇妙な挿話も残されているほどだ。小津安二郎に働いていたのも、同じ心理学であったにちがいあるまい。生涯を独身で過ごした『東京物語』の監督は、無器用ではあるが体型の似通った笠智衆に繰り返し老いたる父親の役を振りあてた。レオの演ずるドワネル青年がトリュフォーから映画を差し引いた存在であるように、笠智衆もまた小津マイナス映画を演じ続けたのであり、監督たちはスクリーンに映し出された彼らの身体を通して、ありえぬ第二の自我、想像裡に生きられた正反対の〈私〉をひそかに経験していたのである。ここでは映画は不在であることでもう一人の〈私〉を産み出す契機でありつつ、同時にそれが投影される対象でもあるといった二重の役割を担っている。

最後に、具体的に書物の形態をとった映画人たちの自伝が存在している。監督や俳優のいくたりかは生涯の終わりを迎えると、まるで示し合わせた儀礼であるかのように長い長い回想録を綴り始める。生まれて初めて見たフィルムの記憶に始まって、チャップリンとの出会い、処女作の失敗談、トーキーへの挑戦、女優との結婚と破綻、政治的亡命……どこまでも冒険譚は尽きない。そこには自作への思いがけぬ解説はもとより、同時代の反応、今日では失われてしまった演出法のメモ、多彩な交遊録といったものがたらふく詰めこまれていて、芸談としても映画史的史料としても価値を帯びることになる。今世紀の直前直後、いわゆる活動写真の黎明期に生を受けたルノワールとマキノ雅弘の自伝の読者は、そこに映画の発展とみずからの自己形成を重ねあわせようとする幸福な意志を発見することだろう。平行棒のように、彼らの生はまさに映画と歩調をともにしているのだ。映画との遭遇がルノワールとマキノの生涯を決定的に変え、彼らの作品が一時代の映画の興隆を築いた。スクリーンとは、彼らにとって人間観を塗りたくる眼前のキャンバスであり、自伝もまた、その夥しい作品群と同質の魅惑に満ちている。『ピクニック』の監督のそれは、パンタグリュエル的な幼年期と女性への大いなる憧憬に溢れているし、『日本侠客伝』の監督のそれは悪漢小説と長谷川伸風の人情物を混ぜあわせた自己ドラマ化に忙しい。

今ここに、以上の場合とはまったく違う雰囲気をもった、二つの映画的〈私〉の物語が存在している。それをはっきりと「自伝」と呼べないのは、語っている〈私〉が映画の内側に属しており、『真夏の夜の夢』の名科白に倣っていうならば、フィルムと同じセルロイドの材質で織りこまれた、なかば虚構の存在であるためである。一方は邦訳にして二巻五百頁の書物の形態をとり、もう一本は九五分のフィルムである。両者は原作物語とも、他我の心理学とも、老監督の回顧とも、およそ違った水準で、〈私〉を映画的に定立している。書物の作者は数十本の映画、TV作品をもち、処女長篇を演出してから二十年を迎えるスイス人の映像作家であり、フィルムの作者はといえば、これまでほとんど映画体験のないズブの素人のフィリピン人である。二人が個人史的にわかちあう部分は皆無である。にもかかわらず、二人の作品――ジャン＝リュック・ゴダールの書物とキッドラット・タヒミックのフィルムは、映画と〈私〉の関係をめぐって、正反対の方角から驚くほど類似した地点に到達しているのだ。彼らはともに、物語の問題の鉱脈に突きあたった。どのようにか？　さしあたって、『ゴダール／映画史』を読むことから始めることにしよう。

一九七八年の一夏をモザンビーク人民共和国の国営放送局に依頼されたTV番組『国民（の映像）の創生』（しかしまた、グリフィスへの敬意と皮肉に満ちた、なんという題名であろうか！）の準備に費やしたゴダールは、アフリカ東海岸からひとまず帰還すると、ただちにカナダのモントリオールに向かう。当地の映画芸術コンセルヴァトワールに招聘され、『映画とテレビの真の歴史への手引き』とかりそめに名付けられた（場合によれば数本の）フィルムの脚本を準備するためである。「私はいつも、映画を一本撮りおわると、すぐ次の映画をつくろうとしてきました」。このためゴダールは月末ごとにソニマージュの本拠地であるスイスの片田舎からモントリオールへと出張し、数人の聴衆を前にして映画史の講義を始める。旅は二日ずつ、約半年間続くことだろう。『勝手にしやがれ』の監督はまもなく五十歳になろうとしている。彼は自作を含む約六十本のフィルム断片を上映し、「つくったまま見直していなかったり、もう長い間見直していなかったりして、もうほとんどおぼえていない」過去の自作に思いついたように註釈を加え、短くはない映画作家としての生涯を回顧する。最初の五十年を元金にして、なんとか余生の三十年は過去の利息だけで人生を楽しみたいものだと述懐し、自分が「自分の映画を通してどこまで進んだのか」を検証してみたいと抱負を語る。

とはいうものの、ゴダールは相変らず次の映画のことばかり考えてもいる。ときおり彼は講義のさなかに軽く苛立っている。ラスベガスを建設した実在のギャングの物語を、ダイアン・キートンとロバート・デ・ニーロ主演で映画化したいのだが、昨夜はデ・ニーロと出演交渉をするために電話を待っていて眠っていないのだ、と不機嫌そうに弁明する。一本のフィルムに内在する権力のシステムが強制収容所のそれに比較されて批判的に論じられるのは、こうした具体的で些細な挿話からである。「私はたぶん、FRELIMO（モザンビーク解放戦線）とセルジュ・ロジック［コンセルヴァトワール校長＝引用者註］とデ・ニーロの間にいるのです」。これがゴダールの地理学的現在である。

それればかりではない。彼はあいかわらず、来たるべき映画の構想について、饒舌を隠そうとしない。二人の老人を使って『勝手にしやがれ』をリメイクする計画。強制収容所を描いたフィルムの計画。『わが映画たち』と仮題され、「自分の映画をあらゆる方向から考えようとする」ばかりか、「私がつくらなかった映画や、これからも決してつくらないはずの映画について」語ろうとする、二十万時間の長さをもったフィルムの計画……。「私の最新作は最後の映画の様相を呈するはずです」。

だが、永遠に撮影されることのないフィルムの計画とは何だろう。時満ちれば現実化されるというのではなく、絶対的に未来の不可能性へと投機され、いかなる場合にも来たるべきという形容詞を被せられたフィルム。映画作家の価値は、この不在としてしか現われることのない映画をめぐって、どのようなヴィジョンを抱いているかという点においてのみ、測定されるのではないだろうか。彼が現実に撮ったものよりも、彼が撮ろうとして撮れなかったもの、けっして撮ろうとしなかったものの輪郭を描くことのほうが重要なのである。

結局、ゴダールの講義は当初構想していたフィルムの製作にまでは到達できず、資金不足から挫折する。あとには十時間以上にわたる録音カセットだけが残され、重複や記憶違いを一切訂正することなく、そっくり翌年文字に移し換えられて、「サ・シネマ叢書」の一冊として出版される。ここにわれわれが手にしている二巻の書物は、一貫してゴダールの熱情あふれる理解者である奥村昭夫によってなされたその翻訳である。

これは書物ではなく、映画なのだ、私は今講演をしているのではなく、映画を撮影しているのだ、とゴダールは繰り返し主張する。ゴダールによれば、「すべてをもちこむこと」ができ、本来的に命令行為とは無縁であって、「自由に属する」映像と、「ふつう、なにかを凝固させるためにつかわれ」、「牢獄」にまで喩えられる言葉とは、にもかかわらずけっして対立したものではなく、二通りの関係をもつことができる。一つはシナリオであり、これは不幸な関係に他ならない。「撮影による映画」が徐々に「シナリオによる映画」に席を譲り渡したとき、ソ連映画の凋落が始まったわけだし、スターリンとハリウッドは国家間的癒着に成功したのだ。現行の映画の十中八九は小説のコピーであって、シナリオを「聖書」のように神聖視するという誤りによって製作されている。「書くという形で映画をあらかじめ語ることはできない」ためである。今一つは批評である。批評は映画に先行し、映画に戒律を与える言語ではなく、映画と交換可能で対等な言語である。「私は一度も、映画について語ることと映画をつくることを区別して考えたことがありません」。映画批評家として出発し、『カイエ・デュ・シネマ』の同人としてアメリカ級映画を顕彰することからいつしか『勝手にしやがれ』を撮り終えていたゴダールにとって、一本のフィルムとはつねに先行するフィルム群への讃歌、パロディ、引用以外の何物でもなく、高度な批評的意識に裏打ちされていたといえるだろう。端的にいえば、彼は映画批評（映像批判）としてつねに映画を撮っていたのだった。その意味で、『ゴダール／映画史』もまた『勝手にしやがれ』や『東風』と同じ精神の産物とわかる。それは映像と幸福な関係にあり、ほとんど映画そのものと見分けがつかなくなってしまった言葉の群なのだ。

映画史を語ること、映画の物語《イストワール》（＝歴史）のただなかに身を晒すこと。ゴダールは、すでに制度的な映画史に属している自分の神話的映像について、十分に自覚的である。そこでは彼は「一方では分類不可能とされながら、他方では非モデルとして分類されている」。フィルムの作者を特権的主体に祭り上げて、時代順に秩序づけ、映画そのものではなく「映画のわきで進行していた事柄」を論ずるに忙しい映画史、すなわち映画よりはむしろ「文学に向いているような人たちによってつくられてきた」映画史。そこでは、ゴダールはヌーヴェル・ヴァーグの反逆児、毛沢東、黒眼鏡、商業映画からの訣別といったいくつかの紋切型の伝記素に還元されたり、あるいは過剰な神話的崇拝を捧げられるだけで処理されてしまうだろう。

　したがって、新しい映画史を樹立しなければならないし、それは文字ではなく音と映像で、すなわち映画によって創造されるという点で真実の映画史と呼ぶにふさわしいものとなるだろう。映画の記述ではなく、映画による映画の解釈行為、いってみれば、映画を主人公とするフィクション物語の映画となるだろう。真実の映画史は容易であると同時に不可能な存在である。すなわち、それは「映画の外側やわきにではなく、映画それ自体のなかにある」がゆえに容易であり、残っている映像が「産業によって、とりわけそれらをつかって歴史を語ることはできないようなやり方で組織されている」がゆえに不可能である。だが、いずれにせよ、映画史が「自らの歴史をもつことのできる唯一の歴史」である、という特権的な事情には変わりがない。その長くもない物語は「二十世紀の視覚的な痕跡」を含みつつ、究極的にはわれわれ自身の鏡像となることだろう。

　来たるべき映画史の内部にあって、ゴダール自身は主体であることを止め、匿名の眼差しに同化してしまう。それは観客の視線であり、ゴダールは映画をつくりつつ同時に「観客に属している」のだ。撮影されるべきなのは、観客の視線によってベクトルの反転してしまうフィルムであり、そこでは「観客は頭のなかに一種のカメラを……映写機をもつことになり、その映写機が［カメラの背後を＝訳者註］映し出す」といった事態こそが演じられなければならない。映画作家の物語（歴史）がこれまで際限なく語られてきたのであるから、それと同数の、映画を見続けた観客の物語（歴史）が語られるべきである。そして、見ることが「見るすべを知る」、ことであるならば、映画を見ることの歴史は必然的に、「同じ映画によってもたらされた盲目化の歴史」を内包するだろう。映画そのものの歴史は、映写機の前方に位置している観客と、カメラの背後に控えている作家の中間地帯に、両極の隔たりのうちに、こことよそをつなぐ格助詞「と」のうちに、成立することになる。われわれが手にしている書物はたかだか来たるべき映画史の予告編にすぎず、原題 *Introduction à Une Véritable Histoire du Cinéma* の冒頭に置かれた Introduction（手引き、序説）の一語は正当なものである。「私は本編をつくるよりはむしろ、予告編をつくりたいくらいです。私がいま予告篇をつくるとすれば、四、五時間の長さのものになるはずです。つまり、本篇より長いものになるはずです。なぜなら、私は本篇について、あらゆる方向からくわしく語ろうとするはずだからです」。未来の作品への序文を生涯を通して準備し続けるという点で、ゴダールはすぐれてフーリエとニーチェの血族である。『ゴダール／映画史』は、『四運動の理論』や『この人を見よ』と肩を並べて読まれるべきテクストなのだ。

ゴダールがみずからをそっと滑りこませるのは、こうした映画史の内部へである。親密さと溶融の感覚。彼はとりあえず「映画史のなかのあるきまった場所にいた自分を、年代順に見るよう」自分に強制するのだが、この作業は「家族アルバムを見直し、結局は自分もこの家族の一員」なのだと再確認する行為に喩えられるだろう。彼は「一滴の水」として映画の巨大な物語に属しているのだ。

では、具体的にゴダールはどのような形式で映画史を進めるのだろうか。彼はまず一日の午前中に、サイレント映画を冒頭に置いた数本のフィルムの断片群を上映し、次いで午後には、映画史的にそれらと相互に位置を規定することになるであろう自作を一本上映する。両者が産みだす隔たり、隙間、同時的存在性こそが、その日の講義の主眼となる。すなわち、プレミンジャーの『堕ちた天使』の後で『勝手にしやがれ』が上映されるのは、ゴダールがこの長篇処女作を撮った当時に取り巻かれていたアメリカ映画神話とそのリメイクの幸福な挫折が論じられるためである。『カラビニエ』に先立って、『肉弾鬼中隊』（フォード）『アレクサンドル・ネフスキー』（エイゼンシュテイン）『無防備都市』（ロッセリーニ）『グリーン・ベレー』（ジョン・ウエイン）といった一連の戦争映画が映写機に掛けられるのは、『カラビニエ』のジャンルの「主調音《ドミナント》」（トゥイニャーノフ）からの隔たりを測定するためである。

もっともこのジャンルの設定は、あくまでゴダールの批評行為を経過したものであることは、いうまでもない。一例を掲げるならば、『魔人ドラキュラ』（ブラウニング）『ドイツ零年』（ロッセリーニ）『鳥』（ヒッチコック）といったフィルム群は、『ウイークエンド』といかなる関係を結んでいるがゆえに、並置されるのか。これらはいずれも、時代時代の妖怪《モンストル》のの映像である、とひとまず解説したうえで、ゴダールは幻想的《ファンタスティック》映画と政治映画の親近性を主張する。敗戦直後のベルリンを舞台にナチスの亡霊と対決して破滅する一家を描いた『ドイツ零年』は、吸血鬼映画と本質的に同じ構造をもっており、「言葉の単純な意味で完全に幻想的な映画」である。やがて話題はジョン・トラヴォルタの映画へと移り、『鳥』や『ウイークエンド』ではなく、『グリーズ』や『サタデー・ナイト・フィーバー』こそが真の妖怪的映画なのだ、という結論に達する。それは「われわれに恐怖感を与えず、あとでわれわれを妖怪めいたものにする映画だと言えます。それに対し、われわれにいくらかの恐怖感を与えるそのほかの映画は、われわれをいくらか解放してくれるのです」。

自作にそれと対応するフィルム断片群を組み合わせるというユニークな作業は、ベルイマンの『沈黙』の原題が『ペルソナ』だとこれまで勘違いしていたために、誤まって『沈黙』のかわりに『ペルソナ』を上映してしまうという常軌を逸した失敗をあっけらかんと含みながら、ともかくそれなりに進行する。若干の例外はあるが、『勝手にしやがれ』から『ワン・プラス・ワン』まで、それはほぼ作品の年代に沿って行なわれることになる。もっとも〈五月〉以降の作品については、簡単に触れられるだけで、上映は行なわない。目下のところ「一緒に映写すべき映画の例を思いつくことができない」ためである。彼の最新作に対応して映写されるべきなのは、「映画の初期の映画」だけであろう。この言葉をゴダール的傲慢の表現として簡単に片付けてしまわずに、われわれはここで、複数のフィルム断片を接合して映写するという奇妙な手法について、考えてみなければならない。このパフォーマンス自体が、ゴダールの映画観を十二分に説明しているのだから。

ゴダールにとって、映画は一度として全体を構成したためしがない。それはつねに断片の存在である。トリュフォーの証言によれば、若き日のゴダールは「午後のうちに五本の映画を十五分ずつ見てまわ」ったり、ブレッソンの『スリ』を観に「ロードショー館に何度も足を運んでは、そのたびに二十分ずつしか見てこなかった」といった奇癖の所有者なのだが、観ることの断片化への意志はのちに彼の演出の基本的姿勢として継承されることになる。「私ははじめから、自分の映画を断片としてつくったわけです」。思いだしてみよう。『女と男のいる舗道』は字幕の挿入による十二場の接合であったし、『男性・女性』のクレジット・タイトルには「フランス語を使用して百二十一本はつくられているべき映画の一本」と記されていたはずだ。『ウイークエンド』の映像は「多くの断片からなる映画、空想の世界で遊びほうけ、廃品となってみつかった映画」といった文字によってしばしば中断されていたし、そもそも話法の根底に時空の非連続性が横たわっていたではないか。即興的な演出と手あたり次第の人物・事物・書物の引用、音声と映像との乖離、静止画面の長廻しと緩やかにどこまでも続くトラッキング。こうした手法は、ゴダールのフィルム群に当初から一貫しており、その本質的な断片性を十分に証拠立てている。「私が映画をおもしろいと思うのは、映画には創出すべきものはなにもないからです。映画は、音楽を組み立てるのを同じやり方で組み立てられた絵画なのです。だから、ただ単にみつめればいいのです。そしてあとで、自分が見たものを寄せ集めればいいのです」。

断片、引用、寄せ集め。ゴダールがみずからの講義をすでに映画であると呼ぶとき、それは彼のこうした手法の新たなる実践であると解釈しなければならない。『小さな兵隊』の傍に『M』を、『中国女』の傍に『戦艦ポチョムキン』と『黄金時代』と『オペラ・ハット』を並置することは、単なる参考作品の上映といった段階を越えて、テクスト相互間の引用行為の域に及んでいる。ここに至って、ゴダールの身体は砕け散った鏡片に映像が映るように、フィルム断片と同じ数に増殖する。「私が自分の映画史のなかで長期間にわたって追い求めてきた唯一のことは、ひとりになることをできるだけ避けるということなのです」。〈私〉は映画史の天蓋と同じ大きさにまで拡大し、透明で匿名的な意志へと変性して、『堕ちた天使』から『ワン・プラス・ワン』にいたる世界のすべての映画を同時に撮影するのである。

では、『ゴダール／映画史』の傍に並置すべきなのは、いったいどのような映画なのであろうか。われわれはゴダールに倣って、ここに一本のフィルムを提示し、両者の間に関係をうち立ててみたいと思う。

キッドラット・タヒミックの『悪夢の香り』は、多くの点で最初の映画と呼ぶことのできる作品である。この製作費わずか一万ドルのフィルムは、短期間へルツォークの撮影現場に居合わせたことを除けば、いかなる意味でも映画青年でなかった一フィリピン人の処女作であり、今のところフィリピン映画として国際的に話題を巻き起こした唯一のフィルムである。しかし、何よりも重要なのは、映像として残された〈私〉の身体を寄せ集め、組み合せることで、新たなる〈私〉を構成し、〈私〉の探求を映像として提示するという点で、『悪夢の香り』がきわめて今日的な作品である、という点にあるだろう。おそらく、タヒミックはゴダールの作品を観たことも、ひょっとすればその名を聞いたこともないかもしれない。だが、『悪夢の香り』は部分的には素人っぽい、技術的な稚拙さを示しつつも、あるいはそれがゆえに、タヒミックの現時点におけるミクロな次元での政治的状況を物語り、すぐれてゴダールの問題領域の内側に位置しているのだ。ともあれ、その概略を語ることから始めよう。

『悪夢の香り』は、小さな橋のフィックス・ショットから始まる。それは、作者の生まれ育ったコルジエラセントラル山脈南端の村と外界とを結ぶ唯一の手段である。緑の木々に囲まれた橋を真赤なジープがゆっくりと横断するさまが、まるで一切が人形芝居の書割であるかのように遠くに引いた固定画面のなかで映し出される。次いで、一人の子供が綱で括った玩具の赤い自動車を引きずりながら無心に橋を横切る映像の数度の反復。回を重ねるごとに車は大きくなり、ついには現実のジープに変わる。それを運んで橋の傾斜を登りきることは、子供には重労働だ。この間、声はオフのまま自己紹介を始める。今は亡き父が橋を建設し村に尽くしたこと、自分は幼いときから家の傍にある橋を見て過ごし、現在ではジープニー（アメリカ軍が廃棄したジープを手作りで改良した乗り合いバス）の運転手として毎日この橋を渡っていること。画面はこうしたキッドラットと橋との物語を、寸劇に仕立てあげて提示しているのだ。

故郷の村における文化混淆の日常。民族文化と土俗化したカトリック、そして新しい侵略者としてのアメリカ文化。オカッパ頭に山羊髭の青年キッドラットは、ピンナップの貼りつけられた竹作りの家で目醒め、ラジオから流れるヴォイス・オヴ・アメリカに熱心に耳を傾ける。彼は子供たちに混じって、屋外で割礼を受ける。無気味な刺青をした友人と歓談し、聖マリアのための土俗的な自己鞭笞の儀礼に興ずる人々を眺める。同時に、宇宙飛行士たることを夢見、彼と世界を結ぶ唯一の橋である米語放送局に、たどたどしい投書を書き送る。投書が採用されると知ったときの狂喜。それは、フィリピンの山中にまで達したアメリカの文化侵略の光景でもある。

貧しいフィリピン青年はケープ・ケネディへの巡礼を決意する。チューインガム産業による世界制覇を目論むアメリカ人の知遇をたまたま得て、その雇用者としてひとまずパリに赴くことになる。村をあげての大騒ぎの壮行会をすませ、彼は生まれて初めて機上の人となる。

シャルル・ド・ゴール空港は、あたかもユートピアの未来都市のように、無垢な青年の眼に映る。動く階段に、光輝く空中の橋。なんとセーヌ河には、新旧とりまぜて二十六もの橋が架けられているというではないか！

だが、至福感はたちどころに幻滅に転化する。キッドラットは狭い屋根裏の部屋を住居として宛行《あてが》われるだけで、日夜チューインガム自販機の詰め替え作業に追われなければならない。ノートルダム寺院からモンパルナス墓地まで、色鮮かなジープニーを運転しパリ中を駆けずり回って、この単調な労働に勤しむのだが、宇宙飛行士の夢は遠のいてゆくばかりだ。それでも不思議な人なつっこさをもった主人公は周囲に親密な人々の輪を築いてゆき、カメラは次々と彼らをインタビュー形式で捉える。たとえば、彼が毎日卵を買う朝市のローラ婆さんは、自分の置かれている状況を次のように語る。手作りの餌で育った鶏の卵を店頭に並べていることが自慢なのだが、スーパーマーケットの進出によって、電気孵化の卵が安く大量に市場に出まわった日には、破滅だと。

休暇を得たキッドラットは、ドイツを旅行中に妊娠中の娘と知りあって懇意となる（「生まれた赤ん坊は、なぜか僕に似ていた」という、ユーモラスな説明が加えられる）。パリに帰還するや、巨大なスーパーがすでに建設されていて、朝市は影も形も残さずきれいに除去されていることを知る。絶望はいよいよ決定的になる。野心家の雇い主に別れを告げた主人公は、竹の家なら数軒を含みこめるだけの広さのスーパーの煙突のなかに身を隠し、ひとり故郷の村を想う。宇宙飛行士たらんとする夢はもはや完全に消滅した。ケープ・ケネディとパリを包みこみ、さらにフィリピンの村までを犯そうとしている、進歩という観念そのものが実は誤りなのだ、と彼は判断を下す。

二十世紀の、この「ペルシャ人の手紙」は、科学技術こそが敵であるという結論に達して、幕を閉じる。その世界観の素朴を嗤うことは、より高度に錯綜せる社会に生きているという自負とシニシズムに一年中薬漬けとなっている日本の知識人には、あるいは容易なことかもしれない。だがタヒミックの結論とは、肉体労働を通過した彼の手作りの思考の到達点であり、彼を囲繞する文化―政治的状況の関数なのだ。それを別の問題文脈から気忙しく判断することも、容易に普遍化してイデオロギーたらしめることも、ここでは差し控えることにしよう。『悪夢の香り』にあって重要なのは、タヒミックがフィルムを演出するさいに用いた特異な手法であり、ドキュメンタリーとフィクションという二分法からまったく離れた地点であっけらかんと一本の作品を撮り終えてしまう、彼の自由な映画観なのだ。

キッドラット・タヒミック本人が画面に登場して、一人称でこれまでの自分の物語を語るという筋立てにはなっているものの、『悪夢の香り』は実在せるタヒミックの個人史に忠実なわけではない。故郷の村のいくつかの挿話を別にすれば、むしろフィクションの占める割合のほうが重いといったほうが、適切かもしれない。手許の資料によれば、タヒミックは一九四二年に生まれ、フィリピン大学でスピーチと演劇を、大学院では経済学を専攻した。ミュンヘン五輪で一儲けしようと、西ドイツへフィリピンの民芸品をしこたま送らせたのだが、台風で荷が遅れ、すっかり観光シーズンを逸してしまった。フィリピンにも戻れず、民芸品を売って放浪しながら、いつしかミュンヘンの芸術家たちのコンミューンに参加していたという。彼はここで初めてムーヴィ・カメラに触れる。試みに個人映画を完成して、ベルリン映画祭に送りつけてみたところ、何と満場一致で七七年度の批評家賞を獲得する羽目となり、あまつさえ『地獄の黙示録』のF・コッポラがアメリカでの配給権を買い取ってしまった！

だが、こうしたタヒミックの物語が映画に描かれているそれと一致しないからといって、『悪夢の香り』を通常のフィクション映画の範疇に入れてよしとするならば、その早急さは誇りを受けることになるだろう。この作品に登場する映像のほとんどは実在せる人物に投ぜられたドキュメンタリーであるためだ。故郷の村の住民たちは無論のこと、卵売りの老婆から朝市に集う人々にいたるまで、誰もが自分の現実の状況をカメラに向かって語る。妊娠したドイツ娘とは彼の妻であり、一カットだけ顔を覗かせる赤ん坊は息子に他ならない（顔が似ているのは当り前だ）。タヒミックは、あたかも家族映画の作者であるかのように自分の周囲に親しげな視線を張り廻らす。そして、身近な位置にある人々の声と映像をカメラに収録し終えると、今度はそれを巧みに編集して、ありえぬ〈私〉の物語をパランプセストのように後から刻みこんだのである。新たに外に材料を求めることなく、とりあえず手元にある断片的な物事だけを組み合わせて、思いもよらなかった世界を開示すること、これこそメリエスの手法であったブリコラージュとしての映画製作の、今日的発現ではないか。

こうしたタヒミックの姿勢は、ゴダールの次のような言葉にしらずと対応することだろう。「私はいつも、ドキュメンタリーとフィクションの間を航行してきました……この二つのものを少しも区別することなく、ともに描写することに役立てながら、この二つのものの間を航行してきました。（……）映画というのは、ひとつの極から別の極へ揺れ動くなにかなのです」。そう、ここでゴダールのフィルムには、架空の人物とまったく同じ資格で、実に多くの人物が実名のまま登場していた、という事実を思い出してみるべきなのだ。『女と男のいる舗道』のブリス・パラン、

『軽蔑』のフリッツ・ラング、『中国女』のフランシス・ジャンソン、『男性・女性』のブリジット・バルドー。『彼女について私が知っている二、三の事柄』では、冒頭に登場する主婦は、始めにマリナ・ブラディであると俳優の実名がナレーションによって語られ、次いでジュリエットという物語内での役名が同じ口調で知らされるのである。「私はいつも、人物を実在の人間とみなし、シナリオのなかに、その人物の実在性《レアリテ》といったものをもちこもうとしてきました」。それればかりではない。ゴダールには、実在する都市パリをめぐるドキュメンタリー的な映像にあっさりと未来都市の称号を与えてしまい、舞台装置に一銭もかけることなく、『アルファヴィル』というSF活劇をぬけぬけと完成してしまった前科があったではないか。

ゴダールによるならば、フィクションという概念そのものがフィクションにすぎないということになる。ドキュメンタリーとフィクションという対立の図式からしてそもそもが虚妄の精神の産物であり、後者は前者の一形態にすぎない。ともにヤヌス神の二面であって、同じだけの実在性を湛えている。フィクションは「受け取られなければ、人に見られることのない証拠品」にすぎず、要するにフィクションを必要とする「視線」がつくりあげたものなのだ。「すべてがまさにドキュメント」である。この意味で『中国女』を「民族学的ドキュメンタリー」と呼び、『メイド・イン・USA』を現実のバン・ベルカ事件に材を得たドキュメンタリーと見なすことは、正しいことなのだ。

『悪夢の香り』のいたるところに顔を覗かせている即興劇への志向は、こうした文脈においてこそ、理解されなければならない。演戯と実在の混淆は単に意匠として採用されているのではなく、このフィルムを深く構造化している。ここでは、ウィルソンやジスカールデスタンといった実在する各国の首脳を映し出したニュース・リールからの引用がなされると同時に、工事現場を舞台にキッシンジャーやエリザベス女王の仮面をつけた人物によるドタバタ劇が登場している。子供が玩具の自動車を引く冒頭については先に述べておいたが、田舎の村では誰もが容易に野外での即興劇の登場人物になり替ってしまう。少年たちが川辺でキャンプをしながら、先進国首脳によるサミットを諷刺的に再現し、ジョン・カーターを演じている一人が気ままに席を蹴って群を離れる場面では、現実のサミットの模様を報道するラジオからの音声が重ね合わされる。また、キッドラットが故郷を出立する直前に街の聖母マリア像に祈願を捧げる場面では、主人公と像の間で諧謔に満ちた想像裡の対話がなされ、オフで流されることになる。マリアは一年中その場所を離れることができず、同じ高みから相変らずの信者たちを眺め暮しているためにすっかり退屈しきってしまっていて、信者たちの信仰を軽く皮肉り、世俗の話題にしか興味を示そうとしないのだ。そして結末部では、カーターの仮面を被った巨人に対して、タヒミックが戦いをいどみ、魔法の息で敵を吹きとばしてしまうまでが描かれることになる。『悪夢の香り』の主人公の自我は、こうした細部における演劇ごっこの断片の結合のうえに、全てを統合する架空の主体として組み立てられているのである。

もちろん誤解のないように付言しておきたいが、『悪夢の香り』が感動的なのは、なにもそれが『東風』や『ヴラジミールとローザ』に似た印象を与えるからではない。それが結果論にすぎないことを、これまでの論旨から読者は汲み取っていただけると思う。ゴダールの言葉を借りるならば、タヒミックがここで取りあげられるべきであるのは、「自分が今いる場所で、自分自身のやり方で〔言葉を＝引用者註〕発する（……）つまり自分の真実を語る」という道徳的な選択に応じてのことである。ゴダールとタヒミックに唯一共通するものがあるとすれば、それは自分は本来あるべき世界の中心に目下のところ位置しているわけではない、という自覚であろう。『悪夢の香り』のアジア青年にとって、進歩の妄想に取り憑かれた西洋文明のただ中に住まうことは、必然的に彼を少数派の側へ追いこんでしまう結果となり、それが彼の批評精神のバネとなっている。現実にパリを遠く離れたスイスの小さな町に活動の本拠地を置く『映画史』の著者が、映画史的にもつねに異端児であったことは、いまさら言を重ねることもないだろう。「私は大いに……いや少しずつ辺境《フロンチエール》〔あるいは「国境」〕というものに関心をもち、むしろ辺境に自分の位置をとるようになりました」。「私は一人の亡命者《デプラセ》として、位置のずれた《デプラセ》〔あるいは「場違いな」〕映画をつくっています」。

亡命者として、外国人として、要するに〈他者〉として世界を見つめ、カメラを廻し続けること。タヒミックの用いるフィリピン訛の英語と軽い吃音癖、ひっきりなしに流れるラジオの米語の音声とアジアの村の映像の不整合、フィルムに強く刻印された英語での語りの合い間を縫って見え隠れする現地語での対話の痕跡。『悪夢の香り』に通底しているのは、文化的に中心が喪失した状況への懐疑の念であり、もはやいかなる場所に赴こうともみずからを内面的亡命者と規定するにいたったフィリピンの若き知識人の苦悩である。だが、それにしても、ここには何という無邪気で悪戯好きな精神が跳梁していることか。『悪夢の香り』は、リュミエールによる撮影隊の派遣以来、映画史的に被写体に甘んじてきた世界の一領域から、パリの投げかけられた視線の逆流であり、その意味で人類学的な射程をもっている。わたしは以前、パリを訪れたニジェール人たちが街角を行くフランス人を捉えては次々と質問を投げかけ、ドキュメンタリーを製作してゆくユーモラスな情景をジャン・ルーシュの『少しずつ』のなかで観た記憶があるが、タヒミックもまた小さなムーヴィ・カメラとジープニーだけを用いてパリのフィールド・ワークを見事に成し遂げたのである。

ゴダールとタヒミック。このまったく関わりのない二人の存在の中間に身を置いて思考し、両者の間に一本の横断線を引くことは、きわめて映画的な試みといえるだろう。一方は映画史的記憶の網の目に捉われつつ、むしろ積極的にみずからの身体をその網状組織のなかへ解消していくことで、映画という環境を批評的に生きようとしている。もう一方は、いかなる映画史的記憶とも個人的に接触をもたない地点にあって、自分の周囲にのみ視線を投じることで一篇のフィルムを完成する。彼は映像としての〈私〉を、提示を通して他者とのコミュニケートを目論んでいる。二人はともに映画の身体を生きる。亡命者として、他者として、批評家として。映画の天空のほとんど正反対の極にありながら、二人は知らずに同じ地点を目ざして、探求を続けてきたのだ。おそらく、彼らを結ぶ横断線こそが、未来の映画史と呼ばれるにふさわしいのであろう。

（注）ゴダールの言葉はすべて『ゴダール／映画史』（奥村昭夫訳、筑摩書房、一九八二）による。タヒミックの『悪夢の香り』は一九八二年度の国際交流基金映画祭に出品され、監督本人が来日した。

一九八二年

「〈私〉は映画の身体を生きる——ゴダールとタヒミック」

『ユリイカ』十月号に連載「エッセ・シネマトグラフィック」第十回として発表され、翌八三年に青土社から刊行された『映像の招喚』に収録された。ゴダールが一九七八年にモントリオールで行なった連続講演の記録『ゴダール

／映画史』（奥村昭夫訳、筑摩書房、一九八二）と、フィリピンの個人映画作家キッドラット・タヒミック監督による『悪夢の香り』とを同時に見据え、始源における映画とは何かという問題を論じたエッセイである。『映画史』の方は単行本として刊行されるのが待ちきれず、奥村さんに頼みこんで、ゲラの段階で読ませてもらった記憶がある。タヒミックは一九八二年に国際交流基金が開催した「南アジアの名作を求めて」（通称「南アジア映画祭」）の会場で知り合いになった。

モントリオールでの映画史講義の試みは、過去に他の監督たちが撮った複数のフィルムを上映し、それについてゴダールが語るという形式であり、後に大作『映画史』へと結実する試みの萌芽であるといえる。

ゴダールとタヒミックを並列して論じるというのは当時は奇異に思われたかもしれないが、後にクリストファー・パヴセックが、それにアレクサンドル・クルーゲを加えた三人を論じる著作を発表している（Christopher Pavsek, *The Utopia of Film: Cinema and its Futures in Godard, Kluge, and Tahimik*, Columbia University Press, 2013)。パヴセックはそのなかでこの三人の監督が、アドルノいうところの「償われた世界」をめぐり、社会改革とユートピア思想に深く関わってきたことを論じている。

タヒミックとはその後も山形国際ドキュメンタリー映画祭の会場などで、しばしば言葉を交わすことになった。きみが僕のことを「アジアのゴダール」みたいに呼んでくれたおかげで、ヨーロッパでゴダール・シンポジウムに呼ばれたことがあったっけと、彼は笑いながら語ったことがあった。

クルーゲとは二〇一八年に、竹峰義和氏と三人で鼎談をしたことがあった（『映画の領分』岩波書店、二〇二〇に収録）。マルクスの『資本論』を原作に十時間にわたるフィルムを完成させたこのミュンヘンの監督は、次はベンヤミンの『パッサージュ論』の映画化に取り組むと宣言していた。

『フレディ・ビュアシュへの手紙』

ゴダールはパリで生まれ、三歳でスイスのレマン湖畔に移り、中学でふたたびパリへといった風に、フランスとスイスを往還する人生を送った。一九七〇年代後半以降は、これもレマン湖畔のロールに居を定め、それが終の棲家となった。ナチスドイツのフランス占領を直接に体験せず、アルジェリア戦争時にも兵役に就かされることを心配せずにすんだことは、彼の強制収容所とアルジェリア独立戦争についての考えを、一般のフランス人とは違ったものにしている。アルジェリア戦争における徴兵忌避問題に触れ、フランスで公開禁止処分を受けた『小さな兵隊』は、ジュネーヴで撮影された。レマン湖とその近辺の森や林は、商業映画界復帰第一作『勝手に逃げろ』以来、文字通り彼の偏愛する場所（トポフィリ）と化している。『パッション』『こんにちは、マリア』から晩年の『さらば、言葉よ』まで、ほとんどの作品がそこで撮影された。『ヌーヴェル・ヴァーグ』で海岸に打ち寄せる波はレマン湖の波なのだ。

『フレディ・ビュアシュへの手紙』は、そんなゴダールがローザンヌ市制五百周年を記念して、市から依頼されて監督した短編である。彼は最初ヴィデオで撮り、次にそれを35ミリに直した。ビュアシュはシネマテック・スイスの館長であり映画批評家としても著名で、わたしはパゾリーニ論を準備していたころ、イタリア映画史の輪郭を摑むため、彼の著作にお世話になった思い出がある。七〇年代以降に台頭してきた、ダニエル・シュミットを始めとするスイス映画を強烈にバックアップしたのも、この人であった。

もっともゴダールのことである。個人への手紙という形をとったこのフィルムでも、冒頭で爆弾発言をしている。「映画はもうすぐ死んでいくでしょう、とても若いままに。だから、ゆっくりしていられないのです。事物の根底に到達するためには」。

この作品は小品ながら、事物の根底に到達しようとする試みである。描かれているのはローザンヌの空であり、陽の光を浴びて湖に揺蕩《たゆた》う水である。夕暮れどきに緑から青へと微妙に色彩の諧調を下ってゆく樹々の葉であり、小麦畑とその向こうに続く森である。夏場に撮影されたのだろう、人々は半袖のTシャツ姿で街角を歩いている。新しいパートナーであるアンヌ＝マリ・ミエヴィルらしき女性も、リラックスした格好で人々のなかにいる。

カメラは路上を接写しながら移動し、石段から瓦礫へ、ゴツゴツとした岩へと移ったのち、水を捉える。なんだ、湖畔の階段を映していただけなのか。だがよく眺めてみると、アルプスと湖の間にあるこの町の高さと低さ、またその間を歩いていく人間の動きを映像に記録しておきたいのだとわかる。

冒頭からラヴェルの『ボレロ』が流れている。ゴダール本人がターンテーブルにLPレコードを置き、レコード針とレコードの埃を丁寧に拭いながら針を落とす。この短編では再生装置にせよ編集機にせよ、直接に手を用いた操作が強調されている。『ラヴェル』の旋律の反復構造が、ローザンヌの街角を行く人々の歩行に重なり合う。彼は色彩を羅列する。緑、青、赤、白……どの色もすべてフィクションだ。人生そのものがフィクションだからだ。だがそういいながらも彼は、この町の親密空間の基調となっている緑と青が、都市再開発のよって灰色の侵入を許していることに警告を発している。

「映画はもうすぐ死んでいくでしょう、とても若いままに。だから、ゆっくりしていられないのです。事物の根底に到達するためには」。

美しい短編ではあるが、冒頭にあるこの言葉が、やはり妙に気にかかる。ビュアシュはその後、「ゴダールへの手紙」という返信ヴィデオを彼に送った。

一九八二年

『フレディ・ビュアシュへの手紙』（一九八一）

ローザンヌにあるシネマテック・スイスは一度訪れたことがあった。ゴダールが『フレディ・ビュアシュへの手紙』を撮った二年後、一九八四年のことである。パリからロカルノ映画祭に行く途中、ふとこのフィルムのことを思い出して、さしたる考えもなく立ち寄ったのである。

ビュアシュ館長は不在であったが、副館長のデミトリゥ氏と意気投合し、山中にある料理店で愉しい時を過ごした。ロカルノに到着し、ダニエル・シュミットから『楽園の創造』という、パノラマ国家スイスの起源を問う豪華絵本を贈られた直後に、ルイーズ・ブルックスの死を知らされた。映画祭側は急遽プログラムを変更して、ルルの追悼上映を行なった。わたしにとって一九八四年とは、映画への情熱がひとつの頂点を極めた年だった。その始まりにゴダールがカメラを向けたローザンヌという町があった。小さな田舎電車に乗ってレマン湖からマジョリ湖へと移っていくとき、ああこの岸辺のどこかにゴダールが住んでいて、今もせっせと編集機に向かい合っているのだなと、わたしはぼんやりと考えていた。

ゴダールを導入する

ジャン＝リュック・ゴダールを導入する。モザンビークにVTRを導入するように、幻魔大戦に超能力少年を導入するように、文芸批評に間テクスト性の概念を導入するように、ゴダールを導入する。すべてはそこから始まる。誰がゴダールに狼狽するか。誰がゴダールに耐えうるか。彼をまえに口籠り、予期もしなかった姿へと変身してしまうか。誰がゴダールが導入されたあとの土地を歩くことができるか。われわれはそれを見届けなければならない。ゴダールを導入する。すべてはそこから始まる。

形容詞は何も語らない。ゴダールは美しいとか、ゴダールはきわめて危険だとか、ゴダールは誰にもまして道徳的だとか、形容詞の際限のない羅列は運動の輪郭をなぞるだけで、具体的な音と映像に到達しない。形容詞は行動しない。しかし、ゴダールは導入されなければならない。ゴダールが定義されうるとすれば、それは固有名詞と動詞からなるこの簡潔な命題を除いて、他にない。動詞だけが事物を変えることができる。ゴダールは動詞によってのみ定義することができる稀有の存在である。彼は訣別する。漂流する。変身する。だから、ゴダールをともかく導入することから、何もかもが始まる。

導入と適用をとりちがえてはいけない。ゴダールは水戸黄門でもなければ、『中国女』でアンヌ・ヴィアゼムスキーが高く掲げた毛主席の赤い書物でもない。『万事快調』も『東風』も経典として、規範として撮影されたフィルムではない。それを神聖視することは頽廃である。ゴダールを適用するとは、ゴダールを静的な価値裁定の基準として採用することだ。ゴダールを不毛な反響装置の内側へと取りこんでしまうことだ。それは誤まりであり、病的な感傷の所産である。そうではなく、なによりもゴダールを導入しなければいけない。瓶の内側で反響させるのではなく、露出しなければいけない。ゴダールが映画で企てたこと、映画の内側で思考したこと、思考はしたものの実現に至らなかったこと、そのすべてを映画的欲望の名のもとに呼吸し、剝き出しのまま提示しなければならない。経典として拝跪するのではなく、眼前にあって日に日に変容を遂げてゆく過激な力の意志として見なさなければならない。そのとき、ゴダールの導入が始まる。

ゴダールは一九三〇年、医師と銀行家の娘を両親として、パリに生まれた。一家は二次大戦中にスイスに移転し、彼はニヨンで教育を受けた。のちに『勝手に逃げろ・人生』(以下『勝手に逃げろ』)でナタリー・バイが軽快に自転車を走らせる、あの美しいレマン湖畔の町である。ソルボンヌで人類学を専攻し、シネマテークに足繁く通ううちに、トリュフォー、リヴェット、ロメールといった映画狂《シネフィル》の青年たちと知りあった。彼らの背後にはアンドレ・バザンが精神的支柱として控えており、彼が創刊した『カイエ・デュ・シネマ』誌はヌーヴェル・ヴァーグの温床となった。ゴダールは映画批評を書くことから、映画に接近した。「私は一度も、映画について語ることと映画をつくることとを区別して考えたことがありません」*。

微笑しい才気からなるいくつかの短編ののち、『勝手にしやがれ』を発表したのは一九五九年である。ジャン＝ポール・ベルモンドとジーン・セバーグが主演し、ハリウッドのB級映画会社への献辞が記されたこの長編は、アメリカ映画神話への郷愁と挫折せる模倣の確認によって、文字通り「新しい波」を映画界にもたらした。即興演出、街頭で揺れ続ける手持ちカメラ、充満する映画史的引用。何もかもが新鮮に迎えられた。

ゴダールは寵児のように作品を発表する。『女は女である』(一九六一)に出演したアンナ・カリーナと結婚すると、彼女を主演に『女と男のいる舗道』(一九六二)から『気狂いピエロ』(一九六五)までを撮り、話題作の監督であり続ける。まさに蜜月のように甘やかな音と映像の連続。そこではゴダールは映画を恋愛の対象と見なしている。

『男性・女性』(一九六五)以後、彼の作品は劇映画としての枠組をしだいに離れ、カメラによって綴られたエッセイという性格を強く帯びてくる。売春、毛沢東主義者の学生、第三世界。『彼女について私が知っている二、三の事柄』(一九六六)や『中国女』(一九六七)では、政治的現象が直接論じられ、もはやフィクションともドキュメンタリーともつかぬ脱領域的映像が展開される。だが、登場人物が政治を語り、作者ゴダールが註釈行為を加えるといったことはあっても、フィルム自体は内側の〈政治〉をいまだ体験していない段階に留まっている。ために、『楽しい知識』(一九六八)の結末では、すべてを零《ゼロ》に還元して再出発することが宣言され、映像の分節行為をめぐる思索のため三年間の期間が予告される。

五月革命の到来は、この暗中模索のシネアストに不可逆的な体験として現われる。映画三部会が結成されるや、ゴダールはクリス・マルケルらとともに、アジビラ映画(「シネ・トラクト」)の撮影に従事する。ド・ゴールを露骨に嘲笑し、官憲の暴力を告発する。ありあわせの材料をもとに急ごしらえで作られた(ブリコラージュ)それらの作品は、いずれも極端に短く、今日ではほとんど見る機会がないが、当時はストライキ中の工場や学校、集会場などで上映された。(「ある種の映画は、二、三人の人によって真に見られれば、それだけですでに成功した映画と言えたのです」)ゴダールは既成の配給―上映制度と訣別する。ヌーヴェル・ヴァーグの盟友たちからも離れ、戦闘的映画へと向かう。映画界に第二、第三のヴェトナムを! と叫ぶ。その姿は商業映画の世界からは、完全に見えなくなってしまう。

〈五月〉以後のゴダールについては、一世紀前のランボーに似たロマン主義的神話が蔓延している。いわく、彼は映画を捨てて、政治に走った。女に逃げられてすっかり意気消沈している。何だかわけのわからないことを孤独にやっているようだ……。二十世紀の芸術家に特有という「沈黙の美学」とやらを「苦悩せる芸術家」の映像に通俗的にかけあわせて生まれたこうした噂は、実のところ完全に誤まりであり、反動的な観念の産物にすぎない。ゴダールは映画を捨てたのでも、政治を主題として映し出す(コスタ=ガブラスのような)フィルムの監督に昇格したのでもない。一本のフィルムを構成している音と映像の表象システムそのものを政治として考察し、その制度的秩序に前例のない造反を企てたのである。彼は映画に落胆して沈黙を選んだわけでもない。偶然交通事故で入院したのと、パレスチナでのドキュメンタリー・フィルムの編集処理に手古摺ったことを除けば、沈黙どころか、むしろきわめて旺盛な創造的活動を世界的規模において展開してきた。もちろん孤独どころか、つねに複数の協力者に囲まれている。ゴダールの試行錯誤を踏まえた歩みを、以下に簡単に列挙してみよう。

〈五月〉のパリを後にしたゴダールは、まずロンドンへ赴き、『ワン・プラス・ワン』（一九六八）を撮る。ローリング・ストーンズの録音風景と黒人蜂起のブレヒト寸劇という、異質の二系列の映像を結合させた作品である。ただちにパリに戻って『ありきたりの映画』（一九六八）。野外での学生たちの討論集会を中心に、ルノー工場を占拠する労働者やカルチェ・ラタンのデモ隊のショットを挿入した、アジビラ映画の延長上の長編である。アメリカで『ワン・アメリカン・ムーヴィ』を撮影するが、挫折する。冬の林や高層ビルの建築現場を孤独にアジ演説をしてまわるアメリカ先住民、シカゴの街頭での黒人たちの即興演奏、ルロイ・ジョーンズのインタビューなどのラッシュが残されたまま放棄される（のちにアメリカ人協力者によって編集されたラッシュ『1P.M.』を見る機会があったが、ズームを多用した失敗作の残骸という印象だった）。

六九年、ゴダールはロシア革命時の偉大なるドキュメンタリー作家にちなんで、ジガ・ヴェルトフ集団を結成し、この集団の名においてロンドンで『ブリティッシュ・サウンズ』を、プラハで『プラウダ』を、イタリアで『東風』を、パリで『イタリアにおける闘争』を撮る。それらはいずれも往年のゴダールの神話的名声に呼応したTV局の要請によって製作されたが、結局はことごとく放映を拒否されるか、部分的抜粋の放映に終わる（日本では一般公開された）。問われているのは、映画の外部で暴露されている政治の表象ではなく、映画の内部に隠蔽されている政治の露出である。スクリーンには延々と黒画面が流れ、観客の古典的映画観に疑問符をつきつける。「なぜ、このような映像なのか。なぜ、このような音なのか」。「単一の正当な映像（une image juste）があるのではなく、ただ単に映像（juste une image）があるばかりである」。「映像は現実の反映ではない。反映という現実なのだ」。言語の転倒を旨とする、こうした『東風』のテーゼは、以後のゴダールにとって原理的選択となる。

七〇年、ゴダールはパレスチナで『勝利まで』を撮ろうとするが、うまく進まない。資金繰りのためアメリカの大学を廻り、パリで『ウラジミールとローザ』を早撮りする。シカゴの新左翼活動家の裁判を戯画的に描いた作品で、ゴダールと同志ジャン＝ピエール・ゴランが吃りながら映画の進行具合を議論しつつ、テニスコートを歩きまわる。『万事快調』（一九七二）はひさびさにイヴ・モンタンとジェーン・フォンダというスターを用いた作品であり、食肉工場でのストライキを契機に、愛と労働について思索を始めたCM監督とニュース特派員を主人公とする。北ヴェトナムを訪れたジェーン・フォンダの態度を批判した『ジェーンへの手紙』（一九七二）が撮られたのを最後に、ジガ・ヴェルトフ集団は解散する。同志ゴランはやがてメキシコへ人類学の調査に赴く。彼はラス・メイヤーを讃美し、数年の沈黙を経て、人造語で対話しあう双子の少女のドキュメンタリー『ポトとカベンゴ』（一九七九）をアメリカで完成させるだろう。

一方、ゴダールは新たなる同志アンヌ＝マリ・ミエヴィルと、ソニマージュ工房を設立する。「音《ソン》」と「映像《イマージュ》」の二語の結合からなるこの工房は、文化の中央集権に加担することを避けて、フランスの周縁地グルノーブルに本拠地が置かれる。ここで『ここよそ』（一九七五）が完成する。先の『勝利まで』のラッシュをもとに、パリとパレスチナという二地点を結ぶ関係性、中間領域、より具体的にいえば二つの地名を結ぶ接続詞〈と〉をこそ思考すべきである、と説く教育的フィルムである。ソニマージュはたて続けに作品を発表する。性と労働をめぐる一家族の政治的肖像である『パート2』（一九七五）。ポルトガル革命の報道における写真のイデオロギー的な使用を分析する『うまくいってる?』（一九七五）。そして六本のTV番組『6×2』（一九七六）と三十分十本の『二人の子供フランス行ったり来たり』（一九七八）。前者では、グルノーブルの新聞広告で募集された農民、言語障害者、雑役婦、要するに従来のTV画面からはことごとく排除された人々に対してインタビューがなされ、ゴダール本人と数学者ルネ・トムが出演する。後者では、カメラとテープ・レコーダーを手にした二人の少年少女を主人公に今日のフランス人が紹介されるのだが、大人の社会の一見した明晰さに、子供の曖昧で不透明な視線が投げかけられている。

ソニマージュは七七年に、スイスのジュネーヴとローザンヌの中間にある小さな町に移転する。ゴダールは少年時代を過ごしたレマン湖畔に戻ってきたのである。とはいうものの、もはや彼は全世界的に遍在する存在と化している。モザンビークの国営放送局でTV番組の製作を指導し（一九七八）、モントリオールで自伝的映画史の講義（『ゴダール／映画史』として八二年邦訳が刊行された）をする（一九七八）。パリではかつての古巣『カイエ・デュ・シネマ』の三百号記念号を特別編集する（一九七九）。

八〇年、ついに彼はふたたび商業映画の世界に回帰する。『勝手に逃げろ』を引っさげてカンヌ映画祭に登場する。ジュネーヴを舞台に、ゴダールと同姓のTVマンが愛人と娼婦の間を往還し、交通事故死するまでを、水彩画のように清麗な色調で描いた作品である。翌年、ローザンヌ市生誕五百周年記念のために、シネマテック・スイスの館長に献げた『フレディ・ビュアシュへの手紙』（一九八一）なる短編を発表したのち、『パッション』（一九八二）を完成する。『パッション』は古今の泰西名画を主題に映画を撮ろうとするポーランドのシネアストを一つの核とし、愛と労働をめぐって複数の人物が交錯しあう、系列的《セリエル》フィルムであり、本邦での公開がすでに決定している。音と映像をめぐるゴダールの思索は、ここでは音楽と絵画を契機として行なわれている。大文字の政治への直接的言及はすっかり姿を消している。かわってゴダールが根拠地とするスイスの都市と自然の風景のなかで、人々が織りなす小文字の政治と、音の差延作用、映像の運動と停止といった映画に固有のシステムの変形歪曲、すなわち表象秩序内部での政治に焦点が投じられている。翌年、『カルメンという名の女』がベネツィアでグランプリを獲得する！

洪水のあとのゴダール？　だが、彼は沈黙したわけでも、転向したわけでもない。『楽しい知識』からジガ・ヴェルトフ集団時代を経て、今日の『パッション』まで、いや、ゴダール本人がフーテン映画監督を演じ、ベネツィアでグランプリを獲得した〈西部劇〉『カルメンという名の女』まで、ゴダールはつねに〈進行中の作品〉の作者なのだ。われわれはあたかも、〈五月〉以降の彼の「現在」が通時的に、記録可能であるかのように振舞ってきた。回想の対象であるかのように反動的に語ってきた。だが、誰がゴダールのぶつかった暗礁に乗りあげようとしているのか。『ここよそ』を、『6×2』を、今日のわれわれの現在として生きようとしているのか。誰もが「ゴダール以後」を口にし、その意味を了解したつもりでいる。そんなものはありはしない。「以後」どころか、彼の七〇年代の活動そのものが、いまだに映画史の内側に回収されず、スキャンダルな出来事として存在しているのだ。陥没点。陥没であると同時に熱をはらんだ突出点。なにもサドゥールの映画史などと、のんきな話をしているのではない。ゴダールみずからが著した自伝的映画史にしたところで、事態は同じなのだ。「私には、映画史のなかからあの映画（『パート2』）となんらかの関係をもった映画を見つけ出すことができないのです。……だから私が思うに、映画の初期の映画と私の最新《デルニエール》作を一緒に映写することができるはずです。そしてその場合、私の最新作は最後《デルニエール》の映画の様相を呈するはずです*」。

誰がゴダールの影響を受けたか。『新宿泥棒日記』の大島渚か。『どうなってもシャルル』のアラン・タネールか。

『グレゴリーの女』のビル・フォーサイスか。はたまたベルトルッチか、相米慎二か。いや、そんな者はどこにもいない。影響の源泉としてのゴダールなど存在していない。ただ効果としてのゴダールが存在しているだけだ。ゴダール効果。『東風』効果。『パッション』効果。ゴダールを教典と見なさず、偏光器と考え、その不断の運動を身をもって生きること。苦悩せる芸術家の特権的隠喩としてのゴダール物語に感動を拒み、彼の遭遇した暗礁の遍在性を知ること。だから、何よりもまず、ゴダールが導入されなければならない。すべてはここに始まる。

（注）＊印は『ゴダール／映画史』（奥村昭夫訳、筑摩書房、一九八二）より引用。

一九八三年

「ゴダールを導入する」

その後いくたびにもわたって繰り返されることになるが、『ユリイカ』が最初にゴダールを特集した一九八三年五月号に、特集全体の序文として発表され、その後、『人それを映画と呼ぶ』（フィルムアート社、一九八四）に収録された。この時点ではすでに『パッション』に日本公開が本決まりとなっており、七〇年代に「行方のわからなくなっていた」ゴダールが健在で、欧米ではすでに復帰、精力的に活動しているという認識が、少しずつ共有され出していた。わたしはパリ発の最新情報を求められる立場にあり、彼がイザベル・アジャーニ主演で『カルメンという名の女』を制作中であると、後にキャンセルとなったキャスティングの情報を書いている。

この文章の第二章は「何という映像？　何という音？」という表題のもとに、「ゴダールを導入する」と同じ号の『ユリイカ』に発表された。ゴダールの商業映画復帰第一作『勝手に逃げろ』、第二作『パッション』について、細かく論じたエッセイである。

一九八三年というのは、まだ最新のゴダール作品を観ることが、フランス帰朝者の特権であると信じられていた年であった。わたしを別にすれば、この号の執筆者の半数は、パリ留学時にゴダールを発見した、国費留学生のフランス文学者の卵たちであった。

松田政男が書評紙で彼らを皮肉って揶揄した。〈風景論〉を提唱したこのラディカルな映画評論家は七〇年代前半、パリに滞在していたが、日本赤軍との関連を疑われ国外への追放処分となり、その後、海外渡航が不可能な身となっていた。六〇年代末に『映画批評』誌上でゴダールの政治映画を熱っぽく語っていた松田氏にしてみれば、八〇年代に台頭してきたフランスかぶれのシネフィルたちの説くゴダールが、いずれもノンポリティカルであることに我慢がならなかったのであろう。もっともこの『ユリイカ』に寄稿したパリ帰りの若い秀才たちが、その後もゴダールをはじめとする映画を観続けたかのかは、わたしにはわからない。

ゴダール復活

ゴダールはヌーヴェル・ヴァーグの異端児として、一九六八年五月以後商業映画からひとたび訣別した。彼はロンドンへ、プラハへ、パレスチナへと飛び、そのあたりからわれわれ（だが、われわれとはいったい誰なのか）には見えない存在となった感があった。そのゴダールがカンヌ映画祭に『勝手に逃げろ』をひっさげて登場し、見事に商業映画の世界に復帰してからはや三年になる。以後、彼はほぼ一年に一本のペースで長編を発表しているのだ。

時代はふたたびゴダールのものとなるだろう。

昨年、『ゴダール／映画史』が刊行されたあたりから、わが国におけるゴダール復活は始まったといえる。ゴダールが過去の自作と、映画史上の名作を同時に上映して、批評的注釈を加えたこの大冊の書物は、映画理論書としても、自伝としてもたいそうユニークで重要な試みであった。今年の四月、フランス映画社が『気狂いピエロ』のニュープリントを公開したとき、ブームは決定的となった。「ゴダールを知らない子供たち」が有楽町の映画館に大挙殺到し、立見どころか入場制限を設けるにいたったことは、記憶に新しい。ついで『ユリイカ』五月号が、〈五月〉以降のゴダールに焦点を絞って特集を組んだ。

こうした機運のなかで、ゴダールが昨年発表した『パッション』が十月に公開されることは、まさに時を得たことといえる。『パッション』は、多くの点で二十年前の『軽蔑』を連想させる、美しいフィルムである。ポーランドの監督が西洋の名画を主題にした超大作フィルム『パッション』を苛立ちながら撮ろうとして挫折するまでの経過がそこでは枠物語として語られているのだが、ミッシェル・ピコリが主演し、ラウール・クタールが久々にカメラを担当するという点は見逃せない。ゴヤ、アングルからレンブラントまで夥しい名画が人間によって演じられ、ベートーヴェンからドヴォルザークまで次々とクラシック音楽の引用が続く。今一人の主演者であるイザベル・ユペールが、従来のゴダールの女優の誰にもまして、彼の作品をすぐれて理解したうえで登場していることは、注目に値する。

同じ頃、自主上映集団シアター・ゼロ主催による、『ゴダール／映画史』実演の試みが行なわれることも興味深い。『女と男のいる舗道』から『東風』まで、彼の主要な作品が九月二十七日から十月一日まで連続上映される。加えて、奥村昭夫、四方田犬彦、松浦寿輝、梅本洋一、内藤誠、黒沢清といった面々が、それぞれ由縁のある数本のフィルムを選んで同時に上映し、ゴダールを反射板とした映画史のレクチャーを行なう。ゴダールの作品を受動的に観るのではなく、ゴダールとして、ゴダール的に映画と新しい関係を結ぶこと。楽しみな企画である。

（追記）シアター・ゼロによるレクチャーの記録は『G.S.』2 1/2号「ゴダール・スペシャル」（冬樹社、一九八五）に収録された。

一九八三年

「ゴダール復活」

いよいよフランス映画社配給により『パッション』が日本で公開され、ゴダールの復活が実現するというので、『海』十月号の名物一頁コラム「海の手帖」のために執筆した。ただちに成城に住む大岡昇平さんから直に電話があり、今、どこでやっているのですかと尋ねられた。

『パッション』は六本木に西武が新しく建てたWAVEにある映画館シネ・ヴィヴァンの、柿落《こけら》としとして上映された。初日にはわたしと戸川純が対談をする予定だったが、彼女は「緊張のあまり」直前になってそれを取り消してきた。したがってわたしの登壇もなかった。私はその後、二〇一〇年代になって、渋谷のアップリンクで戸川純と初めて会った。彼女は三十年以上前のキャンセルのことをいまだに気にしていて、わたしに謝罪をした。

『パッション』

ゴダールの来日が中止になってしまった。『パッション』の公開に先立って、主だったフィルムが回顧上映され、当人の講演まで準備されていたというのに、ひどく残念なことだ。

最新作『カルメンという名の女』がヴェネツィア映画祭でグランプリに輝き、数年前からの商業映画界へのカムバックが完全に成功したため、にわかに身辺が忙しくなったのか、次回作の準備にとりかかっているのか、来日中止の原因はよくわからない。だが、いずれにせよ、十七年前に彼が来日したときにくり返された冗談「ド・ゴールとゴダールは飛行場に降り立った姿を見るまではわからない」を、もう一度口にする必要がありそうだ。

七〇年代前後にゴダールが企てた過激な実験の数々については、遠くない日に詳細な分析がなされなければいけないが、時代の高揚感が去るとともに、彼の探求も、より沈着で内省的なものに変化していった感がある。もっとも派手派手しい政治的標語こそ掲げなくなったが、彼が一貫して、映画を構成する二つの要素――音と映像の新しい関係のあり方を思考してきたことは掛け値のないところだ。

このたび東京・六本木のシネ・ヴィヴァンの柿落《こけら》とし（十一月十九日）に上映される『パッション』は、復帰後二作目の長編にあたる。このフィルムを説明することは実に簡単だ。これまでのゴダール作品のうちにあって、もっとも繊細で、もっとも審美的なものである、といえばいい。

まずドイツとポーランドの現代の映画状況を象徴するかのような、二人の俳優が「引用」される。ワイダの『大理石の男』で主演を演じたイェジー・ラジヴィオヴィッチと、ファスビンダーの『マリア・ブラウンの結婚』のハンナ・シグラである。スイスの片田舎の村に、イエジーを監督とする映画撮影隊の一行が滞在している。彼らはハンナの経営するホテル兼食堂に長逗留して、ヨーロッパの名画を主題とした『パッション』なる大作を撮影中なのだが、監督の気紛れや予算超過によって、きわめて困難な状況にある。一方、同じ村には、工場を無断で解雇された労働者のイザベル・ユペールがいて、工場長のミシェル・ピコリと敵対関係にある。

ゴダールの『パッション』は、この四人の人物が対立しあい、また恋愛しあうことで進行する。問われているのは、愛と労働がおりなす種々の変奏であり、結局、イエジーの誇大妄想的な大作の夢は流産する。撮影隊は解散し、誰もが思い思いに車に乗って、村を去るところで、このフィルムは幕を閉じる。

かつて『軽蔑』で主人公を演じたピコリが顔を見せ、ラウール・クタールがふたたびゴダールと組んでカメラを担当していることも見落としてはなるまい。だが、『パッション』を支配しているのは、『気狂いピエロ』に氾濫していた原色の赤や青でも、『イタリアにおける闘争』の黒でもない。より渋く、メランコリックな色彩の官能的な連鎖なのだ。ゴヤ、ベラスケス、レンブラント……およそ泰西名画を代表する絵画が次から次へと、現実の俳優の身体によって再現される。加えて、モーツァルト、ベートーヴェン、ドヴォルザークと、これまた西洋古典音楽が洪水のように流れる。その様子は、あたかもルチアーノ・ベリオの『シンフォニア』のようだ。音と映像の競合という映画の原理は、ここでは引用された音楽と引用された絵画として姿を見せている。『パッション』は、一本のフィルムがかくもあっけらかんとした引用のみによって成立してしまうという事実を証明した点で、映画をめぐる道徳的な問いの定立に終始している。

最新作『カルメンという名の女』では、ゴダール本人が瘋癲監督の役で登場しているらしい。これも早く見たいものだ。

一九八三年

『パッション』(一九八二)

『朝日ジャーナル』十月二十八日号に執筆。ゴダールの来日が中止になったことが冒頭で触れられている。この原稿がきっかけとなって、以来『朝日ジャーナル』にコラムを書くようになった。一九八七年に渡米してからはそれが発展し、その翌年に『ストレンジャー・ザン・ニューヨーク』という連載を半年間続けた（現在は『ニューヨークより不思議』河出文庫、二〇一五）。

ジャン=リュック・ゴダール　フィルモグラフィー

本目録は一九八三年までのゴダールの全監督作品についての記述である。出演作品については今回は省略したが、未完のまま途中で放棄されたもの、匿名あるいは集団名で発表されたものを含み、この映画史上の放蕩息子の足取りを理解しやすいものにしようと心がけたつもりである。邦題（本邦未公開の場合は原題の翻訳）、原題に続いて、製作、監督、脚本、原作、撮影（カメラ）、音楽、編集、主な出演、上映時間、モノクロ・カラーの別、画面サイズ、本国での公開日時、日本公開日時、作品の内容の順とする。ただしゴダール単独で監督している場合はあえて記載しない。また脚本はほとんどの場合存在していないし、原作もとりたてて、意味のある資料とは思えない。他の常識的な監督と異なり、ゴダールの場合、特記すべき事項はあまりに多いが、本目録では臨機応変に凡例の枠内に挿入した。『気狂いピエロ』の監督はいう。「一本のフィルムのなかに何もかもを詰めこむべきである」。だから、フィルモグラフィーのなかにも何もかもを詰めこまなければいけないのだ。

●一九五四年
『コンクリート作戦』
Opération béton
製作アクチュア・フィルム（ジュネーヴ）　脚本・コメント・編集ジャン=リュック・ゴダール　撮影アドリアン・ポルシエ　音楽ヘンデル、バッハ　20分・モノクロ　パリ公開五八年七月二日　日本未公開

二十三歳のゴダールが土方として働いていたスイスのグランド=ディクサンスのダム工事現場での、コンクリート作業を撮った短編。四年後に、ヴィンセント・ミネリの『お茶と同情』の併映短編として公開された。「まず記録映画を撮りたまえ。山が撮れるようになれば、あとは人間を撮ることもできるだろう」というルビッチの言葉に従った、とのちにみずから語るドキュメンタリーである。

●一九五五年
『コケティッシュな女』
Une Femme Coquette
製作アクチュア・フィルム　脚本・撮影・編集ハンス・リュカス（ゴダールの変名）　原作モーパッサン『合図』　音楽バッハ　出演マリア・リザンドル、ロラン・トルマ、ゴダール　10分・モノクロ・16ミリ　日本未公開
人妻が娼婦の手口を真似て、公園で出会った未知の男を誘惑。それを女友達に手紙で書き送る。原作は『男性・女性』でもう一度用いられた。

●一九五七年
『男の子はみなパトリックという名である』
Tous les Garçons S'appellent Patrick
製作レ・フィルム・ド・ラ・プレイヤード　脚本エリック・ロメール　撮影ミシェル・ラトゥーシュ　音楽ベートーヴェン他　編集セシル・ドキュジス　出演ジャン=クロード・ブリアリ、アンヌ・コレット、ニコール・ベルジェ　21分・モノクロ　パリ公開五九年五月六日　日本未公開
別名『シャルロットとヴェロニク』。剽軽なパトリックは、二人の女の子を一生懸命に口説くが、彼女たちは友達同士。家に帰ると二人で同時にパトリックの似顔絵を描いたり、同時に彼に会いに行こうとする。ところが、彼は第三の女の子を抱いている最中で、さあ大変！　といった軽快なコメディー。

●一九五八年

『シャルロットとジュール』

Charlotte et son Jules

製作レ・フィルム・ド・ラ・プレイヤード　撮影ラトゥーシュ　音楽ピエール・モンシニー　編集ドキュジス　出演ジャン＝ポール・ベルモンド、コレット、ジェラール・ブラン、ゴダール（声のみ）　20分・モノクロ・スタンダード　パリ公開六一年三月三日　日本公開七一年十月十二日（シネクラブ研究会配給）

ジュール（ベルモンド）のアパルトマンに、彼を捨てたシャルロットが戻ってくる。ジュールはいい気になって、彼女を罵倒したり、保護者ぶったり、かと思うと、ふたたび愛を誓ったり、ひたすら喋りまくる。もっともシャルロットはただ歯ブラシをとりに戻っただけ。階下には新しい彼氏がスポーツカーで待っていた。ジャン・コクトーへの献辞のあるこのシャレた短編は、当時のゴダールの部屋を用いて撮影され、全編を吹き替えの彼の声が流れる。なぜかはよくわからないが、どことなく、以後の監督の実人生を予告するようなフィルムである。

『水の話』

Une Histoire d'Eau

製作レ・フィルム・ド・ラ・プレイヤード　監督・脚本フランソワ・トリュフォー、ゴダール　撮影ラトゥーシュ　出演ブリアリ、カロリーヌ・ディム、ゴダール（ナレーション）　18分・モノクロ　パリ公開六一年三月三日　日本未公開

盟友トリュフォーが放棄した洪水のフィルムをゴダールが編集し直したもの。洪水に見舞われた郊外の家からなんとかヒッチハイクでパリに到着しようとする少女を描く。彼女はセーヌ河岸に到着するまでに、いつしか運転していた男を愛するようになる。

●一九五九年
『勝手にしやがれ』
A Bout de Souffle
製作ジョルジュ・ド・ボルガール、ソシエテ・ヌーヴェル・ド・シネマ他　脚本ゴダール（ただしトリュフォー原案による）　撮影ラウール・クタール　音楽マルチアル・ソラル　編集ドキュジス、リラ・エルマン　出演ベルモンド、ジーン・セバーグ、リリアーヌ・ロバン、ジャン＝ピエール・メルヴィル　89分・モノクロ・スタンダード　パリ公開六〇年三月十六日　日本公開六〇年三月二十六日（新外映配給）
マルセイユで車を盗んだミシェルは、警官を殺してしまい、警察に追われる身となる。彼はパリで、アメリカ娘パトリシアのアパルトマンに逃げこむ。しかし、結局、彼女の裏切りによって、街角で警官に射殺される。
ゴダールの長編第一作は、ハリウッドB級映画への熱い讃辞であった。ボギーを真似て表情を作るミシェル。街頭での手持ちカメラでの撮影。即興演出とユーモア。虚構とドキュメンタリーの混合。なにもかもが斬新であったし、今日でも斬新である。このフィルムはヌーヴェル・ヴァーグを世界中に深く印象づけた。

●一九六〇年
『小さな兵隊』
Le Petit Soldat
製作ジョルジュ・ド・ボルガール他　撮影クタール　音楽モールス・ルルー　編集アニェス・ギュモ、ナディーヌ・マルカン、エルマン　出演アンナ・カリーナ、ミシェル・シュボール、アンリ＝ジャック・ユエ、ラズロ・サボ　87分・モノクロ・スタンダード　パリ公開六三年一月二十五日　日本公開六八年十二月三十一日（ATG配給）
もと脱走兵の情報部員ブリュノは、アルジェリア戦争に批判的なジャーナリストを暗殺する指令を受けた。だがヴェロニカと出会って、テロリズムに懐疑を抱く。彼女は敵側FLNのスパイだった。ブリュノはFLNに捕えられ拷問され、ヴェロニカは情報部の手で殺害される。英雄神話とテロリズムの現実の間に引き裂かれた主人公の苦悶。

アルジェリア戦争を批判したかどで、このフィルムは長い間フランスで公開禁止の処分を受けた。アンナ・カリーナのデビュー作でもある。

●一九六一年

『女は女である』
Une Femme est une Femme
製作ローマ＝パリ・フィルム　脚本ゴダール（ただしジュヌヴィエーヴ・クリュニーの原案による）　撮影クタール　音楽ミシェル・ルグラン、シャルル・アズナヴール（唄）編集ギュモ、エルマン　出演カリーナ、ブリアリ、ベルモンド、マリー・デュボワ　78分・カラー・ワイド　パリ公開六一年九月六日　日本公開六一年十二月八日（新外映配給）

アルフレッド（ベルモンド）はアンジェラ（カリーナ）にお熱をあげているが、梨のつぶてである。というのも、彼女はエミール（ブリアリ）に夢中で、彼の子供を産みたがっているからだ。もっともエミールは子供なんてまっぴら。そこでアンジェラは一案を講じ、アルフレッドとデキてしまったと芝居をうつ。さて、エミールは大あわて。

ゴダール初のフランスコープのカラー作品は、ハリウッド・ミュージカルへの讃歌である。ただしセットのパリではなく、あくまで現実のパリを撮っている点が面白い。

『怠惰の罪』（オムニバス『新・七つの大罪』の一篇）
La Paresse (dans *Les Sept Péchés Capitaux*)
製作フィルム・ジベ、フランコ＝ロンドン・フィルム、チタヌス　撮影アンリ・ドカ　音楽ルグラン　編集ジャック・ガヤール　出演エディ・コンスタンティーヌ、ニコール・ミレル　モノクロ・ワイド　パリ公開六二年三月七日　日本公開六三年一月二十四日（東和配給）

セーヌ河岸で読書をしていたニコールは有名な俳優エディ・コンスタンティーヌを発見。彼を誘惑しようと、自宅に誘う。シャンゼリゼ裏のブルジョア風アパルトマンである。しかし、エディは信じられないほど怠惰な精神の持主。靴紐を結ぶのも面倒。本の頁をめくるのも面倒。ニコールに話しかけるのも面倒。全裸になったニコールを見ても、あとで服を着る分だけ厄介なだけだよ、とそ知らぬ顔。怠惰は悪徳ではなく、むしろ他の大罪を防ぐ効目がありますゾ。と最後に語り手が教訓を垂れる。

●一九六二年

『女と男のいる舗道』

Vivre sa Vie

製作レ・フィルム・ド・ラ・プレイヤード　原作（マルセル・サコット「売春はいずこに?」を資料とする）　撮影クタール　音楽ルグラン、ジャン・フェラ（唄）　編集ギュモ　出演カリーナ、アンドレ・S・ラバルト、サディ・レボ、ブリス・パラン　85分・モノクロ・スタンダード　パリ公開六二年九月二十日　日本公開六三年十一月十九日（日本ヘラルド配給）

レコード店の売子ナナは家賃が払えず、家主に追い立てられる。彼女は娼婦に転落し、ヒモにあがりをピンハネされる生活を始める。玉突き場で一人の青年に見初められ、キャフェで出会った哲学者から〈考えること〉を教えられる。最後に、ヒモはナナを他所へ売り飛ばす。彼女はギャングどうしの争いにまきこまれ、路上に倒れる。

娼婦を描いたフィルムは古今数限りがないが、これはとりわけ五指に入る作品である。冒頭に浮びあがるカリーナの顔の静謐な美しさ。ブレヒトにちなんで、全体は十二の字幕から始まる小景で構成される。

『新世界』（オムニバス『ロゴパグ』の一篇）

Le Nouveau Monde (dans *RoGoPaG*)

製作アルコ・フィルム（ローマ）、ソシエテ・リール・シネマトグラフィック（パリ）　撮影ジャン・ラビエ　音楽ベートーヴェン　編集ギュモ　出演アレクサンドラ・スチュワルト、ジャン＝マルク・ボリー、ジャン＝アンドレ・フ

ィエスキ　20分・カラー　イタリア公開六三年三月　日本未公開

男が長い眠りから覚めると、どことなく世界の雰囲気が変わっている。パリ上空で巨大な核爆発が生じたと新聞は伝えている。そのためだろうか、彼の恋人までもが一切の人間的感情を喪失し、残忍な振舞いをする。男は世界の変化のありさまと、「自由の最後のめまい」である自分の姿を後世に伝えようと、筆をとる。

●一九六三年

『カラビニエ』

Les Carabiniers

製作ローマ＝パリ・フィルム、レ・フィルム・マルソー＝コシノール　脚本ロベルト・ロッセリーニ、ジャン・グリュオー、ゴダール　原作ベンジャミーノ・ジョッポロ　撮影クタール　音楽フィリップ・アルチュイス　編集ギュモ　出演マリノ・マーゼ、アルベール・ジュロス、ジュヌヴィエーヴ・ガレア、カトリーヌ・リベイロ　80分・モノクロ・スタンダード　パリ公開六三年五月三十一日（ただし一週間のみ）　日本公開七〇年十一月七日（フランス映画社配給）

純朴な農民ミケランジェロとユリシーズは、ある日突然、王様の命令を受け、兵役につくことになる。二人は妻たちを残し、カービン銃兵として出征する。長い間、世界のいたるところで戦闘、虐殺、強奪のかぎりを尽くし、鞄いっぱいの名所絵葉書を土産に揚々と帰還する。とはいうものの、王様は敵国と和平を結び、二人は戦争責任を問われ、銃殺される。初めて映画館に入ったミケランジェロが、スクリーンを現実と間違えてドタバタする場面が圧巻。

『立派な詐欺師』

Le Grand Escroc

製作ユリス・プロ（パリ）、プリメクス・フィルム（マルセイユ）、リュクス＝ＣＣＦ（パリ）、ヴィデス・チネマトグラフィカ（ローマ）、東宝＝東和、カエサル・フィルム（アムステルダム）　撮影クタール　音楽ルグラン　編集ギユモ、リラ・ラクシュマナン　出演セバーグ、シャルル・デネル、サボ、ゴダール　20分・モノクロ・ワイド［オムニバス『世界詐欺物語』*Les Plus Belles Escroqueries du Monde* の一篇であったが、六四年十月公開時に外される］日本公開六六年七月二十六日（ＡＴＧ配給）

アメリカのＴＶレポーターのパトリシアがモロッコを訪れる。マラケッシュの広場で一人の男が居並ぶ群衆や乞食に金をまいているのを目撃し、関心をもつ。男は贋金作り。アラブ女に変装したパトリシアは、カスバのなかでついに彼との会見に成功し、一切の真実を十六ミリカメラに収めたいという。男は慈善のために贋金を製造しているのだと語り、ロバに乗って田舎道を遠去ってゆく。パトリシアはいつしか撮影を止めて、茫然と彼を見送る。あるいは『勝手にしやがれ』の後日譚か？

『軽蔑』
Le Mépris
製作コンパニア・チネマトグラフィカ・シャンピオン（ローマ）、ローマ＝パリ・フィルム（パリ）、フィルム・コンコルディア（パリ）　原作アルベルト・モラヴィア　撮影クタール　音楽ジョルジュ・ドルリュ　編集ギュモ、ラクシュマナン　出演ブリジット・バルドー、ミシェル・ピコリ、ジャック・パランス、フリッツ・ラング　１０５分・カラー・ワイド　パリ公開六三年十二月二十七日　日本公開六四年十一月二十二日（日本ヘラルド配給）

超大作映画『オデュッセウス』を作るため、アメリカ人の製作者、フランス人の作家、ドイツ人の監督がローマに集まる。彼らは別々の言語を語る。作家夫婦は製作者のカプリ島の別荘に招待されるが、妻は夫を軽蔑している。夫は脚本執筆を断わる。妻は製作者と駆け落ちして、あっけなく自動車事故死をとげる。倦怠期の夫婦の愛の不毛を描いたというより、映画が撮られる過程を主題とした映画という印象が強い。始めから終わりまで、Ｂ・Ｂが裸で寝そべっていたフィルムだ、という感想もある。

●一九六四年

『はなればなれに』
Bande à Part
製作アヌーシュカ・フィルム、オルセイ・フィルム　原作ドロレス・ヒッチェンズ『はなればなれに』　撮影クタール　音楽ルグラン　編集ギュモ、フランソワーズ・コラン　出演カリーナ、クロード・ブラッスール、サミー・フレー・ルイザ・コルペイン　95分・モノクロ・スタンダード　パリ公開六四年八月五日　日本未公開
ゴダールの全作品中、もっとも悲痛な印象を与えるフィルムである。ソルボンヌの同級生のオディール（カリーナ）、フランツ（フレー）、アルチュール（ブラッスール）は悪戯好きで、探偵ごっこに余念がない。オディールが、自分が働いている家にはステキにお金が隠されてるのヨと口をすべらせたことから、三人は冗談半分に強盗を真似てみようと計画を立てる。なにもかも映画のようにカッコよく仕上げなくちゃいけない。もっとも金は一部しか発見できず、アルチュールは射殺されて死ぬ。取り残されて茫然自失のフランツとオディール。「二人が南国で繰りひろげる冒険は、次回カラー・スコープで」と、フィルムはありえぬ予告で終わるのだが……。

『恋人のいる時間』
Une Femme Mariée
製作アヌーシュカ・フィルム、オルセイ・フィルム　撮影クタール　音楽ベートーヴェン、シルヴィ・ヴァルタン（唄）　編集ギュモ、コラン　出演マーシャ・メリル、ベルナール・ノエル、フィリップ・ルロワ、ロジェ・レーナルト　95分・モノクロ・スタンダード　パリ公開六四年十二月四日　日本公開六五年二月二十日（松竹映配配給）
人妻のシャルロット（メリル）は、愛人と昼下りの情事を楽しむかと思えば、夜は自宅で夫となにくわぬ生活を営む主婦である。翌日はファッション雑誌のための取材の仕事だ。彼女は医者から妊娠を告げられる。愛人を空港まで見送りに行く。かくして日々はすぎてゆく。
ゴダールが物語の主題としてではなく、映像との関係においてはじめてセックスの本質を見据えた作品。現在の広告写真に氾濫する女性の映像への考察が見られる。

●一九六五年
『アルファヴィル』
Alphaville
製作ショミアーヌ・プロ（パリ）、フィルム・スタジオ（ローマ）　撮影クタール　音楽ポール・ミズラキ　編集ギュモ　出演カリーナ、コンスタンティーヌ、アキム・タミロフ、ハワード・ヴェルノン　100分・モノクロ・スタンダード　パリ公開六五年四月二十一日　日本公開七〇年五月三十日（ATG配給）
ジュ・テームという言葉が女の口から漏れる、最後の瞬間のためだけにあるフィルム。
未来の全体主義社会アルファヴィルでは、人々は巨大頭脳の命令に絶対服従、詩人や芸術家は死刑に処せられている。むろん、愛を語る言葉など存在しない。有名な漫画の主人公レミー・コーション（コンスタンティーヌ）はアルファヴィルに潜入。巨大頭脳を破壊し、気狂い科学者を射殺する。科学者の娘ナターシャ（カリーナ）を連れて、この星雲都市を脱出した彼は、エリュアールの詩集を通して、彼女に愛の存在を教える。いかにも通俗的な反ユートピア物語の随所にゴダールは工夫を施し、未来都市をなんと現実のパリで撮影してしまった。

『モンパルナスとルヴァロワ』（オムニバス『パリところどころ』の一篇）
Montparnasse-Levallois (dans *Paris Vu Par..*)
製作レ・フィルム・ド・ローザンヌ　原作ジャン・ジロドゥ『月曜物語』　撮影アルバート・メイルズ　音楽ルグラン　編集ジャクリーヌ・レイナル　出演ジョアンナ・シムカス、フィリップ・イキリー、セルジュ・ダウリ　18分・カラー　パリ公開六五年十月十三日　日本未公開
モニカには、モンパルナスとルヴァロワに二人の男友達がいる。両方にむかってラヴ・レターの速達を出したのだが、なんと封筒を間違えて出してしまったので、一大事！　ただちに二人の家へ出かけ、くだくだと事情を告白する。ところが、実は封筒は間違っていなかった。モニカはかくして彼らを同時に失う結果となる。『女は女である』でベ

ルモンドが語った小話を発展させた小品。

『気狂いピエロ』

Pierrot le Fou

製作ローマ＝パリ・フィルム（パリ）、ディーノ・デ・ラウレンティス・チネマトグラフィカ（ローマ）　原作ライオネル・ホワイト『十一時の悪魔』　撮影クタール　音楽アントワーヌ・デュアメル、バシアク　編集コラン　出演ベルモンド、カリーナ、サミュエル・フラー、サボ、レイモン・ドゥヴォス　112分・カラー・ワイド　パリ公開六五年十一月五日　日本公開六七年七月七日（日本ヘラルド配給）

映画史にあってもっとも美しく、もっとも残酷にして甘美、悲劇的にして道化的なフィルムである。悪漢小説、ロマンチシズム、氾濫する原色、自由の歓喜、死、ポエジー、そして南仏の強い陽光。ここには映画が富としたもののすべてが、過剰なまでに存在している。

倦怠した日々を送るTVディレクターのフェルディナン（ベルモンド）は、あるパーティでかつての恋人マリアンヌ（カリーナ）と再会する。謎めいた犯罪の匂いのする彼女を助手席に坐らせたフェルディナンは、妻子を捨て、南仏へ自動車旅行にでかける。二人はガソリンスタンドで車を盗み、アメリカ兵に即興芝居を見せて小銭を稼ぐといった、放浪生活を続ける。南仏の海岸での、ロビンソン・クルーソーに似た天衣無縫の生活。だが、ある時マリアンヌは失踪する。フェルディナンを捨て、五万ドル入りの鞄をもってギャングの情人のもとに走る。哀れなピエロの主人公は、要するにはじめから利用されていただけなのだ。彼は地中海の孤島までマリアンヌを追い射殺する。すべてに絶望し、顔と腹に大量のダイナマイトを巻きつけて自爆をとげる。虚空にランボーの詩が流れる。

●一九六六年

『男性・女性』

Masculin-Féminin

製作アヌーシュカ・フィルム（パリ）、アルゴス・フィルム（パリ）、スヴェンスク・フィルミンダストリ（ストックホルム）、サンドリューズ（ストックホルム）　原作モーパッサン『ポールの恋人』『合図』撮影ウィリー・クラント　音楽フランシス・レイ、シャンタル・ゴヤ（唄）　編集ギュモ　出演ゴヤ、ジャン＝ピエール・レオ、マルレーヌ・ジョベール、カトリーヌ＝イザベル・デュポール　110分・モノクロ・スタンダード　パリ公開六六年四月二十二日　日本公開六八年七月二十日（ATG配給）

現代の若者たちの思想や行動を描く、可愛らしい作品。

軍役から戻ったポール（レオ）は、歌手志望のマドレーヌ（ゴヤ）と友達になる。彼女ははじめてのシングルが出たばかり。ポールはコミュニストの友人に誘われて、街頭にビラを貼りにいったりもするのだが、マドレーヌの世界にも強く引かれている。金と男に夢中のミス十九歳。ヴェトナム反戦のため焼身自殺する若者。金さえ受け取ればオッパイを見せる女の子。二人の出会う若者たちの姿は多様だ。彼らはアパルトマンを見つけ記念撮影をするが、ポールは誤ってベランダから墜落死してしまう。残されたマドレーヌは彼の子供を産むべきかどうか迷う。

『メイド・イン・USA』
Made in USA

製作ローマ＝パリ・フィルム、アヌーシュカ・フィルム、SEPIC　原作ベン・バルカ事件、リチャード・スターク『ザ・ジャガー』　撮影クタール　音楽ベートーヴェン、シューマン　編集ギュモ　出演カリーナ、サボ、レオ、小坂恭子、マリアンヌ・フェイスフル　90分・カラー・ワイド　パリ公開六七年一月二十一日　日本公開七一年一月十五日（フランス映画社配給）

ニコラス・レイとサミュエル・フラーに献げられたこの作品は、フランスの秘密警察とギャング組織のスキャンダルを素材に、ハリウッド・スリラーへのみごとな批評的リメイクとなっている。女事件記者がかつての恋人の消息を求めて、ある都市を訪れる。恋人はベン・バルカ事件を取材中のジャーナリストで、何者かによって殺害されたらしい。しかし真相は複雑きわまりなく、しだいに彼女は警察とギャングの陰謀に巻きこまれてゆく。登場人物のほとんどが、アメリカのギャング映画に関係ある名前から採られていることに注目。

『彼女について私が知っている二、三の事柄』
Deux ou Trois Choses qui Je sais d'Elle
製作アヌーシュカ・フィルム、アルゴス・フィルム、レ・フィルム、デュ・キャロス、パルク・フィルム　原作（〃ヌーヴェル・オブセルヴァトゥール〃のカトリーヌ・ヴィムネの記事を素材とする）撮影クタール　音楽ベートーヴェン　編集コラン、シャンタル・ドラトル　出演マリナ・ヴラディ、アニー・デュプレー、ロジェ・モンソレ、ジャン・ナルボニ　90分・カラー・ワイド　パリ公開六七年三月二十八日　日本公開七〇年十月三日（フランス映画社配給）

ゴダールの作品が物語を離れ、エッセイ的傾向を強め始めた最初の作品。パリ郊外のマンモス団地に住むジュリエット（ヴラディ）は、夫を職場へ送り出し、娘を託児所に預けると、売春を始める。キャフェで男を探し、得た金で洋服を買ったり、おシャレをする。ヴェトナム帰りのアメリカ人から法外な大金を受けとる。こうした一人の主婦の日常生活を通して、現在のパリを襲う政治―経済的な変動が分析される。〈彼女〉とは、女性形が語られたパリのことに他ならない。

『未来展望』（オムニバス『愛すべき女《め》・女《め》たち』の一篇）
Anticipation ou L'An 2000 (dans *Le Plus Vieux Métier du Monde ou L'Amour à travers les Ages*)
製作フランコリッツ・フィルム（パリ）、フィルム・ジベ（パリ）、リアルト・フィルム（ベルリン）、リッツォーリ・フィルム（ローマ）　撮影ピエール・ロム　音楽ルグラン　編集ギュモ　出演ジャック・シャリエ、カリーナ、マリル・トーロ、レオ　20分・モノクロ／カラー・ワイド　パリ公開六七年五月　日本公開七一年十二月二十五日（日本ヘラルド配給）

『アルファヴィル』を濃縮したような短編。科学技術の発展により完全な管理ユートピアとなった地球を、一人の男が訪れる。地球では職業に徹底して専業化されていて、娼婦も肉体専用と言葉専用に分けられている。ものいわぬ前者を拒んだ男は、愛の言葉のみをいたずらに口にする後者にも失望する。彼は娼婦に接触し、真実の愛を教える。この作品は（結果的に）モノクロとなったが、二人の唇が重なる瞬間だけカラーとなり、唇が離れると、もとの単調な画面に戻るという、ほほえましい仕掛けになっている。

●一九六七年

『カメラ・アイ』（『ベトナムから遠く離れて』の一部）
Caméra-Œil (dans *Loin du Vietnam*)
製作グループ・スロン　監督アラン・レネ、ウィリアム・クライン、ヨリス・イヴェンス、アニェス・ヴァルダ、クロード・ルルーシュ、ゴダール　１１５分・カラー　パリ公開六七年十二月十三日　日本公開六八年四月六日（ＡＴＧ配給）

『ベトナムから遠く離れて』はクリス・マルケルが総編集した共同監督作品である。他の作家たちが北ヴェトナムに取材したり、パリでの示威行進を映しだすのに対して、ゴダールは一貫して、ヴェトナム人民の闘いをフランスの映画人として支援することの不可能と不可避を主張し、啓蒙活動の一手段としての映画製作を拒否する。彼が映しだすのは、ミッチエルのカメラを覗きこむ自分の姿のみである。撮影する主体の明確化だけが問題なのだ。ゴダールはいう。「私の闘争とはアメリカ映画との闘争だ。その経済的―美学的帝国主義が世界の映画を毒しているのだ」。この視点はのちに『ここよそ』へ継承されるだろう。

『中国女』
La Chinoise
製作アヌーシュカ・フィルム、プロダクション・ド・ラ・ゲヴィル、アトス・フィルム、バルク・フィルム、シマール・フィルム　撮影クタール　音楽シューベルト、シュトックハウゼン　編集ギュモ　出演アンヌ・ヴィアゼムスキ

ー、レオ、ジュリエット・ベルト、フランシス・ジャンソン　90分・カラー・スタンダード　パリ公開六七年八月三十日　日本公開六九年五月三十日（フィルムアート社配給）

ソルボンヌの五人の学生が、ヴァカンスに出かけた知人のアパルトマンを借り、ひと夏を毛沢東思想の学習に費やす。彼らは「アデン・アラビア細胞」を名乗り、毛沢東体操をしたり、相互のティーチ・インを繰り返す。さながら、無人島に漂着した少年少女のように、生活を理想化する。もっとも、テロルの計画は失敗、結局ひと夏が終わると仲間割れが生じる。けっして生真面目な政治映画ではなく、白い壁と赤い書物を色彩の基調とした、アイロニックなドタバタ喜劇の雰囲気が強い。翌年の五月革命を予言している、とも評された。

『愛』（オムニバス『愛と怒り』の一篇）
L'Amour (dans *Amore e Rabbia*)
製作カストロ・フィルム（ローマ）、アヌーシュカ・フィルム（パリ）　撮影アラン・ルヴァン　音楽ジョヴァンニ・フスコ　編集ギュモ　出演クリスチーヌ・ゲオ、ニーノ・カステルヌオーヴォ　26分・カラー・ワイド　パリ公開七〇年六月　日本未公開

ゴダールの過渡期的作品。第三世界のプロレタリアートの男と、パリのブルジョア娘が高層ビルのテラスで談話している。男はイタリア語で革命を、女はフランス語で愛を話す。最後に二人は別れる。以上のすべてを別の一組の男女があたかも映画であるかのように眺めていて、注釈を加えたり言葉を翻訳したりする。

『ウイークエンド』
Week-end
製作フィルム・コペルニク（パリ）、コマシコ（パリ）、リラ・フィルム（パリ）、アスコ・チネライド（ローマ）　撮影クタール　音楽デュアメル、モーツァルト　編集ギュモ　出演ミレーユ・ダルク、ジャン・イアンヌ、ヴィアゼムスキー、ジャン＝ピエール・カルフォン　95分・カラー・ワイド　パリ公開六七年十二月二十九日　日本公開六九年

十月二十五日（ATG配給）

〈潜伏〉する直前のゴダールが、通常の製作システムで撮った最後のフィルム。「鉄屑のなかに発見されたフィルム」と註釈される。パリのブルジョアの夫婦が週末のドライヴにでかける。旅の途中、彼らはオデュッセウスのように、次々と奇怪な人物にめぐり合う。エミリー・ブロンテ、親指小僧、アジ演説をする黒人とアラブ人。夫婦は母親を殺し、その漠大な遺産を手にするが、パリに帰る途中、ヒッピーふうのゲリラ集団に襲われる。夫は惨殺され、その肉を食べられる。五十四台の車の列を、三百メートルにわたって撮り続ける移動撮影が、ただただひたすら常軌を逸していて面白い。

●一九六八年

『楽しい知識』

Le Gai Savoir

製作フランス国営放送、アヌーシュカ・フィルム、バヴァリア・アトリエ（ミュンヘン）　原作ジャン＝ジャック・ルソー『エミール』　撮影ジョルジュ・ルクレール　編集ジェルメーヌ・コーアン　出演レオ、ベルト　95分・カラー・スタンダード　製作者の放映拒否　日本未公開

題名はニーチェの箴言集より。工場を馘になったパトリシアと、大学を中退したエミールとが、無人のTVスタジオで出会う。周囲は闇で、二人にだけスポットが投じられる。彼らは夜ごとにスタジオでおちあい、政治と音・映像について討論する。活字メディアと視聴覚メディアの比較を論じ、マルクスやモンテーニュを朗読する。彼らはやがて第三世界やパリの〈五月〉の存在を知る。最後に二人は俳優としての本名を名乗りあい、人民のための映画作りを決意して別れる。すべてを一度ゼロに還元し、再出発しようとするゴダールの決意がこめられた教育的作品。

『シネ・トラクト』（アジビラ映画）

Cinétracts

（無署名・サイレント・16ミリ）

ゴダール本人は「フィルム・トラクト」と呼んでいる。

五月革命の最中、政治的告発を主題とする多くのアジビラ映画が次々と作られた。クリス・マルケル、アラン・レネらとともに、ゴダールもこの壁新聞に匹敵するメディアの造反に参加した。いずれもがありあわせの映像のモンタージュからなる一分から五分間あまりの短編フィルムなのだが、六月初めにすでに七十時間ほどの分量が撮られたという。それらの戦闘的フィルムは、ストライキ中の学校・工場・集会場でただちに上映され、観客たちの討論の素材とされた。内容は、ドゴールへの露骨な嘲笑や官憲の暴力の告発など。もっとも、今日では観ることは困難に近い。ちなみにゴダールの手になる「シネトラクト」第七号は、ド・ゴールの演説を引用し、それに対立する映像を連鎖させ、言葉の虚偽を批判したもの。第十号は〈すべてを反省せよ〉なるスローガンと映像の簡単な反復からなる。

『ワン・プラス・ワン』

One Plus One

製作キューピッド・プロダクション（ロンドン）他　撮影アンソニー・リッチモンド　音楽ザ・ローリング・ストーンズ　編集ケン・ロールス、ギュモ　出演ザ・ローリング・ストーンズ、ヴィアゼムスキー、フランキー・ダイモン・ジュニア　101分・カラー・スタンダード　パリ公開六九年五月九日　日本公開七八年十一月一日（フランス映画社配給）

ロック・グループのドキュメンタリーとブレヒト的野外劇という、まったく異なった音と映像の並置からなる。ザ・ローリング・ストーンズが「悪魔を憐れむ歌」をスタジオで練習する光景。この部分では意図的に退屈さが増進するように長廻しが用いられる。次に、黒人のゲリラ蜂起を描く寸劇とアジ演説。ポルノショップでアメリカ人捕虜を前に長々と朗読される、ヒトラーの『わが闘争』。森のなかで空疎な答に終始する、イヴ・デモクラシー嬢。最後に、赤旗・黒旗にとり囲まれるなかを、ハリウッドを象徴するクレーンがイヴ嬢をのせて上昇する。

『ありきたりの映画』
Un film comme les autres
100分・16ミリ　日本未公開

六八年八月に撮影された。ナンテールの学生三人とルノー工場の労働者二人が、パリ近郊の団地の隅の原っぱで議論するさまをえんえんと描く。もっともフレームは意図的に外され、彼らの顔はわからない。フェイド効果やシュプレヒコールの挿入などから、今後の闘争方針を協議しあう彼らの発言の内容を追うことも難しい。数ヶ月前に撮られたシネ・トラクトの挿入。工場を占拠する労働者。カルチエラタンのデモ行進。燃えあがる車。壁新聞を貼る学生たち。こうした映像に、フランス革命から現代にいたる、革命をめぐる理論・実践的テクストの朗読が重ねられる。白紙にびっしりと描かれた〈青〉〈赤〉という文字の間をカメラが移動し、労働歌が流れるところでフィルムは終わる。

『ワン・アメリカン・ムーヴィ』
One American Movie
（中絶）

六八年十一月、アメリカに渡ったゴダールは、当地のシネマ・ヴェリテ作家ペネベイカーやカメラマンのリーコックと協力して、右の題の作品を撮ろうとする。だが、意見の対立により放棄。残されたフィルムは、のちにペネベイカーが撮り足して、『ワン・パラレル・ムーヴィ』*One Parallel Movie*（*1P.M.*）の名で再編集される。冬の林や建築中の高層ビルのエレヴェーターのなかで、テープレコーダー片手に白人の侵略の歴史をアジる先住民。革命歌を演奏するジェファーソン・エアプレイン。シカゴの街頭での黒人たちの即興演奏。ブラック・パンサーの指導者や学生運動の委員長へのインタビュー。ざっとこうした内容だが、安易なズーム・インや早送りの手法が目立つばかりで、フィルモグラフィー作成者が個人的に観た印象では、作品の残骸以上のものとは思われなかった。

●一九六九年

『ブリティッシュ・サウンズ』
British Sounds（*See You at Mao*）
製作ケストレル・プロダクション他（南ロンドン・ウィークエンドTVのために）　監督・脚本ジガ・ヴェルトフ集団（ゴダール、ジャン＝アンリ・ロジエ）　撮影チャールズ・スチュワート　音楽ビートルズの替歌他　編集エリザベス・コズミアン　52分・カラー・16ミリ　製作者は一部のみ放映する　日本公開七一年十一月三日（フランス映画社配給）

ロンドンの自動車工場の長い移動撮影。階段を下る裸の女性。資本家の声を代弁するTVアナウンサー。集会に参加する労働者。「ハロー・グッドバイ」の替歌を歌うエセックス大の学生たち。ユニオン・ジャックを打ち破る拳。ジガ・ヴェルトフ集団の第一作は、支配階級と違う方法で音と映像を組織することを主題とする。イギリスの数世紀にわたる革命史と毛沢東の引用。フィルムは、泥地を這う血まみれの手が最後に赤旗をつかむまでを、インターナショナルの切れ切れの挿入とともに描いて終わる。

『プラウダ（真実）』
Pravda
製作サントル・ヨーロペアン・シネマ・ラジオ・TV　監督・脚本ジガ・ヴェルトフ集団（ゴダール、ロジエ、ポール・ビュロン）　60分・カラー・16ミリ　日本公開七一年十一月三日（フランス映画社配給）

ウラジミールとローザという二人の男女の声によって、ソ連侵攻後のチェコスロヴァキアの状況が分析される。最初に、一般のTVドキュメンタリーふうに、チェコの日常が描かれる。アメリカのポップスがあふれ、ネオンサインがソ連の鉄道を広告するプラハの光景。次に、先の音と映像の結合が否定され、チェコの経済的困難、官僚主義、スターリニズムが分析される。さらに深い探求が、毛、トロツキーの書物の引用を通してなされ、資本主義と癒着したソ連修正主義が批判される。最後に、以上を綜合して、正しい解決としての階級闘争がうたわれる。赤旗をなびかせた車が郊外を走り、インターが高らかに鳴り響く。従来のドキュメンタリー作品の制度を解体し、「正しい音と映像の結合」を希求する試み。

『東風』

Vent d' Est

製作ＣＣＣ（ベルリン）、ポリ・フィルム（ローマ）、アヌーシュカ・フィルム（パリ）　監督・脚本ジガ・ヴェルトフ集団（ゴダール、ジャン＝ピエール・ゴラン、ダニエル・コーン＝ベンディット）　撮影マリオ・ヴュルピアーニ　編集クリスチーヌ・アヤ　出演ジャン・マリア・ヴォロンテ、ヴィアゼムスキー、アラン・ミジェット、グラウベア・ローシャ　１００分・カラー・16ミリ　日本公開七〇年七月七日（フィルムアート社配給）

「正しい映像などない。ただ複数の映像があるだけだ」という著名なスローガンを掲げたこの作品は、世界最初の映画とも呼ぶべき美しい新鮮さに満ちている。抑圧された少数派を代表するアメリカ先住民、行動的少数派の闘士たち、修正主義者の職場代表、武装ブルジョワジーの北軍兵士、そして夢見るブルジョア娘。こうした寓意的人物の演じるまがいモノの西部劇。音と映像はさまざまなレヴェルで分離し共合している。外部の政治を映画にとりこんで映し出すことではなく、映画に内在する政治を露呈することに、このフィルムは終始している。

『イタリアにおける闘争』

Luttes en Italie

製作コスモセイオン（イタリア放送協会のために）　監督・脚本ジガ・ヴェルトフ集団（ゴダール、ゴラン）　出演クリスチアーナ・チュリオ・アルタン、ヴィアゼムスキー　60分・カラー・16ミリ　製作者による放映拒否　日本公開七〇年十一月七日（フランス映画社配給）

パオラというローマの女子大生の日常生活が紹介される。彼女は洋服を買い、男友達と会い、家庭で食事をする。本人の口によって、この映像が生活の断片の反映にすぎず、革命的視点が欠けていると批判がなされる。三番目に、映像を基礎づけているイデオロギー装置の性質が（アルチュセールの圧倒的影響のもとに）分析される。最後に、革命的政治闘争のみに重点を置いた先の批判に、再批判がなされる。日常生活のあらゆる側面において階級闘争を進めることが、今後の実践の課題とされる。この作品では、映像は積極的に貧困である。何の変哲もない若い女性の日常のショットがいくたびも反復され、長長とした黒画面が続く。音と映像の闘争を通して、政治的闘争の概念が問われているのだ。

●一九七〇年

『勝利まで』

Jusqu'à la Victoire

（中絶）

「パレスチナ革命の思想と実践の方法」と副題されたこの作品は、七〇年春にヨルダンを中心に撮影がなされたが、結局完成を見ず、『ここよそ』へ作り変えられた。

『ウラジミールとローザ』

Vladimir et Rosa

製作ミュンヘン・テレ＝プール　監督・脚本ジガ・ヴェルトフ集団　原作シカゴ・エイト裁判の記録　出演ヴィアゼムスキー、ベルト、ゴダール、ゴラン　106分・カラー・16ミリ　製作者による放映拒否　日本未公開

アメリカの新左翼集団「シカゴ8《エイト》」の裁判を戯画化して描く。ウェザーマンを始めとする八人のメンバーが紹介される。ヒトラーに忠誠を誓う検事。黒人を法廷侮辱罪で叱責しつつ、こっそりとヌード写真を覗く裁判官。被告たちによる帝国主義の告発、女性と黒人の解放闘争のアジ演説。ブレヒト風茶番劇である。幕間に、ゴダールとゴランは、登場人物たちがテニスをしているコートのネットサイドを歩き、吃りながらこのフィルムのなりゆきを議論する。ゴダールはアンナとクッションのキャッチボール。ジガ・ヴェルトフ集団としては珍しくリラックスした作品である。ジュリエット・ベルトが緑ヘルにゲバ棒といういでたちで、日本の毛沢東派学生を演じているのがご愛敬。

●一九七二年

『万事快調』

Tout va bien

製作アヌーシュカ・フィルム、ヴィッコ・フィルム（パリ）、エンパイアー・フィルム（ローマ）　監督・脚本ゴダール、ゴラン　撮影アルマン・マルコ　編集クヌー・ペルチエ、クロディーヌ・メルラン　出演イヴ・モンタン、ジェーン・フォンダ、ヴィットリオ・カプリオーリ　95分・カラー・スタンダード　パリ公開七二年四月二十八日　日本未公開

ゴダールが二人のスターを用いて久々に撮った商業映画。CF監督のモンタンとアメリカ人ニュース特派員のフォンダは、食肉工場のストライキを取材に行く。二人は工場主とともに二階に監禁される。あくの強いイタリア訛りで労働者を罵倒する工場主。これを契機に自分たちの生活を歴史意識のもとに考え直すことになる。彼らの思索は現在フランスの問題へと一般化されるだろう。スーパーマーケットのレジでジェリー・ルイスそこのけの大騒動を演じる客たちをとらえた長い移動撮影が面白い。

『ジェーンへの手紙』

Lettre à Jane

監督・脚本ゴダール、ゴラン　45分・16ミリ　日本未公開

ジェーン・フォンダが北ヴェトナムを訪れ、爆撃で潰滅された村を視察したときのスナップ写真が週刊誌に登場することで、いかに意味論上の反動的操作がなされるか、を分析した作品。フォンダのスチール写真の合成に、ゴダールとゴランが注釈をつけるという形で進行する。一枚の写真が、構図、添えられた言葉、フォンダの主演したフィルムとの関係において批判される。彼女は自分が俳優であることのなかに、ヴェトナムを発見しようとしなかった。ただ、父性的権威をもったスターとしてヴェトナムに乗りこんだだけにすぎない。こうして前作の『万事快調』までが

自己批判される。

●一九七五年

『こことよそ』

Ici et Ailleurs

製作ソニマージュ、ＩＮＡ　監督・脚本ゴダール、アンヌ＝マリ・ミエヴィル　55分・カラー・16ミリ　パリ公開七六年九月十五日　日本公開七八年七月二十二日（フランス映画社配給）

『勝利まで』がいかに中絶し、五年後にこのフィルムと化したかが、冒頭に語られる。フランスとパレスチナ。すなわち、ここよそ。そのいずれに加担することでもなく、両者をつなぐ接続詞〈と〉に注目しなければいけない。なぜよその映像は氾濫しているのに、ここの映像は貧困なのか、これまでの映画作りをゴダールは反省する。この作品ではイスラエルの機銃射撃のあと、作戦を点検するパレスチナ・ゲリラの戦士たちの映像、と、夕食の団欒にＴＶを見るフランス人家族の映像が対比される。よその映像を求めることより、ここにあって見ることと聞くこと、コミュニケーションを行うことが大切なのだ、とゴダールは語る。

『パート2』

Numéro deux

製作ソニマージュ、ベラ、ＳＮＣ　監督・脚本ゴダール　撮影ウィリアム・リュプチャンスキー　音楽レオ・フェレ（唄）　編集ジャン＝ピエール・リュ　出演サンドリーヌ・バティステラ、ピエール・ウドリー、ゴダール　88分（大部分がヴィデオより転写）　パリ公開七五年九月二十四日　日本未公開

当初『勝手にしやがれ・パート2』として予定されたこの作品は、結果的にまったく違ったものとなった。それは性と労働を軸とした一家族の政治的考察であり、本来〈家族映画〉がタブーとしてきた映像の集まりである。妻の家庭内の重労働と性的不満。オナニー。夫の仕事の疲労と不能。女性解放運動のテクストを語る祖母。性的孤独をこぼ

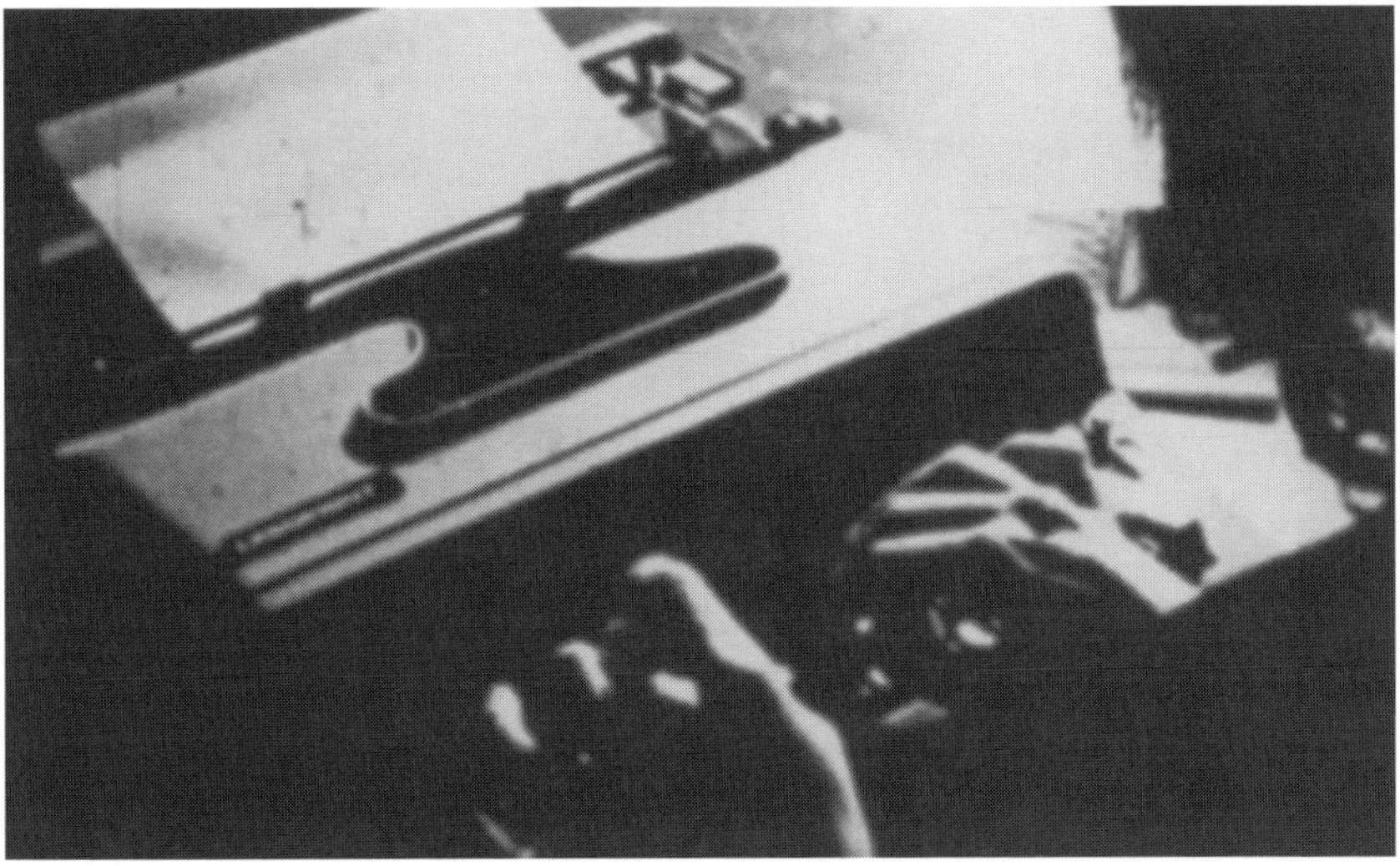

『うまくいってる?』タイプライターを叩くゴダール。

す祖父。そして二人の子供たち。六人がみずからの立場から小さな政治的状況を語る。

『うまくいってる?』
Comment ça va?
製作ソニマージュ、ベラ、SNC　監督・脚本ゴダール、ミエヴィル　撮影リュプチャンスキー　出演ミエヴィル
78分・カラー・16ミリ　パリ公開七八年四月二十七日
日本未公開

「二本の映画は、それがどのように《コマン・サ・ヴァ》作られているかを提示しないかぎり、どのような力ももちえない」と作者は語る。この作品は、さる男性ジャーナリストがポルトガル革命を報道した際に、彼の用いた映像と言葉について一人の女性がよせた批判的分析である。ポルトガルの映像とフランスのストライキの映像を比べたとき、双方に欠けているものは何か。写真の反復に声の注釈というスタイルは『ジェーンへの手紙』を思わせる。ここで問われているのは、言葉を口にする行為そのものが孕んでしまう政治性に他ならない。

●一九七六年
『6×2』

Six fois deux
製作ソニマージュ、ＩＮＡ　監督・脚本・編集ゴダール、ミエヴィル　撮影リュプチャンスキー、ドミニク・シャピュイ　１００分×六本・カラー（ヴィデオ）　七六年七月二十五日〜八月二十九日各日曜夜八時半よりＦＲ３でＴＶ放映　日本未公開

グルノーブルの新聞広告で募集された人々へのインタビューを中心とする。一本の前半が理論的考察を、後半が切り返しを欠いた、長い固定画面のインタビューからなる。「誰もいない」では、失業した家政婦や溶接工が労働について語る。「ルイゾン」では都会で職を失い、田舎で日雇い農夫をする男が、日々の苛酷な労働を語る。「物の教え」は幼稚園で教えられる物と言葉の分弁の無効を説く。意味作用のシステムを離れて、誰も物そのものを見分けることはできない。「ジャン＝リュック」は『リベラシオン』誌によるゴダールのインタビュー。「写真産業」は、バングラデシュ独立戦争の報道写真やフランスの政治の演説の映像をもとに、商業写真をめぐる経済学的欺瞞を批判。「マルセル」は、時計技師マルセルが趣味で8ミリをいじくり、日常から解放された無償の行為として映像を作る様子を描く。「お話はやめて」は女について男たちが捏造するありもしない物語・思いこみの批判。「ナナス」は、ミエヴィルがゴダールの女性観を批判。「ぼくたち三人」は、獄中の男が恋人に送る際限のない長さの手紙に始まり、科白を欠いた画面の上で二人の顔が合成され、第三の人物が生じる。「ルネ」では、カタストロフィ理論の提唱者ルネ・トムが人生と数学の関係を語る。ただし、あまりの常識論ゆえに虚偽と烙印される。「以前と以後」既成のＴＶ番組の引用と分析。ソニマージュの活動の紹介。「ジャクリーヌとリュドヴィック」では、真摯におのれを語る吃音の男性と、教皇と結婚する夢をとうとうと述べる精神分裂病の女性が登場。

●一九七八年
『二人の子供　フランス行ったり来たり』
France/Tour/Détour/Deux/Enfants
製作ソニマージュ　監督・脚本ゴダール、ミエヴィル　原作Ｇ・ブリュノ『二人の子供のフランス紀行』撮影リュプ

チャンスキー、シャピュイ、フィリップ・ロニ　30分×十二本と予告篇35分（ヴィデオ）日本未公開

『6×2』よりは幾分一般のTV番組に近い印象を与える作品。十二本はそれぞれほぼ同じ形式をしている。カミーユとアルノーという二人の小学生がマイクとカメラを手にスタジオに入る。彼らの日常生活。一例を掲げれば、目覚めとベッドの片付け、学校、両親との食事、就寝。眠りに就く前にカミーユは、化学と曖昧性について考える。妊娠した女性の腹部。赤ん坊のオーヴァラップ。二人の大人の声による注釈。このTV番組はこうして、大人の社会の一見した明晰さを、子供の低い視点から不透明に描いている。

●一九七九年

『勝手に逃げろ／人生』

Sauve qui peut (La Vie)

製作サラ・フィルム、MK2、サガ・プロ　監督ゴダール（ただし「作曲者《コンポーザー》」とクレジットにはある）　脚本ミエヴィル、ジャン＝クロード・カリエール　撮影リュプチャンスキー、レナート・ベルタ　編集ミエヴィル、ゴダール　出演イザベル・ユペール、ナタリー・バイ、ジャック・デュトロン　88分・カラー　パリ公開八〇年十月十五日　日本未公開

都会に見切りをつけ、田舎へと自転車の旅に出るドニーズ。TV局のディレクターで、ときに別居した妻と娘に面会するポール。いかなる客の倒錯趣味をも引受ける、田舎出の自立した娼婦のイザベル。ゴダールの商業映画〈復帰〉第一作は、三人の出会いと別れからなる。ポールはドニーズと別れ、イザベルと寝たのち、あっけなく交通事故で死ぬ。ジュネーヴ近郊を舞台に、都市と田舎の対立や家族の問題が問われる。画面のいたるところに意味もなく差しこまれるストップ・モーションが、奇妙な効果を生んでいる。

●一九八一年

『フレディ・ビュアシュへの手紙』

Lettre à Freddy Buache
製作ソニマージュ　撮影ジャン＝ブマール・ムノー　脚本・編集ゴダール　11分・カラー　公開八一年十月　日本未公開
　ビュアシュは、スイス・シネマテークの館長。この短編はローザンヌ市生誕五百周年を記念して撮られた。ときにスローモーションで、ときに平常の速度で「霊感の源」としての都市の姿が、ゴダールの不断の語りによって描かれる。

●一九八二年
『パッション』
Passion
製作ソニマージュ、サラ・フィルム他　脚本ゴダール、カリエール　撮影クタール　音楽モーツァルト、ラヴェル、ドヴォルザーク　編集ゴダール　出演ユペール、ピコリ、ハンナ・シグラ、イエジー・ラジヴィオヴィッチ　88分・カラー・スタンダード　パリ公開八二年五月二十六日　日本公開八三年十一月（フランス映画社配給）
　田舎の工場で働くイザベルは労働争議を試みるが、他の労働者から孤立する。彼女は工場主ミシェルと対立している。工場の隣にはキャフェ兼ホテルがあって、ミシェルの妻ハンナが切り盛りをしている。ホテルにはポーランドから来た映画製作のグループが滞在中。監督のジェルジーは西洋美術を主題とした大作『パッション』をスタジオで撮影中なのだが、真実の光が見つからないといってはNGを出したり、スタッフと喧嘩したりして、いっこうに進まない。泰西名画とクラシック音楽がこれでもかと、引用されるばかりだ。彼はハンナともイザベルとも愛しあい、愛と労働の関係について論じあう。結局、大作の夢は流れ、人々は解散する。

●一九八三年
『カルメンという名の女』

Prénom Carmen

製作サラ・フィルム他　脚色ミエヴィル　撮影クタール　音楽ベートーヴェン　出演マリューシュカ・デートメルス、ジャック・ボナフェ、ゴダール　85分・カラー　日本公開八四年（フランス映画社配給）

オットー・プレミンジャーの『カルメン』を愛するゴダールが、ビゼーを離れ、あえてベートーヴェンの音楽を用いて撮った作品。当初、主役にイザベル・アジャーニが予定されていたが、変更された。

今ではすっかり落ちぶれてしまった映画監督ジャンのもとに、姪のカルメンが海辺の別荘を貸してほしいと頼みにくる。ドキュメンタリー・フィルムを撮るというのが表向きの口実だが、実は仲間と銀行強盗を計画中なのだ。銀行を襲ったカルメンは、警察官のホセと恋におちいる。精神病院からゴダールが映画撮影のため現場に駆けつけたとき、彼女は嫉妬に狂うホセによって射殺される。

一九八三年

「ジャン＝リュック・ゴダール　フィルモグラフィー」

『ゴダールの全映画』（芳賀書店、一九八三）のため執筆された。八〇年代のヴィデオ作品に若干の遺漏はあるが、一九五四年から一九八三年までの全作品が言及されている。

ゴダールが生涯に何本の作品を遺したかは数字を確定することが難しい。『パッション』のように、その下書きともデッサンともつかないヴィデオ作品が遺っている場合もあるし、〈五月〉の最中には匿名で、ごく短いアジビラ映画をずいぶん撮っている。ジーンズのＣＦだってある。だから細かく数え上げれば二百本くらいだろう。

だが、あまりに短く、オケイジョナルな作品は別にすれば、このフィルモグラフィーを作成した時点では、大ざっぱにいうと五十五本くらいだった。その後、一九八四年から二〇二四年の遺作『シナリオ』予告編までが、これも大体五十五本くらいだろう。

『カルメンという名の女』Ⅰ

ゴダールが商業映画の世界に回帰してはや四年経った。一年一作のペースで発表される長編は、昨年『パッション』が本邦でも上映され、話題を呼んだことは記憶に新しい。このたび公開される『カルメンという名の女』は八三年にヴェネツィア映画祭でグランプリを獲得した作品である。ゴダールのもっとも新しい作品？　だが、この形容は正しくもあり、誤ってもいる。なぜだろうか。

『カルメンという名の女』は、メリメが短編小説として発表し、ビゼーがオペラ化した、あの有名なスペインの物語とはほとんど何の関係もない作品である。そのことがけっして今日の映画状況を示す記号だというわけではなく、あくまでも原作の著作権が切れたというだけの偶然にすぎないのだが、フランチェスコ・ロージ、ピーター・ブルック、カルロス・サウラといった各国の監督が手掛けた『カルメン』がいっせいに公開されるという事件が昨年生じた。だが、ゴダールの『カルメンという名の女』に関しては、彼らとは一線をもうけなければならない。サウラが説話技法の諸水準の移動、横断を駆使して、今日的演奏としてあるべきカルメン物語をきわめて洗練された手付きで提示したのに対し、ゴダールはカルメン物語から実質的主題そのものを抜きとってしまったのだ。異国情緒はゼロ、甘美なる激情はゼロ、有名なビゼーの旋律はといえば、冒頭の精神病院で患者の一人が気紛れに口笛で吹いているばかり。要するにゴダールが手元に残したのは、カルメンという名前だけといえる。『カルメンという名の女』という題名は、これを文字通りに受け取らなければならない。

そればかりではない。ゴダール本人はといえば、とあるインタビューのなかで、この名はプレミンジャーの『カルメン』への愛情から来ているとぬけぬけと告白しているのだ。プレミンジャーだって？ 少しでもゴダールの作品に触れたことのある者なら、誰でもこのヌーヴェル・ヴァーグのバッド・ボーイが処女長編を撮りあげた直後に口にした言葉を記憶しているはずだ。なぜジーン・セバーグを『勝手にしやがれ』の主役にしたかというと、このフィルムがプレミンジャーの『悲しみよこんにちは』の続編に相当するからです、と。彼は、すでに薄くなりつつある頭に手を廻しながら、そのようにいけしゃあしゃあといい切ったのである。

では『カルメンという名の女』はいかなるフィルムの余韻のもとに成立する作品なのか。

スクリーン全面に波打つ海岸が拡がったとき、それが『気狂いピエロ』の残響であることを疑う者はもはやあるまい。金利生活者がこれまでの利子をこともなげに蕩尽するように、ゴダールが過去の自作を惜しみなく引用し、反復してみせたところで不思議はない。

繊細さと激情とをあわせもった表情の細身の青年が、あるとき謎めいた女に誘惑され、女の指示するままにすべてを放棄し、自動車を運転してパリを逐電する。無人の海岸に到達するや、二人は来たるべき悪事までの奇妙な猶予の期間をあたかも蜜月であるかのように過ごしてしまう。女はしばしば青年の名を誤って呼び、そのたびごとに青年は神経質に訂正を求める。ほどなくして青年は警察に拉致される。女のもとに戻ってみると、彼女は仲間たちと悪事の計画に余念がなく、青年の愛情を無視する。やがて破局が訪れる。女は警官によって射殺され、息も絶え絶えに何かしら質問する。傍らにいたボーイが「何も知らない」と答える。

これが銀行強盗カルメンと銀行の警備員ジョゼの物語である。今、書き抜いてみても驚くのだが、これではまるで『気狂いピエロ』ではないか。ジョゼを演じる新人ジャック・ボナフェが上半身裸でベッドにもぐりこみ、カルメンに拒まれて所在なくしている光景など、まるでデビュー当初のジャン＝ポール・ベルモンドを想起させる。もちろんラストは『勝手にしやがれ』の反転である。さらにご丁寧に『気狂いピエロ』の有名なラスト・シーン――ほとんど白一色と化した夏の空を背景に死んだ恋人たちの声がオフでランボーの詩を読みあげる――までが、海辺の別荘でカルメンとジョゼが見せるベッドシーンの合間に、変形されて反復される有様だ。

——見つけたよ。
——何を。
——牢獄を。大地を。家を。

『カルメンという名の女』に見られるゴダールの執拗な、ある意味では滑稽とさえ思われる自己言及癖は、いったい何に起因しているのであろうか。『気狂いピエロ』の監督ほどに映画が引用を宿命とする表象システムであることを、ある残酷さをもってフィルムの地肌で語った者はいない。ヌーヴェル・ヴァーグとは、失われたハリウッドの暗黒映画やミュージカルをめぐるノスタルジーと、それをめぐる再現不能からくる絶望から生じた。『勝手にしやがれ』のベルモンドがパリの映画館の前に飾られたハンフリー・ボガートのスチール写真を覗きこんで嘆息をつくとき、それはベルモンドの身体を媒体として、映画がみずからを批判の対象としてはじめて定めた瞬間であったのである。

だが、『勝手にしやがれ』のゴダールは、映画という巨大なジャンルへの帰属意識を饒舌に語ることはあっても、二十五年間にわたって潔癖なまでに過去の自分を否定してきた。六八年の〈五月〉直後に撮られた『楽しい知識』では、それまでの映画的探求をひとまずゼロに引き戻す宣言がなされ、『ジェーンへの手紙』は前作『万事快調』への自己批判の形態をとった。ゴダールは八〇年に『勝手に逃げろ』によって商業映画への回帰を果たしたが、それは既成の製作―配給システムの廃棄を主張したジガ・ヴェルトフ集団時代からの路線変更であった。けっして後方を顧みないこと。いつも過去の財産から訣別し、未知の領域にむかって新しい移動の線を引くこと。これがゴダールに一貫した身振りであったはずだ。

『カルメンという名の女』では、ゴダールのこうした身振りそのものが決定的な訣別の対象となった。彼はゴダールという名のもとにまとめあげられる過去のフィルムのすべてを、引用の対象として選んだのである。

こうした事態をより雄弁に物語っているのが、ゴダール自身によって演じられた、落魄せる映画監督ゴダールという奇怪な登場人物である。ゴダールはこれまでにもヌーヴェル・ヴァーグの盟友たちの短編にチョイ役で出演したり、ヒッチコックよろしく『勝手にしやがれ』で通行人を演じたりしたことがあった。また『勝手に逃げろ』では、ジャック・デュトロンにゴダールという名のTVディレクターの役を与えて、みずからの分身《ドゥブル》たらしめたことがあった。『カルメンという名の女』では、この分身衝動がさらに徹底し、本人が仮空のゴダールの戯画としてフィルムの始めから終わりまで顔を覗かせている。ヴェネツィア映画祭では彼に助演男優賞を与えるべきではないか、という話すらもちあがったと聞く。

先に物語を要約したが、実のところ、この作品は、カルメンが精神病院に収容されている伯父のゴダールを訪問する場面から開始されているのだ。無精髭を伸ばしたパジャマ姿のゴダールは、かつて有名な映画監督だったようだが、どうやらデートリッヒ主演の作品の製作費を使いこんだか何かで映画界追放の身となり、現在は精神に異常をきたしているという設定である。カルメンに唆されたこの狂人（?）は、病院を脱け出し、パリで映画撮影にとりかかろうとする。まさか姪が撮影を隠れ蓑にして銀行強盗を計画中などとは、夢にも思ってもみない。ゴダールはグルーチョ・マルクスのように葉巻を片時も離さず、ぺらぺらと喋りまくる。毛沢東を引用し、今日の大衆消費社会を批判したかと思うと、世界の映画界への復讐を宣言する。計算尺とカセット・デンスケを肌身離さず持ち歩き、あげくのはては櫛をとり出して、レストランで食事中のブルジョアたちの頭髪をいじくり廻す、といった狂態に至る。

他の登場人物が過去のゴダール作品を模倣し、知らずといつか見た身振りを反復してしまうように、ゴダールもまた過去のゴダールの紋切型の映像をカリカチュアとして演じる。カルメンがたかだかカルメンという名をもった女にすぎないように、ゴダールはゴダールという名の瘋癲男にすぎない。だが、同時にそれは、ゴダールという名のもとに他者によって了解された想像上の人格であって、主体としてのゴダールの立場に立つならば「誤認」（ジャック・ラカン）以外の何物でもない。

名付けることと、名を与えることとは、あらゆる場合に事物を固定し、分節化し、自由を剝奪することである。マリューシュカ・デートメルスの演じるヒロインは、ひとたびカルメンと命名された瞬間から、物語の定型に組みこまれた不自由な存在と化す。ゴダールもまたゴダールと判明したときから、過去の神話的映像の呪縛のもとに語られる。神話に包まれ、神話を通して他者から解釈されることは、今日の社会では納税の義務に似たものといえる。『カルメンという名の女』は、こうした宿命を超えようとして、戦略的に過去の神話の滑稽なまでの踏襲と引用変形を内的論理として選んだ作品である。固有名詞に徹底することで、逆に命名の地獄から脱出すること。ながらくアイロニーの人であったゴダールは、ここできわめてユーモアに満ちた戦略を採用しつつある。

では、命名という命名を免れた幸福な世界というものがはたして存在しうるだろうか。フィルムの最後に登場する光弱いブルターニュの海が、たとえばそうだといえる。臨終の間際にカルメンが、それが何であるかを尋ねた。誰かが答えた。わからない、と。回答者はけっして海にむかって、海という命名を与えない。ただ、「それは暁《あかつき》と呼ばれる」とブニュエルの著名なフィルムの題名をつぶやくばかりなのだ。

一九八四年

『カルメンという名の女』Ｉ」

『アート'84』八月号に発表された。ゴダールのリヴァイヴァルが決定的なものとなり、オシャレなトレンドとなった時期の文章である。

『カルメンという名の女』Ⅱ

まず雑音。すべては音粒という音粒の、数えきれないほどの散乱から始まる。

精神病院の廊下を歩く足音。話し声。怒鳴り声。タイプライターを叩く音。レストランのコップを打つ音。銃声。靴を床に投げすてる音。叫び声。波の音。カモメの鳴声。何もかもが響きあい、滑らかなフィルムの表面を汚しにかかる。音はブレッソンのように禁欲的な精神集中を要求しない。鈴木清順のようにフィルムの地肌に楔を打ちこんだり、反転を試みもしない。音はただそこにひたすら障害物として留まり続ける。棘として、引掻き傷として。要するにロラン・バルトのいうプンクトゥムとして。ベートーヴェンの弦楽四重奏はあるとき何の因果もなくTVから聞こえてくるトム・ウェイツのボーカルと重なりあう。ゴダール本人の叩くコップの音に遮られて、そして唐突に断ち切られる。スーパーマーケットのトイレで男が万引したジャムの壜の底に指を擦り付ける音。ベートーヴェンの演奏に挿入される警句。ジョン・フォードの作品では、音楽は正しく用いられる。ゴダールの作品では、音声は正しくも間違っても用いられるわけではない。すでにしてあらゆる音声が対等であり、ミキシングという虚構を露呈させるために用いられる。まず雑音だ。『カルメンという名の女』とは、音粒という音粒の、数えきれないほどの散乱が作り出すフィルムである。

次に光。リュミエール。海辺の別荘の窓辺から射しこむ朝の光。カーテンの隙間から洩れ四重奏団のメンバーの肩や肘に当たる白い陽光。パリのホテルの一室のクリームと青みがかった二系列の光が織りなす微妙な譜調。どの光も複数のまま共存しあっている。正しい光がない、と『パッション』のイエジー監督はヒステリックに叫んだものだった。そして「よく見えない《マル・ヴュ》……よく言えない《マル・ディ》……」と『カルメン』のゴダール監督はタイプに打ちつける。というわけで、『カルメン』は窓辺の映画。自然光の恵みを受けようと、人々はフェルメールの絵画のなかのように窓辺にもたれかかり、寄り添いあう。壁から窓辺への移行。黒画面から自然光への移行。これが十五年にわたるゴダールの変容である。

　では第三に、物語は？　物語という物語は板目模様のように複数の線分をなし、互いに結びついたり離れたりするというのが、『勝手に逃げろ』以来のゴダールの筆法だ。ヴァイオリニストのクレールの物語。瘋癲監督ゴダールの物語。そしてカルメンとジョゼフの物語。銀行強盗の物語。そう、およそこれまでに銀行強盗を主題とした映画製作といわれるものはうんざりするほど存在していた。一方、『カルメン』は、映画製作を装った銀行強盗なのだ。とはいうものの、いったい何という物語なのか？　いや、もっと率直にいおう。いったい話はどうなっているのだ。銀行強盗の射撃戦はいささかもリアリズムを感じさせないし、犯人は警備員と格闘しているうちに彼を深く愛してしまう。裁判もまた茶番で、女弁護士が文学臭たっぷりの演説をするだけだ。ホテルの一室での主人公たちの甘やかな愛の語らいは、次のショソトでは味も素気もないドタバタ場面に転じてしまう。スリルのない犯罪映画。絶頂のない恋愛映画。爆笑のない喜劇映画。要するに物語の内実をいっさい抜きとられた物語。これがどうしてプレミンジャーの『カルメン』に霊感を受けたというフィルムなのか。どうして映画には恋愛映画しか存在しないなどと、ゴダールは抜け抜けと発言してしまうのか。

『カルメン』は、われわれが見知っているところのスペインの舞姫の物語とはほとんど共通項をもたない。では、いかなる物語に類似しているのだろうか。

　パリで満たされぬ日常を送っている青年が、あるとき何の予告もなく眼の前に登場した謎の少女に拉致される。というよりも少女の命令するがままに運転手の役割を引き受けて、無人の海岸まで逃走を続ける。二人はつかのまのロビンソン・クルーソー的生活を体験するが、どこかしら悪の臭いのする少女を前に、青年は愛と孤独の嵐に翻弄される。彼女はやがて犯罪組織に属していたことが判明し、青年の手にした銃で射殺される……。

いわずと知れた『気狂いピエロ』の物語だ。だが、これは同時に『カルメン』を構成する太い縒糸《よりいと》の一本でもある。フェルディナンがジョゼフに、マリアンヌがカルメンに、地中海の強烈な原色がブルターニュの寒々とした淡い色調に置き替えられた、というだけのことだ。ゴダールのもっとも新しいフィルムは、意識的に彼が過去三十年にわたって撮り続けた作品群への言及に満ちている。海辺の別荘で上半身裸で神経質そうに煙草をふかし、ボソリボソリと自分の学歴の低さを嘆いたり、またパリの高級レストランで過去の女友達がヴァイオリンを奏いている場にばったりと出喰わしてしまったときのジョゼフ役のジャック・ボナフェは、痩せた背中の表情や黄色いマフラーの掛け具合からして、若き日のベルモンドを想起させる。クレール役のミリアム・ルーセルは、両眉と眼下の隅の交錯が作り出す険しい斜線が大きく拡げた鋏といった印象を与えることから、カリーナやヴィアゼムスキーといったゴダール・ギャルズの系譜をそこに読み取ることが困難ではない。いかにもゴダール顔だ。そしてカルメン役のマリューシュカ・デートメルスはといえば、相手役のジョゼフにむかって大胆にも「小さな兵隊」と呼びかけ、あたかも『気狂いピエロ』の生残者であるかのように、ゴダールに会うと「あの物語はいったいどう終わったの?」と尋ねだすありさまだ。ゴダール? そう、この作品では当のゴダール本人が落魄せる映画監督ゴダールという役柄でそれこそ荒唐無稽な喜劇役者ぶりを発揮していることを忘れてはならない。

いま記憶を辿ってみても、過去においてゴダールがこれほどまでにあからさまな自己言及の引用趣味に淫したことはなかった。映画撮影の楽屋裏にいる自分の姿がたまたまスクリーンに映し出されるのを許したことはあっても、かくも大胆な演技をみずから引き受けたことは皆無だった。これはいかなる事態なのか。『カルメン』と一応は命名されているはずの作品が、主人公の男女の名を唯一の例外とすれば、実体として監督の過去の奇怪なリメイクとその変容歪形に終始してしまうという事実を、人はどのように理解すべきなのか。そのためには、まず『名《プレノン》・カルメン』という、この作品の原題そのものから考察していかなければならない。

『カルメン』では、のっけからオフの女の声で、これから始まろうとするフィルムが「カルメンと呼ばれるべきではなかった女」の物語であることが提示される。固有名詞・命名行為・実体と名辞のズレ。われわれが赴こうとしているのは、こうした問題文脈である。

　繰り返すことになるが、この作品は『カルメン』と名付けられてはいるものの、誰もが連想する実体としての『カルメン』、すなわちビゼーの手になる著名なオペラとはいささかも類似していない。フィルムを通して流されているのはベートーヴェンの弦楽四重奏であり、ビゼーの主題は精神病院の庭で口笛で演奏されたまま、格下げされている。『カルメン』を、ほぼ同じ頃に製作されたカルロス・サウラの『カルメン』と同列に考えてはいけない。サウラはビゼーの原作に対し、今日的に錯綜した説話法を援用して、解釈を施した。そこでは名辞と実体の間の類似の観念は無疵のまま保たれている。ゴダールの場合は、この観念は疎外され、命名行為そのものが主題として浮かびあがる。『カルメン』は『カルメン』に少しも似ていない。名前《プレノン》が「カルメン」であるというだけにすぎない。

　ゴダールの登場人物は、あたかも宿痾のように、固有名詞をめぐる強迫観念にとらわれてきた。『勝手にしやがれ』のミシェルは機会あるたびに最愛の対象であるパトリシアの名をルンルンと口ずさみ、名を吃り、韻律を踏んだ（「パトリシア、どうしたの《ケスヤリヤ》？」）。名は実体と呪術的に癒着していた。そもそも「若きゴダールの短編の題名ではなかったが、男の子はみんなパトリックと呼ばれた」はずではなかったか。だが、名辞と実体の幸福な結合は薄命のうちに終わる。それは、ゴダールにあって統一的な物語が解体の兆を見せるに応じて、剝離を余儀なくされる。『気狂いピエロ』の主人公は、自動車の助手席に坐ったカリーナから自分の名をピエロと呼ばれるたびに、俺はフェルディナンだと苛立たしげに訂正する。やがて固有名詞の主題は、登場人物という概念を固定する複数の水準に及ぶことになるだろう。『彼女について私が知っている二、三の事柄』では、まず俳優の名がオフで紹介され、次に同じ声でその演ずべき人物の名が与えられる。『楽しい知識』でも最初に役名で登場した二人の男女が、終わりには現実の本名を毅然と名乗って退場する。フィルムの内側での虚構の名前と、日常生活での真の名前という二項対立が、ジガ・ヴェルトフという映画史上の固有名詞を名乗ろうとした時期のゴダールにあったことは間違いがない。

　『勝手に逃げろ』でいわゆる商業映画界に復帰して以後のゴダールの歩みは、こうした二項対立そのものが虚構であると認識してしまった者の軌跡である。正しい名辞と偽りの名辞の選別があるのではない。名辞という観念自体を切り崩すことが先決なのだ。いきおい固有名詞の秩序は混濁の呈を帯びる。妻子に捨てられたゴダールというTVディレクターが登場し、ナタリー・バイ演ずるドニーズと会い、イザベル・ユペール演ずる同名の娼婦イザベルと寝るという事態が生ずるわけだ。『パッション』では一切の登場人物が本名のまま出演する。思い出してもみょう。スタジオで、ホテルで、ハンナ・シグラはハンナ、ミシェル・ピコリはミシェル、ラズロ・ザボはラズロとして互いの名を呼びあっていたではないか。

『カルメン』において興味深いのは、このフィルムが、魔性の女《ファンム・ファタル》として知らぬ者とてない、磨滅しきった虚構の固有名詞をあえて意図的に選んでいることである。これはほぼ同じころ『カルメン』をわずか六人で舞台にあげ、次に映画化したピーター・ブルックと比較してよい。ブルックは来日したときにこういった。『カルメン』をどうして選んだかという理由はきわめて簡単、これが世界でもっともポピュラーなオペラだからです。では、ゴダールの場合はどうだろうか。彼にとっては、実は何でもよかったのではないかという気がしないわけでもない。たとえば一方の極にマリューシュカ・デートメルスという、不機嫌な表情がいささか可愛らしくないわけでもないオランダ人の新人女優がいて、銀行強盗に失敗し射殺される。彼女はなぜかしらカルメンという名を与えられている。もう一方の極には監督であるジャン゠リュック・ゴダールその人がいて、彼は世界中の映画界への復讐を決意し、毛沢東を引用し、頭がおかしくなって長い間隠遁していたジャン゠リュック・ゴダールという名の監督――要するに神話的シネアストであるゴダールの戯画化された紋切型の映像を演じている。すなわち、虚構の名辞をもった（あるがままの）実体と、真実の名辞をもった、ありもしない虚像が同時に存在している。ここで問われているのは、原型的な物語の今日的解釈などではなく、あらゆる命名行為を暗黙のうちに根拠づけ統轄している制度的な力に他ならない。

――苗字の前に来るのは何？

――名前だ。

――名前の前、名前で呼ばれる前は？

――分らないな。

ホテルの一室でカルメンがジョゼフと交わす時の、ほとんど意識の流れを思わせるこの美しい台詞は、さりげなく語られてはいるものの、『カルメン』においてもっとも緊張した瞬間を構成している。それは、たとえば不思議の国のアリスが二度目の冒険の折りにふと迷いこんだ名無しの森の挿話を想起させる。ルイス・キャロルを信じるならば、その森に一歩でも足を踏み入れた瞬間から、人は一切の名詞を忘却してしまう。アリスは一匹の華奢な動物とめぐりあい、互いに正体を確認できぬままに親密な対話を交わす。森が途切れてしまうと、二人は自分たちが人間の子供と子鹿であることに気付き、子鹿はアリスを恐がって急いで逃げていってしまうのだ。ここには名辞とは失墜状態の記号であるという思考が息づいている。

ルイス・キャロルからヴィトゲンシュタインへと続く名辞論者の思考の系譜上に『カルメン』は置かれている、といっても誤りではない。『ウイークエンド』の男女の森の彷徨にはすでにキャロルの謎々への言及がなされ、『皆殺しの天使』から『戦艦ポチョムキン』にいたるまで、実体をもたぬ名辞上のフィルムの題名がトランシーヴァーを通して森中に流れていた。近年の短編『フレディ・ビュアシュへの手紙』ではヴィトゲンシュタインが引用され、青とも緑ともつかぬ、自然言語の分節作用が困難な地点こそが本質的な領域なのだという指摘がなされている。固有名詞の攪乱と氾濫を通して、すべての名辞の消滅を祈願すること。色彩から言語の分節化の楔を引き抜き、自在の跳梁を許すこと。音を、光を、発声を、人物の形象を、抑圧システムとしての命名から解き放つこと。

それを何と呼ぶべきなのだろうか、とカルメンは薄れゆく意識のもとに傍らのボーイに尋ねる。名辞という名辞の鎖を逃れた人々が、心安らかに太陽の到来を祝福する黄金時代の光景を何と呼べばいいのか、と。それは、とボーイはひとまず置いて、その場に無関係なふうに、それは暁と呼ばれます、と答える。するとどうしたことか、みるみるうちにスクリーンは瀕死の女主人公が横たわる階段の踊り場を離れ、いつしか彼女が幸福な同棲生活を送ったはずのブルターニュの寒々とした海岸へと転じてしまうのだ。それは作品の冒頭から繰り返し見慣れてきた、あの波間に太陽の光が弱く反射する光景以外の何物でもない。まさしく夜明けの映像であって、われわれは神代辰巳の『四畳半襖の下張』以来ひさかたぶりに出現した海の光景に思わず嘆息をもらしてしまう。名辞と実体の乖離を旨とし、名辞の棄逐に憧れた『カルメン』の結末を飾るのが、文字通り信じがたいまでに完璧に成就された名辞と実体の一致結合であるという事実！　カルメンと呼ばれるべきでなかった少女の物語として開始されたこの作品は、夜明けの海の映像に「それは暁と呼ばれます」という平明きわまりないトートロジーを添えることで幕を閉じるのだ。

それればかりではない。「それは暁と呼ばれる」という台詞が、実のところ一九五五年にルイス・ブニュエルがルチア・ボゼを主演に撮ったフィルムの題名でもあることを考え合わせるならば、名辞と実体の距離がここでは密着すると同時に無限大にまで引き離されてしまっているという事実にも気付かなければならない。それはもはや、波間の映像を共通項とした間テクスト的な記憶といった次元で解釈のつく問題ではない。名辞の消滅の夢をその場にありもせぬ一本のフィルムの、知る人とて少なくない固有名詞を借りることで語るとは、何と逆説的な試みであろう。

この瞬間に立ち合ったとき、われわれは『カルメン』という作品にはこの逆説が見え隠れしつつ、一本の赤い糸のように通底していたことに気付くのだ。彼女はカルメンと呼ばれる。それは暁と呼ばれる。この二つの言説は同一のものと判明することだろう。

すなわち、それは映画と呼ばれる。

一九八四年

『カルメンという名の女』Ⅱ」

六月にこのフィルムを上映することになったシネ・ヴィヴァンのパンフレットのため執筆された。この劇場のパンフレットはしっかりと出来ていて、字数もそれなりに与えられたので、ずいぶん踏み込んで書くことができた。幸福感に満ちた文章である。

世界の起源の映像

1

四方田犬彦です。

今日は、「ゴダール／映画史を模倣する」の一番最初の日で、わざわざわたしの編んだプログラムに来ていただいて、ありがとうございます。『世界最初の映画』とか、『世界の起源にある映像』といったテーマまで、これからお話をさせていただきます。このテーマの名前は当然のことながらいくつかの意味を含んでいまして、それは一つ一つ解きほぐしていくならば、次のようになるだろうと思います。

世界で一番初めに撮られたフィルムという意味でもあるし、物の最初とか起源を映画がどのように表象してきたかという物語のことにもなるし、それからさらに大きく考えて、起源という問題を映像はどのようなかたちで体験しうるか、あるいは、起源を体験しえないで、巧妙に回避することで、映画の物語＝映画史というものを組み立てていくか。そういったお話をこれからしていきたいと思います。

今日は、先程も申しましたように「ゴダール／映画史を模倣する」の第一回目なわけで、そういうわけでもわたしは始まりの場所にいるわけです。しかも、始まりというものはつねに装われた始まり、演じられた始まりにすぎないわけで、だから今日は起源について語ることが、また起源として語ることがいかに困難であるかという話になることでしょう。映画というものは、いつもすでに始まっているものであって、わたしたちは後から追っかけていくことでしか、映画に接することはできない。こういった宿命が、起源の問題をいっそう難しくしているのです。『楚辞』という詩集が古代の中国に残されています。紀元前四世紀ごろに書かれたもので、作者はいちおう屈原という個人とされていますが、実際は民衆の集合的感情が匿名的に産み出した言葉だという作品です。いま朗読いたしますのは漢語ですが、これはもともと中国南部の異民族の手で、楚語によって謡まれたもので、その翻訳にすぎません。その意味でも起源を欠落させた詩篇であるといえるでしょう。この『楚辞』の第一歌は全篇が疑問文で書かれています。

逐古之初
誰傳道之
上下未形
何由考之

訳してみるならば、だいたいこういう意味になるでしょう。大きな古い時間の始まりというものを、誰がいったえているというのか。天も地もなくドロドロと混沌としていたというのに、どうして起源を思考することができたのか。屈原がこの詩でいっているのは、起源をたやすく語ることはできない。語られた起源とは後から作為的に捏造され、くっつけられたモノにすぎなくて、真の起源というのは時間という大きな物語から外された、逸脱した場所にあるものだ、ということではないでしょうか。本当の起源は物語のなかにはない、いいかえれば歴史を構成しているわけではなく、どこか別のところに隠蔽されている。だから起源を問い直すことは、神話や物語のなかに描かれている始まりを心に思い浮かべることではなく、絶対的な起源を現在のものとして生き通すこと以外に方法はないと思います。起源とは過去の、大昔のモノではなく、いつ、どこででも開始され、作動すべきものではないでしょうか。

いささか話が抽象的になりすぎましたので、もう少し具体的に、今日皆様に見ていただいたフィルムについて言葉を与えることから、もう一度やり直し、最後に起源の問題としてゴダールとゴランによる『東風』のことを考えてみることにしましょう。

2

今、ここに四本（メリエス短篇集は十本ほど入ってるわけですが）ほど見ていただいて、それはしかも一つの完成した作品を見てもらうのじゃなくて、あえて意図的に分断してバラバラな断片の形で見ていただいたわけなんですけれど、なぜこれは断片として上映されなければいけなかったのか、といったことをまず考えてみたい。メリエスというのは、もうご承知のことと思いますが、世界で初めてシネマトグラフを商業的につくった人なんです。生涯に四千本近い作品をつくって、つまり今日、皆さんに見てもらったようなものをつくって、商業映画の起源、映画産業の起源を定立させた人です。たとえば、サドゥールの映画史の本でもいいし、ツェーラムという、考古学者でもあり同時に映画の考古学も専門にしている人の『映画の考古学』という本を書いた人の本でもいいですが、映画史の冒頭にはかならず次のエピソードが掲載されています。

まずリュミエール兄弟が一八九五年にメカニックな意味で映画＝シネマトグラフを製作したわけですが、ルイ・リュミエール自身はそれが産業に成り得るということを全然予想していなかった。単に科学者として実験発明に従事したわけにすぎなかった。それをメリエスがいちはやく商業化し、現在のわれわれが映画を見るという制度の先駆になっているわけです。そういう意味で、メリエスをひとつの映画の起源としていうことは、まずは正当なことといえるでしょう。

次に見ていただいたのはアメリカのD・W・グリフィスで、『国民の創生』の終わりから一時間目から三十分目ぐらいまでを見ていただいたわけです。どういうところかというと、リリアン・ギッシュという、アメリカのアングロ・サクソン系の白人の価値観を集約させたような貞淑で可憐な女の子が、黒人と白人の混血の成り上がりの政治家に無理矢理に結婚を承諾させられようとしている。それを彼女の本当に愛する南軍出身の若い男が、黒人撲滅の秘密結社K・K・Kを引率して、彼自身の妹の仇を討つためにも、黒人の暴虐に対して、つまり黒い帝国を南部に建てよて提示したわけです。

うとする暴虐に対して、アメリカの貞操を守った。そしてこうしてアメリカは、騒がしい黒人を排除することによって確立された、という建国の「偉大」な物語なわけです。このわずか六十年前の事件を、アメリカは神話的起源として提示したわけです。

『国民の創生』*Birth of a Nation* は、さまざまな意味で起源を担っている作品であると、ふつうにいわれています。手法的にいうならば、たとえば、平行モンタージュという手法、これは現在はTVでも映画でも通常に用いられている一つのコードになっているわけなのですが、つまりカメラ技法としてコード化されているわけなんですが、それを創案したのがグリフィスである。二つの異なった場所でおきる二つの事件というものを、次々と並置させて流れていくという形のフィルムのつなぎかたなわけです。あるいは、この映画だとはハッキリいえないんですが、リリアン・ギッシュの顔があまりにも美しいのでカメラを大写しにしてしまったところ人間がスクリーンに大きく写しだされてしまった。それがクローズアップの起源だ、ともいわれています。そのクローズアップとロングショットを交錯することによって力動感が生じ、さらにカットバックと大規模な移動撮影が加わります。そういった意味で、映画の技法、カメラの技法、説話行為の次元において、グリフィスは、映画史のなかで、いくつかの起源の勲章のようになっている、といえるわけです。と同時に、『国民の創生』というフィルムがもっている物語自体が、ひとつの起源に関する物語であることを、忘れてはなりません。始まりについての始まりを描いている物語、つまり起源を表象している物語という意味で、つまり、アメリカという国がいかにして成ったか、ということがここに描かれているわけです。これは大変長いフィルムでして、今日はその一部分を見ていただいたわけですけれども、時代は南北戦争の直前から始まるわけです。そして、南北戦争が起きて、南部の一家と北部の一家が、戦乱を掻いくぐって、そこにリンカーン大統領があらわれて、平和が結ばれるのですが、残念ながらリンカーンは撃たれてしまいます。芝居見物をしていて、桟敷席に坐っていると、ラオール・ウォルシュという無名の俳優がでてきて、リンカーンをパンパンッ！　と撃ってしまう。そういった場面がずっと再現されているわけです。この場面は史実に着実に基づいてつくられていた、といわれます。字幕にも、これは当時リンカーンが見ていた桟敷小屋が一ミリも狂わずに再現されていた、という注釈がついているんです。そういう意味では、これは、歴史をつくり、実際に起きた事件をそっくりそのまま「構成しなおされたドキュメンタリー」として描いてる、というわけで公開宣伝された映画です。ドキュメンタリーとフィクションが混ざりあっています。というより、両者は混ざりあってしか本当は登場しないものだ、という事実を証明しています。こうやってリンカーンが暗殺され、そして再び黒人がさわぎだして、黒人に共和国を与えようといった主張がなされたり、黒人の間にテロルが起きたりします。野蛮な黒人たちを制圧して、アメリカに再び平和と秩序をもたらすためには、K・K・Kという白人の秘密結社が、清教徒精神によってつくられて、悪い黒人が皆、殺され、鎮圧されていく。かくして目出たし目出たし。現代の立派なアメリカができました、というアメリカの建国神話についての物語なわけです。ですからここにも起源というものが顔を覗かせています。それは、グリフィスの属していた階級のもっている世界像の起源です。

ついでにいえば、ゴダールは七八年にアフリカのモザンビークでTVフィルムの技術指導に赴き、『国民の（映像の）創生』という題名でそれをまとめています。モザンビークの黒人たちがワイワイ集まって、ヴィデオ・カメラをいじくったり、お互いに撮りつこしあっているさまを、皮肉にもグリフィスの人種差別映画の題名を逆用して呼んだわけです。グリフィスのフィルムは一九一〇年代のアメリカの白い国民たちがいかなる映像を心の内側に抱いていたかをすぐれて示しています。国家とは国家の映像のことです。そして、彼らはその世界像の物語の起源をスクリーンに映し出すことで、くりかえしくりかえし世界像に根拠付けを行なおうと企てているのです。国家を構成するのは映像です。徹頭徹尾、映像です。このことは、グリフィスを見ても、リーフェンシュタールのナチス党大会のドキュメンタリーを見ても、モザンビークのVTRを見ても、等しく指摘することのできる事実です。一つの国民がどのような映像を所有しているか、それが問題です。アメリカ人が、ドイツ人が、アフリカ人が、自分の部屋に、机の引出しに、劇場に、TVに、どんな映像に囲まれて生きているか。それを思考することは、すなわち国家を思考することに他なりません。

三番目に見ていただきましたのは、ロバート・フラハティの『ナヌーク』。これは『極北の怪異』というタイトルで日本で公開されましたが、原題のナヌークという名前は、出てくる主人公のイヌイットの名前です。この人はカナダの北東部に住んでいて、ちょうどイギリスの領土ぐらいの大きさのところをアザラシとかセイウチを獲るテリトリーとしている善良な狩人です。もちろんこのドキュメンタリーの根底に、ヨーロッパのロマン主義者たちが抱いていた「聖なる野蛮人」信仰、ルソー的な起源の人間の至福への憧憬があることは確実です。その意味で、『ナヌーク』には巨大な文化的コードが投影しています。これはドキュメンタリーですが、同時にヨーロッパ人の手になるフィクションでもあるのです。このイヌイットについて、フラハティは、一九二〇から二一年にかけて、ずっと生活をともにし、ドキュメンタリーを完成しました。通常の映画史を参照するならば、『ナヌーク』はドキュメンタリーのひとつの起源である、と論じられてきました。フラハティの採用した一つの撮り方と演出がドキュメンタリーの起源としての規範として信じられたのです。一方、そのころにはジガ・ヴェルトフという人がソ連で、ドキュメンタリーを全く別の方法で撮っていたのですが、フラハティの場合には、登場人物の隠し撮りというのをけっしてしなかった。つまり、ナヌークに向かって、「ナヌークさん、今からアザラシをつかまえるところを撮りますよ」とか、ナヌークの奥さんに向かって、「さあ、これからこういうことをやりますから、やってみせてください」というかたちの、今の日本のいい方でいいますと、ヤラセを要求したわけです。だから『ナヌーク』は、登場人物の誰もが了解ずみでひとつの場面を再構成して、再現して演じた、というかたちのドキュメンタリーです。逆にジガ・ヴェルトフの場合には、そういったことを排除して、全く隠し撮りで、人々が集まって、革命の行進や集会を行なっている様子を、不在の位置から隠し撮りしようとした。そういった意味で、フラハティとヴェルトフは対立しています。

『ナヌーク』という映画は、そういったドキュメンタリーの起源でもあるし、これはきわめて周縁的なエピソードなのですけれども、この映画がパリで公開されたときに、パリの人たちがイヌイットの生態を見るのが初めてなものですから、劇場側では休憩時間に売り歩くアイスクリームに「ナヌーク」という名前をつけて、売り出した。ですから、アイスクリーム、アイスキャンディ、これは現代でも、皆、食べているわけで、今日は見まわしたところどなたもナメていらっしゃらないようですが、これはパリでは、はじめ、「ナヌーク」とか「エスキモー」という名前で呼ばれていたのが、現在でもそのまま、「エスキモー」と呼ばれているんです（笑）。日本でもエスキモーという名前になったメーカーがありますね。ですから、そういう意味での不思議な起源、アイスクリームがなぜエスキモーになったか、それの起源になったという事実を述べておかなければいけません。「エスキモー」という語は他称であり、現在では彼らの自称である「イヌイット」の使用が好ましいことを、この際付け加えておきましょう。一つの固有名詞が、今日の社会のなかでどのように伝播し、どのように拡散されて、わたしたちのもとに到着するかを思考することは、十分に政治的な行為なのですから。

最後に見ていただきましたタヒミックの『悪夢の香り』。これは、先の三作品に対してどういう種類の起源を主張しうるのか、という問題を考えてみたいと思います。一般的に映画史というのを考えてみますと、今回上映したメリエスの十本ほどの短編が、一九〇三年前後に撮られています。『国民の創生』の場合は一九一四年。『ナヌーク』が一九二一年（あるいは二二年としている説もあります）。だから映画が一八九五年に、リュミエールの『列車の到着』から始まって、いかに進歩していったか、映画史の中で技術が発達するとか、撮り方が歴史的に変わるとか、撮る対象が広がっていくとか、素材が変わっていくという意味で、ほぼ十年単位の刻み目を、この三本によって確認することができるのではないか、と考えることもできます。メリエスの場合、カメラは芝居小屋のもっとも良い席の客の視点にすえっぱなしになっていて、登場人物が舞台に登場して次から次へとドタバタを演じたり、あるいは首を斬ったり斬られたり、変身や消滅を重ねる様を静止状態で捉えます。その場合のカメラのワンシーン＝ワンショットと、フラハティにおける力動的なワンシーン＝ワンショット、つまり、ナヌークがアザラシを撮るとき、ずっと待機してるとかいったワンシーン＝ワンショットとは、やはり本質的に異なっていて、そこでは、映像言語の質が変わってきています。もちろん、この差異の意味を論じることもできるわけですが、それは今は論じません。アンドレ・バザンの美しい書物『映画とは何か？』のなかにある「禁じられたモンタージュ」やウィリアム・ワイラー論を読んでいただければ、それはおわかりになると思います。映画史とは西洋中心の映画の物語というものですが、それはたとえばアダムとイヴの系統図のようにリュミエールとメリエスといった人を起源にしてどんどん大きく枝が分かれていく。図を書きましょう。（といって黒板に板書しようとするが、一度にわたって黒板消しが落下してしまい、『キートンの大学生』のような動作を反復して、それを拾いながら……）あんまりこういうことやってると無声映画みたいになっちゃう（笑）……（ようやく図を書きながら）ここにメリエスとリュミエールがいる。そしてこんなふうに分かれていって、ここにグリフィスが、ここにフラハティがいる。フランス前衛派とドイツ表現主義がこのあたりかな。そして更に分かれていって、映画というものはどんどん進化し多様化していって究極的な映画の未来の在り方をつくりだしていく、といったような図式があるわけです。サドゥールの映画史などは、そういう時間意識に基づいてつくられているわけです。

ところで、こういった文脈の内で問われている起源とはどういったものでしょうか。はたして、こういうふうに時間の内に定立された起源というのが本当に映画にとっての起源なのか、あるいは映像と音が組みあわされて（映画というものはこの二つさえあれば、あっけらかんと簡単にできちゃうわけですが）それの起源として、こういう歴史、時間のなかにおかれている起源というものは、はたして、本当の起源であろうか、そういうことを考えてみようではありませんか。

これから見ていただく、ゴダールとゴランの、正式にいえば、ゴダールの作品という表現は非常に不当で、ゴダールは自分の名前を消して、ジガ・ヴェルトフ集団という名前で『東風』という映画を撮ったわけですけれども、この『東風』という一本の作品が、先の構図、映画史の樹木的秩序に対していかなる位置を主張しうるのであろうか、ということを考えてみたい。またタヒミックの作品はこういった秩序のどこに位置することができるのか、といったことを考えてみたい。その時、明らかにわかるのは、リュミエール、メリエスから始まる血統の中で、この二本はきわめて居心地が悪い、逸脱した、はぐらかされた位置にあるということです。つまり、これは（黒板の図を指す）一本の樹、トゥリーをつくっている。非常に可能性を含んだ起源があって、それがどんどん細胞分裂のような形で分かれていって、そして現代の多様性がある。この考えは、アダムとイヴの体内に以後生誕する全人類の種子があらかじめ存在していたという発想に似ています。全てがリュミエールとメリエスに帰属するんだ、という図式。歴史であれ、物語であれ、かならず始まりがあって、そしてどんどん豊かに広がっていったという、始まりを求めるという思考法です。そういう起源と、この『東風』、『悪夢の香り』が、どう関係するか、あるいは、起源からのこの網目（樹状図を指す）のなかにからめとられうるか。それを考えてみましょう。

『東風』というフィルムは、いったい何でしょうか。こう聞かれたら、私は非常に簡単に答えようと思います。『東風』とは世界で最初の映画である。あるいは、『東風』とは映画の起源の映画である。あるいは、起源そのものが、映画として顕《あら》われようとしたとき、それはこのような形になった。さらにコトバを変えるなら、『東風』というフィルムによって映画は起源を生きようとしたのだ。こう断言してみたいのです。真の起源とは、いかなる場合にも繰り返し生起するイヴェントではないでしょうか。

『悪夢の香り』についても同じことがいえます。『悪夢の香り』とは、一本の起源の映画なのだ。そんなふうにいってみたい。ここで少し『悪夢の香り』についてお話してみましょう。これは、若干の助監督体験を別にすれば、これまで全くといってよいほどに映画を見たことも、あまつさえ映画を撮ったこともないフィリピンの一青年が、自分の生まれた小さな村と西ドイツとパリを往復することによって一九七七年に撮りあげた16ミリフィルムです。これはそれほど知られている事実ではありませんが、フィリピンは世界で七番目に映画をたくさんつくっている国です。一番多い国はインドですね。インドは七〇年代に五、六千本ぐらいつくってる。それからナイジェリアなどもたくさん撮ってます。それに較べて日本もフランスもアメリカも、本数からいえばほんの微々たる映画しか撮っていません。では、フィリピンの映画のなかで、タヒミックはどういう位置にあるでしょうか。フィリピンで、おそらく数千本撮られている映画というのは、先の網の目の内でうまくおさえることができる。つまりサドゥールの『映画史』では最後の方に、日本篇とかフィリピン篇とかインド篇とか出てくるのだが、そういうなかにうまく収まる形で九九%のフィリピン映画が撮られている。ところがタヒミックの場合はどうかというと、いささか事情が違います。彼は初めて映画を撮った。と同時に殆ど映画を見ていない人間が撮ったのです。映画の撮り方もわからなかった。

映画というのは第一にリュミエールとメリエスだとは、普通の映画史の教育をするときにいわれるわけです。メリエスはフィクションをつくった。幻想的な、あるいは夢見ごこちな、ありえないことを撮った。そしてメリエスから発達してドラマ、フィクション映画、劇映画というものはジャンルとして成立したのだ、というように、普通、われわれは教育される。ちなみに、もう一方のリュミエールは、ドキュメンタリーを撮った。ドキュメンタリーとは実際に生起したことをあるがままに撮るんだ、という教義ですね。映画は、メリエスとリュミエールを起源とするためにドキュメンタリーとフィクションというふうに二つの系統がまず分かれたんだ、というのが映画史にあってはひとまず常識なわけです。

ところが、タヒミックの映画の場合には、フィクションとドキュメンタリーという二分法を適用することがきわめて困難です。つまりここで描かれている村や母親との対話とか、さらにこの後に出てくるイギリスとかアメリカとかフランスとか各国の首脳が村で各国の仮面をつけながら対談するという、サミットの予行演習じみた即興喜劇は、どう考えるべきか。そこでは、タヒミックの友人が次々出て、自分はカーターだとかニクソンだとか自己紹介しあっては、ブレヒト的な茶番を演じています。もちろんフィクションがなされているわけですが、同時にこの映画はドキュメンタリーでもあるわけなんです。われわれはフィクションとドキュメンタリーの二分法の中に生きていますけど、このフィルムを見ることによってそうした二分法の限界あるいは二分法自体が人為的なものなのではないか、ということが考えられる。つまり、こういうことです。フィクションとドキュメンタリーという分け方自体が巨大なフィクションなのではないだろうか。それは人為的な、後からつくられたものであって、映画それ自体はフィクションそのものでもないしドキュメンタリーそのものでもないんだ、という事実です。そして、フィクションとは、フィクションを根拠付けている「力」や視線、コンテクストのことであって、フィクションそれ自体としてのフィルムはありえない。だから、そういう観点から、タヒミックから翻ってみて、フラハティを見るとか、『国民の創生』を見る、あるいはさらにさかのぼってメリエスの映画を見る。そうするといろいろなことがわかってきます。誰もが知っているように、フラハティはドキュメンタリーを撮ろうとした。自分の撮った映画はドキュメンタリーだと思っている。けれども、タヒミックから振り返ってみると、これは一種のフィクションでもあるわけです。ここにでてくるエスキモーの家族たちはフィリピンの人たちがトラックからすべり落ちて割れた氷と戯れていたのと同じように、やはり登場人物なのです。そしてフラハティという一人の監督、つまりフィルムの外側に位置する超越的な存在との関係において彼らは自分たちの生活を演じている。つまり、「聖なる野蛮人」の後裔としてのエスキモーという観念を演じているわけです。ですからフラハティの『ナヌーク』という作品をナヌークという登場人物によって支えられた、ひとつのすぐれたフィクション映画である、とあえて断言できるのではないか。あるいは『国民の創生』。こちらは一般的にはフィクションだといわれている。もちろんグリフィスは、これを白人の無垢の象徴であった女優リリアン・ギッシュが主演するところのラブ・ストーリー、すなわちフィクションとして撮ったという事実は明白です。けれども、われわれは現在このフィルムを見るときに、それをドキュメンタリーとして見てしまうことも可能である。どういうことかというと、黒人はあんなふうに、本当に醜悪で凶悪で野蛮だったんだとか、K・K・Kはあのようにしてアメリカの良心を守ったんだ、という表象性の審級では全くなくて、グリフィスの当時、一九一〇年代のアメリカのハリウッドの人たちがどのような世界観を持って、どのような遠近法に応じて現実をとらえていたか、あるいは自分たちの住んでいる国家、国民という観念をとらえていたか、ということのドキュメンタリーであるということです。誤解のないようにいっておくと、わたしはけっしてこのK・K・Kがアメリカを造った、という歴史の真実（あるいは虚偽）の意味あいでいっているのではありません。そうではなく、『国民の創生』は、こういったふうにアメリカの歴史、自分たちの国の起源を定立する人々に対するドキュメンタリーになっているのではないか、と思うのです。『国民の創生』を見てると、たとえばわれわれが見る観点とアメリカの一九一〇年代の白人が見る観点あるいは当時の黒人が見る観点あるいは現在の黒人が見る観点、みんなちがうと思うのです。つまり、一本のフィルムはそれ自体としては存在していないのです。あるいは『国民の創生』という物語それ自体もまた存在していない、ドキュメンタリーそれ自体もまた存在していない、ドキュメンタリーそれ自体、フィクションそれ自体といったものは、それ自体としては存在していない。ひとかかえのリールをドキュメンタリーたらしめる力への意志とか、フィクションとして通用させてしまう文脈というものだけが存在してるのです。われわれが一九一〇年代のアメリカからきわめて時間的にも空間的にも遠いところから見ていると、この映画を劇映画として、しかも起源の物語として通用させてしまった当時のハリウッドの世界観が判明してくるわけです。そういった意味で、これはハリウッドのドキュメンタリーであります。われわれは『国民の創生』を見て当時のアメリカ支配階級の女性観というものはいかにあるべきか、あるいは彼らが考えている、自分たちにとっての異人、他者、E.T.みたいなものが、どのような形で彼らにイメージされていたか、つまり彼らが自分たち以外についてのどのような映像を所有していたか、ということの証言としてこの映画を見ることができる。『国民の創生』を反動的だ、とか、痛快だ、とか評価するのは、その後の問題であって、まずこのフィルムは、そこに映しだされるものをわれわれに見せる以上に、これを撮っている人間の存在を映しだしているのです。

タヒミックの場合も、同様です。このフィリピンの青年によってフィルムに集められたフィリピンの農村や、そこに流れるヴォイス・オヴ・アメリカの放送とか、そうした音と映像をそのまま見る。それについてわれわれが識るというよりも、それを撮っているタヒミック自体がどのような位置にいるのか、タヒミックの文化的—政治的状況がわかってくるわけです。そういった意味では、フィクションとドキュメンタリーというように映画を分けてしまう図式自体がきわめて人為的である。あるいは、この二分法をあらゆるフィルムに適用して誰がどのように利益を得てきたか、このフィルムがフィクションである、いやドキュメンタリーである、と主張することによって、何が隠されてしまうのか、ということをわれわれは、改めて考えてみなくてはならないのです。

3

起源についてお話ししましょう。

映画における起源というものを時間のなかで物語のなかで定立することによって、誰が利益を得ているのか。誰がこのような二分法のもとに映画を摂取することで得をしているのか、を考えてみる。あるいは映画というものを一つの物語のなかで論じられうるのだという信念をわれわれに信じこませるような制度とは、いったい何なのか。ゴダールの『中国女』という映画を明日か明後日に見ていただくことになると思いますが、その中で、ジャン＝ピエール・レオという俳優が、リュミエールとメリエスという二分法を転倒させることによってこそ、新しい映画をめぐるヴィジョンは可能なのではないか、という意味のことを語っている場面があります。それはどういうことか。普通一般的にいわれているように、リュミエールがドキュメンタリーをつくった、メリエスがフィクション映画の基礎をつくった、起源となった、という俗説は転倒しなければいけない。リュミエールの描きだした『工場の門』や『列車の到着』や、あるいは家族が赤ん坊に食事をやっている光景。これは、その当時のマネとかルノワール（父親のほう）などの描いた後期印象派の世界なのである。だから、けっして現実に隠されていたものをあばきたてるというドキュメンタリーではない。リュミエールはむしろプルーストの同時代人なのではないか、とレオがいうわけです。それにつづけて、メリエスは何を撮ったかというと、書き割りのいかにも人為的な人工細工、つまりたとえばレヴィ＝ストロースが人類学的思考として称賛した器用仕事、ブリ・コラージュですね。いろんなものがあってそれを、バラバラなものを、ありえないものを時代に寄せ集めてくっつけて、そして、わけのわからないドタバタをやってしまう。そういう装置のなかで、はたしてメリエスはフィクションを描いたのだろうか。そうではなくそれは再現された現実を、いや、現実を再構成して出していたのではないか。つまりメリエスは彼のフィルムのなかでドキュメンタリーを撮っていたのではないか。そういうことをレオがいっています。このレオの言葉自体を大きく敷衍させてみれば、その試みの延長上に『東風』があるんじゃないか、とわたしは考えています。

少し『東風』のことをお話したいと思います。一般に、『東風』という映画は非常に難しい映画であるといわれています。撮られたのは一九六九年だと思うんですけれども、七〇年代初めに日本に入ってきて、実にいろんなレヴェルでの議論が行なわれた。見ていただければわかると思いますが、『東風』にはまず毛沢東思想の圧倒的引用があります。江青に対する賛辞がなされているし、文化大革命に対する畏敬の念がどうどうと述べられている。このなかで一つの声になっているのは、スターリン主義、修正主義に対して真のマルクス＝レーニン主義における映像と音を対置しなければいけない、という主張です。七〇年代初頭において、こういう直接的なメッセージが映画にとって何であるか、ゴダールの真の思想とは何であるか、というレヴェルで人はさんざん論じあってきました。ところが現在われわれが『東風』を見なければならないとすれば、けっしてこういう表層的なレヴェルで見なければならないのではなく、むしろ『東風』をつくっている複数の声と映像、このそれぞれのレヴェルがどのような形で交錯し、テクストを編みあげているか。この映画を根拠付けているたくさんの力が、どんなふうにからみあっているか。そういう複数の身体をもっているテクスト自体が問題になっているわけです。そのテクストの一方が担っている政治的メッセージによってこの映画を裁断するという時代はもう終わってしまい、今こそこの作品のもっているたくさんの声とたくさんのレヴェルをもった映像のつながり自体の関係を考えなければいけない。よくいわれることですが、一本の作品がこういうふうに理解されるためには、その同時代人が必ずしもその作品を一番よく、すぐれて読みとり得るとは限りません。『東風』が本当の意味で一本のフィルムとして見られるためには、大きな、十年とか十五年という時間が必要だったのです。われわれは『国民の創生』を、『国民の創生』が撮られた一九一〇年代とは全くちがったレヴェルで見ています。『ナヌーク』にしても、同様でしょう。こうした新しい視線が可能となるためには、タヒミックの、あるいはゴダールの、出現を待たなければいけなかった。そういった意味で『東風』というゴダールとゴランの作品も、ここで新しく一つのフィルムとして見なければいけない、と私は思います。

この十年間に何がおきたか。ゴダールというよりむしろゴランの方が積極的にアジ演説をしていた文化大革命に対する憧憬の念や、毛やルイ・アルチュセールの思想とかが、皆、古びて、直接的な威力を失ってしまった。われわれが生きているのは、ヴェトナムがカンボジアに侵攻し、かつての満州国もどきの政権を作りあげたり、四人組が追放されたりしたあとの時代です。これはゴダールが八〇年に撮った『勝手に逃げろ』のなかで、イザベル・ユペール演ずるところの娼婦に語らせている科白ですが、もうチェ・ゲバラもマルコムXも、ボブ・ディランもいない。カストロだってデブになっちまった。ロマン主義的な英雄への熱狂や大文字のスローガンはすっかり退潮してしまった。というわけで、『東風』というフィルムを、われわれは今日、一枚薄皮の剝げたかたちで見ることができます。この過激なフィルムは発表当時、「これは映画ではない」とか「ゴダールは映画を捨てた」といったふうな、無数の非難や当惑、さらにはわけ知り顔の憫笑を招いたわけですが、それがはたしてどのようなヴィジョンを音と映像において抱いていたかを、われわれは改めて問わなければいけないのです。

『東風』には数人の、きわめて寓意的な人物が顔を見せています。「造反西部劇」という形容もされているくらいですから、いちようにハリウッドの大ジャンルであるウエスタンを意識して人物が散りばめられているのですが、主な者を数えあげてみますと、まずブルジョア階級の女がいて、野原でのどかにプルーストを読んだりしています。次に、「インディアン」。彼は、もちろん西部劇ですから、白人たちに捕えられ、拷問され、虐殺されそうになります。ゴダールとゴランの政治的アレゴリズムにおいて、彼は抑圧されたプロレタリアートの少数派を示しています。三番目に労働組合の代表らしき男がいて、しきりと「インディアン」にむかってアジ演説をし、優良図書を教条的に教えもするのですが、これは秘かに体制と化してしまった公式的なマルクス＝レーニン主義、一言でいえば修正主義者です。そして最後に真アメリカ先住民を捕え連行するのは無気味な北軍兵士で、彼は武装せる反動的ブルジョワジーです。

に革命的な闘士である少数派が存在しています。

『東風』で演じられている、そう、文字通りこのフィルムのもっとも表面の水準で演じられているのは、次のような物語です。すなわち、先住民と革命的闘士は北軍兵士によって捕えられるが、修正主義者の誤った思想を拒絶して、監禁状態から脱出し、最終的には勝利に至る。これはおよそ考えつくかぎり、もっとも単純で、ステレオタイプに満ちた物語です。教条主義的といっても、無邪気といっても、ありきたりといっても、いっこうにかまいません。と同時に、この物語のパターンが、西部劇のそれと本質的になんら違いのないものであることにも注目しなければなりません。先住民、北軍兵士、少女といったとりあわせは、容易にグリフィスやジョン・フォードのフィルムを連想させます。ゴダールはどこかで書いていましたが、ヴェトナム戦争におけるアメリカを支持するジョン・ウェインを憎悪しつつも、自分はなぜ彼の主演する『捜索者』を見るたびに涙が流れてくるのか、という問題は、映画と物語の関係を考えるうえで、きわめて重要な示唆を含んでいるといえます。西部劇というのは、映画がもちえた大いなる形式であって、ゴダールはハリウッドという映画的制度を骨抜きにするために、この物語を採用したのです。だから、こういってもいいでしょう。『東風』とはグリフィスの『国民の創生』のリメイクであり、その批判的継承であると。マカロニ・ウェスタンを好きな方ならば、北軍兵士の役を演じた俳優に見憶えがあるかもしれません。セルジオ・レオーネの『荒野の用心棒』や『夕陽のガンマン』でいつも卑屈な極悪人を演じ、きまってまだ若かりしクリント・イーストウッドに撃たれて殺されるジャン＝マリア・ヴォロンテという俳優です。レオーネが西部劇を作りかえ、アメリカの起源神話というイデオロギー性をものの見ごとに消し去った作家であることは、今さら申すまでもないでしょう。グリフィスとレオーネとゴダールは、西部劇という大ジャンルを核にして実に奇妙な、しかしきわめて映画的な三角形を形作っています。七〇年代の冒頭に『東風』がはじめて日本に紹介されたとき、誰もが思想家ゴダールの「難解」な思想には注目したものの、当時一段低いジャンルと見なされていたマカロニ・ウェスタンとゴダールのパラレルな関係に関心をもった人はいませんでした。けれども、この両者は規範とされたハリウッドの西部劇を解体しようとする意志において、きわめて同時代的な現象であったという事実を忘れてはなりません。一方は西部劇からあっさりと起源という観念、アメリカ建国という観念を消去してしまい、ひたすらにアメリカとメキシコの境界地帯に拘泥を続けました。そして、もう一方は、西部劇の表象する起源とは別の映画に絶対的な起源を身をもって生きようと企てたのです。こうした観点に立ったとき、『東風』の表面で声高に語られている毛沢東への追従やスターリン否定のスローガンの是非を論じることは、映画的にほとんど不毛な結果に終わることでしょう。

『東風』の第一の水準にあるのが、こうした「読み直された」西部劇であることは、これでいいと思います。この西部劇は、緑鮮やかな野原で顔料を塗りたくったり、拷問ごっこをしたり、徹底して茶化され、骨抜きにされています。さらに映像の面だけでいっても、さまざまな水準において、ノイズ、挿入物、夾雑物に満ちています。スターリンや毛沢東の指名手配写真が突然クローズアップで引用されたかと思うと、視覚そのものを拒否する黒い画面が続いたり、太字で記されたスローガンが次々と目に飛びこんできます。こうして、西部劇の物語上の持続に非連続性がいたるところで導入されることになります。それればかりではありません。このフィルムを撮影中のスタッフ、録音技師からカメラマンにいたる面々が、いかにも撮影の合間にくつろいでいたり、次のセカンスを決定するために討議をしている様子が、ぐるぐると無造作に廻るカメラによって収められています。よく見ると、そのなかにちらちらとゴダール本人が登場しているところがあります。ですから、『東風』とは、『東風』というフィクションとドキュメンタリーでもあるわけで、ここでも先に申しましたフィクションとドキュメンタリーの二分法の廃棄がフィルムみずからの手で実践されているのです。フィルムの進行をめぐって、ここにスターリンの肖像を挿入したのはよかったとか、いや、まずかったとか、スタッフの連中がさまざまに議論しあう声が流れてきます。

こうした作品のあり方は、ゴダール本人によって、十数年後の『パッション』にまで一貫しています。『パッション』という作品は、いちおう商業映画という分類になっているわけですが、よく観察してみるならば、『東風』とほとんど同一の構造をもっています。これもまた、『パッション』という題名の長編ドキュメンタリーを撮ろうとして四苦八苦している、ポーランド人中心の映画スタッフのスタジオの光景を、これまた演出されたドキュメンタリーとして記録したフィルムであるためです。ゴダールをよく知らない人は、彼は前衛的な『東風』のあとずっと沈黙して、八〇年代にいたってふたたびふつうの作風に戻ったというようなことをいいますが、それは無知から来るまったくの誤謬であって、『東風』と『パッション』はひと続きの、連続したフィルムであると認識しないかぎり、なぜに『パッション』のような一見退屈きわまりないように見えるフィルムに今日的な意義があるのかがわからなくなるでしょう。『東風』が映画の大ジャンルである西部劇の音と映像について企てた同じことを、十数年後の『パッション』は、さらに誇大妄想狂的に拡大して、音楽と絵画一般に適用させて行なっているのですから。

『東風』に戻れば、映像のもっとも最終的な審級においては、視覚そのものに批評的な操作が加えられます。第二部にいたると、画面にはパンチや引搔き傷がいたるところに氾濫し、いったい何が映し出されているのか、確認することが難しくなるようになります。映像にこのようなノイズを加えるのは、いかなる人為的な力なのか、ともあれフィルムに超越的な、そうした力の存在をひとまず観客は意識せざるをえないのですが、その力の起源を求めていくと、メビウスの輪のようにもとの映像に登場しているスタッフの議論の場に引きもどされてしまいます。少し難しくいうならば、一つの映像という言表《エノンセ》と、それを作り出そうとする言表行為《エノンシアシオン》が、本来は別々のものであるはずなのに、論理的に同一の平面、同一の白いスクリーンの上で生じてしまうという事態が生じているのです。これは、リュミエールとメリエス以後、映画がつねに隠蔽し続けてきたスキャンダルであり、こうした自己回転を禁ずることによって、映画史は秩序付けられてきたのだと考えるべきでしょう。

『東風』を構成している音も、映像同様にさまざまに複数の審級にあります。画面のなかで西部劇を演じる俳優たちの声からして、フランス語、イタリア語、英語といった具合に分裂しています。フランス語を語る者はブルジョアジーに多い。「インディアン」や闘士の語るイタリア語が、抑圧された者たちの言語という共示のもとにあることは瞭然です。ゴダールは『軽蔑』でも短編『愛』でも、しばしば登場人物にまったく別々の言語をしゃべらせています。もっとも有名な例としては、『気狂いピエロ』の冒頭でベルモンドとサミュエル・フラーが対話するくだりを思い出して下さい。一つの言語を用い、一つの言語の内側で思考することは、その言語が必然的に要請してくる世界観を引き受けることに他なりません。イタリア語で語ることは、フランスよりも経済的に劣位にある国家の文脈のうちにあって、その立場をとりつつ発言することなのです。

次に、こうした西部劇の人物たちの複数の声を分類し、秩序づけ、批評する女性の声が『東風』には一貫して流れています。彼女の姿は映像としては一度たりとも登場しません。しかしながら、この声は第二部にいたると、これまでのフィルムの進行状況そのものについても批判を始めます。また別のところで、製作スタッフの議論する声。これも細かく聞きとるならば（わたしにはその能力がありませんが）、ドイツ訛りのコーン＝バンディットの声や、ゴダールの声、ゴランの声など識別がつくことでしょう。それから労働歌の挿入。

このように『東風』はいくえにも重なりあった音と映像によって作られており、その基本構造となるものは多声性であると結論づけることができます。従来このひたすらに騒がしいフィルムは、背後に一元的な声、たとえばタヒミツクのフィルムに登場するヴォイス・オブ・アメリカに似たヴォイス・オブ・ゴダールがあたかも存在するかのように論じられてきました。『東風』の真の意図とは、ゴダールの真意とは、という発想法のことです。今でも実験映画専門の映画解説者のなかには、そうした不幸な考え方から自由でない人もいるようです。しかし、今申しましたように、『東風』から現在のわれわれが教えられることは、音と映像がけっして統合されず、レヴェルとメタレヴェルが混濁しあうテクストのあり方ではないでしょうか。そして、映画が後天的に偽りの起源を定立し、フィクションとドキュメンタリーという二項対立が信奉されるにいたったとき、一番最初に抑圧されることになったのは、映画の『東風』的なあり方です。映画が果敢にもみずからの起源を問い直し、根拠を思考しなおすときに、このようなフィルムを撮るということの意味が、これでわかっていただけたと思います。

最後に一つだけ、『東風』が実践しつつある起源とは別の、表象されるべき起源をめぐってどう思考しているかを示す例を掲げて、わたしの話を終わらせたいと思います。このフィルムの中頃で、当時ゴダール夫人であったアンヌ・ヴィアゼムスキーという若い女性が妊娠服を着ながら画面の左方からトコトコと歩いてきて、三叉路の中央に立つセカンスがあります。そこには一見ラテン系らしい青年が立っていて、彼にむかってヴィアゼムスキーがこう尋ねます。「真の革命的映画を作るためには、どちらの径を進めばいいのでしょうか。こちらでしょうか。あちらでしょうか」。すると、若者がこっちだと指を示します。そこでその道に行くと、赤い風船が落ちている。その女性はきょとんとして「何だこれは」という風な顔をして、また、元の森の中へ姿を消していく、という場面です。その男を演じているのが、グラウベル・ローシャです。つい数年前に亡くなった人ですが、ブラジルの映画作家で、『アントニオ・ダス・モルテス』とか『狂熱の大地』といった、これはまた目茶苦茶に面白いブラジル風西部劇映画を撮っていました。第三世界においてこそ真の新しい音と映像の組織のあり方が発見されるべきである、ヨーロッパでは全てが瓦解してしまって何も新しいものは出てこない。ブラジルにおいてこそ、本当の革命的な映画ができるのだ、というメッセージを唱えつつ、夭折してしまった残念な人です。ですから『アントニオ・ダス・モルテス』という映画を見ますと、映画の中にもう一つの起源の映画があるわけです。これは今回は上映しないのですが、ぜひ、機会があったら見ていただきたい。『アントニオ』という作品は、ブラジルの奥地で祝祭がくりひろげられて、アフリカからキリスト教世界に至る非常に広範囲な神話のなかにある、英雄の竜《ドラゴン》殺しの物語がブラジルの原住民、インディアンたちと抑圧者である地主階級との間で演じられている。ゲリラ的山賊の長を、地主にやとわれた殺し屋のアントニオが殺すわけですが、そのあとでは逆に地主たちを滅ぼしてしまう。つまり非常に太古のアーキタイパルな神話が現実のブラジル史の社会的闘争のなかで祝祭として演じられる、それを撮った作品です。ローシャが考えていた世界最初の映画、あるいは、革命的映画の起源は、そうした古代からおこなわれる神話的祭儀の再現、神話の現在的な呼びこみであるといえます。人類学的スケールでとらえられた社会のなかで、祝祭と、それを拒んだことになる厳粛な日常的空間、という二つの分け方があって、祝祭においてこそ新しい音と映像が成しうるのだという確信のもとに彼は、シネマ・ノーヴォ（新しい映画）をめざしたのです。ところがゴダールとゴランは『東風』のなかで、その道はとらない、といっているのです。自分たちは、そういう熱い祝祭のなかに、原型的物語の反復のなかに映画的起源をもたないのだと。そうではなく、複数のこと、複数の映像を同時に提示する、そのなかにこそ新しい映画というものがなされうるんだ、という事を主張しているのではないかとわたしは考えています。

もっと敷衍して考えてみましょう。『アントニオ』にしろ『狂熱の大地』にしろ、グラウベル・ローシャの考えていた映画の起源、起源としてのラジカルな映画、とは、ゴダールの視点を延長していけば、いつかは『国民の創生』と同じ映画になるのではないでしょうか。そしてゴダールは、その方法を選ばなかった。ゴダールの場合は、一つの単一な物語を現代に演奏しなおす、呼びかわす、といったことではなく、物語自体を解体させようとしているのです。単一の物語でなく複数の物語が同時に流れてしまう空間。あるいは複数の声が同時に来て、声が他の声によって限定されてしまい、他の声があるからこそ自分の声が成立するような空間として、映画をとらえようとしていたのではないか。そういったヴィジョンを『東風』は示しているのです。(黒板を指して) ひとつの起源があってそれがどんどん分かれていって、けれどもそれは皆、元に溯行することができるんだ、という図式から、『東風』は、ものの見事に逸脱してしまうわけです。そして、見事に外部に脱出してしまうかぎりにおいて『東風』という作品は起源という観点に対するひとつの模像たりうるのではないか、とわたしは考えています。

『東風』についていうべきこと、『東風』がわれわれに語らしてしまうこと、さらには語ることを口ごもらせてしまうことは、たくさんあるわけで、わたしが、今ここで、こうやってお話する、というのも、ただ一つの声にすぎません。『東風』は、必然的に、もっと全く別の声をつくりだしていくメカニズムをもっています。『東風』は反復して撮られ、反復して見られるべきフィルムなのです。ただ、わたしが、このようにゴダールに霊感を受けてしゃべってしまうというのも、これは自分自身の声の根拠を映し出しているわけです。そういった意味で、あらゆる声も、一つの力、あるいは文脈、に即しているのではないでしょうか。このへんのことは、わたくしにもまだ解決のついてない問題で、これからよく考えてみたいと思います。

映画批評というものを考えてみますと、映画批評は常に現実のフィルムに対して遅れて到達します。われわれがふつう映画批評だと考えているものは常に映画より遅れて、ズレているわけです。たとえばわたしは、タヒミックのフィルムの後にこうしてしゃべっているわけですが、映画に対して言葉がとりうる理想的な関係といったものは、むしろ映画に同時的に、映画に沿うような形でなされるべきではないか、と夢見ているのです。映画が一つの物語を提示していくときに、それに非常に似ているようだけれども全く別の物語を、横で映画と同時にしゃべっていくことができれば、どんなにいいだろう。そのとき、言葉は、フィルムと同時に、自在に交換可能なかたちで存在できるのではないかと思うのです。そういう意味で、わたしは、こういった形でしゃべるよりも、むしろ、無声映画に対する弁士のようなことをやってみたい。もしわたしが何十年か前に生まれていたら、わたしは確実に弁士を志願していたと思います。弁士のように語ることが、映画批評にとってというか、批評的な言葉にとって一番理想的な形態なのではないだろうか。そんなことをこのごろ考えています。

映画をめぐる起源、起源というものを映画がいかに所有しうるか、あるいは起源という概念自体を映画がいかに相対化しうるかという問題の始まりについて、簡単に話させていただきました。

何か質問、ご批判をいただきたいのですが。どのようなことでもかまいません。

質問者　よろしいですか？　映画と同時に起こる発話ということですが、それは例えば、観客としての対応だったら、それは、レキシスみたいな関係のことでしょうか？

四方田　レキシス？　それはレクシック（語彙）のこと？　観客論として、観客と弁士という二項法自体、やはり人為的なものなのです。観客はそれぞれ自身の声をバラバラにもっているわけだし、観客として、一概に誰をもひとまとめにすることはできない。例えば、映画に対して、閉じられた一つの完璧な作品として閉鎖してしまう、ということに対して、いかなる場合にも風穴をあけてみなければならない。つまり、映画に、どこからでも自由に入ってゆき、どこからでも自由に出ていく、という関係ができないものだろうか。これまで批評は、一本の映画を、これはこうだ、と論じてしまうことによって、つねに最後の言葉を語ろうとしてきたんです。ところが映画にとって、あるいはテクスト一般にとって一番危険なのは究極の言葉を所有してしまうことなのです。わたしがここで話してることは、あらゆる意味で最後の言葉ではないわけ。わたしは最初の言葉を語ろうとして、「これは最初ではない」と懸命にいっているのですが、起源がないと同時に結論もないのです。デビュー（début, 始まり）というコトバにはビュー（but, 目的）が隠されているわけで、こういうのはダメなのです。究極的、終点といわれるものはない『東風』はこういう映画なのだ、タヒミックはこういうシネアストなのだ、ということを批評は常にいおうとしてきた。しかしこれは、わたしにいわせれば批評の劣等感のあらわれにすぎないのではないか。そういう意味で、例えばこの大きなホールのいたるところにドアが開いているのですが、一本のフィルムを見るときに、ここを出たり入ったりして、見たり見なかったりすることもできる。これは一つのたとえですがね。一本の映画をバラバラに見ることもできる。皆さんのなかには『国民の創生』がなぜあそこでチョン切れてしまったのか、もっと自分はリリアン・ギッシュがフィアンセと結婚して新婚旅行に行くところまで見たかったんだ、という方もいらっしゃると思いますし、あるいは、タヒミックのフィルムのなかで、あのあと主人公がパリに行くとこがあるわけですが、どうやって行くのだろう、最後にどうなるのだろう、という不満をお持ちのかたもいらっしゃると思います。時間的制限とかは一切関係なく、なぜわたしが、こうしたいくつかのフィルムを断片として提示したか、といえば、断片にすることによって一つの作品を、架空の、非常に希薄な作品ですが、つくりあげたかった。つまり、われわれは今、メリエスとグリフィスとタヒミックとフラハティという四人について見たのではなくて、その四人のバラバラの映像からなる一つの虚構の作品を見たのだと考えていただきたい。それは一つの映画物語でもあるわけです。われわれはこの四つのフィルムを登場人物とする一本のフィルムを見たのである、そう思っていただきたい。この四つがなぜこの四つでなければいけなかったのかという必然性は殆どありません。つまりグリフィスの代わりに『アントニオ・ダス・モルテス』をもってきてもいいし、韓国の朱東振《チュ・ドンシン》の『義士安重根』という映画をもってきてもよい。ここにはたまたま四つの作品《もの》が何の必然性もなく集まってきて、一つの結合した作品をつくってしまったのだ。その根拠自体は全くないんだ、と了解していただければ、と思います。わたしは、昨晩遅くまでかかってこの大ホールで『国民の創生』という三時間ぐらいのフィルムとか、何から何まで一通り見まして、ここに誰もいなくて独りで、天井かなんか差し入れてもらって見てたんです。そのときに「ここからここまで三十分を切ってくれ」「ここから始めてくれ」とシアター・ゼロの人に注文しながら、即席のモンタージュを行なったわけですが、そのモンタージュの過程自体がやはり一つの映画として映し出されなければいけなかったんじゃないだろうか、ということも考えています。四人の作家による四つの断片は、一つの映画史を模倣しているわけです。ゴダールもいっていますが、映画というのは歴史を自分自身によって演ずることのできる唯一の存在です。演劇史を模倣することはできない。演劇史はいかなる場合も、あの当時はこうであった、ということを再現することしかできないのです。その当時に何が出されていたか、ということをそのまま出すことはできないのです。あるいは、考古学博物館、歴史博物館でも、その当時こうであった、ということを再現するしかできない。けれども、われわれは今、メリエスの本物を、グリフィスのホンナマを見ている。そういった形で、映画がどういうふうにできてきたか、というのをそのまま見ることができ、彼ら四本のフィルム断片にそれを演じさせたわけです。断片が集まってひとつの物語を模倣しているんだ、ということをわかっていただきたいと思います。

質問に充分に答えられてるかわかりませんけれども、どうでしょうか。他に何か質問、ご批判がありましたらどうぞ。それでは、そろそろ『東風』の時間も迫っていますので、まことに拙ないんですけれども、わたしの話はこれで終わらせていただきたいと思います。どうも、ありがとうございます。

（シャンタル・ゴヤの歌う「シネマ、シネマ！」が会場内に流れ、講演者は『中国女』の大学生よろしく、黒板の前を去り、おじぎをする。観客の拍手）。

一九八五年

「世界の起源の映像」

『G.S.』2 1/2号に発表された。

一九八三年九月二十七日から十月一日の間、東京市ヶ谷の法政大学学生会館大ホールにて「シアター・ゼロ」が企画した「ゴダール／映画史を模倣する」において、初日に行われた講演の記録である。当時、シアター・ゼロはドイツのノイエ・ヴァーレ、キューバ映画、パレスチナ・ドキュメンタリーといったプログラムを通し、映画の内なる政治をめぐり、先鋭的な問題提議を続けていた集団であった。渡辺和広、安井豊作、暉峻創三を中心とするこのグループは当初、『ゴダール／映画史』に登場する六十本近いフィルムを連続上映し、ゴダールのテクストを文字通りパフォーマンスとして再現することを計画していた。この無謀さは文字通りゴダール的であった。

だが日本における映画配給事情と現実のフィルムの不在により、この計画は変更を余儀なくされ、さらに過激なものとして実現されることになった。四方田犬彦、松浦寿輝、梅本洋一、内藤誠といった講演者がそれぞれに好き勝手なフィルムを好きなだけ選び、その上映の前後に話をするという方式が採用された。また奥村昭夫と黒沢清が、黒沢の8ミリ映画『しがらみ学園』について対談した。どの回も満員で立ち見が出た。奥村さんが「こういう学生の集会でかけるのが、一番ゴダールにふさわしい方法だ」と打ち上げの席で語っていたことが、記憶に残っている。

ちなみに四方田講演の際に言及され、部分的に上映されたのは、グリフィス『国民の創生』、フラハティの『極北の怪異（ナヌーク）』、タヒミック『悪夢の香り』、そしてゴダール『東風』である。

ゴダールとTV　カインとアベル

カインとアベルと『勝手に逃げろ』のTVディレクターは、小学校の教室の黒板に書きつける。そして次に苛らだたしげに、こう書き足す。映画とヴィデオと。

映画とTVは、人類最初の兄弟のように、永遠に対立し、骨肉合い食《は》むまでに憎悪に満ちた闘争を続けなければいけない間柄なのか。

映画はTVにいう。縄張り荒しのバカ箱め。

TVは映画にいう。大時代的な時代遅れのメディアめ。

こうした常套的な対立とは無縁な地点で、映画作家ジャン＝リュック・ゴダールはTVにつねならぬ関心を示してきた。ヴィデオは、特権的知識をもったカメラマンを必要とせず、撮ったものをすぐ見ることができるから便利だと語り、自分の考えはTVを通してでしか実現しない、映画を撮るのは、TVが撮れないからだ、とまで公言してきた。これは、職業的映画作家としてきわめて特異なことである。なるほど、TV映画をスラスラと撮る映画監督はいる。TVに自作を放映することを断固として拒む作家もいる。しかしゴダールはそのいずれとも異なっている。いったい『勝手にしやがれ』の監督にとって、すべてを一様に凡庸にさせてしまうこの光学メディアは、いかなる意味をもっているのだろうか。

ゴダールとアンヌ＝マリ・ミエヴィルが演出し、ウィリアム・リュプチャンスキーがカメラを担当した二組のTV作品は、時期を合計すると十六時間三十五分の長さにわたる。だが、不幸にして、いずれもがまだ日本のTV局を通

『勝手に逃げろ』 映画とヴィデオはカインとアベル。

して放映されたり、劇場で上映されていないことを考慮にいれ、以下に若干の解説を加えることにしたい。
ゴダールとTVの間柄は古い。一九六八年、彼がフランス国営放送の依頼で、『楽しい知識』を撮りあげた時点に始まる。もっとも、ジャン=ピエール・レオとジュリエット・ベルトが暗いスタジオのなかで音と映像の政治的関係について議論しあうだけのこの作品は、放映を拒否される。ジガ・ヴェルトフ集団を結成したゴダールは、次にサウス・ロンドン・ウィークエンドTVのために『ブリティッシュ・サウンズ』を、サントル・ヨーロペアン・シネマ・ラジオ・TVのために『プラウダ』を、イタリア放送協会のために『イタリアにおける闘争』を、ミュンヘン・テレ・グループのために『ウラジミールとローザ』を六九年から七〇年にかけて、次々と早撮りするが、いずれもがあいついで放映拒否か一部放映といった浮目にあう。それはおよそ考えられるかぎり過激さが露出した作品である。黒画面と赤字幕が頻出し、ビートルズの替唄とインターナショナルが流れるなかで「真実のマルクス=レーニン主義的音と映像のあり方」を模索する人物たちが寸劇を演じあう。この時期の作品について、のちにゴダールは「探求の映画」と呼んでいるが、その綿密な研究はいまだに開始されたばかりである。

その後、ゴダールはグルノーブルに、次に故郷であるスイスはレマン湖畔のロールに、ソニマージュなるスタジオを設け、新しく出会った同志アンヌ＝マリ・ミエヴィルとともに旺盛なヴィデオ生産活動に入る。一九七六年、ソニマージュはINA（国立視聴覚研究所）と組んで、百分からなるTV番組六本を完成する。『6×2』*Six fois Deux* である。それは七月二十九日から八月二十九日まで各日曜日午後八時半よりフランス国営放送（FR3）を通して放映され、およそ二十万から二十五万人のフランス人によって見られる。

この間の事情について、ゴダールは『映画史』（奥村昭夫訳、筑摩書房、一九八二）において、次のように語っている。

INAとわれわれは、われわれが一時間の映画を一年に一本つくってINAにおさめるという契約を結んでいたのですが、あるときそのINAを介して、FR3がわれわれに「二カ月以内に一時間の映画を一本つくってもらえないか？」と言ってきたのです。私はそれに対してはじめ、「だめだ。一時間の映画を二カ月でつくるのは無理だ」と言ってやりました。なぜなら、一時間というのは膨大な時間で、そうした長さの映画をつくるためにはそれなりの時間が必要だからです。私には一時間の映画をつくるためには、八週間どころか、少なくとも一年はかかるのです。でも私はそのあと、こうつけ加えました。もっとも、たとえば六時間の映画なら、たぶん三カ月あればできるだろう。それというのも、その場合はまったく違った考え方をとることになるからだ。それに、たとえば自分の愛人に向かって六時間話すために必要な時間としては、三カ月は長すぎるほどだ」と。

『6×2』という奇妙な題名について、説明しなければならない。『6×2』とは、五〇分のテープを二本を一組とした番組が、全部で六回放映されるという意味である。おのおのの番組は、「昼のプログラム」と「夜のプログラム」に分かれ、この二本は共通する主題をもっている。「昼のプログラム」はおもに複数の人々にむけたインタビューであり、「夜のプログラム」は単一の人物による長い話が中心となる。以下に、その構成を示しておこう。

昼　　　　　　　　　夜

第一回『誰もいない』………『ルイゾン』
第二回『物の教え』…………『ジャン＝リュック』
第三回『写真会社』…………『マルセル』
第四回『お話はやめて』……『ナナス』
第五回『われら三人』………『ルネ』
第六回『以前と以後』………『ジャクリーヌとリュドヴィク』

どのテープも、何者かの手でヴィデオカセットが再生装置にかけられるシーンで始まり、ヴィデオが終了したときにプログラムが終わるという、仕掛けになっている。これは、映画製作に費した領収証の束をめくってゆく手のショットから始まったフィルム『万事快調』をただちに連想させる。ゴダールは、ヴィデオ作品を、あたかもベルトコンベアーのシステムをもった工場であるかのように見ている。人はちょうど昼間に工場で労働をするように、夜には自宅でＴＶを見、音と映像を通して一種の労働を行なっているのだ。

ゴダールにとって、ＴＶはまず家庭の問題として語られる。ＴＶがいかなる番組を放映するかという問いに先立って、そもそもＴＶがどのような位置に存在しているかが問題とされる。『以前と以後』では、次のような言葉が語られる。

ＴＶは家庭の問題である。わたしと君、そしてＴＶの君とわたしの間、わたしと君の間、彼と彼女の間、ＴＶの場所とは、まさにそこに他ならない。……君ではない、わたしでもない。君はＴＶの前に、自分の場所をもっているわけではない。わたしもまた、ＴＶの前にわたしの場所をもっているわけではない。あるべき場所で自分の場所を占めているＴＶが存在しているだけである。人はこう思っている。あの人たち（『６×２』の登場人物たち＝四方田注）が自分たちと同じ場所にいてほしくないと。われわれの試みとは、そうした人々をこちら側へ引き出すことだ。

ＴＶは工場ではない。家庭でもない。工場と家庭の間にある何ものかである。では、具体的に『６×２』とは、どのような内容のテープなのか。そこには、ゴダールがグルノーブルの新聞に広告を出し、それを見て応募してきた十数人の無名の人物と、ゴダール本人と、それにノーベル賞受賞者でもある数学者ルネ・トムが登場している。

第一回目の前半『誰もいない』では、四人の都会の失業者が生活の不満を訴えている。彼らは家政婦であったり、溶接工であったりするのだが、いずれも労働のできない自分の周囲の状況について語っている。後半の『ルイゾン』は、ルイゾンという名の一人の農民に当てられる。彼は都会で失業したため田舎で日雇い小作人をしているわけだが、日々の苛酷な労働を嘆いている。ここでは、都会の労働の不在と、田舎の労働の過剰が対比されている。

第二回目『物の教え』は、幼稚園における言語学習を契機として撮られたテープである。ある事物の映像に、それに対応する言葉を当てるというゲームの根底にある言語命名説が批判され、言語の分節システムを攪拌させる試みが意図的になされる。それは、たとえばマグリットの絵画に似ていなくもない。すなわち、赤ん坊の映像に「市民戦争の囚人」、工場の映像に「労働が愛を圧殺するポルノ映画」、魚の映像に「資本主義体制」なるキャプションが添えられることになる。後半の『ジャン＝リュック』は、フランスの新左翼系日刊紙『リベラシオン』によるゴダールへのインタビューであり、具体的内容は本稿に後続するテクストを読んでいただきたい。

第三回目『写真会社』と『マルセル』。ほとんど分断なしの人物インタビューが続く。『6×2』の連作において、『写真会社』はきわめて異質な印象を与える。まず、カメラについての広告写真が分析の対象とされる。「アートの機械」「二通りの人生を」「わたしどもは技術を、あなたは創造を」。こうしたコピーをもったCMが次々と登場し、そのうえに「思考せよ、反映」といった字幕が加えられる。写真のCM写真とは、いわば映像の自己言及の現われであり、この批判を通して、今日の写真が抱いている〈真実らしさ〉の神話が浮彫りにされる。続いて、バングラデシュで実行された残酷な処刑を映す写真が画面に登場する。この写真は、なんと十分間にわたって静止したまま放映されることになる。次に、フランスの政治家の記者会見がTVや新聞のジャーナリズムによって一大スペクタクルと化してしまう様子が紹介される。ゴダールはいう。「TVは市民を社会―政治生活から距離づけるために作用する」。

こうした職業的カメラマンによる神話的映像への告発とは逆に、後半の『マルセル』はうってかわってのんびりとした素人映画作家の日常を描いている。マルセルは優秀な腕をもつ時計技師であるが、同時にアマチュアで8ミリをいじったりして幸福な日々を過ごしている。映像を操作することはけっして労働ではなく、慰安であり、解放である、と編集機の傍でマルセルはおしゃべりを続ける。映画とは幸福の鎖、同じものが何一つない映像の鎖なのだと。彼は映像をつくるだけで、解釈の一切は人にまかすという。ゴダールはこうした幸福な映像作家を、『写真会社』の職業的カメラマンの対極に見ている。『マルセル』では彼の自作の8ミリを上映され、主人公はヴィヴァルディの音楽に伴われて、自作のフィルムと地のテープの間を自由に往復する。

第四回目の『お話はやめて』は、職業的小説家へのインタビューを中心としている。長々と物語を語り続ける彼のショットを中断するかのように、失業者の社会的不安やニュースを朗読する人物のショットが挿入される。言語の分節作用と幼児の自我形成の問題が、さながらラカン理論をなぞるかのように論じられる。後半の『ナナス』では、この問題がより深く展開され、ミエヴィルが五人の女性の生活の実話を挙げつつ、同志ゴダールを批判する。

第五回目『われら三人』では、音声はいつまでも登場せず、サイレント画面のなかで遠く離れた二人の人物のコミュニケーションが感動的に語られることになる。牢獄にあって、一人の女にむけて際限のない長い手紙を書き綴る男性と、それに応じる女性。二人の顔がオプティカル処理によって重ね合わされたり、分割された画面の左右に登場する。二人の間に介在している手紙とは、いったい何なのか？　人はそこに不在の他者の映像をいかにして脳裏に思い浮かべることができるのか。彼らの想像力のなかでしだいに歪んでゆく相手の顔と表情を、別の俳優が演じ、彼らはこの想像物にむかって交信を続けることになる。2なるものから、いかにして3が生じるか。メッセージの発信者と受信者の間で仲介者を演じることは、何を意味しているのか。このテープは、3であることの重要性を説いて止まない。一方、後半の『ルネ』は、ある意味で不幸な結末に終わったテープといえるかもしれない。ここでは、カタストロフの理論を説く数学者にむかって、ゴダールが問いを発しているわけなのだが、彼は仲介者の役目であることの困難と居心地の悪さを感じている。ルネ・トムの語る画面には、しばしば「嘘」という字幕が苛立たしげに添えられている。

最終回の『以前と以後』は、『6×2』全体の反省的考察と見なすことができる。先に放映されたテープ断片が次々と引用され、分析される。ソニマージュの活動が紹介され、すべてを見ている視聴者の位置が問われる。後半の

『ジャクリーヌとリュドヴィク』は、精神病者の女性と吃音者の男性へのインタビューである。教皇と結婚する夢をとうとうと語るジャクリーヌと、際限のない吃音を通して懸命に自己のメッセージを伝達しようとするリュドヴィク。二人は、およそ従来、TVが放映することを拒否し、排除してきた類の人間であり、今日のマス・メディア界の最周縁地域に生存することを強いられている。彼らのインタビューを通して、TVが日常的に抱く境界がより明確に位置づけられる。

われわれは人々の生活の映像を作っている。人々の生活に関するドキュメンタリーを作っている。彼らがどのように労働をしているか、どんな状況のもとに、どんな障害を携えつつ仕事をしているか、彼らが誰を愛しているかを、われわれは語りたいと思う。それはラヴ・ストーリーとなることだろう。

TVは教えるふりはしないが、教育を施す。われわれは、TVスクリーンが何であるのかを示したいと思った。それは単に、モノが描きこまれる表面にすぎない。こう書けば、TVを批評したことになる。こう書かなければ、TVはTVのままで終わってしまうだろう。今日では、あらゆるモノがとても早く生じてしまうので、結局、何も生じないのと同じことになってしまう。すべてはただ傍を通り抜けてゆくだけなのだ。

一九八五年
「ゴダールとTV　カインとアベル」
『G.S.』2 1/2号のために執筆された。日本では公開されていなかったTVシリーズ『6×2』と『二人の子供　フランス行ったり来たり』を紹介するための文章であり、この後にゴダール／ミエヴィルによるそのテクストの抄訳と、コリン・マッケイブの『ゴダール　映像・音・政治』（BFI，一九八〇）の第六章の翻訳が掲載されている。「カインとアベル」という言葉は、『勝手に逃げろ』のなかで、主人公のTVマンが小学校の教室の黒板に書きつける言葉である。

ゴダール・グラフィティ

0 パリ

ヌーヴェル・ヴァーグの盟友であったジャック・リヴェットに『パリはわれらがもの』という題名の長編があるように、パリという神話的都市が存在していなければ、ゴダールは映画を撮らなかったことだろう。ヌーヴェル・ヴァーグの作家たちはフランス映画に伝統的な舞台撮影を嫌い、自在に街頭へカメラをもち出した。『勝手にしやがれ』のミシェルが射殺され、『女と男のいる舗道』のナナが客を求めて彷徨し、『女は女である』の恋人たちがルネ・クレールの『巴里祭』のパロディとしていつまでも接吻を続けるのは、そうした軽快な眼差しによって即興的にとらえられたパリである。二〇年代にシュルレアリストのアラゴンがもちえた〈パリの百姓〉の視座を、ゴダールは継承したのだ。団地の人妻の売春をドキュメンタリーふうに描いた『彼女について私が知っている二、三の事情』の彼女が実はパリのことだとは、よく知られているところである。SF活劇『アルファヴィル』は未来都市を舞台としているのだが、ゴダールは現実のパリを何の工夫もせず登場させることで、アルファヴィルに仕立てあげてしまった。要するに、パリと同一でない点を別とすれば何から何までパリとそっくりな都市というわけだが、こういう発想は模像の生産装置としての映画をすぐれていいあてている。

1 海

『気狂いピエロ』でマリアンヌとフェルディナンが訪れる南フランスの海は、このフィルムに一貫している甘美にして残酷な感情を根拠づけている。砂浜で戯れあい、接吻と日記の執筆に耽る二人は、さながら無人島に漂着したロビンソン・クルーソーとフライディのようだ。ここには映画が描きだした、もっとも美しい「神聖なる野蛮人」のイメージがある。マリアンヌの裏切りを知ったフェルディナンは孤島に渡り、ダイナマイトを軀中に巻きつけて、自爆する。『気狂いピエロ』の結末では、陽光のおかげでほとんど白一色に化してしまった無人の海が映し出され、ランボーの詩の朗読が流れる。

見つかった／何が？／永遠が／太陽にとけこむ／海が。

2 写真と絵画

すぐれた映画監督には、捨棄の作家と蒐集の作家の二通りの人種がいる。前者の代表をブレッソンとすれば、後者の代表はゴダールになるだろう。およそ文化的生産物であるかぎり自分に無縁のものはないという、強烈な雑食性の自覚が、ゴダールを包んでいる。世界中の観光絵葉書とブロマイドを戦利品としてもち帰る『カラビニエ』の二人の兵士から、『彼女について私が知っている二、三の事柄』のミニュアチュールの都市まで、いたるところに子供じみた蒐集癖が顔を覗かせている。写真と絵画の引用はフィルムの言表行為の次元にまで深く及んでいて、図版の不意の挿入や、写真とそのモデルの同一画面内での提示は、表象行為そのものへの批評的視線から来たるものだ。ゴダールにあっては、映像は自己言及の意識に呪縛されている。近作『パッション』は、ベラスケス、ゴヤからドラクロワにいたる西洋名画のおびただしい引用に終始したフィルムであり、実体を欠落させた形式だけがもつユーモアに到達している。

3　文字と書物

ゴダールの登場人物はつねに何かしら書物を読んでいる。『気狂いピエロ』の恋人たちはピエ・ニクレの漫画とセリーヌの小説を、『アルファヴィル』の娼婦はエリュアールの詩集『苦悶の首都』を、『立派な詐欺師』の女性記者はメルヴィルの『信用詐欺師』を読んでいる。映画書も少なくない。『軽蔑』の脚本家と『勝手に逃げろ』のTVディレクターは、それぞれセゲール版のラング論とパニョル論をたずさえている。『気狂いピエロ』がエリ・フォールの『世界絵画史』のベラスケスの一節を朗読するベルモンドの声で始まることは印象深い。そういえば、長編第一作『勝手にしやがれ』の冒頭は、街路で赤新聞に読み耽る彼の姿だった。しかし、何といっても書物が圧倒的に登場するのは、『中国女』だろう。白い壁一面に並べられた、何十冊、何百冊という真紅の毛沢東語録。ゴダールにおける書物の頻出は、彼の世界を本質的に構成している引用癖、アフォリズム趣味、モザイクへの情熱と切り離して考えるわけにはいかない。『カラビニエ』の冒頭に、全宇宙を図書館と見なすボルヘスの一語が掲げられているのは、偶然ではない。いわく「磨滅した隠喩、それは永遠である」。

4　俳優の招喚

俳優はしばしば同名の職業俳優の役で登場する。『男性・女性』に一駒だけ顔を見せるブリジット・バルドーや『怠惰の罪』のエディ・コンスタンティーヌは、あの有名なBB《べべ》や『レミー・コーション』シリーズで知られたエディを演じているのだ。『彼女について私が知っている二、三の事柄』では、はじめに語り手によってマリナ・ブラディの名前と経歴が紹介され、ついでフィルム内での役柄が説明される。彼女はいう。「そう、事実の引用のように話さなきゃ。ブレヒト先生がいってたわ。俳優は引用しなくちゃ」。『楽しい知識』の暗闇のスタジオで討議をするジュリエット・ベルトとジャン＝ピエール・レオは、最後に俳優としてのペルソナを名乗ってその場を去る。

他の映画の系列からの俳優の横滑りも珍しくはない。『アルファヴィル』のレミー・コーションは劇画とB級活劇から招喚された人物だし、『万事快調』のイヴ・モンタンとジェーン・フォンダはフランスの社会派映画とハリウッドからの引用である。そして次作『ジェーンへの手紙』では、彼女の映像を用いて、アメリカ映画界の女優が見せる表情のイデオロギー性が批判される。しかし何といっても、徹底した引用は『パッション』のそれだ。今をときめくドイツ映画より一人、今をときめくポーランド映画より一人、今をときめくフランス映画から一人……と人を馬鹿にしたとしか考えられないキャスティングがなされているのだ。ゴダールは俳優たちを呼ぶごとに、実は彼らを神話たらしめた映画史的記憶を呼び醒ましているのだ。

5 インタビュー

劇映画とドキュメンタリー映画という従来の二分法を、ゴダールは採らない。彼のフィルムはたとえフィクションにもとづいていようとも、多かれ少なかれ直接の現実を引用し、実在する人物を登場させる。『女と男のいる舗道』でナナに思考の価値を教える哲学者ブリス・パラン。『中国女』で毛沢東主義の学生たちと討論するフランシス・ジャンソン。『気狂いピエロ』でパリに映画を撮りにきたサミュエル・フラー。『勝手に逃げろ』と『パッション』で、背後の声としてのみ登場するマルグリット・デュラスとラウール・クタール。ジガ・ヴェルトフ時代にあらゆる水準においてインタビューが試みられたことは、周知の通りだ。『ワン・プラス・ワン』や『ウラジミールとローザ』における、イヴ・デモクラシーやシカゴ8といった寓意的人物への虚構の会見から、『ここよそ』のパレスチナ人民の会見記録。そして『6×2』は、これまでけっしてTVに登場しなかった周縁的な人々――吃音者、精神病者、日雇い人夫、時計技師などのインタビュー番組である。真理とはあらかじめ個人に内在する何者かではなく、相互のコミュニケーションを通して浮かびあがる出来事なのだという確信が、ゴダールをインタビューに向かわせているのだろう。

6　俳優としてのゴダール

ゴダールがはじめて映画に出演したのは、リヴェットの短編『カドリール』（一九五〇）で、歯医者の待合室でいらいらと時間を潰す青年の役だった。初期のヌーヴェル・ヴァーグの監督たちは映画のパーティ場面ではかならず同胞たちをエキストラに用いたが、ゴダールも例外ではない。ロメールの『獅子座』（一九五九）で神経質そうにレコード・プレイヤーを弄《いじ》くる姿は忘れられない。ヴァルダの『五時から七時までのクレオ』（一九六二）で、アンナ・カリーナと組んで演じたドタバタ芝居の他、『シェラザード』や『ザ・スパイ』といった作品にチョイ役で顔を覗かせている。

自作における出演はといえば、枚挙に暇がない。『勝手にしやがれ』で指名手配のミシェルを発見する中年男。『軽蔑』で監督フリッツ・ラングの助監督。『東風』や『ワン・プラス・ワン』では、現場の監督としてチョコマカと走り回っている姿が描かれている。『勝手に逃げろ』のデュトロンが演じたTVディレクターのポール・ゴダールとは、彼の秘かな分身だろう。ゴダールはまたオーソン・ウェルズに似て、一本のフィルムの端から端までに自分の声を通底させたいという欲望にとらわれている。『シャルロットとジュール』でベルモンドの語る部分はゴダールの吹替だし、〈五月〉以後『フレディ・ビュアシュへの手紙』まで、画面を語る男の声はつねに監督本人である。

この自己顕示欲は留まることを知らない。新作『カルメンという名の女』で、ゴダールはなんとかつて有名だった瘋癲映画監督を演じているのだ。それにしても、二十数年間にわたって、彼の髪型に退化の跡が見られないのはどうしたわけだろう。

7　リュミエール

「いいかね、もし海が嫌いなら、山が嫌いなら、町が嫌いなら――世話はねえ、勝手にしやがれだ！」

『勝手にしやがれ』の冒頭でベルモンドが車を走らせながらあたかも観客に語りかけるように発する独語である。ゴダールにとって、海とともに空は栄光を授けられた空間である。ぎらぎらとした真夏の太陽と空の深さ。『気狂いピエロ』では、空は巨大な青い炎のようだ。

ゴダールが陰鬱なパリを離れ、故郷スイスの湖畔に居を定めたとき、この空の青が突如復活する。『勝手に逃げろ』は抜けるような空から、『パッション』は空を横切る飛行機雲から語り起こされる。映画を作るのはリュミエール（光）なのだ、もっといいリュミエールが必要なのだ、と薄暗いスタジオのなかで『パッション』の監督はスタッフを叱咤するのだ。

8　音楽

ゴダールは映画を実に明確に定義づける。それは音と映像の結合以外の何物でもない。だが、正しい音とは何か。正しい映像とは何か。いや、このような問題の立て方が実は正しくないのだ、と彼は主張する。いつかハリウッドのミュージカルをやりたいわと語るアンナ・カリーナに、ゴダールは答える。現在ではミュージカルを撮るにはよほど残酷な感性が必要なのだよ。ゴダールのフィルムにあって、音楽は（ジョン・フォードやバスビー・バークレイのように）正しく用いられない。音楽は歪められ、位置をずらされ、映像の自然らしさの解体のために作用する。『メイド・イン・ＵＳＡ』のシューマン、『カルメンという名の女』のベートーヴェン、『パッション』のモーツァルトからドヴォルザークにいたる名曲の旋律の使用法を思い出していただきたい。

『男性・女性』でフレンチ・ポップスを歌うシャンタル・ゴヤを皮切りに、『ウイークエンド』では、トラックの運転手が田舎の村の広場のピアノでモーツァルトを演奏し、森の奥では『マルドロールの唄』の朗読を背景にゲリラ兵がドラムを叩く。『ワン・プラス・ワン』はローリング・ストーンズの録音風景を、『ブリティッシュ・サウンズ』はビートルズの替歌を合唱するロンドンの学生運動家をカメラに収める。演奏者の映像は数限りない。『勝手に逃げろ』のタイトル・バックに、ゴダールが「監督」としてではなく「作曲者」として指定されている事実は、このことと無関係ではない。

9　映画から映画へ

ゴダールの登場人物はしばしば映画館に通う。『男性・女性』のジャン＝ピエール・レオは女友だちを連れてドイツの医学映画を見、『気狂いピエロ』のベルモンドはヴェトナム戦争のニュース映画を見て無為の時を潰す。『勝手に逃げろ』のデュトロンはチャップリンの『街の灯』を見たあとで、娼婦を拾う。何といっても傑作なのが、『カラビニエ』の兵士だろう。彼は生まれて初めて接したスクリーンを現実と勘違いし、入浴する美女の映像に飛びかかるのだ。

ゴダールの作品が先行する無数の映画作品をめぐる批評的引用、敬意に満ちたパスティッシュ、失敗した模倣だとはよくいわれることである。『勝手にしやがれ』のベルモンドが劇場の外に貼られたボギーのスチール写真にむける憧憬と悲嘆の眼差しからも、それは明らかだろう。『女と男のいる舗道』の主人公ナナを構成しているのは、監督のもっとも崇拝する三人のシネアストの記憶である。すなわち『女優ナナ』のルノワール、『裁かるるジャンヌ』のドライヤー、ボブの黒髪をしたルイーズ・ブルックス。

前世紀の末に考案された映画という表象ジャンルは、ゴダールの身体を通して自己言及の欲望を噴出させた。

10　テレビジョン

映画とヴィデオはカインとアベルの関係にある、と『勝手に逃げろ』の主人公は小学校の黒板に書きつける（本書二〇六頁図版参照）。ゴダールは映画監督としては珍しく、積極的にTVに関わろうとした一人である。〈五月〉直後、彼はパリ、ロンドン、ミュンヘン、ローマといったヨーロッパ各地のTV局から依頼を受けて作品を監督したのだが、そのことごとくを放映拒否されたという体験の持主である。「わたしが映画を撮るのは、TVを撮れないというだけの理由からだ。TVはいたるところで体制に支配されているからだ」と、彼は語る。『ことよそ』に見られるように、現在のTVはブルジョア的表象制度に奉仕するばかりなのだ。

七〇年代の後半に製作された『6×2』と『二人の子供　フランス行ったり来たり』は、その意味で画期的なTV番組と呼べるだろう。とりわけ後者は、少年少女にTVカメラを預け、その日常の思考を通して、映像、人間、教育の間に新しい関係を示している。ゴダールはいう。「わたしのイデアはTVを通してのみ実現されるのだ」。

11　家族の肖像

映画はこれまで子供を描いてこなかったし、子供によって撮られたこともなかった。今必要なのは、四歳の子供に言葉や文字を教えこむことよりも、ポラロイド写真機を渡すことなのだ。こう語るゴダールは、『パート2』や『二人の子供　フランス行ったり来たり』のなかで、従来の家族映画が禁忌として排除してきた映像を提示している。

妻の姦通に怒って肛門を強姦する夫、母親の性器を不思議そうに眺める子供、性的孤独を訴える祖父、労働の疲弊がたたって不能状態に陥った夫。『パート2』が暴れだすのは、家族の深層に横たわる性的、経済的抑圧構造なのだ。「わたしが完成させたいと願う、真に〈政治〉的なフィルムとは、わたし自身についてのフィルムになるだろう。わたしが何であるかを、わたしの娘と妻に見せてやりたい。だから、ホーム・ムーヴィ。家族映画こそ映画の大衆的基盤を反映しているのだ」。

12　女性

一つの社会を知るためには、その社会が女性についていかなる神話的映像を所有しているかを知ればよい、というのがゴダールの基本的な立場である。『恋人のいる時間』のシャルロットは現代の消費社会が提示するおびただしい紋切型の広告、看板、ピンナップの間を彷徨する。事物の反映・表象を事物そのものとして錯覚させようとするのが、われらの時代の法なのだ。こうした認識にたって、ゴダールは女性の映像の魅惑を制度的に定められた位置からズラそうと試みる。『ブリティッシュ・サウンズ』では何の理由もなく階段を昇り降りする裸体のクローズアップが延々と映し出され、別のところでは『プレイボーイ』のヌード写真の傍に強制収容場の写真が並置される。

排他主義に陥らぬかぎりにおいて、ゴダールが女性解放運動に関心を抱いていることは記しておくべきだろう。『パート2』では一家の祖母が、男性の暴力と抑圧の犠牲とされてきた女性の地位をめぐって、長い朗読を続けている。また『6×2』の一篇ではゴダール当人がアンヌ＝マリによって、偏狭な女性観を批判されるくだりがある。

13　第三世界

アルジェリア戦争を批判したかどで『小さな兵隊』は長い間フランスで公開禁止の処分を受けてきた。だが、ゴダールがＡＡ諸国への関心を明確に示すのは、『気狂いピエロ』の恋人たちがアメリカ兵を相手に、ヴェトナム戦争の諷刺劇を即興的に演じたあたりからである。『中国女』での毛沢東合宿や『ウイークエンド』でのトラック運転手のアジ演説の延長上に、『ワン・プラス・ワン』の黒人武装蜂起劇がある。未完に終わった『ワン・アメリカン・ムーヴィ』は合衆国における被抑圧者としてのアメリカ先住民と黒人に焦点が投じられていた。

とはいうものの、ゴダールは植民地闘争や帝国主義戦争をめぐって啓蒙的なフィルムを作る意図とは無縁である。北ヴェトナムへの渡訪を拒まれ、パリで孤独にミッチェルを廻し続ける自画像を映した『ベトナムから遠く離れて』から、パレスチナ戦争の映像をパリの安全地帯のＴＶで非政治的に眺めることの道徳的根拠を問うた『ことよそ』まで、その姿勢は一貫している。ゴダールが解放を望んだのは帝国主義からである以上に、ハリウッド流の映像からであったことも忘れてはなるまい。『東風』のなかでブラジルの映画作家グラウベル・ローシャが招かれ、十字架上の殉教者のポーズを見せたシーンを想起してみよう。

14　ジャン＝ピエール・ゴラン

ゴランは『東風』から『ジェーンへの手紙』まで、四年間にわたってゴダールと歩みをともにし、名実ともにジガ・ヴェルトフ集団をになってきた政治青年である。ゴダールと訣別後、彼はメキシコとグアテマラへ人類学の調査に赴く。アメリカ発見者コロンブスの狂気を題材にした新作の構想は挫折した。数年間はほとんど映画を離れていたようだが、七九年に『ポトとカベンゴ』なるドキュメンタリーを発表する。彼女たちだけにしか通じない人造語によってコミュニケーションをする、幼ない双児の姉妹を通して、その言語的―社会的文脈を分析する試みである。現在はカリフォルニアに住んで、南カルフォルニア大学サンディエゴで教鞭を執っている。フランシス・コッポラの邸宅を映した一枚の写真には、ジーバーベルクやヘルツォークといったニュー・ジャーマン・シネマの旗手たちとともに、ゴランの姿が右端に見られる。今ではマルクス主義者であるよりも、ニーチェ主義者であると彼は自称している。

15 黒板と黒画面

氾濫する赤、青、黄……といった原色にあって、とりわけ黒は文字―落書―ペンキといった系列をもち、教育性と深い関連をもっている。『女と男のいる舗道』で挿入された十二枚の黒地の字幕は、説話的行為にブレヒト的な距離を導入するのに功あった。『中国女』にはしばしば黒板が登場し、学生たちの討論の主題がチョークで記される。世界の思想家や文学者の名が記された黒板から、ブレヒトを残してすべての人名が抹殺されるのも、この作品だ。〈五月〉にいたって、黒は黒板を離れ、フィルムの全域を覆うにいたる。『楽しい知識』の舞台である無人スタジオを支配する闇から、『イタリアにおける闘争』の悪名高い黒画面まで。ここで問われているのは符牒としての無政府主義でも映像否定のイデアでもなく、見るという行為を文化の要請する法から解き放とうとする意志に他ならない。黒画面が何を表象しているかではなく、表象行為そのものの概念を黒画面によって相対化する必要があるのだ。『パート2』でもあいかわらず黒地の画面が登場している。ヴィデオを操作するゴダール本人が眠りこける編集室の暗闇である。ここにいたって黒画面は、映像という映像を受信し秩序づける、文脈としてのゴダールの存在と同義と化しているのだ。

16　売春

売春は愛と労働の結節点として、ゴダールの主題群にあってもとりわけ重要な位置を占めている。『女と男のいる舗道』は、娼婦に転落した一人の女性がいかにして自立した思考と闘争を組み立てるかという物語を、あまりにも甘美に描いた作品だった。『未来展望』や『アルファヴィル』に登場する未来社会の娼婦たちは、疎外された愛と回復の希望の表象である。

『彼女について私が知っている二、三の事柄』以後、売春は社会学的分析の対象となる。主人公のジュリエットは夫を職場へ送り出したあと、マンモス団地を後に売春を始めるのだが、その一切がドキュメンタリー・タッチで紹介される。この視点の延長上に、あらゆる労働は本質的には売春であるという『万事快調』のメッセージが生じる。『勝手に逃げろ』のイザベル・ユペールはヨーグルトを食べながら、新米の娼婦にフェラチオの仕方を教える。彼女はいかなる倒錯趣味の客をも拒まぬ、自立した娼婦といえる。彼は次作『パッション』では女工として、愛と労働の問題を思考する。セックスの身振りとは労働のそれと違わないのではないだろうかと。ゴダールのこうした姿勢は、いつか十九世紀初頭の空想社会主義者シャルル・フーリエに接近したところで、不思議はないだろう。

17　革命への熱情

六八年の〈五月〉はこのヌーヴェル・ヴァーグの若きマエストロに決定的な転回をもたらした。彼は作家主義を棄て、集団製作による真の革命的映画作りを目指す。16ミリカメラを片手に群衆に身を投じては、アジビラ映画を撮り続けた。それらは工場、学校、集会場で次々と上映された。革命の物語を描いた映画を作ることではなく、映画を革命的に作ることが問題だったのだ。ゴダールの作品からは娼婦や映画青年といった登場人物が姿を消し、かわりに寓意化された「マルクス=レーニン主義」「ブルジョア思想」「修正主義」が画面を横断した。落書きをされたチェ・ゲバラ、毛沢東、スターリンの肖像。赤旗。インターナショナル。

八〇年にいたって狂乱は去り、静かで深い思索が新たになされようとしている。かつてマルクスとコカコーラの子供たちの一人であったイザベルは、『勝手に逃げろ』のなかで、鄧小平を指差しながら、マルクスからボブ・ディランにいたる過去の英雄の消滅をモノローグする。

18　愛と裏切り

『気狂いピエロ』の監督にとって、女性とは消費回路に組み込まれたセックスであると同時に、いやそれ以上に、男性には到達不能の神秘的存在である。おそらく『アルファヴィル』は、星の数ほどもある恋愛映画のなかでもっとも感動的に「ジュ・テーム」の一語をヒロインの口から語らせたフィルムの一つだろう。それは人間的感情がいっさい消滅した未来社会にあって、一人の中年男が少女に、愛の観念を想起させるまでの、忍耐強い物語なのだ。一方、裏切りもまたゴダールの女たちにはお家芸のものである。指名手配の男友達を警察に密告する『勝手にしやがれ』のパトリシア。恋人を騙して五万ドル入りの鞄を持ち逃げする『気狂いピエロ』のマリアンヌ。夫の優柔不断を笑う『軽蔑』のカミーユ。そしてゲリラ隊の兵士たちとともに夫の屍肉に舌鼓を打つ『ウイークエンド』のコリンヌ。こうした魔性の女たちの原型に、オーソン・ウェルズの『上海から来た女』のリタ・ヘイワーズが位置していることは申すまでもない。アンナ・カリーナもアンヌ・ヴィアゼムスキーも、ゴダールにとって公私にわたる〈宿命の女《ファム・ファタル》〉であった。この二人の女優がのちにゴダールを裏切って、別の男と駆落ちしたことを、付け加えるべきだろうか。

19　自動車

逃亡と放浪は、ゴダールの登場人物のもつ基本的ポーズである。パリから地中海の陽光へ、またノルマンジーの森のなかへ、ふとしたはずみから始まった旅行は、どこまでも逸脱を続け、時空を越えた帰らざる旅となるだろう。もちろんこのとき特権的に使用されるのが自動車であることは、いうまでもない。車は『勝手にしやがれ』の冒頭では犯罪の原因となり、『ウイークエンド』では三百メートルにわたって渋滞したり、いとも簡単に強奪されたり、焼き捨てられたりする。『気狂いピエロ』で乱暴に海中に放棄される車を考えあわせてもいい。自動車をめぐるゴダールのサディズムは、『ワン・プラス・ワン』の寸劇の舞台となる自動車解体工場にまで続いている。

女が足をちらりと見せると車が停止するというハリウッドの約束事をみごとに換骨奪胎したのが、『ウイークエンド』だ。ミレーユ・ダルクはこともあろうに道路に寝そべって、スカートの間から両肢を拡げることでトラックを停めるのだ！　もうここまでくれば馬鹿馬鹿しくなったのだろう。『勝手に逃げろ』で都市を離れ田園へと移動するさいに清楚なナタリーが利用するのは、自転車である。

20　なしくずしの死

死は思考されない。それは突然に生起する乾いた出来事であり、恐怖や悔恨とはいっこうに無縁である。『男性・女性』の地下鉄の黒人がそうであるように、死者はただスクリーンの外側へ排除されるだけだ。『軽蔑』でも『勝手に逃げろ』でも、主人公はいとも簡単に交通事故死をとげる。それだけである。感傷はない。服喪もない。『女と男のいる舗道』と『はなればなれに』では、射殺死が登場する。これはあまりのあっけなさゆえに、逆に甘美で悲痛な印象を残すことだろう。

ゴダールは、苦痛と恐怖を前に人間の実存を浮彫りにするといったドライヤーのような作家ではない。登場人物はその場かぎりの寸劇に終始し、人格上の一貫性から解放されている。おのずから死は物語の中断であるか、物語を発動させるための記号であるに留まるだろう。『気狂いピエロ』のフェルディナンの爆死と、『メイド・イン・ＵＳＡ』のリシャールの失踪と怪死はそれを示している。

21　即興演出

あらかじめ綿密に書きこまれた脚本を踏襲し、神聖視することの愚を、ゴダールは語る。彼はその場その場で、俳優やスタッフとの交感を通して、自在に演出を思いつく。台詞はインタビューを叩き台にして書かれる。「言われた事柄より、それを言った瞬間のほうが真実である」ためである。

ゴダールのカメラの文体はきわめて遊戯感に満ちている。彼はいかにも投げやりにロングショットを撮ったかと思うと、素面で古典的デクパージュを擁護する。いつも不機嫌で孤独そうなのは『パッション』のジェルジーと同じかもしれない。早撮りで安上がりという特技は、彼がアメリカのB級監督から学びとったものだ。驚くなかれ、『メイド・イン・USA』と『彼女について私が知っている二、三の事柄』は二ヶ月の間に立て続けに演出された。

22　ゴダールの背景

すぐれた映画作家は単独では出現しない。つねに群をなして、ある時代のある国に事件のように登場する。一九〇〇年代のイタリア、二〇年代のドイツ、三〇年代の日本、七〇年代のドイツ。フランスのヌーヴェル・ヴァーグもまた幸福で実り多き世代の一つであった。シャブロル、トリュフォー、ロメール、リヴェット、ドゥミー、ヴァルダ、もちろんゴダールも。彼らが大変な映画青年で、毎日のようにシャイヨ宮のシネマテックに通ってアメリカ映画を〈発見〉したことは、今日では映画史的常識とされている。彼らを暖かく見守ったのが、映画批評家のアンドレ・バザンであり、シネマテックの主アンリ・ラングロワであり、守護神であったブレッソンやルノワールといった巨匠であった。とりわけバザンが創刊した『カイエ・デュ・シネマ』誌の意義は大きい。映画を撮ることと映画について書くことは等価であるというゴダールの認識は、その映画批評家時代に養われたものといえる。

23　丸い輪

レンズの前に絞りをつけて、それを開いたり閉じたりするというアイリスの手法は、初期の映画が愛用した、微笑《ほほえ》ましいカメラ・ワークだった。それをみごとに蘇生させたのが、ヌーヴェル・ヴァーグの作家たち、たとえば『ロシュフォールの恋人たち』のドゥミーや、『ピアニストを撃て』のトリュフォーだった。

『勝手にしやがれ』では、ベルモンドが映画館を後にしてセバーグを夕食に誘う場面と、通行人役のゴダールが指名手配のベルモンドを警官に密告する場面の二ヵ所にアイリスが用いられている。けれども、それ以上に、セバーグがルノワールの『少女』のポスターを剝がし、円筒にまるめてベルモンドを覗きこむシーンに、アイリスの魅惑がたちこめている。丸い輪の内側を見ることは、世界を幸福なかたちに切り取ることだ。視線を親しげで内密性に満ちたものに変えることだ。セバーグはいう。

——わたしはあなたを見ているわ。あなたがわたしを見なくなるまでね。

——俺もだ。

24　手

——男が一人死ぬのを見たよ。

——どうして死んだの?

——交通事故さ。

——夕食おごってくれる?

——もちろん。

映画館の入口にかかげられたボギーのポスターをうっとりと見つめるベルモンド。彼の手のクローズアップ。ただし、握った手をそっと開いてみると、そこには一フランと十サンチームの硬貨が一枚ずつしかない。『勝手にしやがれ』の中頃の場面だ。ゴダールの登場人物たちの手の不思議さ。鋏をふりかざすアンナ・カリーナ。人差指を立てて真剣に議論を続けるジャン=ピエール・レオ。握り拳を立てて抗議する闘士たち。『気狂いピエロ』のカリーナは、海辺の松林でベルモンドといちゃつきながら歌う。

――あたしの細い運命線
あたしの細い運命線
てのひらのこんなに哀しい運命
明日がこわくなるような
あたしの細い運命線

けれども、ベルモンドは彼女の手相などそっちのけで、腰の曲線ばかり誉めるのだ。

完

一九八五年
「ゴダール・グラフィティ」
『G.S.』2 1/2号のために、映像に沿う形で二百枚ほど執筆した。今読み直していると、自分が六〇年代のゴダールと幸福に戯れていたことがよくわかる。それは岡崎京子にしても同じだったのだろう。この雑誌の特集号の直後だったと思うが、彼女は漫画のなかにわたしを登場させた。

映画は『気狂いピエロ』に似ている

――映画とはほんとうは何か、知りたいのですが。
――映画は戦場に似ている。
――戦場に似ている、どうか。
――そう……愛。
――愛……。
――憎しみ……。
――憎しみ……。
――アクション……。
――アクション……。
――暴力……。
――暴力……。
――死……。
――死……。
――ひとことでいえば、感動。
――ひとことでいえば、感動。

『気狂いピエロ』がはじまってまもなく、友人のパーティの席上でジャン＝ポール・ベルモンドが、たまたま壁ぎわにいる黒眼鏡の初老男と交わる対話である。もっとも初老男はフランス語は皆目解さないらしく、対話は隣にいた女の通訳を介してなされる。別段目立つ場面ではないので、ふと見過ごしてしまうところなのだが、なぜゴダールがわざわざこのシーンを挿入したかを考えてみよう。

ベルモンドの問いに対して、男の答えはぶっきらぼうで、しかもどこかしら深い経験に裏打ちされたところがある。それは口にすれば紋切型きわまりない科白だ。だが、初老男がサミュエル・フラー本人であることを知ったうえで見直してみると、この単純な映画の定義のなかに、さまざまな意味を読みこむことができるだろう。いうまでもなく、フラーは五〇年代のハリウッドでB級暗黒映画監督として活躍し、今日なお「大人の辛口のアメリカ映画」を撮り続けている映画人だ。ゴダールが『気狂いピエロ』にゲストとしてフラーを呼んだとき、そこにハリウッドの「作家」に対する熱い敬意がはたらいていたことは明らかだ。

ちなみに、彼が私淑するもう一人の巨匠ニコラス・レイについても、パーティの直前のショットで目立たぬかたちではあるが言及がなされていたことを思い出してみなければならない。ベルモンドの家庭にベビー・シッターとしてアンナ・カリーナが出現するのは、そもそも家政婦が休みをとって外出していたからであり、彼女はレイの『大砂塵』を見に行っていたのである。

戦場。愛。憎しみ。アクション。暴力。死。感動……。

『気狂いピエロ』を見終わったとき人は、そこにフラーが口にした映画の定義がすべて含まれていることに気付くだろう。そう、まさにこの一時間五十二分のフィルムのなかには、映画が映画たりうるために必要にして十分な夢と情熱のいっさいが存在しているのである。

『勝手にしやがれ』でスキャンダラスなデビューを飾り、次作『小さな兵隊』が公開禁止となって、ヌーヴェル・ヴァーグの息子と称されたジャン＝リュック・ゴダールが、『気狂いピエロ』を撮ったのは、一九六五年のことだっ

『気狂いピエロ』　ジャン＝ポール・ベルモンドとサミュエル・フラー。

た。ゴダールは、四年間の結婚生活に終止符を打ったものの、仕事のこと以外では絶対に口もきこうとしないアンナ・カリーナと、『勝手にしやがれ』以来のベルモンドを連れて、南フランスを訪れ、八週間ののち一本のフィルムを完成したのだ。

原作はいちおうライオネル・ホワイトの暗黒小説『十一時の思慮』である、ということになっている。だが、ゴダールはびっしりと自作のアイデアや他人の引用のつまったノートを片手に、その日その日で思いつくままに演出し、信じられないほど自在で美しい作品にまとめあげた。試写室で完成されたフィルムを眼のあたりにした詩人ルイ・アラゴンは、見終わったあと、まるでパリの街が真赤になってしまったようだったと述べた。

倦怠な毎日を送っているTVディレクターがいる。あるとき、ふと昔なじみの女子大生に出会う。二人は妻子を捨てて、いっしょに南フランスへ旅出つことになる。女はかの土地に到着すれば大金が手に入るとほのめかすが、ほんとうのことはいっこうにわからない。どこかしら謎めいて、犯罪の匂いがする。二人はガソリンスタンドで自動車を盗み、アメリカ兵にヴェトナム戦争をテーマにした寸劇を見せて小銭を稼いだりしながら、ノンシャランスな旅を続ける。

地中海に出ると、そこで待っていたのはロビンソン・クルーソーに似た原始的な生活だ。男は書物を読み、日記をつけ、女は男の読んでいる書物を手あたりしだいに青々とした海に投げ棄てる。やがて破棄がくる。女は失踪し、五万ドル入りの鞄をもって、ギャングの情人のもとへ送る……。

これが『気狂いピエロ』の物語だ。最後まで書いてしまってもいいが、途中で止めた。といっても、まだフィルムを見ていない人に結末を教えてしまわないほうがいい、と考えてのことではない。こんなふうに一本の線のように物語を要約したところで、ゴダールの作品を理解するうえではまったく何の意味もないからである。『気狂いピエロ』で面白いのは、ヒッチコック的な謎解きの部分ではない。二人の主人公が本来の物語からどんどんと外れていって、まったく無関係な世界の戯れに参加する。そのうち物語のほうもいくえにも分岐して、曖昧な状態に融けあってしまう。最後に引用されたランボーの詩句を借りれば、あたかも海に沈もうとする太陽のように、輪郭も自己同一性も定かでない永遠の世界に参入してしまうのだ。

では、物語が消滅したあとに、何が残されるのだろうか。色彩であり、自由である。『気狂いピエロ』の全編を支配している、おびただしい原色の洪水を考えてみよう。白い壁。パーティ会場の黄や赤のフィルター。赤い頭巾。青い海。ベルモンドの顔に塗られた青ペンキ。そして、ラストの完璧な白。このフィルムをすぐれて魅力あるものにしているのは、ひとつにこうした色彩が発散する、抗しがたい強度である。

『気狂いピエロ』は一九六五年にパリで公開され、日本では二年後にATG系で封切られた。当時のポスターを見ると、白地にベルモンドのニタニタとした顔が大きく描かれ、一味違った日活アクションといった感じがする。ゴダールがこの作品を撮り終えたのち、五月革命を経てひとたび商業映画と訣別したことも、七九年にふたたび回帰してから以前に増して精力的な監督活動を続けていることも、よく知られているところだ。八二年にリヴァイヴァル公開が行なわれたときには、『気狂いピエロ』はすでにヌーヴェル・ヴァーグの古典と化していた。だが、たとえ古典と称されようとも、このフィルムがいまだに現在進行形で観る者に深い感動を与える作品であることは、疑いようのない事実だ。

『気狂いピエロ』は、世界でもっとも悲痛でもっとも美しいフィルムだと、わたしは断言してはばからない。

一九八五年
「映画は『気狂いピエロ』に似ている」

フランス映画社がリヴァイヴァル公開した『気狂いピエロ』をヴィデオソフトにしたいから解説を書いてほしいと、SONYが依頼してきた。何の資料もなく、あっという間に書き上げて担当者に渡したところ、数日後に電話があって、ヴィデオが発売中止になったといわれた。理由を尋ねても答えはなかった。おそらく上層部の会議で、「気狂い」という言葉が差別用語だというので問題になったのだろう。その直後にフランス映画社の柴田駿社長からも、ひどく居心地の悪そうな調子の声で、ヴィデオ化がだめになったので原稿は諦めてほしいと電話があった。彼もまた理由を明言しなかった。腹が立ったので『週刊SPA!』の連載コラムにそのことを書いたところ、発行元のフジサンケイグループの扶桑社は、どうもSONYに頭が上がらないらしい。その原稿もただちに没となった。

その後、『気狂いピエロ』は何の問題もなくアミューズビデオでソフト化され、角川でDVDが発売されている。もちろん題名は映画公開時のままである。わたしはSONYの態度に、いまだに不透明なものを感じている。

ゴダールとCF

1

一九六九年、ゴダールがまだジガ・ヴェルトフ集団を名乗る前に単独で監督したフィルムに、『楽しい知識』なるものがある。ジュリエット・ベルトとジャン＝ピエール・レオ、つまり『中国女』に登場していた男女二人が真っ暗な部屋のなかで毎晩出会い、真に革命的な音と映像を探究するため討議を重ねるという内容の作品である。

最初の方でフランスのTVはコマーシャルのファシズムだという託宣がなされ、その後もヌードピンナップやハリウッド映画の映像が、反動的な帝国主義的映像として批判的に挿入される。ところがあるときベルトの方が明け方、この暗黒空間を後に、白昼の現実の世界に戻るとき、「今日は『ユマニテ』のため、下着の撮影のモデルをしなきゃいけないわ」という。『ユマニテ』はフランス共産党の御用新聞である。彼女はその後でまた一言。「『フィガロ』にも同じ写真、使えるんだけどね」。

なかなかに辛辣なひとコマである。フランスの左派と新聞が下着の宣伝を掲載するというのがひとつ。もうひとつは、その写真が保守派の『フィガロ』と同じであるということ。さらに〈五月〉以後の状況にあって、コマーシャル映像とは反革命的であると批判している女の子が、自分の言動に何ら矛盾しないかのように、アルバイトで下着モデルをしてしまうこと。

ゴダールはこのショットのなかにいく通りもの皮肉を重ねあわせている。もっとも彼自身もこの時期、まったく同じことをしていた。コマーシャルフィルムを平然と撮っていたのである。

だが、そんなことで驚いていてはゴダールと付き合うことなどできない。それればかりではないのだ。彼は商業映画界に復帰してからも、少なからぬ数のCFを撮っている。日本ではアパレル企業レナウンの婦人服BBNYのため、一九八四年に撮り、一九八五年の三月から六月まで放映されたものが知られているが、パリでは一九八七年から九〇年にかけて、マルテとフランソワ・ジルボーのブランド『クローズド』と『メタモルフォジーン』のため、何と二十二本を撮っている。さらに一九九〇年にはナイキ、九二年には（ミエヴィルと共同で）煙草のCF『パリジェンヌ・ピープル』なるものまで存在している。

以下に一九七一年から九〇年にわたるCF作品について書いておきたい。ちなみに一九八五年の部分は、この快挙を東京のTVで目撃し、ヴィデオ録画に成功した直後、興奮冷めやらぬなかで執筆されたものであることをお断りしておきたい。

2

ゴダールが最初のCF『シック』を撮ったのは、ゴランと組んでジガ・ヴェルトフ集団を結成し、商業映画の制度性をラディカルに告発していた一九七一年のことであった。主演はジュリエット・ベルト。『中国女』から『楽しい知識』まで、アンヌ・ヴィアゼムスキーとともに、過激時代のゴダール・ギャルズを代表していた女優である。

ベルトと男友だちが朝に目覚める。男は半裸のまま、ただちにトランジスターラジオをヴォリュームいっぱいに点け、台所で顔を洗うと髭を剃ろうとする。寝ぼけ眼《まなこ》のベルトには、それが不愉快でたまらない。もっとも彼女は香水を見つけ、その匂いを嗅いで起源を取り戻す。二人は仲直りをして接吻しあう。「髭剃りの後にはシック、よりよいお肌のために」とナレーションが被さる。

ゴダールによる最初のCFである。フィルモグラフィーとしては『ウラジミールとローザ』と同時期の作品であり、シカゴ7の裁判闘争の席で日本のゼンガクレンの緑色のヘルメットを被っていてベルトが、いかにも典型的なパリの同棲カップルを演じているのがご愛敬である。わずか四十五秒の映像であるが、〈闘争〉維持の資金調達をめぐる、ゴダールのしたたかな戦略をここに見ることができる。

3

あのゴダールがこともあろうに日本のコマーシャル・フィルムを撮ってしまった。スポンサーはレナウン。経済大国日本の広告業界もここまできたというべきか。テレビ朝日の「日曜洋画劇場」を中心に三月中旬から放映され、六月まで十回流して終了するという。わずか三十秒の音と映像だが、のちのちまで「幻の作品」として話題を呼ぶことだろう。

バッハの『教会カンタータ』が流れるアパルトマンで、デートのための身つくろいをしている若い女性がいる。彼女は書物の頁を開き、ブラウスにアイロンをかける。衣装簞笥から出したブレスレットをとりかえてみたり、鏡に見たてた油絵のカンバスの前でイヤリングをつける。口から何げなく洩れる鼻唄。「わたしは情熱《パッシオン》。あなたは情熱。禁止の牢獄から放たれた魂のかけら……」。最後に彼女はルージュで鏡にRENOWNと書きつける。挿入されるのはレナウンの婦人服「B・B・N・Y」の四文字。

根津甚八による「多情多感な毎日」というナレーションは、日本側で加えたものらしい。撮影は三日間、今年の一月にジュネーヴで行なわれた。「情熱《パッシオン》」と「ファッション」を語呂合わせするあたり、ユーモラスだが、ゴダールの映画を見たことのある観客ならただちに一昨年公開された長編『パッション』との類似を認めるはずだ。アパルトマンの壁にはルノワールやダヴィンチの複製が飾られ、画面にアップで挿入される。ヒロインはあたかも泰西名画の女性を真似るかのように化粧をする。『勝手にしやがれ』のジーン・セバーグが、部屋にルノワールの少女像のポスターを貼っていたことを想起してもいい。これはかくも甘美で期待と安逸に満ちた光景なのだ。

ゴダールの転身を非難すべきだろうか。映画とヴィデオはカインとアベルの間柄だと断言し、『6×2』で今日の広告写真の映像を告発した神話破壊者と、このB・B・N・Yの魅惑的な映像の操作者の間に矛盾を認めるべきだろ

『クローズド』「永遠の昔から、ファッションは永遠と戦っています」。

うか。周囲の喧噪を無視して、ゴダールはいつもあっけらかんと事を行なってしまう。いかなる動機づけも弁解もなく、だしぬけに作品を完成してしまう。そして、一度行なわれてしまえば、それはもうどの方向から眺めてもゴダールなのだ。『カルメンという名の女』の監督は、同時代の反応に無関心であることを許された稀有の作家である。

4

次に一九八七年から八八年までマリテとフランシス・ジルボーのために撮られた『クローズド』*Closed*, と、一九九〇年の『メタモルフォジーン』*Metamorphojean* を取り上げてみよう。

『クローズド』

1　ゴヤ、ルノワール、ベラスケス、エル・グレコ……次々と泰西名画が現れる。そのたびごとに若い女性が、「ノン、ノン」と退ける。最後にへそ出しルックのジーンズが出現。彼女は初めて「ウイ！」と叫ぶ。

2　胸を開《はだ》けた若い女性がベッドの上で、真赤なセーターを着ようとしている。手前にはチューリップを挿した花瓶が置かれている。ボードレールの「旅への誘い」の一節が朗読される。女性はフランス人だったり、日本人だったりする。詩も「旅」に差し替えられたり、日本語の詩になったりする。

3　中年男がベッドに寝そべっている。若い女性が彼の穿いているジーンズに直接アイロンを当てる。あちちっ！　と男が叫ぶ。「ジーンズの試練」という言葉が流れる。

4　荒れた岸辺。一人の青年が女性を連れて逃げてくる。へたりこむ彼女を抱きかかえ、岸辺に立ち尽くす。「永遠の昔から、ファッションは永遠と戦っています」と、キャプションが流れる。

5　同じく荒れた岸辺。男性が女性に何が欲しいと尋ねる。女は「何もいらないわ」といい、次に「何もかも」という。「ファッションのことよ」。

6　同じく荒れた岸辺。青年が打ち上げられている。女性がそれを発見し、掌で水を掬って飲ませる。青年は蘇生する。「奇跡よ。驚くべきことよ」と、彼女は叫ぶ。

『クローズド』では、こうした六つの短い作品と、そのいくつかのヴァリエーションからなっている。『メタモルフォジーン』は五つの部分から構成されている。スタジオらしき場所で男女が活人画の真似ごとをしているショットに、マネやレオナルド、エル・グレコの絵画が断片的に引用され、「芸術は理解しない。ただ変身するだけ」という字幕が入る。「戦争は理解しない」「美は耳を傾けない」「愛は考えない」「映画は語らない」。こうした評言に、クリムト、ゴヤ、グリューネヴァルト、ヴェロニカの聖画布といった映像が差しはさまれ、背後では「死、死、死……」と、連打のように声が被せられる。

『クローズド』では直接にジーンズが登場したり、男女がファッション（モード）についてアフォリスティックな対話のやりとりをしている。『メタモルフォジーン』ではそうした言及がいっさい消えている。説明されていなければ、それがジーンズのCFであることはわからないだろう。だが両者に共通しているのは、断片化された西洋絵画の瞬間的なコラージュであり、そこに付加される文字である。いうまでもなくそれは、この時期にゴダールが取り組んでいた『映画史』の手法である。この大作のために蒐集した膨大な数の絵画映像からいくつかのサンプルを取り出し、ちょっと弄《いじく》ってみたというのが、おそらくゴダールの本音だろう。ただ留意すべきなのは、次々と出現しては消滅していく名画の多くが死と苦痛の表象であり、そこに「死」という言葉が執拗に反復されているという事実だろう。わたしはパリのTVCFについて疎い者であるが、どうみてもこれはきわめて過激な試みであるとしかいいようがない。あえて深読みをするならば、大衆消費社会の根底にはフェティシズムと同様、それと密接に絡み合った死への欲動が横たわっているという認識を、ゴダールが携えているということになるのだろうか。『クローズド』がいかにもメロドラマ映画の名場面の再現といった画面作りで、ステレオタイプを意図的に踏襲しているとすれば、『メタモルフォジーン』はさらに一歩身を乗り出して、範疇としての芸術の根源に向かおうという意志が感じられる。もちろん短編CFというジャンルでなしうることは限られている。ゴダールとしては、目下進行中の大作のために用いた絵具を、余滴としてキャンバスの上に落としてみたということなのだろう。

ここで改めて一九八四年のレナウンのCFに戻ってみると、ゴダールのCFの制作を依頼するときのコンセプトが、日本人とフランス人ではまったく異なっていることがわかる。日本の制作者はゴダールの過去にしか興味がない。かつて自分たちが熱狂した一九六〇年代のゴダールの残像が再現されることを、CFに求めている。バッハとルノワールと、身繕いをしている若い女性である。ここにはノスタルジアはあっても未来への期待はなく、美術も演出も隅々まで計算し尽くされていて、演出に即興の余地がない。

フランスの制作者はゴダールに、過去ではなく未来を見ている。ゴダールが目下取りかかっている大作の存在を認め、彼がこの文脈のなかで実験をすることを許している。ゴダールは好き勝手に振舞い、その場で思いついた演出を披露している。約《つづ》めていうならば、ここにはレナウンのCFには存在していなかった〈自由〉が、大きな要素として存在している。

一九八五年

「ゴダールとCF」

この文章は全体としては本書のための書下ろしであるが、第三章だけは『朝日ジャーナル』一九八五年四月十九日号に発表された。ゴダールがレナウンのためにCFを撮るという話を聞いて、わたしは何とかしてそれを録画できないものかと策を練った。結局、洋画劇場でイーストウッドの『アルカトラズからの脱出』が放映されたとき運よく出くわしたので、録画に成功した。このCFについてだけ、少し補足しておきたい。

今ではパリのゴダール研究家たちは、彼がフランスのジーンズのCFを何本も撮っていることは知っているし、それは『ゴダール・ドキュマン』のおまけDVDに全篇収録されているので、すべて簡単に観ることができる。だがレナウンのCFを知っている者は、わたしの知るかぎり一人もいなかった。なんだよ、これを観てなかったらモグリだよといって、何人かにDVDを焼いて渡してあげると、誰からも喜ばれた。

作品の出来はというと、どうみてもCF依頼者のゴダール観が、『勝手にしやがれ』の頃の六〇年代に留まっているようだ。ゴダールの方も、ああ、そんな程度の演出だったらお茶の子さいさいだよという感じで引き受け、卒なく纏めてしまったのだろう。ものすごい大金をもらってしまい、しばらく楽をしたよという談話が伝わっている。

デュラスとゴダール

ローザンヌから電話がかかってくる。

こんど久しぶりに商業映画というやつを撮ろうと思うんだ。物語？　物語はまだ決まってない。だけどマトモな物語のあるやつだ。自立した娼婦がいて、それから彼女を一晩買うTVディレクターがいる。彼は妻子と別居していて、この二世紀に鳥類が森を離れ都市部に棲みだしたことは大きな歴史的変化だなんていつも考えている。それから別に、都市を離れ、田舎をサイクリングして廻る女性がいて……題名？　題名はそうだな、『勝手に逃げろ』とか『人生』とか適当につけるつもりだ。『スローモーション』というのでもいいと思っている。それで、話というのは、その今度の新しいフィルムで、あなたに短いシーンを撮ってもらいたいと思ってるんだ。どうだろうか。

パリのマルグリット・デュラスのもとにゴダールから電話がかかってきたのは一九七九年、ちょうど彼女が『セザレ』や『オーレリア・シュタイネル』の連作を矢継早に撮っていたころだった。十六歳年下のこの天才肌の映画監督の申し出を、デュラスはひとたび断わる。しかしなんとなく彼には会ってもいい、と思う。彼はわたしがはじめて撮った『ラ・ミュジカ』に賛成してくれて、真に破壊的だといってくれたし、トリュフォーともハリウッドともまったく違う映画を撮ってきた。違う映画という点では、自分と彼を結びつける運命的共感というものがあるはずだ。

そう確信したデュラスは、十月にスイスのローザンヌを訪れる。数年後ゴダールが『フレディ・ビュアシュへの手紙』という短編で美しい讃歌を寄せた、レマン湖畔の小都市だ。

ゴダールはデュラスを見て、いう。あなたと話をするための場所はすでに確保しておいた。今からそこへ行こう。

連れていかれたのは小学校だ。けれども、どうしたことだろう。休み時間なのか放課後なのかわからないが、とにかくいたるところに子供があふれている。木造の階段をどたばたと駆け昇ったり降りたり、蜂の巣をつついたような騒ぎだ。ここがわれわれが対話を交わす場所だ、とゴダールはにこりともせずにいう。

対話が始まる。後でふり返ってみて、デュラスは何を話したかをすっかり忘れてしまっている自分を発見し、驚く。なにしろものすごい騒音だ。自分にはゴダールの声がよく聞こえなかったし、ゴダールが自分の話をどのくらい理解してくれたかも怪しいものだ。憶えているのは、最後に彼がいささかきまり悪そうに、わざわざパリから来てもらったのにこんなつもりじゃなかったんだ、といったことぐらいだ。

こうして二人の間に友情が生じる。映像、音、文字言語。あらゆるレベルで彼らのテクストは親しげに重なりあい、反響を交わしあうことになるだろう。

ゴダールはデュラスにローザンヌの町を案内する。とある陸橋の前まで来て、不思議な話をする。これまでにこの上から何人もの、いや実に多くの人たちが墜落しているんだ。デュラスが答える。まるで人を自殺に導きこむためにわざわざこの橋は作られているみたいね。

やがて半年。『勝手に逃げろ』は完成し、カンヌ映画祭で公開される。なんとそこには、ゴダールという名のTVディレクターが小学校を訪れ、子供たちに映像の話をするという光景がレナート・ベルタの鮮やかなカメラによって再現されているのではないか。彼は教室の黒板に書く。映画とヴィデオと。次にそのうえに書きつける。カインとアベルと。そして、今ここにマルグリットがいればいいのになあとぶつぶつ一人言をつぶやきながら、突然黒板にむかって叫びだすのだ。

マルグリット！　マルグリット！

次の場面では、TVディレクターは小学校での話を終え、車で帰宅しようとしているところだ。道路の前を走っているのは巨大なトラックである。ここでもモノローグ。「僕はトラックを見るたびにデュラスのことを思い出すんだ」。するとこれはどうしたことか、いきなりオフでデュラスの声が聞こえてくる。女たちの場所について、死について、エクリチュールについて語るその声は、映像のまったき〈外部〉から到来するという意味で、まさしくデュラス的出現というにふさわしい。それはきわめて短くはあるが、ゴダールがデュラス化してしまう稀有の瞬間なのだ。

もちろんこの前後のショットに、ローザンヌを訪れたデュラスに対するゴダールの共感が満ちあふれていたことは、説明するまでもあるまい。


『勝手に逃げろ／人生』ではこのように挿話的水準に留っていたデュラスへの目示《めくばせ》は、『カルメンという名の女』でより深い次元に達しているように思われる。『オーレリア・シュタイネル』の連作や『アガタ』を見た者は、わが国でも公開されたゴダールの長編がいかにデュラスと問題文脈を共有しているかを容易に気付くことになるだろう。

まるで犯人がいくたびも犯行現場に戻るかのように、デュラスには、一度カメラを廻した場所を機会を見つけては訪れ、ふたたび画面のうちに収めるという奇妙な習性がある。たとえばノルマンディーの海岸。トルヴィユの周囲の風景は繰り返し登場することになる。『インディア・ソング』ではカルカッタの岸辺に、『オーレリア・シュタイネル』ではヴァンクーバーの岸辺に擬せられて。それは単純に製作費の問題からとられた処置ではない。より本質的にデュラス的アトピア（無場所）に関わる問題である。デュラスにとって『オーレリア・シュタイネル』の鈍く、鉄のように重い海、人気もない浜辺、不毛に打ち寄せる波は、終末を迎えたのちの世界の光景とも喩えるべき匿名的な映像であり、世界に遍在しているはずの光景なのだ。

これまで地中海の原色の海に魅せられてきたゴダールが『カルメンという名の女』ではじめて陰鬱で実りなきノルマンディーの海を登場させたとき、そこにデュラスへの配慮が作用していたかどうか。はっきりとはわからない。だが、このフィルムに、『アガタ』と奇妙に類似したショットが頻繁に顔を見せることは事実だ。無人の浜辺に寄せる暗い波。誰もいない館。窓辺にたたずむ女。聞こえてくるのはただ波の音ばかり……。

シーズンオフの海水浴場を撮ればこうなってしまうといえばミもフタもないわけだが、忘れてはならないのは、デュラスとゴダールが共通して固有名詞と匿名性の問題に深くとらわれていることである。『カルメンという名の女』は、たまたまカルメンという名を与えられたために、誰もが知っているあのスペインの歌姫の悲恋物語を演じることを引き受けざるをえなくなった少女を主人公としている。固有名詞を獲得することは、物語の仮面《ペルソナ》を被ることだ。では、固有名詞の前に来るものは何だろうか。人が名付ける前の事物には、物語とも権力とも無縁な至福の状態が宿されているのではないか。『カルメンという名の女』の一組の男女がふと語りあうのはこうしたユートピア的夢想である。

『オーレリア・シュタイネル』もまた固有名詞に本質的にとらわれたフィルムといえる。この連作は、表面的にはオーレリア・シュタイネルと呼ばれる十八歳の少女の独白によって構成されていることになっている。しかし、この少女はいささかも実体的な存在ではない。彼女が語るのは、家族をナチスの強制収容所で失い、ただ一人世界の片隅で名を欠いた存在として生き延びているユダヤ人の少女の物語だ。デュラスはこの物語の主体をオーレリア・シュタイネルとかりそめに名付け、名付けることで世界に遍在する匿名的な存在へと変えてしまう。彼女は不断に語り続けることによってのみ存在する。逆にいえば、人はこうした物語の内側に参入することによって、真に非人称的存在に変容し、広島やアウシュヴィッツといった固有名詞の悲劇から救済を果たすことができるのだ。そうデュラスはいいたげである。

ゴダールは固有名詞を名付けられる以前に人々が所有していたはずの、ユートピア的至福に甘美な夢を託している。一方、デュラスは固有名詞を〈外〉から得ることによって人ははじめて匿名性に到達することができると説く。前者は物語に参入することの不運を描き、後者は物語を積極的にわが身に引き受け、極限のかたちにおいてそれを脱落《とつらく》することを提唱する。カルメンは死の瞬間まで不幸であり、オーレリアは永遠の十八歳に留まりながら、至福に輝いている。

最後に、ゴダールにはデュラスの終末論が完璧といっていいほど欠落していることを述べておこう。その意味で、彼はユダヤ＝キリスト教的な時間的秩序に対し、かなりシニカルな立場を保ち続けてきたといえる。だが、この問題は手をつけ始めるとちょっとやそっとでは収拾がつかなくなるので、とりあえず彼があえて聖書に材を採った『こんにちは、マリア』を見てから論じ直すことにしたい。

一九八五年

「デュラスとゴダール」

　アテネ・フランセ文化センターが六月にデュラスのほとんど全映画作品を上映するにあたり、『M.D.』という豪華大判のプログラムを作成した。そこに寄稿したエッセイである。デュラスとゴダールは気が合うらしく、『勝手に逃げろ』を撮影時にも、画面にこそ登場してはいないが、彼女はすぐ側に控えていたらしい。二人の対話は『ディアローグ　デュラス／ゴダール全対話』（読書人、二〇一八）に収録されている。

『こんにちは、マリア』I

ゴダールと新約聖書。およそ信じられない組み合わせが実際に起こってしまった。三月上旬から渋谷パルコ・パート3で『ゴダールのマリア』の総題のもとに公開されるアンヌ＝マリ・ミエヴィルの『マリアの本』とゴダールの『こんにちは、マリア』は、マリアの少女時代と処女懐胎の物語を現代のジュネーヴを舞台に描いた、美しい作品である。

『こんにちは、マリア』は八四年に公開されるや、ただちにカトリック側の激しい反発を招いた。妊娠したマリアが寝台で苦闘し、オナニーに耽るという場面が瀆神である、という理由からである。だが、ゴダールは神聖冒瀆を標榜して撮影にのぞんだわけではない。わが身の骨髄にまで達した教義を嘲弄してみせるといったブニュエルの諧謔も、小器用なパロディに徹するウディ・アレンの秀才ぶりも、往年のヌーヴェル・ヴァーグの鬼っ子には無縁のものだった。ゴダールはまるで著名なハリウッド映画の物語でもあったかのように聖女伝説を借り受け、信仰にも神学にもさして関心を払うことなく、あっけらかんと一本の長編を撮りあげてしまったのだ。

マリアはガソリン・スタンドの娘で、学校ではバスケット部に入っている。ジョゼフはホンダに乗るタクシーの運転手。ある時ジョゼフは、どことなく風采のあがらない天使ガブリエルと少女を乗せる。二人は彼に五百ドルを握らせ、ガソリン・スタンドに停車させると、出てきたマリアにむかって受胎を告知する。これ以上想像できないほど世俗的な光景である。まだ男を知らないマリアは医者から妊娠が事実であると知らされ、迷う。ジョゼフの疑惑と苦悩。

だがフィルムの中ごろあたりでこうした人間臭い物語は曖昧になり、画面からジョゼフは消えてしまう。マリアが繭のなかの幼虫のように寝室に閉じこもり、白いシーツにくるまって苦悶するさまをカメラは捉え続ける。映画は彼女の内側にすっぽりと閉じてしまったという印象になる。肉体を嫌い、神を呪い、膨らんだ乳房を振り、弓形に背を曲げてヒステリー症状に似た痙攣をやめないマリア。やがて彼女の上に恩寵のように大きな悦びが訪れる。これまで映像の制度的魅惑を距離化し、観客に画面からの覚醒を要求していたゴダールが、強度としての映像の提示にかくも徹したとは、驚くべき変化といえる。

やがて出産。成長した少年はマリアの青いスカートの中に首を潜りこませ、不思議そうに彼女の性器をまさぐる。「私は聖処女、やむを得ずだけどね。魂をみつめた、ただそれだけ」。そう語るマリアの深紅の唇のアップ。口唇と声を強調しつつ『こんにちは、マリア』は終わる。

全編に流れるバッハの音楽をはじめ、この作品では徹底した音声の優位が説かれている。『女は女である』以来、ゴダールがおりにつけ触れてきた妊娠という主題が、かくも見事に結実したのはうれしい。ここにあるのは、声の勝利、肉体の勝利、フィルムの身体《テクスト》の勝利である。

一九八六年
『こんにちは、マリア』I」
『朝日ジャーナル』三月七日号に発表。フランスにはジッド、バルト、ゴダールといった少数派の系譜がある。カトリック大国のなかでわずかだが存在しているプロテスタントのことだ。九〇年代以降のゴダールはしばしば聖パウロの言葉を好んで引用したが、そのあたりに秘密がありそうな気配がする。
その意味で『こんにちは、マリア』は興味深い。カトリックであれば幼少時から教会の奥に神々しく立っている聖処女の像に親しんでいただろうが、イコノクラスムの後にプロテスタントとして育てられたゴダールにはマリアは遠かったはずである。逆にいえば、だからこそ拘泥なしにマリアを描けたのだろう。同じことはジッドの『法王庁の抜け穴』やバルトの『サド、フーリエ、ロヨラ』についても指摘できるかもしれない。

『こんにちは、マリア』Ⅱ

誰もが処女懐胎のあの物語を知っている。と同時に、聖書に描かれた人間の葛藤は永遠のものだとか、それはかたちを変えて、今日の世俗社会のいたるところで繰り返されているのだという表現が、もはや陳腐以外の何物でもないという事実にも気が付いている。

『こんにちは、マリア』のゴダールが目論んでいるのは、そうしたクリシエの反復ではない。マリアの物語が選ばれたのは、それが人間を知るためによく出来た典型の物語だからでも、スキャンダラスな物語であったからとも違う。単に物語であったからであり、より詳しくいえば、誰もが知っている物語、女の領分に属する古い物語であったためだ。

このフィルムは瀆聖を意図したものでも、奇跡の再来を喧伝する目的で撮られたものでもない。ここには不条理を前にして戦《おのの》く悲劇的人間も、自己嘲笑に長けた喜劇的人間も登場しない。ゴダールには、神学と無神論をめぐるブニュエル的二律背反も、禁忌をめぐるパゾリーニ的弁証法も無縁だ。『こんにちは、マリア』は聖母神話を再解釈しない。批判もしない。ただ、この物語の内側を通り抜けるのだ。ハードボイルド小説を通り抜け、社会主義の物語を通り抜け、そしてつい今しがたカルメンの物語を通り抜けてきたゴダールが、どうしてマタイ福音書をやすやすと通り抜けてはいけないのだろう。

『こんにちは、マリア』はあきらかに音から先に発想されて撮られたフィルムだ。あたかもマリアを演じるミリアム・ルーセルの独白とJ・S・バッハの音楽がまず存在し、次にそれらを充当するように映像が準備されている。映像の基調になっているのは、意識的に選択された素朴主義《プリミティスム》だ。沈みゆく夕陽。宙空にかかる満月。湖に投げられた小石の波紋。花々の咲き誇るスイスの田園風景。要するに、素人写真家が無邪気に撮りあげる、ありきたりの〈美しい風景〉がどこまでも続いてゆく。子供がカレンダーをペラペラとめくって遊ぶように、次々と映像が出現しては消えてゆくのだが、全体として何かが形成されるわけではない。ここに象徴体系の意味論を適用しても、不毛な成果しかあがるまい。ゴダールがこうした紋切型にほとんど無頓着であることは注目に値する。それはけっして非難されるべきことではない。このフィルムの主眼点は別なところにあるからだ。

このフィルムの終わりが、大きく拡げられたミリアム・ルーセルの唇であることは、重要なことだ。真赤に塗られた唇と、その内側にぽっかりと空いている暗闇。ゴダールの映画のなかで、赤と黒はこれまで多くの共示的意味を担ってきた。黒板と赤旗。教育と革命。スクリーンはいっぱいに現われた黒の持続。『こんにちは、マリア』ではこの二つの色彩が最後に、一人の女性の肉体として、文字通り受肉されたかたちで出現する。それはカメラのフレームの内側に設けられたもうひとつのフレームであり、全編に通底している独白の起源、言葉を発し、呼吸をする口唇であり、出産のため大きく拡げられた陰門である。

妊娠とは何だろうか。原初キリスト教にとって、それは神の花嫁たるマリアに精霊《プネウマ》の息が吹きこまれることだった。すなわち肉と魂をあわせもったマリアの矛盾的存在はキリスト教をユダヤ教と訣別する重大な要素であったはずだ。しかし、西方のキリスト教会はこの矛盾をつきつめず男性原理を中心に据えた。聖職者たちが肉体と息という矛盾した要素からなるマリアを貶下してきたことはよく知られているところだ。民衆の側からの請願運動によって聖母被昇天が教義として承認されたのは、ピウス十二世が教皇であった一九五〇年の出来事にすぎない。

ゴダールは、息を吐き、声を発する存在としてのマリアに優れた焦点を投じている。生物学の講義が行なわれる教室で、自分の寝室で、彼女が反復する発作的な対応、ウィ・ノンを考えてみよう。これは意味以前の叫びであり、なかばパーカッシヴな力を与えられた音声である。ジョゼフがマリアの腹にまさに触れようとする瞬間、マリアはまるで憑かれたように、ウィ・ノンを繰り返す。物語は彼女に妊娠を授けた。しかし、妊娠は彼女を発語する装置へと変えたのだ。以後続くことになるマリアの長い参籠《インキュベーション》は、彼女の口の内に湧きあがり、まさに欲動そのものとして噴出する話し言葉《パーロール》によって構成されている。

これは、もうひとつの唇、すなわちジョゼフの唇が『こんにちは、マリア』のなかで慎重に忌避されていることと無関係ではない。ジョゼフがマリアに言葉少なげに愛を告白するとき、それまで彼の顔を捉えていたカメラはなぜに語っている口を避け、何の変哲もない手の上で停止してしまうのか。ジョゼフの唇は排除され、マリアの唇は誇らしげに提示される。なぜならば、ジョゼフは妊娠しないからだ。男たちは話し言葉の連鎖が織りなす至福の宇宙の住人ではないのである。ゴダールにおける、不能の父親の主題。

アンヌ＝マリ・ミエヴィルの美しい短編『マリアの本』を見れば、ゴダールが彼女から何を受け上っているかがはっきりと理解できる。無心にボードレールを読み、マーラーの音楽を聴きながら、わが身に湧きあがってきた名付けようのない衝動のまま舞踏を始めてしまう少女。『マリアの本』には、未知なるセクシャリテを前に期待と恐怖の双方を抱いているマリアの、実に美しい欲動の現われがあり、それは『こんにちは、マリア』のミリアム・ルーセルによって大きく変奏されることになる。これまで映像を脱神話化することに腐心していたゴダールが、この作品では強度としての映像を提示している。『こんにちは、マリア』には、瀆神も、形而上学もない。存在するのは大きく開けられた口唇であり、その内側から湧きあがってくる欲動である。

一九八六年
『こんにちは、マリア』Ⅱ」
渋谷パルコで三月に公開されたときに、パンフレットのために執筆した。カトリックのソレルスがこのフィルムについて興味深いことを指摘していた。
ゴダールの全映画的経歴のなかで、この作品はちょうど中間あたりの地点に置かれている。カール・グスタフ・ユングは男性の無意識は女性形であると考え、それを「アニマ」と呼んだ。ゴダールは自分のアニマを次々と映画に投影していった。ある時期それはジーン・セバーグやアンナ・カリーナのようにもっぱら情動的なものであった。それがミリアム・ルーセルに到達したとき、肉体的なるものが前面に躍り出た。最晩年に彼が女神《ミューズ》としたのはシモーヌ・ヴェイユやハンナ・アーレントであり、そこでは精神の崇高さと殉教への意志が強調されている。いずれもがゴダールのアニマの現われである。

『ゴダールの探偵』

ゴダールの『探偵』がまずわれわれに印象づけるのは、そのあまりの節操のなさと雑然さだ。節操のなさ。これは徹底している。ほとんど眼を覆いたくなるくらいだ。第一に、音楽がなりふりかまわず、しかも何の必然性もなく次々と登場する。『パッション』以来、いや『パッション』以上だ。シューベルト、ワーグナー、ショパン、リスト、オネゲル……。それは登場人物の感情の盛りあがりとも、物語の語り口の緊張点ともまったく関係ない。ただひたすら流れたり途切れたりする。

それから書物。ゴダールのフィルムにかならずといって顔をのぞかせる、例の書物のことだ。『探偵』では誰も本気で他人と意思疎通など試みたりしない。椅子に坐って、寝台に寝そべって、食卓を囲んで、めいめい自分の本に読みふける。国際線のパイロットは『夜間飛行』を読み、浮気な人妻は『ボヴァリー夫人』を読み、マフィアの老人はシシリア出身の作家の暗黒小説を読む。ジョニー・アリディときた日には、息も絶え絶えに床に倒れながら、ぼくのために手のなかの紙片を読んでくれと懇願する始末だ。いくらゴダール的主題といっても、これではあけすけではないか。

ゴダールにはエレガンスというものが存在するのだろうか。そう一瞬思えてくるのは、主だった登場人物が世界文学の名作から名付けられていて、その本を片身離さず抱え、おりにつけ朗読する場面だ。プロスペロとエアリエルはシェイクスピアの『テンペスト』を読み耽り、ジムは機会あるたびに『ロード・ジム』の一節を引用する。ジャン＝ピエール・レオの演じるイジドールという名前がイジドール・デュカスに由来していることは、瞭然としている。

『ウイークエンド』の森のなかでゴダールが深い共感を示した『マルドロールの歌』の詩人のことだ。

誤解ないようにいっておくが、こうしたすべてが馬鹿げているとか、リアリズムらしくないという次元の批判をしたいのではない。いかにもゴダールの常套が何の慎みもなく踏襲されているようで、しばらく判断に困るのだ。これがルイス・ブニュエルであれば、あえて意図的にブニュエル風の紋切型を羅列して、喜ぶ観客を裏側で平然と舌を出して笑っているといった悪計がただちに了解できる。だが、ゴダールははるかに真面目な原理主義者だ。ついでにいえば、プロテスタント風土に育った。だから、手のこんだ冗談など思いつく監督ではない。思うに、『探偵』での無節操なまでのゴダール的クリシェの連続は、ゴダールの自己言及というより、むしろ彼のひょっとして無関心を示しているのではないだろうか。名前などどうでもいいのだ。音楽など適当なところで適当に流しておけばいいのだ。人物の性格だって？　そんなもの、一冊、本でも読ましておけばいいんだ。

カドラージュ（枠取り）は目茶苦茶だ。これが若き日にドライヤーの厳密な構図に深い敬意を示し、俳優の歓喜に満ちた表情をどこまでも映し続けたルノワールを賛美した男のフィルムとは、とうてい信じがたいほどの雑然さだ。アップの人物の半分が平気で枠の外側にはみ出していたり、頬が切られていたりする。いくら素人の監督でもとてもこうはしないだろうといった不正確で効率の悪いショットばかりだ。部屋のなかで誰かが話している。背後に人が出たり入ったりする気配がする。だが、その姿は明示されない。次のショットでは、まったく別の部屋の人物を捉えた、またしても不正確なショットが続くだけ。そして思いつきのカーテンショット。つなぎ間違いというならば、全編がつなぎ間違いではないか。

ここに現われてるのは、意図的に選択された曖昧である。『探偵』には、ヒッチコックのフィルムのような説話論的な故意の隠蔽は存在していない。なにもかもがアケスケであり、白日のもとに晒されている。にもかかわらず、いっさいが謎であり、しかもその謎はけっして深奥に秘められた解答に到達せず、というか解答に接近する素振りすら見せない。

なぜ王子は射殺されたのか？　なぜポルノ映画は×印なのか？　なぜ右と左しかないのか？　一生に寝る女の数は

何人なのか？　なぜ人間はみな二流なのにフランスは一流国なのか？

『探偵』の登場人物たちは、暇さえあれば質問するという奇怪な習慣に捉われている。だが、どれもがまったく意味のない質問だ。少なくともゴダールは『女と男のいる舗道』のナナの抱いた本質的な質問のようには、彼らの問いに関心も好意ももっていない。そこにあるのは、まったく秩序を欠落させた世界だ。彼らはたまたまマフィアたち、ボクサーたち、探偵たち、パイロット夫婦といったぐあいに四つの集団に分かれているものの、そのメンバーにはまったく必然性がない。どの部屋にもまったく関係のない少年や少女が出入りして、クラリネットを吹いたり、寝台で転げまわったり、わめきちらしたりしている。ボクサーはバハマの王女とやらの乳房をサンドバック代わりに練習をするし、レストランでは中年のカップルが長い舌を絡ませて人前で俗悪な接吻をしている。TVをつければフォン・シュトロハイムが怒鳴りちらしているし、探偵は女の子にトイレにまで追いかけられる。

こうしたすべてを統合するものは何なのか。あるとき、ナタリー・バイが思いきって嘆息まじりに訴える。これはいったいどういう話なの？　だが、彼女は誰にむかってこの問いを投げかけたというのだろう。

『探偵』とは、物語を探求する者たちのフィルムだ。真犯人を、ではない。世界の混乱に時間的継起と論理的秩序を与えてくれるシステムとしての物語だ。だが、事態はフィルムの冒頭に置かれた謎を軽々と無視して、次々と伸展し、分岐する。四つのグループの関係は錯綜し、誰もが途中で自分が何をしているのか、いかなる状況にいるのか、わからなくなってくる。苛立ちと当惑。そして、あるときは何の予告もなく訪れたアンチ・クライマックスで、最初の問いが解決される。いや、厳密にいうならば物語を紡ぎだす価値のない問いと判断され、放逐される。それではいったい、十数人の登場人物は何をしていたのか。彼らはまったく不毛な抗争と恋愛に終始していたにすぎないのだ。その身振りは節操がなく雑然きわまりないものだった。だが、それを非難したところで、何になろう。誰もがそもそも平等に物語から見捨てられていたのだから。

『探偵』という題名は、おそらくこれまでのゴダールの長編のなかで『女は女である』についでアイロニーに満ちたものといえる。見終わったあとのわれわれに残されるのは、物語の巨大な空虚以外の何物でもない。映画は積極的な失望を作りあげるゆえに道徳的たりうる、というゴダールの確信は少しも揺らいでいない。

一九八六年

『ゴダールの探偵』（一九八五）

東京では『ゴダールのマリア』が封切られて二か月後に、ただちに渋谷パルコの同じ劇場で『ゴダールの探偵』が封切られた。いずれの上映時にもわたしがパンフレットに書いた。ゴダールだったらヨモタに任しておけばいいという約束ごとが、きっと業界に広まっていたのだろう。

『WAに逢う』

WAとはニューヨークの映画監督、ウディ・アレンのことである。

一九八六年、アレンの新作『ハンナとその姉妹』がカンヌ映画祭で上映されることになった。だが監督は都合で出席できなくなり、その埋め合わせにゴダールがニューヨークまで出かけていき、彼についてインタヴュー映像を撮ることになった。どうして大監督がわざわざそんなことをと、つい思いたくなるが、もともとゴダールはアレンに興味があり、機会があれば一度逢って話してみたいと思っていたのである。

アパートメントの巨大な窓から、真下に展《ひろ》がるセントラル・パークの緑の森を見下しているアレンの後ろ姿から、この短編は始まる。まずはゴダールのイントロ。

「畑の鳥は森に、湖の畔に戻るものだ。都会の鳥はアパートや街角、車のなかを離れようとはしない」。

「畑の鳥」とはスイスのレマン湖の畔を離れようとしないゴダールのことであり、「都会の鳥」とは、つねにマンハッタンに留まっているアレンのことである。以下、ゴダールはフランス語と英語をまぜこぜに質問をし、アレンはときにリラックスしながら、またときに少し当惑しながら、それに英語で応えている。ときおり対話のトピックが字幕となって挿入される。「普通の人」「闘い」「ハンナ・カレーニナ」「フラッシュ・ゴードン」「誰も、雨ですらこんな小さな手をしていない」「NYの夏」「秋の冷気」「大跳躍」といったぐあいである。また話題と話題の合間に、「いそしぎ」のようなジャズのメロディーが、軽い感じで背後に流れたもする。後半になると単調さを避けるため、完成したばかりのフィルム、『ハンナとその姉妹』のスティールや、それを演出中のアレンを撮った映像が、ときどき挿入される。

ゴダールは最初、「スターリン」と「スタニスラフスキー」「スキー」といった単語を並べ、お得意の言葉遊びを試みようとする。だが、どうやら相手には通じそうもないと察知したらしく、すぐにやめてしまう。方針を変え、皮肉を交えることもなく真面目に質問をし、アレンはそれに率直に応えている。簡単にアレンの回答内容を要約しておきたい。

「僕の映画はアメリカ人を描くのだけど、アメリカで普通の人を演じる俳優を見つけるのはとても難しい。ジャック・ニコルソンだって、アル・パチーノだって、ロバート・デ・ニーロだった、セクシーすぎるんだ。普通の誰も同じという感じの人がいない。

映画を作ろうとするとき僕が参考にするのは映画ではなく、むしろ文学の作られ方だ。『ハンナとその姉妹』の場合、そのときに読んでいた小説の構造がヒントになった。ある人物の視点でしばらく進んでいくと、次に別の人物の視点に移る。それがまた元の人物に戻ったりという仕組みのことだ。これまでは一人の人物に的を絞った映画を撮ってきたけれど、何人もの人物からなる集合的な登場人物たちを描くというのは今回が初めてだ。映画は映画からという考えはない。いつも文学からというつもりだ。

ゴードンはとてもアメリカ的なカメラマンだ。美しい照明のもとに、明るく、大きな画面をつくる。特定の人物に焦点を当てるというわけではない。それに対し、カルロはヨーロッパ的だ。カメラを演技させ、物語の語りを補強してみせる。ズームをよく使う。映像を拡大したり、引き締めたりするのが好きなのだ。

子供のころは眩しい陽光というのが嫌いで、暗い部屋に閉じこもるのが好きだった。光も熱も避けていたかった。映画館から街角に出るというのは、現実に引き戻されるわけで、いつもがっかりするのだ。映画館には美しい絨毯が敷かれていた。人々はドレスアップしていて、贅沢な愉しみだなあという感じがしていた。

昔はマディソン街に古い映画館がたくさんあった。今は同じ街を通っていても何もない。空地か草が生えているばかりだ。昔、人は巨大なスクリーンに見入っていた。グルーチョ・マルクスも、フレッド・アステアも、マーロン・ブランドも、オーソン・ウェルズも巨大だった。グルーチョが演じるファイアフライ大統領というキャラクター

『WA に逢う』 ウディ・アレンとゴダールが重なり合う。

(『吾輩はカモである』)は最高だ。

ＴＶは映画に大変な影響を与えている。若者はまずＴＶで『市民ケーン』や『２００１年　宇宙の旅』を見てしまう。『吾輩はカモである』だってそうだ。いつも家にいながらカセットテープを見るだけだ。ＴＶは美しくないし、重要でもない。豊かでもない。ブラウン管に近づきすぎると放射能を浴びてしまう。ＴＶとは人々の孤独という意味だ。

映画作りは作業が進んでいくほどに、どんどん酷くなる。最初の着想はいつも完璧だ。理想的といってもいい。それが完成したときには、すっかり嫌いになってしまう。科白も、キャストも、撮影も、モンタージュも、理想から遠ざかってしまう。自分では最初に撮ったフィルムは一度も見直していない。他のものだってそうだ。過去の作品は絶対に観ないことにしている。失望してしまうから。編集しているうちに悲しくなって苦しんでしまう」。

「まだ若いからじゃないか」と、ゴダールが混ぜっ返す。

「もう、とうに年取ってるよ」とアレン。

「同じだって。わたしだってどんどん最初の着想から変わっていく。だからいつも別の、新しいフィルムへと移っていく。それで自分は満足しているけど、それではいけないわけ?」

「そりゃハッピーなときもあるさ。生きていて怖いなというものを、しばらく考えずにすむ間は。でも長くは続かない。きっとフィルムを相手に戦っているのが好きなのだろうな」。

『WAに逢う』はこのような感じで終わる。最後に卓の上に散らばっている、アレンのスティール写真やカセットテープなどを、ゴダールが片づけている。「会見終了」と字幕。

ゴダールはつねに礼儀正しい。挑発などしない。彼はときに細かく自分の言葉のニュアンスを説明しながら、アレンから言葉を引き出していく。これがアレンではなくスピルバーグが相手だったら、まったく異なった、挑発的な感じのインタヴューになっただろう。スピルバーグに代表されるハリウッド映画に対しゴダールは終始、苛立ちを隠せないのだが、ヨーロッパのアート映画に憧れを隠さないNY派のアレンに対しては、親密な感情を抱いている。「お前のいってること、わかるよなあ」という感じである。

『WAに逢う』(一九八六)

本書のための書下ろし。この会見の印象がよかったのだろう。アレンは翌年ゴダールが監督した最初の英語圏フィルム、『リア王』の結末部で、「ミスター・エイリアン」という編集技師を演じている。わたしはといえば、中上健次の研究者にして翻訳家のイヴ・ツィンマーマンの妹がチョイ役で出ているというので、ニューヨークに留学中、『ハンナとその姉妹』を劇場に観に行った記憶がある。もっとも彼女がどこに出ているのか、さっぱりわからなかったのであるが……。

はじめてヴィデオカメラを手にした友への手紙

ジャン=ポール・ファルジェ『ジョイス・デジタル』によせて

きみは長い間
それが敵だと信じてきた
気を許してはいけない
油断のならない相手だと　警戒してきた
きみは間違っている
きみはただ
操作の方法を誤っていただけだ
誤った映像
誤った音
だが　正しい映像も
正しい音も　存在しているわけではない
そう信じることが
過ちのはじまりなのだ

ごらんよ
誰だってジョイスを読むことができる
ＡＬＰとＨＣＥの
終わりなき通夜の席に
誰だってやってくるのだ
いたるところに子供たちがいる
子供たち
そう、ソレルスは子供たちの
教会のなかで朗読した
フィネガンズ・ウェイク
バイクはのろのろと
ケージは沈黙のなかで
それぞれが朗読した
正しいジョイスなど存在しない
それは　五十年前には
エイゼンシュテインが夢想したように
叙事詩を語ることだった
正しい叙事詩を語ること？
まず　鉛筆でデッサンをすること
誰にでもできる
描かれた線はきみの眼の前にある
描かれた線は　ただちに直すことができる

それは正しくも間違ってもいない
モニターに映しだされた軽い痕跡だ
きみの眼の前にある
ALPの乳房だ
きみは長い間
それが敵だと信じてきた
それが　親しげな友だちだと
わからないでいた
今ここに生じていて
いつまでも途切れることのない
テープの河の　天使の髪のような流れ
リフィー

Run softly till I end my tape.
Run softly till I end my life.

一九八七年
「はじめてヴィデオカメラを手にした友への手紙」
『G.S.』5号に発表し、後に『もうひとりの天使』（河出書房新社、一九八八）に収録された。ジャン＝ポール・ファルジェ（一九四四〜）は批評家にしてヴィデオ作家。フィリップ・ソレルスを素材にしたヴィデオ作品で知られている。わたしはジガ・ヴェルトフ集団を論じた長い論文の著者として、その名前を憶えた。『デジタル・ジョイス』は、ソレルスをはじめ、ナムジュン・パイク、ジョン・ケージといったさまざまな人物が、ジョイスの『フィネガンズ・ウェイク』の好きなところを、好きな場所で好きなように朗読するというヴィデオ作品である。わたしのこの詩(のごときもの)は、ゴダールの詩のパスティッシュであり、結末部にエドモンド・スペンサーがテムズ河に寄せた著名な詩を、パロディとして引用した。コロンビア大学に留学する直前、ひどく忙しい時に、一時間で書いて人に渡した記憶がある。

『アルミード』

『アルミード』はわずか十分の短編で、イギリスのジョン・ボイドがイギリスを中心とする著名監督に依頼して、著名なオペラの名場面を映画化するという企画による一篇である。ニコラス・ローグによるヴェルディの『仮面舞踏会』、ロバート・アルトマンによるラモーの『アバリス』、ケン・ラッセルによるプッチーニの『トゥーランドット』、デレク・ジャーマンによるシャルパンティエの『ルイーズ』といった風に、十人の監督が十本の短編を手掛け、オムニバス映画『アリア』が制作された。ゴダールはただ一人、フランス語圏の監督として参加し、リュリの『アルミードとルノー』を部分的に脚色し、『アルミード』の名の下に監督した。

ジャン＝バティスタ・リュリ（一六三二〜八七）は、それまでイタリア語でしか制作されていなかったオペラというジャンルに、最初にフランス語を導入した音楽家である。彼はタッソーの叙事詩『解放されたエルサレム』を原作として、『アルミードとルノー』を作曲した。第一回十字軍が数々の困難にもめげず、イスラム教徒の手から聖地エルサレムを奪回するという物語を背景に、三人の「異教徒」の女性が十字軍騎士を恋してしまい、女王の身分を捨てて民族を裏切ったり、死の間際にキリスト教に改宗したりするという、今日的観点からすればイスラム教徒に対する偏見と蔑視に満ちた話である。

アルミードは魔女である。彼女は騎士たちを誘惑して動物に変え、最強の騎士ルノーの殺害を意図して彼を誘惑する。だが彼女は図らずもルノーを愛してしまう。ルノーはアルミードを相手にしない。怒ったアルミードはガザのイスラムの砦に戻るや、彼に復讐を誓う。十字軍が勝利を収めると、アルミードは自殺を試みる。ルノーがそれを止め、

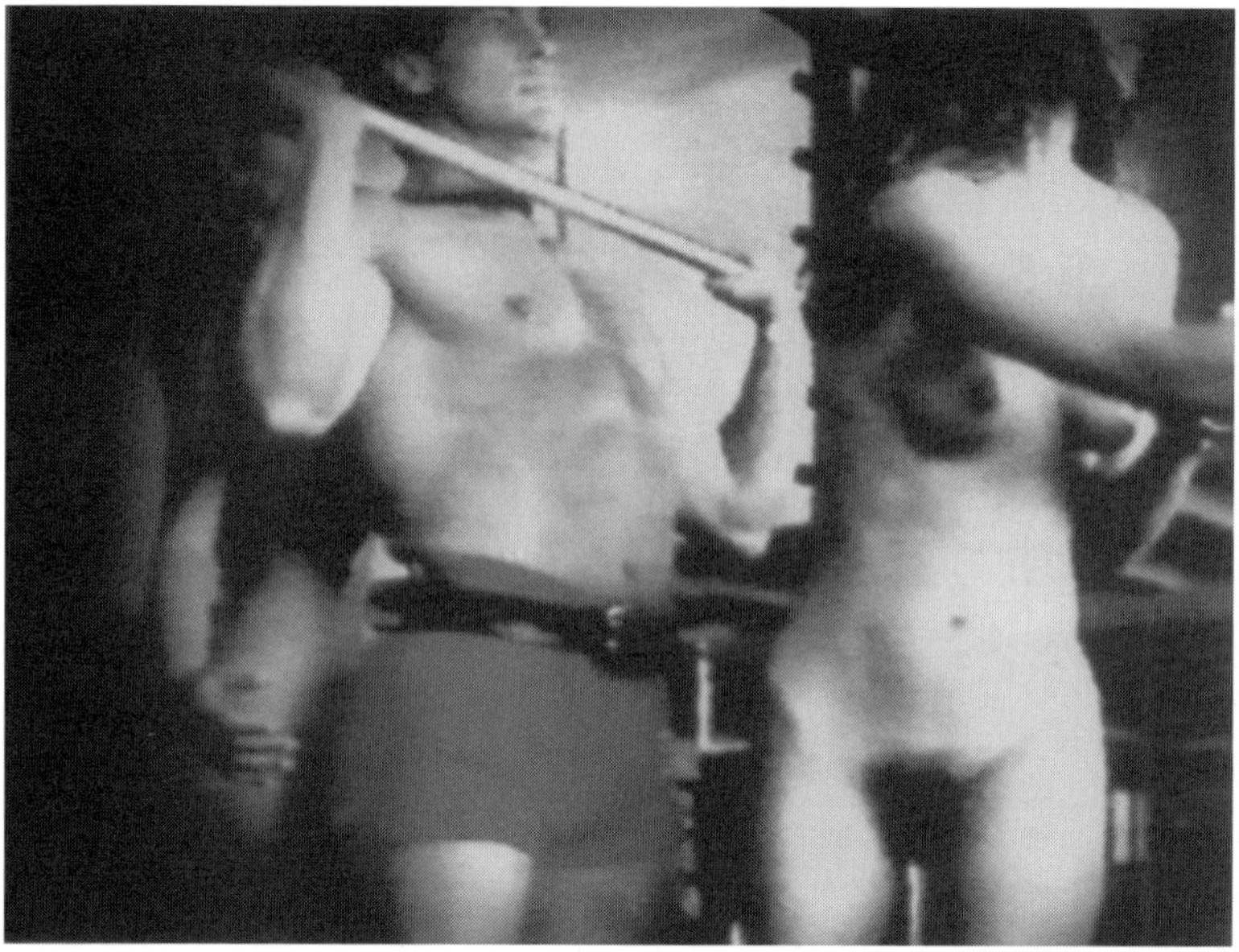

『アルミード』　女性の挑発に男性は無関心。

アルミードに改宗を懇願する。彼女はそれを受け容れ、すべてはハッピーエンドとなる。

『オリエンタリズム』の著者サイードであれば怒り心頭に発するオペラであるが、この魔女アルミードという着想は、『オデュッセイア』に登場する魔女キルケーが原型となっている。ギリシャの文明世界からすれば世界の周縁、異教の地に住まい、男たちを次々と豚に変えてしまう女性とは、まさに脅威的な他者の典型である。そしてこれはきわめて興味深いことであるが、どうやらゴダールは若い時分からこのアルミードが気になっていたようなのだ。

『メイド・イン・USA』には、ドリス・ミゾグチという日本女性のアメリカ人ボーイフレンド、デイヴィッドが一本指で打つタイプライターの文字に、「アルミードの庭D4」という謎めいた言葉が認められる。もちろんこの日本女性がアルミードだといいたいのではない。謎は最後まで解けないのだが、このフィルムノワールのパロディともいうべきフィルムでは、主演のアンナ・カリーナも特別出演のマリアンヌ・フェイスフルも、考えようによっては魔女アルミードではないかという気がしなくもない。

いや、そればかりではない。ゴダールは『パッション』のなかで文字通りアルミードを描いているのだ。古今の泰西名画を活人画よろしく再現するというこの不思議な長編のなかでは、彼女はまさに剣をもってルノーを襲う女性として描かれている。何でもいい、オペラを一本選んで名場面を映画にしてほしいといわれたとき、ゴダールがただちにリュリのこのオペラを選んだことは想像に足る。

　ではこのオブセッションともいうべきオペラを、ゴダールはどのように演出しただろうか。彼はオペラ好きの健全なる「市民」であるならば絶対に怒り狂うであろう、実験的な脚色を施したのであった。

　舞台はボディビルのトレーニング場である。筋肉隆々とした白人や黒人がバーベルやダンベルを持ち上げたり、精神を集中したりして筋肉を鍛錬している。全身にタトゥーを施している者もいる。彼らは寡黙にして禁欲的であり、わき目もせずにトレーニングに精神を集中している。

　若い女性が二人、働いている。彼女たちは何とか男たちの気を惹きたいらしく、汗を拭うふりをして彼らの身体に触れたり、バーベルに手を掛けたりしている。それでも反応がないので、思い切って全裸になって男たちに軀を押し付けたりもする。だが彼らは女性にはなんの反応も示さない。一人の女性がとうとうもう一人に包丁を手渡し、思い切って刺し殺してしまったらと暗黙に示唆する。包丁を手にした女性が決心がつかず、それを放り出すという場面が何回も繰り返される。今度は二人がかりで裸になり、包丁を振り回すのだが、それでも男たちは彼女たちを無視し、列をなして通り過ぎてゆく。二人の女の眼と口のクロースアップ。とうとう一人の女が「ノー、もう嫌！」と叫ぶところでこの短編は終わる。「とうとう最後には、彼はわたしの手のうちよ」というアリアが、いかにも皮肉のように背後に流れている。

　信じられないことではあるが、ゴダールは依頼されてひとたび全ショットを撮影したのだが、どうもそれに満足がいかなかったようで、全篇を自費で撮り直してしまった。これには制作者のボイドも驚いたようである。当然のことではあるが、ゴダールにはもとよりポルノ映画もゲイ映画も撮る気はなかった。キャンセルされた映像を見たわけではないからこれは推測するしかないのであるが、彼が撮り直しを決行したのには、映像がひょっとしてそのように誤解されるような怖れがあったのではないだろうか。ではこの短編がミソジニーつまり女性嫌悪の所産であるかというと、ゴダールの他の作品や言動を多少とも知っているならば、とてもそうは断言できないだろう。この奇想天外な脚色では、アルミード（いや、アルミードたちと複数形で呼ぶべきか）はルノーを刺殺しない。包丁を渡されるが、それをいくたびも放棄してしまう。

忘れてはならないのは、この短編の原作である叙事詩とオペラにある反イスラム主義である。このキリスト教中心のイデオロギーが、男性に脅威である異教の魔女という人格を造り上げてきた。機会あらばパレスチナ問題をフィルムのなかで言及し、現在のヨーロッパ社会が女性を他者としていかに排除してきたかを批判してきたゴダールが、あえてこの物語を取り上げ、それを反転させてみせたことの意図をわれわれは考えてみなければならない。『アルミード』をより深く理解するためには、その二年前の一九八五年に発表された『こんにちは、マリア』のミニマルなリメイクだと捉えることが必要である。ゴダールはこの二篇において、他者としての女性という問題に向き合っているためである。

『アルミード』*Armid*（一九八三、オムニバス映画『マリア』の一篇）のための書き下ろし。

『映画という小さな商売の興隆と頽廃』

『興隆と頽廃』に映しだされているのは、いったい何なのか。すべてがまとまりもなく、苛立たしく、投げやりのまま放りだされている。エウリディケー。ジャニス・ジョプリン。ロミー・シュナイダー。バザン。いまこのヴィデオ作品に登場する固有名詞を思いつくままに羅列してみる。何の意図もなく、ただ思いつくままに。ちょうどオーディションの長々とした場面で次々と出現しては消えてゆく志願者がカメラにむかって一言ずつ言い残してゆくように。虚ろな眼。冬の廃墟。季節の推移。彼らは何を語っているのか。まとまりもなく、投げやりに、さながらゾンビのように際限もなく登場し、そして消えてゆく。生者に抵抗する死者たち。誰かがそう口にする。無限に循環し回帰する死者の群。『興隆と頽廃』ではエウリディケーが悩み、ジャニス・ジョプリンがあっけんからんとバックに流れ、ロミー・シュナイダーの死を知らぬゴダール本人が登場し、バザンと呼ばれるシネアストがＴＶ番組制作に苦慮する、そのオフィスの壁に貼られたジェイムズ・ディーンとフォン・シュトロハイムの肖像。指命されるのは死者たちだ。つねに死者たちだ。リハーサルに参加して、一秒か二秒画面のなかに出現しては消えてゆく人たち。はじめてのフィルムが写真同様にモノクロだったのは、死者たちの葬礼のためだったのではないだろうか。『興隆と頽廃』の主人公はあるときコーヒーを啜りながら呟く。はじめてのヴィデオは、ゴダールのはじめての非ドキュメンタリー・ヴィデオ作品の場合はどうなのか。

『興隆と頽廃』には、旧約聖書の『コヘレトの言葉』が語るように、何ひとつとして新しいものはない。これはどこにでもある、よくある話なのだ。ジャン＝ピエール・レオはあいかわらず不毛な焦躁に駆られ、ドイツの製作者と抗い、フランスとイタリアの間隙にあって神経を磨滅させている。ゴダール本人もまたいつもながらに登場し、ハリウッドの商業主義についてひとくさりぶって退散する。これはヴィデオ作品だ。にもかかわらず、登場人物によって折りにつけ論じられているのは映画の問題だ。

なぜ人は映画を撮るのか。なぜTVは映画を買いたがるのか。けれどもこうした問いかけをすべてチャラにしてしまうのがリハーサルの延々とした行列である。観客をどこまでも馬鹿にし続けるかのように、無表情に一言ずつ口にしては存在から不在へと移行する行為者たち。

わたしはこの原稿をニューヨークで書いている。『興隆と頽廃』がチェルシーのアートホール、キッチンで放映された最初の日、観客はわずか三人だったと主催者はいった。わたしは中華街の劇場で、香港の譚家明《パトリック・タム》が林青霞《ブリジット・リン》主演で撮った『愛殺』（八〇）を見てきたばかりだ。客の入りは上々だった。驚くべきことに、このフィルムはほとんど全編のショットが六〇年代のゴダールの作品の引用から構成されている。『興隆と頽廃』が香港で『無良片商』の名で公開されたとき、譚家明が何を考えていたかをわたしは知りたいと思う。わたしたちは、あらゆる問題がたちどころに無効になってしまうという問題をはたして共有しているのだろうか。

それにしてもあのリハーサルの場面の異常さは、いったい何なのか。映画は静止した映像を十六分の一秒、あるいは二十四分の一秒といった一定の時間おきに連続して交替させることで成立する。ヴィデオにはこうした時間の管理化は存在しない。運動は自在に引き伸ばされ、また収縮し、運動と運動との間にメタレヴェルでの運動をつくりあげる。『興隆と頽廃』の登場人物たちはヴィデオテープのなかで、出現と瞬時の消滅という虚構を演じ続ける。彼らは、途切れ目もなく持続するヴィデオののっぺらぼうの表面のうえで、時間の分節化というありえぬ物語を語っているのではないだろうか。レオとモッキー、ふたりのシネアストたちは時間に追われ、事態の停滞に苛立ち、そして挫折する。だが、ヴィデオテープは際限もなく流れる。挫折した者の性急さを笑うこともなく、虚構の死者たちを呼び起こし続ける。

一九八七年

『映画という小さな商売の興隆と頽廃』（一九八六）

Japan 87 Video Television Festival のカタログ「電視——Electrovisms」（Video Gallery SCAN）に発表され、『映画のウフフッ』（フィルムアート社、一九九二）に収録された。一九八六年にゴダールが撮ったヴィデオ作品についてのもので、わたしがニューヨークで生活を始めた直後に執筆されたものである。東京で資料として渡されたヴィデオソフトは、見終わった後で、たまたま同じアパートメントに住むことになった陳凱歌《チェンカイグ》にあげてしまった。もっとも彼がそれを観たとは思えない。後に『全員が練り歩いた』を観たとき、わたしは行列と待機という主題がそこでも反復されていることを知った。

ゴダールはつねに現在進行形で語る

ジャン=リュック・ゴダールはつねに現在進行形で語る。誰も、何も予想できない。

あるとき、だしぬけに報らされる。ゴダールが商業映画に復帰して、カンヌ映画祭で問題発言をしたのよ。ゴダールがダイアン・キートン主演でコッポラのもとで一本撮るんだって。ゴダールが東京に来る。いや、来ない。来月来日は突然中止になった。ゴダールが福音書を素材にした作品を完成して、カトリック教会が上映阻止運動を始めた。『勝手にしやがれ』の老人版を撮るといっている。いや、ニクソン元大統領に出演を依頼して『リア王』を撮るという話だ。映画祭の会場でケーキをぶつけられ、顔中真白になったらしい。その話はもう古いよ、今度は……。

生きている者についての批評ほど困難なものはない。批評は死者にかぎるべきだ、といった意味の警句を遺した日本の高名な批評家がいた。このことを徹底して思いしらされるのがゴダールの場合だ。数知れぬ神話が彼を取り巻いている。五〇年代の『カイエ・デュ・シネマ』の眼光鋭き批評家。世界中の誰よりも孤独な映画愛好家。ヌーヴェル・ヴァーグの天才児。とっつきの悪さと黒眼鏡。二人の主演女優との結婚と離別。〈五月〉の煽動者。スキャンダラスな黒画面。毛沢東主義とパレスチナ闘争への共感。フェミニズムへの接近。商業映画からの撤退。そして回帰。一九五九年に『勝手にしやがれ』で監督としてデビューして以来、二十年間にわたってゴダールに与えられた映像とはこのようなものだ。そして『勝手に逃げろ』で七九年にカムバックして以来、ゴダールは以前にも増して旺盛な創作欲を示し、ほぼ一年に一本のペースで長編を発表している。あまつさえ『カルメンという名の女』ではみずから過去の名声にすがる気の狂った映画監督の役で主演し、ヴェネツィア映画祭では助演男優賞？　を噂されるほどだ。

スキャンダルというスキャンダルが大衆消費社会に内在する回路のなかでたちまちのうちに磨滅してしまう現在、ゴダールの存在は稀有のもののように思われる。一方にゴダールの目まぐるしい変節を非難する者がいて、もう一方にその名を耳にするだけでたちまち「難解」のレッテルを貼って回避してしまう者がいる。誰もゴダールの速度に追いつくことができない。だって気がつけば、彼は何事かをなしえてしまったあとなのだから。誰もゴダールの未来を予測することができない。だってその場その場での戦術と、はてしないユートピア的展望という両極端の力が彼を突き動かしているのだから。要するに、ゴダールを前にして、批評はつねに驚異と遅延から始まる、という命題を率直に受けいれざるをえないのである。

一九八七年

「ゴダールはつねに現在進行形で語る」

『封切り日が待ちどおしい』（青土社、一九八七）でゴダールについて一章を特別に設けるにあたって執筆した、扉となるエッセイである。「誰もゴダールの速度に追いつくことができない」という一文があるが、文字通りそうだった。彼について書いていると、書いている途中からそれが古びて感じられてくる。この頃、わたしはいつもそう感じていた。

『リア王』

有名な話がある。一九八五年カンヌ映画祭のとき、レストランでメナヘム・ゴラーンと食事をしていたゴダールが、作家メイラーが脚本を手掛けるという条件でナプキンにサイン。その場で『リア王』を監督するという契約が成立してしまった。

ゴーランはイスラエルのB級映画の雄である。一九六〇年代にブレカス映画なる日活アクション的なエスニック・メロドラマのジャンルを創設して大ヒット。七〇年代は『グローイングアップ』シリーズを制作し、イスラエルの青春映画の基礎を築いた。八〇年代にはアメリカに居を移し、従弟のヨーラム・グローバスと組んで、キャノン・グループを創設。『デルタ・フォース』『アメリカン・ニンジャ』『コブラ』といった娯楽アクションを山ほど制作する一方で、ゼッフェレッリの『オテロ』、バーベット・シュローダーの『バーフライ』、コンチャロフスキーの『或る人びと』を制作した。ゴダールに声をかけたのも、そうした一連のアート映画制作の一環としてであった。

ゴダールは漠然と、リア王が老マフィアで、配役はオーソン・ウェルズではどうだろうと考えていた。完成したフィルムの冒頭で、ウェルズの若き日の舞台写真が次々と登場するのはそのためである。だが計画が具体化する前にウェルズは亡くなってしまった。ゴダールはメイラー当人にリア王役を打診。話は難航し、彼はついに宣言する。To be or no to be business. 商売になるか・ならないかということだ。

ゴダールとゴラーンは、メイラーの代役にロッド・スタイガー、スティング、リー・マーヴィンと、次々と候補者を立てるが、全員に断られてしまう。ポール・ニューマン、アル・パチーノも駄目。信じられないことに、元大統領リチャード・ニクソンにも声をかけたらしい。もちろんこれも駄目。最終的にバージェス・メレディスがリア王を引き受けてくれた。チョイ役でいいのならと、ウッディ・アレンも出演してくれることになった。

『リア王』はゴダールのあまたの作品のなかで、もっとも言及されることの少ないフィルムである。先の有名人の出演キャンセルは別ととして、ゴダールの威光を知る映画人、ジュリー・デルピー、ウッディ・アレン、レオス・カラックスまでが出演というので、本来であれば話題性に事欠くことがなかった。ゴダールも最初のアメリカ映画ということで、気合が入っていたはずである。にもかかわらず、ニューヨークでみごとに大コケ。スイスではゴダール本人がフランス語字幕をつけたものがTV放映されただけ。その後はMGMの倉庫でオクラ映画として眠り続けてきた。ゴダール大国の日本では、完成後十年目、一九九八年にようやく『ゴダールのリア王』という邦題で劇場公開された。だが英語映画であることもあって、フランスでの公開はさらに遅れた。まあシェイクスピアよりもラシーヌの方が偉大だと信じているお国柄だから、原作の戯曲を知っている観客がそれほど多くないという事情は理解できる。だがそれにしても、フランス語圏のゴダール研究論文でほとんど論じられることがないというのはあんまりだという気がしないでもない。というのもこれがゴダール映画のなかでも飛びぬけてトンデモ映画であるためである。

舞台はゴダールの住むニヨン。レマン湖畔に佇むボー・リヴァージュ・ホテルとその近辺の森である。ここにウィリアム・シェイクスピア五世（以下WS）を名乗る若者が到来し、新作の脚本の構想を練るところからフィルムは開始される。ピーター・セラーズ（『ピンク・パンサー』の喜劇俳優ではなく、メシアンやジョン・アダムスのオペラの演出で著名なアメリカの演劇人。当時三十歳）演じるこの若者は、どうやらハムレットを研究しにデンマークまで足を延ばしたらしい。メモ帳を片時も離さず、これはという言葉を見つけるとただちに記録するという勉強熱心ぶりだ。たまたまホテルのレストランで独り、スープを啜っていると、かたわらのテーブルでマフィアの老人が娘と話しているのを立ち聞きしてしまい、これは新作に使えるぞと思い込んでしまう。老人は自分の「帝国」（縄張り）を三等分して、娘たちに継承させたいと話していたのだった。

このホテルにはなぜかノーマン・メイラーとその娘も滞在している。メイラーは娘を秘書代わりにして、口述筆記させている。娘は一人しかいないのだが、そのため「三人の父親」をもっていると説明される。メイラーは「心のなかに戦いがあり、そのため眠りに就くことができぬ」と、シェイクスピアの科白をふと口にする。ちなみにこのフィルムではときおりこれはという場面で登場人物が『リア王』の科白を引用するのだが、それに気付かない観客にはチンプンカンプンかもしれない。

冬枯れの湖畔を歩いていたWSは、銃を手にした猟師エドガー（レオス・カラックス）と知り合い、魔法使いのプラッギー博士のところへ連れていかれる。エドガーはその名前の通り、エドガー・アラン・ポーに心酔しているらしく、『大鴉』のルフランであるnevermore（もう絶対に、二度とない）を口癖にしている。その恋人であるヴァージニア（ジュリー・デルピー）は、ヴァージニア・ウルフの『波』を引用したり、ただたどしい口調で日本語の朗唱をしたりする。博士はというと、ひどい人間嫌いで自然光を嫌い、二十年にわたって部屋の外に出たことがないという奇人らしい。なんとか魔術を取得したいと考えていたWSは、メモ帳を片手に早速エドガーに付いていく。この博士を演じているのがゴダールなのである。

一九八〇年代以降のゴダールは、機会さえあればヒョイヒョイと自作に登場し、道化を演じてみせるようになった。『リア王』のゴダールはそのなかでもとりわけ異相を放っている。登場するたびに奇抜な格好を見せ、それが毎回異なっているのだ。ビーズ玉の飾りをいくつも頭からブラ下げた、ボブ・マーリー・ヘアー。飾り物は電気コイルだったり、キーホルダーのようなメタルであったり、さまざまに変化する。黒眼鏡をかけたり外したり、太い葉巻を口から離さず、一生懸命に靴を磨いていたり、いったい何者なのかが見当がつかない。「魔法の勉強がしたいのです」というWSにむかって、「勉強に目的などあるものか」と答え、チューリップの花を前に「美を見るのに名前が必要なのか」と語る。どうやらイメージとして、カルロス・カスタネダの『ドン・ファンの教え』の老インディオの達人に近い感じがしないでもない。

WSはあるとき、「僕には『リア王』は書けない！」と絶望する。博士はそれに対し、「映像だ！　すばらしい世界だ！」と応じる。映画というものをこれから考案すればいいのだと、浴槽に浸かったアルキメデスのように大発見《エウレカ》を叫ぶ。

『リア王』　映画を考案する、モップヘアーのゴダール博士。

博士は糸と針を用い苦心して靴箱を改造すると、上映装置を造り上げる。箱の脇に穴を開け、白熱電球をセットしたり、クリスマスの飾り物を思わせる線香花火を差し込んだりする。まさにブリコラージュ（ありあわせの器用仕事）なのだが、その姿はルネサンス時代の光と影の演出家、アタナシウス・キルヒャーのごときである。真っ暗の部屋のなかで弟子たちに向かい、観客は同じ方向を向いて座るのじゃと、映画館での上映の手はずを説明したりもする。そして信じられないことだが、独力で映画というものの発明に成功するのだ！

「お前たちは精霊の一部だ。われわれもまた、誰もがその一部なのだ。それを何と呼ぼうが、それが現実なのであって、われわれはもはや無垢ではなくなったのだ」。暗黒のなかで博士がそう語るとき、背後には経典の朗唱のように悲しみの声が流れてくる。

この後、ゴヤの「黒い絵」の引用があったりするのだが、トンデモ映画の細部を説明していくとキリがない。一足飛びに結末に向おう。

やがて湖畔に春の気配が見え始める。復活祭の日が到来したのだ。WSは博士が道端に倒れているのを発見する。彼は「シェイクスピアはモンタージュのアートだ」といい、「ミスター・エイリアン」という謎の名前を遺して息絶える。彼が完成した作品は、缶の蓋が川に投げ捨てられ、フィルムは野の一面に散らばっている。エドガーがそれを拾い集め、WSはミスター・エイリアンなる編集技師（ウディ・アレン）を探し当てると、それを渡す。エイリアンはグシャグシャのフィルムの山を整理し編集台の乗せると、丹念に修復していく。上映が開始される。スクリーンでは白馬を連れた白衣のコーディィリアが、湖畔の岩の上に横たわって死んでいる。その傍らには銃を手にした老マフィアが、湖の方を向きながら座っている。こうして『リア王』の物語はみごとに実現された。

ゴダールの『リア王』は、シェイクスピアの原作とほとんど無関係である。現に彼は原作を読んでいないと公言している。重要なのは、コーディィリアが三人の父親を持っているという事実である。脚本家であり現実の父親でもあるメイラー。シャイクスピアの子孫、ピーター・セラーズ。そして正体不明の道化だが、映画の創造主であるゴダールである。映画監督であるゴダールはここで、造物主として被造物のコーディィリアに向かい合う。

ともあれゴダールにとって「リア王」は、以前から気になっていた存在であった。『カルメンという名の女』（一九八三）の初稿では、ゴダール本人が「ムッシュ・リア」なる老人を演じ、彼を看護する女性はコーディィリアという名前である。英語で映画を撮るという話が舞い込んだとき、彼が咄嗟に『リア王』を想起し、父親と娘という、気になって仕方のない主題をとりあえずアングロサクソン風に煮込んでみようと思い立ったことは想像に難くない。造物主としての映画監督は、父親として娘に向かい合わなければならないのだ。

もっとも『リア王』ではまたこの主題は煮詰められていない。それをより深化した形で取り上げるためには、二年後に『こんにちは、マリア』を撮る必要があった。新約聖書の神と処女懐胎のマリアの物語の再解釈を通して、ゴダールはひとたび手掛けた父親と娘の物語にもう一度、真剣に向かい合うことになるだろう。

『リア王』（一九八七）

本書のための書下ろしである。一応ちゃんとした長編映画だというのに、かわいそうなことに、誰もこのフィルムを論じない。フランスではほとんど無視。日本ではＤＶＤも刊行されていない。制作者のゴラーンは一九六〇年代のイスラエルで日活アクションのような低予算メロ・アクションのブレカス映画の先駆的存在で、七〇年代は「グローイング・アップ」シリーズを制作。日本ではこれをイスラエルの高校生の話だと知らずにみていた人も多かったと思う。パレスチナの解放を唱えるゴダールがこのゴラーンと平然と組んでしまうあたりに、映画産業の一筋縄ではいかないところがある。もっともこの『リア王』の失敗が一因となって、ゴラーンはかわいそうに破産してしまうのだが……。

『全員が練り歩いた』

CFを手掛けたことが機縁となって、ゴダールは一九八八年にマリテとフランシス・ジルボーからヴィデオ短編を委嘱される。*On s'est tous défilé* という十三分の短編である。

この表題は訳者泣かせである。defiler には「整列して行進する」と「糸を解《ほぐ》してバラバラにする」という、まったく対立する二つの意味があるからだ。*défilé* となると、「解かれた」「逃げ出した」だと解することもできる。したがって題名は「みんな列をなして歩いた」とも、「みんなバラバラに散ってしまった」とも訳すことができる。

冒頭に何だかよくわからない言葉が掲げられている。「逃げ去った者 défilé はつねに偶然を廃棄する」。いうまでもない、マラルメの有名な警句「骰子 dé の一振りはつねに偶然を廃棄する」の捩《もじ》りである。ゴダールの作品はいつも思いがけない語呂合わせ、駄洒落に満ちているが、賭け事の極意を厳粛な哲学として語られたこの言葉が、ここでは遊戯的に変形され、のっけから作品に謎めいた韜晦を施している。

白いTシャツを着た男女が街角を歩いている。泰西名画の引用。街角を行く人びとの姿。「苦悶」An-goisse という字幕。こうした映像が恐るべき速度で切り替わったかと思うと、突然にスローになったり、停止したりする。聞こえてくるのは波の音ばかり。休みなくゴダールの声が流れてくる。よくわからないところがないわけではないが、一応の大意を記しておこう。

『苦しみ』angoisse の語源はラテン語で〈狭く、小さくなる〉angustia ことだ。今、ここで生きるとはどのようなことだろうか。苦しみ。

世界はどのような表象を携えているのだろうか。堂々たる観念を口にしたいのなら、演劇に任せておけばいい。忘れたままにしておいてはいけない。不敬虔だといわれてもいいから、想起することだ。凝った韻文の雷のまわりに隠喩の楽園が展がるとき、英雄が奮い起こされ、作り上げられる。

わたしは今、この時刻に一人で到着した。この時間はいつもながらいい感じだからだ。使いの者が本をもってきてくれたり、何かを口頭で伝えてくれた後で、消え去ってしまうように。

わたしにいわせれば、詩の高度な驚きは、視覚的な展開と解釈を導き、あらゆるものになり代わる。人間にはあらかじめ祝祭が刷り込まれている。その観点に立てば、演劇は人間を集める動機から外れていくだろう。演劇は崇高な本能に向かい合うには限界があるし、その力がない。大衆を失望させないというのなら音楽だって不充分だ。

あまりに長く不活性でいたので、時間が虚しく過ぎてしまった。わたしの舟は退屈な音声に滑り込んでしまった。何が起きたのか。わたしはどこにいたのだろうか。

演劇は人物の行為を制度的なものに変えてしまう。形而上学を蔑ろにしてしまう。俳優たちは光があることを忘れ、自分を越えた者に祈らなくなる。ここで生きるとはどのようなことか。

サロンでのお喋りは儀礼的だ。あるマダムが笑ったとしよう。話題はそこで断ち切れ、後にはどんな残響も残らない。噂話をすることがエリートの条件だ。エリートの言葉がバラバラに散らばる。彼らが壇上に上がり、後継者に取って代わられ、虚しい振動が引き寄せられるばかり」。

ぶっきら棒なこの独白の間、画面ではさまざまなことが起きている。ブルジョア的な舞踏会の映像。続いて素っ気ないダンススタジオで女性たちが身体を動かしている映像。

映像は恐ろしく速く切り替わったかと思うと、急に停止したり遅くなったりする。『勝手に逃げろ』以来の、ゴダールお得意の手法である。

一人の女性がサンダルを脱ごうとしている。顔は見えない。ただ彼女がナマ足に巻き付いた紐を外そうとする仕種が、ゆっくりと、繰り返し描かれる。切り返し画面で、それをじっと見つめている中年男性がいる。なんだか奇妙にエロティックで、ストリップショーを見ているかのようだ。やがてサンダルの彼女は軽快に走って行く。そのとき初

『全員が練り歩いた』

めて顔がチラリと見える。

「スペクタクルは観客に神話的な搾取を強いる。おそらく不死鳥が灰から蘇るといった感じで。イメージを支えてこそ、デコールには意味があるのだ」。

ファッションショーの準備だろうか、ダンススタジオでの打ち合わせだろうか、姿は見えない男女の声が聞こえてくる。これでいい？　だめ？　いいかい、これもひっくり返る。シャドーはそこにあるものをプロジェクトする。完璧に、そう、こんな風に。ほら、ひっくり返った。これでばっちり？　いい感じかな？

ファッションショーの舞台。黒いワンピースのモデルが優雅に歩いている。交差するたくさんの足。顔。動いている足……。

「社会。虚しい言葉。哲学者が遺すものなどそんなものだ。安易で都合がよく、ほとんどゼロ。苦しみという考えから発せられる言葉といっても、何も論じないか、だらだらとして黙ってしまうのと変わりない。矛盾の暴力に向かい合うものがあるとすれば、今ここで姿の見えないものだ。どっちに向かっても全体には達しない。無。真空のなかの目眩。多くの一般大衆は偽りのシェルターに逃げ込み、祈りの意味を台無しにしてしまう。そこから身を引き離すには、富から身を引き離し、貧困のなかで団結と階級の感覚を宣言するためにはどうすればいいのか。高いところに立っていれば、どんな選択もステキに見える。でも逆に、低いところにいたらどうだろう。今という時代を本質的に作り上げているのは、この高低のバランスだ。トップがどこにあるかは、はっきりと示される。しかし底辺が、質素倹約が、富裕がどこにあるかは曖昧だというのに。

アートは本質的に曖昧さと利益に対立している。それで充分ではないか」。

わずか十三分の短編であるが、ゴダールは恐ろしく饒舌である。どこまで彼の言葉を正確に翻訳できたか、きわめて心もとないのだが、映像が携えている魅惑を指摘しつつそれを批判していくという二重の立場からなされたこのヴィデオ作品の概観は理解してもらえたことだろう。ここでは高度消費社会のなかで衣服が、女性の身体が、人間の運動が、いかにスペクタクルとして商品化され消費されていくか、その過程がさまざまな映像を通して説かれている。いうまでもなくそこには、アパレルメーカーのコマーシャルフィルムを少なからず手掛けてきたゴダールの体験が反映されている。ＣＦは生計を立てるためだけの、単なる注文引き受け仕事ではなかったのだ。
　では、こうした消費社会のなかの映像はアートとどのような関係にあるのか。十年後の『古い場所』において、ゴダールはその問題を正面きって取り上げることになるだろう。

『全員が練り歩いた』（一九八七）
　本書のための書下ろしである。日本では未公開のため、ゴダールの語りをいくぶん詳しく紹介しておいた。全体の印象としては、ジャクソン・ポロックの抽象画やマース・カニングハムのダンスのような雰囲気の作品である。おそらくこの作品のどこを取り出してもＴＶコマーシャルとして用いることができるだろう。その意味で『クローズド』や『メタモルフォジーン』と（シェイクスピアの言葉を用いるなら）「同じ素材」から作り上げられた作品だといってもいいかもしれない。

トリュフォーの死

フランソワ・トリュフォーが一九八四年十月に五十二歳の生涯を終えたとき、ゴダールはかつての盟友を追悼して『カイエ・デュ・シネマ』十二月号に次の言葉を寄せた。

「フランソワは映画作りをペンを握ることから始めた……インクの染みからだ……他人にむかって最初の石を投げることを躊躇しなかった……それを続けたかどうかは、わたしにはわからないが……人間はあらゆることをできるわけではない……自分の罪より先に他人の罪を背負ってやるなんて……彼はすべてを一人でした……人には逆のふりを見せながら、すべてをだ……で、そうして死んだ……フィルムは一本だけでできるものじゃない……孤独のうちにはね……昔は、フィルムとは一人でにできるものだと、誰もが知っていた……といっても、われわれは四人だったわけだが……自分のことを認めるにはずいぶん時間がかかったのだ……認めたくないことだってあった……スクリーンがわれわれの予審判事だった……

……ディドロがいて……ボードレール……エリ・フォール……マルロー……そしてフランソワがいる……他の芸術批評の分野にはこのような人間はいない……フランソワはフランス人だった……死ぬまでフランス人だった……彼の映画はといえば、これはまずインターナショナルなものだった……彼は表向きを欺いた……そうっとね……ジャン（コクトー）伯父さんの助けも借りずに鏡をすり抜けて……書物をパスポート代わりにして……ほら、本のことだ……知識満載の……こいつは頭に訴える……背筋の寒い思いをしたければアルフレッドの親仁（ヒッチコック）を見ればいい……これまた書物だ……両方とも禁じられたままだ……文学どうり現実と想像の間で……もう一度激しく混ぜあわせることだ……」

ゴダールとトリュフォーは一九四八年ごろカルチエ・ラタンのシネクラブや当時メシーヌ街にあったシネマテックでよく顔をあわせているうちに、いつしか言葉を交わすようになった。二人ともまだ十代だったが、ゴダールの方が二歳年長だった。五八年にトリュフォーがあるフィルムを中途のまま放棄したことがあった。ゴダールはそのラッシュを再編集して、十一分の美しい短編『水の話』を完成した。トリュフォーは現実に起きた自動車泥棒の事件をもとに脚本を書いたことがあったが、『大人は判ってくれない』の準備が忙しくなって放ったままにしておいた。ゴダールはそれを改訂し、自在な機知を即興的に導入して『勝手にしやがれ』を撮った。奇蹟だ、とトリュフォーはいった。ゴダールのように不幸で孤独な人間が映画を撮ってしまうなんて。

六〇年代の終わりまで彼らの友情は続いた。トリュフォーはゴダールの『彼女について私が知っている二、三の事柄』の共同製作者を引き受けたし、六八年のラングロワ事件やカンヌ映画祭粉砕騒動のおりには二人はルイ・マルやクロード・ベリらとともに先頭に立った。もっとも、この直後に二人は訣別した。その具体的な経過はわからない。もう誰にもわからなくなった。トリュフォーの弁によれば、ゴダールが労働者のために十二時間の16ミリ作品を企画してトリュフォーに資金協力を求めたのを、彼が拒絶したからだということだ。ゴダール側では詳しく語っていない。もっとも、ジガ・ヴェルトフ集団を標榜し、既成の映画の製作・配給・上映組織の解体を叫んでいたゴダールと、徴兵を終えてパリに戻った青年の、悲しくも滑稽な恋愛物語『夜霧の恋人たち』を〈五月〉の直後に発表していたトリュフォーを比較してみれば、当時の両者が正反対の方向に進んでいたことはあきらかだろう。

訣別ののち二人は、一度も相見えることがなかったように思われる。トリュフォーはゴダールについて積極的に語ろうとはしなかった。ゴダールはといえば、トリュフォーがかつて映画批評家時代にあれほどまでに攻撃したデュヴィヴィエの伝統に回帰したといって声高に批判していた。

トリュフォーが死んだとき、ゴダールはのちに『ゴダールの探偵』と呼ばれることになるフィルムを撮影している最中だった。偶然にも二人の作品でいくたびとなく主人公を演じてきたジャン＝ピエール・レオが『探偵』では主演の一人だった。レオがこののち精神障害を患い、不幸な刑事事件を招いたことはよく知られている。

一九八八年
「トリュフォーの死」

映画時評集『封切り日が待ちどおしい』（青土社、一九八八）のために書下ろしたエッセイ。

わたしはトリュフォーという監督を、人がいうほどに高く評価してはいない。その作品と政治的態度の豹変ぶりを見るたびに、不幸な少年時代があまりに生々しく感じられてしまうからだ。トリュフォーがなぜイスラエルに多額の献金をしていたのかは謎である。伝記には、自分の真の父親がユダヤ人の歯科医であったからだと書かれているが、おそらくそんな単純な話ではないだろう。人は自分の不幸の度合いに応じて、彼のフィルムへの愛着を公言するような気がしている。

トリュフォーをゴダールから決定的に引き離しているのは、出自の階級の低さである。

トリュフォーは従来の映画の規則に回帰したが、ゴダールは映画の規則を破壊し続けた。多くの人が（映画評論家も含め）そのように信じているが、わたしには真実は逆のように思われる。トリュフォーは（意識的に、ときに何の自覚もなしに）映画の規則を乱暴に無視することがあった。ゴダールはというと、つねに映画の規則を探究していた。どうして映画にはもっと厳密な規則がないのだと苛立っていた。

『右側に気をつけろ』

1

今回のゴダールはゴダール殿下だ。彼は白痴とも呼ばれ、公爵と呼ばれ、そのせいかドストエフスキーのペーパーバックを手放さない。あるとき殿下のもとに謎めいた電話が入る。過去の罪悪を赦してほしければ今から物語を作り、それをただちに映画にして今夜の封切りに間に合わせよと。

さあ、大変だ。殿下はさっそく飛行機に乗って出発する。旅の途上で出会う人物は残らず気が顚倒していて、機中は大混乱だ。まず操縦室では機長が自殺の実践指南書に読み耽っている。どんな状況にあってもラシーヌの悲劇の科白を朗々と誦することしかしないカップルがいる。テニス狂の伯爵夫人とその燕。座席倒しゲームに余念がない黒人。「ゲーテの最後の言葉は」と尋ねられて平然と「神は死んだ」と大嘘を答えてしまう老人。乗客たちは荷物のように乱暴に座席へほうり投げられ、その報復とばかりにスチュワーデスをからかう。あげくの果てに飛行機は目茶苦茶に揺れはじめる。機長がいけしゃあしゃあと居眠り運転をアナウンスするわけだが、画面ではただ単に青空と白い雲が、カメラに沿っていい加減に揺れているだけだ。いかにも人を小馬鹿にしているようでおかしい。

『ウイークエンド』から二十年を経て、ゴダールはかくも軽快で、コミカルで、しかもアナーキーな魅力に溢れたフィルムを平然と撮っている！　『右側に気をつけろ』はたぶん彼の作品のなかでもっとも笑いを誘うもののひとつだろう。たとえば何の必然性もなく有名なラ・フォンテーヌの「蟻と蟬」（日本では「蟻とキリギリス」）の寓話が文字通り再現される。ジェーン・バーキン演ずる蝉が田舎道で真赤なスポーツカーを止め、洗車を担当する蟻役の青年に「何してるの?」と話しかけると、青年がいかにもぶっきら棒に「俺は働いてる」と答える場面がある。そのあまりの馬鹿馬鹿しさに試写会室でわたしは思わず爆笑してしまったが、周囲は厳粛な雰囲気だったので鼻白んでしまった。

一九八〇年に撮られた『パッション』では登場人物たちは口々に、これは何の物語なのか、と呟きあっていた。『カルメンという名の女』と『こんにちは、マリア』は、誰もが知っている物語をいかにも行き当たりばったりに撮ってみましたという感じ。このあたりからゴダールの映画は全体を統轄する枠組みとか輪郭を完全に放棄し、事物をパラレルに提示する方向にむかいだした。

『右側に気をつけろ』の中である人物は語る。物語はない。真理もない。様式もない。何もない。助けてくれ。

というわけで、見終えた後でも、「右側に気をつけろ」という題名がいったい何を意味しているのかは絶対わからないだろう。答えなどあるはずがない。だって問題がないのだから。パリのニューウェイヴ・グループのリタ・ミツコのリハーサル風景が、なぜにかくも延々と映し出されるのか。マルローやロートレアモンへの言及がなぜに頻繁に登場するか。ゴダールは理由など説明しない。ただスクリーンに映し出された一切を肯定せよ、というだけだ。

さて、われらが殿下は無事に一本を撮りあげ、上映時間に間に合ったらしい。そのフィルムが上映される瞬間にこの作品は終わる。音もなく次々と開いてゆく海に面した窓。事物の始まりを強く予感させるショットで『右側』は幕を閉じるのである。

2

ヌーヴェル・ヴァーグの世代的興奮が世界の映画シーンから遠のいて、すでに短くない時間がたとうとしている。ブリジット・バルドーはながらくスクリーンから引退したままだし、『大人は判ってくれない』のトリュフォーは数年前に物故してしまった。なるほど西ドイツのヴェンダースから日本の黒沢清まで、一九六〇年代にパリを中心に一世を風靡したこの映画運動を父親の世代と見なす監督たちが、世界の少なからぬ都市で本質的な映画を撮っていることは事実だろう。だが、全体としてヌーヴェル・ヴァーグがもはや歴史に属してしまったことは、何人にも否定ができないはずだ。

ジャン・リュック・ゴダールの存在は、こうした状況にあってなぜか特異な場所に留まっている。ヌーヴェル・ヴァーグの異端児としてつねにスキャンダラスな作品を世に問うてきたこのスイス生まれの映画監督は、「五月革命」の前後からおよそ十年にわたり激しい方法論的試行を重ねてきた。そして七九年に商業映画界に復帰するや、ほぼ一年に一作のペースで精力的な監督活動を続けている。いくぶん巨匠面をしだしたかつての同窓生たちを尻目に、今なお実験精神と、しかもポエジーに満ちた作品を世に問うている。その新作を眼のあたりにするたびに、またしてもやられた、いったい何だこれは、とつい口にしたくなる芸術家がいるとすれば、それはまずゴダールであろう。目下公開中の八七年度作品『右側に気をつけろ』を中心に、そのあたりの事情を書いておきたい。

『右側』は実に雑多な音と映像断片のコラージュである。無理とは知りながらも、とりあえずおおまかに説明したい。時は二十世紀の夕暮れ、スイスと思しき田舎に住む「白痴」のもとに謎めいた電話がかかる。旧来の罪状をすべて反故にしてやるから今日中に一本のフィルムを撮りあげ、夜までに首都に届けよという命令である。ドストエフスキーの長編に由来するこの「白痴」を演じるのは他ならぬゴダール自身。このジェリー・ルイス崇拝者は以前にもスクリーンで道化役を演じたことがあったが、すっかりドタバタが板についたようだ。慌てて飛行機に乗る「白痴」を待っているのは、機中での荒唐無稽な事件の連続である。

ラシーヌの悲劇の科白しか口にしないカップル。座席を倒して暴れまくるアラブ人と黒人。ベストセラーとなった自殺入門書を読み耽る機長。スチュワーデスはおよそ考えられるかぎり乱暴に乗客を扱い、乗客一行は『マルドロールの唄』の一節を小学生のように斉唱する。ゴダールがおよそ二十年前に撮った『ウイークエンド』で引用したのと同じ、老いたる海洋を称えたあの美しい一節である。

次に「白痴」の冒険とは別に、これもただ単に「男」と呼ばれる中年男がオムニバス風に挿入される。「男」はラ・フォンテーヌの「蟻と蟬」の寓話で蟻を演じ、夢見るブルジョア娘の蟬にからかわれたかと思うと、ゴルフ場でふてくされたキャディーを勤めたり、あげくの果ては手錠をかけられて国境まで刑事に護送されたりする。もっともこの間の事情はわからない。男はどこかしら宇宙人めいた悲しげな足取りで世界を彷徨するのだが、切れ切れの物語は大事な個所をいっこうに明らかにしないのだ。

「白痴」と「男」の物語に加えて、さらに第三の要素、フランスのニューウェイヴ・グループであるリタ・ミツコの長いリハーサル風景が映し出される。この三つの、一見して互いに何の関係のない話が『右側』というフィルムを形作っているわけだが、それにしてもなぜこのような奇怪な題名なのか。仮に「男」とリタ・ミツコの部分が「白痴」の撮ったフィルムだと考えたところで、「白痴」はそれをいつの間にどのように撮ったのか。一切は曖昧なままポリフォニックに進行し、簡潔きわまりない名前をもちながらもいっこうに自己同一性の不確かな登場人物たちが廻り会う。ともあれ『右側』は一日の終わりに無事「白痴」本人の手で映画が上映される瞬間、めでたく幕を閉じる。名も定かでない語り手の声。「夜は全力をあげて光に打ち勝とうとする。だが、光は夜の背中を打とうとするのだ」。このバシュラール風の警句はそのまま映画という表象ジャンルの定義となっているのではないだろうか。

パリの街頭で、パレスチナで、16ミリを抱えたゴダールの像にわれわれは〈五月〉以来慣れ親しんできた。『右側』が提示するのは撮る人ゴダールではなく、フィルムを運搬し上映する人ゴダールである。ハリウッドが古典的に定式化した二つの主題――限定された時間内にいかに難問を解決するかという問題とグランドホテル形式がここではさりげなく換骨奪胎されて使用されていることにも注目しなければならない。ゴダールをいかなる時代にもつねに映画史の例外者に仕立てあげているのはこうした伝統の記憶であり、記憶をひとたび純白の忘却に委ねる才能である。

一九八九年

『右側に気をつけろ』（一九八八）

『朝日ジャーナル』一九八九年十二月十六日号と『読売新聞』一九八九年二月一日に発表したもので、『映画のウフフッ』（フィルムアート社、一九九二）に収録された。ゴダールが何の衒《てら》いもなく提示して来る荒唐無稽に対し、なんとか拮抗しようと試みては挫折しているわたしの姿がこの文章には漂っている。

余波　ヌーヴェル・ヴァーグのその後

1

誰もがあの光景を記憶している。

顔に真青なペンキを塗りつけた男が、黄色と赤のダイナマイトの太い帯を顔に巻きつけ、導火線に火をつける。自分のそんな死に方を呪う男の声。巨大な爆発音が鳴り響き、黒煙が立ちのぼる。カメラは離れ小島の岩壁で生じたこの惨劇を視野に収めると、ただちに右へパンをはじめ、陽光に白々と輝く水平線を移動する。しばらくの静寂。やがてヴォワ・オフで誰とも知らぬ男と女の声が聞こえてくる。何が見つかったの。永遠さ。太陽に融けこむ海……。

わたしが『気狂いピエロ』を観たのは一九六七年七月の新宿ATGで、パリで封切られてからおよそ一年半が経ってからのことだった。ポスターは今でもよく憶えている。ぎらぎらと虹色に輝くサングラスをかけ、渡哲也よろしくニヤニヤとした笑いを見せているジャン＝ポール・ベルモンドの顔だ。だが、どうして渡哲也なのか。当時、日活アクション映画に夢中になっていたからだ。わたしは現在でも、ヌーヴェル・ヴァーグと日活映画を並行した同時代の現象と見なすことが重要だと信じている。中平康の『狂った果実』がいかに若きトリュフォーに刺激を与えたかについては、トリュフォー本人が短くないエッセイを書いているし、舛田利雄が渡哲也を起用して撮った『紅の流れ星』にはゴダールの『勝手にしやがれ』の影が色濃く投じられている。これは事実だ。『紅の流れ星』は『気狂いピエロ』の東京上映の直後に封切られた。こうした事情があって、ベルモンドのアップのポスターに渡哲也のイメージが二重焼付けされてしまったのだろう。

その夏休みに、わたしは二回、このフィルムを観に劇場に通った。ラストシーンは文字通り圧倒的だった。まだ現実の地中海を訪れたこともなく、ランボーどころか、カミュの「幸福な死」という言葉さえ知らなかったが、死に至る絶望というものは、白や黒といった単調で圧倒的な色彩によってではなく、むしろ圧倒的な原色の氾濫のなかでこそ実現されるものなのだという観念は、十四歳の少年なりに理解できるような気がした。

あれ以来、スクリーンでいくたびベルモンドの爆死の残響につきあってきただろう。

もっとも早く、しかももっとも直接的に『気狂いピエロ』へのオマージュを画面で表現したのは、わたしの知るかぎり、イタリアのタヴィアーニ兄弟であった。彼らはゴダールの作品の二年後、わたしが『気狂いピエロ』を観た六七年に撮った『破壊者たち』のなかで、ひとりの登場人物が映画館の暗黒のなかであの有名な爆死の場面を目のあたりにするさまを描いた。そこでは、後に『サン・ロレンツォの夜』や『カオス・シチリア物語』で発揮されることになる、甘美にして流麗な色彩の跳梁はなく、ゴダールのフィルムは地のモノクロ画面にそっくりそのまま転写され、一種異様な雰囲気が作りあげられていた。いったい『気狂いピエロ』からいっさいの原色が消滅してしまうというグロテスクな光景を、人は想像することができるだろうか。タヴィアーニ兄弟の手法は暴力的であり、けっして優雅な映画的引用のあり方とは思えない。しかしそこには、たった今自分が観てきたばかりの映像の圧倒的な感動を、あらゆる混乱を恐れずに、直截的に語り伝えておきたいのだという、性急にして真摯な欲動が満ちあふれていた。わたしは『破壊者たち』を、それが撮られてから二十年ほどして観た。『気狂いピエロ』の最初の衝撃はすでに遠いものとなっていたが、タヴィアーニ兄弟によって引用されたラストの一分あまりの画面の強度は、わたしという主体を一瞬不安にし、予期しなかった異化効果の彼方へと押しやった。

前田陽一が『進め！　ジャガーズ・敵前上陸』を監督したのは、その翌年の六八年である。このおそろしくテンポの速いスラップスティックのなかでも、やはり『気狂いピエロ』のラストシーンが換骨奪胎され、きわめて軽妙なパロディに仕立てあげられている。前田には、ダヴィアーニ兄弟のように、自分のフィルムの自己同一性を危険にさらしてまでまったく異なった別のフィルムの圧倒的な現前ぶりを身をもって引き受けよう、というラディカルな姿勢はない。前田と、脚本を担当した小林信彦とはいともやすやすと、ベルモンドの爆死の光景を一編のギャグに作り換えた。もとより問われているのはギャグの新奇さであって、眼差しが一度でも『気狂いピエロ』を通過してしまったことから生じる悲痛さの代価、といったものからは遠い。しかしそれは、『進め！　ジャガーズ』が圧倒的に面白い喜劇映画であることと、かならずしも矛盾しない。そこには断崖の縁で器用に軀を停止してみようと思ったコメディアンが、はからずも落下してしまい、なかば自暴自棄な気持ちも手伝って、勢いに乗って荒唐無稽な演技を見せてしまった、といった過激さが充満している。そしてしかも今日ほとんど語られることがない点で残念なこのフィルムは、ジャンルという枠組みによって正しく擁護されているというべきであろう。前田はある映画的枠組みのもとにゴダールを受け取り、その映画的枠組みを通して、遊戯として言及を行なっている。

十四歳のわたしにもし16ミリカメラが与えられていたとしたら、新宿のＡＴＧを訪れ、タヴィアーニ兄弟と同じことをしただろうか。したかもしれないし、しなかったかもしれない。しかし、わたしのみならず、『気狂いピエロ』をはじめて観た少なからぬ中学生が、同じ衝動に突き動かされていたことは、たぶん事実である、大森一樹は確実にそうだった。そしてわたしたちはあれ以来、いくたびとなく、ベルモンドの爆死場面に似たシーンと、個人映画のなかで対面してきた。思い出してみよう。六〇年代から七〇年代にかけて、あらゆる優れた個人映画は海辺での放下のシーンをもって幕を閉じなければいけない、というのが、原將人以降のわたしの周囲の誰もが抱いている暗黙の了解だったはずだ。『大人は判ってくれない』と『気狂いピエロ』の影響は文字通り圧倒的だった。閉じられた都会の密室と、開かれた海岸。おかしさに彩られた悲しみの個人映画。誰が撮ったっていい。誰かがそれを撮っていればいいのだ。

最後にわたしがあの爆死の光景を観たのは、にっかつがロッポニカと社名を変えた八八年の短い期間に撮られた、何本かのフィルムの一本においてだった。荒井晴彦が脚本を書き、神代辰巳が監督した『噛む女』のことだ。そこでは、アダルトヴィデオ会社を経営する永島敏行が、旧友のＴＶマン平田満が担当する番組に出演するという挿話が語られている。二人は同じ高校の映画クラブに所属していて、番組の主眼は、彼らの共通の友人で現在では著名な男優をスタジオに招き、気軽な思い出話を引出すことにある。互いに立場はひどく隔ってしまったものの、ともに中年にさしかかろうとする男たちがカメラの前で談笑に耽っている間、傍のモニターには、彼らが二十年ほど前に試作したと思しき8ミリ作品がさりげなく映し出されてゆく。われわれが眼にするのは、稚拙ながらもあのベルモンドの爆死の場面を模倣せんと、ひとりの高校生が顔に絵具を塗り、ダイナマイトを首に巻きつけてゆく光景だ。男たちは、かつてこの光景を撮影したはずであるにもかかわらず、特に言及するわけでもなく、モニター画面に対していっこうに無関心であるように、どこかしら疲弊した表情で昔話を続けている。

ダヴィアーニ兄弟の、まるで世界がここから開示されるといった新鮮な驚愕に満ちた感動によって開始されたあの爆死の光景の残像は、二十二年後に神代辰巳が示したノスタルジアへの憎悪愛によって論理的に終止符を打つ。この一点において『嚙む女』は充分に悲痛な作品だ。ゴダールの残余は、澁澤龍彦が晩年にシュルレアリスムについて語った表現を借りるならば、研究者による「死体解剖」であり、回帰と消滅をせわしげに繰り返す消費文化のなかでの、トレンディなるものの一項にすぎない。だが、かつてかくも「処女にして、生気に満ち、美しく」（マラルメ）もあったヌーヴェル・ヴァーグですらノスタルジアの眼差しのもとに眺めてしまわざるをえないわれわれの映画的状況には、これは相当に残酷なものがあるのではないだろうか。今日、ヌーヴェル・ヴァーグは完全にレトロ趣味の圧政下にある。トリュフォーの主題体系について饒舌を重ねることも、ゴダールの変転の物語の跡を辿って文章を綴ることも、優雅な審美学の対象とはなっても、その安全な範疇を逸脱することができない。端的にいえば、「批評」を構成しない。『嚙む女』でかつての幼げな自作8ミリに無関心を示した永島敏行は、その間の事情を、いかなるゴダール・マニアよりもより冷静に受けとめているように思える。そして、この作品によって、神代辰巳が日活映画に二度目の終止符を打ったことを、わたしはいまだにいささか複雑な気持ちでうけとめている。日活はかつてヌーヴェル・ヴァーグとつねに平行線を描いて、わたしの映画的欲望を喚起してきたはずであったというのに。

2

ゴダールがアラン・ドロンを主演に『ヌーヴェル・ヴァーグ』というフィルムを撮るという噂を最近になって聞い

て、わたしは腹を抱えんばかりに笑い出してしまった。本当かね、どうせまたニクソンを『リア王』に出したいといったときのように、ＪＬＧ独特のハッタリだろう、という気持ちと、いや、ＪＬＧのことだから、ひょっとして本当に実現させてしまうかもしれない。という気持ちが、今のところ半々だ。七九年に『勝手に逃げろ』でカムバックして以来、ＪＬＧは聖母マリアを題材にしてカトリックの怒りをかったり、みずから精神病院を出てきたばかりの瘋癲映画監督やムイシュキン殿下や、はてまたボブ・マーリー・ヘアのフーテン監督に扮したり、あい変わらず人を喰った活躍ぶりだが、今度はこともあろうに自分の出自を嘲弄の対象に選ぼうとは！

そもそも題名が『ヌーヴェル・ヴァーグ』だというのが、人を馬鹿にしている。もちろん撮るのが『恋のエチュード』のトリュフォーなどではなく、諧謔に長けたＪＬＧなわけだから、一九五〇年代のパリの孤独で映画好きの青年たちを主人公とした、感傷的でノスタルジックな物語……などといった内容には間違ってもならないだろう。たぶん出来はそうした映画史的参照とは何の由縁もない荒唐無稽なフィルムに仕立てあがること間違いなしだ。しかし、それにしてもアラン・ドロン主演というのは、これをいったいどう解釈すればいいのだろうか。というのも、『太陽がいっぱい』でわが国でも神話的な人気を誇っているこのドロンこそ、ヌーヴェル・ヴァーグの監督たちがこぞって無視に無視を重ねてきた映画人であるためである。

ヌーヴェル・ヴァーグを代表する男優とは誰だったのだろうか。もちろんいろいろな考え方はあると思うが、ジャン＝ピエール・レオがその嚆矢にあたることは、誰もが賛成するはずだ。『大人は判ってくれない』でいたいけな少年を演じたレオは、その後トリュフォーやゴダールのさまざまなフィルムで神経症で喜劇的な主役を演じ、七〇年代に入ってからもジャン・ユスタシュの『ママと娼婦』で優れたキャラクターを創造した。ベルトルッチの『ラストタンゴ・イン・パリ』では、文字通りヌーヴェル・ヴァーグの映画的情熱の権化として、ムーヴィカメラを手に登場している（トリュフォーの死がレオの零落と軌を一にしていたことにも言及すべきだろうか）。レオの傍にジャン＝ポール・ベルモンドとミシェル・ピコリを置けば、ヌーヴェル・ヴァーグの男優の大方の輪郭が描けることになる。とはいうものの、ＪＬＧも、トリュフォーも、シャブロルも、ロメールも、まあリヴェットははじめから無理もないとして、あるいはよりメジャーのルルーシュですら、アラン・ドロンを使って一本の長編も撮りあげはしなかった。わずかに『世にも怪奇な物語』でルイ・マルがドロンとブリジット・バルドーの、最初で最後の共演をカメラに収めたことを例外と呼ぶべきだろうが、これもオムニバス短編のひとつであり、ドロンの比重はけっして重くはない。もちろんここで『太陽がいっぱい』におけるカメラマンのアンリ・ドカエの起用の挿話を思い出してもよいが、これはあくまで新世代台頭を敏感に嗅ぎとった監督ルネ・クレマンの防御策、と考えておきたい。

　ヌーヴェル・ヴァーグがフィルム・ノワールの巨匠メルヴィルを師に仰ぎ、ロージに深い敬意を抱いていたことを考えてみるなら、こうしたドロンとの没交渉は一見奇妙なことのように思える。とりわけヌーヴェルヴァーグの「世代の興奮」がまさに成熟に達していた六〇年代後半から七〇年代にかけて、メルヴィルは『サムライ』と『仁義』で、ロージは『暗殺者のメロディ』と『パリの灯は遠く』で、中年にさしかかったドロンのもっとも魅力的な肖像を描いているからである。ヌーヴェル・ヴァーグとアラン・ドロンという、戦後のフランス映画を代表する二つの神話が、互いにほとんど何の交渉もなく、三十年以上にわたって同時代的に存在し続けたという事実は、きわめて興味深いことのように思える。これは、考えようによっては、ドロンにとって、ヌーヴェル・ヴァーグの即興的な演出や意味論的逸脱を話す話法が俳優として理解の範疇を越えていたことを示すとともに、ヌーヴェル・ヴァーグの側にも、ドロンの周囲に漂っている、甘美にして残酷なエロティシズムと、映画史的知性などといった名のもとには了解不能な、野卑な魅力を包括することができなかったことを如実に示している。ドロンを前にすれば、先に掲げた三人のヌーヴェル・ヴァーグの男優たちは（ベルモンドを筆頭に）、あまりに繊細で、子供じみていて、思索に耽りすぎているといった印象を与える。ヌーヴェル・ヴァーグを正確に定義することは困難であり、また不可能であるかもしれないが、それを絶対にアラン・ドロンの登場しない映画、さらに拡げていえば、アラン・ドロン的な神話的感受性を排除したのちに成立した映画と仮に定義してみるなら、あるいはフランス映画界にあって一世を風靡したこの歴史的現象の限界が見えてくるかもしれない。少なくともＪＬＧは、来たるべき新作の主演にあえてアラン・ドロンを！　と宣言したとき、周到にもそれに気付いていたはずだ。いかなる神話分析学者よりも、神話崇拝者よりも深く、みずからの身体をもって苛酷に神話を生きた者のみが許される諧謔の悦びを、彼は語っていたのではないだろうか。

　わたしがヌーヴェル・ヴァーグを直感するのは、そうした瞬間である。

3

ヌーヴェル・ヴァーグ、ニューウェイヴ、シネマ・ノーヴァ、ノイエ・ヴェーレ、新浪潮……。世界のあらゆる都市で新しい映画が生まれでようとするとき、それはかならず「波」と呼ばれてきた。なぜ波なのか。寄せては返す回帰の運動だからか。それとも、一群となって押し寄せ、旧来の大地に脅威を与える力であるためか。

映画は天才をかならずしも必要としないジャンルだ。詩人や小説家と違い、傑出した個人は（ウェルズのように）たいがい呪われた運命を辿る。歴史的に見ても、映画はつねに群の運動のなかで形造られてきた。新しい製作者に新しい監督、新しいカメラマン、そして新しい俳優。これは必要条件だ。ヌーヴェル・ヴァーグにおいても、ボルガールの側にゴダールがいて、その横にはトリュフォーやラウール・クタールがいた。ちょっと電話をすれば、駆け出しのベルモンドや、子役のレオが駆けつけてきた。けれども、新しい波が巻き起こるとき、一般的にいってそこには新しい原作や台詞を提供する新しい小説家や劇作家が傍に控えている場合もあれば、そうでない場合もあった。西ドイツにおけるファスビンダーやクルーゲの両義的な役割、韓国の李東哲《イ・ドンチョル》や中国の阿城《アチエン》といった活動や作家が、同時代の「新しい波」に及ぼした影響をここで想起しなければならない。

五〇年代のフランスの場合には、映画は同時代に進行している文学や演劇の前衛運動と、積極的な共同作業をするには至らなかったし、相互に反映しあって発展するといったわけでもなかった。『来たるべき小説のために』のロブ＝グリエがバルザック的な古典的小説観を非難攻撃してやまないころ、『大人は判ってくれない』のドワネル少年はバルザックの肖像画に無邪気にお灯明を捧げていた。『終電車』に登場するメロドラマは、あたかも不条理演劇などパリに存在しなかったかのような保守的な話法の秩序に基づいている。わずかにゴダールの異化効果への情熱と、リヴェットの反復強迫の回路化を例外的な慰めとすべきだろうか。皮肉なことに、ミニュイ書店が五〇年代はじめに刊行しだした「新しい世代の小説」は、まずヌーヴェル・ヴァーグと呼ばれていた。しかし、ヌーヴォー・ロマンの作家たちには、公然非公然を問わず、どこかしらヌーヴェル・ヴァーグを見下していたところがあった。連中は結局、スクリーンでフランソワーズ・サガン程度の新しさを演じているにすぎない、といった印象批評があり、それで終わりだった。もっともトリュフォーにしたところで、アメリカのハードボイルド小説の翻訳を手にすることはあっても、クロード・シモンの小説などほとんど何が書いてあるか、理解できなかったにちがいあるまい。

五〇年代の前衛文学者のなかには、のちに個人的にではあるが、きわめて重要な映画作家となった者もいた。ベケットの『フィルム』、デュラスの『インディア・ソング』、ロブ＝グリエの『エデンそののち』。そこにはヌーヴェル・ヴァーグの映画青年たちとはまったく無縁のままに、独自に企てられた映画的探求の跡が歴然としている。トリュフォーやロメールといった監督がどこまでも現実に存在している個々のフィルム（ルノワール、ヒッチコック、フォード）への熱中からしだいに映画そのものへと魅惑され、結果的に商業映画のシステムを内側から支える側へと廻ったのとは対照的に、こうした小説家は、映画という表象システムを根拠づけている原理そのものに深い関心を寄せ、そこに実験的思考が介在する余地を見出した。

フランスでは、この二筋の動きは、レネとロブ＝グリエの『去年マリエンバートで』といった例外的な場合を別とすれば、ほとんど有意義な交渉をもつことなく、無関係のままに終わった。これは両者の性格とともに、限界をも際立たせることになるだろう。戦後フランスにおける二つのモデルニテ——小説におけるヌーヴォー・ロマンと映画におけるヌーヴェル・ヴァーグの間の不幸なズレと関係は、いったいどこに起因しているのだろうか。わたしは今その原因を端的に説明できないでいる。

映画史をふり返ってドイツ表現派からイタリアのネオ・レアリスモ、中国の「第五世代」までを考えてみる場合、敗戦や革命直後の混乱が一国の映画を面白いものにするという周期的な現象につきあたる。では、フランスではどうしてヌーヴェル・ヴァーグの出現が遅れたのだろうか。ドゥルーズは『シネマ1』のなかでその間の事情を、フランスがドゴール政権下のもとに建て前上は戦勝国となり、戦後もしばらくの間、映画が「フランス的夢」に奉仕し、その伝統的な枠組の内側でしか自己実現されなかったためである、と語っている。思うに、ここに述べた文学と映画の乖離も、こうした事情と無関係ではないはずだ。だが、どのように説明がつけられるにせよ、ある時代の映画が、人脈なり世代の若干の差といった問題は抜きにして、主題においても、話法においても、同時代の文学運動とほとんど接触のない場所で行なわれたという事実は、やはり奇妙なことであり、不自然なことではないだろうか。

ともあれ時代の興奮は去った。

トリュフォーは、一見して伝統的なフランス映画の世界に回帰し、やがて帰らぬ世界の住人となった。寡作で知られたユスタシュも死んだ。ロメールは軽妙にしてウィッティなコントの映画化に終始し、リヴェットは悪無限の反復のなかにどこまでも足を掬われている。シャブロルは安定したペースで着実に、罪深い大人たちの物語を演出しているし、レネは七転八倒の実験遊戯をあいかわらず続けている。マルはレトロ映画の大立物となり、ヴァディムは昔ほどの派手派手しさこそなくなったが、あいかわらず女遊びに忙しいようだ。そしてゴダールはといえば、十年一昔のように、ドタ靴を穿きながら、世界映画史の舞台のうえでアクロバットを演じている。

みんなそれぞれに年をとった。

まわりを見てごらんよ（*See how they run*）。

この三十年間、世界の映画批評はヌーヴェル・ヴァーグと『カイエ』誌が作りあげたパラダイムに則って、彼らが敷いたレールのうえで執筆され、論じられ、喧伝されてきた。新人監督がデビューするたびごとに、彼（女）がこの「新しい者たちの伝統」にどのくらい適っているか、映画史的記憶とやらの党中央の方針にどのくらい忠実であるかを基準として、擁護と支持の基本路線が定められた。ロマン・グピール、ジャン＝ジャック・ベネックス、レオス・カラックス……。パリでは若手のシネアストが処女作を発表すると、まずヌーヴェル・ヴァーグとの血縁関係が取り沙汰された。映画における「ゴダールの再来」という表現は、演劇における「ユゴーの『エルナニ』の再来」という表現と同じくらい、今日では陳腐の極に達したクリシェだ。わたしは『汚れた血』をアンファンティスムの充溢した、優れたフィルムだと信じたが、それを撮ったカラックスがゴダールの名を引合いに出されて批評家たちから高く評価されているさまを見て、この監督に同情した。彼はいつまでヌーヴェル・ヴァーグという巨大な神話的物語に庇護されつつ、映画を撮り続けなければならないのか。南仏にポンヌフの実物大のセットを築きつつあるこの異常児が、ヌーヴェル・ヴァーグの既成の神話をやすやすと裏切ろうとしているさまを、わたしは痛快に思う。ヌーヴォー・ロマンの後にフランスでは小説が衰退したという言説が不幸なステレオタイプであるように、ヌーヴェル・ヴァーグの後にフランス映画は低迷を続けているという言説もまたステレオタイプなのだ。そしてこのステレオタイプを暗黙のうちに根拠付けているのは、ヌーヴェル・ヴァーグの真の継承者であり回帰にふさわしい監督が地上のどこかに存在しているはずだという、これを強迫観念と化した思い込みなのである。

波は来たり、波は去る。わたしは映画史の意義を一方では認めながらも、今日ではなかば抑圧装置と化しつつあるこの巨大な物語にわざわざ参照を求めなければ、今しがた眼にしたばかりの一本のフィルムに判断を下すことができないといった批評家を不憫に思うし、またその朗々とした文脈のなかで新しい空席をあてがわれる当のフィルムを不幸に思う。今日、ヌーヴェル・ヴァーグの精神を継承しているという表現のもとに、ある特定の作品が批評家たちの手で支持され、評価されるとき、そこで語られているのは、たいがいの場合、すでに確固として存在している感受性の確認であり、それを脇から固めている証拠、すなわち映画史的引用の提示と照合だからだ。批評家として、わたしはこうした死体解剖めいた作業にこれ以上与したいとは思わない。思うに、滝田洋二郎や金子修介、あるいは中原俊といった今日の日本でもっと刺激的な映画を撮っているシネアストたちが、カラックスやベネックスよりもより自在で、あっけらかんと幸福なふうに見えるのは、彼らが継承するにせよ、反撥するにせよ対決すべき映画史的記憶、相続すべき財産から解放された場所に立って映画を撮り出しているからである。先行する物語にどこまでも知悉しないでいることの気楽さ。それは、いうまでもないが、新しい波が生じようとするいかなる瞬間にも必要とされていた条件であった。ヌーヴェル・ヴァーグに真の回帰が可能であるとすれば、それはヌーヴェル・ヴァーグをめぐるあらゆる記憶が廃絶され、灰燼と化してしまったのちの出来事である。そのとき映画史と呼ばれるイデオロギー的言説は、セリーヌの言葉を借りるならば、「後の世のお伽話」と化していることだろう。勝手にしやがれ。

「余波　ヌーヴェル・ヴァーグのその後」一九八八九年

『ユリイカ　臨時増刊』「特集ヌーヴェル・ヴァーグ30年」（一九八九年十二月）に発表された。一九五〇年代の終わりにパリで生じた映画運動を、それから三十年後、世代の興奮が過ぎ去った後になって回顧してみたエッセイである。ひとたび『気狂いピエロ』を観てしまった者は、生涯の最後までそれに囚われることだろう。そのいくつかの例が掲げられている。この文章を執筆していたころになって、わたしはようやくヌーヴェル・ヴァーグという現象を、距離をもって眺めることができるようになった。だがその一方で、かつてゴダールやリヴェットに向けていた情熱を、同じように東アジアの「新浪潮」に向けている自分に気づいていた。

『私の愛するテーマ』

ポランスキーが『マクベス』の冒頭で、人気のない海外に若い女、中年女、老女の三人の魔女を整列させたとき、彼は、権力欲に取り憑かれた男性にとって究極の敵とは、その年齢に関わらず、あらゆる年代における女性であることを優れて見抜いていたのではないだろうか。アンヌ＝マリ・ミエヴィルの長篇第一作『私の愛するテーマ』（一九八八年　スイス＝フランス）は、まさにこの三代の女が自立した人生を生き抜いているさまを、抒情的なタッチで描いている。

オペラ歌手の卵の娘と、翻訳家で離婚歴のある母、そして祖母。それぞれが自分の信条に沿って、誰にも気兼ねしないシングルライフを営んでいる。男たちはフィルムのなかでは、影が薄く、ごくわずかな場所しか占めていない。中心となるのは、女たちの対話であり、歌であり、世界観の吐露であって、娘の妊娠中絶と出産を除けば、別に事件らしい事件が生じるわけでもない。

七〇年代にミエヴィルは、ゴダールとの共同作品『パート2』や『6×2』において女性の側から見た家庭に内在する政治的なるものの提示に努めてきた。家族のなかでつねに抑圧される側にあった妻や娘の声を取りあげ、映画を通してセックスと労働をめぐる分析を企てようとした。映像をめぐる否定的なヴェクトルにとらわれていたゴダールに、思いがけずも肯定的な契機が見えてきたり、その作品に幼児《おさなご》の影がちらつくようになったのはその頃である。『ゴダールのマリア』を観た人は、監督が凡百の母性崇拝を超えて、新しく自立した女性像に価値を発見している事実を知らされたはずだ。今からすればそれはすべてミエヴィルの影響であったと判明する。

葬儀がとり行なわれている教会の傍を、硬い足音を立てて無表情に通りすぎる母親の姿。開かれた窓の彼方に燃え立つ緑の草花を目にしながら、もはや死の前の猶予でしかなくなった人生の残りを嘆く曽祖父。雲の間に垣間見える陽光が自動車の窓ガラスに映り、その間を縫って見える娘の天上的な美しさ。さらにその直後に続く、ヴィデオ画面の中の胎児の映像。『私の愛するテーマ』にはきわめて印象的な光景がいくつか存在している。全体の色彩の基調を定めているのは、ときおり画面にも見え隠れするマティスの絵画であり、それは娘が白い壁をほとんど区別のつかない淡い空色に塗り変えてゆくショットにも表現されている。

ミエヴィルのフィルムでは、女たちはつねに語りあう存在だ。だがその対話は、昨今のロメール映画のように論理的ではあるが奇矯で、一定の距離の下に眺められた饒舌ではなく、断片的で、中断や問いかけを含み、分析よりは信念に重点が置かれている。とりわけ娘が中絶のため産院に行く場面では、ショットはほとんどが彼女をとらえたクローズアップであり、語る主体を明白に見定めようとするミエヴィルの姿勢をここに見ることができる。マーラーを初めとする古典音楽が恩寵に似ていかに恍惚な瞬間を演出するために使用されているかという点も、一考の価値がある。

一九九〇年

『私の愛するテーマ』(一九八八)

日本で初めて一般公開される、アンヌ＝マリ・ミエヴィルのフィルムのため、『エスクァイア』二月号に寄稿したエッセイである。ミエヴィルは後期ゴダールに決定的な影響を与えた女性であるにもかかわらず、日本では添え物扱いをされていて、正面きって彼女を論じる人はいなかった。日本の映画配給と評論の世界はどこまでも男性中心であったことが、その事実からもよくわかる。

『ヌーヴェル・ヴァーグ』

1

夕暮時、侯爵夫人の邸宅の部屋のひとつひとつに思い思いに灯が点っている。カメラはそれを窓の外から覗き、ゆるやかなドリーを通して静かな無人の部屋部屋を捉え続ける。やがて邸宅の角まで来たカメラはふと立ちどまり、今度は元来た方向へとこれまたゆるやかに戻ってゆく。ちょうど小間使いが手前の部屋に到着したところだ。彼女が灯を消したのを見届けたカメラは次の部屋へと音もなく滑り、そこでも新たなる消灯を見届けると、さらに次の部屋へ移る。こうしてカメラの通過に応じてあらゆる部屋が暗黒に帰依する。そもそもの出発点の部屋に戻るとそこにはドミツィアーナ・ジョルダーノ演じる伯爵夫人が待っていて、小間使いに話しかける……。

『ヌーヴェル・ヴァーグ』の後半に登場する長廻しの場面である。灼熱の昼が遠い記憶と化し、冷気がそっと忍びよる、夕暮から夜にかけての微妙な時間に設けられたこの美しい移動撮影を眼のあたりにしたとき、久しぶりに、というよりむしろ稀有なこととして、ゴダールが光と闇によせるエロティックな感情を知り、思わず稔ってしまった。というのもこのヌーヴェル・ヴァーグの異端児は、スクリーンで性と労働の政治学を説いたり、映像のポルノグラフィー化現象をめぐって長々とした議論を行なうことはあっても、いまだかつて映像がエロティックな神秘を湛えうるという事実に、一貫して冷淡な態度をとり続けてきたように考えていたからである。

小間使いはなにを目的としてひとつひとつの部屋の灯を消してゆくのか。またカメラはなぜにそれを丹念に描き続けなければならないのか。答えはない。ただカメラ往還が残す優雅な運動の記憶と、目にした直後に次々と暗黒に呑みこまれてしまう無人の部屋のかすかな思い出だけが、観ている者の眼差しを横切ってゆくばかりである。

これは視線への大いなる慰めではないだろうか。三十年以上にわたって観客をアナーキーな情念と強い異化効果へと追いやってきたJLGは、齢六十に至らんとしていまはじめて心優しき映像の慰安に到達しようとしているのではないだろうか。

『勝手に逃げろ』で商業映画界に復帰して以来、ゴダールの八〇年代とはまさに実り多き、堂々たるものであった。彼はみずからの過去を笑うことを学び、生来の感傷的なノスタルジアに留目を刺した。『ヌーヴェル・ヴァーグ』には、彼がかつて自家薬籠中のものとし、ひとたび果敢に放棄した三つの主題が、あますところなく登場している。すなわち夏のぎらぎらした陽の照り返しと、自動車と、裏切る女である。だが、ドミツィアーナ・ジョルダーノ演じるヒロインは主人公のアラン・ドロンを無礙に裏切るばかりではない。彼女はうちよせる波よろしくもう一度裏切りの現場に赴き、ドロンと和解をはたす。『右側に気をつけろ』をはじめ最近のゴダール作品にくりかえし顔を覗かせていた、手と手の和解、コミュニケーションの回復という主題がここでは一見メロドラマの意匠のもとにきわめて寓話的に実現されている。

かつてゴダール顔というものがあった。セシルカットのジーン・セバーグから、鋏を眼の前にふりかざすアンナ・カリーナ、近くは『ゴダールのマリア』のミリアム・ルーセルまで、JLGが好んで起用する主演女優はきまってシヨートヘアで、眼光が鋭く、キリッとしていて、およ母性と呼ばれる観念からもっとも遠い位置にいた。『ヌーヴェル・ヴァーグ』が興味深いのは、すでにタルコフスキーの『ノスタルジア』でわれわれに野に燃える優雅な長髪を披露してみせたジョルダーノが、顔を覗かせていることだ。もう一度繰り返すが、これはJLGのフィルムとしては稀有のことではないだろうか。

寄せては返す波とは本来的に匿名であり、際限のないものだ。JLGは『ヌーヴェル・ヴァーグ』もまた、そうした匿名の、周囲と見分けのつかないフィルムであれかしと願っているように思われる。

2

つい先日フランスの批評誌『トラヴェルス』（ポンピドゥー・センター）から、あなたの同時代人は？　というアンケートが到来した。

即座にゴダール、という解答が脳裏を横切ったが、はたして彼を自分の同時代人程度に遇してしまっていいのかという思いが続き、迷ったすえにアンゼルムス・キーファーと書いてしまった。というのもヌーヴェル・ヴァーグを通じて全世界を震撼させたこの天才シネアスト・ゴダールは、こちらが追いついたときにはつねに次のコースを独走していて、おそらく世界の誰にも同時代人と呼ばれる隙など見せたことがないからである。とりわけ長い沈黙を破って『勝手に逃げろ』で商業映画界に復帰して以来、八〇年代の彼のプロリフィックな活躍ぶりには、実に刮目すべきものがある。

ではゴダールをけっして後方を振り返ることをしない前進型の作家であると断言することは、正しいだろうか。答えは否である。三十余年にわたる彼の映画的経歴を丹念に辿り直してみるなら、ゴダールの内面には自己の出発点に回帰し、すべてをもう一度反復してみようという強い衝動の発現をいくたびか発見できるはずだ。ただちに思い出されるのは、彼が七〇年代の中頃にその名も『パート2』なるフィルムを撮ったばかりか、それを『勝手にしやがれ』の続編であると抜け抜けと発言したという事実である。あるいは邦訳もある著作『映画史』のなかで過去の自作を世界映画史の名作と並べて次々と上映し、そこに注釈を加えていることだってあげられる。ある意味でゴダールほどに旧作への自己言及にとり愚かれた映画人も数少ないのかもしれない。だが編集機の前のゴダールが映像の政治学をめぐって苛立たしげに独白を続ける『パート2』が、その十六年前に撮られた初々しい『勝手にしやがれ』とほとんど何らの共通点をもたないことからもわかるように、ゴダール的反復は断じて同一物の回帰なわけではない。彼にとって再来とは、つねにまったく異なった事態なり状況の到来であって、あらかじめ準備されていた起源なり出発点なりを他なる物に置換してしまう暴力的な行為なのである。

ゴダールがアラン・ドロンを主役に抜擢して『ヌーヴェル・ヴァーグ』なるフィルムを準備中だと聞かされて爆笑

したのは、たぶんわたしだけではなかったはずだ。まさか彼が五〇年代にシネマテックに集まった若き映画人たちの青春群像を描くといった自堕落な身振りを見せるわけがないとは思っていたが、それにしてもドロンとはいったい何を考えているのか。そもそもドロンとヌーヴェル・ヴァーグは、ともに六〇年代のフランス映画の偉大なる神話でありながらも犬猿の仲。互いにまったく没交渉であったわけだし、作品完成以前からこのゴダールの目論見が「最大のミスキャスト」と噂されていたことも事実であった。結果はどうかというと、これが実にしたかたかにゴダール的なフィルムとして完成していた。彼はまたしても他者を起源に据えることで、再来とは差異に基づいた強度の体験であるというニーチェ的テーゼをみごとに立証したのだ。

スイスの美しい湖畔に邸宅を構える実業家の侯爵夫人の前に、あるとき正体不明の隠者めいた中年男が出現し、いつしか館に住みついてしまう。夏のある日、二人は湖にボートを走らせ、夫人は泳げない男を置いたままひとり水へ飛びこむ。夫人はボートに上げてもらおうと男に手を差し伸べるが、彼は冷たい眼差しを向け、その手を払いのける。ボートが傾き、今度は中年男が水に落ちる。しかしすでにボートの人となった夫人は手を差し伸べず、男は湖の底へ沈んでゆく。季節がめぐり、夫人の館にくだんの男の弟と称する瓜ふたつの男が出現する。兄とは正反対の自信家で、実業界に深い野心をもった人物である。夫人は彼と恋に陥り、一年前と同じように湖へ船を走らせる。男が突然に夫人を水へ突き落としたとき、彼女は彼の正体を知る。だが次の瞬間、彼は夫人の手を摑み、ボートへと引きあげる。館では使用人たちがこの謎の男の正体をめぐって噂を立てている。真相は奥様だけが御存知なのよ、と小間使いがいう。

主人公の二人が自動車を媒介として廻りあうというのは、これはもう『勝手にしやがれ』以来の伝統だし、随所に見られる、ルクレティウスをはじめとする哲学者たちの引用も、ゴダールに特有のものだ。だが、水中への落下と、そっくりの別人になりすますという主題は、ひょっとしてルネ・クレマンの『太陽がいっぱい』から思いつかれたものかもしれない。ゴダールはドロンがデビュー当時から神話として背負っている、甘美にして生理的な如何わしさを、うまく自作にもちこむことに成功している（気の毒なことだが、それはヌーヴェル・ヴァーグの寵児ジャン＝ピエール・レオには、どう逆立ちしても到達できそうもないたぐいの如何わしさなのである）。寄せては返す波がつねに反復する存在であるように、湖の惨事も繰り返される。一度目は不幸に終わる。二人の手は結ばれることがない。だが二度目の「新しい波《ヌーヴェルバアーグ》」はハッピーエンドに終わる。男と夫人の手は固く握られ、ここに愛が確認される。結ばれる二人の手というミケランジェロ的映像は『右側に気をつけろ』でも登場していたが、八〇年代のゴダールを理解するさいにもっとも象徴的な意味をもつ主題だ。

とはいえ、『ヌーヴェル・ヴァーグ』には最近の、とりわけハリウッドで撮った『リア王』などには及びもつかないほどの、自然の光や水面の波をめぐる官能的な視線が豊かに存在している。八〇年代のゴダールはかつて『気狂いピエロ』や『軽蔑』で好んで描いた地中海の夏の、原色が氾濫する風景を離れ、スイスの湖沼地帯特有の、淡く枯れた色彩の階調へと向かった傾向があった。このフィルムの前半では久しぶりに夏の陽光輝く水面に弦楽四重奏が流れるという、抒情的な部分が復活している。ドロンの溺死以後、中盤に至って光が突然に力を失い、画面に転調が生じるあたりも素晴しい。これまでのゴダールにおいてはとうてい信じられないことではあるが、ここには主人公の心理と外界の自然との間になんらかの共鳴=親和関係が作用しているといった印象さえ受ける。視線にはいかなる障害もなければ、耳に雑音もない。ゴダールがかくも目に優しいフィルムを撮ったことが、これまでにあっただろうか。

『ヌーヴェル・ヴァーグ』が『右側に気をつけろ』や『リア王』と比べて安堵に満ち、優雅さすら湛えているフィルムに見えるとすれば、そこには侯爵夫人を演じるジョルダーノと、撮影監督のウィリアム・リュプチャンスキーの力が少なからず働いているというべきであろう。タルコフスキーの『ノスタルジア』で麗しくくねるみごとな長髪を披露したジョルダーノは、ここでもボッティチェリの絵画から踊り出たような気品ある美しさを見せ、長らくセシルカットとボブヘアの崇拝者であったゴダールが最初に扱った長髪の女優という栄光に輝いた。リュプチャンスキーはといえば『勝手に逃げろ』以来久方ぶりの登板であるが、人物の歩行に合わせた緩やかな移動撮影に絶妙の冴を見せている。とりわけドロンとジョルダーノが二度目の避難の後、陸に戻って館にむかって歩いてゆくシーンでは、丘の上からパンして主人公を捉えたカメラがそのまま彼の歩調に沿ってドリーを続け、館が出現したあたりで自然とクレーンで視点を上げ、俯瞰撮影に入るのだが、こうした一連の運動を柔和で自然のままに見せてしまうリュプチャンスキーは、『気狂いピエロ』のラウール・クタールと並んで、ゴダールを支えたカメラマンとして記憶されることになるだろう。

ゴダールはつねに先を走っている。その歩みははや苛立たしげな疾走でも、敵を欺くための戦略的な蛇行でもなく、むしろ傾きに任せて坂を緩やかに下っていくようなふうだ。だが見かけの柔和さの裏側で彼がラディカルな形而上学を説いていることは忘れてはならない。すなわち繰り返す波はつねに新しい力であり、そこで作用しているのはつねにまったく違った力である、と。

一九九一年

『ヌーヴェル・ヴァーグ』（一九九一）

『すばる』九月号と『ヌーヴェルヴァーグ』上映時のパンフレット（九月）のために執筆し、後に『映画のウフフッ』（フィルムアート社、一九九二）に収録された。映画史では「ヌーヴェルヴァーグ」と、中黒を入れて綴るが、これは公開当時の邦題なので、中黒ナシで書くことにする。某大新聞は「ヴ」という表記をしないという社則らしく、「ヌーベルバーグ」という表記に統一しているが、これだといかにもフランスのハンバーグという感じになってしまう。

ゴダールにおいて感心するのは、いかにも人を喰ったかのような題名の付け方である。『ヌーヴェルヴァーグ』もスゴいが、その後に『ソシアリスム』というのもあった。遺作として構想されていた二本のうちの一本は、なんと『シナリオ』というスーパー8の作品となる予定だった。しかも『ヌーヴェルヴァーグ』の主演はアラン・ドロンである。

山形国際ドキュメンタリー映画祭で、来日していたジャン・ドゥーシエとこのフィルムについて話したことがあった。これってルクレティウスの影がみえみえですよねというと、彼は我が意を得たりという表情を見せた。それにしてどうしてそんなことが日本人にわかったのかと不思議そうな顔をしているので、日本ではルクレティウスくらいだったら高校生でも読んでますよとシラっとした顔で答えてみせた。あのときは面白かったなあ。

ゴダール流映画史の作り方

機会あって最近、ジャン＝リュック・ゴダールのヴィデオ版『映画史』を見ることができた。正確にいえばそれは『華麗にして悲惨なる映画の歴史』第一巻という九十分ほどのヴィデオ作品で、一九八八年に撮られている。ゴダールの言によれば（といってもゴダールのことであるから、それがすんなりと進むとはとうてい思えないが）生涯の終わりまでに十巻までを撮り終えて完結させる予定だということである。ちなみにこのヌーヴェル・ヴァーグの野蛮児は八〇年に『真の映画史への序文』なる大部の講義録を出版しており、こちらのほうは邦訳がすでに出版されている（『ゴダール映画史』奥村昭夫訳、全二巻、筑摩書房）。今回のヴィデオ版はその延長上にあるといえなくもないが、最新作『ヌーヴェル・ヴァーグ』で優雅で慰めに満ちた画面作りと抒情的な語り口を見せるに至ったＪＬＧが、ほぼ同時期にヴィデオを用いてかくも荒唐無稽でラディカルな試みを行なっていたのかという感嘆を、思わず口にしてしまうような作品でもあった。老境にさしかかったとはいえ、ますます自分の確信する道を一途に進もうとするその姿には感動的なものがある。

ヴィデオ版『映画史』を特徴づけているのはまず夥しい量のフィルム断片の集積であり、それらはすべて世界映画史にあって著名な作品ばかりである。リュミエールが前世紀末に撮影した世界最初のフィルムである『列車の到着』にはじまって、『ベン・ハー』『市民ケーン』『北北西に進路を取れ』『フリークス』『ドイツ零年』……。ともかく目眩《めまぐる》しい速度でフィルムというフィルムが引用されてゆく。溝口の『近松物語』とルノワールの『ゲームの規則』が五秒ごとに交互に登場したかと思うと、二枚のまったく異なったフィルムのスチール写真が一秒未満の間にチカチカと交替したりする。かと思うと、別のところでは驚くばかりのスローモーションが採用され、速度を落として歪形された俳優の声がグロテスクに響いたりする。要するに、JLGは一秒間に二十四コマが規則的に進行するものと定められた映画という材質に対し、ヴィデオの変換を通して、自由自在に速度の変形を施しているのである。

ジガ・ヴェルトフの撮影したレーニンの遺体の映像に「夢を見よ」という文字がかぶせられ、過去の自作『軽蔑』の後に「映像は復活の時に到来するであろう」と字幕が出る。ミシェル・レリスを思わせる言語遊戯に加えて、ひっきりなしに語り続けるJLGの独白。このけっして見やすくもないヴィデオ作品を通して体現されているのは、文字言語による歴史（イストワール）の表象ではなく、音と映像そのものによる音と映像の物語（イストワール）にほかならない。それがもとよりそれが直接的時間秩序に応じず、また教育的意図からも大きく逸脱したものであることはいうまでもない。

映画の歴史（＝物語）をいかに書くべきか。大学アカデミズムのなかで映画史の講義に四苦八苦しているわたしにとって、JLGの試みは輝かしいユートピア的作品のように思える。

一九九一年

「ゴダール流映画史の作り方」

『出版月報』十二月号が初出であり、コラム集『赤犬本』（扶桑社、一九九三）に収録された。後期の代表作である『映画史』の、とりあえず第一部だけを観ることができたときの驚愕が、この文章を書かせた。何が何だかさっぱりわからないが、とにかく大変なことが起こっている。そのことを書きたかったのである。

『新ドイツ零年』

一九九〇年、東西ドイツが統一され、マルクスやレーニンの彫像が破壊されたり、塵埃置場に放置されていたころ、一人の老いた諜報員が東ドイツ領内を徘徊する。彼の名はレミー・コーション。この老人は、三十年にわたって東ドイツに潜行してきた、西側のスパイだった。彼はいよいよ西側に戻るべき時節が到来したと信じる。そこで会う人ごとに、「〈西〉に行くにはどう行けばいいのでしょうか」と尋ねてまわる。

東ベルリンを発ったレミーは、かつてブッヘンバルト強制収容所があった近く、ワイマールを訪れる。ゲーテとシラーの記憶が充満する都市だ。蚤の市では強制収容所で犠牲者たちが遺したガラクタが、二束三文で売られている。レミーはゲーテの書物から飛び出た革的多様なシャルロッテなる女性に出逢うが、彼女は自分をフロイトの症例分析に登場したドラだと名乗る。

次にレミーは露天掘の炭坑へ向かう。巨大な掘削機が作動する、殺風景きわまりない土地だ。ちょうどいいところにサンチョ・パンサが通りかかったので、「西側はどっちかね」と英語で尋ねてみると、ドン・キホーテが馬に乗って出現する。彼は掘削機に向かって突進する。ここで二匹の犬が現われ疾走してゆくのが見える。どうやらウィーンでは、モーツァルト没後二百年の記念祭があるようだ。

レミーは進路を変えて北上し、バルト海に面した港町ロストックへ向かう。バッハを練習中のヴィオラ奏者に出逢ったり、ヒッチハイクをしてトラックに乗せてもらったりしているうちに、彼はドラに再会する。着いたところはギリシャ風神殿の廃墟で、マルクスとレーニンを刻んだ碑が放置されている。廃墟では人々が聖歌を合唱している。

最後にレミーはユンクファン湖をボートで漕いで渡る。陰気ではあるが緩やかな波が打ち寄せる、静かな水面だ。東西ドイツの境界である。「国境を越えるやいなや、亡霊《ファントム》たちがただちに押し寄せてきた」と彼は述懐する。三十年ぶりの西側世界は、彼に幻滅しかもたらさない。西ベルリンの豪華ホテルに到着するころには、亡霊たちはいつしか消滅している。レミーがホテルの部屋に常備されている聖書を手に取るところで、フィルムは幕を閉じる。

これが『新ドイツ零年』のなかで、エディ・コンスタンティーヌ演じるレミー老人が演じる、東ドイツ一周の物語である。だがそれはこの作品の半分でしかない。

フィルムではそれと並行して、ツェルテン伯爵とデルフィーヌなる二人の人物の対話と朗読が描かれている。彼らはヘーゲルからトーマス・マンまで夥しいドイツ語の書物を引用し、それに重なり合うようにして、バッハからベートーヴェン、ウェーベルンまで、これもまた夥しいドイツ音楽が断片的に流されている。ラングの『メトロポリス』やムルナウの『吸血鬼ノスフェラトゥ』『最後の人』まで、ドイツ表現派映画からの引用についてはいうまでもない。レミーは「この無限の書物の永遠の沈黙が、わたしをして畏れさせる」という、パスカルを捩《もじ》った科白を思わず口にするが、彼の東ドイツ彷徨は、恐ろしいまでに書物の記憶に裏打ちされたものであり、記憶から記憶への旅ともいうべき性格を帯びている。

この二つの部分は色彩においても画質においても、ことごとく異なっている。彷徨するレミーの映像の基調となっているのはメランコリアであり、色彩でいうならば、晩秋の森と湖水がもつ、昏く濃い緑と灰白色である。光はつねに薄明であり、最後には完全に夜になる。ゴダールがこの色調の系列に気を配っているのは、フィルムの中ほどでゲーテの『色彩論』への言及があることからもあきらかである。『新ドイツ零年』の色彩は、真夏の地中海に終わる『気狂いピエロ』の対極にある。

一方、ドイツ表現派映画をはじめとして引用されるさまざまな映像断片は、モノクロのヴィデオ画面から起こされていることもあって画質が荒く、レミーの持続的な映像に対して強い異化効果を主張している。カメラは多くの場合、その場に佇んで物思いにふけるレミーを静止したまま捕えるが、映画と音楽の引用は一瞬の挿入であり画面の切断であって、観る者に不断の驚きを与えている。この、けして統合されることのない二つの音と映像が、『新ドイツ零年』

『新ドイツ零年』　ドン・キホーテに出逢うレミー・コーション。

というテクストを成立させている。ドイツ統合の後も、ますます分断を強めていく音と映像！

ちなみにいうと、このフィルムにはゴダールみずからの手になる科白や語りは、ほとんど存在していない。テクストのほぼ全体が、彼にとってのドイツ的なる音と映像、言葉の引用から構成されている。中世までのヨーロッパ社会では羊皮紙が貴重であったため、一枚の羊皮紙に記された文章を削って、その上に新しい文章を書き記すという重ね書きがしばしば行われ、それをパランプセストと呼んだ。『新ドイツ零年』はいうなれば、〈ドイツ的なるもの〉という観念がいくえにも折り重なった、多層的な羊皮紙のうえに、さらに新しい言葉と映像を焼きつけようとする、パランプセストの試みである。

『新ドイツ零年』という奇妙な題名と、レミーを演じたエディ・コンスタンティーヌについて、若干の説明をしておかなければならない。この作品の本質に関わっているためである。

原題は *Allemagne Annee 90 Neuf Zero* である。Neufには、フランス語で「9」と「新しい」という、二つの意味が重ねられている。一九九〇年に東西統一がなされ、ドイツが新生ドイツとして再出発をしたという意味もあれば、この国家がゼロに帰したのは一九四五年が最初で、今度が二回目であるという、少々穿《うが》った意味も隠されている。

「ドイツ零年」という言葉の初出は、エドガール・モランであった。彼は敗戦直後のドイツを論じた書物にこの題名をつけた(『ドイツ零年』古田幸男訳、法政大学出版局、一九九〇)。イタリアのレオレアリスムのロベルト・ロッセリーニがそれを借用し、一九四七年の夏にベルリンでカメラを廻し、一本のフィルムを撮りあげた。ゴダールはあきらかにこの古典的作品を意識しながら、『新ドイツ零年』を監督している。もっとも両者は対照的なまでに異なっている。『ドイツ零年』では、監督はナチスによって破壊されたドイツの内面に入り込み、廃墟と化した街角の映像に歴史の寓意を見ている。彼が採用したジャンルはドキュメンタリーではなくフィクションであるが、そこで語られている物語は虚構のものであっても、現実を凝縮した象徴的なものである。

これに対し、ゴダールは徹底して外部からドイツを眺めている。彼はこのフィルムを撮影する前には、一度もドイツに足を踏み入れたことはなかったと告白し、自分の内側にある〈ドイツ的なるもの〉という観念だけに依拠しながら、現実の東ドイツに他者として向かっている。彼は寓意や象徴に訴えない。今、ここで生じている光景を、ロッセリーニのように生々しくカメラに収めようとはしない。褐炭の巨大な採掘場が登場するが、ゴダールは東ドイツの工業発展にも環境破壊にも、まったく関心をもっていない。彼が直接に向かおうとしているのは、時間とは何か、歴史とは何かという問いなのだ。『勝手に逃げろ』のときのように、映像の速度を自在に調節することを通して運動とは何かという問題を論じようとすることなど、もはやどうでもよくなってしまった。思考しなければいけないのは時間であり歴史であって、運動ではないのだ。

このフィルムの冒頭では、マンの『魔の山』を敷衍しながら、ひとつの宣言がなされている。

「時間について語ることはできるだろうか。時間それ自体を、まさにそのままの形で。いや、そんなことは正気の沙汰ではない。時が過ぎたとか、時が経った、流れたと語るだけでは、物語を話しましたと信じてもらえるわけがない。たとえば一時間にわたってただひとつの音、ただひとつの和音を響かせて、これが音楽でございと自慢するようなものだ」。

『新ドイツ零年』では、レミーはつねにひとつのことしか口にしない。西はどこですか。どうすれば西側に行けるのでしょうか。彼は多くの人びとにこの問いを向けるが、彼らは具体的な方向を示すこともなければ、自分たちの置かれている（困難な）状況や生起した事件について訴えるわけでもない。彼らはただ因果関係について語るばかりである。ゴダールもまた、この因果関係を可能としている観念についてしか語ろうとしない。

カンヌ映画祭における記者会見で、彼は語っている。

「東ドイツはこの四、五十年、変わっていません。昔のドイツが見られる、と同時に新しいドイツ、とことんまでアメリカになったドイツを見ることにもなります。喪失されたもののことを考えると本当に恐ろしい。彼らはもはやドイツ人であるという観念を信じていないのです。アメリカ人になろうという向きが生じるのはそのためです。ただ動かずにいることを選んだ人たちもいます。今では、動くまいとした人たちも、アメリカ人になった人たちに追いつこうとしています。でも、もうドイツ人はいません。なのに、かつてはドイツ人なるものが存在していた。わたしにはそこが面白いのです。わたしはというと、ドイツ人の味方でした。ドイツの作家を読んでいました。出身はフランスで、とてもフランス的だったにもかかわらず、ドイツこそは、文学を、とりわけドイツ・ロマン派を通し、青春時代にわたしの自己形成に預った国なのです」。

『新ドイツ零年』では、あたかもライトモチーフのように、シュペングラーの『西洋の没落』の題名が反復される。また Finis Geramniae（ゲルマニアの終焉）というラテン語が頻出する。ドイツ的なるものが消滅したとき、何が起きるのか。その亡霊が、夥しい数をともなって出現するのである。このフィルムの結末部で、『吸血鬼ノスフェラチュ』の映像が引用されるのはそのためである。

ゴダールは、統一直後の東ドイツの惨状の現実などには目もくれない。彼を捕えているのは、現実それ自体を成立させている歴史の厚みである。廃墟のなかにも、巨大な掘削機のなかにも、文学と音楽の断片になかにも、あらゆるもののなかにドイツ的なるものの痕跡が遺されている。それは複数の層をもった厚みであって、言葉が発せられ、映像が引用されるや、ただちに別の言葉と映像がそれによって喚起され、反響に反響を重ねていくといった性格のものだ。そして現実とは、そうした歴史がゆるやかに移行し、別の歴史に向かって横切って行くことの現われにすぎない。「ドイツ的なるもの」とは、歴史の破れ目にしか現れない。いや、歴史の亀裂こそがドイツという観念なのであり、それは今は形としては見えないが、やがて回帰することになるだろう。歴史をもたない者に歴史を返却しておきたいというのが、ゴダールの基本的姿勢であるように思われる。

Wo Es war, da werde Ich sein.（かつてそれがあった場所に、わたしは存在している）。フィルムの中頃、レミーがドラに再会したときに出現するこの字幕は、フロイトが『続・精神分析入門』に書きつけたWo Es war, soll Ich warden.（かつてエスがあった場所に、自我は現れるはずである）を捩った警句である。こう書きつけたときゴダールは、ひとたび不可視のものと化し、消滅を信じられた〈ドイツ的なるもの〉の再来を予言している。

それでは『新ドイツ零年』は、ゴダールの作品系列にあって、いかなる再来であるのか。いわずと知れた『アルファヴィル』である。

遠い宇宙の果てにあり、コンピューターによって全人類が抑圧的支配を受けている都市アルファヴィルに潜入したレミー・コーションが、みごとにこの支配構造を切り抜け、一人の美女を救出するという、いかにもハリウッドのSF映画、スパイ映画のパロディともいうべきフィルムのことである。ここで重要なのは、この宇宙都市においては〈愛〉という観念だけが、厳重に禁じられているという事実である。

ゴダールはこの作品の舞台を、パリとは違うが、隅々までパリとそっくりの未来宇宙都市として設定した。制作費の都合に由来する着想であるとは、あえていうまい。それは現実のパリとは違うという一点を除けばパリであるという点で、まさに形而上学的な模造である。レミーはここに、事情の分からない地球人、すなわち他者として、外部から接近する。

『新ドイツ零年』において同一の俳優が二十五年ぶりに演じるレミーは、あらゆる意味で対照的な存在である。主人公は東ドイツに潜入して長い歳月を過ごした、西側のスパイである。彼はいたるところでマルクス＝レーニン主義の凋落を目の当りにし、〈ドイツ的なるもの〉という観念が失調していることを知る。西側に脱出したいのだが、その手段も方角もわからず、東側の世界をあてどなく放浪しなければならない。

レミーは最後に西側に到達し、資本主義による高度消費社会のただなかで歓迎を受ける。だがそこでは何も変わっていない。東ベルリンのアレクサンダー広場に面して建っているインターコンティネンタル・ホテルでは、笛の号令によってスタッフ全員が一糸乱れず客サービスを行なう。ベッドメイキングに来た若いメイドもまた、レミー同様、東側から西側に憧れてきた女性であった。「きみも自由を求めてきたわけかな?」と尋ねる老スパイに向かって、彼女はAlbeit macht frei.(労働は自由にする)と、平然とドイツ語で答える。ナチスがアウシュヴィッツ強制収容所の入口に掲げた標語である。しかも彼女は客室には聖書が常備されていると、わざわざレミーに説明する。作品の結末部に登場するこの挿話は辛辣な皮肉である。

『アルファヴィル』のレミーはアンナ・カリーナ演じるヒロインに、最後の最後にとうとう「愛」という禁断の単語を口にさせ、物語全体を幸福なラブロマンスに変えることができた。『新ドイツ零年』は、それとは真逆の事態によって幕を閉じる。この違いは決定的である。ゴダールはドイツに対してけっして緊張を解いていない。それは彼がこのフィルムの二年後、一九九三年に『子供たちのロシアごっこ』で、ほとんど手放しでロシアにオマージュを捧げていることを知るとき、より明瞭に理解されることとだろう。

『新ドイツ零年』(一九九一)

本書のために書き下ろした原稿である。一九九〇年代初頭のわたしは東アジアの映画に夢中になっていて、『電影風雲』(白水社、一九九三)という八百頁の大著に取りかかっている最中だった。ゴダールの新作は観ることは観たが、それに精神を集中することができなかったというのが本当のところである。それから三十年以上の歳月が流れ、このフィルムが底光りを見せるようになったとき、観直してみて感銘を受けたと記しておきたい。

『エラス・プル・モア』

『エラス・プル・モア』は扱いにくいフィルムである。監督本人も認めるように失敗作だといってしまえば事は簡単なのだが、失敗作には逆に作家の本質が覗いていることもあり、一概に斬ってすますわけにはいかない。

まず題名だが、これは間投詞の評言で、「ああ、なんということよ」とか「遺恨の極みよ」という意味である。作品のなかでも字幕や人物の科白で数回登場するが、この文脈で用いられている。制作時における困難と知らされてみると、ひょっとして監督ゴダールは、当初の意図に反して作品が中途半端な形で終わってしまったことを嘆き、自暴自棄的にこの題名を選んだのではないかと、つい邪推をしてみたくなる。日本の配給会社は、どうみても失敗作としか見えないこの作品の上映公開にあたって苦労したことだろう。『ゴダールの決別』という邦題は、フィルムの内容とも形式とももまったく関係がない。

一九八七年七月二十三日の午後にある重要な事件が起きた。それを調査し、物語として書き記しておこうと決心したアブラハム・クリムトなる中年男が、レマン湖畔の小さな村を訪れる。事件からは、もう数年が経っている。彼は何人かの村人に出逢い、とりわけ当時は高校生であったオードという女性から、事の真相を知らされる。

事件当時、シモンとラシェルは湖畔で軽食屋を経営していた。シモンはホテルか自動車修理工場のどちらかを買い取り、転業を考えていた。ある晩、彼はラシェルといい争った後、町の方へ出かけるといって、夜に家を空けた。このとき神が突然到来した。神はシモンの肉体を借り、ラシェルとセックスをする。ラシェルは最初は当惑したが、夜明けには神への愛を口にするようになった。だがそれがはたして本当の神なのか、それとも予定を変更して帰宅したシモンなのかはわからない。

とはいえそれから数年が経ち、今ではシモンは自動車修理工場を経営している。夫婦の間には双子が生まれ、お遊戯の歌を歌っている。アブラハムは望み通りの物語を手に入れ、帰路に就く。どうやらユーゴスラビアで内戦が勃発したようだ。オードの恋人はヴォランティアで戦いに参加しようと、町を後にする。

『エラス・プル・モア』の物語を強引に要約するならば、こうなるだろう（どこにも、誰にも「決別」などない）。だが観客がそれを理解するには、少なくとも数回はフィルムを観直さなければならない。というのもこの作品のなかでゴダールは初めてフラッシュバックを用い、地の物語の語りのなかにいくたびにもわたって過去の回想を挿入しているのだが、その手つきが一向に円滑ではない、というか、有体にいって説話行為的に無骨すぎるので、物語の継起的順序を認識することがかならずしも容易でない場合が頻繁に生じているからである。

具体的な例を挙げると、たとえばフィルムの冒頭の十分、あるいは十五分あたりは、いったい何のことだかさっぱりわからないというのが、平均的な観客の印象だろう。ある男が湖畔の村を訪れ、自動車修理工場で、物語を聞かせてくれれば自分はお金を払いたいと申し出る。湖畔の船着き場には少なからぬ人々がいて、誰もが思い思いの姿勢を取りながら、活人画のように静止している。物語の中で重要な位置を占めることになる村人たちが、ひととおり登場しているわけなのだが、もちろんこの時にはわからない。村の牧師とその妻の高校教師。美術教師にして書店主。女子高生たち。恋人たちと、それを覗き見するスペイン人。そしてシモンとラシエル。やがて彼らは動き出し、めいめい好き勝手にドラクロワの画集を眺めたり、十九世紀文学の話をしたりするのだが、脈絡がまったく摑めない。

ほどなくして最初の男が自分をアブラハムだと名乗る。帽子を被り、レインコートを着た長髪の男が鉄道駅に降りたち、配下の者らしき男がいきなり側にいた若い女性のスカートを捲って、男の前に差し出そうとする。男は人工発声器の声を用いてそれを拒む。彼は神であり、自分がセックスをするにふさわしい女性を探しに来たのである。

実はこの最初の十五分あたりまでは、一九八七年とその数年後の映像とが、明確なパンクチュアリゼーションをつけられないまま、説明もなくただ漫然と続いている。回想する主体が定かであるのだから、正確にはフラッシュバックという言葉は避けるべきかもしれないが、地の物語における過去と現在が混然と並べられているため、観る側はそこに時間的継起による安定した秩序を認識することができないのだ。これは喩えてみるならば、語りのなかで人物が唐突に回想を始めたり、語る者の視座が理由もなく急変したりする泉鏡花の小説に近いといえる。

どうしてこのような、互いに何の関係もないシークエンスとショットが長々と続くのか。『エラス・プル・モア』公開時になされた『カイエ・デュ・シネマ』インタヴューから、ゴダールの言葉を引いてみよう。

「たしかにこれは失敗作なのだが、でもその未完成さのなかで機能しているなにかがある。つまり、ひとつのシークエンス、ひとつのカットが見られ、ついでそれが完全に忘れさられるということだ。われわれはもはやなにもおぼえておらず、ひとつのカットの現在でしかない、まったくの現在しか目にしない。それにその現在は、次に来るものに左右されるわけで、だから大して存在感のあるものじゃない。しかも、われわれはその次に来るものをまだ見ていないわけで、だからそれはそれほどは役に立ってくれないわけだ」（Ⅲ、四三〇～三一頁）。

この論理は理解できないでもない。さすがにゴダールだけのことはあって、自作を失敗作だったと素直に認めながらも、ショット繋ぎについてある本質的な示唆を行なっている。もっとも楽屋裏を明かすならば、彼の挫折の原因は方法論的なものではなく、まったく別のところにあった。

実は『エラス・プル・モア』には原作の物語が存在している。日本でこそ著名ではないかもしれないが、西洋文学ではローマ時代以来の古典であり、ジャン・ジロドゥの言葉を借りるならば、それまで三十七回にわたって脚色されてきた喜劇である。

ゼウスがテーバイ攻めの将軍アムピトリュオーンの妻、アルクメネーに色情を抱いた。公職にして万能のこの神は、将軍が留守の夜を狙い、禁断の思いを遂げた。アルクメネーは懐妊し、ヘラクレスとイーピクレスを産んだ。

ギリシャ神話のこの物語はローマの劇作家プラウトゥスによって喜劇の題材に取り上げられ、その後、モリエールからクライスト、先に挙げたジロドゥーまで、多くの作家が戯曲にしてきた。ゴダールが最初に構想したのは、この著名な物語を現代的に解釈することであった。彼が準備した、十八のシークエンスからなる草稿では、地上に降り立った神は列車に乗ってフランスを横断し、人間どもが夢中になっている戦争なるものを見物する。主演はついにフランス映画界を代表するに到ったジェラール・ドパルデュー。かつてアラン・ドロンを主演に『ヌーヴェル・ヴァーグ』を撮ったゴダールとしては、多額の出演料を払ってでも最新流行の人気スターを起用して話題を呼ぶことに、それなりの確信があったと思われる。

ところがそれが裏目に出た。あらかじめ決定されたシナリオに基づくのではなく、午前中にその場で記された科白に基づいて、午後に撮影が行われるといったゴダールのスタイルに、ドパルデューはどうしても慣れることができず、六週間の出演契約を四週間の時点で破棄してしまい、パリに戻ってしまったのである。その後に撮影が予定されていた部分はすべてキャンセルとなり、監督は作品構想の大幅な変更を余儀なくされた。神に憑依されたシモンのフランス漫遊の下りは割愛され、新たにアブラハムという人物が設定された。物語全体はこのアブラハムが探究する、秘められた過去の事件だという枠組みのなかに収められることになった。

主演者としてのドパルデューの影が薄くなるとともに、端役でしかなかったオードの役に大きな比重が与えられることになった。高校生役を演じていたオード・アミオはまったくの素人であったが、この改訂版作品において事件の真相をアブラハムに逐一語るという、きわめて重要な役を演じることになり、事実それをみごとにやりおおせた。結局のところ、『エラス・プル・モア』は七つのシークエンスのフィルムとして「完成」することで、一応手が打たれた。いうまでもなく物語として辻褄のあわないところが続々と出てくる。過去の回想と現在の混淆については先に触れたが、ポルノヴィデオが積み上げられている横で子供たちが遊んでいるショットはその後の展開がないし、オードの恋人の少年がユーゴ内戦で死亡しているにもかかわらず、平然と再登場したりする。これではゴダールでなくとも、「エラス・プル・モア!」と叫びたくなるというものだろう。

とはいうものの、この撮影途上での大変更によって、作品の構造に興味深い変化が生じたことは事実である。当初、ゴダールは「神」にギリシャ神話的な意味の含みを与えようとしていた。本来の神話がギリシャ起源であり、古代ローマにおいて最初の喜劇化がなされていた以上、それは当然のことであった。ところがアブラハムなる人物を、外部から到来し物語の真実を探求する編集者として設定することによって、作品全体においてユダヤ=キリスト教的色彩が俄然と台頭してきたのだ。アブラハムとはいうまでもなく旧約聖書の重要人物であり、すべてのユダヤ人の祖として伝えられている人物である。必然的に、地上に降り立つ神はゼウスを離れ、一神教の神のイメージを与えられる結果となった。

「わたしの父の父の父は困難な務めを果たすときには、森のなかのある場所に向かい、火を熾《おこ》し、静かに、一心に祈りを捧げたものであった。願いは叶えられた。後にわたしの父の父は同じ務めをしなければならなくなったとき、同じ場所に行ってこういった。『火は熾せませんが、祈りは唱えることができます』。すると願いは叶えられた。わたしの父もまた森に入っていった。『火の熾し方も、祈りの秘儀も知りません。ただそれがなされた場所だけはちゃんと知っています。これでいいでしょうか』。それで充分だった」。

『エラス・プル・モア』の冒頭でアブラハムが語る言葉である。出典はゲルショム・ショーレムの『ユダヤ教神秘主義』。その巻末に収められている、ユダヤ教正統派ハシディズムの民間伝承からこの逸話は引用されているというのだが、実はそれがよくわからない。手元にある邦訳（高尾利数訳、河出書房新社、一九七五）をひっくり返して探してみたのだが、一向に該当する箇所が発見できないからである。

まあそれは置くとして、その後もゴダールはテルトゥリアヌスからパスカルまで、キリスト教の師父や哲学者の警句を引用する一方で、ベンヤミンの遺稿「歴史の概念について」に言及し、このエッセイに着想を与えたパウル・クレーの絵画を絵葉書として登場させている。オードは神と化したシモンがラシエルに最初に語りかける場をアブラハムに物語るに際して、「映像は復活の時に到来するであろう」という聖パウロの言葉を引く。このとき画面は黒画面、つまりいまだに映像が到来していない状態と化している。

聖パウロのこの言葉は『映画史』において繰り返し唱えられており、一九九〇年代のゴダール作品を読み解くにあたってもっとも重要な役割を果たしている。

ここで想起しなければならないのは、この聖パウロが突然の啓示を受け盲目となったとき、その傍らにいたアナニアに向かって神が、パウロこそは「わたしの名を伝える器 σκεῦος」（『使徒言行録』9章15）と名指したことである。これはパウロの生が彼みずからのものではなく、本来は空虚であり、神を受け容れることで初めて充溢する器であることを意味している。わたしが生きているのではない。わたしの内側で神が生きているのだという認識を、この使徒は抱いていた。これこそまさに『エラス・プル・モア』において、シモンが体験することになった事態ではないだろうか。神がドパルデューの軀の背後からそっと忍び寄り、彼の頭に自分の帽子を被せると、ゆっくり身を重ね、同一の存在となるというショットが、現にこのフィルムには存在している。

オードはアブラハムに向かって直接にショーレムの名を出し、真実についての伝承は存在し、伝えることができるという、旧約聖書をめぐる彼の命題に対して批判を口にする。自分たちの語る真実はさまざまな様相を見せてはいるものの、伝達などとてもできるものではないと語る。彼女はこのとき、ユーゴスラビアの内戦に参加し、ドブロブニクで戦死した男友だちのことで喪に服している。神がシモンの軀にわが身を重ね合わせるというショットが登場するのが、オードによるこの部分の語りの直後であることは、やはり注目すべきであろう。

オードの語りは事件の真相の報告に留まってはいない。彼女は三位一体の神学に言及し、さらにそれは宇宙論にまで及ぶ。画面はときおり黒画面となる。彼女が見えないもの、表象不可能なものについて語るためである。

ここで黒画面の経緯について、簡単に触れておこう。映画における視覚の拒否というこの画面は最初、パゾリーニが『マタイ福音書』を映画化した（邦題は『奇跡の丘』）際に登場していた。ゴルゴダの丘で十字架に掛けられたイエスが、「あなたがたは聞くには聞くが、けっして悟らない。見るには見るが、けっして認めない」（『マタイ福音書』13章14節）と、『イザヤ書』を引用しながら叫ぶところで、画面はあたかもブラックホールに吸収されたかのように暗くなり、ただイエスの怒りの声だけが反響するという事態が生じていた。この着想を脱宗教化し、表象行為における政治性の問題として提出したのが、ジガ・ヴェルトフ時代に『イタリアにおける闘争』、続いて『東風』を撮りあげたゴダールであった。

『エラス・プル・モア』ではそのゴダールがユダヤ＝キリスト教の文脈に回帰し、神聖なるものの表象不可能性に言及する際に、ふたたび黒画面が出現する。「見たいものが存在しない」と彼女はいい、黒画面には「見ない。わからない」という文字が現れる。彼女は「事件には意味があるもの。人間に与えられた戒律とは、『汝はみずからを聖別し、聖なる者にならねばならない』ということ」と言葉を続け、「汝はわが映像（似姿）となれ」という、『創世記』に神がアダムを創造する際に発したと思しき言葉を引く。「悪いけど、見えないものをずっと見ていて、わたし疲れたわ」。

『エラス・プル・モア』の結末部では、あらゆる登場人物がそれなりに帰結を迎える。タイトルバックとなり、キャストとスタッフが紹介される。その後、ふたたび黒画面が続き、オードとアブラハムが最後の対話を行なう。これは『気狂いピエロ』の結末部で、画面が白昼の地中海となり、死んだはずの二人の恋人たちが声だけの存在と化して、ランボーの詩を朗読しあう光景に、はからずも対応している。

「夜、〈南〉で、わたしが起きるとき、そこにあるのが近きものでも遠きものでも、わたしに属する出来ごとでも、話すことができる真実でもないことをわたしは知っている。それはひとつの情景でもなく、何かの始まりでもない。それは一個のイメージ、ただし虚しいイメージだ。一瞬、ただし不毛な一瞬であり、誰かある者だ——その者にとってはわたしは何ものでもなく、その者もわたしにとって何ものでもないような誰かある者だ——。それは一個の点なのである。そしてこの点をのぞけば、世界にはわたしに無縁なものは何もない。一個の形姿《フィギュール》であろうか？　しかしこの形姿《フィギュール》は名前を欠いており、伝記がなく、記憶によって拒まれ、語られることを望まず、生き残ることも望まない。現前しながらも、それでいて彼女はそこには存在しない。不在でありながら、別のところにあるのではなく、ここにある。真実なのだろうか？　彼女はまったく真なるものの外にある。もし誰かが『彼女は夜に結ばれている』と言えば、わたしは否定する。夜は彼女を知りはしない。もし誰かがわたしに『いったいあなたは何について話しているのか？』と問うならば、わたしはこう答える。『でも、そんなことをわたしは問う者などひとりもいない』」。

長々と科白を引用することになったが、これはモーリス・ブランショの小説『望みのときに』（谷口博史訳、未來社、一九九八、一二六〜一二七頁）を出典としている。

ショーレムに始まり、キリスト教の神学者とベンヤミンを経由してブランショに到るこの引用の洪水のなかで、『エラス・プル・モア』は幕を閉じる。

『エラス・プル・モア』はゴダールの作品のなかでユダヤ神秘主義にもっとも接近しているフィルムである。表象不可能性そのものの顕現である黒画面とともに聖パウロの言葉が引かれるとき、このフィルムを構成しているあらゆる映像はメシアを待望する状態に置かれていることが判明する。本書の「聖パウロへの道」(四一一頁)のなかで再説することになるが、後期ゴダールを特徴づけているのが、『映画史』の根底をなすことになるこの映像観である。『エラス・プル・モア』は一見したところ支離滅裂な作品であり、監督本人も失敗作であると認めているのだが、このフィルムが差し出している射程の広さは、一九九〇年代の全ゴダール作品の文脈のなかに置かれたとき、初めて理解されることになるだろう。

『エラス・プル・モア』(一九九三)

本書のための書下ろしの原稿である。パリで観て、日本公開時で観て、それでも全体を把握することができなかった。今ならはっきりと、これは失敗作であると断言できる。ユダヤ的なるものからギリシャ的なるものへの転換が、あまりに強引過ぎて無理があるのだ。第一、題名をどう理解していいのかがわからない。翻訳しようがない。にもかかわらずこの作品に、きわめて美しい事件と光景が描かれていることも事実だ。アブラハムの逸話はゲルショム・ショーレムの『ユダヤ神秘主義』の結末部に出典があると、あるフランス語の研究書は註釈している。さっそく当たってみたが何もなかった。

『サラエヴォに一礼』

'Je vous salue, Sarajevo' という題名をどう訳すべきか。「こんにちは、サラエヴォ」では軽薄だし、「サラエヴォに敬意を、救済を」というのも大仰すぎる。要は現下にこの町で起こっている惨たらしい事態、つまりセルヴィア系民兵たちによるムスリム人への〈民族浄化〉から眼を逸らさず、それを文明と芸術の名の下に訴え出ようというゴダールの直接的な姿勢を、この表題に読み取ることさえできればよい。彼は一九九二年三月三十一日、サラエヴォで撮影された一枚の写真を素材に、この蛮行を非難するシネ＝エッセイを作成した。

写真のなかでは三人の民兵たちの手で、イスラム教徒と思しき三人のボスニア人が路上に伏せるように命令されている。兵士の一人は左手に煙草をもち、もう一人は右手に銃をもっている。彼はこの銃でボスニア人を威嚇しつつ蹴りつけようとしている。煙草。銃。軍靴。一枚の写真のなかで、こうした個々の事物の映像が切り離され、バラバラに提示される。そのため観客は、事態の状況を全体として把握することができない。

フローベール、ドストエフスキー、ガーシュウィン、モーツァルト、セザンヌ、フェルメール、アントニオーニ、ヴィゴ……ゴダールがヨーロッパの芸術家の名前を次々と読み上げていく。サラエヴォはこうした文化によって創り上げられてきたと、彼は主張したいのだ。これは逆にいうならば、加害者であるセルヴィア人たちが文明に敵対する野蛮人であることを意味している。

最後に写真の全体が提示される。兵士たちが緊張しておらず、むしろ冗談半分に市民をいたぶっていることがわかる。ここで新たに問題が生じる。この映像が何を表象しているかではない。この映像を撮影した者がどのような位置にあり、市民たちが屈辱的な姿勢を強いられていることの撮影に立ち会うという自分の行為を、どのように考えていたかという問いである。

一枚の写真の全体性をまずカッコに包《くる》み、断片化して繰り返し提示しながら批判的分析を施していく。これは『ジエーンへの手紙』から『うまくいってる?』まで、七〇年代のゴダールがしばしば訴えた手法であった。ここでもその手法が用いられている。『サラエヴォに一礼』のゴダールは、〈五月〉のパリのように、みずから路上に繰り出して16ミリカメラを廻すことはしない。生起した事件の表象を分析することに徹している。三年後の一九九六年に『フォーエヴァー・モーツァルト』を監督した時点でも、一度もバルカン半島に足を向けることはなかった。『ベトナムから遠く離れて』のなかで、ヴェトナムそのものを撮影するのではなく、撮影という行為そのものが携えてしまう政治性を論じてみせたゴダールの姿勢は、ここでも一貫している。

だがセルビアは野蛮であり、サラエヴォはヨーロッパの芸術家たちを「所有」する文明であるというゴダールのメッセージは、もう少し丁寧に検討しなければならない。サラエヴォの路上で暴行を受けている犠牲者はイスラム教徒たちである。だがここではどうしてキリスト教世界の芸術家の名前だけが羅列されているのか。イブン・アラビーやハーフィズといったイスラム世界の偉大な思想家や詩人はなぜ言及されていないのか。サラエヴォはヨーロッパのキリスト教世界の文化芸術の名において偉大であり、これを貶めてはならないというのは、きわめて強烈なアイロニーであると認めざるをえない。このアイロニーはゴダールが、サラエヴォにとって本当に必要な演劇とはスーザン・ソンタグのいう『ゴドーを待ちながら』ではなく、ミュッセの『戯れに恋はすまじ』であるはずだというフィリップ・ソレルスの発言を契機に、『フォーエヴァー・モーツァルト』を撮りあげたときまで残響している。

ゴダールはその後、現実にサラエヴォに足を向ける。二〇〇四年に発表された『われらの音楽』ではこの町でゴイチソロやダルウィーシュと会い、彼らの発言にカメラを向けている。そこで舞台として選ばれたのが、爆撃によって破壊された大図書館の廃墟であることは重要である。野蛮に抵抗する文明の場所としてのサラエヴォという像が、そこでも強調されているからだ。埃だらけの部屋のなかで独り、ダルゥーシュが懸命になって残存した書物の記録造りに従事しているという場面も、この文脈において理解しなければならない。

『サラエヴォに一礼』はわずか二分二十四秒のヴィデオ作品であるが、その後のゴダールのサラエヴォ映像の起点にあるものであり、彼はこの受難の町を通して、その向こう側にパレスチナを見ているのである。

『サラエヴォに一礼』(一九九三)

これは書下ろしの文章である。

わたしがサラエヴォを訪れたのは二〇〇四年の晩秋である。街角を歩いていてメモを取ろうとしても、寒さでボールペンの芯のインクが凍ってしまい、書くことができないというほどの寒さだった。まだいたるところに廃墟があり、壁には「薔薇」が咲き誇っていた。銃の弾痕のことをそう呼ぶのだと教えられた。わたしはゴダールがこうした短編を撮っていたことを知らなかった。

ベオグラードの民族学博物館に特別研究員として籍を置き、コソヴォのミトロヴィツァにある難民の大学に出かけて、日本文化について講義をしていた時期である。ベオグラードではドゥシャン・マカヴェイエフの家をしばしば訪れご馳走になった。日本では一九六〇年代の終わり頃、パゾリーニ、ゴダール、マカヴェイエフが世界映画の三大狂人であると喧伝されていたが、彼の作品だけはあまりに猥褻であるというので配給公開が見送られていたのだった。その後、九〇年代になって、日本でも彼の作品の多くが見られることになったのはうれしいことだった。わたしは彼の家の階段の壁に、その当時の日本上映時のポスターを認めた。何て書いてあるのかねとドゥシャンが尋ねるので、「ゴダールよりも過激……」と書かれていますよと説明した。彼はただちに台所に走って行くと、夫人を連れて来て、わたしにもう一度説明してやってくれといった。とても感激していたようだった。

ゴダールのこの短編を、ゴダールとミエヴィルの短編DVDボックスの一枚として、ようやく見ることができたのは二〇〇六年である。九三年に撮られた時点で見ておきたかったと少し後悔した。ドゥシャンをはじめ、ベオグラードで出逢った映画人たちに意見を聞いておきたかったからである。

『子供たちのロシアごっこ』

ゴダールがアンナ・カレーニナを撮る？

ひょっとしてアンナ・カリーナの間違いではないか。いや、そうではない。確かにトルストイの古典的名作だ。しかもオマケに『戦争と平和』のアンドレイ侯爵や、チェーホフの『三人姉妹』の二人までが脇役で登場し、ゴダール本人が『白痴』のムイシュキン公爵を道化的に演じる。

『子供たちのロシアごっこ』（逐語訳するならば、「子供たちはロシア風に遊んでいる」）は、大作『映画史』を制作中のゴダールが、そこから枝分かれした映像を蒐集し、ロシアと映画という主題のもとに纏め上げた、一時間弱の作品である。ヴィデオ作品であることもあって、日本ではいっこうに正式に公開上映されていないので、少し細部を説明的に紹介しながらここに論じておくことにしよう。

ことの起こりは、アメリカでヴィデオカセット業界を仕切っていたプロデューサー、アーロン・スペリングが、「九〇年代ロシアの忘れ難き出来ごと」なるヴィデオカセット・シリーズを企画したことであった。彼はボグダノヴィッチ、ヘルッツォーク、大林宣彦、ウェルトミューラーらに声をかけた。ゴダールもそのうちの一人だった。

一九九〇年代初頭とは、ソビエト社会主義共和国連邦が解体し、複数の国家に分割された時期である。一九九一年十二月二十五日にゴルバチョフ大統領が辞任し、翌日にソビエト連邦最高会議が連邦の解体を宣言した。チェコスロバキアにソ連軍の戦車が侵攻すればすぐさまプラハへ飛び、パレスチナでＰＬＯが抵抗運動を開始すればただちに現地に赴くといったゴダールが、この企画に飛びつかないはずがない。彼はただちに提案を受け入れた。題名として最初に考えられていたのは、「われらが聖なるロシア」Notre saint Russie だった。

撮影に入る前に、ゴダールはまず一大リストを作成した。ロシアということで思いつく、ありとあらゆる小説戯曲の登場人物、科白の引用、場所の名前、そして自分のなかに湧き上がる感情のリストである。次にシノプシスを俳優と関係者全員に配った。

「元CIAで現在はアメリカで映画の個人チェーン店を開いているプロデューサー（ジャック・ヴァレンティ」が、白痴殿下に接近する。分裂したソビエト帝国のうちに留まり、この悲惨な大国の歴史における有名な人物たちを紹介するというのが目的である。選ばれた人物とは、アンナ・カレーニナ、チェーホフの『かもめ』、アンドレイ侯爵、ラゴージンである。映画の主な舞台はフランス語圏スイスの小さな空港で、制作クルーがビーチクラフト機に乗って、ちょっとフィクションのルートを辿ってではあるが、モスクワに向かおうとしている。彼らといっしょにロシアの死せる魂、つまり音楽も同行している。これは実際にアルヴォ・ペルト本人が演じることになる。白痴殿下はジュール・ベルヌの小説に登場する、『ミシェル・ストロゴフ』誌の二人の記者、アルシド・ジョリヴェとイギリス人の友人ハリー・ブラウントとも関わることになる。国境を越えたとき、彼は『かもめ』、アンナ・カレーニナ、アンドレイ侯爵が分裂した帝国にあって、苦痛と希望に満ちた日常を生きていることがわかる」。

現実に撮影されたのはパリとスイスである。ゴダールはロシアには赴かず、キャロリーン・シャンプチエールをモスクワに派遣して撮影させた。アンナ・カレーニナの自殺の場面をはじめとするさまざまな映画ショットは、フランスにあるアーカイヴによるものである。出演者はジャック・ヴァレンティをゴダール映画の常連、ラズロ・サボが、ゴダールに親しい研究者・批評家であるアンドレ・S・ラバルトとベルナール・エイゼンシッツが、アルシド・ジョリヴェとハリー・ブラウントを演じた。JLGみずからが白痴殿下を演じ、全篇にわたってオフで語りを入れた。

一人の子供がタブレットに何かを描いている。もう一人がそれをじっと眺めている。

編集機の上で男がフィルムを確認している。往古のフィルム引用。飛行機のプロペラが廻り出す。映写技師がフィルムのリールを回転させる。一九二〇年代の旧式プロペラ機が空をかける。モスクワへ向かう飛行機だ。大劇場で無声映画が上映されている。ドストエフスキーの『虐げられた人々』という文字が重ね焼きされる。

飛行機と映画の結合がさらに展開される。舞台は現在。ハリウッドのヴァレンティの秘書が、旅行会社に飛行機の確認をしている。彼女は電話でヴァレンティに、では日曜にとアポを取り付けると、テーブルの上の『アンナ・カレーニナ』を片付ける。オフで、トルストイの初稿と最終稿の違いが語られる。大作家は結末部の道徳の声に、みずから耳を傾けていた。

秘書アンナはルージュを手にすると、鏡に向かい「われらが聖なるロシア」と描く。往古の無声映画『アンナ・カレーニナ』からのワンショット。ヴァレンティが「これがいい映画になれば、あいつは白痴だ。悪い映画になったら公爵様だ」という。一瞬、ムイシュキンに扮したゴダールのショット。モジリアーニの肖像画が画面のなかで転倒される。

「ハリウッドはいつもロシア人だというと、ダンサーと兵士を混同してきた。ハリウッドはあの通りだから仕方がない」。これから先の画面の主題でありますぞという、ゴダールの予告である。デヴィッド・リーンが監督した『ドクトル・ジバゴ』が言及される。バレリーナたちが練習をしていると、衛兵たちが反革命糾弾を口にしながら入って来る。軽機関銃、処刑部隊、悲嘆のあまりに死体に接吻する老女……そこにソプラノの歌が被さる。

ラバルト演じるアルシドの手が、ジタンの箱の上にチェカの創設者の名前を書きつける。金網。パンタン街の道路標識の下にそのラバルトがいる。作品が進行していくにつれて判明してくることであるが、恐怖とポルノグラフィーとが同時に並べられている。有刺鉄線で吊るされた男。焼かれた男。電柱に貼られたスターリンのポスターを焔が覆う。タバコの箱のアップ。トロツキーを糾弾する声。『イワン雷帝』の雷帝の声。太陽の道化仮面をかぶって踊るイワン。衛兵、軽機関銃、処刑、死体、チェカ、スターリン、イワン、群衆。つまりはロシアに強いられた序曲としての恐怖。……ここまでが最初の六分間である。

瞬時のうちに切り替わってしまう映像とさまざまな音響、ロシア語・フランス語の重なり合う声を何とか識別して理解しようとするのだが、記号の夥しい洪水に圧倒されてしまい、とても一度観ただけでは何が何だかわからない。

解読するためには繰り映像の再生ボタンを押し、細部を確認しなければいけない。ともあれもう少し続けて、十五分目くらいまで進んでみよう。

速度を遅くしたり留めたりしながら、ロシアの群衆の映像が引用される。頭、顔、腕、手、足と、彼らの身体は断片化されて登場する。縁なし帽を被り、ＣＣＣＰ（ソ連の略号）なる文字をあしらったＴシャツ姿の「白痴」が、葉巻を吸いながら大仰な撮影カメラを除いている。いわずと知れたゴダール本人である（彼がムイシュキンを演じるのは、『右側に気をつけろ』以来である）。二羽のかもめが空を翔んでいる。ゴダールが『ミシェル・ストロゴフ』誌の思い出を語る。そもそもこの作品の企画は、ロシア文学に出てくる人物たちを登場させて、改めて現在のロシアに接近できるようなものができないだろうかということだった。アメリカの大映画協会の会長であるジャック・ヴァランティが語る。世界中のどの国の市民も、自分が望むものを自由に見たり、読んだり、聞いたりできることを、われわれは求めている。それに対し、ゴダールはいう。

「ヒトラーもナポレオンも、あらゆる知識人も、この哀れなロシアに侵入を企てた。その理由は簡単だ。ロシアはフィクションの国だ。西側がロシアを侵略しようとしたのは、ロシアがフィクションの本場であり、西側が他に何を発明すべきなのか、わからなかったからだ」。

彼は繰り返す。「俺は（ロシアなんかに）行かないぞ。何でも好きなことをしていろ」。

ここで『戦争と平和』のアンドレイ公爵が登場する。実は俳優がリハーサルで彼の科白の朗読をするのだが、姿を見せない監督によって、「もっと感じを出して」と命じられ、いくたびもやり直しを命じられている。画面にはこの長編小説の映画化から、アンドレイが戦場で負傷し、仰向けになって倒れている映像が引用される。彼は独白する。死も、負傷も、家族も、もう何も怖くない。僕は今、ただちにそれを犠牲にしているのだ……。

舞台は変わって、ホテル・ラファエル。ゴダールのオフの語りで、登場人物たちが次々と紹介される。ドアマンを務めているのはアンドレイ。そこへアルシドが入って来る。レストランで独り食事をとっているのがアンナ・カレーニナ。従業員控室では、チェーホフの戯曲『三人姉妹』から抜け出て来たような二人の姉妹。そこにゴダールによる通訳の声が重なる。「時が来れば、すべてのことがわかるのよ。この苦しみの原因が。わたしたちの人生は終わらな

『子供たちのロシアごっこ』　エイゼンシュテイン『イワン雷帝』。

い。生きなくちゃいけないのね。音楽はほら、こんなに愉しいじゃないの。ああ、神様、この時が過ぎますように。この地に幸せと平和が戻ってきますように」。これはいくぶん簡略化されてはいるが、『三人姉妹』の最後で長女オーリガが語る科白である。ゴダールが語る。「あなたがたの仕方で彼らをロシアに戻してしまったら、罪を犯してしまうことになるだろう。というのも彼らは肉体ではなく、魂だからだ」。縛られて拷問されたり、裸足で雪の降る石段を歩かされたりしている女性の映像が続く。

アルシドはホテルに入るとヴァランティの居室を訪問し、執筆の契約について彼と話そうとする。部屋には当然のごとく秘書がいるが、なぜかヴァランティの家族もいて、チェスをしたり、編み物をしていたりする。アルシドは最初、言語哲学や文なしでロシアに行こうとしたバルザックの話を真面目にしたりするのだが、女性たちはまったく無関心だ。

「ナポレオンとヒトラーの後で、あんた方は自分が成功したと思っているのだろうな。たぶんあんた方は忘れていると思うが、あんた方はシガレットだとか、コカコーラやジーンズとかに気を取られて、オーディオヴィジュアルというものを台無しにしてしまったのだ。わたしの考えは逆だ。うちの政府は一度としてTVに関心を示したことがない。わが国の経済でもっとも重要なものだというのに」。

秘書がアルシドに反論する。

「ムッシュ、残念ですけど、久しい昔から映画は滅んでいたのですよ。わたしたちはメリエス、シュトロハイム、エイゼンシュテインを自殺に追い込み、ドイツ人にお金を払ってユニバーサルを建てさせ、ミッキーマウスを発明し、スピルバーグにアウシュヴィッツを建て直させたのですよ」。

「ユダヤ人にお金を払って」といわないところが面白いのだが、この秘書の反論はたぶんにアドルノ的である。戦時中、アメリカに亡命したこのユダヤ人思想家は、大衆文化としての映画を資本主義社会における「文化商品」として、きわめて批判的に論じた。

ラバルトは反論する。「ハリウッドは映画をオーディオヴィジュアルに還元してしまったが、ロシアでは違うのだ」。

ふたたび残酷な映像が挿入される。『ストライキ』のなかで、雪の中で絞首刑となる女性。裸足で石段を下る女性。『戦艦ポチョムキン』の階段の場面で、苦痛に叫ぶ女性の顔のアップ。にもかかわらず、ゴダールは背後に意図的に陽気な音楽、行進曲を流して見せる。「ロシア人には希望があった。しかし、ほら、ロシア人にとってそれは細部なのである。重要なのは、希望が誰のものであったのかを知ることだ。いかなる暗い力が人々を呼び求める権利をもっていたかということだ」。スターリンの肖像。ドストエフスキーの『作家の日記』から、「ヨーロッパは何によって滅んだのか。まず個人主義だ。ローマはキリストを喪失した」という一節が引かれ、ヴィスコンティの『白夜』が引用される。ドヴジェンコの『大地』の、向日葵の野原。教会で蠟燭を灯す老女。聖なる遺骸……こうしてさまざまな言葉と映像を横断しながら、『子供たちのロシアごっこ』は進んでいく。

「われわれはフィクションの帝国の、まさに中央にいるのだ」と、ゴダールは宣言する。

わたしはすべてに疲れたし、すべてを失った。大切なのは耐え忍ぶことだけだと、ブランコに乗りながら、「かもめ」が語る。『かもめ』のニーナが第四幕で語る独白の引用である。

『子供たちのロシアごっこ』は、アンナ・カレーニナとロシア映画に収斂して幕を閉じる。

アンドレイと姉妹、アンナ・カレーニナは列車に同乗し、モスクワの駅のひとつで別れる。カメラはアンナがプラットホームから線路へと降り立つさまを、逆光で捉える。彼女は黒と白のストライプの入った、派手な服装をしている。ここで『戦艦ポチョムキン』で階段を下る女性の顔、有名なクロースアップが挿入されるのだ。この二人の女性は、ステップを下る・上るという身振りにおいて、対応しているのだ。「そう、フィクションなのだ。しかし、それでもやはり現実とは、救済に値するものでなければならない」と、ゴダールは繰り返し語る。ところがここでもゴダールは悪戯を仕掛ける。「マフィアの仕切っている二十チャンネルTVのポルノ」だと説明しながら、一瞬、全裸のポルノ女優が階段の下にいる場面を挿入し、抒情的な映像の連鎖に残酷な異化効果を持ち込んでいる。

「ロシア人はわれわれとは違った風に、映画を発見した。（リュミエールの世界最初の映画のように＝引用者註）はじめて列車の到着を観ても、列車の映像ではなく、トルストイの若い女が身を投げる姿をそこに観たのだった」。画面では、先ほどのストライプの服のアンナが、現代のモスクワ駅の線路をフラフラと歩いている。「ここだ、ここなのだ、と彼女はいう」と字幕が入る。フィルムの冒頭から出没していた二羽のかもめの回帰。アンナがこの鳥たちについて語り続ける。マレヴィッチの抽象絵画のように、白い正方形の上に青い正方形が重なる画面に、「映画／幻想」と、説明が施される。かつてジガ・ヴェルトフが提唱した「映画／真実」の、これは転倒である。

ホテル・ラファエルの前では姉妹が客の呼び込みをしている。エイゼンシュテイン、カウフマン（ヴェルトフの兄で撮影監督）、プドフキン、ドヴジェンコ、バルネット、アレクサンドロフ、ロンム、ポロタザーノフ……呼びかけられるのはロシアの監督たちだ。一人の子供が大人からフィルムの断片《コマ》を手渡されるショットが、あたかもミケランジェロ描くアダムと神の手のように挿入される。「子供たちはいう。映画はわれわれの眼差しに取って代わり、世界そのものとなる。世界はわれわれの欲望に見合っているのだ」。

河では家鴨たちが、バシャバシャと波を立てながら遊んでいる。「子供たちは遊んだ。イコン、変身、フィクション……映画が戻って来る。軽やかなる羊飼いが、羊の小さな群れのなかに自分の居場所を取り戻す。この国に戻って来るのだ。自分たちの国に。フィクションはロシアに戻って来る。ロシアが祖国だからだ」。

こうして『子供たちのロシアごっこ』は幕を閉じる。エピローグは「白痴」の道化である。ゴダールみずからが演じるこの道化は、ひどく狭苦しい場所に坐りながら、何だかよくわからない機械をせっせと操作している。どうやら映画を上映しているらしく、クランクを懸命に廻している。クランクの回転はどんどん速くなる。「もっともっと、感じを出して」と字幕。アンドレイ役の俳優がリハーサルで叱られたときの科白である。しだいにリズミックになっていく操作音に、やがてアコーディオンの伴奏がつく。道化はいつまでも機械の操作をやめようとしない。

「われらがシンプルなるロシア」という文字が現われ、エピローグも終わる。


『子供たちのロシアごっこ』は、あたかも『映画史』のおまけのように制作された。とりわけ直接的には、「ただ歴史だけが」の章に接続するといった印象が強い。いうまでもなくそれはロシアについての映画であるが、同時に、いやそれ以上に、映画についての映画であるということができる。ゴダール本人の言葉を借りるならば、「イコン、変身、フィクション」において、ロシアはその祖国である。

「ロシアはフィクションの国だ。西側がロシアを侵略しようとしたのは、ロシアがフィクションの本場であり、西側が他に何を発明すべきなのか、わからなかったからだ」。こうした発言の背後には、できることならソ連映画の富を継承しておきたいという、ゴダールの映画的認識が強固に感じられる。

この作品は制作年代からすれば、『新ドイツ零年』の対をなす作品である。もっとも『新ドイツ零年』ほどに、歴史が重視されているわけではない。『ドイツ』では舞台としてドイツ史にいわれのある場所が次々と選ばれ、そのたびごとに物語が援用されていた。『子供たちのロシアごっこ』ではそうした語りが後退し、むしろ詩的喚起力に応じてモンタージュが構成されている。いうまでもなくそれは、ゴダールの両国の歴史と文化に対する姿勢の違いを示している。ゴダールはドイツに対しては、複雑な両義的感情を抱いている。だが彼にとってロシアとは神聖なる大地であり、時代を越えて神秘の対象に他ならない。それはイコンの、フィクションの、そして映画の〈祖国〉なのだと、

『子供たちのロシアごっこ』の監督はオフで語り続ける。

アメリカはオーディオヴィジュアルに堕してしまったが、ロシアはかつても、そして現在もシネマの国である。ソ連帝国の終焉などは問題にならない。「西洋の没落」の代わりに、「聖なるロシア」の顕現こそ求められなければならないのだ。ナポレオンとヒトラーにとって脅威であったロシアこそが、神聖なるロシアなのである。このように語られるとき、いつしかロシアとは巨大な映画であったことが判明する。それはリュミエール兄弟による列車の到着の時点から、それをアンナ・カレーニナの自殺を読み込んで受け取ってしまう者たちによって発展された、「われわれ」とはまったく異なった映画なのだ。映画に向かい合う、もうひとつの映画。他者として発展してきた映画。子供たちはこうした映画を継承し、それと戯れることになるだろう。ゴダールはそのように語りたいかのようである。

ところでこのヴィデオ作品はロシアでは観られたことがあるのだろうか。わたしはモスクワの映画批評家たちの声を聴きたいと思う。かつて『中国女』を観たパリの中国大使館の面々は、毛沢東を侮辱しているといって、ゴダールに憤激を隠そうとしなかった。ではペレストロイカを体験し、すでに三十年以上の混迷の歳月を体験してきたロシア人は、ゴダールのこのロシア讃美をどのように受け取るのだろうか。まあ憤慨することはないとしても、苦笑をもって迎えるのだろうか。欧米の映画人の、あまりに歴史的認識を無視した日本映画讃美を前に、ときに鼻白む思いをしてきたわたしが、ロシア人の反応に興味をもっているのだが、それはいずれ明らかになることだろう。

『子供たちのロシアごっこ』(一九九三)

重要な作品であるにもかかわらず、これまで日本では知られないままの作品である。そのため本稿は書き下ろした。『古い場所』と同様、巨大な『映画史』を制作中に生じた副産物だといえなくはない。

『十二月の自画像』

「わたしとはどうして運命であるのか」と、『この人を見よ』のニーチェは書いた。ゴダールはノートの白い頁に書きつける。「わたしとは伝説である」。

傲慢な表現だろうか。いや、そうではない。これは他者がみずからに被せた映像、ロラン・バルトであるならば「ステレオタイプ」と呼んだものから距離を取り、それを批判的に見つめるために必要な宣言なのだ。自分を正確に理解するためには、まず自分を幾重にも取り囲んでいる虚像の存在を指摘しておかなければならない。

『JLG／自画像』（邦題）は原題を *JLG/JLG Autoportrait de Decembre* という。直訳するならば、「十二月の自画像」である。このフィルムは一九九三年の十二月から翌年の春にかけて、ゴダールの住むレマン湖畔で、主に自宅のなかで撮影された。

フィルムの始まりを告げるのは電話の音だ。制作者のゴーモン社からである。ゴーモンはゴダールが大部の『映画史』を発表するにあたって、アメリカの観客向けに彼みずからによる、簡単な自己紹介の映画を作っておいてほしいと、前々から彼に依頼していた。もちろんこの場面はゴダールのやらせであり、いつもながらの彼の自己韜晦の評言である。だが次の瞬間からフィルムはただちに、監督の少年時代をめぐる回想へ、その深い時間の拡がりのなかへと舞い降りていく。

「希望は少年のものだった。しかし少年は大切なこと、自分が誰のものなのかを知らなかった。闇が放つ力がいかに巨大であるかを知らなかったのだ」。

少年時代のゴダールの写真が、大きく引き伸ばされて置かれている。夕暮れ。暗い廊下。暗い室愛。暗い森。世界全体が冬の最中にある。点々としたショットの挿入を受けながら、画面は少しずつ、少年の映像に接近していく。「普通はこうだ。死が訪れ、人は喪に服す。わたしの場合はなぜか逆だった。まず喪に服した。とはいうものの、死はパリにもジュネーヴ湖畔にも訪れることがなかった」。

ゴダールの独白は、スイス国籍をもち、第二次世界大戦にあってパリがナチスのよって占領されたときにも、永世中立を守るジュネーヴで少年時代を過ごしたことを示しているのであろう。だが彼は、自分が不在であった場所、自分が立ちあわなかった時間における厄難に言及する。「水晶と煙の霧は死者の悲劇を思い出させる」。「水晶」とはナチスによるユダヤ人迫害の「水晶の夜」を、「煙の霧」は、かつてフランクルが『夜と霧』で語り、レネがドキュメンタリー映画を撮った強制収容所を意味している。

かつて映画の画面は黒板であると宣言したゴダールは、このフィルムでは画用紙とノートブックをもっぱら愛用する。何も描かれていない紙の白は、部屋の外、雪に覆われた極寒の風景と共鳴し合っている。湖畔に突き出た、砂利だらけの砂洲を散歩するゴダールは、何かを思いつく。背後にニコラス・レイの『大砂塵』の結末部、「ジョニー・ギター」の音楽、ジョーン・クロフォードとスターリング・ヘイドンの愛の対話が流れる。彼は立ち止まってメモをとる。「精神が力を保持するのは、否定的なものを真正面から見つめるからだ」。

それでは、「否定的なもの」（ネガ）とは何だろうか。ゴダールは死に瀕したカフカと映画の起源を重ね合わせ、独特の論理を築き上げる。肯定的なるもの、すなわちポジは、われわれには生まれつき所与のものだと、カフカは親友マックス・ブロードに遺言し、自分の書きものは残らず焼き捨ててほしいと懇願した。ブロードがそれに背いたおかげで、われわれは現在でもカフカの作品を読むことができる。映画はといえば、まずネガから始まる。「世界に旅立つのは、まず世界に生まれて来てからの話なのだ」。だから単純に、自分ができることをするしかない。生が何にも値しないのだとしたら、何ごとも生には値しないはずだろう。

ゴダールは白紙に三角形を描く。次にもうひとつの三角形を、逆さまに重ね描く。気が付くと、ユダヤ人の徴であるダヴィデの星が出来ている。彼はそれがパスカルの神秘の六線星形であり、同時にドイツ、イスラエル、パレスチナの間に生じた歴史的経緯でもあると説く。ナチスに拘泥するように、パレスチナへの拘泥が語られる。

ゴダールの書斎。カメラが移動していくと、書棚にぎっしりと古典文学の書物が並んでいるのがわかる。ユゴー。ゾラ。フローベール。バルザック。ダンテ。ひときわサイズの大きいジュネ。キャンバスにはなぜかルノワールとモネの複製が掛けられている。ブーシェ。ドーミエ。マティス。とりわけエゴン・シーレの複製を彼は手に取ってみせる。突然、書斎の掃除をしていたメイドが、今日で辞めさせていただきますと宣言する。ゴダールは黙って彼女にアドリエンヌ・ムジュウの書物を渡す。

あるとき突然、「映画庁の査察官」だと自称する三人の男女が到来する。女性査察官は本棚の書物をくまなく調べ上げ、ドストエフスキーがあることを上司に報告する。もう一人の査察官は、この家にあるフィルムが一秒間に二十五コマではなく、なんと二十四コマであることを報告する。ゴダールはこの茶番劇に辟易し、女性査察官に向かって「黙れ、このカッサンドラ！」と怒鳴りつける。彼は語る。「第二、第三のヴェトナムを作るなんて、愚かなことを考えたものだ。結果的に、第二、第三のアメリカを作ってしまったのだ」。

春になる。樹木が芽吹き、鳥が囀り出す。白い雲の下で湖水が優し気な揺らぎを見せるようになる。新しいメイドがやって来る。彼女は盲目であり、しかもフィルムの編集をしたいと希望を述べる。ゴダールは丁寧に編集の仕方を教え、彼女は存在しないフィルムを両手で持ち上げ、鋏を挿し入れたり、尺数を計算する身振りをする。「すべてが眠り、宇宙全体が巨大な過ちのように見える」。

盲目の女性は右手で編集機に触れながら、触覚について語る。「触れている手に自分のもう一方の手が触れる。その感覚が、他人の手に触れるときにもあっていいはずだ。自分の手で触れるときのように、手は事物と合体はしないだろうか。しかもこの感覚の広がりには、限界というものがないのだ」。これは生の讃歌である。彼女は続ける。「わたしが創りはしなかったが、わたしを創り上げた世界が経《へ》めぐり、わたしでない軀にも、わたしの軀にも、魂を吹き込む。今、その波動がいかにわたしに生じたかがわかる。向こうに見える風景は、わたしの風景なのだ」。

ゴダールは暗闇のなかでマッチの火を灯し、一枚の絵を眺めながら語る。

「わたしはどこに住むのだろうか。言葉のなかにだ。沈黙するわけにはいかない。わたしは自分を未知の異界に投げ出すが、言葉は責任を伴う。普遍的であらねばならない。謙虚にして細心の注意を怠ってはならない。自分自身の肉体をもって、普遍を実現しなければならない。それがわたしの可能性であり、ただひとつの戒律である」。

こうして一冬が過ぎる。Tシャツ姿のゴダールは、屋内のテニスコートで颯爽とテニスをしている。最後の場面は緑の草原である。ゴダールは、中世であればいかにも魔女だと思われたであろう老女とともに、道端に腰をかけている。「どれほどある国の巨大な権力が世界を制覇しようとも、わたしの言葉は語り継がれるだろう。永遠のかぎり、人が詩人の言葉の真実を信じるかぎり、わたしは生き続けるだろう」。老女がそうラテン語で語ると、ゴダールが同じ言葉をフランス語で繰り返す。

死と服喪から語り起こされたこのフィルムは、途中でいくたびもの茶番を潜り抜けた後、厳しい冬を通り抜け、世界の再生に立ち会うことになる。ゴダールはつねに女性たちに学び、女性たちによって霊感を授けられる存在としての自画像を、映画として完成する。

これが六十三歳の時点でのゴダールの自己像である。彼はその後も三十年近く生き、自分の問題文脈を繰り返し更新し続けていくことだろう。ひょっとして自分の全言動もまたカッサンドラの予言に等しいものではなかったかという疑いをときに抱きつつも、パレスチナとイスラエル、アラブとユダヤの三角形の構造に拘泥し、音声と映像を組織していくことだろう。

『十二月の自画像』(一九九五)
本書のために書き下ろした。このフィルムを最初に見たときには、画面から漂ってくるメランコリアに驚いた。『気狂いピエロ』で原色の氾濫する南フランスを描いた監督は、いつの間にこうした渋く繊細な苦みのある色彩を使いこなせるようになったのだろう。夏の映画の監督は、わたしの気が付かないうちに、冬の映画へと向かっていたのだ。

『フォーエヴァー・モーツァルト』

「フォーエヴァー・モーツァルト」という題名は、ボリス・ヴィアンの『北京の秋』と同様、いかにも取ってつけたものである。モーツァルトは結末部に申し訳程度に演奏されるだけで、フィルムの物語とはまったく関係がない。もしこの作品に正直に題名を与えるなら、「ボスニア珍道中」とか「愛と希望の町」といったところだろう。だがこのフィルムについて語る前に、その背景となったボスニア・ヘルツェゴビナにおける内戦について若干の説明を施しておかなければならない。

一九九〇年にユーゴスラビアの連邦共和国同盟は事実上、社会主義を放棄し、各共和国では民族主義の台頭が開始された。九一年にはスロベニア、クロアチアが独立を宣言し、第一次クロアチア戦争が勃発した。九二年にはボスニア・ヘルツェゴビナが独立宣言。ただちにセルビア主導非正規軍ユーゴ軍が攻撃し、ボスニア戦争が起きた。セルビア兵による民族浄化が開始され、ムスリム勢力がそれに対抗して復讐を行なった。このあたりの事情は、多くの証拠が抹殺されたため、真偽を確定することが困難となっている。ボスニアの首都サラエヴォは、この時から三年にわたりセルビア勢力に包囲された。

九四年、ボスニア・ヘルツェゴビナとクロアチアの間にも軍事衝突が生じ、状況はさらに悪化した。九五年には第二次クロアチア戦争が起き、NATOは前者のセルビア人地区に空爆を開始。その後、国連の平和維持軍の駐屯を条件に、ボスニア・ヘルツェゴビナは「ボスニア連邦」と「セルビア人共和国」の統合という形で存続することになった。

サラエヴォは千二百六十四日にわたる境界線封鎖によってすっかり疲弊していた。四十万の人口のうち、一万一千人が死亡していた。彼らはこの期間、みずからを勇気づけるため、頻繁にクラシック音楽のコンサートを開催した。内陸で海がないというのに女性たちは水着を持ち寄って、即席のファッションショーを開き、冗談半分にミス・コンテストを催した。わざわざ「TARGET」と描かれたTシャツを着て危険地域を駆け抜けたり、食糧危機にもかかわらずありあわせの材料を組み合わせ、「白ワイン」と「サケ（日本酒）」を考案した。

このユーゴ内戦の時期、わたしは対岸のイタリアの大学都市で、パゾリーニの詩と映画について勉強していた。新聞には隣国での戦局が大きく報道されていた。両替屋は面白半分に、インフレのおかげで0が九つもついたユーゴスラビア紙幣を店頭に飾っていた。教室には旧ユーゴからの留学生が二人いたが、彼らはできるだけ同国人に遭わないようにしていると語った。国家がいくつにも分裂してしまった以上、お互いが敵国人どうしである可能性が生じてしまったためだった。

わたしがサラエヴォを訪れたのは二〇〇四年晩秋のことである。コソヴォのセルビア人地区にある難民の大学で日本文化について講義をしていたのだが、旧ユーゴの他の地域にも足を運んでおかないとこの消滅した国家の全体像が理解できないだろうと考えたからである。

建物の壁のいたるところに弾痕があった。ボスニア人はそれを「薔薇」と呼んでいた。中世に数多くの蔵書を誇った図書館は炎上して、無惨に朽ち果てていた。ベル・エポック時代に華やかな社交界の舞台であった「ホテル・ヨーロッパ」も、廃墟となっていた。かつて文化的コスモポリタニズムを標榜していたこの都市は、すっかり原理主義化されていた。

わたしは滞在中、少なからぬ人びとと言葉を交わしたが、彼らは外国人であるわたしにむかって自己韜晦の発言はしても、けっして真顔で答えようとしなかった。サラエヴォ人が体験した屈辱と悲嘆に直接触れることは、わずかの滞在では不可能だった。

サラエヴォが包囲されていたとき、ニューヨークのスーザン・ソンタグがこの地を訪れ、人々を勇気づけるため、ベケットの『ゴドーを待ちながら』の演出をしたという話が、欧米圏と日本ではまことしやかに伝えられていた。一九九三年八月のことで、彼女が電力の不足する劇場で、蠟燭の灯を用いながら演出したことが、美談として伝えられ

ていた。(『批評空間』一九九四年四月号参照)

わたしは少なからぬ人々に尋ねた。誰もそんな話は聞いたことがないといった。彼らが代わりに語ったのは、一九六〇年代の終わりにニューヨークのオフオフ・ブロードウェイで話題となったロック・ミュージカル『ヘアー』が、地元の演出家によってボスニア戦争を背景に「お笑い」として脚色され、大人気を博したという話だった。わたしには初耳だった。ソンタグの高級芸術の情報は国際的に拡散されたのだが、地元のサブカルチャーの話題は国境を越えることができなかったのだ。

サラエヴォについて長々と書いてきたのには理由がないわけではない。ひとつには、一九九〇年代の旧ユーゴ解体に発する内戦の悲惨のことが、日本では充分に伝えられていないためである。ゴダールの『フォーエヴァー・モーツァルト』の背景となっているのはこの戦争である。そのため、どうしても読者と基本的な情報を共有しておきたいという気持ちが先走って、こうした前説となった。もうひとつは、このソンタグのゴドー演出が、ゴダールをしてこのフィルムを監督させる動機のひとつであったことを記しておきたいからである。

ソンタグの演出が世界的な話題となった直後、パリではかつての前衛小説家フィリップ・ソレルスが彼女を批判する批評を書いた。彼は「アメリカの女性作家」はこの件に関して、「無作法にも、しかも無意識的倒錯に陥りながら考えた」と(III、五九三~九四頁)記し、サラエヴォで上演されるべきだったのは『ゴドーを待ちながら』ではなく、むしろマリヴォーの『戯れに恋はすまじ』ではなかったかという批判である。

『戯れに恋はすまじ』は作者がジョルジュ・サンドとの恋愛を終えた直後に執筆された、いささか諷刺のきいたロマンティック・コメディである。男爵の甥と姪、幼馴染の男女が久しぶりに再会する。もっとも男性不信の修道院で育てられたカミーユは、ペルディカンの求愛に懐疑を示す。ペルティカンは一計を案じ、いかにも純朴そうな農家の娘ロゼットを愛しているふりを見せる。カミーユは苦もなく策略に乗り、ペルディカンの愛を受け容れる。ロゼットは失意のあまり死んでしまう。この芝居で重要な役割をはたしているのは手紙であり、それが万事の誤解のもととなってメロドラマが進んでいく。

もしこのエンタメ芝居がサラエヴォで上演されたとしたら、ミュージカル『ヘアー』を爆笑で受け容れた市民たちの間できっと大受けであったことだろう。わたしには、すでにゴドー的世界を嫌になるほど体験させられてきたサラエヴォの観客が、たとえ高度に洗練された批評性をもっていたとしても、わざわざ自分たちの状況の寓意であるような芝居を受け容れたかどうかは、多分に疑わしく思われる。

ここでようやくゴダールの話になるのだが、『フォーエヴァー・モーツァルト』とはそもそも、この『戯れに恋はすまじ』の芝居を演じようと、パリの若者たちがサラエヴォを目指すところから開始されるフィルムなのである。

老いたる映画監督ヴィッキーは男爵から、「宿命のボレロ」という国際合作映画の監督を依頼される。オーディションには娘のカミーユ、妹シルヴィの息子のジェロームが参加する。けれども二人とも落ちてしまう。そこでこの二人は、だったらマリヴォーの『戯れに恋はすまじ』をサラエヴォで上演してみようじゃないかと思いつく。ちょうどソレルスも書いていたではないか。二人は書店でその書物を見つける。主人公の名前が自分と同じだと知ったカミーユは、もうそれだけで有頂天となり、二人はヴィッキーを誘い、シルヴィの反対を押し切って出発する。同行するのはシルヴィの家のメイドでアラブ系のジャミーラ。彼女はとにかく自分の境遇を変えて幸福になりたいという理由から、このサラエヴォ行に参加する。

パリからトリエステ行きの列車に乗り、その後は野営でサラエヴォに向かう。ヴィッキーも同行する。彼はゴイティソーロやヘミングウェイを引用し、一九三〇年代のスペイン内戦と現在のヨーロッパ状勢が酷似していると語る。だが彼は高齢もあって途中で自信がなくなり、トラックに乗せてもらって戻ってしまう。別れる前の夜、ヴィッキーは野営地でジャミーラといっしょに火を囲み、彼女に『幸福なアラビア』という書物を与える。後にゴダールが遺作『イメージの本』で言及する書物であり、それは大虐殺の起きているイエメンを意味している。

ジェローム、短髪のカミーユ、長く縮れた黒髪のジャミーラ。この三人の組み合わせは『中国女』を連想させる。最初の二人は読書に夢中のブルジョア学生だが、ジャミーラだけはメイドで、一歩退いたところからヴィッキーに敬語を使ったりしている。もっともこの三人はすっかりマリヴォーの戯曲に夢中になってしまい、めいめい自分をペルディカン、カミーユ、ロゼットに同一視するようになる。彼らの言葉は戯曲の科白の引用と区別がつかなくなり、ジェロームはジャミーラを誘惑するそぶりを見せたりもする。

一方、パリのシルヴィは、あんな危険地帯へ行くなんて自殺行為だと怒っている。そこに国防大臣が登場し、お子さんたちをユーゴに炊きつけたとは、書物は犯罪ではないかと口を合わせる。マリヴォーの原作において重要な役割をもつ手紙が、ここでも登場する。ジェロームがボスニアから投函した葉書が、母親のもとに到着したのだ。

ジェロームは哲学に夢中で、デカルトの有名な「コギト」(われ思う、ゆえにわれあり)を口にする。だが複数の人格を文学的に生きたペソアに夢中のカミーユは、その最初の「われ」と二番目の「われ」は違っているはずよと反論する。自分にとって重要なのは、「わたしを抜きにしてわたしの内側に生まれる、無意識の、非人称的な感情」であると語る。

ジャミーラはこうした知的遊戯にいっこうに関心を示さない。彼女は夜汽車の廊下に独り立ち、思い切って窓を開ける。強風が吹き込み黒髪を揺らすが、それをいっこうに気にせず、何やらアラビア語で呟いている。ジェロームが後ろから現われ、マリヴォー描く若様よろしくジャミーラに接吻しようとするが、彼女はそれを撥ねつけ、代わりに自分の家族の話をする。わたしはかつて警官の車に轢き殺されかけたことがあった。親族のなかには殺害された者もいる。死などない。あるのはわたしだけ。死んでいこうとするわたしだけなのよ。

三人はとうとうボスニアに到着する。沼地で泥だらけになりながらも、希望をもって前進する。冬が来ようとしている。書物を手に野宿しているジャミーラの上に、いつしか雪が降り積もるようになる。二人の女性が河で洗濯をしていると、突然に戦車が出現し、すでに戦地に突入していたことが判明する。

三人はただちにセルビアの民兵たちの手で捕虜にされてしまう。ジャミーラは三人の兵士に強姦されそうになるが、駆け付けたNATO軍のポーランド兵士によって救助される。ジェロームとカミーユは下着を脱がされ、壁に向かって立つように命じられる。いかにも蛮族といった雰囲気のセルビア人の将軍が、彼らに好色そうな目を向ける。NATO軍による爆撃が激しくなるなか、二人はあっけなく射殺され、自分たちが掘った穴の側に倒れこむ。カミーユはいまわの際に、「さよなら、ペルディカン」と、芝居の幕切れの科白を口にする。ジャミーラだけは運よく逃げ延びることに成功する。

ここで三人の物語は終わり、フィルムの残余三十分ほどは、『運命のボレロ』の撮影と不首尾に終わった公開、そしてこれも不可解なエピローグとなる。

いよいよ撮影が開始されることになり、ヴィッキーが寒々とした海岸に到着する。助監督は海の水が少ない、フィルムがないと、ことあるごとに不満を口にする。女性スタッフはポルノ映画のテープ起こしに余念がない。ヴィッキーは監督として自分の意見をいおうとするが、制作者から意見などいらない、監督の名前があるだけで充分だと怒鳴られ、悲し気に口を閉じる。何もかもが乱雑で、とうていまともな映画撮影などできそうもないように思われる。

そんな中で、見習い助手が巨大な廃屋に放置されているジェロームとカミーユの死体を発見する。死体は砂浜に運ばれ、ひとたび裸にされて埋葬される。ここでオフでホフマンスタールの『チャンドス卿からの手紙』の一節が流れる。「表象の可能性を知ることは、生の行使する隷属を前にしたとき慰めとなる。生を知ることは、表象に影の性質があることへの慰めとなる」。

海岸には強風が吹き荒れているが、それでも撮影が強行される。ヴィッキーはまず渡された脚本をビリビリと破り捨て、これはジョン・フォードの教訓だという。撮影されるのは、主演女優がまさに泣きそうな顔でペソアの一節を引用するという場面だ。「その緩慢で空所な時間のなか、魂の底から思考へと浮かび上がってくる、全存在の悲しみ……」。いくたびリハーサルを重ねても、ヴィッキーは納得しない。だめ、だめ、だめ……の連続である。最後にようやくOKが出るが、女優は逃げ出してしまい波打ち際で倒れる。ヴィッキーには虚無感しか残らない。

こうして波瀾を含みながら撮影が続けられるが、あるときスタッフの二人が制作費を着服して逃亡してしまい、出資者の男爵は破産してしまう。それでも『宿命のボレロ』はなんとか完成したようで、待ちに待った公開の日となる。映画館の前には観客が列をなす。もっとも彼らはセックスが出てこない映画なんてといって失望し、全員が見ずに帰ってしまう。映画館主は慌てて別のフィルムを上映するといい出し、ポスターを変えようとする。

エピローグ。ジュネーヴのオペラハウスでモーツァルトが演奏されることになる。各界の名士たちや貴婦人たちが集うなか、市長が、やはりワグナーの方がいいなあと呟く。演奏が始まる。ヴィッキーが遅れて階段を上ってくる。

とはいうものの、彼は会場に入ろうとせず、階段を上りきったところで床に座り込み、ぼんやりと音楽を聴いている。ちなみにこのフィルムのなかでモーツァルトへの言及がなされるのは、このエピローグだけである。

旧ユーゴスラビアの解体とそれに引き続く内戦、民族浄化は、ヨーロッパの西側に生きていた映画人を充分に当惑させた。ただちに反応した者の一人がゴダールである。彼は『フォーエヴァー・モーツァルト』に先立って、三年前の一九九三年に短編『サラエヴォに一礼』を発表し、セルビアの私兵たちの残虐行為を告発するとともに、その映像の政治性を分析することを試みた。一九六八年にパリの街路に立って「フィルム・トラクト」を作成して以来二十五年が経過していたが、世界の亀裂を前に即座に反応するその運動神経の敏捷さはまったく変わっていなかった。

『フォーエヴァー・モーツァルト』から二年後、ナポリに拠点をもつマリオ・マルトーネが『戦争のリハーサル』（一九九八）なる作品を撮っている。そこではアイスキュロスの『テーバイ攻めの七将』を内戦下の旧ユーゴで上演しようとするイタリアの劇団の、リハーサル光景が、延々と描かれている。あきらかにゴダールの先行作品を踏まえてのフィルムであるが、その印象はむしろ『狂気の愛』のジャック・リヴェットに近い。というのもマルトーネは現実にアイスキュロス劇の上演を目指してリハーサルを重ね、それと同時進行的にフィルムを撮影していたからである。『戦争のリハーサル』では黒澤明の『七人の侍』の映画音楽が使用されている。上演とは何か、舞台とは、観客とは何かという問いをめぐって、ゴダールよりもはるかに真面目に演劇のことを考えている作品である。結局、最後の最後になって目的地での上演はなされず、劇団員たちの努力は挫折する。だがリハーサルが進行していくなかで、現実の戦争とは別に、演劇が内側に抱え込んでいる政治がどんどん顕在化していき、リハーサル自体が戦争のリハーサルになってしまうという事態が描かれることになる。

ゴダールははたしてマルトーネを観ているだろうか。おそらく観ていないだろうし、関心も抱いていないのではないか。彼の念中にあるのは映画であって、演劇の政治学ではないのだ。彼がボスニアに渡航する若者たちを眺める眼差しは、かつて『中国女』で毛沢東思想学習のため合宿をする大学生たちへの眼差しといささかも変わるところがない。アラブ人ジャミーラを除く登場人物たちは、実にあっけなく殺害されてしまうのだが、ゴダールはそこに一抹の感傷をも挟まない。この独特の距離感こそがゴダールである。では彼らの行動は愚行として嘲笑されるべきものだろうか。ゴダールはここでも距離を崩さない。着飾ってモーツァルトの演奏会に集うブルジョアジーもまた、嘲笑されるべき存在なのだ。ただ一人、老いたる映画監督ヴィッキーだけが帰還し、取り残された生を生きることになる。最後に階段を上り切ったところでへたり込む彼の疲弊の感情だけが、このフィルムのなかでは嘲笑を免れている。

『フォーエヴァー・モーツァルト』（一九九六）

本書のために書き下ろした。旧ユーゴスラビア解体時のＮＡＴＯについて、強烈なアイロニーを突きつけている作品である。『カルメンという名の女』でビゼーの『カルメン』を最後まで無視したように、ゴダールはここでも題名にあるモーツァルトの音楽を最後の最後になるまで登場させず、題名にツラれて映画館に入ってきた観客に意地悪な眼差しを向けている。

『古い場所』

1

二十世紀が今まさに終わろうとする一九九八年、ニューヨークの現代美術館MOMAがゴダールに対し、二十世紀における芸術の役割について、エッセイ的な映像作品を撮ってほしいと依頼する。ジャンルも知名度も問わない。およそわれわれが「芸術」の名を与えうるものなら、その対象は何でもよいというのが、主旨である。

この要請は、アンヌ＝マリ・ミエヴィルの口によって、きわめて大真面目な調子で読み上げられる。「作者か作品を問わず、独創的か奇妙奇天烈かも問わず、分野も問わず、取り上げることを検討する。対象となるのは、その取捨選択は偶然かつ恣意的であってよいが、われわれが芸術の名を与えることを認めたものに対し、細心の配慮を怠らず、その現存する痕跡もしくは歩みを描き記そうとする行為と省察のことである」。ゴダールはこの公式的な要請の読み上げに対し、「芸術が伝説なのか、現実なのかを、最終的に確かめてみたいね」と、そっと付け加える。

かくして「二十世紀の秋の、芸術についての小さなノート」が開始される。それはプロローグとフィナーレを別にすれば、「芸術的思考をめぐる23課目」によって構成されるだろう。

もっともゴダールは生真面目なことが大嫌いだ。このヴィデオ作品の冒頭に、ダラリと腕を垂らして樹木にブラ下がっている猿の映像を掲げてみせる。新型のシトロエンが「ピカソ」と名付けられ早速市場に出されると、その直後にピカソの絵画が並べられる。五年前に撮った失敗作『エラス・プル・モア』の冒頭あたりのショットを引用する。

岸辺の公園で多くの人物たちが直立不動の姿勢をとり、その後方をゆっくりと汽船が過ぎてゆくという場面で、これに「現実としての映画」という字幕を与える。ボルヘスが『幻獣事典』で言及した、バートン版『千夜一夜物語』に登場する不思議な動物、アバオアクゥーについて説明をする。いったいそのようなことが二十世紀の芸術の本質にどう関係があるのか。あるわけがない。ゴダールは芸術をめぐる問いの生硬な制度性を、単に揶揄《からか》っているだけなのだ。

課目 exercise は leçon とは異なり、たぶんに宗教的な意味の含みをもった言葉である。ただちに想起されるのは、『霊操』*Exercitia spiritualia* のイグナチウス・ロヨラのことだ。そこでゴダールはすかさずブレッソンの『罪の天使たち』を引用する。尼僧たちが教会の床に身を投げ出し、聖母マリアにむかって忠誠を誓うという厳粛な儀礼の光景。信仰と心身の鍛錬のためになされる崇高な実践。ゴダールはこの儀礼を引きながら、スポンサーであるＭＯＭＡと自分の関係は聖母マリアと尼僧たちのそれに似たようなものだといいたげである。

2

それぞれの「課目」は題名をもち、二筋の声による対話からなっている。ジガ・ヴェルトフ集団時代からゴダールが得意としてきた様式である。アンヌ＝マリ・ミエヴィルの声は落ち着いて考え抜かれており、言葉が長く調和がとれている。ゴダールの声は逆に早口で短い。その場その場での即興的な性格が強い。二人はどこまでも交錯する声の存在に留まっているが、途中でワンショットだけ、回転する上映装置らしき機材の後ろで、いっしょに壁に背を預けて座っている姿が、ご愛敬といった感じで挿入されている。

いくつか興味深い「課目」について、記しておこう。

第１課「聖週間」

ボルタンスキーによる子供たちの衣服のインスタレーションに、サラエヴォの犠牲者の映像が続く。ボルタンスキーは惨たらしい犯罪や虐殺の犠牲者と加害者の写真をあえて混ぜ合わせて展示することで、複製技術時代における記憶と忘却、救済のあり方の変容を提示してみせた。「物質と記憶」（ベルグソン）という字幕が入り、ボルタンスキーの作品の根拠のひとつとなった、芸術と事実性の間の無関心が、現代社会における芸術と商品の間に生じる二律背反の分離に対応しているという事実が語られる。やがてこの主題は、『古い場所』の最後にも問われることとなるだろう。


第2課「思考の苦悶」

スペインにおける虐殺を描いたゴヤの版画と、またしてもサラエヴォでの犠牲者の死の映像。後者はもはやクリシエであり、人は安全地帯にいてそれを安価で入手でし、安易に眺めていることができる。

ボッチチェリの絵画にバルネットのワンショットが続く。両者に横たわっている静寂は同じものだ。

「芸術とは、かつてあったものの映像に還元される作業を通して、近くにあるものと遠くにあるものとを、稲妻のようにすばやく出会わせることにある。それは『芸術』と『現実』の間にある同語反復的な無関心の中で行われるのだ。歴史的にいうならば、芸術と『自己完了性』の概念の間では、危機が産み出されることがある。他者、つまり外部に向かって何かを陳列することは危険なのだ。歴史の恐怖は芸術という観念の正当性を疑問にかけてしまう」。

これはきわめて深刻な議論であり、長きにわたってゴダールの脳裡を占めていた主題であった。芸術と現実の間に横たわる無関心。にもかかからず、もし芸術が現実の何かしらを語ることができるとすれば、それは芸術が固定されたアイデンティティをもたないがために行ないうる弁証法ゆえにであると、ゴダールはいおうとしている。

第3課「影の軍隊」
拡がり行く世界の悲惨厄難のなかでは、安易にその寸法を測ってはならない。世界に横たわる恐怖を「芸術」と呼んで、そのまま売り物として陳列することには拒否しなければならない。「なぜ過去を愛するのか」とアンヌ＝マリが尋ね、「わたしはここに回帰する。新しい自然にむかって出発するためだ」とジャン＝リュックが答える。翼を大きく拡げたニケの女神像をはじめ、次々と古代ギリシャの彫像が登場し、ジョルジュ・ド・ラ・トゥールの「聖イレーネに手当てされる聖セバスチャン」が引かれる。

「人はまず喪失を知った。しかし時が経つにつれ、われわれはその喪失の何もかもが悪いものではないと、理解するようになったと思う。たぶんすべてが悪いわけではないのだ。結局、われわれは喪失の代わりに、新しい出発を手にする機会を得たのだ」。

第4課では舞踏が主題となる。ブレッソンの『ブローニュの森の貴婦人たち』で踊り続け、ついに倒れてしまうアニエスと、それに駆け寄る母。続いて踊り子の少女たちを描いたドガの油彩。第5課では「ユートピアの映像」と題して、騎乗のロシア将校と赤旗の隊列。軍歌「赤い丘」が流れるなか、画面は緑と赤の対比を拾いつつ、道路わきに花を咲かせた雛罌粟《ひなげし》を起点として、どんどん緑の森のなかに入って行く。「ユートピア的視座の不在において、歴史の恐怖を否認することなく、メシア的次元での救済をはたすことこそが、芸術の務めである」。第6課では危険きわまりないロッククライミングの映像に続き、アルトーと彼が晩年に論じたゴッホの映像となる。「わたしは死人だ。他のいかなる者でもない」。

興味深いのは第7課である。ここでは自作の『新ドイツ零年』から、西側へと進むドン・キホーテがエディ・コンスタンティーヌに出逢い、騎乗から「竜はどこにおるのか」と話しかけるショットが引かれている。トーマス・マンの著名な言葉である。ゴダールはそれに対し、画面外から「おそらくわれわれの人生においてあらゆる竜は王女であって、われわれが勇気を出して、優しい声をかけるのを待っているのだ。時は語りうるものなのか。……これこれの時というのは……」と語る。アンヌ＝マリがそれに対し、「芸術は時間に庇護されていなかった。芸術は時間に庇護されていなかった」と繰り返す。画面はそこでボッチチェリの絵画とレイの『夜の人々』のキャシー・オドネルへ移る。

第8課「呟きと孤独」ではブルカを強要されている女囚たちの映像に、「女性歌手は相対的には自由であっても、芸術への愛にすべてを捧げる犠牲者である」という警句が添えられている。第9課「盲目の愛」では、盲人がロダンの彫像を手探りで鑑賞している。別の人物の手がそれを助ける。先に出てきた「物質と記憶」という語が引かれ、粘士を懸命に捏ねている手のアップとなる。「われわれは夜に仕事をする。できることをする。もっているものを与える。われわれの疑惑とは情熱であり、情熱は仕事である。残余は芸術の愚だ」。ロダンの「考える人」と、ふたたび『ブローニュの森の貴婦人たち』から、踊るエリーナの映像。第10課「1$映画」では、アンヌ＝マリとジャン＝リュックが私有財産の分配を論じ、革命が必要であると語り、第11課「失われた幻想」では宇宙開発の未来が語られる途上で、フェルメールの「ターバンをした少女」となる。続く第12課「古い博物館、古い世界、古い映画」では、過去に焦点が投じられている。屠畜されていく馬。中世の拷問にかけられた人々。聖職者の衣。アンヌ＝マリが語る。「過去が古いかどうかを決めるのは未来次第だ。ひとりの人間が先に進もうという考えをもっているならば、昔の自己を、もはや無関心となった自己と見なすだろう。逆に、ある人々の考えは、時間の拒否を含んでおり、過去と親密に連帯している」。

それぞれの課は主題的に自立しており、論理的な順番に応じて並べられているわけではない。とはいうものの、『古い場所』は後半に差しかかったあたりから、課と課がある連環構造を持つようになる。具体的にいうと、ベンヤミンとマルローの美学的文脈が明確に浮かび上がってくるのだ。

第13課「モノの運命」では、これまで芸術として認識されてこなかった照明家具やテーブル、窓の装飾といったものに関心が向けられる（ゴダールの優れた理解者であったユッセフ・イシャプール（一九四〇〜二〇二一）の著作が二冊、さりげなく家具の上に置かれているあたりが心憎い）。字幕は「真実　伝説　夢想」／「芸術の子供時代」。少女が絵具箱から絵具を取り出し、無心に水彩画を描いている。「この時、まさにこの時が」。

『理由なき反抗』のプラネタリウムの場面。強制収容所で子供たちのつけているダビデの星。その腕に刻み込まれた認識番号の数字。こうして星の系列《セリ》が続く間に、過去と現在、遠くと近くを結びつけるベンヤミンの構想が説明される。「近さと遠さを結合させること、その独自の顕現を通して、絶対的に新しいものを創造すること」という、ベンヤミンの一節に対応して、画面では花火の閃光。芸術の作者たちが体現している、（文化的、神聖的、絶対的）オーラへの言及。

第14課では洗礼が主題となる。「過去への欲望」「時間の誕生」「モンタージュの洗礼」。映像に洗礼を与えるにはどうすればよいのか。その一例としてゴダールはパゾリーニ『マタイ福音書』（邦題は『奇跡の丘』）で、ヨハネがイエスに洗礼を施す場面を引く。続いてジョットの「出エジプト」の聖母子。現代のコソヴォの難民が同じ姿勢で傘を拡げ、馬で逃げようとしている写真。カンディンスキーの「青騎士」。ラスコーの洞窟の馬。洗礼というモチーフがいつしか馬に代わり、聖処女がやがて永遠の女性へと置き換えられていくという西洋美術史の物語となる。十七世紀の神秘主義者聖テレジアの、恍惚とした像。マザッチョの『楽園喪失』の、悲嘆に満ちたイヴ。かといってゴダールはルネサンス名画のオンパレードそれ自体には関心がない。絵画における聖母に拮抗するものとして『マタイ福音書』がふたたび援用され、磔刑の場であるゴルゴダの丘へと向かうマリアたちの一行。エヴァ・ガードナー、アンナ・マニャーニ。さらにマレーヴィッチの「白い基底の上の黒い正方形」。課目に手仕事をする職人たちの手。ピアノを弾く手。ブレッソンが描いた、ジャンヌ・ダルクの縛られた手……。

ここで付言しておくと、ゴダールは古典的な芸術作品の映像を提示するばかりではない。「絵画の第二の変身」、つまり芸術作品が商業的売買の対象とされている現実をめぐって、二十世紀の前衛芸術にも批判的な言及を忘れてはいない。デュシャン、ピカビア、からウォーホルに到るまで、今日の前衛芸術家の英雄伝説を取り上げると、「芸術史からすると二十世紀は百年戦争であった」と宣言する。伝説が映像を支配してしまった。それと同時に、絵画は現代の公共性に還元されてしまった。芸術は市場で売り買いの対象とった。先に触れたように、現代とは新車が「ピカソ」と名付けられてしまう時代なのだ。ゴダールはモンタージュを通して、ファッションショーの映像と政治的軍事的犠牲者の写真の同時性を認識するように訴えかける。しかし何かが抵抗しているのではないか。つねにどこかにはオリジナルなものがあって、抵抗を続けているのではないかと、アンヌ＝マリが問い尋ねる。

課題ごとの内容説明はもうこれくらいでいいだろう。『古い場所』ではこの後も魅力的な映画映像と絵画彫刻、さらに自然の映像が、休む暇なく続いていく。美しく紅葉していく樹木、とりわけカエデ。チャップリン『モダンタイムズ』のラストで一本道を進み、どんどん画面から遠ざかっていく主人公のカップルたち。ジャコメッティの彫刻とゴーギャンの自画像。ウォーホルの描くモンロー。デュシャンとモネ。西洋の芸術絵画の画集を手にする手が、同時にファッション商品の通販カタログを捲る手となる。あらゆる芸術は今日では商品であり、商品である以上、等価であるという残酷な事実がここで露呈される。『市民ケーン』冒頭、ザナドゥー城の境界に設けられた、「立入禁止」の掲示。ブリューゲルの『バベルの塔』。フランシス・ベーコン。ジャック・カロの怪物画「聖アントワーヌの誘惑」に描かれたグロテスクな怪物たち。森のなかの邸宅。自動回転する二つの大小の歯車。

一人の裕福そうな少女が二階から、一階の貧しい少年たちに光を投げ与えている光景を描いた、ゴヤの版画……。画像のリストはこうしてどこまでも続く。今さらわざわざいう必要もないだろうが、書物からもおびただしい数の引用がなされる。ポール・リクール、クリフォード・シマック、ブランショ、ヘンリー・ジェイムズ、チェスタトン、プーシュキン、ボーヴォワールやマン、ベルグソン……もちろん『アルファヴィル』のコンピューターの声以来お気に入りのボルヘスからも。

こうしてわれわれは五十分近い時間、圧倒的な映像と音声の過剰を体験する。それこそが課 exercise なのだ。

3

フィルムが進行していく間にわれわれが気付くのは、この「課」が天空に輝く星々を連想させるという事実である。『ドイツ悲劇の誕生』の著者であるベンヤミンの言葉を用いるならば、23の課とは23の星からなる星座 Konfiguration である。そこでは観念と現象は完全に合致するわけではなく、表象／被表象の関係にもない。またどちらが優位であるというわけでもない。だがそれらは同じ場所に配置されることで、全体としてひとつの光景、星座布置 Konstellation を造り上げている（ちなみにわたしが大学時代に受けた講義のなかで河合隼雄は Konstellation を、「よくできてるなあ～」と翻訳するのが一番いいと語った）。星々は対立も競合もせず、ただみごとに整然とした布置を構成している。『理由なき反抗』のプラネタリウムの場面。強制収容所で子供たちのつけているダビデの星。その腕に刻み込まれた認識番号の数字。こうしたゴダールのモンタージュは、過去と現在、遠くと近くを結びつけるというベンヤミンの構想を、すぐれて体現している。課はそれぞれ論争的でも還元的でもなく、ただ星座布置的に並んでいる。それは起源に還元されることなく、同時的に、ポリフォニックに成立し、垂直的な構造のもとにある。星座布置にあって個々の星々、すなわち映像どうしは衝突の核エネルギーを携えている。出会いは衝突であり、いや、もとい爆発である。クレショフ、ヴェルトフ、エイゼンシュテイン……映像と映像を衝突させるという、彼らが考案した新しい手法を考えてみよう。そこでは継起する映像によるポリフォニーが体現されているのだ。映画は重ね合わされた複数の音声を分離しない。ゴダールは芸術の作者たちが体現するオーラと芸術それ自体が文化的に放つ神聖なオーラの双方を見つめながら、映画作家たちが考案したモンタージュの意義を説き、その文脈のなかで、ベンヤミンの説く「遠方にあるものと近傍にあるものの、独自の顕現」を、映画的に「モンタージュの洗礼」と呼び直す。その「モンタージュの洗礼」という言葉に呼応する形で、ただちに一連の映像が召喚される。これが先に説明した、第14課の内容である。

ベンヤミンは複製技術（写真と映画）を、自立した絶対芸術をめぐる信仰と対立させた。後者とは十九世紀のドイツロマン派が作り出し、「近代芸術」が継承した歴史的な観念に他ならない。この対立の構図のなかにあって芸術のメシア的、ユートピア的要素が顕現を見るとすれば、そこにこそ芸術のもつ「政治」が実践されることになると考えていた。『古い場所』ではそれが指摘されるのは、第3課、ジャン＝マリ・ストローブがヘルダーリンの提唱したユートピアに言及する下りにおいてである。

ゴダールはベンヤミンに導かれる一方で、「想像の美術館」を提唱したアンドレ・マルローからも少なからぬ着想を得ている（彼はマルローがスペイン内戦従軍体験に基づいて原作を執筆し映画化した『希望』を、つねに賞賛していた）。マルローは彫刻を特権的な芸術と見なし、絵画はそれに比べて永遠性がなく短命であると考えていた。彫刻こそは不滅にして世界共通の普遍性をもった芸術である。ゴダールはこの考えに応じ、原始美術からエジプト、前コロンブス期、ギリシャ、ローマ、ゴシック、ルネッサンス、そしてロダンに到るまで、彫刻の映像を次々と引用する。だがその一方で、彫刻が生み出す空間は、いささかも映画と共有されることがないとも認識している。

複製技術時代の芸術からはオーラが喪失されていくと嘆きながらも、ユートピアを説き続けるベンヤミン。彫刻を規範として芸術の永遠不滅を説くマルロー。芸術に対する彼らの認識は大きく異なっている。だが両者は、歴史の恐怖の前でも一歩も退かないという態度において共通している。つねに形を変えて回帰し、ほとんど無限であるかのような印象を与える歴史の恐怖。しかし二十世紀の終わりにあって人間を脅かしているのはそれだけではない。テクノロジーの発展こそが新しい脅威である。宇宙を探究しようとしている人類には、やがて地球に住まなくなる日が到来するのだろうか。ゴダールは語る。「演劇、小説、絵画、映画において問題とはもはや、人類が今後も存続するかではない。存続する権利をもっているかどうかであるように、わたしには思われる」。

4

『古い場所』は『映画史』が完成した一九九八年に発表された。その意味では『映画史』あっての作品であり、その副産物であると見なすこともできる。そもそもニューヨークの現代美術館がゴダールに声をかけたのも『映画史』を部分的に観たからであり、同じようなものを今回は美術中心に作成してもらいたいという期待が依頼主にはあった。

確かに二つの作品を並べてみると、おびただしい映像と音声の引用モンタージュとポリフォニックな構成という点できわめて似通っている。この二作は素材を「あらかじめ定められた方法」のもとに処理していく点で、基本的に共通している。『古い場所』は『映画史』を補完するものといえなくもない。だがそうはいっても、少し違うという印象がある。両者の間には少し微妙な関係が横たわっているというべきかもしれない。

『映画史』では、映画こそが二十世紀という時代の核にあるという宣言が堂々となされていた。いや、このいい方では不充分である。二十世紀が映画を産み出したのではない。映画こそが他でもない、この二十世紀を可能ならしめたのだ。映画を理解しないかぎり二十世紀を理解したことにはならない。こうした姿勢をもとに、ゴダールは映画をこの世紀の内部で認識し、この世紀を映画の内部で認識するように促している。

『古い場所』でも映画は重要である。映画はその時代にあって人間が造り上げた最新テクノロジーを駆使した芸術であり、時代ごとに発展変化してゆく「芸術の本質」を造り上げたものとして、けっして蔑ろにできるものではない。とはいうものの、『古い場所』では映画は他の芸術分野と比べて特権的な位置にあるわけではない。映画には独創的と呼べるものは何ひとつ存在していない。すべては借り物であり引用であって、それはどんどん散種拡散していく。この認識においてゴダールは、マルローから多くの霊感を授けられはしてきたものの、マルローが思考すらしていなかった領域に足を踏み入れ、臆することなく進んでいく。

歴史とは過去に生起したことの、時代別の羅列ではない。いまだ完結せず、置き去りにされているものの想起と救済である。したがって歴史のあるべき姿とは、〈何かについて〉の歴史ではなく、〈そのものとともにある〉歴史である。ベンヤミンが生涯にわたって抱いていたこうした歴史観は、遺著『パッサージュ論』のなかで、常軌を逸した引用の洪水として実現されている。この引用のあり方を継承したのがゴダールであった。

引用とは、アカデミズムに顕著なように、起源となるテクストを一字一句そのまま正確に再現することではない。そうした「一般化された複製」は、本来は新奇であるべきものを既存の貯蔵物に還元し、銀行預金のように仕舞いこんでしまうばかりだろう。そこでは引用されたものの現前性が喪失されてしまう。前衛的なるものが萌芽状態を迎えていたとしても、ただちに液状化して消滅してしまう。作品に内在する真理、好むと好まざるにかかわらず作品が抱え込んでいる歴史を、根本的に無に帰着せしめてしまう。だが真になされるべき引用とは、引用されたものの変形であり、歪形であるべきではないか。それは源泉《スルス》の再現でも表象でもなく、むしろ損なわれた源泉の修復であり想起であるべきであって、それゆえに起源との差異において、人をして記憶と歴史の自覚へと導いていくものではないだろうか。

「いつも同じ眼差し、同じ沈黙だ……というのも、わたしがいつも他者の言語のなかで語っているからだ。自分に語りかけるわたしとは、他者の言葉を語っているわたしである。わたしは自分自身にむかって、他者として語りかけている」。

映画が「時間の庇護」を受け、あらゆる他の映画ばかりか、他の芸術までをも召喚することができるのは、すべての起源に映像があるからに他ならない。「ひとつの映像はただの原子であるばかりではない。それはかつても原子であったし、これからも原子であることだろう。そしてそれは映像の映像であり、ということは、すべての可能なるものの映像であることだろう」。

ドヴジェンコの『大地』の映像が繰り返し引用されるのは、こうした起源への配慮ゆえにである。人間は本来の土地を喪ってしまい、道から外れたところを走っている。こうした認識から、ゴダールは非属領化された世界への対位法として、このソ連映画の古典を呼び出そうと試みる。

『古い場所』は最後にベンヤミンへの言及で幕を閉じる。

「最初の光景、つねに現前し、たとえ忘れてしまっていても、また思い出されて来る光景」が重要なのだと、ゴダールは語る。「近づいてくるという観念のことだ。星々は遠ざかっているように見えているときでも、実は近づこうとしている」。

「星座布置を築き上げることは、同じ方法でひとつの映像の創造することでもあり、思考の接近に気付くことでもある」。

「ひとつのモノに対してひとつの星が存在しているように、ひとつの観念に対しても、それに対応するひとつのモノが存在している。いつか人は存在の場所をではなく、モノの教えを語ることができるようになるだろう」。

『古い場所』(一九九八)

本書のために書き下ろした原稿である。一般的に信じられているのとは違い、ゴダールは芸術の破壊者であったことはこれまで一度もなかった。彼は常日頃から発言してきた。実は自分は映画博物館のなかに生まれ落ち、そこで育ってきたのだと。

いまだにゴダール

岡崎京子はまだよくならない。今年の春に街角を散歩していて、酔っ払い運転の車にはね飛ばされ、それ以来昏睡状態が続いている。最近『チワワちゃん』という漫画が出たが、これはその前から準備をしていたもの。顔だけは知っているけど誰もよくは知らないという女の子が、遊びの群れから離れてAV業界に入り、最後はバラバラ殺人の被害者となってしまうまでを描いた、ひどく不吉な作品だ。

この数年、岡崎京子はいつも死と死体についてばかり考えていた。その理由はよくわかる。現代社会では、死だけが唯一残されたタブーであるからだ。漫画を描くというのは、パソコンのキーを叩くのと違って、ひどく細かな神経を要する作業である。彼女がたとえ全快したとしても、漫画家として復帰するには相当に大変なリハビリが必要だろう。そう思うと痛ましい。わたしは昔、いっしょに本を作ったこともあったし、なにしろデビュー当時の彼女の漫画のなかには「四方田クン」という映画マニアの男の子が登場したりもしたのだから。

そういえば、こないだ押井守に会った。四方田犬丸という少年の登場するアニメを六本も監督したと聞いていたから、いったいどんな人かと思っていたが、わたしより学年でひとつ上で、日本のアニメが置かれている困難な状況をボソボソと、しかし途切れもなく喋り続ける人だった。『攻殻機動隊』を撮ってからは、もうそれ以上したいことがわからなくなったらしい。アニメに飽きてきているのだろう。

岡崎京子と押井守に共通しているものは、何だろうか。まさかヨモタという人物を出したことなどではあるはずがない。それは彼らがこれから人生で何かをしようという直前の時期に、ジャン＝リュック・ゴダールというスイスの映画監督に出会ったということだ。二人の作品を見ると、このヌーヴェル・ヴァーグの異端児のフィルムにあるとき夢中になり、こんなこともアートの世界では可能なのかという刺激を与えられたという痕跡が、ありありと認められる。岡崎の『Pink』と『チワワちゃん』は、ともに彼女なりに『女と男のいる舗道』を描いてみたいという試みであったし、押井の『うる星やつら2・ビューティフルドリーマー』は、冒頭からまるで『ウイークエンド』のように、いつまで経っても何ひとつ解決しないという事態が進行する。

ゴダールを観たか、観なかったかで、作るものがガラッと違ってしまう。一度でも彼のフィルムに囚われてしまうと、他の映画が馬鹿馬鹿しく見えてきて、必ず自分の作るものにゴダールが反映してしまう。たとえば黒沢清のフィルムには確実にゴダールの記憶が息づいているが、小栗康平にはそれがない。保坂和志の小説はひたすらゴダールの模倣をめざしているから面白いが、北方謙三と松浦理英子にはそれがない。高梨豊の写真にはゴダールと格闘した形跡が窺えるが、藤原新也にはそれがない。坂本龍一の音楽には（まあ消えかかっているが）ゴダールの残響が響いているが、さだまさしはゴダールなど観たこともあるまい。ようするに、ゴダールを知らない奴はクズだというわけだ！

ここのところゴダールの作品が立て続けにヴィデオで発売されつつあるのはうれしい。七月には幻のフィルムであった『中国女』が出たし、九月、十月と続いて『気狂いピエロ』『勝手にしやがれ』が再発売される。六〇年代にあっという間の速さで撮影されたこうしたフィルムは、わたしにはひどくノスタルジックに見えるが、そうした感傷を越えて、映画が映画でなくなるギリギリの地点にまで自分を追いつめていった軌跡が窺われる。ある画面がわからなくて何回も映画館に足を運んだことがあった。ヴィデオでもう一度そのショットを確かめてみたい。ゴダールを観ることは、いまだに待ち遠しい体験だ。岡崎京子が早くよくなって、『中国女』を観れるようになればいいと思う。

「いまだにゴダール」
『週刊ＳＰＡ！』九月二十五日号に発表され、『けだものと私』（淡交社、二〇〇〇）に収録された。「もうゴダール

は古い」などと、知ったかぶりの口吻を漏らす年軽者たちに向けて書いた文章である。

アンナ・カリーナは今でも現役アイドル

まあ、これがわたしね。『アルファヴィル』のときでしょ。こっちがエディで、そうそう、わたしがエリュアールの詩集を読んでいるところよ。すごいわ！

六十歳のアンナ・カリーナは、わたしがもってきた岡崎京子の漫画を手にとりながら、嬉しそうにそういった。彼女は「東京の夏」音楽祭の招きで、リサイタルを開くために来日したのだった。はじめて会うアンナは、とても気さくで冗談好きの女性だった。岡崎京子の『愛の生活』の表紙を見て、この女の子のファッションは、五〇年代の、わたしがデンマークで子供だったころの感じねといい、自分の出演作の服装について説明をしてくれた。ゴダール映画のなかではいつも絶望に満ちた、暗い眼差しばかりを見せているという印象があったので、現実との落差にわたしは少しびっくりした。でもいいや、なにしろ中学生のとき以来夢中になっていた女優に会えたのだから。

『小さな兵隊』のときのセーター、あれは自前ね。『女は女である』のセーラー服、あれはオーダーよ。お金かけて撮った映画だったし。『気狂いピエロ』？　あの辺の服はだいたいプリズニックの吊しが多いわ。真っ赤なワンピースとか、白いノースリーヴとか」。ちなみにプリズニックというのは、まあ日本でいうと長崎屋とか西友にズラリと並んでいる既製服の感じである。

アンナ・カリーナはデンマークに生まれた。母親が劇場の衣装係だったので、子供のころから芝居は身近なものだった。だが二歳のとき父親が家を出てしまい、生活はけっして豊かなものではなかった。中学校をすまし、十七歳でパリに無一文でやってくると、カルダンのモデルをして働いた。やがて彼女はゴダールに発見され、主演女優として、妻として、このひどく気難しい監督に霊感を与えた。もっとも結婚生活は五年で終わった。アンナの浮気が原因である。ゴダールはその後政治路線に突っ走り、一人になったアンナはそれを虚しく思いながら、遠くから眺めていた。

「ジャン＝リュックは天才よ。彼はいつも本を読んでいて、パッと姿を消してしまう。誰も彼のようにできないわ。わたしは多くのものを受けとったと思う。もしわたしの方で彼に何かを与えられたとすれば、それは移り気ということかしら。なにしろわたしはいつだって、次から次へと別のことに気を取られていたから」。

アンナと会った二日後、わたしはアートスフィアで開かれたリサイタルに出かけた。彼女は黒一色のシンプルな格好で、次々と曲を披露した。もっともわたしには演出がいささか一本調子で、いささか寂しい思いがした。もともとプロの歌手ではないのだから、本当はもっと舞台に趣向を凝らすべきだったのだ。

リサイタルの最後の方で彼女は、三十五年前に『気狂いピエロ』のなかで歌った「わたしの運命線」という曲を披露した。アンナがじっと自分の掌を見つめながら歌う。「どうして運命線がこんなに短いのでしょう、明日という日が心配だわ」。するとかたわらにいたジャン＝ポール・ベルモンドが「そんなこと、どうでもいいよ。きみのウエストの線の方が気になるな」と混ぜっかえす。映画では有名なシーンだ。ステージでは若いカトリーヌというシンガーソングライターが、このベルモンドの代わりをした。アンナは昔の舌ったらずな歌い方をやめ、堂々と間をとりながら、大年増のコケットリーを振りまいていた。

わたしは心のなかで懐かしさに耽っていた。ところがリサイタルが終わると突然、大勢の女の子が「アンナ！アンナ！」と叫びながら、湧いてでるようにステージの側に駆けつけてきたではないか。これは予想もつかない出来ごとだった。我も我もとサインをねだる彼女たちにアンナは最初びっくりしたようだったが、やがて座りこんで一人一人に対応しだした。三十分経って、ようやく騒ぎは収まった。

アンナはもはや映画オタクのノスタルジックな偶像なのではなく、日本のオリーブ少女たちの、現役のアイドルなのだ。これでいいのだと、わたしは思った。

それから岡崎京子の本を彼女に渡しておいて、本当によかったと思った。

二〇〇〇年
「アンナ・カリーナは今でも現役アイドル」
『週刊SPA!』七月十九日号に発表され、『俺は死んでも映画を観るぞ』(現代思潮新社、二〇一〇)に収録された。コンサートのために来日したアンナ・カリーナと、幸運なことに一時間ほど話ができたので、それを書いた。彼女が日本の観客たちの反応に感動していることが、客席からもはっきりとわかった。

パリ、東京　『楽しい知識』について

大島渚の『新宿泥棒日記』は、創造社によって、一九六八年、つまり全世界が造反の嵐に吹き荒れていた年に制作された。ＡＴＧがそれを公開したのは一九六九年二月である。結果としてそれは、七〇年代に『愛のコリーダ』を通して国際的名声を獲得することになる監督が、まだ単なる日本のローカルな前衛であると見なされていた時期に撮られた、もっとも過激で実験的なフィルムとなった。

いうまでもなくこの題名は、フランスの作家ジャン・ジュネが書いた『泥棒日記』に由来している。この書物は当時新潮社から翻訳されて短くない歳月が経過しており、日本の文学青年であるならば一度は手にとってみるほどの人気を博していた。もっとも大島の作品には、幼少時より差別されてきたジュネの孤独も、ホモセクシュアリティをめぐる「禁断の」欲望も存在しない。登場するのはジュネの『泥棒日記』に示唆されて書物の万引きを重ねる青年、岡ノ上鳥男（横尾忠則）であり、彼の欲望の対象としての女性、鈴木ウメ子（横山リエ）である。二人が一九六八年夏の新宿東口を舞台に、窃盗とその発見を機掛《きっか》けとして知り合い、ついに性交に到達するまでの紆余曲折の経緯が、ときにパロディ的に、ときにドキュメンタリー的にと、さまざまに逸脱的な手法のもとに描かれている。そこに絡んでくるのが、当時新宿の花園神社でスキャンダラスなテント公演を続けていた状況劇場であり、その舞台と屋外での即興劇が随所に挿入されている。挿入と非連続性、逸脱と引用が、このフィルムを特徴づけている。

『新宿泥棒日記』はまず立て続けに、いくつかの字幕が説明もなしに連続して提示されるところから開始されている。

グリニッヂ標準時　三時〇分
ニューヨーク時間　二十二時〇分
パリ時間　四時〇分
モスクワ時間　六時〇分
プラザビル時間　四時〇分
ペキン時間　十一時〇分
サイゴン時間　十一時〇分
日本標準時　十二時〇分

字幕の連続の背後に、微かではあるが音声が聞こえてくる。それはシュプレヒコールであったり、群衆の喚声であったりする。ギターの旋律が短く流れたかと思うと、ふたたびデモ隊の立てる声になったりする。やがて画面には時計が現われる。顔は定かではないが、ある人物の手がその長針と短針とを乱暴に毟りとってしまう。プロローグをなす短いショットのコラージュがここで終わると、それからは打って変わって屋外での長い移動撮影が、即興的な手持ちカメラによって行なわれる。そこでは新宿東口の広場を懸命に逃亡する青年（唐十郎）が、彼を万引き犯人と見なして追いかける男たち数人に取り囲まれ、ひとくさり口上を述べたあとで服を次々と脱ぎ出すというパフォーマンスが演じられている。たちまち黒山の人だかりとなるが、しばらく眺めているうちに、それが状況劇場の公演の宣伝のためのアトラクションであることが判明する。群衆のなかにひとりの憂い顔の青年が混じっていて、見世物の側を通り過ぎる。これが主人公鳥男の最初の登場である。

『新宿泥棒日記』には、パリの五月革命をめぐる直接の言及はなされていない。一時間五十五分のスクリーンに登場するのはどこまでも一九六八年夏の新宿、つまり紀伊國屋書店と花園神社をふたつの焦点とした空間の風景にすぎない。だがこのフィルムは、冒頭に脈絡もなく挿入される連続字幕の存在によって、まず世界的な同時性のうちにみずからが成立していることを自己提示している。そこではニューヨーク、パリ、モスクワ、北京といった、争乱のさなかにある世界各国の首都の時刻と、サイゴン、ブラザビルといった戦乱のさなかにある「第三世界」の首都の時刻とが、東京のそれとまったく対等な形で差し出され、しかも最後に時計が破壊されることで、時間という観念そのものが棄却されてしまう。これから生じる出来ごとは、もはや世界のもろもろの時刻の差異など無関係となってしまった、どこでもない都市における、いつでもない時間のなかでの事件であるという宣言が、こうしてなされることとなる。時間の廃棄はユートピアの論理に繫がる。われわれ観客がそれから観ることになる新宿での荒唐無稽な物語は、現実原則を越えた魔術的空間でのものであり、ありえない新宿、虚構と現実の区別がつかなくなってしまった新宿のものであることが、こうして示されることになる。

フィルムの中頃に、この架空の時空を再確認するような事件がもう一度生じる。それは主人公のひとりであるウメ子が深夜に無人の紀伊國屋書店の売り場に忍びこみ、次々と本棚から書物を取り出しては簿暗い通路に積み上げ、書物の山を築きあげる場面である。最初にジュネの『泥棒日記』。続いてシモーヌ・ヴェイユ。萩原朔太郎、カシアス・クレイ、田村隆一、魯迅、フランツ・ファノン、ジョルジュ・バタイユ、アルチュール・ランボー、吉本隆明、李珍宇、ブレヒト……。書物が抜き取られ、積み上げられるたびに、その著者の朗読する声が微かな声で聞こえてくる。やがて声と声が重なりあい、無人であるにもかかわらず群衆がその場に存在しているような錯覚が与えられることになる。

純粋に書物＝声からのみ構成された空間。生身の人間が徹底して不在であるにもかかわらず、そこに無数の声が交錯しあい、対話を続けるという空間。それはトリュフォーがブラッドベリのSFを原作として撮りあげた『華氏四五一度』といったフイルムを、ただちに想起させる。もっとも大島のこの場合には、ほぼ同時期にフランスのTVのためにゴダールが撮った『楽しい知識』を比較の例として出したほうが妥当かもしれない。現在にいたるまで日本では一度も上映も放映もされたことのないこの作品は、ニーチェの書物に題名を仰いでいる、ジャン＝ピエール・レオとジュリエット・ベルトという二人の男女が、薄暗い一室に閉じこもって、ただ一台置かれているTVから流れてくる五月革命やヴェトナム戦争の映像などを素材に、映画に内在する政治をめぐる議論を続けるという内容である。

真っ暗な、何も置かれていない空間に、カラフルな背広やスカーフをした一組の男女が現れる。『中国女』でお馴染みのベルトとレオである。二人はビニール傘を拡げ席に着くと、自己紹介を始める。女の方はパトリシア・ルムンバ。シトロエンの自動車工場で労働争議の際にテープレコーダーを隠し持っていたことが発覚し、馘首された労働者である。男の方はエミール・ルソー。紛争中の大学構内に入ろうとして空挺部隊に発砲され、たまたま『カイエ・デュ・シネマ』誌をジャケットの胸に入れていたのが防弾チョッキとなって一命をとりとめたという。パトリシアが『勝手にしやがれ』のヒロインの名前であることはただちに判る。ルムンバは暗殺されたコンゴの初代大統領であり、アフリカ解放闘争の象徴ともいうべき人物である。エミール・ルソーはといえば、十八世紀の思想家ルソーの著書『エミール』に拠るもので、このフィルムの主題のひとつが知識と教育であることに関連している。

外の世界では〈五月〉以来、革命の風が吹き荒れている。「われわれはすべてドイツのユダヤ人である」というシュプレヒコールがどこからともなく聞こえてくる。ＴＶにはコーン・ベネディットが映っており、毛沢東とキューバを礼賛する画像が挿入される。しかし二人は、外部からの光が遮断され、現実の喧噪から隔離された場所に佇んでいる。

彼らはまずもって「知る」ことから始めなければならないと考える。すべてを一からやり直すのだ、まず誰が語っているのかを知ることだといい、フランスのＴＶはコマーシャルのファシズムだと跳ね除ける。彼らは戯れに、「フランス人」Francais という言葉から Afrancs, Nafarics といった造語を造り上げる。「西暦二〇〇〇年、つまり今から三十年後には、フランスはアフランクスとなっていることだろう」。エミールはさりげなくそう語るが、これは奇しくも二十一世紀のパリのアフリカ化、多民族化を予言しているともいえる。

パトリシアとエミールはこのグラウンド・ゼロの空間に立って、三年間の計画を立てる。

最初の一年は映像と音を集めることだ。二年目はそれを批判し、置き換えたり結合させたりする。三年目の最後の一年では、革命的実践に奉仕する映像と音のモデルを造り上げる。かくして彼らは『中国女』の学生たちよろしく、夜ごとに暗黒空間のなかに戻って来ては自己批判を含む討議を重ねる。

『楽しい知識』　ジュリエット・ベルトとジャン＝ピエール・レオ。

そのうちに誰ともつかぬ者の声が聞こえてくる。

「西側世界にあるのは、屍骸 corps と映像、さらに神経症的な記号である。一方、東側世界にあるのは peu-ple 人民であり、歴史と黒い土であって、それは徹底した変化を産み出す見えない力である」。

東風は西風を圧倒するという、毛沢東のスローガンにも通じる言葉である。言葉の主は見えない。いうまでもなくこの声は監督ゴダールなのだが、二人は神妙にこの超越的な声に耳を傾ける。

モーツァルトのピアノ・ソナタが流れ、フラワーデザインに囲まれたボブ・ディランの写真が挿入される。パトリシアは「死に到るまでの生の讃歌」という、バタイユのエロティシズムの定義を口にし、世界を見たいのなら目を閉じなければいけないと語る。だがそういったものの彼女は夜明け方、「これから『ユマニテ』のために、下着の広告写真のモデルをしに出かけなくちゃ」といって、暗黒世界から出て行ってしまう。『フィガロ』にも同じ写真を使い廻しできるしね」と、捨て台詞を吐きながら。これはイデオロギー的に対立するフランスの右派左派のメディアが、ともに消費社会の映像回路に組み込まれているという事実に対する、ゴダールに独特の辛辣な諷刺である。

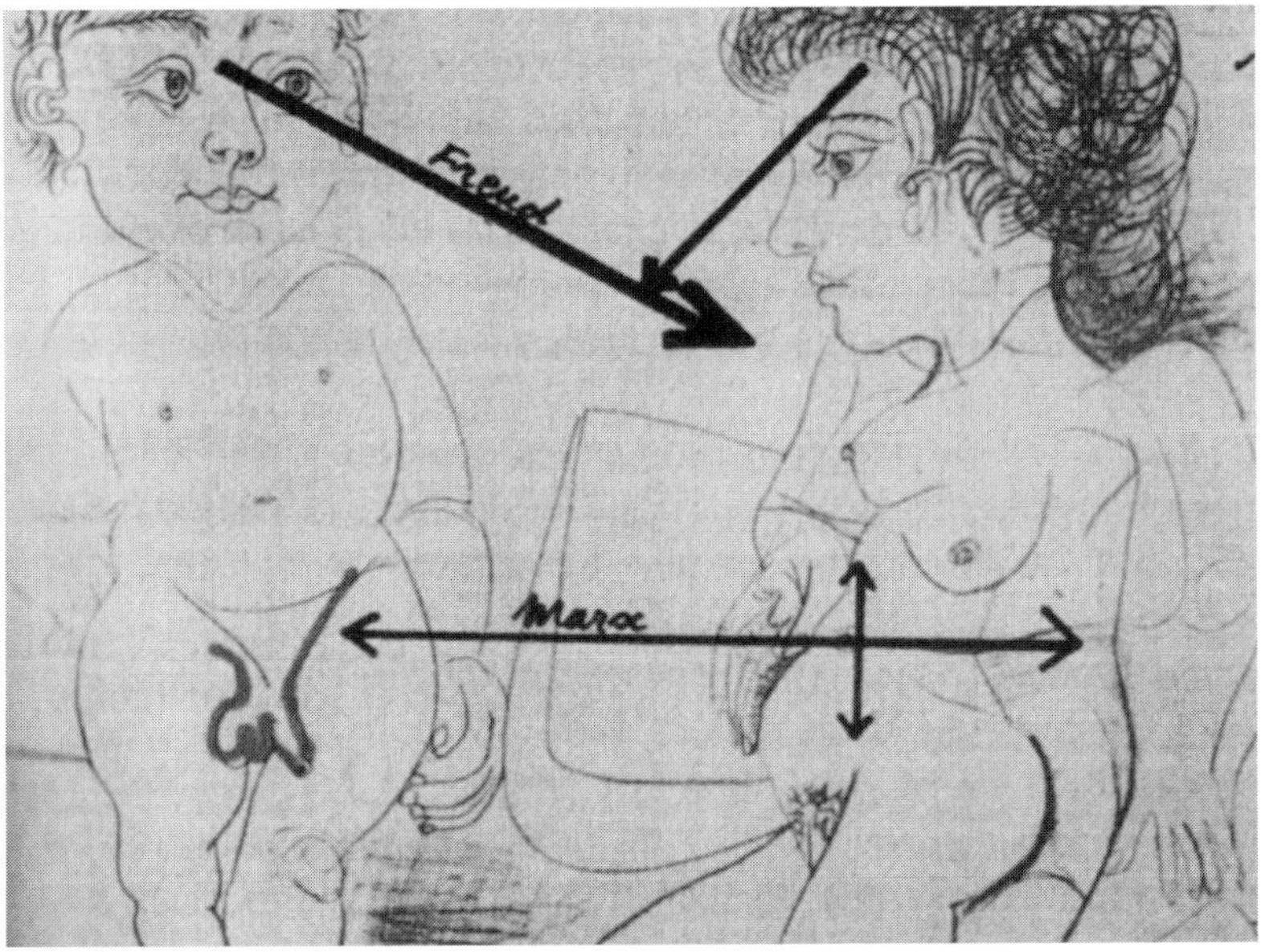

『楽しい知識』　マルクスとフロイト。

次の夜には子供と老人が駆り出されてくる。パトリシアとエミールは彼らに連想ゲームを仕掛ける。子供は「ファシスト」といわれても答えられない。「スターリン」には「飛行機」。「コミュニスト」には「魔法使いかな」と答える。老人は「セックス」と尋ねられて口ごもってしまう。「革命」には、「ああ、フランスには昔、モロッコとかアルジェリアとか、いっぱい植民地があったなあ」とノスタルジックに答える。だが「歴史」「良心」といった単語には反応できない。連想ゲームを終えたエミールは、「これからローマに、発声映画なのに誤った上映の仕方をしている映画館があるから爆破しに出かける」という。ちなみにこのゲームの場面は、社会的に周縁にある者（子供、高齢者）にカメラを向け、返答する者が知らずと帰属しているイデオロギーを露わにするという点で、七〇年代以降のゴダールのヴィデオ作品に通じている。

かくするうちに二人は二年目の探究コースに入る。音と映像の批判的学習だ。

姿を見せない語りの声。「明確な真実など存在しない。それはブルジョア哲学が造り上げたものだ。マルクス主義者として毛沢東思想を学ばなければならない」。この後に画面から映像が消えて黒画面となったり、突然に音声が消えてしまったりする。

パトリシアは自分の顔の映像を片手に持ち、それを見つめながら自己批判を開始する。彼女は最後に問題となるのは自分の映像なのだという認識に到達する。その後、FBIに殺害されたブラック・パンサーの少女と、フランスの政治家の命を受けた警官たちによって拷問されたアジアの同志たちのため、ふたたび一分間にわたり画面から映像が消滅する。西側諸国の映像は検閲され、汚され、上品に管理され、歪められ……とさんざんに批判され、それを聞いていたエミールは「いつか僕たちも、人にいわれた通りの映像になってしまうんだな」と心中の懸念を語る。夜明けになると、彼らはチャップリンの『独裁者』とオフュルスの『歴史は女で作られる』を上演しに出かけなければいけない。

ついに探求コースは三年目に到る。ここでは音と映像の革命的モデルを構築しなければならない。パトリシアは（どこから持ち出してきたのだろう）エミールの周《まわ》りを自転車で廻りながら探究を続ける。

声は語り続ける。「史上最大の犯罪はベッドのなかで行われた。それゆえにアメリカは黒人を怖れる」。足を大きく拡げた女性ヌードの髪にフロイト、股間にマルクスと、矢印で落書きを書き込んだ映像や、ジョン・フォードの顔写真が画面に登場する。後者には「帝国主義的映像」と、声で註釈がなされる。パトリシアは欧米の政治家にむかって、およそ思いつくかぎりの猥褻語、罵倒語を並べて、エミールは次々とニュース記事を読み上げる。彼らはお互いの後ろ側に廻り、顔と身体をぴったりと重ね合わせ、一人であるかのように振る舞ってみせる。

この三年目の段階に到ったとき、画面には延々と黒画面が続き、パトリシアの声にピーピーという機械音が重なるということが頻繁になって来る。『ウイークエンド』のミレーユ・ダルクが性的遊戯の告白をするとき、映画音楽がなぜか急に高まってしまい、言葉が聞きとれなくなってしまうのと同じ工夫である。ゴダールが提示せんとするのは、二人が造り上げた音と映像が、権力の側からすれば政治的にまた道徳的に検閲されるべき対象であるという事実だ。フィルムの表題である「楽しい知識」Le Gai Savoirという言葉が、このあたりで始めて、挿入画面への落書きとして繰り返し登場する。これまで美しく、また正常に流れていたはずのモーツァルトの音楽が、なぜか旋律を歪められたり、分断されたりして流れる。外部世界から流れてくるであろうアジ演説の口調が、ますますヒステリックで焦燥感を帯びたものへとなり、攻撃的かつ排他的な性格を帯びてゆく。さらに黒画面。ピーピー音。フィルムが始まったころの、のどかな雰囲気はもはやどこにも見当たらない。だがこれが一体、革命的に実践されている音と映像なのだろうか。

いっこうに姿を見せないゴダールの声が、途切れることなく続いている。一時は激高したアジ演説やシュプレヒコールに同調するかのようにみえたこの声は、今でははっきりそこから距離を置き、混乱しきった事態がほどなくして回収され、秩序が回復されるだろうことを、無表情に語り始める。明日にもなれば大学は元通りとなるだろうと、感情を交えることなく冷静に宣言する。暗闇のなかでそれを聞いているパトリシアとエミールはもはや疲労困憊し、互いに肩を寄せ合っている。

最後に彼らは後ろ向きになってこの体験レッスンの感想を語る。

「僕は空虚の沈黙が怖くなったが、それに耐えたと思う。僕たちは生きることの半分を費やしてきたのだ」とエミール。

「何も映っていない鏡の前に立ち尽くす恐怖よ。わたしの場所というものがなく、自分が存在していないのではないかという感じだった。でも明日になったら追いつこうとしても追いつけない、信じられないことだった」とパトリシア。

「眠りのなかで、夢のなかで体験してきたこれまでの人生を比べるならば、牢獄も同然だ。ところで、〈僕たち〉と口にすることはどういうことなのだろう?」

だがエミールの言葉はピーピーという雑音に妨害され、それ以上聞き取ることができない。二人がいる場所はＴＶスタジオにすぎず、次の番組の収録時間が迫っているのだ。

「この続きをいったい誰が撮るのだろう」とパトリシア。

「いっぱい撮るヤツがいるさ。ベルトルッチだって、ストローブとかローシャに会って、人民のために映画を撮るだろう」。

「でも人民って話には聞いてるけど、見たことがないわ」。

「ようやく音と映像の定義を見つけ出したのだ。それはこれまでなかったものであり、これから先もないもの。かぎりなく無に近いものだ」。

二人が接吻をして、別々にこの暗い空間から出ていくところで、『楽しい知識』は終わる。

『新宿泥棒日記』は一九六八年十月二十一日の新宿の「騒乱」を待って撮影を終え、一九六九年二月にATG新宿文化で公開された。『楽しい知識』は一九六七年十二月から一月に撮影され、六八年六月以降に編集されると、一九六九年六月のベルリン映画祭で上映された。だがフランスの検閲によって、フランス国内ではTV放映どころか映画館での上映も禁止された。当時の大島はこの実験的な作品の存在を知らなかったであろうし、ゴダールにしたところで『新宿泥棒日記』の企てについて、いかなる知識ももちあわせていなかったはずだ。だが一九六八年に撮られたこの二本の作品は、奇しくも騒乱の首都のさなかにありながら、密室で男女が無数の他人の声と映像を前に思索とパフォーマンスを行なうという設定において、共通するものを少なからずもっている。

大島渚はけっしてパリを物語の対象として操作しようと考えてはいなかったし、フランスと日本の政治的・文化的、あるいは映画的状況の間に単純に相同的な、また困果論的な関係が横たわっているとも考えていなかった。だが『新宿泥棒日記』でわたしが示した二つの場面は、彼が一九六八年の時点で、世界的同時性をめぐる強い自覚をもっていたこと、それをきわめて前衛的な手法でテクスト内部に体現させせえたことを如実に語っている。大島における字幕の突然の使用が、ゴダールのそれとともに、ベルトルト・ブレヒトの説く叙事詩的演劇の手法に由来すると指摘することは、困難なことではない。だが、単なる影響や模倣という関係をこえて、『新宿泥棒日記』における時間廃棄の主張と声＝エクリチュールの匿名的遍在のあり方は、それが制作された一九六八年という年に世界のいたるところを覆っていた同時的状況を、すぐれて体現している。

『新宿泥棒日記』と『楽しい知識』という、ほぼ同時期に監督された二本のフィルムは、多くの点で共通している。いずれもが一九六八年という叛乱の時代のさなかに制作された。若い主人公（たち）が現実の喧噪から一歩退いた空間のなかに参入し、そこに他者の音と映像を導き入れて思考を構築するという点においても重なり合っている。ベルトが自分の顔のモノクロ映像を手にしながら、「結局、最後に問題となるのは自分の映像ということね」というとき、それは「敗者とはみずからの映像を所有していない者のことだ」という、大島渚の映像＝自己認識観と深く重なり合っている。とはいうものの、そこには決定的な差異が横たわっていることを、最後に記しておかなければならない。

まずこの二本は様態において根本的に異なっている。『新宿泥棒日記』の鈴木ウメ子は深夜の紀伊國屋書店に忍び寄り、売り場の本棚から数多くの書物を抜き出しては夢想に耽るのだが、そこでは行為者はウメ子独りであり、彼女が複数の、けして姿を見せることのない声に直接対峙することになる。『楽しい知識』では行為者は二人である。パトリシアとエミールは三段階にわたって、自己批判＝自己教育のプログラムを立て、互いに討議を重ねることで映画を進めていく。

『新宿泥棒日記』の空間はただ声という声が顕現し、静かにみずから語るという、静謐にして安堵に満ちた空間である。フィルムの冒頭で世界のさまざまな都市の時計が破壊されることからも明らかなように、ここで実現されているのは全世界の同時性であり、それは全世界が時間的秩序を喪失し、無時間性のなかに浮遊していることを意味している。ジュネから吉本隆明に到るおびただしい声は、対立しているわけではない。彼らは時空を超えて対等に並置され、全体としてボルヘスが夢みた、言語の網状組織としての「バベルの図書館」、フーコーが考古学の理想として説いた書物の「アルシーヴ」（アーカイヴ、集蔵体）を体現している。

なるほど紀伊國屋書店を一歩出れば、そこには騒乱罪の対象となった新宿という巨大都市の混沌と政治的暴力が渦巻いている。だがウメ子のいる空間はそこから完全に隔絶された、純粋に声と声だけによって構成されている空間であって、いかなる意味でも外部からの侵入はありえない。

『楽しい知識』ではすべてが異なっている。ゴダールが借り受けたＴＶ局のスタジオには、〈五月〉のパリの街角の映像やシュプレヒコールの声、さらに想像もつかない雑音が休みなく侵入してくる。二人の対話者は罵倒語まで交えて討議をし、そこに外部からの検閲の妨害音が重なったりする。画面が急に真っ暗となり、それがしばらく続いたりもする。要するにこの空間はいささかも永続的なものではない。それはきわめて危険で不安定な空間であって、時間が来れば次の使用者に引き渡さなければならないレンタルルームにすぎないのだ。

もうひとつ『楽しい知識』で重要なのは、監督でもあるゴダールが、姿こそ見せはしないものの、ほとんど全篇にわたって超越的な声として振舞っていることである。パトリシアとエミールは声に耳を傾け、声に導かれるままに革命的な音と映像について学ぶ。そこではきわめて粗削りな形ではあるが、対話を通しての弁証法が実現されている。それは大島が描いた、声の並置による形而上学的静寂とはまったく異なったものだといえる。大島渚は扇動家ではあっても教育家ではない。ゴダールはというと、嬉々として扇動を行ないながらも、その根底に教育家としての情熱を強く抱いている。

ともあれ一九六八年の東京とパリにおいて、お互いを知ることはなかったものの、この二本のフィルムが撮られていたという事実はきわめて重要である。世界映画史における〈一九六八〉は、まずその事実によって記憶されなければならない。ゴダールが大島に特別の関心を抱いていたという証拠はなく、『映画史』にも彼のフィルムへの言及はない。しかしエッセイ集『解体と噴出』を読むかぎり、大島はつねにゴダールの一挙一動に注意を払っていた（四方田犬彦『大島渚と日本』筑摩書房、二〇一〇）を参照）。彼らはともに一九六八という年を、映画的実践の絶好の舞台であると了解していた。大島が十月二十一日の新宿の騒乱と花園神社のアングラ芝居にカメラを向けたように、ゴダールもまたパリの路上に出、16ミリカメラを廻していたのだった。彼らが一九七二年を境に、みずからのステレオタイプの映像を拒否し、これまでとはまったく異なった映画的戦略を採用するに到ったことは、ここに記すまでもないだろう。

二〇〇一年

「パリ、東京『楽しい知識』について」

当時わたしが所長を務めていた明治学院大学言語文化研究所の『言語文化』十八号「特集　一九六八」に発表されたエッセイの後半を収録した。大島渚とゴダールが一九六八年という同じ年に撮った二本のフィルムを比較する試みである。前半では五木寛之がパリの〈五月〉に材を得た『デラシネの旗』が論じられているが、本書の主題から外れるので割愛し、その分だけゴダールの『楽しい知識』について加筆することにした。

『ゴダール・映像・歴史　『映画史』を読む』への序文

人類はニーチェ以前とニーチェ以後の二通りに分かれると宣言したのは、神の笑いながらの死と超人哲学を説いたニーチェであった。同じように、映画の歴史もゴダール以前とゴダール以後の二通りに分けられる。ゴダールは四十年以上に及ぶ長い映画的経歴を通して、つねにそう宣言してきたように思われる。彼はつねに映画史を念頭に置きながら映画を監督してきた。そして長編第一作である『勝手にしやがれ』の時点から、すでに映画のみならず、映画史に属する存在だった。

ジャン＝リュック・ゴダールは、リュミエール兄弟が列車の到着を撮影してからちょうど半世紀ほど経過したころ、映画について思考を開始した。彼がその後、アンドレ・バザンの薫陶を受けて批評家としてデビューし、ヌーヴェル・ヴァーグの最年少者としてもっとも過激な活躍を果たしたことは、万人の知るところである。いたるところで逸脱し、即興を重ねる話法。街角に連れ出されてぐらぐらと揺れるカメラ。書物や絵画からの夥しい引用。画面に漲《みなぎ》るアナーキズムと原色。ゴダールによる既成の映画文法への異議申し立ては、ただちに全世界の若い映画人に大きな影響を与えた。

ゴダールは五月革命の直後には商業主義的な映画の制作と配給形態を拒否。しばらく地下に潜行したのち、七〇年代後半にふたたび輝かしい復帰を遂げる。以後二十年以上にわたって、ほぼ一年に一本の割合で新作を発表。七十歳をすぎても、その過激な言動と旺盛な創作欲にはいっこうに衰えが見えない。映画とヴィデオの間を自在に往復しながら、彼は映像と音からなるシネマトグラフという制度をめぐって、つねに挑発的な問いかけをもってわれわれを魅惑してやまない。

『映画史』は、そのゴダールが一九八〇年代から九〇年代にかけて、ほぼ十年の歳月をかけて完成させた、合計時間にして四時間半に及ぶ大作ヴィデオである。

全体は四章構成からなり、ひとつの章がAとBのふたつに分割されている。最初に第一章が公開されたのが一九八九年のフランスの有料TV。第二章は一九九五年のニューヨークのMOMA（近代美術館）。第三章は一九九五年のロカルノ映画祭。そして最終の第四章を含めた全体に改訂を施した完全版が公開されたのは、一九九七年のことであった。それは翌年にはただちに四巻のヴィデオカセットとして、フランスでは販売された。ちなみにそれは日本では部分的にTVで放映されたのち、二〇〇〇年にフランス映画社の手によって、映画ヴァージョンが配給された。さらに、二〇〇一年にはシネフィル・イマジカと紀伊國屋書店によって、ヴィデオカセット版とDVD版が市場に出た。

この作品については、これまでさまざまな評言が寄せられてきた。ジョイスの『フィネガンズ・ウェイク』やベンヤミンの『パッサージュ論』といった文学作品に言及しながら、その畢生の大作ぶりを賞賛する者もいたし、細部に立ち入って、そこに言及されている無数のフィルム、音楽、文学、絵画の出典を調査するという試みもなされてきた。「映画を通り抜けて、その痕跡が残った者は、もはや他の道に向かうことができなくなる」とは、ゴダールが『映画史』のなかで引用しているブレッソンの言葉である。同じことはこの『映画史』についてもいえるかもしれない。賛美するにせよ、当惑するにせよ、この作品をひとたび知ってしまった者は、もう引き返すことができないまでに強烈な印象を受けてしまい、その印象を整理統合することから新しい映画観、映像観を組み立てなければならない。それは二十世紀の最後になされた巨大な芸術的企てであり、映画という表象体系のあり方を本質的に再検討させるだけの起爆力をもった実験である。すでに日本ではヴィデオをはじめ、精細な注釈を掲載したテクストブックまでが刊行されているので、これ以上の説明は不要だろう。

本書はこうしたポレミックなあり方をもった『映画史』をめぐって、日本語、フランス語、英語による研究者が執筆した論文集である。外国語文献の選定に関しては四方田犬彦と堀潤之が担当し、飜訳に当たっては堀が受け持った。

もとよりこの作品はヴィデオである。しばしば上映機会が限定されてしまう映画と違い、気軽にカセットデッキを操作するならば、誰でもが簡単に好きなだけ映像体験を再生できるように制作されている。それは『映画史』について語ることが、いかなる意味でも特権的なものたりえないことを意味している。言葉を変えていうならば、それについて語られる言説のすべてを凡庸なものに変えてしまう装置として、この作品が存在しているということでもある。以下に読者が読まれることになる言葉たちが、どのような形でこのヴィデオ的な匿名性に抗って、あるいは順応して展開されているかを、見届けていただきたいと思う。

二〇〇一年
『『ゴダール・映像・歴史 『映画史』を読む』への序文』

一九九七年のロカルノ映画祭で完全版が公開され、二〇〇〇年に日本でもフランス映画社が配給したゴダールの大作『映画史』について、フランス語圏ではあっという間に膨大な量の評言が発表されていた。まだ大学院生であった堀潤之君がそれを段ボールに一箱分集めてきて、わたしに見せてくれた。そのなかからわたしが十篇を選び、堀君があっという間に翻訳し解説まで執筆したのが、『ゴダール・映像・歴史 『映画史』を読む』(産業図書、二〇〇一)である。わたしも書下ろしで論考を寄せたが、この論集が成立するにあたって九割九分の労苦は、『映画史』に寄せる彼の情熱に負っている。

ゴダールは天才である。それに対し堀君は秀才であり、その意味でもっともゴダールの対極にある人物である。だからこそ、ゴダールについて書誌学的厳密さを忘れることなく、現在に到るまで精密な研究を続けてこられたのであろう。奥村昭夫さんが亡くなった後も、ゴダールについて気のきいた科白を並べる軽薄才子はいくらでもいたし、わたしにしてもきっと人からそう見られていることだろう。その中にあって堀潤之のような真面目な研究家は奇貨とすべき存在である。

論文の選定にあたって、わたしはジョルジュ・アガンベンのエッセイをあえて外した。洞察力には満ちているが、短すぎて物足りなく感じたからである。このアンソロジーに収録しなくとも、いずれ何かのエッセイ集に収められ、その後に日本語になるだろうと踏んだからでもあった。アガンベンは一度話したことがあるが、若くしてパゾリーニ映画に出演した時のことを含め、気さくに何でも話してくれる人だった。彼の論考も収録しておけばよかったかなあと、今ではちょっと後悔している。

パッチョロ

1

リュミエールが列車の到着を撮影してからちょうど百年が経った一九九五年、俺はＮＨＫ教育ＴＶに依頼されて、ひと夏を潰して世界映画史の連続番組を制作しているところだった。

毎回三、四本のヴィデオを引用しながら、三十分番組を十二回分、スタジオにいる俺が解説をするという形式である。製作者の当初の意図としては、ハリウッドを中心に世界の「名作」の「名場面」を繋ぎあわせ、昔懐かしき日本映画をときおり混ぜておけばという程度の企画であったようだが、打ち合わせを重ねてゆくうちに、もう少し批評的に弄《いじ》くってみようということになった。そこで毎回、「映画とファシズム」とか「メロドラマの悦び」といったふうに明確に主題を決め、それに見合ったフィルム断片を俺が選択するということになった。ゴダールの『映画史』はというと、当時第一章がすでにＴＶ放映されていて、俺はその時点で観ていた。現場のスタッフと話していて、日本のお茶の間向けＴＶではとうていああした過激な試みはできないが、せめて無味乾燥なスタジオでの録画はやめて、一回ごとに日本映画にいわれのある場所で撮影をしようということになった。調布の日活撮影所から大久保の映画館の看板屋まで、俺たちは炎天下の東京を移動して撮影を続けた。

フィルムの選定はほとんどが問題なく進んだ。フェリーニの『そして船は行く』とキッドラット・タヒミックの『ぼくはとるにたらない緑』を並べて、映画における「始まり」という現象を比較対照しながら放映してみた。伊藤大輔の次郎長ものを二つの異なった弁士のヴァージョンで聴き比べるという前代未聞の試みも成功した。素材となったヴィデオはすべて俺の研究室にあるコレクションを用いた。要するに歴史にかこつけた遊びである。わはは。

最終回に俺は、ある実験を目論んでいた。世界最初のフィルムの一本である『列車の到着』と、個人映画作家の山谷初夫が八ミリで撮った『沖縄のハルモニ』という、元従軍慰安婦をめぐるドキュメンタリーとを最初と最後に置き、中間にゴダールがジガ・ヴェルトフ時代に匿名で撮った『イタリアにおける闘争』の黒画面を流そうと考えたのである。映画がこの一世紀の間にいかに歴史と関わりながら、表象体系として自己否定に限りなく接近した時期をもったかを、この三本のヴィデオ断片を通して語るというのがこの回の意図だった。件のゴダール作品については、もちろんヴィデオが市販されているわけがない。だが幸運にも、イタリアに留学中にTVから録画したものが手元にあった。あとはスイスのロールに隠遁する監督から、事務的に使用許可を取りつければいいだけだった。

いつまで経っても、ゴダールからは何の返事もなかった。パリやジュネーヴのNHK関係者からも催促の連絡を送ったが、梨の礫だった。番組制作の期日は迫っており、脚本が変更できる時間的ゆとりにも限度がある。いっそ見切り発車で使ってみればどうかという意見もあったが、俺は慎重を期してそれは避けるべきだという意見をもっていた。それでなくとも、最終回の撮影までに誰もが疲れきっていたのである。結局、『イタリアにおける闘争』は使えずに終わった。俺は大慌てで脚本を書き直し、替わりに『勝手にしやがれ』を挿入した。映画の歴史も重要だが、映画を観てきた人間の歴史も劣らず重要である。元従軍慰安婦にカメラを向けることは重要だが、さらに重要なのは彼女がどのようなフィルムを観てきたかの歴史ではないか。沖縄の日本人捕虜が米軍の収容所でどんなフィルムを観ていたかを考えることも、映画の歴史の一部なのだ。俺は大体そんなことを喋りながら、十二回目の番組を無事撮り終えた。最後にリュミエールの列車が飛び込んできた。

番組は成功したといわれた。全体で使用したヴィデオの権利使用料はとうに一千万円を越えていたが、視聴率はこの手の番組としては異例に高く、関係者は誰もが満足そうであった。俺だけがゴダールの件が引掛かっていて、いくぶんかの心残りがあった。

実をいうと、もう二十年以上前のことだが、ゴダールには一度、ロンドンのNFTの地下の書店で話をしたことがある。俺は最初の映画論集を刊行したばかりで、『中国女』のスチールをあしらった表紙のその本を敬愛するゴダールに手渡した。彼は書物を受け取ると、ただちに俺に向かって「この写真に、いくら払うつもりかね?」と尋ねた。予期せぬ質問だった。答えられないでいると、彼はニヤリと笑って、「『中国女』のような昔のものではなく、今度の『勝手に逃げろ』を観てくれたまえ」といい、サッと外へ出ていった。俺が『イタリアにおける闘争』のことでことを慎重に構えたのは、このときの出会いがあまりに印象深かったからである。

思い出してみれば、ゴダールのフィルムには制作費への言及がしばしば見受けられる。初期の『新・七つの大罪』では、人物たちがフランス語で会話をしているのだが、誰かが「おい、このフィルムの金の半分はイタリアから出ているのだぞ」というと、途端に誰もがイタリア語で話し出すという転換が見られる。『万事快調』の冒頭では、タイトルバック代わりにキャストとスタッフに払う報酬の小切手の束が延々と捲《めく》られてゆくというショットである。映画を支える下部構造である経済の諸関係を証しだてることに、この監督はつねに積極的なのである。

『映画史』の全体を観終わって、そこに引用されている夥しい数のヴィデオ断片に眩暈のような恍惚感を感じた俺は、しばらくして冷静になった後で、数年前の自分の体験を思い出した。いったいゴダールは、ここで使用した世界中のヴィデオの権利問題を、どのように解決していったのだろうか。二十世紀の最後に現れた傑作と誉れ高いこの作品を前に、このような下世話な心配を思い付いてしまう自分がなんとも情けなかったが、映画批評をフィルムやヴィデオの形で実現させようと思い立った者なら、誰もがまず真剣に直面する問題だと思う。現に俺の身辺では、画家の福田美蘭がディズニーのキャラクターを油絵に登場させたことで、ディズニーが権利問題をめぐって訴えかかるという事件が起こった直後だった(われらが美蘭はその後、キャラクターの部分にアダルトヴィデオで使用されるボカシを被せて、全体に猥褻物という含意を与えた。痛快である)。ゴダールはディズニーを含む世界中の映画会社に、いったいいくら払ったのか? 真相がわかったのは、ゴダールが全編を完成したしばらく後に、アメリカの批評家であるジョナサン・ローゼンバウムと対話したときであった。(1)「望んでいたヴィデオクリップが手に入らなかった時だって、結構あったでしょう?」とローゼンバウム。「そういう時は別のを使った。多少、話は違ってくるけどね、気にしてないよ」とゴダール。

使用したヴィデオの権利問題はどうしたのかと、生真面目な質問者が問いかけるのに対して、ゴダールはまず抜粋extractと引用quotationは、本質的に異なったものであると宣言した。抜粋とは、自分が撮らなかったものを利用して仕事とするのだから、謝礼を支払うのが当然だ。だが引用は抜粋とは異なるものであって、これは批評行為である以上、払わなくともよいという論理である。わかりやすく例をあげるならば、ゴダールが初期にトリュフォーが撮影したドキュメンタリーのラッシュを使用して『水の話』を監督した場合などは前者であり、今回の『映画史』は後者であるという理屈になる。ゴダールは加えて、もちろんこうしたことが法的に認められているわけではないがと若干口ごもり、それでも「ヴィデオにできるのはそれしかない。そうあるべきなのだ」と開き直っている。

ゴダールの立場は、文学の場合に移し変えてみると理解が簡単かもしれない。一般に文芸批評で分析の対象となる文学作品を引用する場合、その版権所有者に権利使用料を支払うということはありえない。ゴダールは同じ論理をヴィデオとフィルムの場合に適応している。もちろんこの発想の根底には、映画を撮ることも映画を批評することも等しい行為であるとみずからにいい聞かせつつ、自分はつねに映画批評として映画を撮り続けてきたという、四十年にわたる自負があってのことだろう。それは、映画について批評するのにもっとも適切なメディアは他ならぬ映画であって、『映画史』こそはその規範的な実践であるという自負を伴っているのであるが。ちなみにゴダールの片腕を勤め、彼と大手の映画会社ゴーモンとの中に入って、使用された他者のフィルムの夥しいリストを制作するという困難な作業を引き受けたベルナール・エイゼンシッツの言によると、引用の目録を作るのは大変なことであったという。(2)

なんだ、そうだったのか、というのが、俺の感想だった。実際問題として、この莫大な引用からなる『映画史』に自分のフィルムを無断で使用されたとして、ゴダールを法的に訴えた映画人は皆無であった。まだ存命中の監督はそれほど多くないかもしれないが、おそらく彼らは『映画史』にかつての自作への言及があることを発見して、それを悦んだり苦笑したりすることはあっても、権利の侵害に怒るということはまずありえないだろう。なにしろ天下のゴダールなのだ。最初からこんなことだと知っていれば、俺だってあの時に『イタリアにおける闘争』のクリップを使用しておけばよかったのである。俺はゴダールの大胆な態度に、いささか悔しい思いを含みながらも、それでも快哉を叫んだ。次からは俺もタダであんたのフィルムを使わせてもらうぜ。ニーチェが説くように、行為というものは後先を考えずに行なうべきものであって、純粋にそれだけで肯定されていいのだ。

2

ゴダールのフィルムは先行する書物、絵画、写真、音楽のみならず、映画作品からの引用の夥しさにおいて特徴づけられてきた。そもそも長編第一作にあたる『勝手にしやがれ』からして、新聞に掲載されている女性のモード写真から始まっていたし、主人公のベルモンドは映画館の前に飾られているボガートの写真を、食い入るように眺めていたものだ。『カラビニエ』の二人の憲兵がトランク一杯に持ち帰る世界中のポストカード。『気狂いピエロ』や『ウイークエンド』で朗読されるランボーやロートレアモン伯爵の詩片。『ブリティッシュ・サウンズ』に流れるビートルズ。『パッション』にふんだんに登場する、泰西名画の活人画の連続とクラシック音楽のオンパレード。こうしたカタログは無限に続けることが可能だろう。それは単にゴダールが好みのテクストを選択して、気ままに美学的なユートピアを構築するという以上に、彼の映画観の根底にある確信から生じたものであった。『映画史』に先立つこと十年以上前に、彼はモントリオールで「真の映画史への序説」の題名のもとに、世界映画史の主要なフィルムと自分のフィルムを交互に上映し注釈するという奇抜な連続講義を行っている。そのなかで彼は、テクストとしての映画の特殊なあり方について、こう語っている。

私が映画をおもしろいと思うのは、映画には創出すべきものはなにもないからです。この意味で映画には絵画に近いところがあります。絵画でも創出はなされません。修正がなされたり、モデルがポーズをとったり、寄せ集めがなされたりするだけで、創出はなされません。音楽は違います。音楽はより小説に近いのです。だからなんなら、映画のおもしろいところは、人々がよく言ったように……みんながバカのひとつおぼえのように言ったように、映画はすべてのものの総合でありうるというところにあると言えます。映画は、音楽を組み立てるのと同じやり方で組み立てられた絵画なのです。(3)

ゴダールにとって一本のフィルムとは、本来的にテクスト的他者からのさまざまな引用によって構成され、それを通してメタ次元でもアイデンティティに到達すべきものであるとされていた。コラージュを制作すること、ジャンルもモードも異なった雑多な音と映像を編集機の力を借りて纏めあげることこそが、映画制作の中心的身振りであり、要はそのモンタージュの性格であるのだった。

『映画史』がこうしたゴダールの従来の作品観を、さらに徹底して推し進めたものであることは、ただちに了解できるところだ。この作品をそれ以前のものから大きく隔てているものは、引用の存在形態である。以前のフィルム作品では、『女と男のいる舗道』におけるドライヤーの『裁かるるジャンヌ』といった例外は別とすれば、直接に他者のフィルムが引用されるということはまずありえなかった。六〇年代の初期の映画作品にあっては、『ウイークエンド』における「赤い砂漠」や「皆殺しの天使」のように、題名だけが引用されたり、『はなればなれに』や『女と男のいる舗道』のダンスの場面のように、過ぎ去りしハリウッドへのノスタルジックな言及といった場合がほとんどであった。

『東風』におけるグラウベル・ローシャと『アルファヴィル』のレミー・コーションは、それぞれ「第三映画」とフランス風フィルムノワールの提喩である。だが、こうした言及をいくら重ねてみても、オタクの次元を越えることはない。それはどこまでも装飾的な次元に留まっていて、ゴダールの文体を個性的に特徴づけてはいても、作品の構造に深く根を下ろしているわけではないからだ。引用とそこから生じる差異が作品の本質を構築するに至ったのは、七〇年代終わりに商業映画に回帰したゴダールが二作目に撮った『パッション』からであった。もっともここではヨーロッパの絵画と音楽から豊富になされた引用がフィルムの魅惑と驚異の根底を築きあげてはいても、映画への言及は意図的に禁欲的であり、四人のスター俳優をフランスとポーランド、ドイツの映画界からわざわざ借り受けてくるところに窺われるばかりだった。

『映画史』が興味深いのは、映画をめぐるこうした間接的な言及が姿を消し、かわりにヴィデオ化された映画作品からの直接的な引用だけがテクストの中核を占める形で、際限のない連鎖を形作っていることである。ここにいたってゴダールは、他の表象体系においては可能であったテクストからの自由な引用を、映画においても実現できるようになったというべきか。もはや暗示や言語的言及といった修辞に訴える必要はなくなった。書物の頁を勝手気儘に捲りながら朗読するように、映画的テクストの好きなところを好きなふうにダビングして編集の素材とすることが、ヴィデオという媒介の力を借りることで、いとも簡単に実現できるようになったのだ。七〇年代にゴダールが構想していた「創出するものがなにもない映画」という観念は、こうしてヴィデオにおいて現実のものとなった。そしてそれは、映画という対象と、それを批評するエクリチュールという、ヌーヴェル・ヴァーグが名乗りをあげて以来拘泥してきた二元論をめぐって、決定的な解決をもたらすことになった。もはや批評は自然言語という異なったメディアに訴えることなく、対象と同じ素材のもとに、対象との強烈な連続性のもとに、直接的な形で実践されることになった。映画における自己言及性を特権的かつ例外的な主題として論じることは、こうして無意味なものと化した。映画がみずからの体内において思考を続け、それを新たなる映画として産出してゆくことが、『映画史』以降、ごく当然のこととしてなされるようになったのである。映画とヴィデオは、こうして『勝手に逃げろ』で黒板に記されたような、カインとアベルの敵対の関係を廃棄する。映画はヴィデオを通して、より映画的な本質を現実化できるようになったのだ。

『映画史』をモニターで眺めはじめた聴衆がまず圧倒されるのは、そこから溢れてくる映像と音の過剰さである。それはまさしく情報の洪水である。

まず映像だが、恐ろしい速度のもとに過去のフィルムの映像が現れては消えてゆく。すばやく次の映像にオーヴァラップするものもあれば、速度をひどく緩やかに調節され、ほとんどコマ落とし、いや静止状態に陥ったものもある。平均的な聴衆は、見覚えのある映像を確認しようとする間に、わずかな隙を縫って予想もつかない未知の映像が重なってきたりしてきて、しばらくその映像の連鎖に付き合っているうちに、一種眩暈にも酔いにも似た気分を体験することだろう。この映像の洪水は、監督であるゴダール本人を描いたショットとディゾルヴの結果生じる黒みによって、しきりと分断される。ゴダールは葉巻を吸いながら書斎の本棚から書物を取り出してみたり、苛立たしげにタイプライターを打ってみたり、ときに全裸となって机に向かうといったふうで、みずから作品の統括点である作者という地位を道化的に演じている。だが、そればかりではない。彼は、匿名のままほとんど永遠に続いていくかのように見える映像の帯の間に、不断の楔《くさび》、すなわち非連続性を導入する役割を担っている。それはタイプライターが立てる機械音の執拗な反復によって、強調され、全体としてこの巨大な作品が提示する歴史的なるものが、連続性よりも断続性によって特徴づけられていることを、主題論的に予知させている。映像には文字のテクスト、すなわち伝統的には字幕といい習わしてきたものがしばしば添えられる。それは眼前に引用されている作品の題名であるときもあれば、まったく無関係なメッセージである場合も多く、簡潔な表現のなかにルイス・キャロル的な言語遊戯が仕組まれていたり、単語が解体されて両義的な詩的言語の色合いをもつにいたったものもある。

音声はといえば、編集室の四つのトラックをフルに活動させて、錯綜した音の編物が織られている。まず語り手であるゴダールがひっきりなしに喋ったり、身近にある書物を朗読したりしている。朗読はときに、ジュリー・デルピーやアラン・キュニーのような職業的俳優が担当することがある。次に引用された映像から流れてくる、断片的な科白。ドゴール、ヒトラー、マルローといった、時代時代を記録している証言。最後に音楽である。音楽は引用された映像にあらかじめ付随している場合と、あえて異なったフィルムから音楽だけが借り受けられた場合、さらに画面の外側から新たに付加される楽器の演奏音や機械音の場合といったふうに、いく通りにも複雑に絡んでいる。

こうした仕組みが同時に重なりあいながら聴衆を襲う。もちろん当然のことながら、その全部に対応することは、人間の認識能力の限界を越えている。ゴダールは他の映画人と比べて、つねに大量の情報量を観客に提示してきた作家であり、ジガ・ヴェルトフ時代のフィルムではあまりに情報量が多いために字幕では収まりきらず、日本公開時には語りの声を吹替えにするという処理がなされたことがあった。『映画史』の場合はさらに過剰となっていて、複数の、一見したところ互いに脈絡のない流れをもったメッセージが休みなく画面に登場しては消滅してゆくものだから、これを紙面で再生することが困難である。いかにゴダール通を自称する人物であっても、ただ一度観ただけでは細部に気を取られてしまうだけで、全体を把握することは不可能ではないかと思われる。

こうした『映画史』の性格は必然的に、それを観た者を饒舌にする。物語構造をいささかももたないテクストを前にしたとき、人は習慣的に不充足感に見舞われるものだが、とりわけこの作品を観た後では、なんとか自分の立っている場所を確認しようとして、映像の連鎖のなかにある既知のものを手掛かりにしようとする。誰もが自分の知っているフィルムや絵画を発見して積極的に語りあう。ほら、あそこに出ていたじゃない。あれってああなんだ、というわけだ。だが、それがいかなる意図のもとに引用されているのかはわからない。明確な意図や意味があえて結晶化しないように、映像の連鎖が組み立てられている場合が多いからだ。かくして『映画史』をめぐる批評は、意味の探求ではなく、発見と確認の身振りにとって代わられる。誰もが少しでも未知の映像の出自が解明されれば、その分だけ作品の真実に近付くことができるのではないかと信じて、いっそう饒舌を重ねることになる。だが、どこまで進んでも、それはエピファニーのように顕現するわけではない。四時間半に及ぶこの作品そのものがすでにエピファニーの体験を構成しているのであって、それにさらなる深奥を求めることはできない。

俺にいわせると、この作品がフィルムではなく、ヴィデオで制作されたことの積極的な意味は、ひとえにこの点に関わっている。フィルムの場合、ひとたび劇場の暗黒のなかで観てしまえば、その細部をもう一度確認することはきわめて困難であるといわざるをえない。すべては過ぎ行くものであり、停止と反復がきかない。だがヴィデオはこの困難を実に簡単に解決してしまう。『映画史』の聴衆は、ヴィデオ屋で求めたものであれ、衛星放送からエアチェックしたものであれ、疑問に感じられた部分を繰り返しモニターで再生することで、その意味を自在に探求することができる。ゴダールがヴィデオのもつこうした確認反復機能に充分に自覚的であり、それを前提として『映画史』のテクストをヴィデオとして編集し世に問うたことは、けっして蔑《ないがし》ろにできない事実である。「これらの映画については、これは映画のなかで最も美しい映画だと言えば、あとはなにも言う必要がないのである」(4)とは、かつて映画批評家時代のゴダールがベルイマンについて書き付けた言葉であるが、『映画史』の映像の連鎖を前にした者もまた同じ感想を抱くであろう。だがそれを越えて細部を検討することを、『映画史』というテクストの多元性と凝縮性は要求している。

一見したところ、奔放に氾濫する流れのように見える音と映像の連鎖は、目を凝視してみれば、細心のテクスチャリティをもった織物であり、そこには一貫した秩序が見えない形で走っていることが判明する。だが、それはいかなる秩序だろうか。ひとつの小さな部分を取り上げて、その構造を探ってみることにしよう。

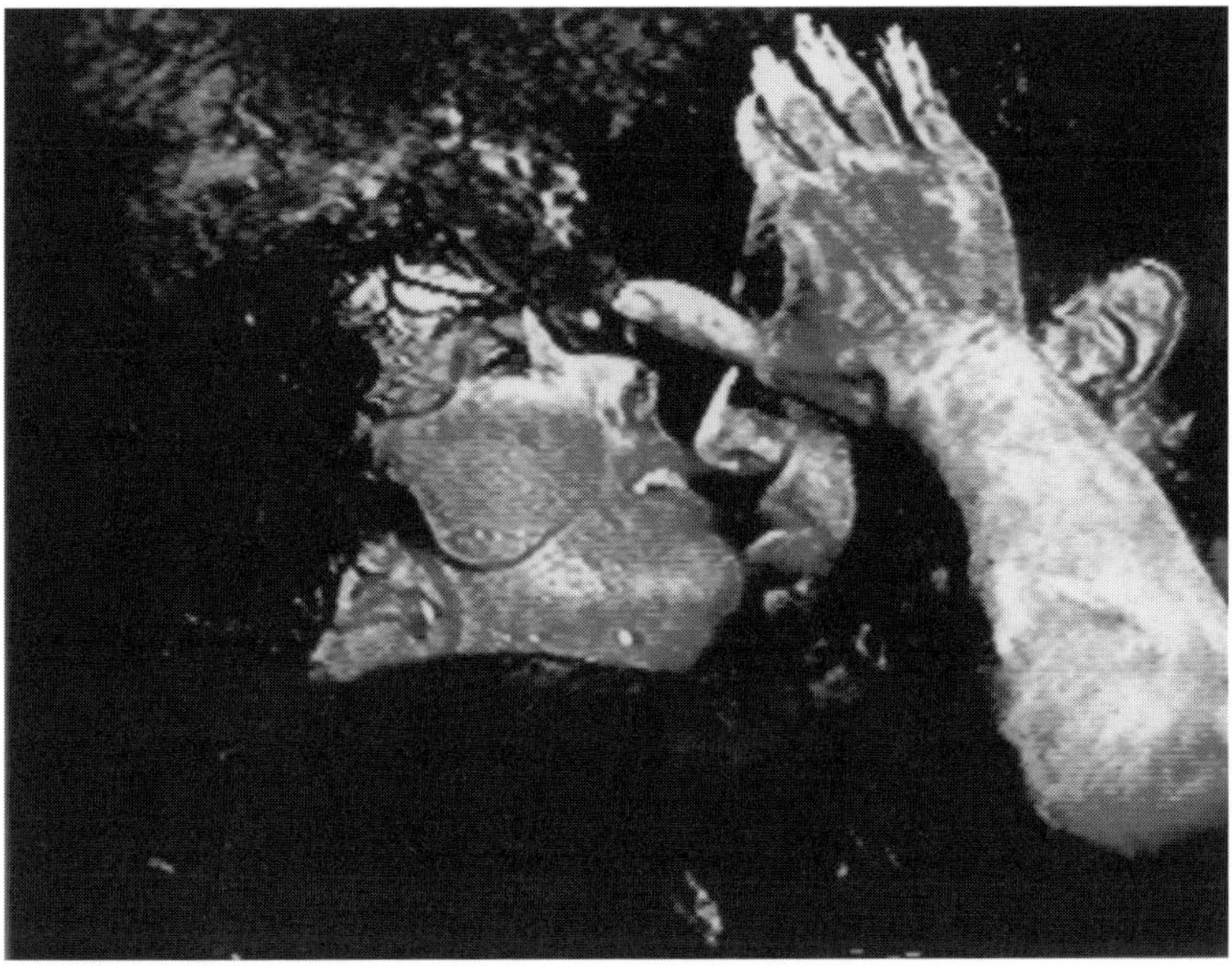

『映画史』1B　ジェニファー・ジョーンズ　「復活」の字幕。

3

黒い服を着たジェニファー・ジョーンズが、血だらけで崖を攀登ろうとしている。彼女はかろうじてライフルでグレゴリー・ペックを撃つのに成功すると、這うようにして彼のもとに向かう。二人の手はかろうじて繋がれる。ジェニファーは男の顔を撫で接吻する。キング・ヴィダーの『白昼の決闘』の最後の場面である。

1B『ただ一つの歴史』の最初の方でゴダールはこの映像を故意に分断する形で、L'IMAGE, VIENDRA, OH! TEMPS, RÉSURRECTIONと、四枚の字幕を挿入している。そしてみずからの声で「映画は投影し、人々は世界がそこにあるのを見た。まだほとんど歴史を持たないが、物語る世界を。だが、不確実性の代わりに思想と感覚を導入するための二つの主要な物語は、性と死だった」と語っている。さらにそこに、ヒッチコックの『サイコ』の音楽が被さってくる。字幕は「映像は復活の時に到来するであろう」と読むことができる。もっともau tempsとあるところが、ランボーの「季節と城」の詩のように、oh! tempsという綴りに、遊戯的に変えられている。

ゴダールの語りは引用された映像に直接関わっている。復讐のため愛する者を射殺しなければならないというヴィダーの西部劇は、まさに「性と死」を主題とする物語だからだ。もっとも字幕には説明が必要だろう。これは新約聖書『コリント人への第一の手紙』第十五章四六〜四九にある「最初にあったのは、霊のものではなく肉のものであって、その後に霊のものが来るのである。第一の人は地から出て土に属し、第二の人は天から来る。この土に属している人に、土に属している人々は等しく、この天に属している人に、天に属している人々は等しいのである。すなわち、わたしたちは、土に属している形をとっていると同様に、また天に属している形をとるであろう」（日本聖書協会訳）を出典としている。イエスが地上の人間としては十字架にかけられたが、霊的存在である救世主として審判の日に再臨し、神の国を約束することが、ここではきわめて晦渋な表現のもとに語られている。

ゴダールはそれを「映像は復活の時に到来するであろう」という、きわめて簡潔な表現に要約し、意味と表記をズラして用いている。この予言めいた箴言は、八〇年代からゴダールが折りにつけ口にしていたものであって、複数の次元において解釈が可能である。とりあえず字義的に考えてみるならば、それは『映画史』という作品のための基本的な方法論を意味しているといえる。だがその背後には、ゴダールの道徳的な映像観が横たわっている。

戦後まもなく制作されたこの『白昼の決闘』は、まさに「土に属している」肉体の葛藤の物語であった。だがそれは、ひとたび忘却の淵に沈み、今ここに新しい文脈を与えられたとき、過去の物語的桎梏から解放され、純粋に映像として再来することになった。ふたたび『コリント人への第一の手紙』を引くならば、「朽ちるものでまかれ、朽ちないものによみがえり、卑しいものでまかれ、栄光あるものによみがえり」（第十五章四二〜四三）とあるように、このフィルム断片はゴダールの手によって引用されて「復活」することで、「性と死」の物語を脱し、霊的映像として栄光に包まれることになった。それは『映画史』のために蒐集されたあらゆる映像に等しくいえることである。それらは本来のフィルムの文脈にあって携えていた物語と意味から自由になり、いかなる映像とも等価な立場を保ちながらここに招喚されるにいたった。「ひとつの正しい映像があるのではない。ただ複数の映像があるだけなのだ」という『東風』の予言的なテーゼは、二十数年の歳月を経て、『映画史』においてまったき形で実現されることになった。

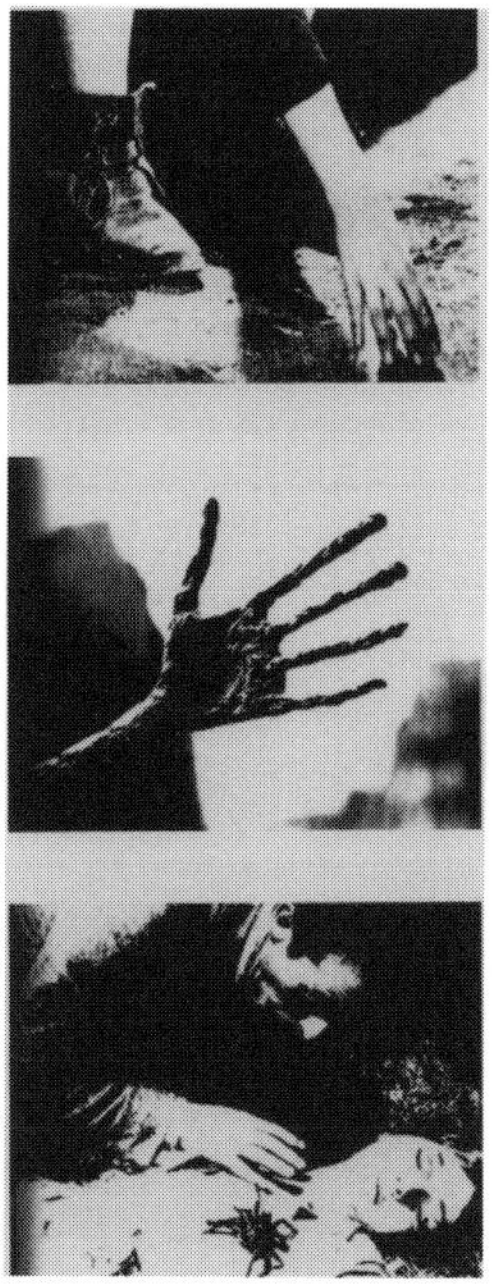
『映画史』1B　一連の手のショット。

復活の時を語るこの言葉は、1Bの中頃でもう一度、今度は正しい綴りのもとに繰り返されることになる。ここでは映像の連鎖は前回よりも複雑で、差し出された手という主題のもとに、映像を越えて美術作品の映像に及んでいる。まずジャコメッティの彫刻の手が提示され、ブレッソンの『ジャンヌ・ダルク裁判』で、獄舎に戻されたジャンヌが悲嘆のあまりに床に手を降ろすショットが続く。続いてユリア・ソーンツェワの『魅せられたデスナ河』で、湖水を背景に死んだように横たわる男女、ドライヤーの『奇跡』（原題のOrdetは「御言葉」の意味）から、置き去りにされた夫と少女を描いたショット。このあたりでヒンデミットの『画家マチス』の音楽が流れ出し、『サイコ』のアンソニー・パーキンスの謎めいた母親がいたと思しき寝台の窪みが映し出される。ここで映像の系列は微妙に転調し、肉体毀損の主題が新たに系列化されて登場する。ブニュエルとダリの『アンダルシアの犬』の冒頭、女性の眼を剃刀で切り裂くという悪名高いショットと、レンブラントの「ダニエルの見神」、カラヴァッジョの「ゴリアテの首をもつダヴィデ」である。ちなみにガリマールから刊行された『映画史』の書物版では、ここに「それにまったく別の場所を与えてやりたまえ、きみの人生のなかで」という言葉が添えられている。

この二度目の場合では、複数の主題が交差しあうなかで、復活という主題が中心に浮かび上がるように、より周到なフィルムの選択が行なわれている。差し出された手という主題は、自作『ヌーヴェル・ヴァーグ』で美しい庭園を背景になされる握手をただちに想起させ、ミケランジェロがヴァチカンの天井に描いた神とアダムの契約を示す手の壁画を隠れた起源としている。この主題は『映画史』全体を通して見え隠れしていて、4Aではドニ・ド・ルージュモンの『手で考える』の長々しい朗読をともなって、さらに大きく発展させられる。あらゆる人間が「第一の人」アダムを原型とする肉の似姿（映像）であるように、映像に描かれたあらゆる手はアダムの手の反復であり変奏なのだ。もちろんそこには、一回目のさいに『白昼の決闘』でジェニファー・ジョーンズがグレゴリー・ペックに向けてさし出した血だらけの手も含まれている。ジャコメッティと『ジャンヌ・ダルク裁判』から採られた禁欲的な表情をもつ二つの手は、神聖なるものを顕現させるための提案であり、それに導かれてドライヤーの映像が出現する。

『奇跡』は文字通り、死者の復活という奇跡を描いたフィルムである。それは神聖なる復活であり、字幕の言葉にみごとに重なりあっているが、ただちに呪われた復活を描いた『サイコ』のそれに取って代わられる。『サイコ』では猟奇殺人事件を解決するために、意図的に事件直前の状況が再現され、反復を囮として事件が解決される。これは再来のさいに現れる映像は、事物の真理をめぐって啓示的な役割をはたすという確信を与えた点において、ゴダールにはきわめて示唆的なフィルムであった。アポカリプスという言葉は今日では終末のさいに神によってなされる大規模な破壊と虐殺を意味しているが、本来はそこに啓示、イリュミナシヨンという意味があったことを、ここで思い出さなければならない。復活の日には真理という真理が残らず開示されるであろう。そこには当然のことながら、映像をめぐる真理も含まれているのだ。ゴダールはここで問題とされているのが反復であることを念押しするかのように、最後に le redite という言葉を執拗に字幕で繰り返す。ふたたび語られたこと。もう一度、話してごらん。かくして『白昼の決闘』の呪われた復讐の物語は、反復装置を通過することで、神聖なるものとして真理を開示することになった。

「映像は復活の時に到来するであろう」という言葉は、それ自体が反復されることによって、第二の意味を明らかにする。それは映像の再臨こそが真理を開示し、人々を救済するという観念に他ならない。六〇年代のゴダールと八〇年代以降のゴダールを隔てる最大の差異とは、後者においてカトリックの神学的時間意識と映像観が枠組としてしばしば採用されるようになったことである。そこでは再臨、すなわち反復こそが中心の主題として論じられてきた。『こんにちは、マリア』は文字通りマリアの処女懐胎の物語の反復であり、『ヌーヴェル・ヴァーグ』は分身の再来による和解の試みであったと要約できる。『映画史』における「復活の時」とは、この文脈に沿って考えるかぎり、きわめて道徳的なものである。フィルムというフィルムが復活によって解放されるばかりではない。人は再来してきたフィルムを通して救済され、新しいエルサレムの城門を潜ることを許されるのだ。そして『映画史』の巨大な肉体こそ、この神の国の映像の審級における実現に他ならない。予言は成就された。今こそが復活の時であり、われわれはエピファニーのただなかにいる。

ちなみにゴダールがアウシュヴィッツにおける映像の不在を遺憾に思うことで、『ショア』のランズマンと激しく対立したことも、こうした彼の映像観からすれば理解のいくことである。見ることは人を自由にする。映像は人間を解放する手立てであり、それゆえに世界のあらゆる事物は撮影されてしかるべきである。こうした映像観に立つかぎり、アウシュヴィッツの惨事から人間が真実に解き放たれるためには、ガス室を映した映像がなければならない。映像に記録されることで、それは世界の他のすべての出来ごとから隔絶されたものであることをやめる。ユダヤ人としてユダヤ教の映像観に多大な共感を抱いているランズマンが拘泥するのはまさにこの点であって、神が表象不可能であるかぎりにおいて、ガス室も表象不可能性の圏内に留まるべきであり、映像化されることで相対的存在となってはならないという論理である。俺は別にユダヤ教に義理はないから、もちろんランズマンの教義には関心はない。ガス室は、もし扉が開いていれば光が入るから、カメラで撮影できる。それだけの話だ。これはアウシュヴィッツだけを特別視する選民主義者のランズマンのような人間がどこまで関心をもってくれるか心もとないが、映画にとって真に表象不可能な存在があるとすれば、それは広島だろう。「千の太陽よりも明るく」とオッペンハイマーが呼んだ原子爆弾の強烈な光の前には、いかなるフィルムも消滅しきってしまうのであって、これは宗教問答以前の、簡単な物理学の話である。日本の知識人は『ショア』に感嘆しているばかりで、どうしてこんな自明のことを論じようとしないのか？

閑話休題。ここで注記すべきことを、ふたつ指摘しておこう。ゴダールにおける反復とは神学の枠組みを形式的には採りながらも、けっしてプラトン的な意味でのエイドスの反復、つまり同一物の反復ではないということだ。ジェニファー・ジョーンズによる第一回目は、典型的なハリウッドのジャンルである西部劇であった。これに対して第二回目は、ポール・シュレーダーの研究書の標題を借りるならば、ヨーロッパの「聖なる映画」のオンパレードであり、両者はまったき対照をなしている。ここで思い出すべきなのは1Aの冒頭でゴダールが掲げた「複数の映画史、ありうるかもしれない複数の歴史のすべて、あるだろう、ありうるかもしれない、かつてあった」という言葉である。映画史が「かつてあった」フィルムの列挙で終わってしまうならば、それは同一物の不毛な反復の域に留まることだろう。だが実現こそされなかったがありえたかもしれないフィルムを思い描き、「なかったことをめぐる記憶」を辿る作業として映画史を想定するならば、そこで実現されるのは同一物ではなく、可能態としての他者の回帰である。それはすぐれてシネマトグラフの定義でもある。復活をめぐるゴダールのこうした道徳は、彼を思いがけずもニーチェの永劫回帰の教説に近付けている。いや、正確にいうならば、彼のよき同時代人であったドゥルーズを分光器としたさいのニーチェというべきかもしれない。ちなみにドゥルーズは生前にはついに『映画史』の全体を観ることが叶わなかったが、八〇年代に映像の運動と記憶をめぐる二冊の書物を著すことで、ゴダールの『映画史』に匹敵する大作業を映画に関して実践した。

ゴダールにおける反復について語り終えるさいに、もうひとつ、この主題が切断というもうひとつの主題と密接に関わっていて、両者の複合のさまざまな変奏が『映画史』全体にわたって繰り返されていることを記しておきたい。たとえば先に述べた第二回目の最後では、さし出された手に対応するかのように、眼や首の切断の映像が出現し、映画の編集行為の根底にある切断行為、すなわちデクパージュを暗示している。連続的な映像に分節を導入し、非連続性を際立たせようとするゴダールの意思をもっとも顕著に示しているのは、黒地に描かれた文字の絶え間なき挿入である。反復と切断が同時に実現されたとき、それはモンタージュと呼ばれることになる。『映画史』においてモンタージュは、単に映画の編集技法や説話行為のあり方を意味している以上に、認識論的な含意を担っている。ゴダールが、およそあらゆる表象体系のなかでも歴史を語ることが可能なのは映画だけであると大言壮語を吐くとき、彼は実のところ、モンタージュのことを語っているのだ。複数の映像を分節化し接合することこそが、歴史の思考である。そして映画はこの歴史をみずからの身体を通して体現することで、アポカリプスの再臨と啓示たりうるのだ。

4

世界の巨匠たちのお言葉。著者によるインタヴュー。

原將人「あれ、ゴダールって、相当遅れてるんじゃない？　映画の速度を早くしたり遅くしたり、あんなこと、今頃気付いたのかな。ぼくは『初国』で、もう三十年くらい前に面白がってやってたことなのにさ」（二〇〇一年六月、京都）。

キッドラット・タヒミック「きみが昔、『アジアのゴダール』だと、ぼくのことを書いてくれたおかげで、どこに行ってもそう呼ばれてるよ。来月はロンドンのNFTで、ぼくの作品とゴダールのとを並べて上映するから、来いっていうんだ。『映画史』？　初めの方だけ観たけど、よく覚えてないな」（二〇〇一年七月、マニラ）。

陳凱歌《チエン・カイグ》「ゴダール？　誰だ、そいつ。スペイン人か？」（一九九八年九月、東京）。

5

『映画史』の内側に、密林をかきわけるように入りこんで、その内的論理を探求してきた。ここで視点を逆にして、本来のオーソドックスな意味あいでの映画史の立場から、まったく外側から『映画史』を眺めてみると、どのようなことがいえるだろうか。

この作品を観ているうちに段々気が付いてくるのは、「ただひとつだけの」とか「絶対の」「真実の」といった形容がなされているにもかかわらず、ここで引用されているフィルムが時代的にも地域的にも、きわめて限定されたものであるという事実である。これはゴダールに賛美を惜しまない東洋人の映画評論家たちが、申し合わせでもしたかのように沈黙を守っていることなので、ここで一章を設けて触れておいてもいいように思われる。

『映画史』でもっとも多く引用されたり、言及されているのは、ハリウッドとフランス映画である。続いてイタリア、ロシア、ドイツの作品が登場するが、同じヨーロッパでもスペインやポーランドとなると、特定の監督作品の映像が挿入される程度で、ほとんど無視されているといってよい。では先にあげた国家でも全般的にわたってフィルムの選別がなされているかというと、けっしてそうではなく、ハリウッドでは無声映画における古典的話法が完成する時代と、四〇～五〇年代が中心であり、ニューシネマ以降の発展はあっさりと無視されている。ニューシネマはヌーヴェル・ヴァーグに圧倒的影響を受けたのだが、ゴダールは自分の模倣者が嫌いなのだ。フランスは当然のことながらヌーヴェル・ヴァーグ、イタリアはネオレアリズモ、ドイツは表現主義時代に標的が定められている。自作を別にすれば、八〇年代以降の作品に言及がなされることはまずない。これは端的にいって、ゴダールが青年時代に観ていたフィルムのカタログであって、彼がそこにいかなる理屈をつけようともノスタルジアの心象が成し遂げた産物であるといえる。シネマテック・フランセーズに通い、アンドレ・バザンの下で評論家修行をはじめたころに彼が盟友のトリュフォーやリヴェットたちと夢中になって観ていたフィルム。ナチズムがこの作品にとって、他のいかなる歴史的事件よりも大きく扱われるのは、ゴダールがいかに強弁しようとも、多分に世代論的なものを感じさせる。

では、ここに登場していないものとは何だろうか。客観的な立場に立つならば、まず世界最大の映画生産国であるインドのフィルムへの言及が皆無であることは、ゴダールがスタジオシステムのハリウッドへの郷愁を口にしている以上、いかにも不自然であるように思われる。七〇年代後半から活発化してきた。香港、台湾、韓国、中国といった東南アジアのニューウェイヴは、ゴダールに霊感を受けた世代が中心となって促進されたが、完全に無視されている。

ゴダールの歴史観からすれば、中国の「第五世代」は当然関心の圏内に入ってしかるべきであり、第一、彼には一九六七年に『中国女』を撮った手前、若干の責任意識があってもいいと思うのだが、文化大革命については一切の言及がない。要するにゴダールはアジアが嫌いなのである。彼のこうした態度が、オリエントの最果ての国にあって、名誉フランス人になりたくて仕方のない評論少年たちの自尊心を満足させていることは、一応記しておいてもいいだろう。

日本はどうか。わずかに溝口健二の『近松物語』と勅使河原宏の『砂の女』、大島渚の『愛のコリーダ』が引用され、小津安二郎の顔がチラリと覗くのだから、一応「名誉白人」の面目だけは保てるが、イタリアやドイツに比べると、その言及は比較にならないほどに貧しい。パリの名画座で十年ひと昔のように繰り返し上映されている、いわゆる「名作」の域に留まっており、ゴダールの知識の浅薄さだけが目立つことになる。ラテンアメリカはブニュエルを除いて映画監督は存在せず、イランやエジプトといったイスラム文化圏での映画の目覚ましい発展と興隆は、映画史の対象にはなりえないと考えているかのようだ。彼はマクマルバフがイラン映画の八〇年にわたるクリップ集『ワンス・アポン・ア・タイム、シネマ』のなかで、『気狂いピエロ』の音楽を流しっぱなしにしてオマージュを献げていたことをはたして知っているだろうか。

それでもアフリカに関しては、1Bで若干の言及が見られる。ゴダールがモザンビークに招待されて、TV制作の指導に行ったときのスチール写真が何点か登場し、スレイマン・シセの『ひかり』が出てくる。八〇年代のフィルムへの言及がなされる、数少ないところである。ところがこの細やかなアフリカ特集の背後で流されている音楽がひどい。コルトレンのジャズとオーティス・レディングの『アイヴ・ビーン・ラヴィン・ユー・トゥー・ロング』なのだ。ちょっと待ってくれよ。いくら同じ黒人が作ったからといって、アメリカ音楽を流すことはないだろう。これはトリュフォーやルルーシュのフィルムにドビュッシーを流すようなものだ。ゴダールがヨーロッパを離れたところでいかに知的渉猟を怠ってきたか、また彼がかつて「第三世界」と呼ばれた地域でカメラを回そうとして、ことごとく作品化に失敗してきたかが、この音と映像の粗雑な組み合わせから推察することができる。すでに物故して久しいが、パゾリーニならば絶対にこのような傲慢な態度をとったはずがなかった。ゴダールは『映画史』のなかでいくたびもパゾリーニに言及しているが、アフリカやイスラム圏といった他者の文明に畏怖をもって接するという『エディプス王』の監督の倫理的謙虚には、終生無縁であったことがわかる。

では、そのパゾリーニを擁するイタリアについてはどうか。ヨーロッパのなかでもイタリア映画に関するところでは、アフリカと同じように安手の異国情緒に流されて、批評性がきわめて稀薄になっている。機会があったら聞いてみようと思っているが、イタリアの映画批評家たちは、あの「ぼくらの言葉、イタリア語はステキ」というリカルド・コチャンテ（イタリアの坂本九）の甘ったるいカンツォーネとともに、イタリア映画史のいわゆる公式的な名作が次々と登場するという、きわめて観光趣味的な3Aに、どのような感想を抱いているのだろうか。ここに露呈しているのは、どこまでもフランス中心主義的な姿勢を崩そうとせず、というよりそのイデオロギー的偏差を自然のこととしてけっして疑おうとしないパリ生まれのゴダールの、限定された知的姿勢に他ならない。『映画史』に集められているのは、畢竟、パリの名画座にねばっていれば二年間のうちにすべてが観られる程度の種類のフィルムであることが判明する。日本語にはこうした文化趣味を一言で表現する、「パッチョロ」といういい言葉がある。韓国語のように聞こえるが、実はヨーロッパを逆様にしたパツヨーロが訛ってできた、ジャズメンの言葉だ。

長々と不満めいたことを書いてきたが、ゴダールの映画体験がきわめて狭く限定されたものであることは、これでおわかりいただけたと思う。『映画史』を観てわかるのは、一九七〇年代以降、彼が『シンドラーのリスト』などを若干の例外とすればほとんど映画を観なくなり、もっぱら過去の映画体験を反芻しながら映画について思考しているという事実である。とりわけ東アジアとイスラム圏で八〇年代以降に急速に台頭してきた新しい波にいささかの言及もないままに、この作品が「世界映画史」を標榜していることが、なんとも情けなく思われてくる。

もっともぶっちゃけていってしまえば、これはあくまでも個人の芸術作品であって、教科書でも何でもない。誰が作ったところで「独断と偏見」は付き物だ。俺がTVで元従軍慰安婦を扱った8ミリをゴダールと並べて放映したときには、なんでまた世界の名作のなかにこんな素人臭い個人映画を混ぜたのかとか、故郷のソ連に帰れとか、散々に楽しい視聴者のお手紙をいただいた。俺が作った一二本の番組には五〇年代のハリウッドなど一本も出てこないし、ソ連映画への言及もない。だからゴダールがアジア映画を無視したからといって、これ以上批判しても仕方がないともいえる。これはどこまでも彼の青春のスヴニールなのだ。

けれども、にもかかわらず疑問が残ってしまうのは、ゴダールがなぜにフィルムの国籍にかくも拘泥しているかということだ。アメリカ映画、フランス映画、イタリア映画、ドイツ映画……。昨今のヨーロッパでは、一本のフィルムの国籍を決定することがますます困難かつ無意味となるような傾向が強くなっているし、映画史研究の最前線では、こうした国家への帰属性そのものを、制度的映画史に固有なイデオロギー的問題として論議の対象としている。ゴダールはヘーゲルの歴史哲学がもつ弁証法的な統合性にいささかも興味を示さず、そのモンタージュ観はエイゼンシュテイン的な統合主義の対極にあるように思われる。だが彼にして、ジョルジュ・サドゥールの『世界映画史』が築き上げた、国家別の映画史のパラダイムに足を掬われ、無条件にそれを踏襲してしまっているのかと思うと、残念だとしかいいようがない。

サドゥールによれば、映画はフランスを神聖なる起源とし、ハリウッドがそこに加わることで大きく発展した。ドイツやロシア、イタリアはある時期だけが特権的に主題化されて登場する。ヨーロッパの映画だけが歴史の対象であると認定され、残余の地域で制作されている夥しいフィルムはもっぱら空間的偏差の函数と見做されているにすぎない。香港映画は完全に無視され、日本映画は何人かの巨匠たちだけが救済される。サドゥールのなかには無意識的にヘーゲル的な歴史哲学が流れていて、それは彼が執筆をしている時点にあってヌーヴェル・ヴァーグに代表されるフランス映画が映画史の栄光ある頂点を極めているという確信である。ゴダールの『映画史』にこうしたサドゥールの説く、今日では時代錯誤とも思える枠組みがいまだに安直に踏襲されているのを認めることは、彼の個人的、世代的な限界を斟酌したとしても、それでもやはり情けないものが残る。(5)

ついでだから、もうひとつ、いっておこう。国家の名の下に再編成された映画史において、ゴダールは「作家主義」の監督たちのフィルムにほとんどの記述を割いてしまい、真に大衆的基盤をもった国民映画の存在に関しては、無視を決め込んでいる。ハリウッドの古きよき撮影所システムにノスタルジアを感じ、映画を「夢の工場」だと呼んで憚らない人間が、ではどうしてイタリアのマティステやトト、あるいはフランスのフュネスといった、国民俳優とでもいうべき映画人を完璧に無視し続けるのか。『映画史』に欠落しているのは、端的にいって映画館に集う観客た

ち の存在である。ゴダールは複数の歴史を理論的には提唱しながらも、みずからの映画体験を充分に相対視できる地点にまで探求を重ねていないし、映画が大衆のものであったと発言しても、その言葉は抽象的であるのに留まり、映画史における説得性を欠いている。前章で俺は『映画史』の全体を実現された「神の国」に喩えてみせたが、本来の黙示録にあっては、世界中のほとんどすべての人間は恐怖の天使たちによって殺戮され、わずかに一万四四〇〇人のイスラエルの民だけが新しいエルサレムに入場できることが定められていた。『映画史』に収録されている何百本ものフィルム断片は、かくして映画が終末を迎えるにさいして救出された選民であるといえなくはない。だが、そこで何が選ばれ、何が排除されているかを検討し、かかる処置を根拠づけている力を見定めなければならない。

俺の友人のアメリカ人で、よせばいいのに『映画史』5Aという続編のシナリオを書いて、送り付けて来たやつがいる。スイスのゴダールにも送ったというが、もちろん返事はなかった。山中貞雄を知っていたり、なかなかの勉強家である。けっこうよくできているシナリオなので、サワリのところを飜訳して、ここに披露しておこう。


田坂具隆がヴェネツィア映画祭で受賞した『五人の斥候兵』の、あの有名な長回し。姜文《チアンウエン》の『鬼子來了』で、中国の村人を虐殺してまわる日本兵たち。

字幕「ナンキン　１９３７」

小津安二郎の『父ありき』で最後に「海ゆかば」が流れるところ。

小津安二郎の顔。昭和天皇にオーヴァラップ。坂本九の「スキヤキ」が流れる。

南京大虐殺のニューズリール。浴衣姿のゴダールの語り「オズは日本占領下のシンガポールで『ファンタジア』と『市民ケーン』を観て、この戦争は負けると直感した」。

フラー『クリムゾン・キモノ』

フラー『東京暗黒街・竹の家』

フォン・スタンバーク『アナタハン』

本多猪四郎『ゴジラ』

字幕「ヒロシマ　１９４５」

山中貞雄『人情紙風船』の雨の場面。

ゴダールの語り「ヤマナカはナンキンを知っていた」。

彼はチョンマゲを結ってタイプライターの前に座っている。背後にデリダの新刊書をもった眼鏡で出歯の日本人が十人いて、Tout va bien! Tout va bien! と合唱している。パリで活躍中のパッチョロ・ブラザーズという日本人のグループらしい。ＴＶゲームを弄《いじ》っている者もいる。「アリラン」が流れる。

クローディーヌ・オージェの太りきった死体を抱えながら、アラブの砂漠に迷う沢田研二。ブニュエルの『昼顔』でドヌーヴに奇怪な性器具を見せる日本人。

ロカルノ映画祭の会場でソニーの白いワッペンをつけた背広で挨拶をする蓮実某。

松本俊夫『薔薇の葬列』で、知らずと父親と男色行為をしてしまったピーター。「アリラン」の音楽がふたたび大きくなる。切腹する三島由紀夫。自殺する伊丹十三。ミスタンゲットのシャンソンが流れる。デュラスが「イロシマ、モナムール」というところを間違えて、「イロイト、モナムール」といってしまった声が流れる。

6

いささかお巫山戯《ふざけ》が過ぎた。もう少し真面目に書こう。

ながながとゴダールについて書いてきたが、さてここで彼をナムジュン・パイクと比較してみると、その特性がより明確に理解できるかもしれない。パイクを出してきたのには他意はない。この一九三二年、ソウル生まれのヴィデオアーティストが、われらが『映画史』の作者より年齢にしてほとんど同じで、ともに国際的な活躍を続けてきたという程度の意味である。

ゴダールとパイクは、あらゆる点において異なっている。

スイス国籍をもつゴダールは、若い頃こそパリで活躍したものの、一貫して移動を拒絶する定住志向の芸術家である。彼はヴェトナムに行かずしてヴェトナム戦争をめぐる映像の政治学を作品として提示し、パレスチナに赴くが、現地での映像を作品化できない。キューバへの撮影旅行は実現されず、合衆国で撮られたラッシュは放棄される。もっとも新しいフィルムのひとつである『フォーエヴァー・モーツァルト』は、旧ユーゴスラビアで映画を撮ろうとして挫折するクルーの物語である。ゴダールは七〇年代中頃からはずっとジュネーヴ近郊のロールに閉じこもってしまい、ごく稀な例外を別とすれば、『勝手に逃げろ』から『ヌーヴェル・ヴァーグ』まで、それ以後の作品のほとんどがレマン湖の周辺を舞台として撮影されている。ゴダールはけっして漂泊しない。彼はつねに故郷に定位置を定め、同じく森に隠遁したハイデガーを親しげに引用しつつ、創作活動を続けてゆく。

パイクはゴダールとは対照的に、けっして自分に固有の場所という観念を認めない。日帝時代の京城で生まれた彼は、朝鮮戦争を契機として自動的に亡命生活に入った。東京とデュッセルドルフで学業を終えると、そのまま現在にいたるまで合衆国、日本、ドイツ、韓国……と、転々と場所を変え、その地にある素材をコラージュして淡々と作品を作ってゆく。『風呂敷天下』では全世界を包みこむようなラッピングの夢想が語られている。彼はいかなる特定の空間にも帰属しないがゆえに、世界中いたるところに遍在するという審級に、しだいに到達しようとしている。優れたヴィデオアーティストとなるためには、時間と空間という範疇を哲学的に定めたアリストテレスよりも、その時空を瞬時のうちに超越してみせたサルトビサスケに学ぶべきだと、彼は主張する。

ゴダールは誰とも会わず、同伴者のミエヴィルを別にすれば、もはや誰とも共同作業に関わろうとしない。ロールの自宅に設けたスタジオのなかで、自分の気に入った過去の他人のフィルムを引用し、自分の気に入ったCDを取り出して、ヴィデオ編集機の前で悪戦苦闘を続ける、隠者に似た存在である。彼は狷介にして不寛容な人物であって、周囲から畏怖されることはあっても、他者と美学的な点で対等に親密さを分かちあうことができない。パイクは逆に、あたかも単独の個人による芸術など不可能であると信じているかのように、人種と国籍を越えて他者と交感しあい、それを契機として作品創造を続けていく。彼のヴィデオのなかでは老いたるマース・カニングハムが踊り、朝鮮の巫女《ムーダン》が跳躍する。『太陽の季節』の作者である石原慎太郎に捧げるパフォーマンスが企画され、シャーロット・ムアリングがおっぱいヴィデオを披露する。

ケージとボイスが別々の空間から共演し、ボイスをはじめて見るギンズバーグがそれに喚起されて、ギター片手に歌い出す。そこへサフォーとローリー・アンダーソンが、パリとニューヨークから加わる。『グッドモーニング・ミスター・オーウェル』に実現されているこうした空間的共時性を見ていると、パイクにとって理想的な芸術形態とは、作者である主体が音と映像の無限の増殖と競合のなかで完全に消滅し、透明にして匿名的な権能の場として以上の意味をもたなくなることだと了解できる。ゴダールの場合には、全世界で生起することのいっさいはわが脳髄の内部で生じるといったロマン主義的な信仰の残滓が、いたるところに見受けられる。自分の作品のなかにかならず登場して道化的な仕種を演じるというのが、八〇年以降の彼の好むところであった。『映画史』もまた例外ではなく、ゴダールは書斎で葉巻を吸ったり、裸でタイプライターに向かうといったみずからの映像を挿入することで、他者の手になる無数の音と映像を統括する作者という位置を戯画的に演じている。

『映画史』の根底に流れているものが終末論的な時間意識であり、それがユダヤ=キリスト教の時間意識に根差したものであることはすでに論じてきた。ゴダールが引用する映像が西洋世界のものに限定され、音楽にしたところで西洋のクラシックと現代音楽の域を越えないという事実と、この時間意識は密接に関連している。『バイバイ・キップリング』のパイクにおいて、もはや西洋と東洋といった古典的二項対立は存在しない。NYの、パリの、ロンドンの内側に巨大な「ムスリム世界」が成立しているように、彼の作品は本質的に多孔質であって、予期せざるものが自由に作品と非作品の境界を横断して参入してくる。終末論と神秘主義は、彼からもっとも遠い観念である。ゴダールの憂鬱な表情と苛立った口調、悲観主義的な口吻に対して、パイクの楽観的でリゾーム的な行動が向かいあっている。前者が選ばれた者たちだけのキリスト教的救済を説く一方で、後者は荘子に忠実に万物斉同の教説をみずから体現してみせる。ゴダールがドイツ表現派からニュルンベルク大会、そしてアウンシュヴィッツまでは一直線だと、鋭いアイロニーの唾を飛ばすとき、ガダルカナルに赴いたパイクは、かつてのこの激戦の地でビールのジョッキを重ねあう日本人とアメリカ人とを撮影し、ユーモアこそが来るべきヴィデオアートの本質であると主張したいかのようだ。イタリア語は美しいと歌うカンツォーネを繰り返し流し、ジュリー・デルピーの流暢で制度化されたフランス語でボードレールの詩が朗誦されるのを撮り続けるゴダールに対して、ところどころで遣《つか》えながら『フィネガンズ・ウェイク』を寝転んでゆっくりと朗読するパイクが存在している。ゴダールが『映画史』を語るときに用いた形容詞、「唯一の」「絶対の」「真実の」を、パイクが数十台のTVを重ねて築きあげた彫刻の題名「大きいことはいいことだ」と比べてみたとき、彼らはともに誇大妄想狂の想像力に訴えていたとしても、その資質の相違はもはや明らかである。前者は無意識のうちにプラトン的観念論を採用し、他者を虚偽として排除する政治学に与してしまう。後者は幼児の遊戯を壮大な規模の法螺話にまで膨脹させてしまう、ヘラクレイトス的な無償性に満ちている。

最後にヴィデオというメディアにおける認識の決定的な違いが横たわっている。ゴダールにとってヴィデオとは、どこまでも映画との対比によってしか語られることのないメディアである。両者は最初、カインとアベルの関係であるといわれたように、対立の関係にあり、やがてなし崩し的に互換性を帯びることになった。だがいずれの場合にも、作品とは自己完結したフィルムかヴィデオのテクストであって、それが上映・放映される文脈については言及されることはない。作品は無地の環境において、純粋に観賞されることが前提とされている。

パイクの側からすれば、こうしたゴダールのテクスト観はあまりに古典的であると考えられる。パイクにおいては、ヴィデオはその内容はともあれ、それが放映される空間の状況、操作に関わる複数の主体の関係などが、きわめて重要な意味をもっている。何十もの古TVが積み上げられ、その内側に設けられた巨大なモニターから流れる画面。半裸の女性チェリストのブラジャーに仕組まれたヴィデオ画面。繁茂する熱帯植物のいたるところに、あたかも植物の果実であるかのように並べられた画面。パイクにとって映像は独自に存在するものではなく、それを取り囲む記号学的騒音をともなった環境の函数に他ならない。彫刻から音楽の演奏、パフォーマンスまで、パイクはヴィデオを手にすることで、あらゆるジャンルと交感し、ユーモラスな乗り入れを行なう。ゴダールはその逆に、「映画だけが」という合い言葉に拘泥し、どこまでも映像をめぐるフェティシズムへと耽溺してゆく。

7

空前の歴史ブームである。今、これを俺が書いている二〇〇一年の日本では、しばらく前まで某出版社が刊行した中学の歴史教科書をめぐって、賛否両論の渦が巻き起こっていた。その一方で、ゴダールの『映画史』をめぐって多くの評論家が手放しの賛辞を連ね、ひところ流行した「映画史的記憶」といった流行語をもう一度口にしたりしている。いずれの側にも、歴史の過剰がある。

だが不思議なことに、日本のあらゆる評論家は厳密に二つの範疇に分かれていて、両者は水と油のように、けっして重なりあうことがない。歴史教科書と『映画史』の両方にわたって同時に言及することは、日本社会では暗黙のうちに禁忌とされているのだ。そしてそんな状況のなかで、俺は大学の教壇に立って、十八歳になるまでほとんど映画館に行ったことのないような少年少女を前に、世界映画史の講義をしている。韓国と日本を忙しげに往復しながら、両国のフィルムが従軍慰安婦をどのように描いてきたかとか、メロドラマにおける家庭のイデオロギー的位置の違いといった主題を選んで、論文を書いたりしている。十年一日のように、『カイエ』が推薦する「作家」の名作だけを論じるといったグルメのゆとりは、俺にはもはやありえない。監督の名前もわからないままに莫大に制作されてきたフィルムの裾野の拡がりに、俺は向かいあっているのだ。

誰もが、誇りをもつことのできる歴史とやらを価値の規範として口にする今日の日本の言論状況は、俺にニーチェの『反時代的考察』を思い出させる。十九世紀後半のドイツでは、ヘーゲルの歴史哲学のおかげで誰もがことあるごとに科学としての歴史を口にするようになり、フィヒテやハルトマンといった哲学者が大手を振ってその先頭に立っていた。われらが哲学者はそうした状況に我慢がならなかったのである。動物が人間に比べて幸福そうに見えるのはなぜか。動物は歴史という意識の奴隷になっていないからだと、彼は喝破した。

歴史は人間を抑圧する客観的科学などであってはならず、生きている人間に属していなければならない。こう宣言するニーチェは、これまで人間が関わってきた三通りの歴史について説明する。第一のものは記念碑の歴史であり、これは過去の栄光を体現する英雄たちの美化された物語を語ることであり、窮極的には神話の虚構となんら違うところがなくなってしまう。二番目は骨董屋の歴史で、敬虔の念から事物の保存と蒐集に情熱を傾けるが、瑣末事に拘泥するあまりに、新たに生起するもののすべてを拒否し敵視してしまう。最後のものは批判屋の歴史で、過去を法廷に引出して、他人事のように冷酷に断罪することにもっぱら情熱を注ぐのだが、自分がその過去に由来していることに無自覚であるために、きわめて危険である。俺にいわせれば、昨今の教科書問題はこの最初と最後の輩の間の論争であり、オタクとマニアは二番目に該当しているように思える。いずれにせよ、かくして人間は歴史という不幸な意識の囚人と化している。

では、どうするべきか。ニーチェはこうした歴史の過剰に対して、その「自然の解毒剤」として「超歴史的なるもの」を提唱する。それは「眼を流転する生成からそらして、生存に永遠と不動の意義と性格を与えしめるものに、つまり芸術と宗教に、向けさせる諸力」(6)のことである。人類が新たに希望に燃え、歴史という病気から快癒し救済されるためには、この超歴史性に訴えかけることで、かつてギリシャ人が試みたように、少しずつ「混沌を組織化する」(7)ことが大切なのである。

ゴダールの『映画史』を、さまざまな限界はさておいて、歴史から解放され、この超歴史的なるものの実現へ向かう道標と見做すことは、おそらく可能なことだと俺は考えている。隠者のように身を隠し、あらゆる同志たちと訣別して生涯を孤立のうちに過ごしながら、全人類と映像の救済を冀求するこのスイス人は、その畏怖すべき孤独と誇大妄想癖において、われわれが考えている以上にニーチェに近いところに立っている。もっともこの直感を口にするのは、時期尚早かもしれない。ニーチェとゴダールの間には忌まわしいナチズムの記憶があり、これを踏み越えるためには、たとえばベンヤミンのような思想家を媒介項とすることが必要とされるだろう。彼の『複製技術時代における芸術作品』の後半の映画論は、映画研究家の間ではスコブル評判が悪いが、それでもゴダール的文脈のなかで再評価ができないわけではない。俺たちはいかにすれば「歴史という悪夢」(ジョイス)から自由になり、忘却の幸福に身を委ねることが可能なのか。『映画史』をこのヴィジョンのもとに捕らえ直すことが、今後必要な作業となるだろう。

シネマトグラフはリュミエール兄弟による考案から百年の後に、みずからの歴史の重みに耐え兼ねて、忘却と解放の夢を語りはじめたのだ。そのためにはひとたび世界中に散逸した映像を呼び戻し、記憶の再現を実践しなければならなかった。ゴダールの『映画史』は、映画がこの行程に踏み出したことを示す偉大な一歩であり、やがて映画は歴史から解放されて、超歴史的なるものの体現に努めることだろう。

注

(1) Jonathan Rosenbaum, 'Godard in the '90s', Film Comment vol. 34, no. 5, 1998.
(2) ベルナール・エイゼンシッツ「不可視なものを示す機械」、『ゴダール・映像・歴史』、一五五頁以下を参照。
(3)『ゴダールの映画史』奥村昭夫訳、筑摩書房、一九八二年、第二巻、三〇六頁。
(4)「ベルイマノラマ」、I、二五八頁。
(5) 俺の映画史観、とりわけサドゥール的な国別映画史への疑問については、『映画史への招待』(岩波書店、一九九八)の三七〜四九頁を参照していただきたい。
(6) ニーチェ『反時代的考察』大河内了義訳、白水社版『ニーチェ全集』第I期第二巻、一九八〇年、二〇八頁。
(7) 同書、二一二頁。

二〇〇一年
「パッチョロ」

『ゴダール・映像・歴史 『映画史』を読む』(産業図書、二〇〇一)ではフランス語圏の批評ばかりを集めてみたのだが、やはり日本側でも誰かが参加しておいた方がいいだろうという話になった。当然、編者であるわたしが書くことになった。わたしにとってもっとも気になっていたのは、ゴダールが繰り返し口にする、「映像は復活の時に到来するであろう」という言葉である。これは明らかに「コリント人への手紙」の聖パウロを源泉としている。

この託宣をどう解釈するかによって、ゴダールとパゾリーニは別れる。パゾリーニにとって聖パウロは(その名前からして)守護聖人であり、彼は『マタイ福音書』の続篇として、『聖パウロ』の映画化を計画し、脚本まで準備していた。かたやゴダールにおけるプロテスタント神学のもつ意味についても、真剣に考えてみなければならない。

だがその一方でわたしは、『映画史』におけるゴダールの映画観があまりに西洋中心主義であることに不満を感じていた。東アジアは、中東は、アフリカは、彼にとっては存在していないのだ。これではゴダールを熱狂的に愛してきた日本人や香港人は、まるで立つ瀬がないではないか。ゴダールによって映画的情熱を掻き立てられながらも、『アジア映画の大衆的想像力』(青土社、二〇〇三)という書物を準備し、ブルース・リーを論じるために香港西湾河の電影史料館に通っていたわたしは、彼が説こうとしている世界映画の全体性という観念には限界を感じないわけにはいかなかった。

この気持ちがわたしに戯作的な文体を選ばせた。西洋人たちがいかにも生真面目な口調でゴダールを演じているならば、その逆をいってやろうと思ったわけである。

エッセイの表題「パッチョロ」は平岡正明の造語である。いかにも韓国語のように見えるが、「ヨーロッパ」を逆さまに読んだだけのことだ。日本人の癖に頭のなかにはヨーロッパのことしかないような者たち、ゴダールやトリュフォーの映画に詳しくなれば自分が日本人であることを忘れていられると信じている者たちのことを、「パッチョロ」と呼んでみたかったのである。

もっともこのエッセイを執筆して二十年以上歳月が経過した後に判明したのは、そうしたフランスかぶれのパッチヨロが、ほとんど絶滅危惧種と化してしまったという事実である。「世界化」した韓国映画が日本を席巻し、フランス映画の配給上映状況に陰りが見え、ミニシアターが経営不振で次々と消えていくなかで、彼らもまた姿を消していったのだ。それでは結局日本には、フランスのようなシネフィルという人種が育たなかったのか。そう考えてみると寂しい気持ちがしないでもない。

聖パウロへの道　ゴダールとパゾリーニ

私はキリスト教徒ではないのですが、でも聖パウロのなかで、映像は復活の時に到来するだろうと書かれているのを読むと……そう、編集を三十年間しつづけたあとの今になって理解しはじめています。私にとって編集というのは、人生の復活のことなのです。撮影はこの復活がなされる期間じゃありません。というのも、再生がなされるためには犠牲と死がなければならず……

ゴダール「編集・孤独・自由」（一九八八）
（Ⅲ、三八〇頁）

1

片岡千恵蔵は東映京都の撮影所で「御大《おんたい》」と呼ばれていた。市川右太衛門もまた「御大」と呼ばれていた。二人が共演することになったとき、監督助監督から付き人まで、撮影所の全員がその呼び方に困った。ともに戦前から時代劇の大スターであり、東映の重役である。「御大」と声をかけるなら、二人とも振り返ってしまうからだ。

誰かが窮余の策を思いついた。千恵蔵を「山の御大」と呼び、右太衛門を「北大路の御大」と呼べばいい。こうして撮影所の秩序はキチンと守られ、二人の御大は和気藹々と共演することができた。

ゴダールとパゾリーニには、この二人の御大に似たようなところがある。年齢的にはパゾリーニが一九二二年生まれ、ゴダールが一九三〇年生まれと、前者が八年の年長である。だが長編映画監督としてのデビューは、ゴダールが一九五九年で二十九歳。パゾリーニは一九六一年で三十九歳と、順序が逆転している。ゴダールは根っからのシネフィルで、シネマテック通いが昂じて監督になってしまったタイプであったが、パゾリーニはお世辞にも映画マニアではなかった。青年時に彼の心を奪っていたのは絵画であり詩であって、映画青年であるよりははるかに文学青年であった。ゴダールは富裕なプロテスタントの家庭に育ち、パゾリーニは零落したファシスト貴族と酒造工場の経営者の娘の間に生まれ落ちた。ゴダールは〈五月〉の時期に、アルチュセールを通してマルクス主義を口にするようになり、パゾリーニは解放直後のイタリアでグラムシの獄中ノートを熟読し、マルクスに到達した。そして一九六〇年代後半の日本で、二人はともに「異端と前衛映画」の御大であった。

2

パゾリーニとゴダールは、互いに相手のことを深く意識していた。相手の主題と手法に影響を受け、映画理論の論文のなかで相手のことに言及したり、自作の映画のなかに相手の作品を引用したりした。主演俳優を借り受けたこともあった。しかしある時点でパゾリーニの側から訣別宣言がなされた。こうした挿話の一つひとつを数え上げていけば、もうそれだけで一冊の書物が書けてしまうだろう。詳しくは著者が本書に先立って執筆した『パゾリーニ』（作品社、二〇二二）を参照していただきたい。本稿ではまず両者の関係を簡潔に述べた後に、二人を根底において繋ぎとめている本質的な存在、聖パウロについて論じることにしたい。

ゴダールはこれまで物語を語る媒体としてしか考えてられていなかった映画に、エッセイとしての映画という新しい可能性をもちこみ、それをジャンルとして確立させたといわれている。だがこの指摘は正確ではない。ゴダールに先行してパゾリーニがこの手法を考案していたからである。

もう少し詳しく説明しておこう。

一九六〇年代後半、ジガ・ヴェルトフ時代以降のゴダールを特徴づけているのは、黒画面と語り手の自由な語りであった。前者は観客の視線を封じ、映画がその内部に表象不可能性を抱え込んでいるという事実を示し、映画の制作そのものが政治的な行為に他ならないと語っている。後者は映画がこれまでのように物語に従属することをやめ、作家がエッセイを書くように、先行する映像に対する批評的註釈を語るという、新しいジャンルの創造である。監督は眼前の映像に対し、語り手として自由に註釈を施していくという点で、それをエッセイ＝映画であると見なしてもいい。とはいうものの、映画史においてゴダールの独創であると長い間信じられてきたこの二つの手法は、実のところ彼の創造ではない。では誰がその最初の考案者なのか。実はパゾリーニなのである。

パゾリーニは一九六三年にドキュメンタリー映画『怒り』を、不思議な方法で監督した。第二次世界大戦後のさまざまなニューズリール、すなわちネヴァダの核実験に始まり、スターリンの彫像の切断と廃棄、コンゴ動乱、キューバ革命、マリリン・モンローの自殺、教皇の死と新しい教皇の誕生……といった映像を矢継ぎ早に引用し、そこに独自に批判的な解釈を被せ、自作ドキュメンタリーとして世に問うたのであった。ジガ・ヴェルトフ集団時代以降、ゴダールはしばしば他者の映像にみずからの声を重ね、こうした引用の変形行為全体の集積を一本のフィルムとして提示している。『ここよそ』がその代表的作品であるが、その傾向は以前の『東風』においても顕著であり、さらに遡れば、一応は商業映画ではあった『彼女について私が知っている二、三の事柄』においても、現代社会を前にして、作者＝語り手がすでに批評的な存在として出現していたことを忘れてはならない。ちなみにこの『二、三の事柄』は『怒り』が発表された四年後、一九六七年に制作されている。パゾリーニが考案した、ドキュメンタリー映画における批判的な語り手という存在を、ゴダールはよりラディカルに、映画を成立させる根本的な機能として、大規模に反復したといえる。

次に評論家たちを当惑させ、また怒らせ、ゴダールを悪名高き存在たらしめた黒画面について考えてみよう。これもまた彼の考案ではなく、パゾリーニが最初に手掛けたものであった。一九六四年に撮られた『マタイ福音書』（邦題は『奇跡の丘』）では、ゴルゴダの丘で磔刑に処せられたイエスが今わの際に絶叫するとき、それに呼応して、渓谷の向こう側にある城塞と家屋とが次々と崩壊していく。その直後、画面は突如として暗黒となり、何ものをも映し出すことを拒否し始める。わずかに感知できるのは、黒画面の背後に流れてくる、『イザヤ書』の一節だけである。「あなたがたは聞くには聞くが、けっして悟らない。見るには見るが、けっして認めない」。

ここではテクストとしての映画が全体を挙げて怒りを体現し、画面を黒く塗り潰している。イエスの死とは表象不可能性そのものに他ならない。それは視覚的映像の拒否としてしか描きうるものではない。パゾリーニはこうした信念のもとに、中世ルネサンス以来、数多くの画家が描いてきたキリストの死を、映画の一画面として描くことを拒否した。

パゾリーニが宗教的理念を表象行為における神聖道徳に結合させ、結果として採用した黒画面を、ゴダールはきわめて世俗的な、逆にいえば非神聖的な理論的立場から、よりラディカルでより挑発的な形で発展させた。『東風』や『イタリアにおける闘争』といった、ジガ・ヴェルトフ集団時代のフィルムには、いたるところに黒画面が出現し、観客の映画体験における視覚的連続性を断ち切り、彼らに積極的な退屈と苛立ちを喚起するように働いている。背後から聞こえてくるのは旧約聖書ではなく、マルクス＝レーニン主義を標榜し、革命的映画制作について討議する男女の声である。

とはいうものの、ここでゴダールがパゾリーニを踏襲したといった風に、短絡して理解してしまってはいけない。パゾリーニが視覚化を拒否したのは、それが他ならぬイエスの死であるためであった。一方のゴダールにはそうした宗教的な神聖さに対する配慮はまったく存在していない。彼が実践している黒画面は、流れゆく映像の連鎖を不意に分断し、観客の映画体験に異化効果を突きつけるものであって、そこで流される声はいささかも超越的な神聖さを帯びていない。後にローザとウラジミールと固有名詞を与えられる二筋の声は、互いに相手を批判的に問い、その声を切り崩し相対化してやまない声であって、バフチンの言葉を用いるならば「対話主義的」な音声である。パゾリーニの黒画面は観客を、人間を越えた存在をめぐる表象不可能性の認識へと導く。だがゴダールのそれは観客を積極的に苛立たせ、あるいは退屈にさせ、その苦痛を契機としてハリウッドに代表される支配的映画への批判的認識を醸成させることを目的としている。

映画における作者＝語り手と黒画面の創造については、以上の通りである。パゾリーニが考案した手法をゴダールは、映画そのものの構造に関わるものとして、さらに発展させた。神聖なるものとは何かというパゾリーニの問いを、ゴダールは、映画とは何かという問いに代替したといってもいい。

3

パゾリーニはゴダールから何を受け取ったのだろうか。実作者でもあり理論家でもあるパゾリーニは、この二つの面において、このヌーヴェル・ヴァーグの異端児から決定的なものを学んでいる。

映画理論家としてのパゾリーニは一九六五年に発表した論文『ポエジーとしての映画』のなかで、映画には「散文の映画」と「ポエジーの映画」の二種類があると説いている。後者の代表とされたのが、『革命前夜』のベルトルッチであり、『赤い砂漠』のアントニオーニである。ゴダールはというと、個々のフィルムの名前こそ挙げられてはいないが、その全作品がポエジーに満ち溢れているとして論じられている。ポエジーの映画とは「新たな、別の構造にならんとする構造」であり、「現実の中に書き込まれた言語」であって、何よりもまず「自由間接主観表現」によって特徴づけられている。この論文はウンベルト・エーコからクリスチャン・メッツまで、当時の映像記号学の最先端にあった理論家たちによって大批判され、後にジル・ドゥルーズがその先駆性を称賛するまでパゾリーニの躓きの石と見なされてきたものであった。論説の細部と毀誉褒貶の顚末については、拙著『パゾリーニ』第十一章に五十頁近くを費やして論じておいたので、もうここでは繰り返すまい。本稿でキチンと書いておきたいのは、一九六〇年代後半のパゾリーニが、映画監督としてゴダールをいかに強烈に意識していたかということである。

すでに二人の監督は一九六三年の時点で、オムニバス映画『ロ・ゴ・パ・グ』に参加していた。「ゴ」がゴダール、「パ」がパゾリーニという安易な命名法によるフィルムである。パゾリーニは『リコッタ』という短編を引っ提げてこのオムニバス映画に参加し、それが原因でキリスト教侮辱罪に問われ、禁固四か月の刑（後に無罪で結審）を宣告された。ゴダールは『未来展望』という、パゾリーニに比べはるかに可愛らしいSF短編をもって参加。男女の愛が厳重に禁止されている未来のディストピア世界で、知り合った男女が接吻をするたびに、それまでモノクロであった画面がカラーに転じるというフィルムである。アンナ・カリーナ主演のこの短編は、後に構想が発展させられ、『アルファヴィル』の原型となった。だがこの『ロ・ゴ・パ・グ』の時点で、ゴダールとパゾリーニの作品の間には何の交渉も影響関係もない。パゾリーニ映画が本格的にゴダール映画に関わってくるのは、一九六〇年代の中ごろからである。

まずパゾリーニはゴダールから主演俳優を借り受ける。『中国女』に主演していたアンヌ・ヴィアゼムスキーに

ゴダールとパゾリーニ。

『テオレマ』（一九六七）の女子中学生オデッサの役を与え、そればかりかこのオデッサに献げる詩まで執筆する。『テオレマ』が公序良俗を乱す映画として社会的に非難の嵐を巻き起こすと、今度は『中国女』での共演者ジャン＝ピエール・レオにまで声をかけ、『豚小屋』（一九六八）でヴィアゼムスキーと共演させる。豚にしか性的欲望を感じない青年が最後に豚に食べられてしまうという衝撃的な物語を持ったこのフィルムもまた、公開されるや、大スキャンダルとなる。だがいくらゴダール組の俳優を借り受けようとも、この時点ではパゾリーニの演出はゴダールのそれとはまったく異なっている。ゴダールはこの二人の俳優に、饒舌な批判的言辞を口にして討議する道化の役を与えたが、パゾリーニは人類学的な禁忌を侵犯したり、性的体験が原因で狂気の彼岸へと渡ってしまう深刻な〈病者〉を演じさせた。

『中国女』以降、ゴダール作品に顕著に見られるようになった傾向とは、劇映画と現実を活写するドキュメンタリーの部分とが同一次元の映像として並置され、両者の区分が困難であるという現象であった。パゾリーニがこのゴダール的な「虚構ドキュメンタリー」のあり方を本格的に踏襲しようと考えたのは、『アフリカのオレステイアのためのメモ』（一九六九）においてである。彼は東アフリカの部族社会に生きる青年を主人公にアイスキュロスの『オレステイア』を映画として撮り上げるという計画を、長きにわたって抱いていた。タンザニアからウガンダへロケハンの旅に出てカメラを廻し、ローマではアフリカからの留学生たちにインタヴューを行なった。主役を演じてくれそうな青年を見つけ、少しずつ映画の実現へと向かっていった。

もっともこの試みは挫折し、手元には撮影されたものの劇映画としては統合的に編集できない大量の映像が遺された。パゾリーニはそれを独自の仕方で編集し、共同討議の場におけるアフリカ人留学生と自分との意見の食い違いも含めて、自分の東アフリカ体験のいっさいを「メモ」の形で纏め上げた。これが『アフリカのオレステイアのためのメモ』であり、そこには今撮られつつある映画に対する批判の映像や、さらにそれを相対化して新しい認識へと向かおうとする映像などが混然として並べられている。ゴダールが『ウイークエンド』のなかで用いた言葉を用いるならば、まさに「鉄屑のなかで発見されたフィルム」である。

同じ一九六九年に短編として完成した『紙の花のある情景』では、ゴダール的な手法がさらに明確な形で用いられている。道路工事で喧《かまびす》しいローマの繁華街を歩く失業者の青年を描いた、わずか十分ほどのこの短編では、目的もなく散策する青年（ニネット・ダヴォリ）の歩行に応じて、画面にさまざまな映像が多重焼き付け《スーパーインポーズ》されて出現する。世界地図。風に棚引くさまざまな旗（イデオロギー）。兵士たち。チェ・ゲバラの死体。ヴェトナムの大地に爆弾を投下してゆく米軍機。ジョンソン大統領。激しい銃声と爆発音。もっとも機嫌よく歩いている青年にこうした映像は見えず、消魂《けたたま》しい音声も聞こえてこない。突然、バッハの神聖なる楽曲が聞こえ、天上から神が青年に呼びかける。彼は確かにその声を知るのだが、あいかわらず無視し続け、路上でふと知り合ったフランス娘と接吻をしたり、造花を手に踊り廻ったりする。画面には虐殺された死体の映像が続き、爆撃音と銃声はいっそう激しくなる。神は最後には子供の声となり、懸命に語りかけるが、青年は空想の世界に遊び続ける。その結果、彼はトロリーバスに轢かれ即死してしまう。神の怒りを招いてしまったのだ。

映像の多重焼き付けと画面外サウンドは、まさにゴダールのお家芸である。ゴダールは生涯の最後までこの手法に拘泥していくことになる。パゾリーニはこの手法を借り受けると、風俗に流されるあまり超越者からのメッセージを無視して破滅する主人公、ヒッピー青年の無知と傲慢を示すために用いている。パゾリーニは、ジガ・ヴェルトフ集団が得意であった実験的な試みを堂々と援用しながら、イデオロギー的にはゴダールの真逆のメッセージをこの短編のなかに導き入れている。

とはいうものの、パゾリーニのゴダール熱はこの短編を絶頂として、以後急速に冷めていく。音と映像を素材に過激な実験を行ない、それを政治的テクストとして提出するという方法に疑問を感じ、映画制作をめぐって百八十度の方向転換を行なう。カトリックの用語でパゾリーニが好んだ表現を用いるならば、それは「アビューラ」abiuraの実践である。この言葉は日本語ではほとんど用いられることがないが、一般的には「棄教」、カトリック的により厳密には「異端誓絶」を意味している（フランス語ではabjuration）。もう少し具体的に書いておこう。

一九七〇年、パゾリーニは「一般的でない映画」という批評文を発表し、いわゆる知識人向けアート映画を、一網打尽に批判する。やり玉に挙げられたのはゴダールを筆頭に、それまで彼が賞賛を惜しんでこなかったジャン＝マリ・ストローブ、グラウベル・ローシャといった「作家」である。彼らは自己言及を通り越して自己破滅に向かっているのだと、パゾリーニは批判する。とりわけその切っ先は、ジガ・ヴェルトフ集団に向けられるとき、いっそう研ぎ澄まされている。

彼らの作品では、作者の側にメタ言語的な覚醒的な認識が強すぎるあまり、観客が裏切られてしまい、そこから失望が生み出されることになる。ゴダールはまるで自分の異端と背信の罪を告白している殉教者のようだ。彼は常軌を逸した長回しを意図的に使用することで、そこから生じる異化効果で観客を覚醒させるといっている。だが実際には不自然なショットの数々を我慢して耐え、その苦痛に快楽を感じる観客しか相手にしていない。彼らはゴダール映画のため、自分が殉教をしているのだと信じているだけなのだ。

もうここまで書いてしまったら後には引けない。つい今しがたまで『テオレマ』や『豚小屋』をめぐって恩義を感じていたゴダールに、仁義なき戦いを挑まなければならない。パゾリーニはこれまでの難解な作風を一転して否定し、イタリアの国民的艶笑文学である『デカメロン』の映画化に向かう。『デカメロン』はイタリア人なら誰もが知っている、エロエロ馬鹿話（ルネサンスのウマニスモと同義）の連続であり、これが大衆的に大当たりする。パゾリーニは反市民的なスキャンダル映画監督から、イタリアを代表する国民映画監督へと転身し、さらに「ポルノの帝王」などという称号まで授けられてしまう。

この後、パゾリーニはさらにもう一度、アビューラを発令し、『デカメロン』を否定。一九七五年に『サロ』（邦題は『ソドムの市』）を監督したのが最後となって、右翼テロリストによって殺害されてしまう。後に残された大量の遺稿のなかには、聖パウロの生涯を描いた脚本があった。図らずも五十三歳で生涯を終えていなかったとすれば、必ずや映画にしたであろう脚本である。

4

さて、これまでいささか長々と、ゴダールがパゾリーニに与えた影響について書いてきたのだが、その逆はどうだったのだろうか。黒画面とエッセイ映画のスタイルのことは別において、ゴダールはパゾリーニの存在をどのように考えていたのだろうか。

パゾリーニのゴダールへの眼差しの熱っぽさと比較してみるならば、ゴダールのパゾリーニへの眼差しは冷ややかであり、映画理論の側面の指摘に限られている。彼の映画作品に霊感を受け、それを自分の創作に反映させるといった形跡は見当たらない。

一九六五年、パゾリーニが論文「ポエジーとしての映画」を発表し、ゴダールを「ポエジーの映画」の代表者の一人であると称賛したとき、ゴダールの反応は冷ややかなものだった。それから二年後、『カイエ・デュ・シネマ』（一九六七年十月号）に掲載されたインタヴューによると、彼は言語学が映画研究に寄与するという立場に懐疑的であり、ヴェネツィアでパゾリーニと議論しあったという。「ぼくは読むすべを知らないから、いずれにしても、彼のような人たちが映画に関して書いているものを読むすべを知らないから」と、ゴダールはまず断っておいた上で、「それはそれで結構」という発言をしている。要するに、映画が散文か詩かという議論には関心がないということである。だが一方でゴダールはパゾリーニが『カイエ』（一九六七年七／八月号）の発表した「ワンシーン＝ワンカット論、もしくは現実についての記号学としての映画」に関しては感銘を受けたらしく、次のような言葉を遺している。

「ぼくが〈カイエ〉に掲載された映画と死に関する彼のテクストを読んだのは、それが詩人のテクストで、しかも死について語るものだったからだ。だからあのテクストは美しい。ベラスケスについてのフーコーのテクスト（フーコー『言葉と物』序文＝引用者註）が美しいのと同じように美しい。でもぼくには、あのテクストの必要性がどこにあるのかがよくわからない。それに、ああしたことだけが真実であるわけじゃないはずなんだ。（……）たしかに、それはそれでかまわない。でもそうしてあれほどの確信をもって言うことができるのか？　われわれが映画をつくろうと試みるのはまさにそのためなんだ」（Ⅱ、二六頁）。

ゴダールによれば、彼がパゾリーニにこう語ったところ、パゾリーニからは「おまえはばかだ」と、面と向かっていわれたようである。ゴダールはこの返答に納得がいかず、「彼の言語学派、立派に見えても実際は反動的な編集台のようなものなんだ……」（三五頁）と批判的な言葉を続けている。

もうこれは、二人の「御大」の資質の違いだとしかいいようがない。論文においても撮影と編集現場においても、ことごとく厳密であろうとするパゾリーニと、霊感の赴くままに現場での演出を工夫し、編集機とは自在な遊戯の場所であると考えているゴダールは、映画のヴィジョンを論じ合おうとしても相容れない存在であったのだ。ちなみに付言しておくならば、ゴダールはパゾリーニ理論を批判したエーコやメッツにも、まったく関心を抱いていない。そもそもこのたぐいの記号学的言説など、映画撮影の現場では何の意味ももたない仮説にすぎず、およそ映画に関するかぎり、思考はよりフレクシブルでなければならないというのが、彼の一貫した姿勢であったからである。

ではゴダールがパゾリーニの映画作品をまったく認めていないのかといえばそうではない。『マタイ福音書』には一貫して敬意を払っているようだ。『こんにちは、マリア』を撮影する際にも、イエスの使徒の選び方についてはパゾリーニのこのフィルムを参照するように指定がなされている（「『こんにちは、マリア』――撮影のためのコンテ」、Ⅱ、六一一頁）。

『マタイ福音書』は故ヨハネス二十三世への献辞があったこともあり、パリのノートルダム大聖堂で試写会が開催されたときには、フランスの映画評論家たちにいっせいにブーイングで迎えられた。そのときこのフィルムを擁護した数少ない知識人の一人が、皮肉なことに無神論を説いていた実存主義者サルトルであった。どうやらゴダールもまたこの少数派の一人であったようである。ニューヨークの近代美術館に委嘱されて監督した『古い場所』では、第14課で映画におけるモンタージュとは洗礼であるという考えを述べた後、その「モンタージュの洗礼」という言葉に呼応する形で、一連の映像を引用してみせる。筆頭に挙げられるのが『マタイ福音書』でヨハネがイエスに洗礼を施す場面である。その後ジョットの「出エジプト」とコソヴォ難民の映像が続き、カンディンスキー、ラスコー……と、人類史の規模で画像の引用がなされていく。

ゴダールによるパゾリーニ映画の唯一の引用が、『エディプス王』(邦題は『アポロンの地獄』)でも『サロ』でもなく、『マタイ福音書』からであるという事実は、実は意味深いことにように思われる。というのもパリとローマで、それぞれ映画界の御大として振舞っていた二人の監督が、新約聖書を媒介とすることで、生前の当人たちすら気が付いていなかった主題を分かち合っていたからである。

『マタイ福音書』を監督したパゾリーニは、『使徒言行録』に基づいて聖パウロの物語の映画化を企画していた。ゴダールは『映画史』のなかで、やはり聖パウロの言葉を、来るべき映像の救済の基軸として考えていた。聖パウロに対する彼らの接近の仕方はいずれもきわめて独創的なものであり、単純な比較検討を許すものではない。だが家庭の宗教的出自がカトリック、プロテスタントであるという違いを越えて、この二人の監督は聖パウロに魅惑され、彼の言動と生涯に向き合うことを映画の契機としようとしていた。以下にそのことを簡単に書いておきたいと思う。

5

『聖パウロ』*San Paolo* はパゾリーニにとって遺恨の作品である。彼は『テオレマ』を撮り上げ、『豚小屋』の準備に取りかかる一九六八年五月に、この作品の脚本を一気に書き上げた。当初の予定では一九六九年春に撮影に入る予定であったが、諸般の事情でそれが遅れ、一九七四年に予定を再調整して制作者との交渉に臨んだ。ほとんど完成していた脚本を読み終わった制作者は、これは実現されれば大きな危険を招くと判断し、投資に躊躇した。こうしている間に何ということか、パゾリーニは殺害されてしまった。一九七五年十一月のことである。脚本はそれから二年後、最終決定稿ではなかったものの、未刊行の遺著の一冊として刊行された。

『マタイ福音書』を監督するにあたって、パゾリーニはイエスの科白を記す際に、新しい創作をいっさい行わなかった。原著『マタイ福音書』に記された言葉だけを用いたのである。『聖パウロ』においても同じ原則が採用された。聖パウロの科白に関するかぎり、福音書作者の一人であるルカが著した『使徒言行録』にある言葉以外に、いかなる言葉をも採用しなかった。パゾリーニはその代わりに、言葉が発せられるときの時空と状況を思い切って改変し、初代ローマ教皇となったこの人物の言動に対し、独自の解釈を施した。

物語は第二次世界大戦中、ナチス・ドイツの占領下にあるパリから始まる。パウロは占領者側に立ってレジスタンスを弾圧し、パルチザンの少年の処刑を命じる、冷酷にして偽善的な人物である（これは『使徒言行録』においてパウロがキリスト教を弾圧するローマ帝国側の人物であったことに対応している）。だが彼はフランコ政権下のスペインへ車で向かう途中、突然に強烈な光に襲われ失明する。バルセロナに到着しキリスト教徒の難民と出逢っているうちに回心し洗礼を受ける。パウロはその結果、視力を回復するが、ナチス協力者時代の彼を知る者たちはその信仰を信用しない。そこで彼は砂漠に向かい、三年を荒涼とした地で過ごす。その間に謎の病に罹り、その苦痛は死に至るまで続くことになる。

一九四五年、戦争が連合軍の勝利で終わると、パウロは門人ルカを連れ、ジュネーヴからマルセイユへと、さまざまな都市を廻り革命の意義を説く。新生ドイツでは早くも資本主義の仮面のもとに、ナチズムが再来しようとしていることに気付く。彼は留置され、業病と拷問に苦しむ。その異端思想ゆえに行く先々で石を投げられ、ヤクザに襲撃される。知識人たちからは蔑みの眼差しのもとに迎え入れられる。ファシストの若者たちは彼を殺害する計画を立てている。

一九六〇年代になると、彼はニューヨークに渡る。異教徒たちの群がる、腐敗した都である。核兵器から来る絶望とドラッグ、ヴェトナム戦争、人種差別。社会的矛盾と混乱のなかでパウロは説経を試みる。彼は黒人解放運動に関わり、アメリカ警察のよって法廷へ引き摺りだされる。

無罪の判決に彼の信奉者たちは狂喜するが、パウロ自身は屈辱と絶望に疲れ切っている。キング牧師のことを想い、真の民主主義ははたして可能なのかと思い悩む。あるとき彼は陽光のなかセントラル・パークを散歩し、帰宅して深い静寂に包まれる。自分が戦いを立派に生き抜き信仰を守り通したと、門人テモテに書き送る。暗殺者が彼を襲い、二発の銃弾を放つ。

一方、ローマでは一人の男がルカの家を訪問している。サタンである。いよいよ教会（後にいう教皇庁）が創設されたというので、彼らはシャンパンで祝杯を揚げる。さあこれから権力を濫用し、教義を捏造し、悪事のかぎりを尽くすのだ。そう思うと、彼らは愉快で仕方がない。すっかり酔っぱらってしまったサタンとルカは、パウロのことを思い出し、「あの馬鹿はいまだに世界中を廻って説教をしているんだとよ」といいつつ笑い出す。

これが『聖パウロ』の粗筋である。もしパゾリーニが右翼テロリストによって殺害されなかったとしたら、この脚本は映画化されたことだろう。その場合、彼のイメージは、不吉きわまりないフィルム『サロ』を遺して死んだ性的倒錯者といったものとは、まったく異なったものになっていたはずである。パゾリーニは『聖パウロ』を『マタイ福音書』の続篇であると、明確に意識していた。彼は聖パウロの苦難に満ちた人生こそは、自分の人生に他ならないと考えていた。そもそもパウロとは、ピエル・パオロ・パゾリーニという名の由来であった。

パゾリーニは『聖パウロ』に付した序文のなかで、聖パウロに課された問題とは、まさに現代人が立ち向かうべき政治的問題であると書いている。このフィルムの深い主題とは、アクチュアリティと聖性が対置しあっているところにある。一方に過剰なまでに緊張を有する歴史の世界があり、それは神秘と抽象性の側へ逃げ込もうとしている。もう一方に神聖なる世界があり、それは人間に具体的な効果をもたらしている。だがこの二つの世界の間に、悪魔の領域が横たわっている。

パゾリーニは『使徒言行録』の作者であるルカを悪魔の眷属と解釈している。ルカはパウロが精魂使い果たしても諸国を廻り、説教を重ねているさまを横目で眺めながら、悪魔とともにシャンパングラスを傾け、パウロに嘲笑的な眼差しを向ける。教皇庁を築き上げ地上に悪を撒き散らすことが悪魔の究極の目的であり、パウロとはそのために起用された、オッチョコチョイの、純朴なる囮《おとり》に他ならない。この解釈は独自のものであるが、もしそのままに映画化が実現されていたとしたら、パゾリーニは『リコッタ』の時以上に大規模なスキャンダルを引き起こし、どちらにしても右翼テロリズムの標的とされることは間違いなかったことだろう。そして彼が提示した、歴史における神聖なるものとは何かという問いは、いまだにこの混迷する現代社会にあって解決を見ていない。

6

ゴダールはパゾリーニの殺害についても、遺作となった『サロ』についても発言をしていない。『聖パウロ』の構想についても、おそらく知ることはなかっただろう。だが彼はそれとはまったく無関係なところで、聖パウロの思想に深く共鳴し、それを映画の文脈に置き換えて、アフォリスティックな言説を遺している。

「映像は復活の時に到来することだろう」。
L'image viendra au temps de resurerection.

ゴダールが『映画史』のなかで、いくたびかにわたって繰り返している言葉である。すでに本書の「パッチョロ」のなかで記したことであるが、これは『コリント人への第一の手紙』第十五章四六〜四九節にある聖パウロの言葉が、そもそもの出典である。

「霊のものは前にあらず、反つて血気のもの前にありて霊のもの後にあり。第一の人は地より出でて土に属し、第二の人は天より出でたる者なり。この土に属する者に、すべて土に属する者は似、この天に属する者に、すべて天に属する者は似るなり。我ら土に属する者の形を有てるごとく、天に属する者の形をも有つべし」（『舊新訳

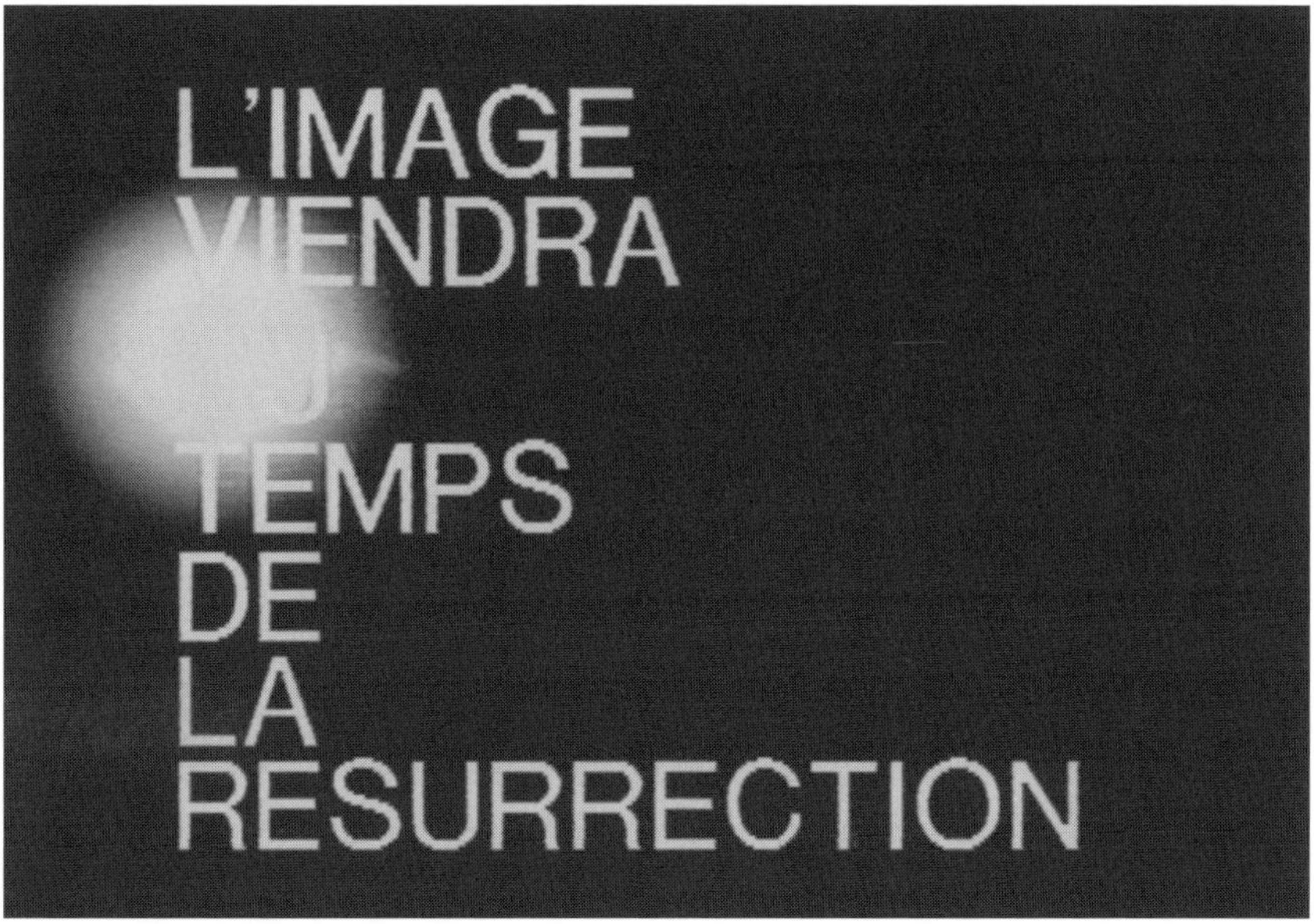

『映画史』1B 「映像は復活の時に到来することだろう」。

聖書』日本聖書協会、一九八一）。

聖パウロがここで説いているのは、ゴルゴダの丘でひとたび絶命したイエスが、やがて霊的な存在として復活し、メシアとして最後の審判の日に再臨すると、神の国を約束してくれるということである。古色蒼然たる表現を、もう少しわかりやすく書き直してみよう。

最初に存在しているものは土に帰属しているものにすぎない。それは地上での生命を終えると、ただちに土に戻ることだろう。だがその者の本質は霊であって天に属している。それゆえ彼は復活するであろう。そしてわれわれもまた、天に属する存在と同じ形、つまり霊的な形を取ることになるだろう。

ゴダールはこの書簡の一節をきわめて単純に要約し、映像をめぐるヴィジョンとして書き直して見せた。「天に属する者」とは質量をもたない、霊的な「映像」である。この映像は、われわれが生きている地上にあっては、まだ不在である。だが時満ちて世界に終末が近づき、死せる善き者たちがなべて復活の徴《きざし》を帯びようとするとき、映像はかならずや天上界から降り来り、充溢した現前をわれわれの前に差し出すことだろう。

映像は復活に際して欠いてはならぬ重大な要素である。

いや、この表現ではまだ不充分だ。復活とは映像の復活に他ならず、映像とはその本質において復活そのものである。だが、それは一体、何を意味しているのだろうか。

『映画史』では一世紀にわたって制作されてきた映画のなかから、さまざまなフィルム断片が引用抽出され、ゴダールが望むがままに接合され、また重合（二重焼きつけ）されて新しいテクストを造り上げている。かつては上映され観客の目に触れたことのある映像が、ひとたび忘却され、フィルム保存庫に収納されて長い歳月を過ごしている。ゴダールがみずからの記憶に基づいてアーカイヴからそれを再発見し、編集機の前に座り込んで、ヴィデオ映像から転写を行なう。発掘された映像はけっしてそれ自体として引用されることがない。いかなる場合にもこれまで縁のなかった見知らぬ映像と組み合わされたり、重ね合わされたり、思いもよらぬ字幕や音楽を付加されたりしてから、もう一度観客の視線に供される。最初の観客と二番目の観客とは異なっているだろう。だがそれはいささかも問題ではない。福音書に登場する人々がラズロの復活を見て驚嘆するように、われわれ現代に生きる観客は、ニコラス・レイからロッセリーニに到る夥しいフィルムの断片をもう一度目の当りにすることで驚異と歓びを体験する。こうした現象自体が、まず映像の復活といわれるべきものだろう。だがそれは第一の復活にすぎない。

ゴダールは「映像の復活」という言葉に、さらに異なった意味を与えている。復活は単に映画論、映像論の領域を超え、キリスト教的な神学的構造の内側において理解されるべき何ごとかでなければならない。なぜならば人間を救済するのは映像であり、その救済は観ることによってしかなされえないものだからだ。映像が不在のとき、人はあらゆる救済の可能性から見捨てられている。人は映像に導かれ、映像を媒介としてこそ、初めて真の救済に到達するのだ。

救済は具体的にはどのようになされるのだろうか。ゴダールはいう。モンタージュによってである。モンタージュという技法を介してのみ、映像は救済と啓示の権能を獲得するのだ。ではそのモンタージュを可能にしているものとは何か。それは反復と停止である。映像を繰り返し提示したり、途中でその運動を断ち切ったりする作業を通して、自在に操作することが重要なのだ。反復と停止は対立しているように見えて実は分かちがたく結合しており、ときにはほとんど同一のものに見えることもある。ゴダールの作品に親しんできた者であれば、そのなかで物語を流暢に語り続けてきた映像の連鎖が、一瞬何の意味もなく中断され、画面が停止してしまったり、予想もしなかった別の映像によって代替されてしまうといった事態に、たびたび出会っていることだろう。モンタージュとは通常信じられているように、異なった映像を衝突させて新しい意味を創出するという作業だけを意味しているのではない。映像から突然に運動を奪い去り、それを凝固したままに任せたり、意味作用が摩滅してしまう寸前にまでそれを反復することもまたモンタージュと呼ばれるべきである。こうした作業を通して映像は映像としての本質を開示する。『映画史』とは映画の本質を、他ならぬ映画の反復を通して探究する試みである。

奇妙なことではあるが、映像と人間の記憶の間には強い類推関係が横たわっている。われわれは一度しか観たことのないフィルムの内容を、まったく間違った形で記憶してしまっていたり、他人とはまったく異なった記憶を抱いてしまうといった体験をしばしばしてしまうものである。だがそれは、いささかも非難されるべきものではない。実をいうならば、ザルツブルクの岩塩の結晶作用にも喩えられるべきこうした勘違いの思い込みこそは、日常的な映画体験の本質に関わる現象であり、同時に映画における反復の構造のあり方を深く物語っている現象でもある。なぜならば記憶とは現実に体験したことの単純なる再現ではなく、現実には起きえなかったことを含めての、想像的体験であるからだ。想起するとは〈なかったこと〉をめぐる想起である。記憶とは、あったかもしれないが、なかったかもしれないことをめぐる記憶である。人が一本のフィルムのなかに、現実には眼が直接体験していない映像や音声を認め、それを記憶として頑強に信じ込んでしまったとして、そこには非難されるべきものは何ものもない。起こりえなかったことを起こりえたものとして記憶してしまうかぎりにおいて、記憶とは映画に似た何ものかであり、反復とはこの不条理な事態をめぐる記憶であるからだ。

この点において、映画とメディアとは対立している。メディアはどこまでも起きてしまった事態、つまり二度と反復がありえない事態をめぐる情報伝達に終始している。起こりえなかったことを報告することはできない。だが映画は、これからもいくたびとなく繰り返し上映されることになる映像を本質としている。反復の性格において、両者は両極にあると考えるべきである。

では停止とは何か。『映画史』のなかで、いやもとい、『勝手に逃げろ』以降のゴダール映画のなかで、画面が突然に運動をやめ、静止画像として凝固してしまったり、ふたたび運動を始めたものの、それがひどく緩慢なものとなってしまうという事態は何を意味しているのだろうか。端的にいってそれは流麗であるべき物語の中断である。この事態を前に観客は、眼前に展開している映画とは、映画が語ろうとしている物語とは別のもの、別の秩序(あるいは反秩序)をもったものであるという事実に、否応なく直面させられることになる。

こうした映像と音声の急停止は映画に独自のものである。もし自然言語にその対応物、相似物を探すとすれば、おそらく詩的言語だけがその権能を携えているといえる。散文には急停止はない。ただ詩だけが意味の展開とは異なった秩序で単語を孤立させ改行を行なったり、行と行の間に距離を置くことを許されている。韻律を優先するあまり、意味論的な分節と音声のそれとが不整合なままに進行していくことを、文学ジャンルの様態として認められている。ゴダールの『映画史』を詩的テクストであると呼ぶことは、単なる修辞ではない。散文には許されていない突然の停止と、その意味がいつまでも結実しない反復をテクストの属性としているかぎりにおいて、それはまさに、稀有にしか実現されないでいる詩の対応物であるということができる。

映画には新たに創出すべきものなど何もない。これは折につけゴダールが口にしてきた言葉であった。その意味で『映画史』は創造ではない。あえて名付けるとすれば、創造行為の急停止であり、かつて存在していた映像たちの反復、それも姿を変え同一性を喪失した映像たちの反復であるといえる。一言で要約するならば、それは創造 création に対する反創造 décréation だと呼ぶべきであろう。引用された映像という映像は、出自のテクストにおいて携えていた意味を失い、あるいはその意味から解放され、映像としてのみ招喚されている。そしてゴダールはこうした映像が到来する時こそ復活の時なのだと、聖パウロに倣って宣言する。映像はかくしてメシアとしての権能を付加されることになる。

7

パゾリーニはカトリック社会に生まれ、ファシズムとカトリシズムの充満する大気のなかで成長した。彼は回想のなかで、自分が洗礼こそ受けたが堅信礼は受けなかったと語っている。一家はとりたてて信仰深い環境ではなかった。

にもかかわらず幼少時に見たキリスト磔刑図に強い衝撃を受け、『カトリック教会のナイチンゲール』（一九五八）なる詩集を上梓している。四十一歳のとき『リコッタ』（一九六三）を発表してキリスト教侮辱罪で有罪判決を受け、翌年に『マタイ福音書』（一九六四）を映画化。新約聖書にあるイエスの言葉を一字一句違えることなく再現した。故ヨハネス二十三世への献辞を添えたこのフィルムは、国際カトリック映画事務局賞を受けた。パゾリーニは、自分がイエスの物語を映画化したのは、彼が革命家に他ならなかったからだと語った。

『マタイ福音書』の続篇として構想された『聖パウロ』は、結局は監督の死によって、未完成の脚本だけが遺されることになった。聖パウロは若くしてファシストからキリスト教徒に改宗し、原因不明の熱病に苦しみながら逮捕拘禁を繰り返し体験する。世界のいたるところに足を向け、神の教えを説いて廻るのだが、最後に暗殺者の犠牲になる。パウロに従っていたルカは実は悪魔の手先である。彼は教皇庁の創設に成功するや、パウロを嘲笑しながら悪魔と祝杯を交わす。

映画として実現されなかったこともあって、『聖パウロ』の脚本は謎に満ちている。今後にさらに精密なる解釈が必要とされるだろう。パゾリーニは自分の名前でもある聖パウロの存在に、明らかに運命的なものを感じていた。あたかも自身の生涯に対応するかのように、この人物を造形したのである。

ゴダールは富裕なプロテスタントの家庭に、フランスとスイスの二重国籍を有する者として生まれた。フランスにおけるプロテスタントは全人口の一パーセントにすぎず、きわめて少数派であるが、金融企業界に強い支配力をもち、アンドレ・ジッドからロラン・バルトまで、フランス文学を代表する文学者を輩出している。ゴダールの場合も例外ではなく、母方の曽祖父は著名な牧師であり、祖父はメガバンクBNP銀行の創設者であった。

ゴダールは自分をとりわけ宗教的な人間であるとは見なしていなかった。若き日の彼を夢中にさせたのはハリウッド映画であり、毛沢東思想であり、人類学であって、ヌーヴェル・ヴァーグの精神的後ろ盾であったアンドレ・バザンのカトリシズムには一向に無関心であったように思われる。それが中年に到ってカトリシズムに深い関心を抱くことになり、五十五歳で『こんにちは、マリア』（一九八五）を監督した。女子高校生のマリアが妊娠し、タクシー運転手のジョゼフが肉欲を超えた愛によって彼女と結婚する。マリアは平然とスクリーンに全裸を示し、ジョゼフにむかって、「男を愛する女にとって、すべての男は神の影ではないのか」という言葉を吐く。このフィルムは公開当時、神聖な物語の悪しき世俗化であると非難され、保守的な地区では公開禁止の処分がなされたところさえあった。だが現在ではキリスト教の教義を女性の身体性を内側から読み直し、シングルマザーという社会的問題を描く先駆的映画として高い評価を受けている。

そのゴダールが聖パウロに基づいて、「映像は復活の時に到来することだろう」という言葉を『映画史』のなかで繰り返し唱えたのが、一九八八年に始まる十年の出来ごとであった。プロテスタントの文化環境に生まれ落ちた映画作家が、時満ちてカトリック神学の再解釈に向かい、『コリント人への第一の手紙』にある言葉を敷衍してみずからの映像論の根底に据えることになったのだ。この大作で発せられた言葉に、ゴダールは死の直前まで忠実であったように思われる。

ゴダールとパゾリーニはともに過激な異議申し立てによってスキャンダルを巻き起こし、互いに競争し合いながら、影響と批判を繰り返した。彼らが生涯の半ば過ぎに聖パウロに向かい合い、そこから尽きることのない霊感を受け取ったという事実は、単に映画史の次元に留まらず、二十世紀の精神史において少なからぬ意味をもっているように思われる。彼らは聖パウロをめぐり、まったく異なった肖像画を描いた。そして、己の手によって創造したその映像を通して、みずからの救済を祈願したのである。

「聖パウロのへの道　ゴダールとパゾリーニ」
本書のための書下ろしである。「パッチョロ」では充分に展開することのできなかったゴダールとパゾリーニの間の問題を、聖パウロを切り口として論じてみた。だがわたし自身としては、この論考がまだ十分なものではないことを知っている。二人の映画監督については別にして、何よりも聖パウロについての自分の理解が浅薄であると考えているためである。これは宿題にしておこう。いずれ時が来ればわたしは、この問題に立ち戻ることになるだろうと思う。

『愛の世紀』

さて　それで
名前というものを憶えた最初の時は、
いや、違う
たぶん人が教えてくれたのではなかった
わたしにはまったくわからない
デモの目的のこととか
彼女は電話している警官といっしょで
そいつを面白がらせてやろうと
ジャンバーに黄色い星を縫い付けてみた
するといろいろなことが起きるとわかる
彼女は書く
失業者、考慮すべき商業利益
そう、で、まさにそのとき
いろいろなことが起きる
黄色い星を見つけ

無理やりに引き離そうとして
捨て台詞を放つヤツ
お前　ファシストを見たいのだってな
さあ、見せてやるぞ
で　殴りつける
もう動かない
で　その時代には
その場にもたくさんの人がいて
もし誰かに尋ねられたとしたら
それって　選択をしたのはあなたのことでしたっけ
歴史の三位一体とか
始まりとか
終わりとか

『愛の世紀』（原題は「愛を讃える」*Éloge de l'amour*）の冒頭。いつもながらにゴダールがブツブツ、何かを語っている。何のことをいっているのか。何をいいたいのか。最初のうちはよくわからない。いつもと同じ、謎めいている。だがしばらくして、少しずつ見当がついてくる。今回の作品の主題は記憶だ。どうやら反ユダヤ主義とナチズム、それにレジスタンスのことが物語になっているらしい。だが「歴史の三位一体」とは何なのだろう。こうしてわたしはゴダールの新しい世界へと導かれていく。

『愛の世紀』は『映画史』を無事に完成し終えたゴダールが、もうこれで解放されたのだから、ようやく新しいことができる。とにかく新しいことをしようという気分で着手したフィルムである。にもかかわらず企画を練りシノプシスを書く段階で難渋し、四年の間に三回にわたって全体の構想が練り直されることになった。『ゴダール全評論・全発言Ⅲ』(筑摩書房)の七四二頁以降に収録された四編の「シナリオ」から、われわれはその変遷を知ることができる。

最初のヴァージョンでは、一人の青年が年上の女性のためにエスコートガールを捨てるという物語であった。第二稿では、若い娘が男とその新しい愛人を殺して獄に入るという筋立て。第三稿では三組のカップルが自分たちのなれ初め、愛、破局、再会を想い出すという話。ジロドゥとローベルト・ヴァルザーの小説から名前を採った、エグランティーヌとペルスヴァルというカップルが、ここでは大きな役割をするはずであった。そして第四稿では全体が二部構成となり、若い映画監督が愛の四つの時期、つまり出逢い、肉体的情熱、別離、再会を撮ろうとする話となった。これがようやく最終稿となった。第一部がカラーで、第二部がモノクロ、しかも第一部の人物の回想という形式が採用された。ちなみにゴダールは以前にも『エラス・プル・モア』で用いたことがあったが、話法としてフラッシュバックを採用することは稀有なことである。

結局のところ、完成したフィルムは以下のような粗筋である。

第一部ではエドガールなる青年が、愛の四つの時期を若者、成人、老人の三世代の男女を通して映画に描こうと考えている。シングルマザーの清掃婦に主演を依頼するが、彼女は応じてくれない。やがてエドガールは彼女が死んだと知らされる。

第二部は第一部の二年前に遡る。エドガールは研究者として、ブルターニュ半島における戦時下のレジスタンスについて調べている。彼はそこで、スピルバーグの幼友だちだというハリウッドのエージェントとアメリカ国務省の役人とが、かつてレジスタンスを闘った老夫婦から、彼らの回想物語の映画化権を買い取ろうとする光景を見てしまう。老夫婦の孫娘が契約書を細かく読みながら交渉を進めている。エドガールはパリに戻る。

第一部はモノクロであり、わが身の物語を独白し続けるエドガールは、どことなくブレッソンの『スリ』の主人公を連想させる。これに対して第二部はいきなり黄色い空とオレンジ色の海から始まる。人工的に原色を着色されたカラー画面であり、ブルターニュ半島の自然が色鮮やかに描かれている。こうした場合、たいがい思い出されるのはハリウッドのミュージカル映画『オズの魔法使い』である。だがヴィクター・フレミングの手になるこのフィルムでは、現実に少女を取り囲んでいる退屈な日常生活がモノクロで、すべてが驚異であり魅惑に満ちた夢の世界がカラーであるという、きわめて理解しやすい二分法が採用されている。『愛の世紀』ではそのように明快な世界の対照が存在していない。いずれの世界もが憂鬱であり、登場人物たちはどこまでも曖昧で危機に晒されている記憶に突き動かされるまま、いっこうに明らかにされない自分の生を生き、理由もなく死んでいかなければならない。

『愛の世紀』の基調となっているのは、想起とは何かという問題である。

一方にエドガールという青年が個人的に携えている想起がある。彼はかつて訪問した先の老人の孫とその二年後にパリで再会し、映画出演を依頼するということなのだが、第一部ではそれが想起という形としては描かれていない。物語映画の定石としてはいかにも不自然である。これは突き詰めてみると、このフィルムの構造自体に不透明なものが横たわっているような印象を与える。第一部と第二部が、はたして現在とその現在から想起された過去という物語秩序に整合しているのかという疑惑である。この二つの部分を結合させている靭帯がどう見ても怪しげなのであって、ひょっとして両者は、時空的にも論理的にもまったく関係のない映像ではないのかと、つい推理してしまったりするほどである。第一部のエドガールはプルーストの登場人物とは違い、想起という人生の劇をまったく生きようとしていない。彼は小文字で記された歴史、つまりどこまでも個人の人生の枠を超えて出ることのない歴史を生きている。

だがその片方に、大文字で記されることになる「歴史」が頑強に控えている。第一部ではコソヴォの空爆とセルビア人による残虐行為が語られ、第二部では第二次世界大戦中のレジスタンスの参加者が生きた物語が語られる。いずれもがすでに二十世紀の世界史に記されている〈歴史〉である。そしてこの歴史は、実のところ、危機に晒されている。スピルバーグの関係者によってハリウッドで映画化され、大衆消費社会の内側で商品として消費されてしまう可能性が大であるからだ。このときエドガールの小さな歴史は、完璧なまでに無力である。ゴダールが第一部と第二部の間にロマンティックな劇を排し、両者の間に横たわる不整合を素っ気なく差し出して見せたのは、この二通りの歴史（＝物語）の間にある不均衡と関与の無力を際立たせてみたかったからではないだろうか。

〈歴史〉には
音と映像が必要なのだ
とりわけ　何が終わろうとしているかを
わからないというのが
〈歴史〉の基本であるからには

ゴダールはこう呟いた後、冒頭の独白をそっくり繰り返す。ブレッソンに倣って意図的に饒舌を排し、登場人物に劇的な演技のいっさいを禁じて演出されたこのフィルムは、ゴダールの作品の中で特異な位置を占めている。彼はこの作品を通し、『映画史』の巨大な残響からわが身を引き離すことにいく分成功する。新世紀が始まるのだ。『愛の世紀』における二通りの歴史の相克は、やがて『われらの音楽』『ソシアリスム』という、新しい系列の始まりとなるだろう。

『愛の世紀』（二〇〇一）
　本書のための書下ろし。二〇〇一年に発表されたフィルムなので、邦題には「世紀」という言葉が採用されたのだろう。視覚的美しさが強調されているため、少なからぬ人がそれを称賛するのだが、そこにゴダールアイロニーが隠れていることにどうして気が付かないのかと思う。

ゴダールのジガ・ヴェルトフ時代

現在、虚偽や無知とたたかって、真実を書こうとする者は、少なくとも五つの困難にうちかたねばならない。真実がいたるところでおさえつけられているにもかかわらずこれを書く勇気を、真実がいたるところでおおいかくされているにもかかわらずこれを認識する賢明さを、真実を武器として役だつようにする技術を、その手に渡ったとき真実がほんとうに力を発揮するような人々を選び出す判断力を、そういう人々の間に真実をひろめる策略をもたなければならない。

ベルトルト・ブレヒト（1）

1

今日、ゴダールについて語ることは、ほとんどノスタルジアの甘美さについて語ることと同義である。世界映画史に輝かしい痕跡を遺したヌーヴェル・ヴァーグの栄光。五月革命の昂揚の記憶。八〇年代のカムバックの成功。あの当時のパリ。あの当時のファッション。あの当時の仲間たち……。

とはいうものの、これは観客だけの責任ではない。そもそもゴダール本人からしてデビュー当初から、喪われた時間への思念に感傷的に深く捕らえられていた存在だった。『勝手にしやがれ』の主人公は四〇年代のアメリカのフィルムノワールを懐しみ、『小さな兵隊』は栄光の過去を前にした卑小な現実をめぐる失意の感情に満ちている。『気狂いピエロ』の主人公を駆り立てているのは、ひとたび見失った生の全体性を回復したいという欲望であり、『アルファヴィル』はそれをメルヘン的な愛として抽象化する。事態は「カムバック」以降にしても同様、というより文明論的悲嘆が加わった分だけ、いっそうノスタルジアの度合が強まっている。『新ドイツ零年』から『フォーエヴァー・モーツァルト』『愛の世紀』にいたる九〇年代のフィルムに流れているのは、現実に進行してゆく世界の矛盾をめぐる無力感であり、空しいままに消滅してしまった過去の時間へ戻ることができないという絶望の現われである。

だがゴダールの描くノスタルジアが、タルコフスキーのそれと比べて、いかにも実存的重量を欠落させ、どこまでも文化流行の域を越えることがないということも指摘しておかねばならない。なるほどそれは甘美にして饒舌であり、優雅なメランコリアの曲線を描いてはいる。だがそこには、死を前にした亡命ロシア人の監督が『サクリファイス』で語ってみせた、近代ヨーロッパ文明の進行をめぐる巨大な悔恨は、どこにも見当たらない。ゴダールはその生涯において、けっしてみずからの属するフランス文化を疑おうとはせず、またその外側に立とうともしなかった（アメリカでの、彼の度重なる挫折）。彼のフィルムに現在強烈に立ちこめている厭世的な気分は、一つにはこの文化的限界に起因している。

一九六〇年代後半から七〇年代前半にかけてゴダールが体験した、いわゆるジガ・ヴェルトフ時代は、そうした彼の経歴のなかにあって、例外的な突出点であったといえる。五月革命の政治的興奮に見合うような形で、彼はみずからの名前をかなぐり捨て、映画の制作と配給、受容をめぐる既成の体制のことごとくを「革命的」に変革しようと企てた。「映画界に第二、第三のヴェトナムを見出さねばならない」という掛声のもとにパリの撮影所を離れ、プラハ、ロンドン、ローマ、ニューヨークと世界を転々とし、パレスチナ難民キャンプにまで足を延ばした。とはいうものの、この時期のゴダールの活動は、現在までほとんど言及がなされないままに至っている。それは封印され、隠蔽され、時代の文化流行から慎重に排除されている。ゴダールの作品をたやすく文化商品に仕立てあげることに成功した大衆消費社会にしても、この期間については無視をきめこみ、「パリお宅」の不毛な審美家たちは、あたかもそれが存在しなかったかのように振舞っている。ジガ・ヴェルトフ時代とは、ゴダールの経歴において、彼が唯一ノスタルジアから自由となりえた突出点であるのだが、それと同時に、彼をめぐって饒舌を重ねる者にしても、できることなら触れないですませたいという、奇妙なブラックホールでもあるのだ。

この時期のゴダールについて言及することがきわめて困難であることには、論じる側の怯懦を別にしても、主に三つの原因が横たわっている。まず第一に、満足に完成した作品に直接に接する機会がほとんど見当たらないのだ。『ワン・アメリカン・ムーヴィ』（1A.M.）や『勝利まで』といった作品は途中で放棄されてしまったし、『ワン・プラス・ワン』は理解のない制作者の手で、結末部に無残な改竄がなされてしまった。『楽しい知識』から『ウラジミールとローザ』まで、TV局に依頼されて制作された作品は、そのことごとくが放映拒否となり、一般観客の目に触れることがなかった。五月革命の最中に匿名で撮られた「フィルム・トラクト」（アジビラ映画）は、今日ではほとんどが遺されておらず、確認が困難である。そして一気回復を狙ってスターを呼び寄せ、35ミリで撮られた『万事快調』は、興業的にみごとに失敗し、ジガ・ヴェルトフ集団の解体を余儀なくさせることになった。

日本では七〇年代初頭にごく短い期間ではあったが、『東風』や『イタリアにおける闘争』が一般公開され、当時『批評映画』や『季刊フィルム』に集っていた批評家たちがそれを論じあうという状況があった。だがこれは世界的には例外的なことで、欧米では同時期に映画祭でゴダールの作品が上映されると、怒った観客たちが次々と席を立つ方が普通であり、それを正面から論じようとする批評的試みはけっして充分なかたちではなされなかった。ちなみにわたしは一九八〇年十月にロンドンのNFTでこの時期の作品を纏めて見る機会があったが、そのときでさえ『ありきたりの映画』の上映のさいに観客の大半が出ていってしまい、二時間に及ぶ作品を最後まで観終えたのは四分の一くらいであったことを記憶している。というわけで、現在にいたるまでヴィデオやDVDも、この時期に関してはほとんど発売がなされていない。それ以前、あるいはそれ以後のゴダールについては、それこそヴィデオ屋にコーナーができるほどに賑やかであるのだから、まさに対照的である。

困難の第二の理由は、この時期にゴダールと盟友ジャン＝ピエール・ゴランとがもっぱら理論的に依拠していたマルクス＝レーニン主義が、今日にいたって決定的な凋落を体験し、共産主義をめぐるユートピア的理念がもはや完全に崩壊してしまったことにある。五月革命のさいにあれほどにまで声高く掲げられたスローガンを、もはや字義通りのかたちで受けとる者はいなくなってしまった。一九九〇年前後にソ連が解体し、東欧の社会主義国があいついで国是を放棄して「自由化」したのち、マルクスとレーニンの権威は地に墜ち、文化的アナクロニズムと同義になってしまった。とりわけ評判が悪いのが毛沢東主義で、文化大革命時代の悲惨が明るみにされるにつれて、当時のフランスで無邪気にマオを担ぎ出していた知識人の愚昧がオリエンタリズムの名のもとに批判の対象とされる風潮が強くなった。革命はもはやいかなる意味でもノスタルジアの領域に属してしまった。こうした機運のなかで、マルクス＝レーニン主義的映画制作を探求すると豪語してきた『東風』の意義を擁護するには、新たなる審美学の構築が必要とされるのだが、それはまだ充分になされていない。

最後に第三の原因として、ゴダール本人がこの時期のみずからを否定的にしか回想していないという事実がある。一九八〇年に刊行された『映画史』のなかで、彼は次のように語っている。

「私は六八年以後の一時期、もっぱら、パレスチナと他のいくつかのことについての、いわゆる〈ドキュメンタリー的な〉映画ばかりつくっていました。そしてそれらの映画には、あまりに多くの音が詰めこまれました。それはまるで、熱狂を、狂気をかかえこむようなものでした。（……）そこには〈革命万歳！〉とか〈労働者万歳！〉といった、闘士たちの弁説がありました……完全に病気にかかった弁説がありました――いや、病気にかかったという言葉を侮辱的な意味で使っているわけではありません。むしろ、それらの弁説は痛ましい感じがするということです(2)」（Ⅱ、三九七〜九八頁）。

ここにかつての闘士の転向を見ることはたやすいことである。だがその転向がどのような過程を経て徐々に準備されていったかを分析的に理解しておかないかぎり、すべては従来のゴダール観の延長上に、新たなる隠蔽と抑圧の図式を踏襲してしまうことで終わるだろう。

こうしたさまざまな困難にもかかわらず、ジガ・ヴェルトフ時代のゴダールは重要である。それはゴダールという、世界映画史に稀有な攪乱者の全体像を理解するためにも、また映像と政治、イデオロギーとジェンダー、そして表象といった今日的問題を理論的に推し進めるためにも、けっして蔑如《ないがしろ》にしてはならない先鋭的な問題提議を豊かに含んでいる。いささか前置が長くなってしまったが、以下の論稿ではまずジガ・ヴェルトフ集団の成立から解体までの歩みを簡潔に素描し、その最後にして次の時期の発端ともいえる『ことよそ』というフィルムの成立過程を丹念に辿ることで、この時期にゴダールが提議した問題の本質と限界とを探求してみたいと思う。

2

ゴダールのジガ・ヴェルトフ時代が、期間的にいってていつからいつまでかということに関しては、さまざまな定義の仕方が可能である。フィルモグラフィーの側からするならば、彼が監督名としてみずからの名前を放棄し、革命ロシアのドキュメンタリー作家であるジガ・ヴェルトフに依拠した集団として映画制作を開始したのは、一九六八年の『ありきたりの映画』からである。五月革命の興奮覚めやらぬこの時期には、芸術はブルジョア的な作者という観念から解放され、匿名的なかたちで共同制作されるべきであるという意見が、パリのいたるところで主張された。それに呼応するかのように、クリス・マルケルはメドヴェトキン集団なるグループを組織した。ゴダールにしても同様で、この時期に左翼の闘士であったジャン゠ピエール・ゴランを迎え入れ、個人に帰属しない映画制作に踏み出すことになった。映画の側から政治に接近しようとしていたゴダールと、政治の側から映画に参入しようとしたゴランとが、互いに向かいあう形でチームを組んだというわけである。

ジガ・ヴェルトフ集団はその後、ジャン゠アンリ・ロジエやジェラール・マルタンといったメンバーが出入りし、一九六九年にはゴラン抜きで『プラウダ』が制作されている。だが同じ年の『東風』あたりでゴランによるはっきりとしたヘゲモニーが確立され、ゴダールを除くすべてのメンバーは去ってしまう。厳密にいうならば、集団としてクレジットされた作品は一九七一年の『ウラジミールとローザ』までである。だが集団解体後もゴランはゴダールの元に留まり、一九七二年には連名で『万事快調』と『ジェーンへの手紙』を発表している。彼はその後、五年間にわたって組んできたゴダールとの共同作業を解消して合衆国の西海岸に移るが、その名前は一九七四年に再編集された『ここよそ』にまで残ることになる。本稿では、一応このあたりまでを広い意味でジガ・ヴェルトフ時代と呼んでみることにしたい。

では、この時代の始まりはというと、わたしはあえて一九六七年、ゴダールがまだゴランに出会う前に独自で監督した『ウイークエンド』あたりに探ってみたいと思う。当時、彼はまだ商業映画の枠の内側で監督を続けていたが、そこには『勝手にしやがれ』以来のヌーヴェル・ヴァーグ時代にはけっしてなかった、ある危険で過激な傾向がはっ

「フィルム・トラクト」7番、10番。

きりと見て取れ、やがて到来する波乱万丈の時代を予告しているように思えるためである。

『ウイークエンド』は、冒頭から「鉄屑のなかに見出だされたフィルム」「宙に舞うフィルム」と、謎めいた命名がなされている。それはそれまでのゴダール映画とは大きく異なり、もはや至上のものとして愛を語ろうとしないフィルムである。ブルジョア階級に属する夫婦が週末に郊外にドライヴに出かけ、さまざまな事件に出くわす。彼らは最初から道徳的に破綻した存在であって、互いに裏切りあって生き延びることしか念中にない。やがて妻は山中のゲリラ部隊に参加し、夫の死体を焼いて食べる。フィルムの全体の基調は冷たく、シニカルな距離が強調されている。『勝手にしやがれ』や『気狂いピエロ』で特徴的だった眩しいショット繋ぎはすっかり姿を消し、カメラの長回しが前面に押出されている。といってもそれは、ゴダールがかつて圧倒的影響を受けた映画理論家アンドレ・バザンの説く、現実の深層構造を露呈する手法としての長回しなどではさらさらなく、徹底して事物の表層をなぞり、観客に映像をめぐる批判的思考を要求しながらも、その実は世界の不条理と無意味へと通じてゆくたぐいの長回しである。

『ウイークエンド』はさまざまな視覚的遊戯性に富み、

その意味でけっして観客を退屈させないフィルムである。とはいうものの、後半のあるところまできてガラリと異なった様相を見せる。そこでは黒人とアラブ人とが主人公夫婦を前に、今日の植民地主義がいかにナチズムに酷似しているかという問題をめぐって、激しい言葉を用いて長々と演説を続けるのだ。固定されたカメラが彼らを真正面から捕らえているため、それはまるで観客にむかって直接に言葉が発せられているような印象が与えられる。ここでゴダールは、映画館を訪れたブルジョア的観客を意図的に苛立たせ、効率のいい説話行為を大きく逸脱したこの部分に、観客が退屈さ以外の何物も感じないように、映画的持続を組織している。ドゥルーズは『シネマ2』においてこうした現象に着目し、ゴダールにあっては映画の映像が運動―映像であることを停止し、時間―映像になろうとしていると指摘している。(2) ここではゴダールがそれまでの栄光に満ちた映画的蓄積を犠牲にしながら、あえて未知の領域に向かおうとしていることが明確に見てとれる。彼は映像から運動を追放することで、それが内在的にいかなる時間の持続を担っているかを、分析的に捕らえようと試みているのである。

翌一九六八年の春に撮られた『楽しい知識』では、映画のなかからプロットが完全に消滅してしまう。これはジャン＝ピエール・レオとジュリエット・ベルトが無人のＴＶスタジオで巡り逢い、世界から遮断された暗闇のなかで革命的に「正しい音」と「正しい映像」をめぐって議論しあうというだけの作品である。題名はニーチェから採られた。内容はルソーから毛沢東まで夥しい引用に満ち、きわめて教育的性格の強いものである。ゴダールの作品に以前から潜伏していた批評的傾向がここでは明確に前面に現われ、全体としてみると、映像を媒体として書かれたエッセイという印象を与える。『楽しい知識』は35ミリで撮影されたが、その制作を依頼したパリとドイツのＴＶ局は一見してただちに放映を拒否した。

五月革命が生じるとゴダールはカンヌ映画祭の粉砕に加わり、パリに戻ると「フィルム・トラクト」（「シネ・トラクト」）の制作に携わる。これは映画三部会の決議に基づいてクリス・マルケルの発案でなされたもので、ゴダールの他にもアラン・レネなどが参加している。何十本も撮られたフィルムは、それぞれが約二分五十秒。これは16ミリカメラで百フィートを回したときの時間である。制作費は一本わずか五十フラン。それが原価で売られ、学生集会やストライキの現場で上映された。本来的には匿名で撮られたこうしたアジビラ映画のなかから、ゴダールの手になると思しき一本を取りあげてみよう。

描かれるものはナンテール分校やカルチェラタンにおける政治デモと集会であり、そこに「解決は一つだ。現代文明において人間の条件を変えるのは（政治）参加だけだ。共和国と自由は保証されるだろう。進歩、独立、平和がもたらされるだろう。共和国万歳。フランス万歳」というドゴールの有名な科白が、字幕として挿入されている。もっとも「保証される」assurés というスペルの二つの s が大文字でSSと強調され、ドゴール政権とナチズムとの類縁性が皮肉られていたりする。シネ・トラクトの体験は、ゴダールにとってけっして小さいものではなかったようである。というのもこれが新鮮な契機となって、彼は翌月には個人名で作品を撮ることを完全に放棄してしまうからだ。

五月の終わりにゴダールは『ワン・プラス・ワン』撮影のため、ロンドンに行く。最初はビートルズを撮影しようとしたが、それが解散騒ぎで不可能とわかり、そのときまで名前も知らなかったローリング・ストーンズを被写体に選ぶ。彼らが「悪魔を哀れむ歌」なる新曲をリハーサルしているさまを三日間にわたって撮影すると、ただちにパリに取って帰り、『ありきたりの映画』を一気に撮りあげる。このとき始めてジガ・ヴェルトフ集団という名称が採用される。ここでは二時間にわたって、ヴァンセンヌ分校とルノー工場での政治集会が描かれている。といっても画面には定まった登場人物など現われず、緑の芝生のうえでの討論だけが延々と映しだされるばかりで、激しい口調でなされる討論の声の混乱が、そのうえに覆い被さるように加えられている。あらゆる意味で視覚的快楽がみごとに禁じられ、その逆に聴覚的困惑だけが増幅されている。革命について何かの情報なり方法論的指針を得られるかと期待してきた観客はみごとに裏切られ、苛立ちを心に抱きつつ劇場の外へ出てゆくことだろう。このフィルムには明解な始まりも終わりも見当たらない。ゴダール本人も、コインの裏表で最初に上映する巻を決めてもよいという指示を下したことがあった。かくして『ありきたりの映画』は映画をめぐるブルジョア的観念を徹底して破壊することに成功し、そのあまりの単調さと匿名性、偶然性への志向から、奇しくも同時期にNYで制作されていたウォーホルのフィルムに接近することになった。

『ありきたりの映画』を撮り終えたゴダールはふたたびイギリスへ引き返し、『ワン・プラス・ワン』の残りの場面、すなわちポルノショップでのヒトラー『わが闘争』の朗読シーンと、末尾のイヴ・デモクラシーが浜辺での銃撃戦ののち、クレーンに死体を委ねるという場面を撮る。彼はローリング・ストーンズが曲を完成した姿をけっして描こうとせず、フィルムのなかではそれはどこまでも未完成で開かれたものに留まる。だが彼の意図を理解しない臆病な制作者は、最後の浜辺の場面に完成した曲を流し、作品題名を勝手に『悪魔と仲間の歌』と変更して公開してしまう。

一九六八年の後半から一九六九年にかけて、ジガ・ヴェルトフ集団は、まるで躁病にでも罹ったかのように、次々と世界のあちこちに出かけて、映画作りに邁進する。まずゴダールとゴランは合衆国に渡り、彼地でゴダール映画の配給を手掛けていたD・A・ペネベイカーと組んで、『ワン・アメリカン・ムーヴィ』(1A.M.) を撮ろうとする。冬の雑木林や建設中の高層ビルのエレヴェーターのなかで白人の侵略の歴史について声高く語る先住民の青年。革命歌を演奏するジェファーソン・エアプレイン。ブラック・パンサーや学生運動の指導者へのインタヴューなどが行なわれるが、フィルム自体は構想が纏まらないままに空中分解を遂げる。ペネベイカーがやがて放棄されたラッシュを独自に編集して、みずからの作品として発表することになるだろう。

一九六九年初頭に撮られた『ブリティッシュ・サウンズ』は、この時期のフィルムとしては比較的纏まりのいいものである。ロンドンの自動車工場での長い移動撮影にはじまるこの作品は、ゴダールがはじめて映像の根底にある男性中心主義的眼差しの問題に明確な批判的照明を投じたという点で、記念碑的作品フィルムといえなくもない。カメラは、フェミニズム文献を朗読しながら階段をゆるやかに降りてゆく全裸の女性を捕らえ、その映像をめぐる分析的言説を語る。エセックス大学の学生たちがビートルズの歌を歌い、毛沢東が引用される。「インターナショナル」が高らかに鳴り響くなか、泥と雪に汚れた地面を血だらけの手が伸びて、赤旗を摑むというショットで、このフィルムは幕を閉じる。

続いてゴダールはソ連の軍事侵略の傷跡も生々しいプラハに赴き、『プラウダ』を撮る。二人の革命家の名にちなんだウラジミールとローザという一組の男女の語りによって、まず一般的なTVドキュメンタリーのように、アメリカン・ポップスが流れ、ネオンサインに満ちたプラハの日常生活が描かれる。『ひなげし』のヴェラ・ヒティロヴァがインタヴューに答える。次にこの一連の映像が否定され、チェコスロヴァキアに内在する官僚主義と経済的困難が分析される。最後に毛沢東とトロツキーの引用に助けられてソ連修正主義が批判され、正しい解決としての階級闘争

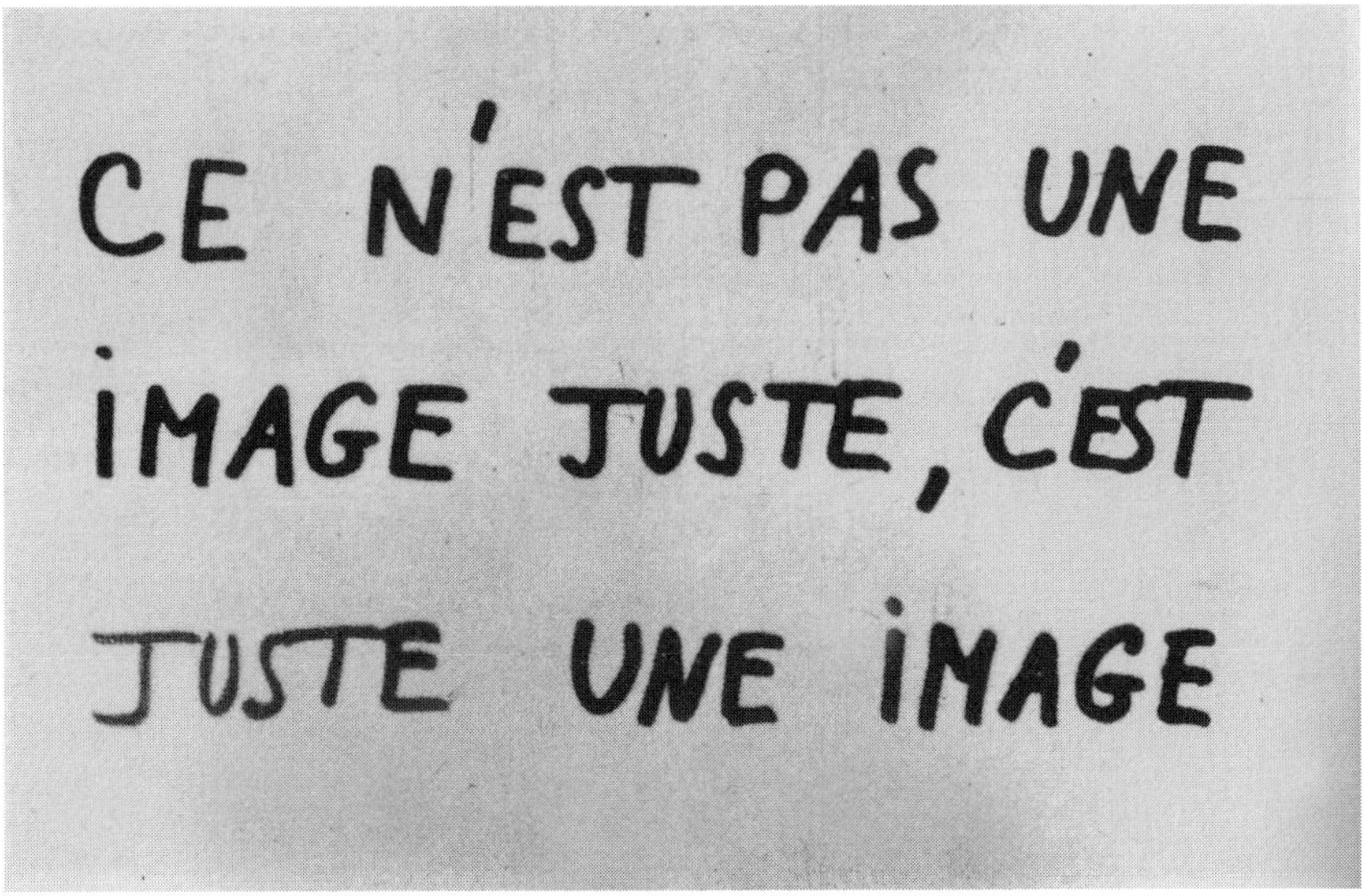

『東風』「これは正しい映像ではない。ただの映像なだけだ」。

がうたわれる。それは「正しい音と映像」を探求する闘争でもある。

『東風』は、五月革命の立役者ともいうべきダニエル・コーン＝バンディットが脚本に参加し、「マルクス主義的西部劇」として考案された。マカロニ・ウエスタンで馴らしたジャン＝マリア・ヴォロンテに北軍の兵士を演じさせ、撮影にあたってはローマの西部劇スタジオが使用された。抑圧された少数派の「インディアン」、修正主義者、夢見るブルジョア娘といった、きわめて寓意的な登場人物が演じる野原でのドタバタ寸劇に、真の革命的映画をめぐる討議の音声がいくえにも被せられる。「正しい映像などない。ただ複数の映像があるだけだ」「映像は誰に味方し、誰に敵対するのか」といった字幕がそれを遮り、画面に展開される原色の鮮やかさを相対化してゆく。この時期の作品にあって珍しくユーモア感覚に満ちた作品であるといえる。

一九六九年には最後にローマで『イタリアにおける闘争』が撮られる。マルクス＝レーニン主義者たらんとする女子大生が、革命的主体として生まれ変わるまでの物語である。彼女が不断の自己批判を通してブルジョア的世界から離脱し、革命を理解するまでが、同じ映像の度重なる反復とそれへの注釈、延々と続く黒画面を通して語られる。

一九七〇年にいたるまでのゴダールとジガ・ヴェルトフ集団の軌跡を、簡単に要約してみた。ゴダールとゴランは、その後も『ウラジミールとローザ』『万事快調』『ジェーンへの手紙』の三本を完成させているが、ここではそれをひとまず後にまわし、一九七〇年の冒頭に彼らがパレスチナ難民キャンプに赴いて映画作りを開始した時点に焦点を当ててみることにしよう。というのもこのとき企画されていた『勝利まで』というフィルムが流産してしまったことが、結果的にジガ・ヴェルトフ集団の解体をもたらしたからであり、さらにその残骸ともいうべきラッシュを再編集して一九七四年に完成した『ここよそ』が、ゴダールの次の時期、すなわちミエヴィルとの共作時代の第一作に相当しているからでもある。『勝利まで』と『ここよそ』の間の四年間に横たわっている見えない分断線こそが、ジガ・ヴェルトフ時代の終焉の徴であるといってもよい。この時点に踏みとどまり、その転換の意味を見つめることから逆に浮かびあがってくるのが、ジガ・ヴェルトフ時代とは何であったかという問題である。続く3節では、この分断が実際にはどのような形でなされたかという問題を探求してみることにしよう。

3

一九七〇年二月、ゴダールはパレスチナ解放運動の組織であるＰＬＯから、ヨルダンとレバノンでの武装闘争を描くフィルムを制作してもらいたいと、正式な依頼を受ける。彼は一九六九年十一月以降、数回にわたってアンマンを訪れ、検討を重ねてきたのだが、その熱意が受け入れられたのである。だが、いったい何を撮るべきか。ゴダールにも盟友のゴランにも、それがわからない。「キャンプでの訓練を見たいのか？　それとも戦闘か、病院か？　と、彼らは到着そうそう尋ねてきた。訓練も戦闘も見たい、だが何をもって映画を作るべきか、それを知るためにこれからいっしょに討議したいのだと、われわれは答えた」(3)。

すでに第三次中東戦争から三年が経過していた。イスラエルの急襲攻撃によってガザからシナイ半島、東エルサレムからゴラン高原までが占拠され、アラブ諸国は深い意気消沈を余儀なくされていた。そのなかでファタハの若き指導者アラファトがパレスチナ人の支持を集め、PLOの議長に就任する。レバノン南部に基盤を置くPLOには、アラブ諸国からも次々と志願者が駆けつける。だがイスラエル側は強硬な姿勢を崩さない。アラブ諸国PLOの頭越しに合衆国の和平提案に接近し、イスラエルがシナイ半島を返還することを条件に和平に応じようという姿勢を見せる。やがてパレスチナ人の存在を全世界に示すために、PFLPは一連のハイジャック闘争を行なおうとしている。PLOはヨルダンでしだいに発言権を強め、フセイン国王はそれを憂慮している。

ここにゴダールがみずから執筆した企画書が残されている。日付は一九七〇年七月とあるが、おそらく実際に書かれたのはそれより以前のことだろう。パレスチナをめぐる彼の思い入れを知るために貴重な資料なので、少し長くなるが要約しておきたい。

「われわれはどこか他のところ、たとえばモザンピークやコロンビア、ベンガルに行くよりもパレスチナに行く方が政治的に適切だと考えた」と、冒頭でゴダールは宣言する。(4)

現在の映画に必要な任務とは理論的な作業であり、政治戦線と芸術戦線という二つの戦線で戦い、その矛盾を解消することを学ばなければならない。ここでゴダールが援用しているのは、もっぱら毛沢東の『矛盾論』であり、用いられている語彙にも、あきらかにその強い影響が見受けられる。優れた同志は矛盾がもっとも緊迫した、困難な地点をめざす。プロパガンダ映画を撮影することは問題を議論の俎上に乗せることで、いいことである。政治的実践としてフィルムを撮影し、それを政治的にモンタージュ編集して、その結果を世界のいたるところへ運んでいくこと。たとえばフェダイーンの闘争の映像を、フランスの工場で搾取されているアラブ系労働者に見せ、ファタハの女性兵士の映像をブラックパンサーの女性闘士に見せることこそが現在求められているのだ。それは南レバノンの村道で、バークレーの学生の前で、コルドバやリヨンでストライキをしている労働者の前で、上映されることになるだろう。「一本の映画はどこにでも行くことのできる空飛ぶ絨毯である」と、彼は意気揚々として語る。

この時点でファタハをめぐるフィルムは、完成の暁には『勝利まで』*Jusqu'à la victoire*と呼ばれることになるだろう。だが、その真の題名は『パレスチナ解放運動の思想と実践の方法』であると、監督はいう。もっとも重要なのは革命における武装闘争であり、映画はその次である。だが、われわれにとってもっとも重要なのは映画だ。この矛盾をよく理解することから「政治的に映画を撮影するという事実を、政治的に提起する」という行為が可能となる。

個々の映像については、今は語るべきときではない。複数の映像どうしの関係についてこそ議論すべきなのだ。ゴダールはきわめてわかりやすい例を用いて、それを説明する。小川を渡るフェダイーン、難民キャンプで読書きを教える女性兵士、軍事訓練中の子供たち、という三つの映像は、それ自体としては感傷的な美しさはあっても、政治的価値はない。それらは互いに関係しあうことで、はじめて政治的に意味をもつ。三番目の映像は、先行する二つの映像の結果であって、こうして武装闘争と政治的実践とが、弁証法的に持久的な人民戦争を生み出してゆく過程が提示されることになるのだ。映像を単独で提示し、それ自体が現実だと信じこませるというのが、帝国主義者のやり口であった。われわれはそれに抵抗して、複数の映像のあいだに政治的関係を打ち立てることから、始めなければならない。というのも、それだけが唯一の革命的現実であり、つまるところ現実であるからだ。

写真の発明以来、帝国主義者は被抑圧者の映画制作を妨害し、人民の現実を偽装するためにのみ、映画を制作してきた。では彼らが不断に押しつけてくる映像の洪水から解放されるには、どうすればいいのか。まず彼らの映像を破壊することである。次に「矛盾した映像を作ること」で、「矛盾を解消する道を前進すること」であると、ゴダールは説く。それこそが人民に奉仕する映像の構築につながるのであると。

以上が企画書の要約だが、ゴダールは同じ七月にアンマンでフランスの週刊誌『エクスプレス』のインタヴューに、次のように答えている。

「ここに映画を撮りにきたのは人々に教訓を垂れるためじゃない。われわれよりも先を進んでいる人々から教訓を受けとるためだ。(……)われわれがぶつかっている困難は、この映画が政治的共感からつくられたものではなく、政治的議論の結果としてつくられる映画だということから来るのだ。パレスチナ抵抗運動のメンバーがこの映画作りに参加しているんだが、彼らにとってこの映画作りは自分の任務の一つなのだ」[6](II、八六〜八九頁)。彼は企画書で記した構想を、ここでより平易に語っている。それによると、この「政治的パンフレット」であるフィルムの目標は二つあり、「自分たちの国のなかでなんらかのやり方で帝国主義に敵対して闘っている人々を援助する」ことと、「映画の新しいジャンルを提出する」ということとされる。パレスチナ人が長期にわたる闘争を闘っている以上、フィルムの制作にも当然のことながら長い時間がかかるだろうと、彼は語っている。

4

実際の映画撮影はどのように行なわれたのだろうか。ここにパレスチナ人として『勝利まで』の撮影期間中、ずっとゴダールの傍らに寄り添い、彼を助けた人物による、興味深い証言が残されている。エリアス・サンバールはその後も解放闘争に深く関わってきた知識人であり、日本でも著書『パレスチナ』（創元社、二〇〇二）が翻訳されている。彼は一九九一年になって二十一年前を回想するエッセイを発表した。(5)

サンバールがはじめてゴダールに会ったのは、一九七〇年の春のアンマンのことで、撮影のコーディネーター兼通訳という資格においてであった。彼はパリで学ぶ一留学生にすぎなかった。サンバールが待ちあわせのホテルの部屋にいくと、ジガ・ヴェルトフ集団のスタッフであるジャン＝ピエール・ゴランと三人のパレスチナ人がいて、喧嘩越しで議論をしている最中だった。議論の収拾がつかなくなったとき、突然ゴダールが逆立ちして部屋に入ってきて、そのまま一言も口をきくことなく、向こうの部屋へと消えていった。いあわせた全員はすっかり呆気にとられてしまい、喧嘩はそれきりとなった。それがサンバールとゴダールの、最初の出会いだったという。ちなみにパレスチナ人のうち、一人はファタハに設けられたばかりの映画部門の責任者で、もう一人は政治部門の幹部戦闘員、最後の一人はサンバールと同じくパリの留学生だった。

撮影にむかう車中で、ゴダールはつねに三色のフェルトペンを用いてノートブックに書きこみをしたり、それを消したりしていた。風景であれ、会話の断片であれ、読みさしの書物であれ、「手に届くものならどんな素材でも、それを元の道筋から逸らせて、自分のやりかけの仕事のなかに投入してしまう」。どのショットも撮影の前に丹念に「思考」され計算されていたため、実際の撮影の間、監督はほとんどそれに無関心でいるというふうだった。16ミリカメラとは別に重いヴィデオ機材がもちこまれ、撮影の直後にそのショットを現場で戦士たちを前に検討し、撮り直しがなされるというシステムが採られることになった。ちなみにこのサンバールの証言のなかで、一九七〇年のこの

『ここと よそ』 学習するパレスチナ戦士たち。

時点でヴィデオ機材がすでに導入されているという指摘に、着目しなければならない。ソニーが開発した初期のポータパックが、そろそろ文化人類学者の手でフィールドワークに使用され始めたのが、七〇年代初頭の出来ごとであった。後に述べることになるが、ジガ・ヴェルトフ集団の解体からミエヴィルとの共同制作時代へとゴダールが転身を計ってゆく機掛《きつかけ》の一つの要因が、このヴィデオの導入であった。16ミリによるゲリラ的撮影、編集、配給の体制が廃棄され、より簡単に操作できるヴィデオと35ミリの間の選択へと取って代わられたとき、彼は第三期へと突入することになったのであるから。

さて『勝利まで』に戻ると、パレスチナ側に、監督がなぜ執拗にデクパージュを描き直し、ショットの撮り直しに拘泥するのかが、よく理解できなかったようである。「ゴダールには、いつも予期しない角度から事柄に『照明をあて』てアプローチする、まったく独特の才能が備わっていた。それは、ものを見る習慣の『光』を確実に転覆させ、ついには言葉そのものに思いがけない響きを与えるのだった。(……)ゴダールとの仕事には、多分に遊びのような要素があった。しかしそこには絶えず何か神経を逆撫でするようなものが混じっている」[6]。

撮影は、最初のうちは順調に進んだ。人気のない谷間まで一行のジープがさしかかったとき、たちまち銃やツルハシなどを手にした数十人の戦士たちが出現した。彼らはあらかじめ撮影隊の到着を知らされていて、すっかり戦闘服で正装し、あたかも少年時代に見たハリウッドの西部劇のインディアンよろしく出現したのである。もっともその場面が撮り終わると、一堂は笑い出すばかりであったが。戦士たちは、ともかくいつでも笑っていた。あるときゴダールは「学習」という主題を撮影することになり、二人の戦士に顔を覆わせ、カメラの前で『毛沢東語録』を読むという演出を行なった。撮影が終わると彼らは覆いものの下で大笑いをしたが、スタッフの誰もそれに気がつかなかった。難民キャンプで朗読が評判のハリド・アブ・ハリドという詩人が、朗々と自作の詩を読み始めたことがあった。スタッフはさすがに全員が深い感動に包まれた。もっとも格調高い詩行をフランス語にその場で飜訳することは、とうてい若きサンバールのなせる業ではなかった。

ゴダールは自分が直観的に関心を向けることにしか、けっして踏みこもうとしない。あるとき戦闘で二人の死者が出た直後、戦士たちが車座になり、興奮しながら作戦の自己批判をしている光景にカメラが向けられた。一行は撮影されていることも忘れて、緊急の討議を続けている。だがゴダールはその内容を飜訳するようにサンバールに依頼もせず、ただ討議の外側に留まりながらカメラを向けている。「われわれより先に進んでいる人々から教訓を受けとる」という、公言された彼の姿勢はどこへいったのだろう。ゴダールとフェダイーンたちの間には思いこみの行き違いだけが続き、両者の間に親密な意思疎通がなされないままに撮影は進行してゆく。

一行はやがてヨルダンを出て、南レバノンに向かうことになる。ファタハの情報部の責任者が親分肌のものいいでゴダールに、カイロから民族舞踊団が来るから撮影するようにと要求した。ゴダールがそれをにべもなく断ったためにクルーは不興を買い、以後の撮影に協力が得られなくなった。南レバノンでゴダールは、ジャワードというパレスチナ人学生が小型の8ミリで個人映画を撮っているのを知って、ようやくこの地で闘士にして映画人を発見したと興奮する。彼はすっかりジャワードに夢中になり、携えてきた重いヴィデオ機材をすべて彼に与えてしまう。後にサンバールがこの学生から聞いたところによると、キャンプで戦士たちの間にトラブルがあったときに、自信と悦びにあふれた自分たちの映像を見せてたがいに励ましあうために、単に撮影をしていただけだと答えた。

ゴダールはつねに夥しい書物を抱えながら移動していたと、サンバールは回想している。いよいよ撮影が終わり、彼がベイルートを去ることになったとき、ホテルの彼の部屋を整理していたサンバールは、そこに自分あてにブレヒト詩集全十巻が遺されていることを知る。

とはいうものの撮影が終わったゴダールは、ただちに編集に取りかかることができない。まず当座の仕事として、『ウラジミールとローザ』の撮影が待っている。彼がレーニンを、ゴランがルクセンブルグの役を演じながら、シカゴ7の法廷闘争についてテニスをしながら対話をするというこのフィルムは、前衛的なポルノグラフィを出版してきたことで有名なグローヴ・プレスとミュンヘンのTV局の共同出資によって企画された。だがそれは、やはりジガ・ヴェルトフ集団の他の作品同様に拒否されてしまう。財政的理由からもこの作品による収入を期待していた二人は、16ミリで制作を続けることに懐疑を抱きはじめる。現実に配給という段になって、それがきわめて不便なメディアだという認識が、いまや決定的となろうとしている。ヴィデオに向かうか、それとも一度は捨ててしまったものの、もう一度35ミリに回帰するか。この選択が彼らの前に立ち塞がる。

かくするうちに大事件が生じる。ヨルダンのフセイン国王が全土にわたって戒厳令を敷き、PLOに対して宣戦を布告してしまう。「黒い九月」と呼ばれたこの内戦で三千人が生命を奪われ、アラファトはアンマンからベイルートへとPLO本部を移すことを余儀なくされる。ゴダールがヨルダン滞在時に撮影した戦士たちの大半が、こうしてみごとに殺害されてしまった。『勝利まで』は、その構想において基本的な変更を強いられることになる。

そして決定的なことに、ゴダールの身のうえに個人的な事故が起きる。一九七一年六月、知人のオートバイの後部に乗っていた彼は、転倒して大怪我を負ってしまうのだ。その結果、彼は二年にわたって治療を余儀なくされ、それはジガ・ヴェルトフ集団の解体の一因となるだろう。ともあれこうした混乱のなかで、同じ年の十二月に『万事快調』がクランクインする。今度は35ミリで、こともあろうにワイドスクリーン、イーストマンカラーである。さらに驚くべきことに、イヴ・モンタンとジェーン・フォンダという、フランスとアメリカで社会派として人気を呼んでいた二人のスターが共演である。ゴダールとゴランはここで大きな博打に出たわけだが、それはみごとに失敗に終わる。『万事快調』は批評家からも観客からもみごとに否定され、商業的に大きな赤字を残すこととなった。もっともゴダールにいいことがなかったわけでもない。このフィルムでスチール写真を担当していた二十六歳のアンヌ＝マリ・ミエヴィルが、体調のまだ完全でないゴダールを献身的に看病することによって、彼の新たなる「同志」となりつつあったことである。やがてなされるであろう、このミエヴィルとのパートナーシップが、彼の作品系列に第三の時代をもたらすことになったことはいうまでもない。

5

『勝利まで』のラッシュは、こうして撮影して長らく打捨てられたままになっていた。それが編集機のうえにかけられるのは、一九七二年に『万事快調』が失敗に終わり、さらにその後のジェーン・フォンダのマスメディアにおける行動と映像を批判する『ジェーンへの手紙』が作られたのちのことであった。もっともそれはもはやジガ・ヴェルトフ集団の名のもとにはなされない。ゴランは五年にわたって続けてきたゴダールとのコンビを、ここにいたって解消することを宣言する。『勝利まで』は放棄され、当初にゴダールが抱いていた作品をめぐる観念と現実に撮影された映像とを、ミエヴィルが批判的に検討し、彼らの共同監督作品として新たに再編集がなされることになる。それは一九七四年に『こことよそ』*Ici et Ailleurs* という題名のもと五十五分の作品として完成し、彼らの最初の共同作業として記憶されることとなるだろう。

『こことよそ』は冒頭で、それが一九七〇年には『勝利まで』と呼ばれていたと、みずからの履歴を語る。続いて、砂漠を背に開かれている集会、岩陰から機関銃を撃つパレスチナ戦士、パレスチナ革命における女性の役割についてただたどしげに朗読をする若い女性、朝日のなかで軍事教練のための体操に励む子供たち、イスラエルの首相とパレスチナの戦士の顔の合成画面といったぐあいに、当時撮影された五つのショットが提示され、その間に「人民の意志」「武装闘争」「政治活動」「戦争の持続」「勝利まで」という字幕が挿入される。それは当初のフィルムを構成するはずであった、五つの章である。

ミエヴィルの声がオフで入り、それら五つのショットでパレスチナ人が口にしていた言葉を、現在形でフランス語に翻訳する。ゴダールがそれに対して、すべてを過去形として回想する。彼は先の五つのショットを黒画面で分断しながらもう一度提示し、さらに今度は黒画面抜きで、直接に連結させて提示する。これは今ならばヴィデオのリピート機能を先取りしていたと、説明されるかもしれない。もっともゴダールは六〇年代から、同じ映像を繰り返して登場させ、反復を通してその意味論的機能を少しずつズラしていくという作業を好んでいたし、ジガ・ヴェルトフ集団の『東風』や『イタリアにおける闘争』においてそれをさらに過激で教育的な形で展開させていた。映像のフィードバックによる批評と検証が、手法としてゴダールの根底にあり、この作業を通して思考を積み重ねてゆくというその姿勢は、のちに彼がヴィデオを完全に自家薬籠中のものとしたときに、より高度に捻転された形で登場することとなるだろう。

ここで舞台は一転し、フランスの労働者家庭の一家団欒の光景が登場する。目下失業中の三十歳台の父親、家事に勤しむ母親、そして二人の幼い娘が、ホームムーヴィのようにベランダに立っている。少女はピカソの『ゲルニカ』の複製のかかった部屋で学校の宿題を片付け、夫婦は失業と政治集会について口喧嘩をし、一家そろってTVの画面に見入ったかと思うと、16ミリカメラを弄ったりしている。こうした家族の映像とパレスチナ難民を描いた映像とが、一塊となって交互に登場する。前者はクローズアップが多く、後者は状況全体を示すようなロングショットを特徴としている。

畑を耕作する戦士。丘のうえに、土とほとんど同じ色で広がっているバラック小屋の難民キャンプ。匍匐訓練をする戦士。毛沢東語録を読みあい、疑問点を尋ねあう戦士。砂漠を進軍してゆく戦士の群……最後に「黒い九月」で虐殺された戦士の死体の映像が加えられる。もっともパレスチナ人の登場する映像では、原則として字幕が添えられていないため、彼らが実際に何を語り、何を歌っているのかは、非アラブ圏の一般的観客にはまったく理解できない。先に言及したハリド・アブ・ハリドによるみごとな詩の朗誦が随所に挟みこまれているが、それにも説明や字幕が添えられておらず、事態は同様である。かわりに「こうした出演者のほとんどが死んだ／このフィルムでは死が映像の流れを通して表象される／シェラザードはたぶん千一夜かかって、あの事件をもっと違った形で物語るだろう」というゴダールの手になる字幕が挿入される。『ここよそ』のゴダールにとって、もはや現実のパレスチナ人が、撮影行為とは関係のないところでどのような言葉を口にし、どのような内容の歌を歌っているかは関心ごとではなくなっている。彼らがただ情景を示す映像として存在してくれれば充分なのであって、どこまでも自分が独白を続けるさいの背景であればよいという印象が否めない。

アジアやアフリカを舞台としたハリウッド映画では、多くの場合、原地人は何かを喋っていればいい存在である。その内容の実際については、一般の観客は知る必要もなければ知ることもできない。残念なことに『ここよそ』でもそれと同様の事態が生じていて、ヨーロッパ人にとってアラブ世界のステレオタイプであるシェーラザードへの言及だけが行なわれている。『勝利までに』の最初の構想にあっては、パレスチナ人の声に耳を傾け、彼らとの議論を通して学ぶことが理想的目標の一つとして掲げられていた。だが『ここよそ』として完成したフィルムにあっては、いくつかの標語が飜訳されることを別とすれば、彼らの主張は飜訳もされないままに放置され、細部にあたる分析と探求は放棄されることとなった。パレスチナ人はフランスという「ここ」を相対化する機能としてのみ意義を与えられ、それ以外の点においては、唖者の位置を当てがわれるばかりとなった。事実、パレスチナの部分がこうして参照映像の次元にまで後退してしまったため、一般の観客はこのフィルムを見ているかぎり、彼らの闘争をめぐる情報をきわめて断片的な形でしか受け取れなくなっている。それはもはや音と映像の残骸であって、ただスクリーンに呼び寄せられるものでしかなくなっているのだ。

『ここよそ』では、それとは対照的に、TVの幼児教育番組を真似るかのように、新しいレッスンが登場している。それは「と」etという並列の助詞を学ぶことだ。ETという巨大な文字模型が無地の画面に現われ、物神化された存在でもあるかのように、さまざまな色彩の照明を投じられる。銃をもつ女性戦士の映像とパレスチナ闘争を報道するフランスの新聞のそれ、TVを見る二人の少女の映像と同じ新聞のショットのそれとが、繰り返し交互に登場するなか、ミエヴィルの声が被さる。「ここよそ。勝利と敗北。外国と母国。速度と緩慢。どこでもどこにも。有ると持つ。空間と時間。問いと答え。入口と出口。秩序と無秩序。内部と外部。黒と白。まだとすでに。夢と現実……」。

フランスの家庭では次々とTVのチャンネルが切り替えられ、それに応じて現在社会に流通しているさまざまな音と映像が目まぐるしく登場する。ここでも巨大な文字模型ETの映像が、映像の際限のない流れを分断するかのように挿入されている。ここでゴダールは大衆資本主義社会での映像に見られる。消費されるべき差異の大量生産について、ユニークな講義をはじめる。彼は黒板にまず1と記したのち、何十もの0を連ねたあとで、次のように語るのだ。「資本は一定期間に加算をするが、加えられるものはつねに0なのだ」。いや、そればかりではない。「われわれの夢の加算にしても0の連続であって、その合計の映像は、よそのみならず、ここにおいても、映像の合計とは関係がないのだ。今からすれば、このフィルムで描いた事柄は、アメリカやソ連のどんなフィルムででも描きうる事柄と、そう変わらないことがわかってきた」。

これは『勝利まで』の当初の理念に対する全面否定であり、それが決定的に敗北に終わったことの確認だと了解することができる。映像を孤立させて現実と見誤らせるのがハリウッドと帝国主義者の仕組んだ罠であると、かつて『東風』と『勝利まで』の企画書は主張していた。この誤った認識から逃れるためには、複数の映像の間の関係を見つめなければならないと。『こことよそ』では、もはや単純な映像などどこにも存在せず、ただ鎖で繋がれた（奴隷となった）映像の無限の連なりだけがわれわれを取り囲んでいて、すべての映像を等質にして凡庸な状態に陥れ、われわれを馴致するにいたっているという認識が説かれている。パレスチナの闘争をめぐるさまざまなショットの連鎖は、もはやTV画面から矢継ぎ早に流れてくる映像と等価にして代替可能であり、いかなる痕跡も残さずに消費社会のなかで消費され消滅してしまう運命をもった映像である。だとすれば、『勝利まで』がフィルムとしてたとえ完成したところで、それはハリウッドやモスフィルムの映画作品といったいどこが違うというのか。ゴダールの言葉を敷衍してみれば、そうなるだろう。では、どうすればよいのか。

もっとも緊急に必要なことは、他者を映像化することでも、他者から映像化されることでもなく、自分自身の映像を発見し、記憶の秩序のなかでそれを系列的に組織（連鎖）させることだと、ゴダールはいう。かくして試行錯誤は次の段階へと進む。自分の映像を手に入れるためには、同志でもあり敵でもありうる他者の映像を媒介とするしかない。スクリーンの上ではスライド写真がいく枚も同時に提示されたり、画面が二分されて対立する映像が並んだり、はてまた黒画面が続いたり、四つのTV画面が別々に画像を映したりと、まさに手作りで映像の多元化の実践がなされることになる。今日であればCGを用いていかにも簡単に、しかも流暢に仕上げることができる作業だろう。七〇年代のゴダールがヴィジョンとして直観的に先取りし、それに接近する体系的な手立てをもたないままに、あらゆる方向から不器用な試行錯誤を続けているさまを見ると、そこには微笑ましくも感動的なものが感じられなくもない。ちなみにこの画面の多元化、多層化は、やがてヴィデオの大作『映画史』において独自の審美学を構成し、徹底した実践がなされることになった。『ここよそ』がいくぶんなりとも安定した構造をもつにいたるのは、後半の三分の二ほどにいたって、フランスとパレスチナ難民キャンプという二つの場所の映像をめぐって、ゴダールとミエヴィルの対話が始まるあたりからである。パレスチナで撮られた映像を観ながら、演出中のかつての自分を想起してノスタルジックに述懐するゴダールに対して、ミエヴィルは容赦のない批判の言葉を投げかける。いくつかの例を示しておこう。

イスラエルが一九六八年に破壊したヨルダンのカラメで、一人の少女が廃墟に佇みながらマフムード・ダルウィーシュの詩を朗読している。ダルウィーシュはパレスチナに生まれ、当時はイスラエルによって投獄と家宅捜査を受けつつ詩集を刊行し、話題を呼んでいた詩人である。少女はいくぶん大げさな手ぶりを交えながら、「血の花々」という長編詩のところどころを読み上げる。一九五六年にイスラエルのカフル＝カシム村で起きた虐殺事件に抗議して書かれた詩だ。だがアラビア語の詩は作者の名前が知らされることもなく、字幕が付けられているわけではない。非アラビア語圏の観客にはその意味は到達しない。この詩についてゴダールは、それがパレスチナの抵抗詩であるとだけ簡潔に説明する。思うに、このとき彼はパレスチナの新進詩人ダルウィーシュの存在を、はっきり認識していたかどうか。おそらく詩を朗読する少女の映像だけが欲しかったのではないか。

ミエヴィルはこの映像を観たあとで、少女が演じている演劇の形態がフランス革命のときに「ここ」の側で生じたもの（具体的にはメロドラマ）であることを指摘し、少女には何の罪もないが、まずこの演劇形態の功罪を論じるべきだという。次にゴダールがフェダイーンたちがヨルダン川の岸辺で理論と革命的実践について討論をしている映像を示す。ミエヴィルは、そのような抽象的な言葉は避けるべきだという。彼らが地面を耕作するさいに性的な隠喩を用いてそれを語っていることに着目し、むしろ愛と性交についてここでは語るべきだと主張する。ゴダールは続いて、パレスチナの若い女性がプロンプターに支えられながら、識字学級でのたどたどしい声明文を暗誦する映像を提示する。ミエヴィルはその行為がたとえ革命的であるとされていても、いかに彼女の日常にあって不自然であり、彼女がつね日頃に用いている言葉遣いから遠いものであるかを批判する。また演出された画面のなかには、つねに演出された者（パレスチナ女性）しか登場せず、命令の言語を用いて演出をしている主体（ゴダール）が登場していないことにも、手厳しく言及をしている。最後にゴダールが、五人の戦士たちが作戦の失敗から犠牲者を出したことについて懸命に討議しあっている映像を見せ、彼らの全員が撮影の三か月のちに虐殺されてしまったのに、誰もそれに言及しなかったと、いささか感傷的に告げる。ミエヴィルは、それだったらどうしてあなたが語らなかったのかと論難する。「自分が今いるところで革命をしたいと思わず、自分が今いないところで革命をしたいと思うこと」（Ⅱ、一七八頁）自体が、そもそも問題ではないか。ミエヴィルのこの発言ののち、ゴダールはすっかり黙ってしまい、フィルムの終わりまでその声を聞くことはない。

こうして『ここよそ』は結論に向かおうとする。冒頭と同じく、このフィルムをめぐる経緯が語られるが、その声はミエヴィルに変わっている。林のなかで話したり、作戦の反省をする戦士たちの映像と、ＴＶを眺めているフランス人の家族の映像が、いっさいの説明もなく、ただ単純に提示される。「こうしたきわめて単純な映像を、われわれが見たり聞いたりできなかったのは、どうしてなのだろう。誰もがそうであったが、こうした映像を見ながら、どうして他のことを、つまり映像が語っているのとは別のことを、これまで口にしてきたのだろう。われわれはまだ、見ることも聞くことも知らないのだ」。ミエヴィルの言葉ののちに、何も映っていない空のＴＶ画面が映しだされて、フィルムは幕を閉じる。

6

『勝利まで』から『ここよそ』への移行は、いったい何を物語っているだろうか。ゴランがゴダールの元を離れ、その代わりにミエヴィルが現われたことは、作家としてのゴダールにどのような転身をもたらしたのだろうか。

表面的なスタイルだけを見ているかぎり、『こことよそ』はそれ以前のジガ・ヴェルトフ時代の作品から多くのものを受け継いでいるように思われる。字幕による映像の中断も、同じ映像をいくたびも反復して提示し、それに付加するコメントの音声だけを変更するだけで映像の意味をズラしてゆくという手法も、すでにそれ以前から見られたものである。ゴダールとミエヴィルの対話は、『楽しい知識』から『プラウダ』『ウラジミールとローザ』まで、男と女の声が「正しい音と映像」を探求するために行なう対話の延長上にある。なによりも映画をめぐる批評的言説としてのフィルムという点で、『こことよそ』の根底に横たわっている自己言及的な性格は、監督としてのゴダールが六〇年代後半から試行錯誤を続けてきた主題の延長上にあり、その点に関していえば、この労作に作家としての一貫性を見てとることは困難ではない。

だがたとえこうした点を考慮に入れても、『こことよそ』が決定的な断絶を踏まえて再編集されていることは事実であり、そこにわれわれはジガ・ヴェルトフ時代の完全な終焉と、ゴダールにおける第三期の開幕を認めなければならない。具体的にはそれは、メディアの次元における映画からヴィデオへの移行、探求空間の次元における外国から家庭への移行、理論的な次元における矛盾の弁証法から多元的形而上学への移行として要約することができる。その一つひとつについて、簡単に説明しておきたい。

ジガ・ヴェルトフ時代のゴダールがハリウッド、モスフィルム、チネチッタに代表される既成の映画制作・配給体制に異議を唱え、それに代わる体制を探し求めたとき、まず念頭にあったのは35ミリを放棄して16ミリに赴くことであった。『楽しい知識』までは用いられていた35ミリは、五月の街頭であっさりと捨てられ、手持ちで機動性の高い16ミリによって「フィルム・トラクト」と『ありきたりの映画』が撮られる。以後、16ミリの使用はパレスチナ難民キャンプを経て、『ウラジミールとローザ』まで継承される。この機材の選択は、完成したフィルムが映画館のみならず、大学やストライキ現場での集会、さらに解放闘争のさなかにあるパレスチナのフェダイーンやブラックパンサー、フランス国内に多数存在するアラブ系労働者の間においても上映され、討論の素材とされるべきであるという主張と密接に結びついている。ゴダールが『勝利まで』の企画書に記した表現を繰り返すならば、「一本の映画はどこにでも行くことのできる空飛ぶ絨毯」であるためにも、35ミリではなく、16ミリで制作されなければならなかったのである。

だが、この選択は現実的には多くの困難に見舞われる。ジガ・ヴェルトフ集団に制作を依頼したヨーロッパ中のTV局のほとんどが、完成されたフィルムを放映することを拒否する。それらはいくつかの特別上映の場所では上映されても、期待していたように「空とぶ絨毯」として全世界的な同時性のもとに観客から受容されることがない。一九七二年の時点でゴダールとゴランは16ミリに見切りをつけ、ふたたび35ミリに戻り『万事快調』を撮ることを決定していた。だがこのフィルムが興業的にも批評的にも大きな失敗を招いてしまったために、今度は逆旋回して、16ミリよりもさらに制作費用がかからず、より個人的なメディアであるヴィデオに向かうようになった。奇しくもこの時期にヴィデオカメラはしだいに軽量化されていき、技術的革新が後ろから追討ちをかけることになる。『勝利まで』の撮影の時点ですでにかなり重いヴィデオ機材を撮影行為に導入していたゴダールにとって、ムーヴィカメラからヴィデオへの移行には、いささかの抵抗もなかったように思われる。

完成した『ことよそ』を観ると、一応16ミリにおいて全体が統括されているものの、個々のショットにおける複数の画像の処理や同一の画像の反復的使用といった面において、すでに多くの発想がヴィデオ的な映像処理に基づくものであることが判明する。もっともゴダールとミエヴィルが実際にヴィデオだけを駆使して作品の制作に踏切るには、もう少し時間が必要とされた。翌年の一九七五年に制作された『パート2』は、ヴィデオをところどころに素材として用いつつも、全体は35ミリ作品となっているし、一九七六年の『うまくいってる?』ではふたたび16ミリが採用されている。彼らが完璧なかたちでヴィデオ作品を世に問うのは、同年の『6×2』と、翌一九七七年の『二人の子供　フランス行ったり来たり』からであり、同時期に商業映画界へのカムバック作品である『勝手に逃げろ／人生』の企画が進行していた。それ以後のゴダールは、長編劇映画は35ミリ、そのデッサンや個人的な小品はヴィデオという二刀流に落着くことになる。『勝手に逃げろ』のなかで主人公のTVマンが教室の黒板に、「TVとヴィデオ　アベルとカイン」と書付けたとき、それはこの二つのメディアが永遠に敵対関係にあるのではなく、抜差しならない関係にある兄弟の存在であることが語られているのである。

『ことよそ』におけるヴィデオへの決定的な接近は、作品の発表形態としての劇場や集会といった公的な空間が後退し、かわりにTVが団欒の中央に置かれている一般家庭の、凡庸にして匿名の空間こそが浮かびあがってくることを意味している。現代社会において帝国主義はハリウッド映画を通して権力を行使する以前に、TVを通して二十億もの人間に権能を振っているというのが、ミエヴィルの認識である。そこから、一九七二年のミュンヘン・オリンピックにおいてパレスチナの戦士たちはテロ活動ではなく、TV局に向かって自分たちの編集した映像を流せと要求するべきであったという発言が導かれる。パレスチナ難民の映像も、アウシュヴィッツの映像も、大衆消費社会の商品の映像も、あらゆる映像を凡庸で等価なものに仕立てあげてしまい、たちどころに消費してしまう装置としてのTV。それは『東風』でゴダールが立てたテーゼ、すなわち唯一の正しい映像の代わりに複数の単なる映像だけが実在するというテーゼが、文字通り反動的な力のもとに実現されている領域でもある。かくしてジガ・ヴェルトフ集団が理論的に到達したこの認識を呑みこむかたちで存在している、TVというメディアに対して、新たに戦略を練ることが緊急の課題とされることになった。

「わたしにとっての一九六八年五月の真の影響は、映像と音と賃金からなるわたしの分野においては、情報産業は映画を通してだけではなくTVを通してもまたなされているということを考慮しながら、自分の活動を情報伝達全般に向けて拡張しようとしたところにあった」(Ⅱ、一七八頁)。ゴダールが一九七五年の時点でこのように発言していることは、ジガ・ヴェルトフ時代を経過したのちの彼が、五月以降の行動と認識を総括するものとして興味深い。この発言を、一九六八年当時の彼の言説、たとえば真の革命的映画の創出のためのアジテーションと比較してみよう。ジガ・ヴェルトフ時代の疾風怒濤の体験を通過したのちに、彼が冷静にメディアをめぐる認識に到達しつつあることが了解できる。

家庭という主題は、六〇年代からゴダールにとって対象とされてきた。『恋人のいる時間』でも『彼女について私が知っている二、三の事柄』でも、パリの主婦のセクシュアリティや家庭に侵入してくる大衆消費社会の映像の政治学が問題とされていた。だがそれらはいずれも、社会学的観点による外部からの眼差しによったものであり、家庭を構成する個々のメンバーの独白と沈黙が前景化されることは絶えてなかった。ミエヴィルはゴダールの行動原理であった「第二、第三のヴェトナムを」という立場を批判し、それが単に「自分が今いない場所での革命」への欲求にすぎないと一蹴する。代わって必要とされるのが「自分が今いる場所での革命」であり、それは家庭のなかで、家族を構成する一人ひとりが織りなしているミクロの政治の領域において実践されなければならないと説く。彼女はゴダールがパレスチナをめぐって抱いていた観念的な作業仮説のいっさいを放棄するように語り、映像を単純に映像のままで受入れることを示唆する。パレスチナの映像はいたるところに存在している。真に描かれてこなかったのは、それをTV画面によって消費したうえで平然と継続されてゆく、家庭での日常生活をめぐる映像ではないか。求められているのは家族の映像であり、それを成立させている政治である。ミエヴィルの主張を要約すると、そのようになる。

家庭、とりわけ子供という主題は、それ以降ゴダール作品のなかで、特権的な重要性を占めるようになるだろう。『パート2』では、ある家庭を構成する一人ひとりの状況が説明され、彼らの独白を通して、家庭を成立させている見えない権力の構造がしだいに浮彫りにされてゆく。『二人の子供　フランス行ったり来たり』は文字通り、子供たちを主人公としたヴィデオ連作であり、『勝手に逃げろ』では解体しつつある家庭が背景となっている。思うに第三期のゴダールをもっとも特徴づけているのがこの主題の出現であって、それは彼が二〇〇〇年の時点でミエヴィルの監督作品『そして愛に至る』に、主人公として登場するところにまで継続している。

二〇〇〇年代のゴダールは、もはや世界のどこにも、闘争のために足を向けようとしない。彼は『新ドイツ零年』で、すべてが終焉を迎えてしまった後の東ドイツにエディ・コンスタンティーヌを歩かせて追想に耽ったり、『フォーエヴァー・モーツアルト』のなかで、戦争中のボスニアに赴いて演劇を上演することの楽観性について語りはするが、一本のフィルムが空飛ぶ絨毯となりうるという夢からはすでにほど遠いところにいる。レマン湖のかたわらの田舎町に小さなスタジオを築き、なかば隠遁するかのようにしてミエヴィルと映画作りに没頭している。『勝利まで』が廃棄され、「自分が今いるところ」での映画制作に向かうと宣言した一九七五年の時点で、すでにこの隠遁は無意識的に準備されていた。みずからの領域の外部に他者を求めることではなく、もっとも親密な領域である家庭の内側にこそ他者が横たわっているという認識は、彼を必然的にジェンダー論へと向かわせることになった。

ジガ・ヴェルトフ時代の終焉を告げる第三の徴候とは、ゴダールの言説のなかからいっさいの弁証法的身振りが消滅し、代わりに多元的なるものの並列とその相互の関係への注視に投じられるようになったことである。『楽しい知識』から『東風』に至るまで、ゴダールはことあるたびに毛沢東の『矛盾論』に言及し、またアルチュセールの著作に理論的に依拠しながら、音と映像をめぐる弁証法的思考を説いてきた。『勝利まで』が発想された時点においても、世界においてもっとも矛盾が突出している困難な地点に赴けば、その矛盾を止揚する認識が獲得できるはずだという信念が前提とされていた。政治と映画の間に横たわっている矛盾の解消を学ぶためには、映画が単に既成の政治を既成の説話秩序のもとに表象しているだけでは不充分である。映画の内側に存在している政治的なるものを再検討し、外部にある政治と連動させなければならない。このとき真実の革命的映画が創造されることだろう。

だが『ここよそ』においては、こうした矛盾と弁証法をめぐる言説は完全に姿を消し、それとは対照的にどこまでも並列された助詞 et をめぐる形而上学的教説が、きわめて教育的な枠組を通して、繰返し説明されている。ゴダールは、このフィルムは「ここ」を語るのでも「よそ」を語るのでもなく、むしろ両者の間にある「と」et という間隙、賓辞、蝶番について観客の思考を促したいと主張している。もはやそこには対立する矛盾を解消しようとする性急な情熱はなく、現実に存在しているさまざまな差異をつぶさに検討しながら、ゆっくりと思考を構築してゆこうという姿勢が見受けられる。

後に『6×2』が公開されたとき、ドゥルーズはただちに筆をとって、そこに露呈している多元論的世界像を賞賛したことがあった。[7]『ここよそ』を観る者は、すでにこの時点においてそれが明確に言述されていることを知るだろう。以後、ドゥルーズはゴダールの哲学的盟友として、二巻の映画論の執筆に向かう。ドゥルーズもまた五月革命の折に大学の講壇哲学者であることに飽きたらず、造反的な精神分析学者であるフェリックス・ガタリと組んで『アンチ・オイディプス』を発表し、フランス思想界に大きな動揺を投げかけた。おそらく彼ら二人は、この時期のフランス文化においてジガ・ヴェルトフ集団の活動に匹敵するほどのラディカリズムを体現していたはずである。そしてジガ・ヴェルトフ時代を終えたゴダールがなしとげたことの一つが、毛沢東＝アルチュセールに理論的に依拠することをやめ、ドゥルーズの哲学を受入れることであったことは、ポスト五月におけるフランスの文化状況を考えると、充分に興味深いところである。

7

「こことよそ」というのは、なんとも奇妙な題名である。このフィルムをはたして何人のパレスチナ人が観たことがあるのか、わたしは知らない。だがもし彼らが題名だけを聞いたとしたら、「ここ」とはディアスポラを強いられている自分たちの場所であると考え、「よそ」とはイスラムの聖地エルサレムであると、当然のごとくに考えるだろう。敬虔なムスリムであるならば、「よそ」とはメッカだと答えるだろう。これはまさに、亡命パレスチナ人こそが制作してこそふさわしいフィルムの題名なのである。ちなみにわたしは、カイロを訪れたとき、現地の映画批評家何人かと対話をしたことがあったが、彼らはこぞってゴダールの同名の作品はまだ観たことがないといった。今日の映像人類学では、ひとたびある地域の映像を獲得し作品を完成させたのち、人類学者がそれを撮影地に持ち帰って、映像のフィードバックを行なうということが道徳的要請として浮上してきている。ゴダールとミエヴィルは、はたして『こことよそ』をイスラム圏の観客の前に見せる努力をしたことがあったのだろうか。

一九七〇年代の前半は、さまざまな意味でパレスチナ問題が外部の文学者や映像作家の注目を集めた時期であった。ジャン・ジュネは「黒い九月」の直後にアラファト議長から、パレスチナの惨禍について書くように依頼され、『恋する虜』なる自伝的大作に取りかかった。日本では、戦時中に李香蘭の名で活躍した山口淑子がTVドキュメンタリーの仕事で、連続三年にわたって難民キャンプを訪れた。

ゴダールとゴランが『勝利まで』の撮影のためにレバノンとヨルダンを訪れた翌年の一九七一年には、若松孝二と足立正生が難民キャンプでのフェダイーンの武装訓練を撮影し、『赤軍―PFLP・世界戦争宣言』（『赤P』）というフィルムに纏めあげた。これは冒頭から純然たるプロパガンダを歌い、パレスチナ解放闘争への支持を観客に訴えかける作品である。この二人の日本人監督は、ゴダールのように自分たちが築きあげてきた革命理念と映画理念をパレスチナ問題に衝突させることで、そこから何かを「学ぶ」といった不遜な態度を取らなかった。彼らは観念的な理論を口にする前に、まず現実のフェダイーンのもとを訪れ、彼らと生活をともにし、日常生活と闘争がいかに統合しているかを細部の描写の積重ねを通して描いた。ゴダールは演出家として正装した戦士たちに毛沢東語録をもたせ、女性戦士にフランス語でのたどたどしい暗誦を要求したが、若松と足立はそうした演出をいっさい行なわず、ただ銃の手入れをする戦士と、そのかたわらで黙々と豆を剝く戦士とを同一画面のなかで描いた。調理器具の乏しいキャンプのなかで、彼らがいかに工夫しながら食事を作るかを描いた。もし一九七四年のミエヴィルが『赤P』のこの場面を観ていたらどう答えるだろうか。撮影された映像はやがてフィルムとして完成すると、若松と松田政男の手でふたたび難民キャンプを訪れ、そこで上映会がなされた。そのわずかの期間にも、撮影されている戦士たちのいくたりかが生命を落としていた。自分の死んだ息子の映像を観ることになった母親は、彼らに深い感謝の言葉を述べた。若松と足立には、「ここ」と「よそ」を分割し、その間隙を思考するという発想は皆無だった。「ここ」はただちに「よそ」に直結すべきであり、それを可能にするメディア、闘争の武器として映画が選択されていたのである。足立がその後、カメラを捨てて日本赤軍に参加し、「よそ」を「ここ」たらしめた以降の物語については、もはやいうまでもあるまい。

ゴダールとミエヴィルが提唱した「ここ」と「よそ」の二元論は、はたして現在でも成立するのだろうか。『ことよそ』が完成されてもうすぐ三十年を迎えるフランスでは、流入してくるアラブ人労働者の問題はますます深刻となり、パリはその中心に巨大なイスラム地域を抱えこむまでとなった。9・11の世界貿易センタービルの破壊は、われわれにとってもはや隔絶された「よそ」などどこにもないのだという新しい認識を与えつつある。家族団欒のお茶の間でTVに映し出されるパレスチナの映像を、まったくの安全地帯から眺めるという、ひとたび『ことよそ』で前提とされた状況そのものが、虚構の観念に由来するものであったのではないかという疑問のさなかに、われわれは置かれているのだ。加えてパレスチナの状況は七〇年代にまして悲惨をきわめており、その報道をめぐってイスラエル寄りの映像が、圧倒的に全世界を席巻しているというのが現状である。

こうした状況のなかで『ことよそ』に見られる、「ここ」の映像をめぐる反省的意識への呼びかけが、はたしてそれが完成された時点と同様に説得力をもちうるかは、多分に疑問である。われわれがまず必要としているのは、隠蔽され、回避されてきた「よそ」の映像なのではないだろうか。わたしは、たとえばイランのモフセン・マクマルバフの映画人としての活動に、そのあるべき姿の例を垣間見たような気がしている。だが、かつて『ワンス・アポン・

ア・タイム・イン・シネマ』のなかで『気狂いピエロ』をめぐって美しいオマージュを捧げたこのイランのラディカルな監督について語るのには、また別の機会を待つことにしたい（四方田犬彦「少年テロリストが監督になるまで」、『映画の領分』岩波書店、二〇二〇）。今はゴダールの隠蔽された時期を、いかに宿痾ともいうべきノスタルジアから解放された眼差しのもとに捕らえ直すという課題の方が先決なのであるから。

注

（1）ベルトルト・ブレヒト「真実を書く際の五つの困難」一九三五、千田是也訳、『今日の世界は演劇によって再現できるか』白水社、一九六二、一〇頁。
（2）Deleuse, pp. 238–45.
（3）Goodwin, A. Michael and Marcus, Greil, *Double Feature: Movies and Politics*, Outerbridge and Lizard, 1972. p. 45 におけるゴダールの発言。
（4）"1969–1976 A propos de *Ici et Ailleurs* de Jean-Luc Godard: Un Manifeste inédit," in *La Palestine et le Cinéma*, Editions du Centenaire, 1977, pp. 205–11. 小柳暁子による邦訳「勝利まで」が『現代思想』（臨時増刊号、一九九五、「ゴダールの神話」）にある。
（5）Sanbar, Elias, "Vingt et un ans après" in *Trafic*, 1991 hiver, pp. 108–19. 安川慶治による邦訳「パレスチナを撮るゴダール」が前掲『現代思想』にあり。
（6）サンバール、前掲。
（7）ジル・ドゥルーズ「6×2」『記号と事件』（宮林寛訳、河出書房新社、一九九六）に収録。

二〇〇二年
「ゴダールのジガ・ヴェルトフ時代」
『別冊文藝・特集ゴダール』に発表し、『映画と表象不可能性』（産業図書、二〇〇三）に収録された。わたしにとってのゴダール体験の、まさに原点を見つめ直してみようという試みである。だがこれでも論じ足りないという印象がある。一九六八年から七二年にかけてのゴダールとゴランには、いまだによくわからないところが多い。

ニコル・ブルネーズの教え子であるダヴィッド・ファルーが『ゴダール　政治映画の創造』という六百頁近い大著を二〇一八年に上梓している。ジガ・ヴェルトフ時代について徹底的に調べ上げた書物である。彼から直接に本を手渡されたわたしは、どこか日本で翻訳を出してくれるところがないものかと動いてみた。だがどこも書物のぶ厚さに怖気を振るい、実現できないでいる。世界で先駆けてこの時期のゴダール映画を上映してみせた日本においてこうなのだから、他の国ではさらに難しいだろう。

ゴダール健在

世界のいたるところで、映画におけるフランス語とフランス的なるものの凋落が決定的となって、久しい歳月が過ぎようとしている。往年のフランス名画も、その戦後の批評的反復であるヌーヴェル・ヴァーグも、すでに遠い日の出来ごととなり、今ではノスタルジアの眼差しをもって語られるばかりである。東アジアとイランに代表されるアジア映画の圧倒的な興隆と、英語圏におけるフィルムスタディーズの発展は、ヨーロッパでは死滅を噂されていた映画というメディアに、予想もできなかった知的可能性を差し示すことになった。もはやパリへの憧れを語ることが、そのまま映画を語ることであった時代は、終わってしまったのだ。現にフランスからはこの二十年にわたって、神話的と呼びうる規模の監督が、ただの一人も登場していないではないか。

だが、こうしたフランスの凋落を前に、あたかもそれを否定するかのように華々しい活躍を続けている監督が、例外的に一人存在している。今年で七十二歳を迎えるジャン＝リュック・ゴダールである。九〇年代に四時間半にわたるヴィデオ大作『映画史』を完成させた彼は、その後も旺盛な創作欲を示し、休みなく長編フィルムを発表している。ゴールデンウイークから夏までの間に、東京でもその健在さを示すかのように次々と四本が公開されることになった。簡単に内容を紹介しておくことにしよう。

『ウイークエンド』は、六〇年代の後半、まだ監督が三十歳台半ばにして撮ったフィルムで、翌年に生じる五月革命を前に不穏な雰囲気をもったフランス社会が、ブラックユーモアをまじえて描かれている。週末に郊外にドライヴに出かけたブルジョア夫妻が、とんでもない交通渋滞に巻き込まれたのち、『不思議の国のアリス』のような奇妙な世界に迷いこんでしまう。そこでは魔法じみた奇蹟が日常のように生じ、森のなかを闊歩するゲリラ部隊が銃撃戦に耽る。かと思うとアラブ人と黒人の労働者がフランス社会を批判し、現実と超現実が意地悪に混じりあう。『気狂いピエロ』のホットな情熱とはまったく対照的な、クールでシニカルなゴダールが、ここにはある。だがそれは、全世界にむけられた前向きの挑発でもあるのだ。

『フォーエヴァー・モーツアルト』『JLG／自画像』『愛の世紀』は、九〇年代後半に撮られた一連の作品である。ここではもはやゴダールは世界全体にむかって声高く呼びかけようとはしていない。いや、むしろ次第に歴史と政治をめぐってペシミスティックな認識の度合いを強くしているようにさえ感じられる。かつて宇宙は星々によって輝いていた。だがそれは昔日の話で、今は夜空の星を眺めていても、みんな消え去ったものばかりだ。『フォーエヴァー・モーツアルト』では、こうした悲嘆を胸に抱きながら、登場人物たちが紛争中のバルカン半島に映画を撮りに向かう。もっとも実際の作業は停滞と逸脱の連続で、誰もが心に空虚を抱きながら作業に挫折してしまう。

『JLG／自画像』は逆に、喧騒の都会を離れスイスの湖畔に隠遁する監督本人が、さまざまに散乱する映像をモザイクとして寄せ集め、自己像の統合を試みるフィルムである。また『愛の世紀』では、パリをあえてモノクロ画面に収め、意図的にアナクロニズムを演出することで、時間と愛の喪失が語られることになる。

ゴダールの作品はますます物語の構造から離れ、回想的独白の傾向が強くなってきた。九〇年代の冷戦体制の崩壊について何の予備知識ももたない観客が『愛の世紀』を見ても、ただ当惑するだけかもしれない。だがほぼ半世紀にわたって映画を撮り続けてきたこの監督が、二十世紀と呼ばれる巨大な喪失体験をなんとか次の世代に伝えていこうとする姿勢には、感動的なものが感じられる。

二〇〇二年
「ゴダール健在」
『東京新聞』五月十一日夕刊に発表された。この年のゴールデン・ウィークから夏に掛けて、ゴダールの近作三本と『ウイークエンド』が連続して公開されることについてコメントを求められて執筆したものである。

『われらの音楽』

1

『われらの音楽』はダンテに倣って三部から構成されているフィルムである。まず簡単に全体を纏めておくことにしよう。

第一部「地獄」では古今東西の戦争の画像映像が、時系列を無視して次々と引用される。現実に生起した記録映像もあれば、時代劇映画の映像もあり、そこに四つの言葉と音楽が付加されている。だがその言葉を語っているのが誰かはわからない。

第二部「煉獄」は、現在（一九九三年撮影時）のサラエヴォが舞台である。ユーゴスラビア分離独立戦争が鎮静化してまだ数年しか経過しておらず、内戦の傷跡がいたるところに生々しい。このボスニアの首都で書物市が開催されるというので、国内外から多くの著名人が到来している。この部分では実在虚構を問わず、多くの人物による出逢いと対話が描かれている。

イスラエルの女性ジャーナリスト、ユディスが、強引に祖父の旧友のフランス大使に面会する。彼女はスペインの作家フアン・ゴイティソーロに会い、ホテルではパレスチナの詩人マフムード・ダルウィーシュにインタヴューをする。彼らはあたかもトリュフォーの『華氏４５１度』の登場人物のように人格と化した書物であり、その発言は基本的に自著作からの引用である。

ここまでがフィルムの前半で、ユディスが姿を消すと同時に、もう一人のユダヤ女性オルガが颯爽と風を切って到来する。フィルムは後半に入り、主題が切り替わるのだ。外向的で野心に満ちたユディスとは対照的に、オルガは内気な思索家で、自分の理念をいかに表現すればよいのかという問題を患っている。

書店市にはゴダール本人も招待を受けており、サラエヴォに入るやカフェバーで講演をする。そのとき聴衆の一人であったオルガが、ゴダールに自作の映像資料のごときものを託そうとする。彼女はその後エルサレムを訪れ、映画館で自爆攻撃を宣言する。彼女は兵士の前で鞄を開こうとして射殺される。鞄のなかには爆弾はない。書物だけが詰まっていた。

第三部「天国」では、死んだはずのオルガが幸福な表情で森を散策し、美しい水辺に到達する。もっともこの自然はアメリカの若い兵士たちによって守られており、金網の境界を抜けるには手首を差し出し、通行証代わりにスタンプを押してもらわなければならない。

『われらの音楽』では、手短にいって二つの主題が論じられている。ひとつはサラエヴォという場所を媒介として、パレスチナ／イスラエルという対立からいかに解放されたところで思考を構築するかという問題である。もうひとつは映像（表象行為）が戦争に代表される暴力・死といかに隣接し、いかに密接な関係にあるかを思考することである。フィルムの前半では、ユディスを基軸として最初の主題が探究されている。後半ではもう一人のユダヤ人女性、サラエヴォ在住のオルガに焦点が合わされ、第二の主題が語られている。ユディスは著名な文筆家からその言葉を引き出すための狂言回しであるが、オルガは不幸な、理解されない行為者である。各部分をもう少し細かく検討してみることにしよう。

2

第一部は一見したところ、『映画史』の延長上にある。走行中の戦車から撮影された光景の映像に始まり、夥しい数の映像が次々と現われては消えていく。現実に生起した戦争の記録映像もあれば、商業的な劇映画に登場する虚構の人物の映像もある。『メトロポリス』の女神。『戦艦ポチョムキン』で叫ぶ若い母親。『メキシコ万歳！』で首まで土に埋められて処刑される青年。こうした映像の間に、波間を泳ぐペンギンやヴェトナムに進駐するアメリカ軍海兵隊が重なる。ローマ時代の戦争スペクタクル映画の戦場。十字軍による大殺戮。アメリカ国旗を掲げた車と、それに向かって孤独に銃を掲げるパレスチナ青年。闇夜に花火のように炸裂する爆弾。木に吊るされた人びと……。

こうした映像の氾濫のところどころに、いっこうに姿を見せない女性の語りが挿入される。「ここは酷すぎる」。「われわれが罪を赦したように、われわれの敵をも赦してほしい」。「死には二通りしかない。起こりうるはずのことは起こりえない。ありえないと思われたことが起こる」。第一部は基本的に無声であるが、こうした語りの後、微かな音量でピアノ・ソナタが流れ、悲惨きわまりない映像との間で〈衝突〉を起こしている。

萎縮しきった死体。鮮血のこびりついた白地の板。カトリック教会での典礼儀式。またしても画面外からの語りの声。「あなたはサラエヴォのことを憶えてる？　わたしは他者《ロートル》なのよ」。

いうまでもなくランボーの書簡にある警句である。だが同時に、サラエヴォに向かおうとしているこの語り手が、どこまでも外部からの到来者であることをも意味している。ここで同じランボーの『イリュミナシオン』にある、「われらの欲望には優れた音楽が欠けている」という一節を想起すべきだろう。本編の題名の契機となった言葉である。

かくしてフィルムは第二部へと突入していく。

3

ゴダールを乗せた飛行機がサラエヴォの空港に到着する。彼は通訳のユダヤ人ラモスと雑談していて、その父親が若き日にエジプト共産党員であったことを知ると、ただちに御尊父はアンリ・キュリエルを知っていたかと尋ねる。アルジェリア解放闘争を支援し、生涯を反帝国主義運動に身を捧げた人物である。ラモスは頷く。彼の父親はシオニストであったので、戦後はイスラエルに渡った。息子の自分は兵役を終えるやただちにイスラエルを離れ、今はフランスで通訳の仕事をしている。これがラモスの物語である。

タクシーのなかでは、どうやらニューヨークから来たと思しき女性記者ユディスがゴダールに、「人間は革命をしないのか」と尋ねる。彼女は占領に反対する左派新聞『ハ・アレーッツ』のフリーランス記者である。今回のサラエヴォ滞在で、できるかぎり多くの著名人のアポを取り、取材記事を書いておきたいのだ。

ゴダールは「人間は革命などしない。図書館を建てるだけだ」と、ぶっきら棒に答える。車窓からは、つい先日まで内戦の最前線であったサラエヴォの、破壊された街角や急ごしらえの建物が見える。彼らは古代中世の貴重書を数多く蔵していた、サラエヴォの大図書館へと向かおうとしているのだが、建物は内戦のさなかに爆撃を受けて炎上し、現在では廃墟同然と化している。ゴダールは付け加える。「それから墓地も」と。

ゴダールと同じく祭典に招待された者のなかに、フアン・ゴイティソーロがいる。ゴイティソーロはフランコ政権を嫌ってパリに亡命し、その後もバルセロナとマラケッシュに居を置きながら、幅広い文化的射程と敏感なアクチュアリティへの関心によってルポタージュ『嵐のなかのアルジェリア』、小説『戦場のなかの光景』などを著した作家である。とりわけ彼の評価を高くしたのは、ボスニア戦争下の一九九三年、セルビア軍によって三年にわたる包囲を強いられていたサラエヴォの滞在記録『サラエヴォ・ノート』であった。ゴダールはすでに『フォーエヴァー・モーツァルト』を監督するにあたって、この書物に依拠するところがあった。

ゴイティソーロにとって今回の招待は、久方ぶりのサラエヴォ滞在となる。彼はタクシーのなかでまた廃墟のなかで自著を朗唱し、戦争を憎悪してやまない。十年前に激戦地であった街角を通りながら、彼は力強い声で語る。

「たとえ思想のための殺人だとしても、殺人は殺人である。すべてが終わり、何もかもが一変してしまう。激しい暴力の爪痕だけが残り、民族浄化の暴力は消えない。その恐怖のおかげで世界中の信頼感が消え失せた。昨日までだった隣人の裏切り、拭いがたい憎悪が永遠に心に刻まれる。暴力は生命を絶つ。生き残ったとしてももはや別人だ。中立の夢は悪夢に変わる」。

ユディスはこの後フランス大使館に向かい、アポなしで駐サラエヴォ大使に会おうとする。どういう伝手を辿ったのか、大使の同席するシャンパン・パーティに潜り込み（というか、ゴダールはすでにその経緯を詳しく説明するような映画の作り方に、とうに興味を失っているわけなのだが）、そこに居合わせたピエール・ベルグニューの語りに耳を傾ける。ベルグニューは『ホメロスの盲目』や『フォークナーに到るまで』を著したフランスの作家だ。

「作家が自分の話すことを知っているかって？　もちろん知っているわけがない。ホメロスは戦闘も、虐殺も、栄光も、何も知らなかった。盲目で退屈しており、他人がしたことを語った。行動する者は自分がすることを、充分に語ったり思考したりすることができない。逆に話を語ったり詩を編んだりする者は、自分が話していることを知らない。毛沢東だってそうだ」。

『われらの音楽』ではこうして少なからぬ人物が自説を説くのであるが、それらは互いに響きあい、他の者が後に口にする言葉の伏線となっている。ベルグニューの発言は、やがて登場するダルウィーシュの言葉に連結し、このフィルムにおけるゴダールの基本的姿勢に影を落としている。すべてをトロイヤ戦争で負けた側、敗者の側から眺めてみることが重要なのだ。

ユディスは大使がシャンパン・パーティを中座しかけるのを認めると、彼の後を追い、迷惑そうな大使にむかって執拗に食い下がって話しかける。「一九四三年、リヨン、ゲシュタポ！　これだけいったら、大使、わたしのことがおわかりでしょ」

大使は一瞬驚き、態度を変える。彼はドイツ占領下のフランスにあって、あるユダヤ人夫婦を屋根裏部屋に匿い通した。その夫婦から生まれたのがユディスであり、現在はどうやらニューヨークに暮しているらしい彼女は、どうしても自分の家族の恩人に会っておきたかったのだと判明する。ユディスは大使に「大使としてではなく、一人の人間として」話して欲しいといい、明日、いっしょにモスタルの橋を見に行こうと誘いかける。通訳のラモス同様、ユディスという人物の来歴がここで語られる。ゴダールの意図とは、ユダヤ人をユダヤ人一般として抽象的にではなく、どこまでも固有の歴史を担い、歴史の狭間に生きた存在として描くことである。

図書館のバルコニーでは、ゴイティソーロが相変わらず力強い声で朗唱している。カメラが汚れ傷んだ壁を辿り、建物の内側に入っていくと、そこは文字通りの廃墟であり、埃だらけの空虚な拡がりがあるばかりだ。空間の中央には粗末な机と椅子が置かれ、初老男が一人、物もいわずにインクとペンで書記の作業をしている。いわずと知れたマフムード・ダルウィーシュだ。図書館のスタッフらしき男女が爆撃で散乱してしまった書物を一所に集め、運んでくると、彼はまずその埃を拭い、書物のデータを書き写している。登記し終わった書物は部屋の隅に乱暴に放り投げられ、そこにはすでに何百冊もの書物の山ができている。皮肉なことにこの奇怪な光景の背後に、自然にある万物は互いに照合しあっているという、ボードレールの詩が聞こえてくる。

そこにアメリカの先住民の男が二人出現する。彼らはいずれも黒衣で、長い黒髪の上に羽根飾りを挿している。ひとりが発言する。

「白人どもは昔の言葉をけして理解できない。空と樹木の間を自在に抜けていく精霊の言葉のことだ。コロンブスがインドを探し回った。いいだろう。われわれの霊にスパイスの名前を付けた。いいだろう。われわれをインディアンと呼んだ。いいだろう。だが彼は知らなかったのだろう。彼の地図の世界にある外側では、いかなる人間も生まれながらにして平等であるということを。彼は生者死者を問わず、われわれから収奪し尽くした男であり、いまだに墓のなかにいて殺戮を続けている。そろそろ時代を共にするわれわれが、互いに出逢ってもいい時節が到来してのではないだろうか」。だがこの長い宣言が終わったとき、ダルウィーシュはいつの間にか姿を消している。彼は書物の記録を取るばかりで、先住民と積極的に接触しようとしない。

この一連の場面では、サラエヴォの図書館に代表される西洋文明の伝統と「万物照合」の古典的な世界観に対し、アメリカ「新大陸」の先住民が仮借ない批判を加えている。

パレスチナにおけるユダヤ人入植者が、アメリカ「新大陸」で開拓を開始した白人と同様、宗教的情念と迫害の物語を分かち持ってきたことは、以前からイスラエル人みずからが認めるところであった。シオニストは常に自分たちのパレスチナ開拓使をアメリカの西部開拓史に準え、在住のアラブ人が「インディアン」に、アラブ世界圏から渡来してきたユダヤ人が「黒人」に対応するという建国神話を信奉してきた。テルアヴィヴ大学に客員教授として赴いたわたしが知ったのは、現地の映画ファンがジョン・フォードに代表されるハリウッドの西部劇に深い共感を抱いていることだった。現に一九五〇年代には、そのスタイルを真似た開拓者映画までが制作されている。

いささか唐突ではあるが、ダルウィーシュの場面にアメリカ先住民を登場させることで、ゴダールは近代の植民地主義という枠組みをわれわれに喚起させ、パレスチナ／イスラエル問題と新大陸問題とを同次元に並べようとしている。もっともこの場でダルウィーシュは、崩壊の危機にある西洋の人文的伝統の継承を、おのれの責務として寡黙に務めているといった、消極的な役柄に留まっている。彼が本領を発揮するのはその翌日に入ってからである。

翌日、ダルウィーシュにアポを取り付けたユディスは、ＴＶクルーを率いて彼の滞在するホテルへと乗り込む。日本語字幕であると微妙な差異が読み取れないのだが、彼女がヘブライ語で話しかけ、ダルウィーシュがアラビア語でそれに応じるという形でインタヴューは進行する。

ダルウィーシュは自分が負けた側の詩人であるとまず宣言する。ホメロスの叙事詩でいうならば、トロイ側に立って語ることが重要なのだ。自分の詩をもたない民族は打ち負かされた民族である。われわれの民族に詩がなかったとしたら、それはすべてにおいて負けてしまうということだ……。

ちなみに前日のアメリカ先住民の宣言からこのダルウィーシュのインタヴューまでの部分は、撮影時に本人によって即興的に語られたものではない。あらかじめダルウィーシュが発表していた談話や著作からゴダールが抜き出してきた言葉を、改めてダルウィーシュがいくぶん平易な話し言葉として再現したものである。いささか細かすぎる指摘になるかもしれないが、ダルウィーシュの、そしてゴダールのパレスチナ／イスラエル観を理解するために重要な部分であるので、以下に原著の言葉を引用しておきたい。

アメリカ先住民の科白はダルウィーシュの「赤色人の言葉」（『この地上での最後の夜』、*Au dernier soir sur cette terre*, Sindbad, Arles, Actes Sud, 1994）を踏まえてのものである。「わたしは赤色人が権利を求め闘うのと同じレベルにおいて、パレスチナ人が権利要求を掲げることを誇りに思っている。それは白人の振舞いによって断ち切られてしまった、世界と自然の調和を擁護することに等しい」。またダルウィーシュは『隠喩としてのパレスチナ』*La Palestine comme métaphore*, Arles, Actes Sud, 2002）のなかで、白人たちによる「遡れば十字軍の精神にも通じている、大量虐殺の企てによる征服」は西洋なる概念を神聖化し、「七千万人の人間の消滅を必然とした。かくして大地や自然、樹木、石、泥炭、水といったものと内在的に結びついている哲学に対する、怒りに満ちた文化の戦いが生じる」と書いている。

アメリカ先住民（「インディアン」）は、これまでゴダール映画にいくたびか登場している。もっとも著名なものは『東風』である。彼は赤い布を頭に巻いた白衣姿で、両手を鎖で縛られている。銃を手にした北軍兵士に命じられ草むらに坐らされると、鎖を外せと訴えるという、典型的な被抑圧者の役柄であった。「インディアン」は未完成に終わった『1P.M.』でも冒頭に巨大な羽根飾りをつけた正装で登場し、革命と子供たちの抑圧からの解放を口にしながら、ニューヨークのウォール街を闊歩する。『われらの音楽』では彼は黒衣に黒い微発の巨大な存在であり、もはや被害者の役割に甘んじていない。彼はこれまで以上に明確な言説的存在である。「インディアン」はダルウィーシュの言葉を借りることで、西欧の白人中心文明の全体を批判し、自然と人間の位置関係を相対化してみせる大きな視座を体現している。

次にユディスによるダルウィーシュのインタヴューに目を向けてみよう。これは過去のゴダール作品でいうならば、『中国女』においてフランシス・ジャンソンがアンヌ・ヴィアゼムスキーに向かって語った談話に相当しているといえなくもない。もっともそれは即興的な対話ではない。テルアヴィヴの雑誌『ハダリム』（一九九六）に掲載されたダルウィーシュとヘリット・イエシュルンの対話（後に前掲、『隠喩としてのパレスチナ』に収録）に基づいて、それを会話風にわかりやすく整えたものである。雑誌初出時において対話はすべてヘブライ語で発表されていたが、フィルムではイエシュルンがヘブライ語を口にするのに対し、ダルウィーシュがアラビア語で応じるという構成に変更されている。だがこうした場合の常套手段であるカメラの切り返しを通して、観客は二人が互いに相手の言葉を完璧に理解しているという印象を受ける。推測するに両者は対談の最中、一貫してヘブライ語を使用し、後に編集の時点でダルウィーシュの発言だけを本人にアラビア語で吹き替えてもらって、言語的均衡を捻出したのであろう。換言するならば、このインタヴューの部分はけして自然の対話の記録などではなく、徹頭徹尾ゴダールによって操作され後処理を施されたものだということである。些事に関することかもしれないが、現実のイスラエルの地に存在する圧倒的な言語的不均衡のことを体験的に知る者として、わたしは少しこの点に拘泥してみたい。

イスラエル国内に居住するアラブ人として生を享け、小学校時代から毎朝、イスラエル国家「ハティクバ」を歌わされ、ヘブライ語教育を受けてきたダルウィーシュにとって、ヘブライ語は母語のアラビア語に次ぐ第二言語である。

植民地における被支配者はそもそも初等教育の場において、宗主国の言語の取得を強要されるのがつねであることは、日本統治時代の朝鮮台湾の場合を想起するだけで充分だろう。こうした状況を知った上で、ゴダールが『われらの音楽』ではあえてダルウィーシュにアラビア語を喋らせ、アラビア語に支配者の支配言語であるヘブライ語と対等な、拮抗する言語の地位を与えたことは、やはり見落としてはならないことだ。以下にダルウィーシュがインタヴューの席で口にしたことの要点を書き出しておいてみよう。

「運命の望むところによって、わたし個人の歴史は集合的な歴史と入り混じってしまった。わたしの人びとは、そこにわたしの声を認めるのだ」。

「なぜわれわれは有名なのか。きみたちが敵だからだ。たぶん、いや、おそらくだが、**ユダヤが問題だからだ**。人が関心を抱くのはきみのことであって、わたしのことではない。われわれに不運だったのは、敵となったのが他ならぬイスラエルだったということだ。運がよかったといっても、まあ似たようなものだがね。**ユダヤ人は世界の中心だからだ**。われわれの敗北も名誉もきみたち次第だ。誰もがわたしにではなく、きみに関心がある。わたしには幻想などない」。

ここでユディスが茶々を入れる。「それって、先生、まるでユダヤ人のように話している！」

「ユダヤ人のように話す」とは、この場合、犠牲者の側に身を置きながら語るという意味である。ゴダールはここに引用した一節を通し、ダルウィーシュの口を通してみずからのパレスチナ／イスラエル観を率直に語っている。それは（後に『ここよそ』として再編集されることになったが）、『勝利まで』というドキュメンタリー撮影のため、彼が最初にパレスチナの地に足を踏み入れた、一九七〇年にまで遡る、パレスチナにこそ「大義」Causeがあるという闘争的な立場である。フランス語版フィルムが公開されたとき、ダルウィーシュの談話の部分にはフランス語で字幕が施されていた。このゴチックの引用部は、詩人が口にしたにもかかわらず、その際に字幕が付けられることがなかった。そのため、何の説明もないまま無視されたところである。日本で配給されたときにも、そこに日本語の字幕が施されることはなかった。フランス語版での説明削除は、この部分だけを取り上げてみるならば、反ユダヤ主義と受け取られることへの配慮だと推定される。日本の配給業者がはたしてそこまで深く微妙な次元で科白をチェックしていたかどうかは、わたしには判断ができない。

ダルウィーシュの談話の後半は、詩人としての彼の個人的な立ち位置をめぐるものである。彼はまず、「自分は負けた側の詩人である」と宣言する。「わたしは不在の名のもとに語る。戦いに敗れたトロイヤの側に立つということだ。勝った側よりも負けた側にこそ、より多くの詩と人間性がある」。

この発言まで来たとき、われわれが先に聞いたベルグニューの言葉が、あたかも将棋で桂馬を振っておいたように生きてくる。盲目のホメロスは何も知らないまま、勝者の側からトロイヤ戦争を歌った。しかしパレスチナ人であるダルウィーシュは、ホメロスとは逆の道を選び、敗北した者の知恵と人間性を探究してきたのだ。ベルグニューとダルウィーシュのホメロス批判、トロイヤ側への肩入れは、『われらの音楽』というフィルム全体の基軸となっている。ゴダールはそこに、本作を撮ることの根拠を見出しているように思われる。

ダルウィーシュはさらに語り続ける。

「世界は現在、二つに分割されている。息せき切って自分たちの不幸を理解してもらおうとする側と、毎日、公的な秩序を重んじ、自分たちの支配が道徳的であるとダメ押ししてもらいたい側に。われわれは〈歴史〉のなかでもっとも愚かしい二種類の人間である。旧約聖書に登場するヨセフが兄たちから疎んじられたように、われわれも卑小にして受け容れられることがない。争いを産み出したのは、〈国家〉のイデオロギーとIDカードである」。

「もしイスラエルがあるならば、パレスチナ人は姿を消さなければならないし、もしパレスチナ人がそこにいるならば、イスラエルはあることが不可能だ。パレスチナ人にとって、この国はイスラエル国家ではない。パレスチナである。パレスチナ人なら誰でも、自分がパレスチナに属していることを疑わない。今は仲間がいた方が望ましいのだ」。

「平和が実現すれば、ユダヤ人はアラブ人といっしょに国家を築き上げることを、恥だと思わなくなるだろう。アラブ人にしたところで、国家を担うかぎり自分たちがユダヤ人と対等だと宣言しても、恥だと思わなくなるだろう。同じ地ということが重要なのだ。ヘブライ語でイスラエル、アラブ語でパレスチナ」。

ダルウィーシュはオスロ合意で勇み足となったPLOを批判こそしてはいるものの、一応は二国家共存の意味を認めイスラエルの存在を承認している。そのため、インタヴューが進行していくにつれてきわめて微妙にではあるが、パレスチナ／イスラエルの対立を画面の上で遊戯的に操作してみせるゴダールの立ち位置に距離を感じている印象がないわけでもない。

イスラエル人たちはパレスチナという語を排除することを望んでいたが、それに成功しなかったというのが、ゴダールの認識である。ゴダールは『ソシアリスム』において「教皇よりもさらにカトリック」であると批評されたことがあったが、ここでも「パレスチナ国家」とアラビア語で書かれた標識のうえに、ヘブライ語で「パレスチナ」と重ね焼きをしてみせる。映画にあってはいとも簡単ではあるが、文字言語では不可能である二重露出という技法を採用し、画面のうえで同一物の重複という現象を創り上げてみせる。「同じ地ということが重要なのだ」。パレスチナとイスラエルはどうして対立を止めようとしないのか。どうして重ね焼き、二重露出をしないのか。映画ではいとも簡単に可能なこの技法を、国際政治はどうして採用しようとしないのか。ゴダールはそういいたげである。

「ヘブライ語でイスラエル、アラブ語でパレスチナ」。フィルムのなかでは、ユディスとダルウィーシュはこの科白を、ヘブライ語とアラビア語という、それぞれの言語で語る。二人は口を揃えてはいるものの、異なる言語を用いる。だがたとえ言語が異なっていようとも、同時に声を合わせることによって、それは同一物を示しているのだ。本来、イエシュルンとの対談が発表されたとき、この一節はヘブライ語だけで記されていた。ゴダールはそれを二人の対話者の母語に還元し、あたかも映像における二重露出のように、異なる言語の「重ね焼き」をここで実現させている。もっとももしこの実験に問題があるとすれば、それは映画の一般観客の認識能力に関わることだろう。ヘブライ語とアラビア語で同時に発せられた単語を、ただちにその差異において了解することのできる観客というものを、われわれはどう想定すればよいのか。ましてや日本において。

ちなみにゴダールとこのパレスチナ詩人との関係は、サラエヴォで始まったわけではない。一九七〇年、まだジガ・ヴェルトフ集団時代に彼は『勝利まで』というフィルムを撮影するため、アンマンに赴いている。このときイスラエルによって破壊された町カラメの廃墟で、一人の少女がダルウィーシュの長編詩を朗読するさまをカメラに収めている。ダルウィーシュがまだイスラエルのハイファに住み、新進詩人として活躍を始めながらも家宅捜査と入獄を強いられていた時期であった。もっともこの時、ゴダールが彼の存在を正確に認識していたとはどうも思えない。後に再編集されて『ここよそ』に収録されたその時の映像を見ると、字幕がついていないばかりか詩人の名前にも言及がない。ゴダールにとっては、単に少女が抵抗詩を読み上げる光景だけが必要であったと推測できる。それから三十四年後に撮られた『われらの音楽』では、彼のパレスチナと詩人に対する認識が大きく変化していることが判明する。

4

音声におけるパレスチナ／イスラエルの重合を論じるため思わず時間を取ってしまったが、本作品ではもう一つの主題、映像の表象行為と暴力・死の隣接性という問題が論じられている。この主題に重点が置かれるようになるのがフィルムの後半であり、それは具体的にはオルガという、もう一人のユダヤ人女性の「殉教」の物語を通して描かれている。

フィルムの中盤に、目の覚めるように美しい長回しの場面が存在している。昼下がりの光の下で、アメリカ先住民の女性が石段をゆっくりと降り、市場の喧噪がチラリと現われる。次にカメラは目抜き通りの側の公園に据えられ、そこを拠点に緩やかなパンに入る。赤と白の絵柄の車体をもった市電が大通りを横切って行く。赤と白のセーターを着た女性が現われ、市電と並行するかのように公園のなかを横切って行く。彼女は樹木と人々の間を風のように通り抜け、最後に緑の芝生に囲まれた白い墓の方へと向かう。彼女の爽快にして生気に満ちた走行。これがフィルム後半の中心となるオルガの、最初の出現である。

さて、いよいよゴダールの講演が開始される。場所はいかにもシネフィルの常連が好きそうな小さなバーで、壁にチャップリンの『キッド』のポスターが貼られている。彼は最初に無人の地に廃墟と化した建物だけが並ぶ写真を提示し、どこで撮影されたものかを当ててみるように聴衆に尋ねる。スターリングラード、ワルシャワ、ベイルート、広島、サラエヴォ……さまざまな意見が出る。正解は南北戦争時のリッチモンドである。

次に彼は、「ルルドの奇跡」で名高い少女ベルナデットが、周囲の大人たちから、聖母マリアを描いた数多くの名画を、ラファエロからムリリヨまで見せられたものの、自分の前に出現したマリア様はまったく違っていたと否定したという挿話に言及する。ベルナデットが最終的に選んだマリアの絵とは、深みも技巧もないカンブレーの聖母像だった。しかもこの聖母像は顔の中心が描かれていなかった。

ゴダールはさらに、髑髏が正装しているという、エイゼンシュテインの『メキシコ万歳！』のスチール写真を見せ、ホークス映画におけるハンフリー・ボガートとローレン・バコールの映像を、映画における切り返し（フランス語でいう「ショット」と「反ショット」）の例として見せる。コソヴォの難民を写した写真と、ジョット描くところの、聖家族の出エジプトの絵画を見せる。最後に彼は、パレスチナ難民とハリウッド映画のなかのユダヤ人入植者の映像を比較しながら見せる。

こうした映像の提示から語り起こされるゴダールの談話は、すでにわれわれに親しいものである。ビギナーのためのゴダール映像学入門といった感がしないでもない。言語表現がある一つの同じ観念を語っているとしても、その映像がまったく異なっている場合が珍しくない。だがその逆に、まったく異なった観念による映像が似通ってくるという現象が起きることもある。映像はたとえそれ自体が幸福感に満ちた美しいものであったとしても、そのかたわらには虚無が控えている。その虚無がなければ、映像は表現されえないだろう。努めてモノを見るには眼を開くのだが、モノを遠ざけて想像するには眼を閉じなければならない。切り返しの映像とは、実をいうと同一映像の反復なのだ。こうしたアフォリスティックな言説の背後には、『構造言語学』のソシュールから『文学空間』のブランショまで、ゴダールが折につけ言及してきた、二十世紀の批評家と思想家の影が窺われる。フィルムが発表された時点で話題を呼んでいた、デリダの『マルクスの亡霊』に対する当て擦りもないわけではない。レヴィナスの位置は、そうして文化流行からのいつもながらの引用とは少し違って、より本質的な意味をもっている。そのことは後で触れることにしよう。

最後に講義の終わりに、映画史家から見た、パレスチナ／イスラエル問題への決定的な言葉が吐かれる。

「一九四八年、イスラエル人は水を渡って〈約束の地〉へ向かう。パレスチナ人は同じ水を渡ろうとして溺れてしまう。映画でいう切り返しだ。ユダヤ人は虚構物語に到達し、パレスチナ人はドキュメンタリーに到達した」。実に端的に「ナクバ」を説明した言葉である。ここで画面は一瞬黒画面となり、どこかから高笑いの声が聞こえてくる。暗闇のなかで裸電球だけが揺れている。「映画の原理とは光に向かい、その光でわれわれの闇を、われわれの音楽を照らすことだ」。ちなみにフィルムの題名は、このゴダールの科白から採られている。

聴衆のなかに、目を閉じながら一心にゴダールの言葉を聞いていた女性がいる。つい先ほど、公園を駆け抜けていったオルガである。彼女はゴダールに質問する。デジタルヴィデオは映画を救うことができますか？ ゴダールは咄嗟には何も答えられない。

ここでオルガの思考が三通りの字幕となって現れる。「救済とは、勝利とは、それはわたしの殉教です。今夜、わたしは天国にいるでしょう」。ゴダール映画に親しんできた者なら、これがカール・ドライヤーの『裁かるるジャンヌ』（一九二八）のなかで、ファルコネッティが演じるジャンヌ・ダルクが処刑の直前に口にする科白（無声映画ゆえに字幕）であることに気づくはずである。この聖ジャンヌがゴダールにとって神聖なるイコンであったことは、『女と男のいる舗道』において主人公ナナ（アンナ・カリーナ）がたまたま映画館で『裁かるるジャンヌ』を観て深い感動に襲われる、といった場面があることからも明らかだろう。

ここでフィルムは小休止する。舞台はひとたびサラエヴォから、ヘルツゴヴィナの首都モスタルに移る。ここではかつてユーゴスラビア内戦のさなか、市の中央を流れるネトレバ川の橋が爆破され崩れ落ちた。それはユーゴなる統一連邦国家の解体を象徴する出来ごとであった。現在その橋を修復しようという計画が進行し、小学校では子供たちは橋の歴史について熱心に勉強している。

ユディスはどうやら知り合いのプライヴェイトジェットに乗って、モスタルに来たらしい。彼女は修復現場でレヴィナスの書物を読みながら、一方で現実とも幻ともつかないヴィジョンに囚われている。朦朧とした意識のなかで、彼女はそれまで黒いコートを着ていたアメリカ先住民たちが、厳粛なる表情で正装をして佇んでいるのを見る。一人は馬に乗っている。彼らは川に石を投げるという儀礼を通し、橋の再建に敬意を示しに来たのだ。

『われらの音楽』の前半と後半を代表する女性、ユディスとオルガは、ここでただ一度だけ遭遇する。といっても彼女たちは現実に明確な対話をするわけではない。オルガがユディスの朦朧とした意識のなかに出現し、謎めいた顔つきを見せると、そのまま無言で消えてしまうだけである。だがそれを、レヴィナスの説く自己と他者の問題に深く捕らわれていたユディスは、あたかも何かの託宣であるかのように受け取る。

ゴダールはこの場面ではオルガを、ファルコネッティ／カリーナという聖女の系譜の上に置こうと試みている。彼女はまず正面のクロースアップで登場し、落ち着かない気持ちで周囲に視線を向けている。カメラは次に百八十度逆の側からその後頭部をアップで示すと、彼女が画面の深奥へと曖昧に、ゆっくりと姿を消していくさまを捉える。その二ショットのモンタージュは、『女と男のいる舗道』の冒頭のナナを強く想起させる。このときのオルガは、彼女が最初にサラエヴォの街角を風のように駆け抜けていったときの姿とは、まったく正反対である。「殉教」を決意したオルガは、ユディスにそれを告知しに来たのだ。

オルガの神聖なる顕現は、テルアヴィヴの新聞社に記事を送りながらも、ニューヨークで浮草のように漂って生きて来たユディスに天啓を与えることになる。彼女はオルガを「古くから自分のかたわらにいるものの、間近には見たこともない。それでいて自分のことを承認してくれる」存在であると認識する。分析心理学的にいうならば、オルガはユディスの「影」であり、無意識の後ろ側に隠れて来た分身である。

ユディスとの無言の出会いを通して、オルガはこれまで模索してきた世界と自分の状況について新しい認識に到達する。

「われわれの、明らかに貧しい状況。わたしのいるところはいたるところ鉄条網だらけで、空が爆撃で赤く染まり、いたるところに爆発の痕跡がある。なぜこの廃墟が文化という概念と同時に存在し許されているのだろうか。文化を忘れ、追放する勇気が必要だ。勇気をもって、すべてを手際よく処理していかなければいけない。家が燃えているとき、家具を持ちだして守ろうとするのは馬鹿げたことだ。手にすることのできるものがあるとすれば、それは敗者としての歓びをみずから選ぶことだ……」。

残念ながらこの最後の部分は、雑音と音楽の高まりのせいで、はっきりとは聞き取ることができない。『ウイークエンド』でミレーユ・ダルクの性的告白を、途中から聞きとれなくさせてしまった。ゴダールのお得意の手法である。

とはいえオルガは結論を下す。すべてを無から築き上げるべきだ。自分が敗者であることを自覚し、敗者として幸福をつかむことを心がけるべきだ。サラエヴォとモスタルの教えとは、彼女にとってそのようなものである。

サラエヴォにまだ留まっているオルガは、ロシア系の叔父と激論になる。彼女はカミュに倣って「真に重要な哲学的問題とは自殺である」と宣言し、ドストエフスキーの『悪霊』に登場するキリーロフのように行動する。このロシアのニヒリストにとって自殺とは人間の自由の絶対的肯定であり、神の不在を改めて証明することである。残余の問題とは、苦痛と来世のことしかない。だが、その問題さえ解決するようであったら、どうして人は自殺を躊躇する必要があるだろうか。

キリーロフの自殺礼賛の思想は、すでに『中国女』にも顔を覗かせていた。ゴダールにとって自殺という行為は、若き日にカミュの『シーシュポスの神話』を読んで以来、一刻も念頭を去らない哲学的関心であったように思われる。ジャン・ナルボニとの対話（*Morceaux de conversation avec Jean-Luc Godard*, DVD, Le Fresnoy）のなかで、彼は自殺のさまざまな方法を思い描いてきたと告白し、しかもそのどれにも不充足な気持ちを抱いて生きたと告白している。

自殺という観念をゴダールのオブセッションと呼ぶことはたやすい。だがこのフィルムにおけるオルガの自殺願望には、いささかの混乱が見受けられる。彼女は聖女ジャンヌに憧れ、救済の究極的な手段として「殉教」という観念に到達する。だがこの観念がキリーロフのニヒリズムとどう連結するのかが、ここでは充分説得的に語られていないという印象がある。オルガは自己犠牲としての殉教を讃美する一方で、神の不在の究極の証明としての自殺に共感を寄せる。それはどう考えてみても矛盾した立場ではないだろうか。そしてその思考の未熟を批判するかのように、ゴダールは彼女に辛辣な運命を与えている。

飛行場でフライトを待っていたゴダールは、突然現れたオルガに個人製作のＤＶＤを手渡される。何のことだかわからない。ただＤＶＤの内側は、彼女の顔のアップ画像となっている。

三週間後、スイスの自宅で庭仕事に余念のないゴダールのもとに、サラエヴォで通訳を担当してくれたラモスから電話が入る。たった今、オルガが射殺されたという。オルガはエルサレムに赴くと、人質を連れて映画館に立て籠もった。彼女は人質を解放して一人きりになった後、鞄のなかから書物を取り出そうとして即座に射殺された。爆弾であると誤解されたのである。最後に射殺されたオルガと思しき映像が、きわめて短い時間であるが提示される。そのあっけなさ、非感傷性は、ゴダールが過去に『軽蔑』の結末部で主人公たちの交通事故死を描いたときのあっけなさと、いささかも変わることがない。

『われらの音楽』が撮影されていた二〇〇三年は、イスラエルのあちらこちらで、パレスチナ人による自爆攻撃が盛んに行われていた時期であった。その二年後、パレスチナ側からこの行為に向かう青年たちの追い詰められた心情と動機を真摯な主題として、ハニ・アブ・アサドが『パラダイス・ナウ』(二〇〇五)なるフィルムを発表した。だが、いくらなんでも、ここでオルガにパレスチナ人の自爆攻撃の真似ごとをさせるのは、わたしには古典ギリシャ劇における「機械仕掛けの神」のようなご都合主義に思えてならない。ゴダールが自爆攻撃という実存的行為を、どこまでも最新流行の現象として以上に考えていないことが明らかに見てとれるからだ。だがこのことはさておき、エピローグに向かうとしよう。

第三部はひどく短い。森のなかを自由に散策するオルガ。湖のかたわらにはアメリカ兵がいて、腕を出すと、まるで子供の遊びででもあるかのように、スタンプを押す真似をする。岸辺には何人もの人がいる。彼らは本を読んでいたり、犬と遊んだりしている。水着姿でバレーボールをしている者たちもいるが、なぜか球は見えない。オルガは隣にいる青年からリンゴを分けてもらい、『帰る希望もなく』という書物の頁を開くと読み始める。

5

第二部の後半とあまりに短い第三部とは、ひどく晦渋な部分である。

この第三部が、はたしてオルガがゴダールに手渡したDVD映像なのかどうかは定かではない。そうかもしれないが、そうでないかもしれない。もっともここには、西洋近代が理想化してきた若さの楽園が、いかにも皮肉たっぷりに描かれている。それは一見したところ、旧約聖書「創世記」の描かれたエデンの園の逸話のパロディである。

オルガははたしてこの、アメリカ水兵に守護された管理空間に満足し、愚かにもそこに至福を見出したのだろうか。ゴダールは、きっとそうだろうと答える。間違った認識に人を間違った場所へと誘導するのだが、肝腎のその人物は、自分が間違った状況に落ち込んでしまったことに無自覚なのだ。ニヒリズムに足を掬われ、誤った自殺の観念に導かれたオルガは、かくして誤った楽園に迷い込んでしまった。もっともアメリカ水兵は、すでに第一部「地獄」でも、海辺のペンギンの直後に顔を見せていたではないか。「天国」はいとも簡単に「地獄」へと反転しかねないものであり、第三部はそのまま第一部へと接続されることができる。


かくしてこの三枚図《トリプティック》は、巨大なる不均衡を内側に携えながらも完結する。ここでフィルムの制作過程を語るならば、それはゴダールが二〇〇二年にサラエヴォで開催された書物市に招かれたことを契機に、翌二〇〇三年に撮影された。第二部で描かれているのはサラエヴォであるが、語られているのはパレスチナ／イスラエルの問題である。

なぜサラエヴォなのかと、ユディスは自問する。「なぜって、わたしはパレスチナに、テルアヴィヴに住んでいるからなのよ。この二つの場所の和解が可能となるような場所が存在していると、わたしは望んでいる」。端的にいって、ゴダール的文脈のなかでは、サラエヴォはもうひとつのパレスチナなのだ。『われらの音楽』ではサラエヴォは視覚的に豊かに描かれているわけでもなければ、物語の中心として機能しているわけでもない。破壊された街角と廃墟、無人と化した図書館、さらにいうならば爆破されやがて再建されたモスタルの橋。われわれが観るのはこの程度の映像でしかない。観客はこの都市の深層には到達できないのだが、それはさほど重要なことではない。地上にこのような場所があってそこに立つことが、パレスチナ／イスラエルの二項対立を思考する際に希望と期待を示唆するということで充分である。

ここで少し個人的な話をすることを許してもらえるならば、わたしにはこの設定に、というか『われらの音楽』というフィルム自体の存在の仕方に共感するところが大きい。

まったく偶然のことであったが、『われらの音楽』が発表された二〇〇四年、わたしは図らずも日本の文化庁の第一回文化通信使としてテルアヴィヴとベオグラードに派遣され、現地にてほぼ丸一年を過ごしたからである。その間、パレスチナ西岸、コソヴォ、ボスニア・ヘルツゴヴィナに足を向け、爆撃で破壊されまた多国籍軍の進駐下にある、さまざまな都市の光景を目にすることになった。世界の現実を敗北した側から、占領されている側から眺めるという体験は、文筆家としてのわたしのあり方に、小さからぬ転換をもたらすことになった。このフィルムにはパレスチナの詩人ダルウィーシュが登場するが、東京で試写が行われていたころ、わたしは偶然にも彼の詩集を懸命になって日本語に翻訳している最中であった。わたしはサラエヴォにおいてこそパレスチナを語るというゴダールの炯眼に感心するとともに、自分もまた無意識のうちにこの発想を分かち合っていたのだということに気づいたのである。

本書において他のゴダール作品の分析と比較して、『われらの音楽』に不均衡なまでに頁を割き過ぎてしまったことの原因は、ひとつにはこの個人的思い入れがあると告白しておきたい。それ以上の詳しいことは、拙著『見ることの塩』(二巻、河出書房新社文庫、二〇二四)、ダルウィーシュの『パレスチナ詩集』(拙訳、ちくま文庫、二〇二四)をお読みいただきたいと思う。

『われらの音楽』(二〇〇四)

本書のために書き下ろされた。九〇年代以降のゴダールの長編のなかで、わたしが個人的にもっとも共感を感じる作品である。というのも、まったくの偶然であったが、わたしもまたある直感に導かれるまま、この年の前半をパレスチナ/イスラエルで、後半を旧ユーゴスラビアで過ごしたからだ。ヨルダン河西岸はエジプトからの熱風《ハムシン》が吹き荒れる暑さであり、サラエヴォは散歩をしていてメモ用のボールペンの芯が凍るほどの寒さであった。サラエヴォを媒介としてパレスチナを見つめるというゴダールの方法は、わたしには卓見であるように思われた。またそれはわたしを勇気づけた。帰国したわたしは、マフムード・ダルウィーシュの詩を日本語に翻訳するという作業に着手した。現在それは『パレスチナ詩集』(ちくま文庫、二〇二四)で読むことができる。

ちなみにいう。『アワーミュージック』というこの作品の邦題は拙劣きわまりないものである。フランス映画社がゴダールを配給できなくなった隙を狙って、香港映画で儲けたある配給会社が後釜を狙ったわけなのだが、この会社はしばらくして破産した。

『本物の偽パスポート』

二〇〇六年にパリのポンピドゥー・センターで開催されたゴダール展、『ユートピアへの旅　ゴダール1946―2006』*Travel (s) in Utopia, Jean-Luc Godard 1946-2006* のために制作された『本物の偽パスポート』は、展覧会に先立ってセンターの上映ホールで公開された。この展覧会ではゴダール作品はもとより彼をめぐるインタヴューやドキュメンタリーなどが百四十本にわたって回顧上映されたが、本作はそのオープニング作品でもあった。監督、脚本、編集はいずれもゴダール本人である。

もっともこの作品は本来は、二分という、ひどく短い映像断片を二十九本集めたものである。ゴダールは二〇〇四年から〇六年にかけて、それをひと月に一本ずつ発表し、最後に全体を披露した。二十九本はそれぞれ「戦争」「敗北」「誕生」「エロス」「美」「奇跡」といった風に、作者が抱く信条に対応している。ゴダールはさまざまなフィルムを取り上げ、「好き」と「嫌い」に分けると、それを簡潔に提示している。ロッセリーニ、ブレッソン、コクトー、ヒッチコックといった監督は「好き」。タランティーノ、エリア・スレイマン、シャンタル・アケルマンは「嫌い」。稀にエヴァ・ガードナーの『裸足の公爵夫人』のように、「最高に好き」というのもある。映画以外にもヴィンセント・ギャロは「好き」だが、今風のテニスや荒っぽいスポーツは「嫌い」という分類もある。

アルジェリア戦争のさなか、拷問に関わったフランス人の老人がTVインタヴューをされている映像があり、拷問の証言者の発言が続く。「われわれは状況の囚人だった。何もできなかった」という証言。それに続いて、自作『ことよそ』で、廃墟に立つパレスチナの少女がダルウィーシュの抵抗詩を暗唱している場面が続く。この作品全体はたわいもない二分法のお遊びだといってしまえば、それまでかもしれない。だが細部を眺めていると、ゴダールの道徳的規準のあり方が少しずつ判明していく。

『本物の偽パスポート』は、他人のフィルムをどこまでも引用していくという点では、『映画史』に似ていなくもない。だがその選択の基準はどこまでもゴダール個人の道徳と美学に収斂していくという点で、かの記念碑的大作とはまったく異なっている。

『本物の偽パスポート』（二〇〇六）

本書のための書下ろし。二〇〇六年五月から八月にかけてパリのポンピドゥー・センターで開催された大ゴダール展のために制作された、オープニング特別ヴィデオ作品である。勤務している大学でのシンポジウム開催をはじめ、パレスチナ人モハメッド・バクリの招聘、演劇制作などに忙殺され、それが叶わなかったことを今でも後悔している。一九八〇年代のわたしであれば万難を排して駆け付けたことだろう。五十歳を過ぎたころのわたしは、悲しいことに恐ろしく公的にも多忙であった。

『ある破局』

ゴダール。アレクサンドル・クルーゲ。ジャン＝マリ・ストローブとダニエル・ユイレ。こうした〈妥協せざる〉監督たちに共通するのは、ある時期から極端に短い映像作品を創り出すことである。彼らはアクチュアルな題材を見つけると、さしたる準備もなくカメラを廻し、編集機を弄って、一分や三分といったショート・ショートを撮りあげてしまう。

周囲を見回して当座に入手できるオブジェや映像を結合させたり、断片化したり、また反復と停止を施したりして、思いもよらぬものを創出する。ほとんど製作費はかからない。

こうした作業はわたしに、映画史における最初の映画興行師、ジョルジュ・メリエスを想い出させる。著名な魔術師であったメリエスは、月世界旅行や聖アントワーヌの誘惑といった空想的映画を撮ったばかりではない。ファリエール大統領のユーゴスラビア訪問を撮り、ドレフュス事件を撮った。『中国女』のなかでジャン＝ピエール・レオが語るように、プルーストの同時代人として、映像にアクチュアリテを持ち込むことを怖れていなかった。

『ある破局』はわずか一分に満たない作品であり、後期ゴダールの作品群のなかでは、『サラエヴォに一礼』（一九九三）や『ルフュズニックたちへの祈り』（二〇〇四）『スイス映画名誉賞へのお礼』（二〇一五）といった作品とともに、太陽系における小惑星群を形成している。エイゼンシュテインの『戦艦ポチョムキン』の有名なショット、オデッサの階段の途上で逃げ惑う人々。子供を抱えつつ途方に暮れている母親。「これが最初」と字幕が入る。仰向けに縛られて拷問された男。森を行く戦車の群。兵士。戦闘機。字幕は「詩の一節」。後半になって雰囲気が変わる。

次々と別の角度から捕えられた、接吻する男女のアップ。「愛」という字幕。

単純といえばこれ以上に単純な映像もないだろう。だが『ある破局』に驚いていてはいけない。二〇一〇年に撮られた『エリック・ロメールを讃えて』は、映像の三分の二が黒画面に文字が記されているばかりで、最後になって晩年のロメールの静止画像が登場するだけなのだ。といってもこの黒画面の持続は、ジガ・ヴェルトフ時代の挑発的な字幕とはまったく異なり、死者の鎮魂のために用いられた喪の色彩である。作品は全体として、ヌーヴェル・ヴァーグの旧戦友を悼む、静謐感に溢れている。ゴダールはこのロメール追悼の後、さらに十二年を生き、『ソシアリスム』をはじめ三本の長編を撮ることになるのだが、わずか三分二十六秒しかないこの短編は、彼における死の準備であるように、わたしには思われる。

『ある破局』（二〇〇八）

本書のための書下ろし。コメントを記すにあたって、『気狂いピエロ』の冒頭、あの有名なベラスケスの晩年を語った一節が想い出されてきた。

「彼が生きた世界は悲しかった。堕落した王、病める子供たち、白痴、矮人……」。

ジャン＝リュック・ゴダールに

パレスチナで撮影を終えてパリに帰ってきたあなたは、
自分が撮った難民がその後、イスラエル軍によって殺されたと知って
「ここ」と「よそ」の隔たりの問題に悩んだ。
あれから三十五年が経過し、今では世界中に「ここ」しかなくなってしまった。
どこにいても情報が恐ろしい速度で追いついてくる。
どこにいても誘拐は起きるし、爆弾の脅威はいたるところに横たわっている。
われわれの時代とは距離の廃絶の時代なのだ。
パリまで出かけて日本人が、あなたの新作を観てきたといって
得意げでいられた時代が懐かしいな。
でも残念ながら、もうシネフィルの時代は終わってしまいました。
観客はファーストフードのように、ただ泣ける映画をインターネットで
検索して、観に行くだけなのです。
あなたは自分がノスタルジアの対象となってしまったことを
どう受け止めていますか？

二〇〇九年
「ジャン＝リュック・ゴダールに」
100 POSTCARDS（大和プレス、二〇〇九）に収録された。百人の人物に百枚の絵葉書を出すという考えのもとに、映像と言葉を結合させる試みである。ゴダールに宛てた「絵葉書」に用いられたのは、二〇〇六年にイスラエルの爆撃で破壊されたベイルートの住宅地の写真である（撮影者は広河隆一）。

中上健次、アシス・ナンディ、ジョルジュ・ディディ＝ユベルマン、金素雲《キムソウン》、ポール・ボウルズ……百人の人物は、わたしが実際に絵葉書を送りたいと思う人物に限った。もっとも本を出し終えてから気付いたのは、その半数以上がすでに故人であったことだった。

子供にセックスを見られたら 『パート2』

自分の子供にセックスをしているところを見られたら、両親はどのように振舞えばいいのか。考えただけでもゾッとする質問だが、さいわいにも映画の世界では二通りの解決策がある。神話に逃げるか、政治に逃げるか、である。

神話に逃げたのがピエル・パオロ・パゾリーニ。この人はギリシャ悲劇のエディプス王の物語を『アポロンの地獄』（邦題）というフィルムにするにあたって、とにかく前例のない過激な実験を試みた。まず原作を説明しておくと、物語は古代ギリシャが舞台である。アポロンのお告げで、成人したら父親を殺し母親を犯すという預言を受けたエディプスが、それを避けるために諸国を廻るものの、結局は預言通りの人生を生きてしまう。彼はそれを知ってみずからの両眼を抉り、二人の娘に付き添われ、乞食となって放浪の旅に出る。

パゾリーニはこの悲劇の冒頭を、自分が生まれたファシズム台頭期のイタリアの町ボローニャで撮影した。新婚早々の青年士官とその妻が寝室でセックスをしようとしている。そばで眠っていた赤ん坊が気配を感じて泣き出す。夫はその眼を手で塞ぎ、自分たちの営みが見られないようにする。だが赤ん坊はいつまでもその光景を憶えていて……ここで舞台は古代ギリシャとなり、赤ん坊はいつしか成人して謎の預言を前に動揺している。彼が後に盲目の身となることは、冒頭で父親に眼を塞がれた場面ですでに予言されている。

パゾリーニの生涯を調べてみると、この冒頭の時代設定がぴったりと彼の幼年時代に重なっていることがわかる。実をいうと、この同性愛の監督は生涯にわたって母親に深い愛情を抱き、父親を憎み続けた。『アポロンの地獄』は原作と一つのところで大きく違っている。原作では、自分が母親と同衾してしまったと知ったエディプス王は、呪われたわが身に絶望して妻（母親）を遠ざける。だが映画では逆に、「やっぱりそうだったのですね」といわんばかりに彼女を引き寄せ抱きしめるのである。それはパゾリーニが理想とした、母親との関係のあり方だった。彼は幼少時に垣間見た両親のセックスの光景をギリシャ神話の物語に準《なぞら》えて解釈し、当時感じた衝撃を芸術へと結実させたのである。古代の神話で語られた物語はただちにわたしのプライヴェートな物語でもある。だからそれは必然的に、すべての人類の男の子の物語でもあるのだ。これがパゾリーニの説くところである。

ジャン＝リュック・ゴダールの方法はパゾリーニとは違っていた。この映画界のお騒がせ男は、パゾリーニともまんざら知らない仲ではなかったが、同じような光景を前にまったく異なった展開を行なってみせた。彼はすべてを家族の内側にある政治だと説いたのである。

『パート2』という作品がある。一九七〇年代の中ごろ、彼がしばらく商業映画の世界を蹴飛ばして試行錯誤を続けていた時分に撮られた。ドキュメンタリーとも劇映画ともつかない不思議な作品だ。残念ながら日本ではアテネフランセ文化センターでしか公開されていないので、少し詳しく内容を説明しておくことにしたい。

ピエールとサンドリーヌという夫婦にニコルとヴァネッサという幼い子供、それに祖父母という六人の家庭生活が描かれている。ピエールは視聴覚関係の労働者らしく、工場と自宅を往復する日常に半ば飽きていて、そのせいか夫婦の性生活にも熱意がない。たまりかねたサンドリーヌが寝室でオナニーをしていても、無関心そうに一瞥して部屋を出て行くばかりである。あるとき彼は、妻が他の男とセックスをしていることを知ってしまう。腹を立て、無理やりに彼女の肛門を背後から犯してみたところ、それを娘のヴァネッサに目撃されてしまう。ゴダールはこの事件を、二人のセックス場面とヴァネッサの顔のアップとが画面の上で重なりあい、そこにピエールの独白が被さるという形で処理をしている。家族映画といえば幸福そうな両親と子供たちの映像と相場が決まっているのだが、ゴダールはあえてそうしたステレオタイプの映像に異を立て、ブルジョア家庭では禁忌とされているセックスの映像を取り上げてみせる。といってもそこにはポルノのような煽情性はどこにもない。すべては人間関係における支配・被支配の政治的なるものの現われなのだと、彼は語りたいのである。

サンドリーヌが風呂あがりにバスローブを羽織っただけでシャツにアイロンをかけている。ヴァネッサが仔犬のように母親に纏わりついて訊ねる。「わたしも大きくなったら、両足の間から血が出るの?」「そうよ。そうなったら男の子に用心しなくちゃね」。

ヴァネッサはまだ幼いのだが性に関心をもっていて、両親が寝室でしていることが気がかりで仕方がない。「パパとママがときどきしてることって何? あれウンコしてるの?」彼女は浴槽のなかで母親に軀を洗ってもらいながら、無邪気に問いを立てる。「女の子はみんな穴があるわけ?」「そうよ」「じゃあそこから思い出が流れ出ていくの?」

あるとき両親は裸になって寝台に横たわり、子供たちを招き入れる。そしてめいめいの性器に指を当て、構造と名称を説明する。子供たちは大人しく説明を聞いた後で、父親のペニスを指さして、「これ、モノいえないの?」と訊ねる。「お仕事が終わると静かになるんだよ」と父親が説明する。

だがこうした牧歌的で親しさに満ちた光景ばかりが続いているわけではない。祖母は台所でタマネギの皮を剝いたり、ベッドメイキングをしたりしながら、誰に聞かせるわけでもなく独り言を続ける。「男がどれほど女を嫌っているかを、女は知らないのだ。女は憎悪、恐怖、嫌悪の対象として罰せられている。男の倒錯した暴力こそが、女の堕落の根本原因だ」。

祖父は祖父で、台所でスープの味見をしながら、労働運動の活動家として世界中を廻った思い出を語る。スイスの武器工場からメキシコのブルジョア社会へ、またダッハウの強制収容所へと、冒険談ははてしなく続く。それをヴァネッサが、仔犬の人形に櫛を当てながら聞いている。「わしはときどき自分の金玉を見るんじゃ。もうピクリともしない。世のなかのすべてがこの金玉を中心にして動いていた時代が、わしにもあったというのに……」。

やがてこうした家族の映像を二台のモニターで眺め、編集をしていたゴダール本人が、疲れ果てて居眠りをしている光景となる。ヴァネッサが楽しそうに浴槽に浸かっている映像と、机に向かって考えごとをしているサンドリーヌの映像が並んでいる。「男はいつも命令するのよ。皿を洗え。ストライキに出かけろ。仕事が終わったら家に直行しろ。セックスをしろ。ヴァカンスは外出だ。だったらわたしの代わりにやってごらんよ」。ゴダールが起き上がり、サンドリーヌのこの発言を聞きながらじっと考えこんでいるところで、『パート2』は幕を閉じる。これが実際の家庭のドキュメンタリーのように見えて実はそうではなく、俳優たちが科白を語っていたことがわかる。科白はジャーメイン・グリア（イギリスで活躍するフェミニズム運動家。『去勢された女』の邦訳あり）の書物からの引用と、アンヌ＝マリ・ミエヴィルの手になるものである。

もう三十年ほど昔になるが、はじめてこのフィルムをアテネフランセ文化センターで観たときには、とにかく面食らった思い出がある。ゴダールといえば、ジャン＝ポール・ベルモンド主演で、「太陽の強烈――原色がギラギラ踊る」という地中海アクション映画の印象が強く、パレスチナに飛んでカメラを回したり、ハリウッドの帝国主義的映画制作を批判したり、てっきり過激な暴れん坊だと思い込んでいたためだった。それがフランスのどこにでもある家族の映画を、スターもアクションもなく撮ったという事実に驚いたのである。だがそれだけではなかった。そこで描かれている家庭の映像が、それまで映画がけっして言及したり撮影したりしてはいけないとされていた主題を取り上げていたためでもある。具体的にいってそれはセックスのことだ。

仕事の時間のやりくりがつかず、意思疎通を欠落してしまった夫婦のセックス。高齢に達して、無力と憎悪の記憶だけが残ってしまった祖父母のセックス。幼げな関心を抱きながらもそれが満たされないままの、子供たちのセックス。三世代にわたる人間がこうしてセックスをめぐって不充足感を抱いているさまを、ゴダールは彼らの独白を通して描いていく。とりわけ重要なのは、そのセックスが労働や高齢化、自然環境の破壊と富の不均衡といった主題と結び付けられ、人間を抑圧する装置としての家庭という主題に向かおうとしていることである。なるほどこれは確かに家族を描いたフィルムである。だがより厳密にいうならば、それは家族の内側に隠されていて、けっして外部に現われでることのない政治について語ったフィルムなのだ。

一九七〇年代というのは、欧米でフェミニズムの運動が盛んになった時期であった。さまざまな流派が登場したが、その考えのひとつに、政治的なものとは個人的なものであり、個人的なものこそ政治的なものなのだという主張があった。家庭のなかでの家事や育児の分担、家庭内暴力、セックスの際の合意と拒否……これまではたかだかプライヴェートなことだと軽く考えられてきたこうした出来ごとにこそ、男女の差別や偏見が反映されている。それを一つひとつ問い質していかないかぎり、女性の解放はありえない。こうした意見を耳にしたとき、一九六〇年代末にバリケードに立て籠もり、警官隊にむかって火炎瓶を投げていた者たちは驚いた。家庭を捨てて街頭に出、国家と対決することだけが政治だと素朴に信じてきたからである。そうではなく、本当の政治とは両親と子供の対話のなかに、夫婦のセックスの現場にこそ体現されているのだから、そこを丁寧に見つめなければならない。七〇年代の教えとはそのようなものであった。

ゴダールの『パート2』は、こうしたフェミニズムの立場を明確に踏まえて撮られている。思うにそれは、彼が一九七〇年代に入って生活をともにするようになったミエヴィルという女性の影響が決定的であったはずだ。世の中には女性に捨てられるという稀有な才能をもった男がときおり存在していて、かかる男はそのたびに新しい女性を見つけ出し、彼女から新鮮な智恵を受け取る。二人の妻に出奔されたゴダールは、まさにこの才能に恵まれているといえる。彼はその結果知り合ったミエヴィルから、その後の映画人生を決定づけるような大きな示唆と助言を受け取ったのであるから。ちなみに似たようなケースにジョン・レノンがいる。彼もまた三度目のパートナーである小野洋子から圧倒的な影響を受けて、七〇年代にフェミニズム的な歌詞の曲を作った。ミエヴィルが連れてきた子供たちと生活をともにするようになって、ゴダールは大きく変わった。子供や家庭という未知の主題に向かい合うようになったのである。

『パート2』の後も、ゴダールは子供を撮り続ける。パリを離れ、スイスのレマン湖のほとりに瀟洒なスタジオを設けると、フィルムからヴィデオに転じる。一九七六年には『6×2』というTV番組が完成する。またさらにその後には『二人の子供　フランス行ったり来たり』という、これまた不思議なインタヴュー番組が作られる。こうした作品では『パート2』で試みられた家族の政治という主題が、より大掛かりに繰り返されることになる。

シリーズの一編「モノの教え」では、幼稚園におけるフランス語の学習の光景が描かれている。子供にある絵を見せ、それに対応する言葉を当てさせるという遊戯が紹介される。もっともゴダールはその規則を意識的に変えて、絵にそれとはまったく関係のない言葉を組み合わせてみせる。赤ん坊の映像に「内乱の囚人」、工場の映像に「労働が愛を押しつぶすポルノ」、魚の映像に「資本主義体制」という言葉がそれぞれ添えられる。彼が訴えたいのは、教育とはどのようなものであれ支配的イデオロギーによる人間の抑圧であり、その事実の隠蔽であるという真実である。興味深いのはそれが、あたかもマグリットの絵画のようにユーモラスな無意味さを描き出しているということだ。

子供はどのような場合に政治的となるだろうか。

彼は何も戦争や虐殺に巻き込まれなくとも、家庭や学校、病院、あるいは同じ年頃の子供たちどうしの遊戯のなかで、いとも簡単に政治的存在となりうる。いや、さらに遡っていうならば、親の前に立った子供はつねに政治的存在なのだ。だがこの手の政治はこれまでけっして語られることがなかった。子供がいかに両親から虐待されようが、学校や仲間うちで手酷いイジメに出会おうが、それが表ざたになって真剣に検討されることはたえてなかった。子供とは弱者であり、犠牲者である。ゴダールはそうした、世界のなかでつねに沈黙を強いられてきた者のもつ政治を映像として公にしようと試みた、きわめて稀な監督であるといえる。

だが、個人的なものはただちに政治的であるというフェミニズムのテーゼは、二〇〇〇年代の管理社会において、まったく別の意味で権力に利用されるようになった。この命題を反転して、政治的なものはただちに個人と家庭に関わるとした場合、国家の権力が本来はプライヴェートな領域である家庭にまで簡単に降下してくるための口実が設けられてしまったのである。もうこの地上のどこにも完全に個人的な空間などあるはずがないと判明したとき、人はどこに救済を求めればよいのか。わたしは今のゴダールに、この問いに答えてくれる作品を撮ってもらいたいと考えている。

二〇〇九年
「子供にセックスを見られたら 『パート2』」
石井睦美が編集している『飛ぶ教室』（光村図書出版）に、二〇〇五年十月から二〇〇九年一月まで「スクリーンのなかの子供」というエッセイを連載した。チャップリンの『キッド』や名高いコクトー原作の『恐るべき子供たち』から大林宣彦の『転校生』まで、子供が登場するフィルムを二十四本選び、それについて書くという試みである。

それを『子供は悪いのが好き』（光村図書出版、二〇〇九）という題名で単行本に纏めるとき、二本ほど加筆しておこうと思った。雑誌という媒体では過激すぎて取り上げることができなかったが、単行本でならばドサクサに紛れで収録できるだろうと考えたのである。そこで加筆した一本が、ゴダールが七〇年代に撮った『パート2』だった。大文字の政治を叫ぶのは止め、家庭と子供、そして老人を主題にする。七〇年代にゴダールが体験したこの大いなる転機は、残念なことに日本ではほとんど論じられていない。だがわたしのように、『東風』に深い衝撃を受けた者としては、ここにゴダールの「死」と「再生」を見ておきたいのである。

不思議な双子　『ポトとカベンゴ』

同じものが二つあるというのは、なんとも不思議なことだ。

そっくりなもの、互いに区別がつかないほどに似ているものを同時に見てしまったとき、普通に人はどのような反応をするだろうか。かわいい。そう、確かにそうだ。兄弟の仔犬が二匹でじゃれあっているのはかわいい。でもじっと眺めていると、だんだん気持ちが悪くなってくる。ダイアン・アーバスが撮影した双子の少女の写真を眺めていると、いったいこんなことがあっていいのだろうか。神様は創造の際にどうしてこんな悪戯をしたのだろうかと、ついつい考えてしまう。われわれはそのとき、いつもは忘れている問いに突き当たってしまうからだ。そもそも存在しているというのはどのようなことか、という問いである。

映画のなかで双生児はいつも特別な役割を担ってきた。

まずメロドラマ。そっくりの姉妹が運命の偶然から別々にまったく違う人生を歩み、あるときばったりと出会ってしまう。彼女たちが入れ替わることで、周囲の人間が混乱し、誤解が誤解を生んで大騒ぎとなる。たとえば『新春狸御殿』の若尾文子は、狸のお城のお姫様と貧しい村娘の二役を演じ、『古都』の山口百恵は京都の染物屋の娘と山村の田舎娘を同時に演じて、ファンを堪能させた。映画というメディアは演劇と違って、生身の俳優が舞台を駆け回るわけではない。ショットを組み合わせれば一人二役など、お茶の子さいさいである。取り違えの喜劇は映画の、いうなればお家芸である。

次に怪奇映画。先に双子というあり方は人間に、存在とは何かという問いを想起させると書いた。このことをとりわけ思い知らせてくれるのが、二つの身体がどこかで結合して生まれてきた双生児、かつては「シャム双生児」と呼ばれていた双子の場合である。ブライアン・デ・パルマの『悪魔のシスター』では、分離されて単独の個体となったヒロインが、みずからの分身に取り憑かれてアイデンティティの危機に陥るという恐ろしい物語が語られている。わたしは以前バンコクに滞在していたとき、『フェート』（バンジョン・ピサヤタナクーン&パークプム・ウォンプム、二〇〇七）という、身の毛もよだつ恐怖映画を観たことがあった。これも分離された後に死んだ妹が、幸福な結婚生活を送る姉を恨んでグロテスクな復讐を果たすという筋立てである。あるものがかわいいという印象を与えることと、グロテスクという印象を与えることは、けっして矛盾したことではない。両者は表裏一体であり、見方を変えればたやすく入れ替わったりする。双子をめぐる恐怖劇は、喜劇やメロドラマと実は同一であり、ただその裏側を覗き込んでいるだけかもしれないのである。

『ポトとカベンゴ』というフィルムを観たときわたしが感じたのは、これこそ究極の双子映画ではないかということだった。

カリフォルニアのサンディエゴに、五歳になる不思議な双子の女の子がいて、自分たちの間でしか通じない言語を発明して、一日中それでお喋りをしている。家族の誰もそれを理解することができない。児童心理学者から言語学者までが二人に会って謎の言語を解明しようとするが、誰にもよくわからない。双子は新聞に取り上げられ有名になる。だが彼女たちはそんなことに無頓着なまま、あいかわらず秘密の言語でお喋りばかりしている。そこで映画作家のジャン＝ピエール・ゴランが二人を取材し、その毎日をムーヴィカメラに収めることになった。これが『ポトとカベンゴ』（一九七八）という作品が誕生することになった経緯である。ちなみにここで描かれていることはすべて事実であって、いささかの虚構も脚色もない。

双子の名前はグレイスとヴァージニア・ケネディ。といっても観客の目からすれば、どっちがどっちなのかを判別することは難しい。とにかくいつだって部屋のなかを走り回っていたり、カメラの前で変な顔をしてふざけてみせたり、二人でくっついたり離れたりしていて、落ち着いて観察することができないし、ようやく席に着いて静かになったと思ったら、今度は謎々言葉でいつまでもお喋りに耽っているからだ。両親はグレイスをグレイシー、ヴァージニアをジニーと愛称で呼ぶ。けれども彼女たちは独自に自分たちをポトとカベンゴと呼び合っている。このフィルムの題名はそこから採られた。

まずゴランは彼女たちの信頼を得るために、郊外の住宅地にある一家を訪れ、両親と祖母の話を聞く。芝生の上で飛んだり跳ねたりしている双子にカメラを向ける。撮影されるのが生まれて初めての彼女たちは、わざと顰め面をしたり、いきなりカメラの脇から覗きこんだり、大はしゃぎをしてみせる。ゴランが英語で話しかけると、二人はちゃんと同じ英語で答える。だが二人だけで話し出すと途端に言語が変わってしまって、もうゴランにはまったく聞き取ることができない。

ゴランは二人を動物園に連れていき、図書館がいいといえば図書館に連れていく。図書館で彼女たちは次々と大きな書物を引っ張り出して遊び、ＣＤブースの間を飛び回っている。ゴランは家族が海に出かけるときにも同行し、初めて海を見た双子の反応を記録しようとする。言語セラピストや言語学者にインタヴューをして、その意見を紹介する。彼らは二人には知的障害はないが、言語の取得にいささか遅れがあるという。そこで日常生活の場にあって、両親が二人にどのように言葉を教えているかを観察してみると、改めて家族の絆の強さが確認される。こうした地道な作業を重ねることによって、映画監督は二人の新言語を丁寧に写し取り、それを何とか普通の英語に直そうと試みる。

たとえば、朝にジャガイモにバターを塗って食べているときの対話。

ニス？　メ・ブッダハ。ナウ・ブッダハ。イー・ブッダハ？　ドア・ビン？　アレクサ・アン・ナイ・ゴウン。ウオス・ディス・ナウ？　ピニ。プタトゥラレト・ウンガイ。

これは日本語にすると、次のようになるらしい。

これ？　わたしのバターよ。さあ、バターよ。これ、バター？　ドアが開いてる？　アレックスとアンが来る。これ、何？　おしまい。ポテトサラダ、お腹減った。

双子たちは驚くべきことに、ポテトという言葉を十六通りに変形させてみせる。プーデイドゥーズ。プッダトゥ。ブーダドゥッ。ポタトゥー。ブーディプーティル。ブタイトゥータレッ。プートゥトゥ……。けれどもこれはデタラメに、思いつくままに単語の発音を崩したり伸ばしたりしているのではない。変形には一定の法則があり、その仕組みは正確に記憶されていて、他の単語や構文にも適用されている。発音にも逸脱はない。つまりこの言葉は厳密な文法構造を持っているのである。

両親の出自と来歴を調べていくうちに、ゴランは少しずつ謎を解く手がかりに近づいていく。そもそも父親はドイツ人で、故郷で一度結婚していたが、ミュンヘンで今の夫人と再婚をした。二人は生活を一新せんとしてアメリカに渡った。だが思うように職を見つけることができず、家もないままキャンピングカーで州から州へと移動する暮らしが続いた。ようやくサンディエゴで定職を見つけ、曲がりなりにも一軒家に住むことを得た。家のなかでは母国語であるドイツ語と新しく覚えた英語とが、混じりあって用いられてきた。二人は何とか英語に慣れたが、ドイツから呼び寄せた祖母はドイツ語しか話すことができない。双子が生まれ落ちたのは、こうしたいくぶん複雑な言語環境である。

家族の絆は恐ろしく強かった。というより狭い家のなかでは誰もがかならず他の誰かの挙動を窺っており、いかなるときでも一人きりになることはできなかった。バイリンガルの世界に生きる子供たちは、いつも聞き耳を立てていなければならない。眼の前の相手がどちらの言葉を用いているかを判断すると、ただちにそれに適応することが求められるのだ。双子はいつも両親と祖母に見つめられ、話しかけられていた。これは逆にいうならば、話しかけられた言葉を自分で反芻して確認したり、落ち着いて認識し直してみる時間を充分に与えられないまま、さらに次の言葉を休む間もなく与えられるということを意味している。祖母にはドイツ語で、両親には英語で受け答えをしているうちに、彼女たちは自分が一体何であるのかがしだいにわからなくなっていった。

これが一人っ子であるとか、二人の間に大きな年齢差があったとしたら、事態はこうはならなかったかもしれない。だがかかる状況下に双生児であったことから、事態は思いがけない方向へと発展してゆく。自我の危機を乗り越えるためには、二人が身を寄せ合い、二枚貝の殻のように固く身を閉じて庇いあうのが一番である。おそらく双子は無意識のうちにこの道を選び取っていたのだろう。彼女たちは英語とドイツ語から発音と構文を受け取り、そこで得た文法を駆使して既知の単語に次々と変形を企てていった。新しい言葉はそれを解さぬ者たちをただちに排除し、双子を永遠に閉じられた貝の内側に閉じ込めてしまった。彼女たちはそこで終わりなき微睡《まどろ》みに耽り、幸福を満喫していたのである。両親の絶え間ぬ干渉から自我を守るための、砦のような役割を、この新しい言語は果たしていたのである。

ゴランはこうして、双生児の言語を切り口として一家の歴史に辿り着き、そこに隠されている政治を探り当てる。二十世紀の初頭にドイツに生を享けた祖母の人生とは、どのようなものであったか。両大戦間のドイツ人の表情を優れて記録した写真家ザンダーの作品がここで引用され、想像の力を借りて祖母のありえたかもしれない物語が語られる。ゴランはまた父親の来歴にも目を向ける。それは典型的な移民労働者の物語といえる。こうして浮かび上がってくるのは、現在のアメリカ社会の底辺に泡粒のように現われては消えてゆく労働者の一家の現実だ。

このドキュメンタリーを撮影中、一家の生活には大きな変化が生じる。彼らは父親の念願がかなって、キャデラックをガレージに二台入れられるような、より大きな家に越すことができた。家族の一人ひとりが個別の部屋を持つことになり、居間は格段に広くなった。もはや双子は一日中くっついて遊びまわることがなくなり、少しずつ自分の部屋で一人で過ごすことを憶えるようになった。

もう一つの変化とは、彼女たちが学齢に達し、近くの小学校に通うようになったことだ。双子は内輪だけの親密な言語の世界から離脱し、現実の社会のなかで他者と出会うようになった。カメラはジニーが黒人の少年と手をつないで、校庭を歩いている場面をじっと捉え続ける。教室では担任の先生が星条旗を取り出し、一人ひとりの子供たちに祖国アメリカへの忠誠を宣誓させる。祖国を讃える歌が合唱される。だがグレイスだけは口を開こうとせず、教師からそれを指摘される。

ゴランはこうした細部の描写を通して、教育施設が子供たちを抑圧し、国家への帰属を強要するイデオロギー的装置であることを指摘している。結果として双子は別々の小学校に通うことになった。その方がそれぞれにとって発達の効率がよいと判断されたためである。世間でいう時間の過ぎ行きとは無関係に培われた至福のお喋りの時間は、こうして終焉を迎えることになる。やがて双子たちは、かつて自分たちがどのような言葉を口にしていたのかを忘れてしまうことだろう。グールドが演奏するモーツァルトの幻想曲が流れるなか、暗闇で二人が親しげに語り合う声がいつまでも続き、フィルムは幕を閉じる。

身体のつながった双生児が分離されて、それぞれに別個の個人として大人へ成長することが求められるように、ポトとカベンゴもまた言語的に無理矢理に切り離されてしまった。ポテトという単語を大人たちが絶対にわからないよう十六通りに変形させ、それを口にしては互いの親密感を確認しあうという幸福な時間は断ち切られ、後は誰もと同じような英語を口にすることだけが許されることになった。『ポトとカベンゴ』はこうして、双子たちの挫折を告げることで終わる。もう彼女たちを守ってくれるものは何もない。二人はこれから風荒ぶ社会の現実のなかで、それぞれに一人ぼっちで自我を形成し、生き延びていかなければならないのだ。社会のなかで通用する言語を取得することとは、いかなる他者とも切り離された「わたし」という意識のもとに生きてゆくことなのである。永遠に続くかのように思えた至福の幼年時代はもう戻らない。

このドキュメンタリーを撮ったジャン＝ピエール・ゴランはもともとフランス人で、一九六八年の五月革命のさいにすべての権力の解体を叫んだ青年の一人だった。彼はヌーヴェル・ヴァーグの造反者ゴダールと組んで、革命的な映画集団を組織すると、工場のストライキや学生の討論などを素材に、従来の映画作りの方法を全否定する行動を続けた。だが革命の昂揚はいつまでも続かない。一九七二年にはゴダールと訣別し、単身カリフォルニアに渡ると、アメリカの日常生活を素材にドキュメンタリーを撮る道を選んだ。

この進路変更の過程は、盟友であるゴダールのそれと比較してみると興味深い。ゴダールもまたゴランと別れた後で大胆な方向転換を企てた。アメリカやチェコスロヴァキア、パレスチナといった遠隔地を訪れ、現地の人々の前でカメラを回すといったことを止め、家庭のなかの子供たちのあり方を描くようになったのである。それについては前章で取り上げておいたので、お読みいただきたい。ゴダールが子供を媒介として描こうとするのは家族のなかで禁忌とされてきたセックスであり、それが担っている政治である。そしてそこから家庭と工場、愛と労働の対比がなされることになる。

ゴランもまた家族の内側に潜んでいる政治を問題にしている。だが彼の接近の仕方はゴダールとは違い、言語の変形と創造が切り口だ。ゴダールは『パート2』において、登場人物のすべての科白をあらかじめ準備し、撮影された映像に厳密な編集を施した。ゴランはその逆に、すべてを即興に任せ、子供たちが自由にお喋りをし、飛んだり跳ねたりするままに任せた。また部分的にではあるが、撮影された映像をほとんど無編集のまま作品の内側に持ち込んだ。

ゴダールとゴランが一九六八年から数年の間、ほとんど共同で映画を制作してきたという事実は、どこかポトとカベンゴの幸福な幼年時代を連想させなくもない。やがて時間が来て、彼らは別離を体験する。ゴランが単独の映画監督として最初に撮ったのが『ポトとカベンゴ』であったことは、考えようによっては意味深長なことでもある。彼は分離の前の幸福な時代を振り返り、それを作品に仕立てあげることで、みごとに訣別を企てたのだのだ。同じことはゴダールにもいえるかもしれない。とはいえ一九七〇年代の中ごろに、これまで政治を語っていた二人のラディカルな映画人が、別々の場所で子供たちの言葉に真剣に向かい合うことになったのは、けっして偶然とは思えない。

二〇〇九年
「不思議な双子　『ポトとカベンゴ』」
『子供は悪いのが好き』（光村図書出版、二〇〇九）のために書き下ろしたエッセイである。
この不思議なドキュメンタリーを最初に観たのは一九八七年のニューヨークだった。ジガ・ヴェルトフ集団でゴダールのパートナーだったゴランがその後何をしているのか、わたしは何も知らなかったのだが、社会の周縁にある者の言語と政治をめぐる興味深い考察だと思った。しかもそこには七〇年代にゴダールが向かい合うことになった、家族という問題も組み込まれている。ゴダールとゴランは別々の道を歩みながらも、知らずと似たような主題に直面していたのだった。

二〇〇五年から〇六年にかけて、わたしはゴランを当時勤務していた明治学院大学言語文化研究所に招聘し、湯浅譲二さんと対談をしてもらおうと画策していた。湯浅さんは南カルフォルニア大学サン・ディエゴ校でゴランと同僚であり、彼の三本の映像作品に音楽をつけている。わたしとゴランは頻繁にメイルをやりとりした。もっともこの企画は彼の体調がすぐれないのと、上映作品の劣化が激しく、その修復費用を捻出できないという理由から中絶してしまった。残念である。

『ソシアリスム』

『勝手にしやがれ』で全世界の映画文法を塗り替えて以来、半世紀と一年が経ち、ジャン＝リュック・ゴダールはこの十二月で八十歳を迎えた。そして『社会主義』(*Socialisme*, 邦題は『ゴダール・ソシアリスム』)はその瑞々《みずみず》しい最新作である。だが何という驚き、何という自由さであろう。このフィルムは、『気狂いピエロ』や『パッション』といった過去の作品に匹敵するほどの瑞々しさと強さを湛《たた》えている。ＪＬＧは生涯にいくたびかの変転を重ねながら、いまだに映画の最先端にいるのだ。もし彼に匹敵すべき芸術家が他に存在するとすれば、ピカソかシェーンベルクしかいないのではないかと、わたしは考えるに到った。

このフィルムのなかではまずスペイン内戦の際の隠し金をめぐって、国際的諜報活動が展開する。地中海を悠然と進む豪華客船の甲板と船室で、さまざまな国籍と言語をもつ者たちが謎めいた言葉を交わし、哲学者が無人の大ホールで講演をする。船はエジプトからパレスチナへ、さらにエイゼンシュテインの『戦艦ポチョムキン』の舞台となった黒海沿岸のオデッサへと向かい、人々は行く先々で人類の歴史の転換点に佇む。さらにギリシャへ、ナポリへ、バルセロナへ。

思い出してみよう。かつて世界で最初に映画を考案したリュミエール兄弟は、カメラマンを全世界の観光名所に派遣し、映像をパリに持ち帰ると、ただちに披露したものだった。ＪＬＧの新作でも映像と言語をめぐる思索として、同じことが繰り返されているのだ。そしてこの地中海クルーズの途中になぜか、スイスの田舎町に住む二人の子供たちの造反劇が挿入されている。大人が選挙に立候補できるのだったら子供だって同じことをしていいはずだと、彼らは堂々と政治演説をする。聴衆は驢馬と猫である。動物への親近感がこの新作の特徴である。海と砂漠とは、つねにJLGの世界を構成する特権的な空間だった。言葉からイメージを追放せよ。言葉は砂漠に探しにいかなければいけないと、彼はフィルムのなかで語る。ランボーからパレスチナ解放闘争への共感に到る、彼の知的・政治的遍歴が窺われる言葉である。

だがそれにしても、『社会主義』とは何と人を喰った題名であることか。この監督は過去に『ヌーヴェル・ヴァーグ』という題のフィルムを、アラン・ドロン主演で抜けぬけと発表した「前科」があった。今回ももはや国際情勢で死語と化してしまったこの政治概念を題名に採用し、同時にインタヴューのなかで「題名は共産主義でも資本主義でもよかった」などと公言しているのだ。杓子定規に映画から思想を学ぼうと構えている人は、みごとに打っちゃりを喰らってしまうことだろう。JLGが差し出しているのはどこまでも、芸術をめぐる精神の自由さであり、より端的にいうならば「勝手にしやがれ」のアナーキーな姿勢なのである。

二〇〇九年

『ソシアリスム』(二〇〇九)

『読売新聞』十一月三十日夕刊に発表された。このフィルムの主題はヨーロッパの二十世紀であるが、なぜか題名となっている社会主義への言及だけが忌避されている。わたしは『われらの音楽』と比べ、はるかにリラックスしてこの作品を観ることができた。

少女の受難と情熱

白髪で、長身で、いつももの静かで周囲に威厳を放ち、畏敬されている老人がいる。だが彼は同時に老獪であり、孤独であり、仕事先にわざわざ飼猫を二匹連れてきて、寝る前にはかならず猫と遊んでいる。そしてときに怒りを炸裂させたかと思うと、子供っぽく懇願し、内気にして感傷的である。自分の周囲に対しては帰依を要求する独裁者ではあるが、謎めいていてその人格の深さを見通すことが容易ではない。約《つづ》めていえば、旧約聖書の神様を人間に仕立てあげたような人物である。

父親の死後、希薄ではあるが恒常的な喪に耽っていた少女の前に、ある日突然、この老人が現われる。それも全世界の映画ファンに畏怖されている監督として。彼は彼女の声を聴きたいといい、ひとたび聴いてしまうと、この声といつもともにいたいという。こうして少女は、演技の経験もないズブの素人であるというのに、彼の新作に主役として抜擢されることとなる。だが真実はやがて表明する。素人だからこそ抜擢されたのだ。職業的な俳優のいかにも演技らしい演技こそ、この監督が憎んでやまないものであった。あらゆる意図も内面的感情も消し去って、無表情のうちに科白を棒読み同然に口にすることこそが、彼の求めるところだったのである。こうしてロベール・ブレッソン監督、アンヌ・ヴィアゼムスキー主演による『バルタザールどこへ行く』の撮影が、一九六六年に開始された。

やがて作家としての地位を確立したヴィアゼムスキーは、六十歳のときを待って、この当時の思い出を執筆する。だがその『少女』という書物は、厳密にいうならば回想でもなければ、映画史的記録でもない。ひとりの無垢な少女が映画とセックスという未知の世界へと参入してゆくことを描いた、通過儀礼の物語であり、過ぎ去った人生の時間のなかでもっとも幸福であった日々を若干の虚構を交えながら文学として残しておこうという意志の現われである。『バルタザールどこへ行く』というフィルムは、わたしにとって長い間特別の作品であった。ほとんど驢馬と少女しか登場しないフィルムをわたしは、高校生時代に喧騒の新宿で観て、ひどく強い印象を受けたのである。二〇〇〇年にロンドンの映画雑誌『サイト&サウンド』が世界の映画批評家百人にアンケートを出し、この百年のフィルムから十本を選んぶようにと書いてきたときにも、その一本として取り上げている。だから『少女』が刊行されたときには、ブレッソンの演出術や作品の舞台裏を覗くことができるかもしれないという期待があった。だが読み進めていくうちに、それが軽薄な期待であると判明した。これはそれをはるかに凌駕した小説であったためだ。端的にいってそれは、突然に襲いかかった偶然の受難を何とか運命の必然として受け入れ、読み替えようとする女性の魂の記録なのである。

ブレッソンの作品を何ひとつ観たことがなかった主人公は、クランクインの前日、監督本人に連れられて、パリのとある映画館に前作『ジャンヌ・ダルク裁判』を観に行く。スクリーンのなかではジャンヌに扮したフロランス・ドゥレが必死に苦悶を訴え、泣きじゃくっている。「私、死んでもいいわ。でも焼かれるのはいいや。私の体はけがれてなんていない。この体を消滅させたくないの。灰にしてはだめよ」。ちなみにフロランスはヴィアゼムスキーをブレッソンに引き合わせた張本人である。この映画鑑賞の場面が告げているのはジャンヌの受難だけではない。それは明日から開始される主人公の受難の予徴でもある。フランス語で受難が情熱と同じpassionという単語であることは、あえていうまでもないだろう。

アンヌ・ヴィアゼムスキーとは一度会って、いろいろと訊ねておきたいことがあった。ゴダールのもっとも過激な時代を共にした証人であり、わたしが長らくその詩の翻訳に携わっていたパゾリーニの作品に二本、出演している女優だからである。このたびの来日で、日仏学院の場を借りそれが叶ったことは存外の悦びであった。彼女が思慮深く、誠実で、しかもノスタルジアの甘美さを物語にできる才能をもった人物であることは、話していてただちに判った。ブレッソンの映画で主演した女性たちは、その後も小さく親密な共同体を築きあげ、彼が物故した際にも葬礼に参加したという。四十歳を過ぎたころから、父方の祖国であったロシアのことが大きな意味をもつようになったともいった。いいことを聞いたと、わたしは思った。『少女』という小説が、ブレッソン的な深さにおいて読まれることを、わたしは期待したく思う。

二〇一一年

「少女の受難と情熱」

『ふらんす』一月号に発表したエッセイ。

アンヌ・ヴィアゼムスキーが自作の小説『少女』のパブリシティのため来日したとき、わたしは日仏学院で彼女と対談した。取材に現われる日本人たちが誰も彼女を、ゴンクール賞選考委員にまでなった小説家であると認めようとしなかった。彼らにとって彼女はゴダールの元妻でしかなかった。

わたしは以前から彼女の小説作品を読んでいたので、先手を打って、あなたのヴィアゼムスキーという姓はひょっとしてプーシュキンの親友であったプリンツ・ヴィアゼムスキーと関係がありますかと尋ねた。とたんに不機嫌だった彼女の表情が変わり、そんなことはパリにいても尋ねられたことがなかったのに、どうしてご存知なのでしょうと答え、それからロシア貴族としての自分の出自についていろいろと話し出した。

日仏学院での公式的対談のあと、わたしはアンヌ・ヴィアゼムスキーを、自分がかつて住んでいた月島の居酒屋へと連れて行った。彼女は「ウラガスミ」という日本語しか知らず、しきりとそのウラガスミを注文すると、スルスルと口に運んだ。

わたしは意図してゴダールについて尋ねることを控えていた。パゾリーニの評伝を執筆中で、彼女が『テオレマ』と『豚小屋』の二作で主演したときのことを詳しく聞いておきたかったからである。そのうち（ウラガスミのせいだろうか）何かの拍子にゴダールの話になった。「あの人は結局、culture のない人だったわね」とアンヌ・ヴィアゼムスキーがふと漏らしたことが、いつまでも印象に残っている。「教養のない人」と訳せばいいのだろうか。フランソワ・モーリアックの孫としてのプライドが口に出させた言葉だったのかもしれないが、何年にもわたって夫婦生活を続けた末に到達した本音だったのだろう。怖ろしい言葉を聞いた気がした。

『中国女』の詩と真実

何だよ、マダム・ヴィアゼムスキー、話が違うじゃないか。六年前に会ったときには、ジャン＝リュックのことは一生、書くことはできないわ。だって彼は天才だし、あのころは映画と現実、プライヴァシーとピュブリックがごちゃごちゃになっていて、何もかもがあっという間に過ぎてしまったからなんて話してたのに。でも二年後になんと、こんな本を書いちゃったんだ。『彼女のひたむきな12ヵ月』。

フランス語の原題は *Une Année Studieuse.* つまり「勉強ばっかりの一年間」。これ、わかるなあ。だってゴダールって監督は映画のなかでも、現実の人生でも、いつだって先生として振る舞おうとする人だから。とりわけ、マダム・ヴィアゼムスキー、あなたが十九歳のとき、彼は三十六歳。十七歳も年が違っていて、すでに世界的に有名な映画監督が、大学入試に落ちちゃった「夢見るブルジョア娘」（ドリュ・ラ・ロシエル）に会ってたちまち求婚し、一年後には名作『中国女』で主演女優に仕立てあげてしまうのだから、きっと何が何だかわからないまま、緊張と恍惚のうちに過ぎてしまった一年だったんだろう。今から半世紀前、一九六八年の「五月」の直前の物語である。

実は最初に予想していたのは、クッツェーの自伝的小説『サマータイム』のような内容ではないかなということだった。ノーベル文学賞を受けて世界的な作家となるはるか以前の作者を、無名時代の女友だちがインタヴューに応えて、ボロクソに話すという物語である。でもあなたの本は違った。そんな下品な書き方は、モーリアックの孫のすることではない。男性と映画という、二つの未知の世界を覗きこむ若い女性の、真摯にしてプライド高き冒険が、ここでは謙虚に綴られている。

初めて耳にした話もいっぱいあった。『中国女』が最初はモノクロで企画されていたこと。ゴダールが新進作家ソレルスと仲がよく、彼を出演させるつもりが、結局流れてしまい、その代わりに哲学者フランシス・ジャンソンが列車のなかであなたと対話するという名場面が撮影されたこと。あなたが共演者であるジュリエット・ベルトの美しさと演技のすばらしさに圧倒されていたとき、肝腎のジュリエットはゴダールに毎日、ラヴレターを書いていて、あなたが彼のカノジョだと知って、強いショックを受けたこと。すごく面白い。早く続編も翻訳が出ないかなあ。

二〇一六年

「『中国女』の詩と真実」

アンヌ・ヴィアゼムスキーの『少女』が好評だったのだろう。彼女がゴダールとの出逢いと結婚について書いた『勉強ばっかりの一年間』という回想小説が、『彼女のひたむきな12か月』という邦題で、DU BOOKSから刊行された。そこで『ふらんす』九月号に寄稿したのがこのエッセイである。

『さらば、言葉よ』

ＪＬＧはのっけから冗談を決める。『さらば、言葉よ』(*Adieu ou Langage*, 邦題は意味不明だが、『さらば、愛の言葉よ』）の冒頭に、有名なフローベールの長編『感情教育』の最後の科白を、エピグラムとして引いてみせるのだ。

C'est là ce que nous avons eu de meilleur, dit Deslauriers.

「あの頃が一番よかったなあと、デロ－リエはいった」。

この冗談の意味は何なのか。これから語られるのが人妻と青年の不毛な愛の物語であることへの、伏線なのだろうか。トリュフォーのような「イヤな奴」と組んで有名だったころへの、監督本人のノスタルジアなのか。スイスに隠遁してから思い出す、パリの愉しげな記憶なのか。だがこのノスタルジアの感情は、「さらば、言葉よ」という作品の題名を考え合わせてみるならば、より深い、形而上学的な意味をもっているようにも思われる。言葉というものを取得し、言語に支配されるまでの思考とは、いかに甘美な無定形を湛えていたことかという感慨が、ここで予告されている。

Adieu au Langage という原題を読み解いてみると、文法的な意味での「韻」を踏んでいることがわかる。A Dieu/au langage、つまり「神様に、言語に」である。Adieu というのは現在の標準フランス語では単に訣別の意味だが、中世では「こんにちは」でも「おかげさま」でもあり、要するに広義でいう挨拶言葉であった。だから「さらば、言語」と「こんにちは、言語」という二重の意味を、原題に読み取らなければならない。ちょうど３Ｄ画面が左

右二つの、わずかにズレた映像から構成されているように。

前作『ソシアリスム』という題名は、どうしてそう名付けられたのだっけ？　あの作品には社会主義への言及と映像は、まったく登場しない。作品の主題は、地中海に発したヨーロッパとは何かということだった。「社会主義」という言葉は、映画なるものの隠喩として用いられている。その心は、どちらも時代遅れで滅亡しかかっており、それでもまだかろうじて理念として世界のどこかに残存しているということ。なんと悪戯心《いたずらごころ》に満ちた命名だろう。

「さらば、言葉よ」という今回の題名は、それ自体がすでに範列的だ。神と言語が対比させられている。両者が矛盾なく並置させられている。だから作品のなかでも、相反する者同士がけっして対立を露わにすることなく、形而上学的に並置されている。形而上学と書いたのは、マルクスが得意とした弁証法が、この作品には決定的に欠落しているからだ。

映像が次々と並べられ、延々と続いていく。しかしいっこうにモンタージュ的に統合される契機を見せない。だって映像それ自体には否定形というものがありえないのだから、そこにどうして弁証法を適用することが可能なのか。JLGであるならばそう答えるだろう。男と女、都会と自然、人間と動物、湖と森……選択すべきものは山ほどあるというのに、JLGは二者選択にまったく無関心だ。それはただ眼前に、森のなかの落葉のように散らばっている。カメラを手にした者は、ただ落葉を踏んで気ままに歩いている犬のように、思いつくままに視線を世界に向けているだけでいいのだ。取りまとめようとすることも、全体として統合的な物語を築き上げることも、もはやどうでもよくなってしまった。ここでナツメロを一節。「ベラスケスは老いるに従って、明確に描かなくなった……」（『気狂いピエロ』）。

「言語よ、さようなら」と「言語よ、こんにちは」。

一方では、言語という原罪を逃れている動物、つまり犬の気ままな生態が描かれる。言語という認識格子に閉じ込められた人間たちの不幸を描いている。「否《ノン》」という言葉だけを口にするためにそこにいる女。男女の諍《いさか》い。言語の内側に生きることは、物語＝歴史の不幸を生きることだ。だからそれに訣別を宣言できればどれほど幸福なことか、というメッセージ。
だがもう一方の極で、ＪＬＧはいつもながらに他人の言葉という言葉を蒐集し、正体も定かでない登場人物たちに口にさせている。ブランショ、デュラス、レヴィナス……。ようするに、ついしばらく前までパリで流行だった言葉のすべてが、枯葉のように掻き集められている。何という矛盾。いや、世界に矛盾などないのだよと、ＪＬＧはいう。ただ異なったベクトルの認識が並置されているばかりなのだ。そうすれば事態を立体的に、つまり３Ｄとして眺めることができると思ってね。３Ｄとは、いつも新しもの好きのＪＬＧが手を出した、最新の方法などではない。３Ｄであることがこの作品の意味なのだ。

映画は考案されて以来、二次元の平面であることを宿命としてきた。溝口とウェルズは天才的な撮影監督の力を得て、なんとかその画面に深さを導入しようとしたが、それは個人による超絶技巧的な試みではあっても、映画そのものの定義を転覆させることではなかった。３Ｄ映画はそのシステムに対し、遠近法を差し出してみせる。いうまでもないが、それは人間の自然の知覚力を超えた、不自然で人為的な遠近法である。ＪＬＧはこの「新奇さ」そのものを映画の方法としてではなく、その主題として取り上げる。そしてその返す刀で、映画の始源にむかって遡行を試みる。映画がまだ言語を、つまり説話行為によるテクストの統合を所有していなかった発生の瞬間への回帰を提案する。人間たちの不幸な対話から離れ、犬の自由にして気ままな散策の映像へ。そして究極的には映像すら消滅してしまう。この作品は、黒画面のなかで赤ん坊が産み落とされるときの泣き声で幕を閉じる。言葉でも、映像でもなく、ただ叫び、声。

「盲目なのは動物ではなく、人間の方だ。人間は意識（良心）によって盲目にされ、世界を見つめることがかなわない。世界とは外側ということだと、リルケは書いた。『それがわかるのは動物の眼差しを通してである』」。
『さらば、言葉よ』の中ごろで登場人物が口にするこの科白は、私見によると、『ドゥイノの悲歌』第八の歌のパラフレーズである。

あらゆる眼で生きものは見ている
開かれた世界を。ただ　私たちの眼だけが
まるで逆《さか》さまのようだ　そしてまったく生きもののまわりに
彼等の自由な外出を囲んで　罠として置かれている
外にあるものを　私たちはただ動物の顔から
知るだけだ
（富士川英郎訳）

ＪＬＧは犬の視点になり代わってカメラのファインダーを覗いているわけではない。彼は犬を見つめ、犬の一挙一動を映像として捉えることを通して、映像がいまだ言語活動によって分節化されていなかった始源状態への回帰を試みている。いうまでもないことであるが、その始源は虚構である。だが犬の彷徨とともに喚起されるのは、われわれを圧倒せんばかりに美しく感覚的な外部世界であり、犬はその外部をみずから体現している。それは周辺もなければ、深奥も根底もない、つまり言語によるいっさいの（二重）分節を体験していない、無垢にして無償の空間を生きている。

ＪＬＧはこの外界を捉えようとして、さまざまな手法に訴える。『ソシアリスム』以来のカメラマンであるファブリス・アラーニョと組んで幾種類ものデジカメを準備し、水中写真機を購入し、ＤＶＣＡＭのテープデッキと録音再生機を用いて、ヴィデオ編集を行う（アラーニョのインタヴューを読んで驚き、かつ納得もしたのは、ＪＬＧがいっさいコンピュータを使用しないと知ったことだった）。その結果、外界の風景も室内の光景も、ショットごとにまったく異なった色調と地肌のもとに現れることになる。あるショットでは滲んだ原色がひどく目立ち、画面全体がケバケバしい、チープな絵葉書写真のように見える。別のショットでは油彩に似た重厚さが強調され、さらに別のショットでは色彩という色彩が抑えられ、全体がかぎりなくモノクロに近づくことになる。ＪＬＧはいささかも枯淡の境地を生きない。彼はカメラを通して得られる外界の近くが、瞬間おきに刻々と変化してやまないという事態を前に、子供のように無邪気に振る舞っている。

ゴダールはすでに一九九〇年の時点で次のように発言していた（『アクチュエル』一三六号、一九九〇年十月号、Ⅲ、三七一頁）。

「ぼくはゴダールであるといったことは哲学に属することだ。ぼくの今のキャッチフレーズは、《私は一匹の犬だ。そしてこの犬はゴダールを追いかけている》というものだ」。

犬の幸福なる無邪気さ、自在さに対し、四人の男女を捉えた場面は不幸にして不充足な印象に満ちている。最初に判明するのは、もはやＪＬＧが女優の顔にいかなる関心も抱かなくなっているという事実だ。エローズ・ゴデの顔も、ゾエ・ブリュノーの顔も、これまでわれわれが半世紀の間つきあってきた〈ゴダール顔〉（ジーン・セバーグ、アンナ・カリーナからミリアム・ルーセルにいたる彼の嗜好《しこう》の系列）とは似ても似つかない、いうなればどうでもいい顔なのだ。印象的なクロースアップもなければ、決め科白もない。顔は平然とそのあたりに転がされていて、ぶっきら棒に分断されたりする。

『さらば、言葉よ』に登場する人間関係はわかりにくく、断片的で、行き当たりばったりであり、要するにメロドラマを構成していない。それは不均衡であり、非統合であり、それゆえに歴史の不幸の隠喩たりえている。ＪＬＧは宣言する。思考はこの次元にあるかぎり、不毛な停滞から抜け出ることができない。重要なのは男と女が作りあげる対の関係、すなわち〈２〉を越えた視線、第三者、つまり〈３〉を体現している者の眼差しだ。この眼差しを発見すること。というわけで〈３〉が導入される。それが犬の意味である。まず犬が３Ｄで撮影されなければならないわけは、彼がすぐれて〈３〉を体現しているからに他ならない。

それでは〈２〉を原理とする人間関係の不均衡と断片化、非統合性に代わって、何がＪＬＧの視覚的好奇心を喚起させることになるのか。『新ドイツ零年』のあたりから少しずつ目立ち始めたことだが、それは屋外の風景への観想である。『さらば、言葉よ』ではスイス山中と湖畔の美しき四季と、都会へ向かう車窓から窺われる雨の夜の道路のショットが、繰り返し登場し、作品の主調音を構成している。外界の光景に句読点を与えているのが一匹の犬であることは、いうまでもない。もし3Dの採用による認識論的探求という側面をわきに置いて考えるとすれば、この作品は犬と外界という主題からも、説話行為の統辞的秩序の解体という点からも、ちょうど半世紀前に撮られたスタン・ブラッケージの『犬・星・人』にきわめて近い印象を与えることだろう。

ＪＬＧが風景の多様性へとしだいに視覚的関心を移行させていく歩みは、わたしに、『ドゥイノの悲歌』をもう一度連想させる。リルケは先に引いた箇所のすぐ後で、次のように書いていた。

なぜなら死に近いとき　ひとはもはや死をば見ず
じっと外を見つめるからだ　おそらくは大きな動物の瞳《め》で。

３Ｄがこの「大きな動物の瞳《め》」であるのか、それとも新しがり屋の監督の新意匠であるかを、現在のわたしは判断することができない。ともあれ半世紀以上にわたって、ＪＬＧは観客をこうした不安と未決定のなかに置いてきた。つねに映画史の最初の監督として立ち現れてしまうこの監督を前に、われわれはそれ以上のことを口にすることができるだろうか。

二〇一四年
『さらば、言葉よ』（二〇一四）
ゴダールが３Ｄの映画を撮ったというので、『ユリイカ』（二〇一五年一月号）がそれだけで特集した。多くの論者はテクノロジーの問題としてこの新作を論じていたが、わたしにはそんなことは眼中になかった。わたしの主たる関心は彼が自分の飼い犬を撮ったことと、もはや女性の顔に何も関心を抱かなくなっていることにあった。

ゴダールと書物の引用

ＪＬＧにとって書物は、まず色彩と質量をもった物理的な存在として現れている。それは読み思い出してもみようではないか。『中国女』で白い壁の前に氾濫している毛沢東語録の赤い書物。それは読みうるうるテクストというより、むしろ土嚢のように堆《うずたか》く積みあげられることで、個性のないアパルトマンの空間に流血の戦場のような雰囲気を与えていた。書物はここでは弾丸であり、遮断壁であり、登場人物のシャツや窓枠の赤とたやすく共鳴関係を結んでしまう色彩の集合体である。それは何十冊となく無造作に本棚に並べられ、手に掲げられ、朗誦され、そして最後に跡形も残さないまでに消え去っていく。観客は眼前を通り過ぎてゆく過剰な赤の色彩に圧倒され、その内容が何であったかも充分に理解できないままに、フィルムの終点に到達してしまう。『中国女』とは、書物という形態をとった赤という色彩が、恐るべき速度で画面を横切っていくことの劇《ドラマ》にほかならない。

だがＪＬＧにあって物質性の猛威を奮う書物は、同時に声という非物質の極の起源でもある。書物はそれが手に取られ、その内容が気ままに引用されることによって、ゴダール映画をゴダール映画たらしめている大きな装置として機能している。自作のなかで、彼は科白の半分は自分が作ったものではないよと平然と嘯《うそぶ》いて動じないからだ。残り半分の科白の大半は、他者の執筆した書物からの引用から構成されているのだ。思いつくままに例をあげてみよう。

『勝手にしやがれ』のジーン・セバーグはジャン＝ポール・ベルモンドにむかって、唐突にウィリアム・フォークナーの名前を口にする。「なんだよ、そいつ。お前が寝た男かよ」とベルモンドは素っ気なく応えるのだが、長編第一作においてすでにこうしたブッキッシュなヒロインを描いていた監督は、それ以後、登場人物たちを次々と読書家に仕立て上げ、彼らに書物からの引用を命じさせてやまない。『小さな兵隊』ではジャン・コクトーの『山師トマ』が、『女と男のいる舗道』ではエドガー・ポーの『楕円形の肖像』が言及される。『アルファヴィル』ではエリュアールの詩が、『男性・女性』ではモリエールの『人間嫌い』が、そして『軽蔑』では信じられないことに、ダンテとヘルダーリンとブレヒトが、生臭い映画製作の現場に立ち会う男女の対話のなかにポンポンと口をついて出て来るのだ。『立派な詐欺師』ではメルヴィルの『信用詐欺師』が、そしてかの有名な『気狂いピエロ』では冒頭に、エリー・フォールの『世界絵画史』のベラスケス論の朗読がなされている。ああ、際限がない！

あるとき思い立って、わたしは『ソシアリスム』に登場する書物の作者たちの名前を書き出したことがあった。ベンヤミン。デリダ。アーレント。サルトル。ブランシュヴィック。ジロドゥ。タルデュー。ペギー。アラゴン。ベルクソン。ベルナノス。ド・ルージュモン。ヴォルフ。ブローデル。シモン。ピランデルロ。リクール。ベケット。マルロー。レヴィ＝ストロース。コンラッド。シェイクスピア。ハイデガー。ラ・ロシュフーコー。ゲーテ。マラパルテ。ジュネ。キュルニエ。オルデンベルク……。

まさに世界文学と現代思想のオンパレードだ。いったいこの固有名詞の羅列に何か体系的な法則があるのだろうか。実は何もない。このリストから判明するのは、ＪＬＧがけっして一元的な哲学や美学を頑《かたく》なに信奉している芸術家ではないという事実でしかない。これはどこまでも推測であるが、彼はけっして書物を最初から終わりまで律儀に頁《ページ》を捲《めく》って読み、その作者の世界観や美学を体系的に理解しようなどと考えたことはないのだろう。思いつきで好きな頁を開き、自分に霊感を与えてくれる語句なり警句が発見できればよし。ただちに演出ノートに書き込んで、これという時に使ってみる。おそらくＪＬＧの書物の読み方は、このようなものではないか。

ここでかつてヌーヴェル・ヴァーグの盟友であったフランソワ・トリュフォーの書物への接し方を思い出してみると、ＪＬＧの読書法の独自さがいっそう明確に理解できる。トリュフォーはつねに書物と作家に対し、敬意を忘れなかった。『大人は判ってくれない』の少年はバルザックの肖像に灯明を捧げ、『華氏４５１度』の登場人物たちは、書物が次々と焼却され禁止される未来社会にあって、みずからが一人一冊の書物に成り代わり、その全体を丸ごと記憶するという作業に身を捧げたのだった。書物に淫するという点で、トリュフォーはＪＬＧの敵ではない。アンリ＝ピエール・ロシェという、どちらかといえば二流の回想録小説家に入れあげてしまうと、その作品を原作として、『突然炎のごとく』と『恋のエチュード』という二本のフィルムを撮りあげてしまう。トリュフォーがいかにロシエの小説を気に入っていたかは、『恋のエチュード』の冒頭、タイトルバックにこの書物の表紙が一冊、二冊、四冊と、次々と数を増やして現れ、ついに画面いっぱい占拠してしまうことからも明らかである。

ＪＬＧにはこうした、著者と書物をめぐるフェティシズムはない。彼はいかにもぶっきら棒に、次から次へと書物を引用していく。トリュフォーのように書物の全体を対象とすることはなく、引用されるのはつねに断片に留まっている。ＪＬＧは一冊の書物を読み通すということに、まったく関心がないのだ。若き日に映画館から映画館へとハシゴをし、何本ものフィルムを断片の連続としてしか観ようとしなかったように、書物においても気ままにひょいと取り上げ、飽きたらただちに次の書物に移るという読み方をしているはずである。少なくとも彼のフィルムを観るかぎり、そう思わざるをえない。

だが、われわれはここで興味深い事実に突き当たってしまう。多くの場合において、ＪＬＧによる書物の引用は不正確なのだ。原文をつとにパラフレーズしていたり、簡略化している場合がままあるといったレヴェルではない。極端な場合には、書物の題名と言及される引用の出典が平然と異なっていたり、その原著者名への言及が間違っていることさえあるのだ。わかりやすい例を挙げるならば、『アルファヴィル』でアンナ・カリーナはエリュアールの『苦悶の首都』という詩集を手に取り、堂々と朗読を始めるのだが、実際に引用されているのはまったく別の詩である。『気狂いピエロ』でベルモンドが引用するセリーヌの『ギニョルズ・バンド』は、原文とは恐ろしく異なっている。『ＪＬＧ／自画像』でなされるサルトルの『言葉』の引用もしかり。これはいったいどういうことなのか。わたしのこうした疑問にあたかも答えるかのように、ＪＬＧは『映画史』なる著作のなかでこう宣言している。「すべてを変えるためには、何も変わってはならない」。もっともこれもまたランペドゥーサの『山猫』にある、「何も変えないためにはすべてを変えなければならない」という言葉を、まったく誤って引用した結果なのだが……。

ゴダール的な書物のつきあい方を概観してきて判明するのは、彼にとって他者の言葉を招喚し、自分のテクストの内側に組み込むという行為は、つねに非連続的な異化効果の観念に基づいているということである。思いもよらなかった文脈のなかに思いもよらなかった引用が突然なされることによって、映画の地肌に波風が立ち、テクストが一瞬ではあるが混乱を来すことを、彼は意図しているのだ。

もうひとつ、JLGは自分より年少者の書いたテクストから引用をすることがめったにない。言及される書物は半分が古典であり、半分が二十世紀の偉大な哲学者や思想家、文学者である。JLGは同時代の映画の存在には（ときにヒステリックなまでに）充分意識的ではあるが、同時代の、より新しい世代の文学にはほとんど冷淡なまでの無関心を示してきた。

わたしにとってラマルシュ＝ヴァデルという文学者が興味深く思われるのは、もっぱらこの点にかかっている。JLGは大作『映画史』の完結部、具体的には4‐Bの部分において、このパリの年少の作家の言葉をとりあげ、それに自分が構想している映画の終末論的期待を担わせている。というより、むしろラマルシュ＝ヴァデルの言葉に沿うかのようにして映像を組み立て、『映画史』をフィナーレへと運んでいく。こうした引用のあり方はJLGにとってきわめて例外的なものであるので、もう少し丁寧に書いておくことにしよう。

ベルナール・ラマルシュ＝ヴァデル（一九四九—二〇〇〇）は、近年になってようやく邦訳が現れたせいもあって、まだ日本ではポピュラーとはいえない現代作家である。知っているのはよほどの文学通の人ではないだろうか。若いころにはブレッソンの『ラルジャン』に出演しているから、ひょっとしてそれで記憶をしている人もいるかもしれない。もっぱら美術・写真批評家として長く活躍をし、フランスにヨーゼフ・ヴォイスを初めて紹介した人物である。

小説を書きだしたのは遅かったが、ソレルスの推薦を受けて『獣医』でデビュー。わたしが読むことのできた二作目の『すべては壊れる』（鈴木創士・松本潤一郎訳、現代思潮新社、二〇一五）は、グロテスクと死臭に満ち、世界終末の予感に彩られた異常な小説であった。彼はフランス語とフランス人を憎み、ドイツと日本に強い憧れを抱いていた。ダイアナ妃と三島由紀夫の死について美しいエッセイを残した。JLGはこの呪われた運命の作家が遺したイザベル・ラビノーとの対談集のなかから、以下の言葉を引用している。

「そう、私はわれわれの時代から逃げる敵だ。そう、日々ますます息苦しく、地球規模で、機械的に押しつけられているような現在の全体主義、この顔なき圧政は、瞬間を時代に統合する体系的組織の排他的利益のためなら、すべてを消し去ってしまう。逃げ去る私の見地からすれば、世界規模にして、抽象的なこの圧政、私はそれに逆らおうとしているのだ。なぜなら私は自分の作品で、時代を聴き取る耳をひとつ示してみたいからだ、そして耳に時代を聞かせて、未来に姿を現してみたいからだ。死はすでに私の時代のなかに含まれているのだから、私はたしかにわれわれの時代の敵となることしかできない。その仕事とはまさに時代の廃棄を目指すことであり、時代がそんな状態にあるうちは、人生が生きるに値するなどとは思えないからだ」。

この引用が登場するのは『映画史』の4B、「徴《しるし》はいたるところに」と題された章の最終部分においてである。そこでは「物語を語るのが得意な行商人が、世界の終焉を誤って告げたために追放される」という、スイスの小説家ラミュの言葉がまず掲げられ、世界がまさに終わろうとしているときになされるべき想起と忘却について、さまざまな言説が引用されている。ブロイ、フーコー、ラフォルグ、アラゴンの言葉が現れては消えてゆく。「けっして近づけられたことのない事物を結びつける」という字幕のもとに、かつての自作『ことよそ』と、アウシュヴィッツ強制収容所におけるドイツ人、ユダヤ人、「ムスリム」の錯綜した人間関係が論議の対象とされる。ラマルシュ＝ヴァデルからの引用がなされるのは、まさにその直後だ。それはランボー、バタイユ、ブランショ、ボルヘスといった、いうなればJLGのお気に入りの著者の言葉に混じり、強い切迫感を醸し出している。『映画史』はその後、JLG本人の顔と後ろ姿のアップとなり、最終的にこの奇怪な大作の〈作者〉に収斂して終わりを告げる。

ラマルシュ＝ヴァデルは『映画史』が完成した直後、二〇〇〇年に自殺してしまった。彼がはたしてこの作品を観ていたかどうかはわからない。だがその結末部に突然に現れ、息せききった調子で死と消滅を暗示し、不吉な言葉を語るこの作家の存在は、『映画史』を観る者に強い印象を与えている。ここにはJLGがこれまで採用してこなかった引用のスタイルが存在している。

ＪＬＧは世界の終末に重ね合わせるようにして、『映画史』というテクストの終わりを編集した。そのときみずからの言葉と他者の言葉がどのように重なり合い、競合しあうか。ラマルシュ＝ヴァデルの引用が告げているのは、高齢にもかかわらず、ＪＬＧがいまだに未知の領域に足を踏み入れようとしているという事実であり、わたしにはそれは畏怖すべきもののように思われる。

二〇一六年

「ゴダールと書物の引用」

『Kotoba』（春季号、二〇一六、集英社）に発表された。わたしにとってはいくたびも論じてきたテーマであり、手元に何の資料も置かずにスイスイと書いていった。ポール・マッカートニーがステージの終わりに「イエスタデイ」をギターで弾き語りするようなものだ。

けれどもただそれだけでは申し訳ないと思い、その時夢中になって読んでいたベルナール・ラマルシュ＝ヴァデルのことに言及した。『映画史』が完成したころピストル自殺をしたこの特異な小説家・美術研究家は、もう少し日本でも知られてもいいと思う。

追悼　アンヌ・ヴィアゼムスキー

アンヌ・ヴィアゼムスキーは二〇一七年十月五日、パリの病院で七十歳の生涯を閉じた。『中国女』の撮影から、ちょうど半世紀後のことだった。

死の直前に彼女は、自分の二冊の回想記が、とうとう映画化されたと知った。かつて大学生だった自分がゴダールから求婚され、五月革命の興奮冷めやらぬパリ、映画女優として波乱万丈に生きたという実録物語である。すでに身は癌に蝕まれていたが、彼女は満身の力を振り絞って試写会室に向かった。若き日のゴダールを演じている男優には、見覚えがあった。ゴダールと別れた後、どこにも行き場のなくなった自分を救い上げ、『秘密の子供』で主演させてくれたフィリップ・ガレルの息子だった。

わたしは今、晩秋の夜ごとに雨の降るパリにいて、問題のフィルムを見てきたばかりだ。困ったなあ、これ、ちょっと違うんじゃない……というのが、わたしの感想である。主演の若い女優が痩せた軀を見せて、ゴロゴロと転がっているだけ。恋物語はいいが、背景の政治文化闘争が煤《くす》んで見える。ヴィアゼムスキー本人はどう思ったのだろう。自分が映画革命の偶像《イコン》として君臨した数年間が、神話として後世に記憶されることに、誇りを感じていたはずである。

アンヌ・ヴィアゼムスキーは十七歳のときブレッソンに発見され、その後、ゴダール、パゾリーニ、フェレーリ、ガレルの作品に出演した。毛沢東主義の女子大生から、夢見るブルジョア娘、七〇年代でもっとも貧しく悲惨な恋人までを演じた。これほど監督に恵まれた女優というのも、映画史では珍しい。だが齢四十になったとき、彼女は映画女優である自分にすっかり興味を失ってしまった。代わりに台頭してきたのが、幼少時からの情熱であった文学である。何を隠そう、彼女はフランスを代表するカトリック作家フランソワ・モーリアックの、直系の孫娘であった。『ひとにぎりの人々』や『ベルリンの子供たち』といった、彼女の遠い出自であるロシア、生地であるベルリンに材を得た小説が、日本でも翻訳されるといいと思う。

アンヌ・ヴィアゼムスキーとは、七年前に来日したとき、対談したことがあった。その後、「ウラガスミ」が呑みたいというので、白水社の鈴木美登里さんと三人で、月島の居酒屋へと繰り出した。彼女は上機嫌で、店主にむかって「ウラガスミ」を連発した。どうやら日本酒一般をそう呼ぶものだと、思い込んでいたようだ。愉しい夜だった。ただひとつ、気になることをいった。ゴダールをいまはどう思うと訊ねたら、ジャン＝リュックは天才だけど、結局はculture（文化、教養）のない人だったわねえと答えたのだ。モーリアックの孫にしていいえた言葉ということなのか。ともあれ、あんな愉しい夜がもう二度とないかと思うと、彼女の冥福を祈りたくなる。

二〇一七年

「追悼　アンヌ・ヴィアゼムスキー」

「パリに着いたら遊びに来なさいよ、うちはロダン美術館の前だからすぐにわかるわよ」。そういわれてパリに行って、そのうちに遊びに行かなくちゃと思っているうちに、アンヌ・ヴィアゼムスキーは亡くなっていた。日本では彼女はゴダールの二人目の妻、つまり人生パート1しか知られていないが、その後彼女は小説家として人生パート2をみごとに生きた。ゴダールもまた新しいパートナーを得て、パート2を長く生きた。キアロスタミのフィルムの題名ではないが、「そして人生は続く」なのだ。これは『ふらんす』（十二月号）に発表された追悼文である。

強制収容所と映像　ゴダール、ランズマン、ネメシュ

1

全世界の映画はゴダール以前とゴダール以後に分かれる。

いささか大胆すぎる表現かもしれないが、この言葉は少なくとも映画史の立場に立つならば、きわめて強い説得力を持っている。ゴダールは哲学におけるニーチェ、絵画におけるデュシャンに似て、ひとつのジャンルにおける認識の布置を不可逆的なまでに変えてしまった存在だからだ。

シネマトグラフが考案されて半世紀のすぐ後に発表された『勝手にしやがれ』は、従来のスタジオ内での撮影を否定し、カメラを陽光眩しき屋外で連れ出し、自由奔放な演出に終始した。なるほどショットの繫ぎ間違いはあった。ハリウッドの大手映画会社なら絶対に許されない即興演出もあった。だが映画全体に漲る生気と着想の新鮮さは、ただちに全世界の知るところとなった。ゴダールは映画のなかに他人の書物やフィルムからの引用を散りばめ、劇映画であるにもかかわらず、あたかもエッセイを執筆するかのように処女長編を完成させたのである。

その後、半世紀以上にわたってゴダールは世界の映画の最前線を走ってきた。ヌーヴェル・ヴァーグの旗手としてミュージカルからアクション映画まで、さまざまな映画ジャンルを横断したかと思うと、五月革命の直後にはあっさりと自分の名前を捨て、アジビラ既存の映画制作・配給・上映体制を否定したりもした。政治を描く映画ではなく、映画の内側にある政治を明るみに出す映画こそ撮られるべきだと主張し、プラハへ、パレスチナへと足を向けた。一

九七〇年代に入り政治的高揚の季節が過ぎると映画からヴィデオに移り、家族と子供を主題とした、フェミニスティックな方向へ向かった。その後、映画に復帰すると、以前に増して活発な活動を続け、現在に到っている。とりわけ一九九七年には、これまでの映画的思索を集大成した『映画史』を完成させた。これは四時間半にわたる大作であるが、その後も次々と問題作を世に問うている。かつてのヌーヴェル・ヴァーグの盟友たちはあらかた逝去してしまったが、ただ一人ゴダールだけは、八十六歳という高齢であるというのに現役で、探究の姿勢を崩していない。今年のカンヌ国際映画祭でも新作『イメージの本』を発表し、スマホを通して記者会見を開催。新作の主題のひとつであるパレスチナ闘争について、エドワード・サイードを読めと檄を飛ばした。

わたしはこの四十年にわたって、ゴダールが新作を発表するたびにレヴューを執筆してきた。だが本稿ではそうした紹介的論考ではなく、彼があるひとつの主題をいかに映画的に発展させてきたかに問題を絞って論じておきたいと思う。それはユダヤ人と強制収容所に関するものである。

ジャン＝リュック・ゴダールは祖父にパリ銀行の設立者、父に医者をもち、パリの富裕な家庭に生を享けた。戦時中はスイスに避難し、自伝的回想によれば、ドイツ軍のヨーロッパ各地への侵攻を、あたかもゲームのように眺めていた小学生であったようである。だがこの少年は映画に魂を奪われるようになったある時期から、ユダヤ人の問題に深く囚われるようになる。ユダヤ人の血など一滴も流れていないにもかかわらず、アウシュヴィッツやブーヘンヴァルトの収容所の存在に拘泥するようになり、人類の歴史に残るこの厄難から目を逸らそうとする戦後社会に疑問を抱くようになる。プレミンジャーが『栄光への脱出』（一九六〇）を監督すると、いち早くその年のベストワンに推挙する。後にゴダールはユダヤ人をめぐるこうした自分の関心について、セルジュ・ダネーのインタヴュー（一九八八）に答え、「ぼくをこの方向の探究に向かわせたのは、映画作家としてのぼくの無意識だったはずだ」（Ⅲ、二四八頁）と語っている。

ゴダールが一九六〇年代に撮ったフィルムには、フランス社会に隠微な形で残存する反ユダヤ主義を批判する言葉が、随所に見受けられる。『彼女について私が知っている二、三の事柄』（一九六六）には、主人公のパートタイムの娼婦が若い男を誘って★ひとつのホテルに入るとき、男が「これはユダヤ人専門のホテルではないか」と軽口を叩く場面がある。ナチス占領下のフランスでは、あらゆるユダヤ人がダビデの星を象った記章を胸につけさせられていたことが、ここでは暗に示されている。それに対し、主人公は陰鬱な沈黙で応じる。また『メイド・イン・USA』（一九六六）では、アンナ・カリーナ演じる女性ジャーナリストが次のような挑発的言辞を口にする。「トレブリンカでもアウシュヴィッツでも、死んだ人は誰でも心臓発作ということになっていたわ」。

だがこうしてユダヤ人の歴史的受難を観客に喚起させる一方で、ゴダールはパレスチナ解放闘争の情熱的な支持者であり、一九七〇年にはPLOの招待を受けて、ドキュメンタリー映画『勝利まで』を撮りにヨルダンを中心とした難民キャンプを訪れている。フィルムは方法論的懐疑からひとたび未完成のまま放棄されたが、後にアンヌ＝マリ・ミエヴィルの協力を得て再編集され、『こことよそ』（一九七五）という作品に結実した。ゴダールは『われらの音楽』（二〇〇四）では、亡命パレスチナ詩人マフムード・ダルウィーシュに憎悪と暴力について語らせ、「一九四八年以来、イスラエル人は劇映画の主人公となったが、パレスチナ人はドキュメンタリーの主人公となった」という意味深長な警句を、みずから口にしている。『ソシアリスム』（二〇一〇）ではパレスチナのユネスコ代表であるエリ・サンバールを画面に登場させ、赤いアラビア文字（「パレスチナ」）と青いヘブライ文字（「イスラエル」）の重ね合わされた画像に続き、対立する二民族の男たちがいっしょにブランコに乗っているショットがそれに続いている。こうした言及は、この監督がシオニストによる国家イスラエルの建設を難じる一方で、強制収容所の存在を機会あらば忘却に付そうとするヨーロッパのブルジョア社会に対しても、その偽善を批判する側に立っていることを示している。

ここでゴダールのユダヤ人観を端的に示す文章として、彼が『カイエ・デュ・シネマ』三〇〇号記念のゴダール特集（一九七九年五月号）に寄稿した文章を抄出しておきたい。先に名を挙げた、サンバール宛ての書簡である。

「あるときドイツ人がかくも大量の死刑執行者となり、ユダヤ人がかくも大量の犠牲者となってしまったのは、いったい何が原因なのだろう。

ユダヤ民族は独自の民族だ。とても興味深い歴史をもっている。そのことをもう一度、語っておかなければいけない。

17

Il fallait donc pour les allemands non seulement les exterminer mais les rayer de la terre, et dans un grand spectacle en plus.

Et c'est ainsi que l'image originale du peuple juif a eu enfin droit de cité.

Mais Israël ne le dit jamais : ça : qu'il lui a fallu une deuxième et terrible image, celle de la folie allemande pour conquérir ce droit d'avoir une cité, d'être cité à part entière, et que c'est un lourd héritage.

Or ceci est visible dans n'importe quelle image des camps allemands, sauf là aussi si on regarde à la légère parce que c'est trop terrible à voir, trop terrible surtout d'exister uniquement à cause de la haine de l'autre.

Personne ne sait comment ça finira exactement au Moyen-Orient, mais on peut savoir un peu où et quand ça a vraiment commencé.

C'était ici, en Europe (c'est donc aussi notre guerre, et on ne comprendrait pas si cette guerre n'était pas à nous pourquoi les gens ici s'excitent tellement sur le Liban et pas l'Afrique du Sud ou le Cambodge).

En Europe et avec une de ces images, pas n'importe laquelle non plus, et avec sa vraie légende.

La guerre actuelle au Moyen-Orient est née dans un camp de concentration le jour où un grand clochard juif avant de mourir s'est en plus fait traiter de musulman par un quelconque SS.

umaine. le « Musulman » erre dans le camp, les yeux
ans les tas d'immondices à la recherche de nourriture

『カイエ・デュ・シネマ』1979年5月号　ゴダールのエリ・サンバール宛ての書簡に添えられた、絶滅収容所における＜ムスリム＞。

それはきみとわたしの歴史だ。自己と他者の歴史だといってもいい。二つの変化がある。まずきみはきみで、それから他者となる。いや、きみはまず他者で、それからきみになるのかな。

ドイツ人たちは、まさにそのとき、いや、とりわけ一人のドイツ人が、他の大勢のドイツ人を味方にして、自分を捨てようともしないまま他者になろうとした。つまり単純にいって、無限大にまで自分を巨大にし、増殖しようと望んだ。その後は死だ。癌に少し似ているかも。お仕置きをする人とか、織物を織る人に似てるかな。

真実を説こうと望みながらも挫折してきた人たち。一般的に似たようなことをしていた他の人たち（日本人は別のことだが、ともかく最初から自分が他者であることの責任を引き受け、類似ではなく差異から出発した人たち、自分のことをまさに違っているといった風に感じていた人たちがいた。まだ世界が明ける以前から。それがユダヤ人だ。ドイツ人には彼らを駆除するだけではない、地上から抹殺する必要があった、それも大仕掛けで。だからユダヤ民族の本来の夢は、市民権をもつことだった。

しかしイスラエルはそんな風には絶対いわない。同じ夢をひどい形で繰り返し、市民権を勝ち取るためにドイツの狂気をなさねばならぬとか、それは重すぎる遺産だなどとは、絶対にいわない。（……）

中東戦争での本当の戦争は、立派なユダヤ人が寄る辺なきまま、強制収容所のなかでSSの手でムスリムとして扱われたときに始まる」。

ちなみに「ムスリム」とは、疲弊の極に達し、もはや軀を動かすこともままならぬ状態に陥ったユダヤ人のことである。ゴダールのこの文章の傍には、痩せ細った「ムスリム」が塵埃のなかで食べ物を漁っている写真が添えられている。また次の頁には、イスラエル兵によって髪の毛を引っ張られている、西岸の女性の写真が掲げられている。

2

さて、ここで彼の畢生の大作『映画史』のなかに踏み込んでいきたいと思うのだが、その前に、問題文脈を整えるために触れておきたい二本のフィルムがある。いずれもがナチスの強制収容所をめぐるもので、一本はハリウッドのスピルバーグの『シンドラーのリスト』（一九九三）。もう一本はクロード・ランズマンの『ショア』（一九八五）である。いずれもがアウシュヴィッツを含む強制収容所をめぐるフィルムである。

『シンドラーのリスト』は、ドイツ人実業家のシンドラーが、アウシュヴィッツに送られた自社のユダヤ系社員を救出するためナチスの高官たちに掛け合い、買収の費用を惜しまずしてそれに成功するまでの物語である。いうまでもなく収容所の内側でのユダヤ人の生活が活写されている。粗末なシーツをウェディングドレスに見立てて行われる結婚式。高所から下方のユダヤ人たちに向かって、気の向くままに銃を乱射する収容所所長。最後に救出されたユダヤ人たちはイスラエルに渡り、にこやかな表情でエルサレムの丘に登る。ここで一九六〇年代にイスラエルで流行したポップス、「黄金のエルサレム」が背後に流れる。これは玉音放送を聴いた直後の日本人の映像に坂本九の「上を向いて歩こう」が被せられるといった次元の安易な演出であり、スピルバーグのクルーがいかに歴史的に無知であったかを証拠立てている。だがそうした細部の欠点は別にして、このユダヤ系ハリウッドの監督が結論として差し出したいのは、筆舌に尽くしがたい苦しみを受けた生残者も、みごとに建国なったイスラエルに移住することができて幸福であるというメッセージである。

『シンドラーのリスト』は世界的に大ヒットした。ドイツの観客は自分たちの罪障意識が軽減されたように感じ、ドイツ人以外の観客はハッピーエンドまで来て、あるいは歴史の悪夢が解消されたのではないかという幻想に囚われた。この奇跡のメロドラマは、それが実話に基づいていると強調されることで、心理的防御装置としての物語の権能を十二分に発揮したといえる。スピルバーグはこのフィルムで得た巨額の配収を、エルサレムにあるユダヤ人映画アーカイヴに全額寄贈し、この研究機関に自分の名を与えた（ちなみに筆者が二十世紀前半のシオニズムのプロパガンダ映画について論文を執筆できたのは、かつてテルアヴィヴ大学客員教授時代にこのアーカイヴに日参し、豊富な映像資料に接することができたためである）。

さてヒューマニズム溢れるメロドラマである『シンドラーのリスト』に対し、ランズマンの『ショア』は、観客を救いのないブラックホールへと突き落とすかのようなフィルムである。制作に十一年を要し、九時間半の長さをもつこのドキュメンタリーには、『シンドラーのリスト』に描かれたような、アウシュヴィッツの再現場面はひとつも存在していない。いや、それどころか、アラン・レネの『夜と霧』のようにニューズリールの引用もなければ、語り手による説明的な解説もない。映し出される風景はといえば、いかなる痕跡も遺さないまでに整地された元収容所の空間であり、カメラを前に長々と聴き取りにくい証言を続ける生残者や作業員、近隣に居住していたポーランド人たちの姿ばかりである。

最初の場面では、ヘウムノ収容所の四十万人のユダヤ人のうち、奇跡的に生き延びた二人のうちの一人が画面に現れて語る。今ではどこに収容所があったか、正確な場所がわからない。しかし、自分が今立っているこの場所に、たしかにあったような気がする。だが、あんなことがあったなんて、生き残った自分でさえ信じられないのだ。この人物は朦朧となった記憶を手繰り寄せるように、なんとか証言をしようと試みるのだが、なかなかうまくいかない。『ショア』でわれわれが最初に直面するのは、物語ることが不可避であるにもかかわらず、それが現実には不可能であるという二律背反である。これは『シンドラーのリスト』が物語ることの全能性に訴え、観客を心理的浄化へと導いていくのと対照的である。

では、最後の場面はどうだろうか。そこではワルシャワ・ゲットーの蜂起で、これもまた奇跡的に生き延びたユダヤ人が、かつての記憶を懸命に思い出そうとしている。積年の飲酒のおかげで彼の眼は虚ろであり、言葉はひどく聴き取りにくい。「あのとき俺は自分が世界でたった一人の、ユダヤ人の生き残りになってしまい、後はただドイツ兵の到来を待っていただけだったんだ」。この絶望的な捨て台詞を最後に、九時間半のドキュメンタリーは幕を閉じる。観客は強制収容所をめぐって画像どころか、いささかも情報を与えられない。いや、そもそもフィルムの結論なるものを手にすることができない。観客は深刻な不充足感に突き落とされ、いかなる救済も不可能であるという認識を与えられるばかりである。おそらくこの体験は、宇宙空間でブラックホールに迷い込んでしまったときに比較できるだろう。

『ショア』のランズマンは『シンドラーのリスト』を批判してやまない。彼がまず強く主張するのは、スピルバーグがホロコーストを一人のドイツ人を通して描いたことである。正義の人としてのシンドラーと、悪の化身としてのドイツ兵。だが、問題はそれほど単純なものではない。主人公をユダヤ人に同情的なヒューマニストとして顕彰することは、なるほどドイツ人をはじめ多くの人々を安堵させ感涙させるかもしれないが、歴史への接近の仕方に倒錯をもたらすだけだ。

ランズマンの批判はこうした次元に留まらない。彼は表象メディアとしての映画が携えている倫理的側面に向かう。スピルバーグは、映画が描いてはならないものを軽々と描いてしまった。それはまさに「もっとも重大な侵犯行為」である。自分が『ショア』においてけっして見せようとしなかったすべてのものを、彼は躊躇もなく見せてしまった。

「仮にわたしがSSの撮ったあるフィルム――撮影は厳しく禁止されていたから、それは秘密のフィルムだ――を見つけたとしよう。そこにはアウシュヴィッツの第二焼却炉のガス室で窒息させられた三千人ものユダヤ人が、男も女も子供もいっしょにいかにして死んでいったかが示されているとしよう。もしもそんなフィルムを見せられたら、わたしはそれを人に見せないばかりか、破棄してしまうだろう。なぜそうするかをいうことはできない。それは自明のことなのだ」。

わたしにはランズマンが、黄金の牛の偶像を破壊したモーゼの信仰の徒であるか、確証をもつことはできない。だが彼のこうした辛辣なる批判発言の背景には、世界にはけっして表象を許されないものが存在しているはずだという確信が横たわっていると認めざるをえない。この表象不可能性という観念が、彼の個人的信仰がどうであれ、偶像を禁止するユダヤ教の伝統に由来している。だがこの問題についてはそこまで原理的な大鉈を振るわなくとも、アドルノの「アウシュヴィッツの後に詩を書くことは野蛮である」という、著名な発言を引いておくだけで充分かもしれない。フランクフルト学派のこの美学者は、荒廃しきった戦後にもし芸術が可能であるとすれば、それは極限の現実に酷似していなければならぬと説き、その根源的要素は黒と沈黙であると説いた。結果としてアドルノが顕彰したのはベケットの演劇であったが、一般的な意味で映像の過剰を享受する表象メディアである映画は、否定的に扱われることになった。

『シンドラーのリスト』が『ショア』に影響を与えたという風評に対し、ランズマンはそれを断固として否定する。なるほどスピルバーグのフィルムは自分の『ショア』の絵解きであるかもしれない。だが『ショア』の意味とは、強制収容所をめぐってはそもそもいかなる絵解きも不可能であり、ただすべてが消滅に帰した後の空無をカメラに収めることしか許されていないということだと主張する。

3

それではゴダールはこの二本のフィルムに対し、どのような考えを抱いているのだろうか。

彼はスピルバーグに対しては端的に、「あの映画は嘘を拠りどころにしている」と一刀両断する（Ⅲ、六七九頁）。彼はその例としてスピルバーグが、アウシュヴィッツに送られた女性たちがガス室に入ったとき、何かの手違いで、シャワーからガスではなく水が出たので、軀を洗うことができたという挿話を取り上げたことを挙げている。これは「改竄した資料」であり、ガス室はなかったという詭弁に力を与えるだけではないか。ゴダールはこのフィルムを「猥褻」（Ⅲ、七四一頁）と呼んで憚らない。ゴダールのこの批判は手厳しいものではあるが、ランズマンのように表象行為の禁忌を説くものではない。彼はただスピルバーグによる表象が事実に基づかない、誤ったものである点を指摘しているだけである。

それでは『ショア』に対してはどうだろうか。ゴダールは『映画史』第一部で『ショア』から短いショットを借用しているのだが、作品全体についてはあっけらかんと、全否定をしている。マルグリット・デュラスとのTV対談から、彼の発言を引用してみよう。

デュラス　『ショア』は見せたわ、ルートを、深い穴を、生き残った人たちを……

ゴダール　あの映画はなにも見せなかった。いや、ドイツ人を見せた。でもクレマンにしても『鉄路の斗い』

（引用者註――レジスタンス映画）をつくったんだ。

デュラス　でも『ショア』は観客の意識を目覚めさせたわ。私たちは映像に侵略されたのよ。

ゴダール　いくらかはそうだ。でもあれは毎週月曜にテレビで流されているわけじゃないんだ。マルグリット

……（Ⅲ、二〇〇頁）

何にも描かれてこないじゃないの。ゴダールはあっけんからんと、『ショア』に対する失望を語る。彼はランズマンの懸命な試みに対しほとんど無関心である。ハリウッドのスピルバーグに対して見せた、ライヴァル意識の混じる熱っぽい批判と比較してみよう。ゴダールの冷淡さはいっそう際立ったもののように見える。

この無関心はどこから来るのか。それは『ショア』が体現している空無、映像の不在という事態が、ゴダールの問題文脈とは完璧に齟齬を来していることに由来している。ここでわれわれは、ゴダールが強制収容所の表象についていかなる観念を抱いているかを検討してみなければならない。

映画界に復帰した一九六〇年代から、『映画史』を完成させた一九九〇年代後半まで、ゴダールは機会あるたびに強制収容所について言及している。いや、この表現は不正確かもしれない。発言のあまりの分量を考えると、この問題が彼にとって、一度として脳裡から消えることのないオブセッションであったという印象がしてくるほどだ。もちろん四十年近くの長い歳月の間には、その姿勢に微妙な変化や矛盾が生じている。荒唐無稽だとしかいいようのない発言も見受けられる。だが映画という表象体系において強制収容所を撮影するという行為が本質的だという確信において、ゴダールの姿勢にはいささかの揺らぎもない。

発言のうちでもっとも古いものは、一九六三年にロッセリーニの原案で『カラビニエ』を撮った直後のものである。

「強制収容所について作られるべき唯一の真の映画は――といっても、耐えがたい映画にはなるはずであり、そのためにまだ一度も作られたことがなく、これからも決して作られないはずだが――、強制収容所を死刑執行人たちの視点から、彼らが抱えた日々の難問をも含めて描くというものである。つまり、どうすれば二メートルの長さの死体を五十センチの長さの棺のなかに入れることができるのか、どうすれば十トンの腕と脚の山を三トンの貨車に積みこむことができるのか、どうすれば百人の女を十人分用のガソリンで焼くことができるのかというわけである。それにまた、タイピストたちがタイプライターであらゆるものの目録を作るところも見せるべきだろう。そしてその映画が耐えがたいのは、そうした画面が、恐怖感をかもし出すことになるからではなく、それどころか、完全に正常で人間的な様相を呈することになるからなのだ」(「カラビニエたちを撃つ」一九六三、Ⅰ、五四六〜四七頁)。

この発言のなかにはすでに、後の『シンドラーのリスト』を批判してやまないゴダールの姿勢が、朧気ではあるが形成されている。強制収容所を描くにあたって留意すべきなのは、異常な状況を素材として異常なメロドラマを構築することではなく、むしろ「完全に正常な人間的様相」を直視することである。ここにその直前に、ハンナ・アーレントがアイヒマン裁判を傍聴した後に到達した結論、「悪の凡庸さ」という観念が影を落としていることは明らかである。だがゴダールは完成したフィルムの耐えがたさを思い描くと、それが永遠に実現不可能だということを予感している。なぜならこうした「正常な人間的様相」こそが人間にとって、真実耐えがたいものであるからだ。

一九八〇年代に近づくと、少し発言の口調が変わってくる。ゴダールはアンジェイ・ムンクの『パサジェルカ(女性の乗客)』(一九六一〜六三)を高く評価し、強制収容所を描いたただ一本のフィルムであると、インタヴューのなかで語る(一九八〇、Ⅱ、二四〇頁)。このフィルムは監督の夭折によって未完に終わったが、過去にアウシュヴィッツで看守を務めていたドイツ人女性を主人公とするポーランド映画である。彼女は戦後に結婚し豪華客船で旅行中に、乗客のなかに見覚えのある女性を発見する。その女性はかつて収容所で助手として採用していたユダヤ人ではなかったか。こうした疑念から、過去の収容所での屈辱と抵抗の日々が、細かな挿話を通して再現されることになる。ちなみに筆者は以前、来日した哲学者のジョルジュ・アガンベンと収容所表象の問題について対話をしたとき、彼がこの『パサジェルカ』を高く評価していたことを、印象深く憶えている。

ゴダールは一九七九年に『勝手に逃げろ』を引っ提げて映画界に復帰したが、どうやらその数年後に、往時のレジスタンスの闘士ラカーズの手記『トンネル』を原作に、ジェラール・ドパルデュー主演で映画を撮るという計画があったようである(Ⅱ、六二九頁)。ラカーズはゲシュタポに逮捕され、強制収容所に送られるとトンネル掘りに駆り出されたが、奇跡的に生き延びて解放を迎えることができた。『トンネル』は収容所のなかで見聞したヤクザや同性愛者のことを、きわめて人間的に描写したノンフィクションで、早川書房から邦訳が刊行されている。いうなれば「塀のなかの……」という副題を付けたくなるような書物である。残念ながら、この企画は実現しなかった。もっともライオネル・ホワイトの『十一時の悪魔』を原作に仰ぎながら『気狂いピエロ』を平然と撮ってしまうゴダールのことであるから、たとえ『トンネル』の映画化が実現したとしても、原作の痕跡などほとんど留めないまでに脚色がなされていただろうことは想像がつく。重要なのは八〇年代当初のゴダールが、強制収容所を舞台とした物語を映画にすることに積極的な関心を抱いていたことである。

だがこの実現しなかったフィルムについて語るゴダールは、同時に途轍もないことを発言している。強制収容所を描いた映画はすでに存在しているというのだ。

「強制収容所はきっと、ドイツ人によって詳細に撮影されたはずだ。だからその記録フィルムがどこかにあるはずだ。それにまた、アメリカ人によってもフランス人によっても撮影されている。でもそれらは人々に見せられていない。そしてそれは、仮に見せられるとすれば、それによって何かが変わることになるからなのだ。何かが変わってしまうべきじゃないからなんだ。人々は、ああしたことは二度と起こってほしくないと口にしていればそれでいいと思っているわけだ。そう口にすれば、ああしたことは二度と起こらないと確信できるというわけだ」（一九八五、Ⅱ、六二八〜二九頁）。

もしナチス・ドイツがアウシュヴィッツの映像を残していたとすれば……これはランズマンの『ショアー』の大前提を切り崩してしまいかねない仮定である。だがゴダールは自信たっぷりに、映像の存在を信じて疑わない。あの「記録保存マニア」のドイツ人が撮影しなかったわけがないと力説し、「ぼくが優秀な調査ジャーナリストと一緒に取りかかるとすれば、二十年後にはガス室の映像を見つけ出しているはずだ」（一九九八、Ⅲ、二〇〇頁）と断言する。彼はこの確信に基づいて、『ショア』に資料映像を少しも持ち込まなかったランズマンと、彼に理論的影響を与えたアドルノが説く「禁止」とを批判してやまない。「人々が撮影するのを妨げるべきじゃない、本を燃やすべきじゃない。そうでなければ、それらを批判することができなくなるわけだ」。

一九九八年にゴダールがこの託宣をしたとき、多くの人々はそれを本気にしなかった。『ショア』の前で打ちひしがれていた人々は、強制収容所の映像をめぐるゴダールの発言をあまりの楽観的であるとして、本気にしようとはしなかった。ところがここで思いもよらぬ事態が生じた。実はこの託宣とほぼ時を同じくして、アウシュヴィッツに隣接するビルケナウ収容所の廃墟から、ガス室や死体焼却の現場を隠し撮りした四枚の映像が発見されてしまったのである。それらは二〇〇一年にパリで開催された「収容所の記憶」なる写真展で公開され、大きな話題を呼んだ。だがこの事件についていては、本稿のもう少し後の方で論じることにしよう。われわれはまず『映画史』の細部に触れつつ、この新しい状況のもとでのゴダール／ランズマンの対立の構図の変化を見届けておきたいと思う。その上で、収容所を（あらゆる困難を認識した場所に立って、それでもなお映像として再現しようとしたネメシュ・ラースローのフィルム、『サウルの息子』（二〇一六）の意義について、機会を見て論じておかなければならない。

4

アウシュヴィッツの強制収容所は、これまでムーヴィカメラによって実写されたことがあっただろうか。ゴダールはこの問いをめぐって、興味深い挿話を紹介している。

ハリウッドの監督ジョージ・スティーヴンズは、第二次大戦中、連合軍遠征部隊信隊の中佐としてドイツ戦線に赴き、解放された直後の強制収容所を撮影した。彼はそれを六十分の作品に編集し、ニュルンベルク裁判の法廷に証拠物件として供出した。ここで重要なのは、この撮影行為のためにコダック社が16ミリ・カラーフィルムを提供したという事実である。アメリカ資本主義下の映像産業は、新製品の最初のテストとして強制収容所という場所を選んだのだ（一九八八、Ⅲ、二五〇頁）。だがゴダールは、スティーヴンスについてもうひとつ、重要な指摘をしている。一九五〇年代に『シェーン』や『アンネの日記』などを撮り、ハリウッドで押しも押されぬ地位に就くことになるこの監督は、完成したカラー作品を自宅の庭に埋めてしまったのだ（一九九五、Ⅲ、六九八頁）。その後になってそれは掘り返され、記念行事のときに上映されたり、息子がＴＶドキュメンタリーに部分的に引用したりしている。だが監督であったスティーヴンスがひとたびその映像を否認し、抹殺を企てたという事実に、ゴダールは拘泥している。なぜならば、それは彼にとって、映画なるものが犯した原罪に匹敵するものだからだ。

一九八〇年代終わりごろから、ゴダールは頻繁に映画が犯したこの過ちについて言及するようになる。

「大ざっぱにいって、強制収容所は、語られはしても見せられてこなかったんだ。それにぼくがあれに関心をもつようになったのは、たぶん君（セルジュ・ダネー＝引用者註）がぼくにいったことのため、ぼくの罪悪感や社会階級などのせいだ。でも収容所というのは（中略）真っ先に見せられるべきものだった。ところが人々が見たがらなかったわけだ」（一九八八、Ⅲ、二四三頁）。

「われわれは無邪気にも、ヌーヴェル・ヴァーグは始まりだ、革命だと信じていた。でも実際は、すでに遅すぎたんだ。すべてが終わっていたんだ。完了したのは強制収容所が撮影されなかった時点だ。あのとき、映画は完全にみずからの義務に背いたんだ。主としてユダヤ人からなる六百万人が、殺されたり毒ガスをあびせられたりした。そして映画はその場所にいなかったのだ。もっとも映画は――『チャップリンの独裁者』から『ゲームの規則』までの映画は、あの悲劇のすべてを予告してはいた。でも強制収容所を撮影しなかったことによって、完全に責任を放棄してしまったんだ」（一九九五、Ⅲ、五三三頁）。

ここで少し寄り道をして、ゴダールの優れた同時代人であり、映画と政治権力の関係についてつねに批判的洞察力を怠らなかった日本の映画監督、大島渚が、映像の不在という問題についてどう発言しているかを比較してみよう。一九四五年八月十五日、ラジオから流れる天皇裕仁の声を通して、日本の「終戦」が国民に告げられた。少年時代に体験したこのときの驚きを回想して、大島は次のように書きつける。

「もし、あの時、テレビが存在したならば、事態はどうだっただろうか。しかしテレビは存在しなかった。（中略）あの日のあれは、まさに映像を伴わない音として私たちに与えられたことに決定的な意味があったのである。私たちの映像の歴史は、どんな映像が存在したかということよりも、どんな映像が存在しなかったかということの歴史なのだ」（大島渚「敗者は映像を持たない」、一九七五年。四方田犬彦編『大島渚著作集』第二巻、二〇〇八、一六七頁）。

大島は『大東亜戦争』なる長編ドキュメンタリーを編集中、ある重要な事実に気が付く。日本軍が快進撃を続けている時期には、日本側に数多くの映像資料が残されているため、それを自在に引用することができた。だが戦局が思わしくなくなり、生フィルムが枯渇するようになると、とたんに記録映像がなくなり、米軍の手になる映像資料に依拠せざるをえなくなる。東京大空襲にせよ、広島長崎の原爆投下にせよ、日本側からそれを記録した映像はない。天皇裕仁が「終戦の勅諭」を読み上げたとき、その姿をムーヴィカメラに収録することを思いついた者は、周囲に誰もいなかった。「敗者は映像をもたない」と、大島は断言する。これは逆にいえば、勝者たらんとするならばまずなすべきなのは、みずからの手でみずからの映像を撮影し、それを保持することである。

ゴダールの論点と大島のそれとは、多くの点で重なり合いながらも、微妙な点で齟齬を来している。両者はともに映像の政治を考えるとき、映像の不在という事態がもっともその本質を開示するという認識において共通している。強制収容所の映像が撮影を忌避され、撮影されても土中に隠蔽されたという事実も、戦争の終結を告げる天皇の発言が、音声としては記録されても、映像としては存在していないという事実も、ともに政治とメディアの関係を考えるとき、きわめて重要な意味をもっている。だがその後の展開において、二人は大きく食い違った方向へと向かっていくように思われる。

大島の念頭にあるのは、現実の人間世界における勝者と敗者の力学である。勝者が敗者を圧倒するのは、資本力や軍事力において優っているためではない。勝者は敗者から映像を取り上げるとともに、みずからが造り上げた敗者の映像を敗者に強要するためである。この不幸な図式を転覆させるには、敗者がみずからの映像を再獲得することが必要である。

ゴダールはこうした現実の政治的対立に踏み込まない。彼にとって問題なのは、リュミエール兄弟が考案して一世紀以上の歴史をもつ映画という表象体系が、全体として携えている過誤であり、そこから生まれ出る悔悟の念である。映画は強制収容所を表象するという大きな責務を負っていたのに、それを取り逃してしまった。映画はそのために罪を贖わなければならない。これがゴダールの理念である。誰がそれを撮るのかは重要ではない。映画がそれを撮らなかったことが問題なのだ。大島が撮る主体に拘泥しているとき、ゴダールは個々の撮影主体を越え、映画なる表象体系の構造そのものを見つめている。

5

ながらく抽象的な議論を続けてきた。ここらで気分を変え、具体的にゴダールが強制収容所をめぐってどのような映像を作品化してきたかを検討してみよう。映画にはみずからの過誤を償う道は、はたして残されているのだろうか。畢生の大作『映画史』（一九九七）においてゴダールが向き合おうとした問題のひとつは、そのようなものであった。

『映画史』１Ａの終わりごろに、興味深い一連のショットが存在している。先にわたしはゴダールがスティーヴンスに言及したことに触れたが、そこでは文字通り、彼の代表作の一本である『陽のあたる場所』を引用している。ゴダールのこの作品は、恐ろしい速度のもとに次々と映像が出現し、重なり合っては消滅していくという手法に貫かれており、一度観ただけではとうていその細部を確認することができないのだが、このあたりを少し詳しく観てみよう。

最初に登場するのは、人類の愚行と戦争の悲惨を描いたゴヤの版画連作『ロス・カプリチョス』の一枚である。猿のような怪物たちが、嘲笑的な笑い顔を見せながら空中を飛んでいる。続いて、折り重なった血みどろの死体の映像。その後に天上的な美しさをもったエリザベス・テイラーの、黒い水着姿となる。テイラーは腹の上に恋人モンゴメリー・クリフトの頭を乗せ、頭を心もち屈めながら、仲睦まじく言葉を交わしている。ここに苦痛のあまりに絶叫する男を描いた画像が、赤と青の色彩を強調して重ね合わされる。ふたたびエリザベス・テイラー。洋画ファンならば誰もが知っている、あの有名な湖でのラブシーンである。最後にジョットのフレスコ画。天上から舞い降りた天使が、地上の人間に手を差し伸べようとしている瞬間が部分的に引用される。マグダラのマリアの絵である。この一続きの映像の背後には、ヴァイオリン・ソナタが優雅に流れ、ゴダール本人による次のようなナレーションが聞えてくる。

もしジョージ・スティーヴンスが世界最初の16ミリ・カラーフィルムを、まずアウシュヴィッツとラーフェンスブリュックで用いていなかったとしたら、おそらくエリザベス・テイラーは陽のあたる場所で幸福になれなかったかもしれない。

三九年から四四年まで。ドキュメンタリーの殉教と復活。

おお、何という驚きだろう。人間に見えないものを見ることができるとは。
おお、われらの盲目の、何と心地よい奇跡よ！

一分にも満たないこの場面では、苦痛と死の恐怖に満ちた映像と、天上的な美しさを湛えた映像とが重なりあって出現し、すぐさま別の映像へと席を譲っていく。強制収容所をカラーフィルムで撮影した六年後に、『陽のあたる場所』でエリザベス・テイラーの幸福な表情をモノクロームで撮るという対照的な作業をはたしたスティーヴンスのことが、こうしたモンタージュの原型的存在であるかのように語られていく。「われらの盲目の、何と心地よい奇跡！」といった語りは、きわめてカトリック的な認識が感じられる。

奇跡とはいうまでもなく、ひとたび殉教した者が復活することを意味している。これを映画史に適用してみると、強制収容所にカメラを向け、苦悶の時を体験した映画は、やがて天上的な至福の側へと救済されるであろうという物語が浮かび上がることになる。ゴダールはこの間の事情を、端的な警句を用いて語っている。

「映像は復活の時に到来することだろう」。L'image viendra au temps de resurrection.

この警句は（いくつかの表記をもちながら）字幕を通してその後も繰り返されることになる。まずそれが唱えられる映像の文脈を記しておくことにしよう。

最初にこの言葉が登場するのは、『映画史』1Bの冒頭である。黒衣のジェニファー・ジョーンズが片手にライフルを握りながら、血だらけになって絶壁を攀じ登っている。彼女は最後の力を振り絞ってグレゴリー・ペックに向かって銃を撃つと、今度は這うようにして彼のもとへ向かい、その手を握ることに成功する。ジョーンズは死せるペックの顔を撫で、接吻をした後に、自分も絶命する。キング・ヴィダーの『白昼の決闘』のラストシーンである。ゴダールは観客を高揚してやまないこの場面を故意に分断するかのように、四枚の字幕を用いて先の言葉を重ね合わせ、「映画にとって二つの重要な物語とはセックスと死であった」と語りを入れている。『白昼の決闘』はまさにこの二つを主題とするフィルムである。さらに彼はロッセリーニの『アモーレ』、アルドリッチの『キッスで殺せ』の断片を引用し、ヒッチコックの『サイコ』の音楽を背後で流しながら、映画において手を摑むことと接吻がいかに本質的な身振りであるかを提示する。これら一連の映像が、先に言及したジョットのフレスコ画にあって、手を差し伸べる天使の図像の延長上にあることはいうまでもない。

「映像は復活の時に到来することだろう」。この言葉が二度目に現れるのは、先と同じく1Bの、今度は中盤においてである。今度は前回よりもより複雑で、差し伸べられた手という主題が、映画のみならず絵画彫刻をも含んだ形で参照されている。

ジャコメッティの彫刻の手。ブレッソンの『ジャンヌ・ダルク裁判』で、獄舎に幽閉されたジャンヌが、悲しみのあまりに床に投げ出してしまう手。ソ連のユーリヤ・ソーンツェワの『魅せられたデスナ河』で、湖を背景に横たわる男女。ドライヤーの『御言葉』（邦題は『奇跡』）で、妻に先立たれて悲嘆に暮れる夫。ヒッチコックの『サイコ』で、謎の母親がつい先ほどまでいたはずの寝台の窪み……。背後にはヒンデミットの『画家マチス』の音楽が流れ、ブニュエルとダリの『アンダルシアの犬』で切り裂かれていく眼球、レンブラントの『ダニエルの見神』、カラヴァッジョの描いた『ゴリアテの首をもつダヴィデ』と、映像は流麗に移っていく。

ここでは最初のときよりもはるかに複雑な画面連鎖が形成されている。差し出された手という主題は、それ以前に登場したジョットとジェニファー・ジョーンズから継承されたものである。だがジャコメッティとジャンヌ・ダルクの手は、同じ主題に神聖なる威厳を与えている。神聖さは『御言葉』の引用によってさらに増幅される。ドライヤーのこのフィルムは、夫を前に絶命してしまった妻が、こともあろうか平然と蘇生するという奇跡を描いた作品であるからだ。ここでゴダールは「復活」という観念にとうとう到達する。前回では映画音楽だけの暗示に留まっていた『サイコ』から、ついに映像が招喚されてくる。『サイコ』が猟奇殺人事件を解決するために、被害者の妹があえて姉と同じ状況のなかに身を置き、事件の反復を心待ちにするという物語であることを想起するならば、『御言葉』から『サイコ』へと映像が移行していくにつれて、神聖なる事態の顕現から肉体の蘇生へ、さらに反復一般へと、映画を支えている観念がどんどん横滑りして発展していくことが判明するだろう。映像の再生とは何か。それは隠されていた事物をめぐって真理が開示されることだ。ゴダールはこう主張することで、終末に際して顕現する真理を説くアポカリプス的想像力に訴えている。アポカリプスとは啓示révélationであり、言葉を換えていうならば、荘厳な光を投じて事物を顕彰すること、つまりilluminationに他ならない。『映画史』全篇にわたる、信じがたいまでの視覚的魅惑は、終末からの光に裏打ちされた荘厳さに由来している。

6

「映像は復活の時に到来することだろう」。この言葉は直接的には聖パウロがキリストの復活について述べた『コリント人への第一の手紙』(十五章四六〜四九節)に依拠している。

「霊のものは前にあらず、反つて血気のもの前にありて霊のもの後にあり。第一の人は地より出でて土に属し、第二の人は天より出でたる者なり。この土に属する者に、すべて土に属する者は似、この天に属する者に、すべて天に属する者は似るなり。我ら土に属する者の形を有てるごとく、天に属する者の形をも有つべし」(『舊新訳聖書』、日本聖書協会、一九八一)。

聖パウロがここで語っていることを要約してみよう。イエスは地上の人間としては十字架にかけられ、絶命し、土に戻った。けれども彼は霊的存在であり、救世主として最後の審判の日に再臨し、神の国を約束することだろう。

ゴダールはこの一節の語彙を、きわめて単純な形に置き換えてみせる。「天に属する者」とは質量をもたない、霊的な「映像」である。それはわれわれが生きているこの地上にあっては、不在に甘んじている。だが時満ちて世界に終末が近づき、死せる善き者たちがみな復活の徴《きざし》を帯びようとするとき、この映像はかならずや天上界から降り来り、充溢した現前をわれわれの前に差し出すことだろう。

『映画史』の根底にあるこうした神学的構造の背後には、ゴダールの一貫した映像観が横たわっている。人間を救済するのは映像である。それがいかなるものであったとしても、人は映像を手にし、それを見ることを通して救済されるのだ。それでは映画が携えているこの本質は、どのようにすれば開示されることになるのか。実はそれは、映画を媒介としないかぎり不可能である。映画が映画を語ることでしか、映画の本質は明るみにされないのだ。こうして『映画史』という作品の成立根拠が確認されることになる。過去一世紀に制作されたフィルムの厖大な断片を集積したこの大作は、ある神聖な顕現《エピファニー》によって映画の過誤を補償し、人間のみならず映画そのものをも救済へと導いていく試みなのだ。

「わたしはキリスト教徒ではないのですが、でも聖パウロのなかで、映像は復活の時に到来するだろうと書かれてあるのを読むと……そう、編集《モンタージュ》を三十年間しつづけたあとの今になって理解しはじめています。わたしにとって編集とは、人生の復活のことなのです。撮影はこの復活がなされる期間じゃありません。というのも、再生がなされるためには犠牲と死がなければならず……幸いなことに、映画の撮影はある種の大いなる陽気さのなかで、曲芸師たちのそれのような陽気さのなかで行われるのです。それに対し、わたしが編集のなかに見出すのは、このユートピアの感覚、復活はなされうるという感覚です」（一九八八、Ⅲ、三八〇頁）。

モンタージュ、つまり狭義の意味での映画の編集が重要なのは、こうした文脈においてである。映画が絵画や文学、音楽と決定的に異なっているとすれば、それは映画の根底にモンタージュという手法が横たわっているからだと、ゴダールは説く。映画が救済と啓示の力をもっているとすれば、それはもっぱらモンタージュのなせるところである。湖水を背にしたエリザベス・テイラーの美しさと、苦悶に絶叫する人間の画像を重ね合わせること。ジャンヌ・ダルクの手に、妻を喪って呆然とする夫の顔を繋ぎ、剃刀で切り開かれる眼球を重ね合わせること。次々と引用される映像の反復と中断が、モンタージュを基礎づけている。ゴダールの作品のなかで映像は回帰する。いや、もとい映像は自在に反復する。だがそれは同一のものが繰り返されるということではない。反復とはあったことではなく、ありえたこと、あったかもしれないことの現前である。これは逆にいうならば、なかったことをめぐる記憶と呼び直してもいいだろう。映像の不在を語るゴダールは、いつしか記憶の不在という問題領域の内側にいる。強制収容所をめぐってありえたかもしれない記憶を、映像の審級において探究することがこうして求められる。

7

だが、こうしたゴダールの聖パウロ的、つまりメシア主義的な映像観に真っ向から対立しているのが、本章の前半に取り上げた『ショア』の監督、ランズマンのそれである。強制収容所で何が起きていたかを表象することはできない。それは表象行為の不可能性そのものである。たとえもし偶然にもガス室でのユダヤ人虐殺を描いたフィルムが発見されたとしても、自分はそれを他人に見せないばかりか、破棄してしまうことだろう。ランズマンのこの断固たる態度の背景に、彼が出自として携えてきた、偶像崇拝禁止の宗教的伝統が頑強に横たわっていると考えることは困難なことではない。

実はこの二十年ほどの間、フランスでは両者を和解させ、共同制作で作品が作れないものかという提案が、いくたびかなされてきた(その最たるものは新哲学派のベルナール・アンリ＝レヴィの発案によるものである)。だがゴダールとランズマンはいずれの提案にも耳を貸さず、企画はことごとく立ち消えとなった。提唱者たちは両者がまったく異なった地平に立っていることを、改めて思い知らされたというのが実情である。富裕なプロテスタントの家に育ち、スイス国籍を保持するゴダールと、フランスにユダヤ人として生を享け、イスラエル空軍の長編ドキュメンタリーを平然と撮りあげてしまうランズマンの間には、文化的出自においてけっして妥協を許さない、大きな溝が横たわっているのだ。

とはいうものの、両者の立場の違いを単に出自に帰着させ、気楽に了解してしまうことはこの際、慎むことにしようではないか。もう少し、表象行為をめぐる二人の認識の差異について、丁寧に検討を施してみなければならない。ランズマンとゴダールは、ともに強制収容所を物語として劇映画の構造のもとに語ることに批判的である。彼らはいずれもスピルバーグの『シンドラーのリスト』が、あまりに安易にユダヤ人虐殺をメロドラマに仕立て上げてしまったことに対し、それを糾弾する姿勢を見せている。誰もが厳粛に喪に服すべき事件を素材として、そこに意図的にフィクションを導入するならば、当然のことながら衝突が避けられない。強制収容所における大量虐殺は、生き残った者たちにとってトラウマの体験と化している。映画はこのトラウマに対し、特権的な他者、特権的な証人として振る舞おうとする。だがトラウマに接近する映画は必然的にトラウマを覚醒させ、そこに美学と倫理学の双方にわたって深刻な問題が生じる。スピルバーグがこの問題を黙過したことを批判する点において、ランズマンとゴダールは少なくとも共通の認識を抱いているといってよい。

ゴダールにとって問題とは、強制収容所の悲惨なる現実があまりに過剰であるとき、それに向かい合うドキュメンタリストが、はたして無垢なカメラアイを保持しうることができるかというものである。いかに客観的に撮影しようと心がけていても、強制収容所の映像はつねにトラウマ的記憶の側へと流れだしてしまう危険に満ちている。スティーヴンスはそれを怖れ、みずから撮影した映像を土中に埋めることを選んだ。こうして映画は歴史の証人であることに挫折したのである。かつてデュラス／レネは『ヒロシマ、わが愛』（邦題は『二十四時間の情事』）のなかで、登場人物の日本人に「きみは広島で何も見てこなかった」という科白を語らせた。ゴダールは『映画史』４Ｂのなかでそれを受け、「きみは広島でも、サラエヴォでも、何も見てこなかった」と語っている。

ゴダールは悔悟する存在である。映画はひとたび犯したこの過ちを贖うために、モンタージュに訴えねばならない。ナチスの暴虐に対し映像が存在していないのであれば、逆に編集作業を通してその映像を充溢させ、救済を目指さなければならない。復活はユートピア的な至福を伴っていることだろう。

映画は死者をめぐる服喪であるという認識は、二十世紀の後半において、とりわけ大きな意味をもつようになった。かつて筆者も「映画における哀悼的想起」（『映画と表象不可能性』産業図書、二〇〇三）なる論文のなかで、大島渚、パゾリーニ、ファスビンダーという旧枢軸国出身の三人の監督を取り上げ、服喪の問題を探究したことがあった。ゴダールは映画の権能を論じるにあたって、この服喪を潜り抜けたときに降り来たる啓示に言及することを忘れてはいない。映像はメランコリアの窮地を横断した果てに、光り輝く、純粋なる現前に到達すべき何ものかでなければならない。陰鬱なブラックホールに落ち込んだ人間を救済し、ユートピア的な幸福のもとに治療しなければならない。そのとき映画は原罪を忘却し、完全なる贖罪をわがものとすることができる。編集があるものを想起するとともに、別のあるものを忘却に附すことであるとしたら、映画における忘却は映画における贖罪と結びつき、というよりも円環的な構造のなかで互いを追い求めることになるだろう。われわれは強制収容所をめぐる真理の耐え難さから、なんとか耐えうることのできる意味を引き出さなければならない。たとえアドルノが託宣したように、アウシュヴィッツ以降に詩を書くことが野蛮で不可能であったとしても、復活の時という隠喩はその困難を押して、なにがしかの意味をもつことだろう。

とはいうものの、こうしたゴダールの姿勢に対しては、二通りの角度から批判をすることが可能である。

強制収容所の映像が現実に残存していれば、映画は贖罪を果たしうるという発言に関して、ランズマンは仮借ない批判を加えてやまない。『ショア』の監督が何よりも拒否するのは、映像が証拠としての意味を与えられてしまうシステムだ。彼がもっとも恐れているのは、ガス室の映像があれば大量虐殺は立証されるが、それがなければ立証されず、強制収容所での蛮行は虚偽であるという論法のなかで映像が利用されてしまったらどうするのか、という可能性である。CG合成によっていくらでも架空の虚偽の映像を創造することができる現在、この「証拠の論理」の背後にある歴史修正主義的なイデオロギーに対しては、つねに警戒を怠ってはならない（事情は日本における、南京大虐殺や従軍慰安婦をめぐる映像認識においても同じだろう）。ランズマンは同様に、アーカイヴの論理にも警戒を怠らない。彼が『ショア』で目指したのは記録映像を蒐集することではなく、真実を開示することであった。また、その真実が覆い隠されているという事実を提示することであった。

この点において、ゴダールとランズマンの間には対話の余地はない。強制収容所での虐殺の映像は、ゴダールにとっては贖われるべき現前でなければならない。だがランズマンにとってそれは構造化された不在であり、もしこの不在の黙契を破って「原初の光景」の映像が出現したとすれば、それは当時のナチスにあった窃視症的欲望の、卑小な継承者を満足させるだけのものにすぎないだろう。『ショア』は、こうしたポルノグラフィックな覗き見主義を断固として拒絶することで、危機的な場所でかろうじて成り立っているフィルムなのである。こうしたランズマンの断念からすれば、ゴダールの映像観は安全地帯にいる者の多幸症の症例にすぎないと見なされてしまうだろう。

強制収容所の映像を希求するゴダールに対しては、もうひとつの批判が考えられる。かつて五月革命の直後、ジガ・ヴェルトフ集団を名乗ったゴダールは、『東風』のなかで注目すべきテーゼを説いた。「正しい映像があるのではない。ただ複数の映像があるだけなのだ」。Il n'y a pas une juste image, mais justement des images. あらゆる映像の等価性、匿名的平等性を説くこの言葉は、従来の映画制作を根底から否定する過激さをもち、ゴダールはこの法則に従って『ありきたりの映画』といった前衛的フィルムを監督した。だが『映画史』のなかで強制収容所の映像にこそ贖罪の契機があると説き、その存在を特権的に希求するとき、彼は過去のテーゼとの間に大きな齟齬を来しているのではないだろうか。強制収容所の映像も単なる複数の映像のひとつにすぎないと、現在のゴダールは口にすることができるだろうか。

ともあれ、議論はここまでである。ランズマンとゴダールの主張は永遠に平行線を辿ることだろう。ところがここに、予期せざる事件が生じた。一九四四年に強制収容所の内側で秘密裏に撮影された四葉の写真が発見され、二〇〇一年にパリで写真展が開催されてしまったのである。その後、この四葉がいかに撮影されたかをめぐって、ハンガリーのネメシュ・ラースローが『サウルの息子』（二〇一六）なる劇映画を発表し、その年のカンヌ国際映画祭でグランプリを得た。わたしは別の機会を得て、このフィルムを中心に論じることになるだろう。

（注）ランズマンの引用は「ホロコースト、不可能な表象」（高橋哲哉訳、鵜飼哲、高橋編『「ショアー」の衝撃』未來社、一九九五、一二二頁）による。いずれも本文との兼ね合いから、訳文表記に若干の変更を加えた。

二〇一八年

「強制収容所と映像　ゴダール、ランズマン、ネメシュ」

「強制収容所は描きうるか？」と復活の時に映像は到来する」という題名のもとに、『世界』十一月号と十二月号に発表された。『映像世界の冒険者』という、いささかオールドファッションの題名で、テオ・アンゲロプロスやらデレク・ジャーマン、センベーヌ・ウスマン、王兵《ワンビン》、アレクサンドル・クルーゲといった感じで、二十世紀の映画的巨匠を論じるという連載の一回である。「アウシュヴィッツの後に詩を書くことは野蛮である」と『プリズメン』のアドルノは書いたが、同様のことは映画においてもいいうるのだろうか。二十世紀が映画を創造したのではなく、映画が二十世紀なるものを創造したという言葉がもし真実であるとすれば、映画とアウシュヴィッツの間にも本質的な関連が横たわっているはずである。これは大きな主題であり、本稿はそのデッサンにすぎない。この連載ではその後、ネメシュ・ラースローの『サウルの息子』について論じたが、本書ではそれは割愛した。この論文は、シオニズムとホロコーストの映画的表象をめぐる、いくつかの論考とともに、別の書物に収録する予定である。

第2回イフラヴァ国際ドキュメンタリー映画祭のスポット

チェコのイフラヴァでは毎年、中欧東欧のドキュメンタリー映画を中心とした国際映画祭が開催されている。二〇一八年、ゴダールは委嘱され、その予告編（スポット）を作成した。わずか一分足らずの作品であるが、映像装置に関してつねに最先端のものに関心を寄せるゴダールの姿を垣間見ることができ、興味深い。

ゴダールは掌でスマートホンを弄っている。パチパチパチと早送りで、映像の記録ファイルから何かの映像を捜し出そうとしている。小さな画面には、おそらく本人がプライヴェイトに撮影したものだろう、カンディンスキーやレンブラントの絵画に混じって、夕暮れ時の雪山の風景や自分が飼っている犬などが映っている。画像は恐ろしい速さで代っていく。そして最後にこの運動が停止する。そこに現れ出たのはゴダール本人の自画像である。彼は忙し気に変転していく映像を眺めながら語る。

「われわれは多くのことを希望してきた。そしていつも期待を裏切られた。期待はいつも大きく、ユートピアは終わることがない。たとえわれわれの期待したものがその通りに実現されなかったとしても、われわれが抱く希望にはいささかの変化もない」。

語りははっきり聞こえたかと思うと、突然テープが早回しになってしまい、聞きとれなくなってしまったりもする。人間は死の直前、それまで自分が体験してきた記憶を恐ろしい速度で想起し、それが終わった時点で真に死を迎えるという話がある。ブニュエルの『哀しみのトリスターナ』の結末部が、まさにそれを再現していた。ゴダールのこのスポットは、ひょっとして同じ発想のもとに、語る主体の死の準備として作成されたのではないだろうか。

そうか、ついにスマホを手にすることになったか。16ミリから出発し、35ミリを経てヴィデオへ、つねに時代の先端の撮影機を手にしていたゴダールは、生涯の最後にスマホに落ち着いたかというのが、わたしの感想である。この事実はわたしに、大正時代にドイツ表現派映画の向こうを張って『狂つた一頁』を撮り、戦後は大映で鏡花原作の新派メロドラマを総天然色で監督した衣笠貞之助が、大映が倒産したと知るや、ただちにシングル8の8ミリ映写機を手にして撮影を始めようとしたという挿話を想い出させる。スマホを手にしたゴダールを、わたしは文句なしに肯定したいと思う。彼は公式的な映画祭のために、極私的な映像を、極私的なメディアを通して創り上げたのだ。

「第2回イフラヴァ国際ドキュメンタリー映画祭のスポット」

書下ろし。最晩年のゴダールは足が不自由なこともあり、自分の周囲の親密な空間を離れようとしなくなった。そのためスマホを愛用することになった。この年のカンヌ国際映画祭でのインタヴューも現地には赴かず、自宅からスマホを通して質問に答えていた。最晩年に誇大妄想的な大作を手掛け、破滅する芸術家が少なくないなかで、極小のメディアに向かったゴダールは何と聡明な存在であったかと思わざるをえない。

『イメージの本』

エジプトの作家、アルベール・コスリーの『砂漠の野望』が朗読されている。アラブ首長国連邦での政権争奪戦を描いた小説だ。画面に映し出されるのは夕暮れの海。打ち寄せる波。夜風に揺れる棕櫚《しゅろ》。燃え上がる街。そしてＪＬＧの、呟くような、皺嗄《しゃが》れた声。「書物の宗教がわれわれの文明を築き、エクリチュールを神聖なものに仕立てあげた。モーゼの石板。十戒。五巻の律法《トーラー》。聖書。『クルアーン』……しかし必要だったのは……」。ここで画面に〈イメージの書物〉という文字が現れる。

ＪＬＧの『イメージの本』（二〇一八）はこのように始まる。

映像《イメージ》の書物？　ＪＬＧの作品はいつも書物のように、エッセイのように作られてきたのではなかったのか。登場人物たちはいつも書物を抱えていて、それを朗読したり引用したりしていた。何をいまさら？　だが今回のＪＬＧの言葉には、もう少し細かな陰影《ニュアンス》がある。法として制度化されたエクリチュールに対抗して、あたかも書物のように、ポリフォニックな映像を編纂することが問われているのだ。もはや映像と映像を衝突させ、強引に意味を作り出すこともない。すべてを並行に並べ、さまざまな旋律の交差から浮かび上がる譜調に目を向けることだ。こうして『イメージの本』が浮かび上がる。それは統合されたテクストではありえない。ブレヒトが説くように、「現実に強度をもっているのは断片のみ」であるからだ。

まず手の主題。レオナルド描く洗礼者ヨハネの、突き出された一本の人差し指。不器用に再生機の上でテープを弄るJLGの両手。英語とフランス語で、これもまた不器用に「影の小川」と書きつける右手。ジャコメッティの、拡げられた手の彫刻。ブレッソンの『ジャンヌ・ダルク裁判』における、牢獄に監禁された聖女の手と足。ブニュエル／ダリの『アンダルシアの犬』の冒頭で、女の眼に剃刀《かみそり》を当てようとする男の手。

「五本の指があり、五感があり世界には五大陸がある。すべてがいっしょになって、手を作っている。人間の真の条件とは、手で考えることだ」。

八十八歳のJLGはそう語り、「再来することだろう、ああ時よ!」と宣言する。われわれにはすでに親しい、『映画史』のなかでたびたび繰り返されてきた連禱の言葉だ。来るべき時、映像が到来すれば、贖罪は成就されるだろう。いかなる苦痛も消滅し、救済が実現されることになるだろう。『映画史』で問われていたのはナチスの強制収容所の問題だった。だが今回、彼は何に対して、何をめぐって祈りを唱えているのか。

ここで回帰という、もうひとつの主題が登場する。戻ってくること。蘇ること。もう一度やり直すこと。火刑に処せられたジャンヌ・ダルクに対抗して、死せる妻の蘇生を求めるオルフェウスの画像が提示される。『火刑台のジャンヌ・ダルク』のロベルト・ロッセリーニに対して、『オルフェの遺言』のジャン・コクトーが引用される。映画青年時代のJLGに深い感銘を与えたこの二人の監督の作品は、それ以後『イメージの本』のなかで、たびたび言及されることになる。

『イメージの本』は六つの章から構成されている。厳密にいうならば、五つの章とおまけ《アペンディックス》。このおまけが長い。各章はキチンと扉を持ち、フィルムの回転を連想させる映像で閉じられる。まさに書物だ。

第一章「リメイク」ではエピローグを受けて、死者の蘇生のための待機、過去のフィルムの蘇生、不滅、愛の回帰といった主題が語られ、暴力の問題が予告としてチラリと顔を覗かせている。ジョルジュ・フランジュがパリ最大の食肉処理場での屠畜を描いた『獣の血』が、そのために引用されている。

第二章「聖ペテルブルグ夜話」は、題名をジョゼフ・ド・メーストル伯爵の回想録に負っている。十九世紀初頭にロシアの首都に滞在し、教権、国王の絶対性を説きつつ、フランス革命を蛇蝎《だかつ》のごとく忌み嫌ったサルデーニャの外交官のことである。戦争は世界の法であるがゆえに神聖であり、革命は道徳的に腐敗した愚行である。厄難、苦痛、拷問は、堕落して悪に染まった人類にとって当然の報いであり、大地は巨大な供儀の祭壇でなければならぬ。澁澤龍彦とシオランがかつてその過激さに着目したこの狂気の思想家の教説を、JLGは次々と引用していく。

同時に進行していくのは、戦争をめぐる映像だ。ソ連映画『戦争と平和』で、初めての舞踏会で歓喜の絶頂にあるナターシャと、戦場を黙々と行進するロシア兵たちとがモンタージュされる。だがほどなくして舞踏会の映像は抽象絵画のように歪形され、人物たちはわずかに痕跡を残すばかりとなる。スペイン内戦。反ナチスの抵抗運動。『雨月物語』に描かれた、日本の戦国時代の惨禍。この章では声と映像とが、不均衡にして挑発的な対位法を奏でている。

第三章「線路に咲く花は、旅の風の気まぐれで」では、線路に始まり、駅、列車、待機と出発という主題が取り上げられている。題名の出典はリルケの『時禱詩集』。『ベルリン特急』（ジャック・ターナー）から、出発直前の寝台車の車両を捉えた、長々とした移動撮影が引用される。列車の車輪からの連想で、回転と消滅、移行という主題の連環がここに生じる。すべては移ろっていく。古い技術が新しい技術に取って代わられると、それは「芸術」となる。芸術はその時代が終わらないと芸術になれないが、いずれにしてもやがては消えてしまうだろう。JLGはそう呟く。この章の結末部では、赤く塗られた輪（フィルムのリール？）を回転させながら、路上を駆け抜けていく男が登場する。回転するフィルムのリールのアップ。

第四章「法の精神」という題名は、直接にはモンテスキューに由来している。ひどく赤錆に侵され、映像が黒い染み同然に劣化しまったフィルム（もちろん人工着色であろうが）。経年の劣化から、表紙のモロッコ革が赤く色褪せ、摩滅するに到った書物。モンテーニュ。モンテスキュー。ゲーテ……。巨大な鋏がフィルムのリールを切断する。だがその一方でヘンリー・フォンダが幌馬車の奥に仕舞われていた書物を発見し、歓びに顔を崩す（『若き日のリンカーン』）。過去を回顧的に眺めているだけでは不充分だ。過去とは同時に、すべて混乱とした鬩《せめ》ぎあいである。世俗の教権を超え、自然と宇宙に敬意を抱きつつ、世界を無償で救済しようではないか。JLGは理想を語る。

多くの画面では、原形を留めぬばかりに色彩が歪められ、あえてケバケバしい原色で塗り潰されている。真紅の砂漠。群青色の海。黄色と赤に還元された線路わきの森。キッチュと化した画面では、事物も人物もわずかな輪郭に引き戻され、かろうじて識別できるばかりだ。カラー作品がモノクロに引き戻される。モノクロ画面に毒々しい着色が施される。音声もまた徹底して加工されている。途中でいくたびも中断されたかと思えば、画面が黒く遮断された後も続いていたりする。同じ科白が執拗に繰り返されたりもする。これまでもJLGのフィルムを特徴づけていたこうした傾向が、今では誰憚《はばか》ることなく、いっそう過激に画面全体を支配している。

さて、ここまで四章で四十五分。五章目は、マイケル・スノウの作品名から採られた「中央地帯」である。だがその後の「幸福なアラビア」という部分が三十分以上あり、異常に長い。この部分はそれまでの五つの章を前座として、本格的な映像と言語の思索探究に向かう部分である。ここまで来たとき、どうやら今回のJLGの意図は、アラブ世界をめぐる表象行為の批判的検討にあったのだと判明する。JLGは鮮やかな色彩のもとに過去の自作に註釈し、あたかも複数の旋律が同時に流れているような編集を行っている。ポール・ヴァレリーによる美しき地中海の詩が引用される。いまや重要なのは宗教の書物、書物の宗教（ユダヤ、キリスト、イスラム教）なのではない。何よりも重要なのはイメージの書物だと説く。

「幸福なアラビア」という表現は、現実にアラブ文化圏に住む者たちが自明として受け入れていたものではなかった。十九世紀に英仏列強がこの地を植民地とし、文化流行に促されて多くの画家や文学者が訪れたときに考案された言葉である。二十世紀に映画産業がそれを決定的に神話に仕立て上げた。ところが今日では、「イスラム世界」といえば政治の話となり、「アラブ」とは大国の権力者が怒鳴りあう、単なる舞台背景に低落してしまった。いったいこの地に現実に住んでいるアラブ人たちは、自分たちのことを語ることを許されているのだろうか。

ここでJLGはエドワード・W・サイードに依拠して論を展開する。パレスチナに生まれ、追放と亡命の身で『オリエンタリズム』を執筆。西洋のアラブ表象の歪みとその背後にある権力構造を分析した思想家のことだ。「幸福なアラビア」とは、実のところ、西洋植民地主義が捏造した、オリエンタリズムの映像に他ならない。だがそれが矛盾するようだが、それに固有の魅惑をもち、われわれを惹き付けてやまないとすれば……。

JLGはサイードを引用する。

「確実にいえることは、他者を表象すること、さらに言えば表象する（すなわち還元してしまう）という行為はほぼまちがいなく、表象される対象に向けてのなんらかの暴力をともなうということ。そして、なにかを表象するという行為の暴力性とは対照的に、表象という行為によって生みだされた、対象のイメージそれ自体は――それが言葉であれ、視覚的なものであれ、それ以外のものであれ――穏やかな外面をよそおっているということです」（サイード『権力、政治、文化』上巻、坂野由紀子訳、太田出版、二〇〇七）。

表象行為とは暴力に他ならない。にもかかわらず、その結果創り出された映像は、一見穏やかに見える。ＪＬＧはカンヌ国際映画祭でのスマホ・インタヴューで、この矛盾がセザンヌの絵画においてさえ成立していると語っている。サン・ヴィクトワール山の荒々しくも暴力的な存在と、それを穏やかな映像として成立させてしまう画家のあり方に、彼は一筋縄ではいかない表象行為の、両義的な本質を認めているのだ。

ハリウッドは馬の映像を本物の馬に置き換えてしまう。かつてＪＬＧは五月革命の直後に撮られた『東風』（一九六九）のなかで、映像が携えてしまうイデオロギー的権能を、このように批判的に説いた。この巧妙な戦略に抵抗するためには、すべての映像に異化効果を施し、観客をして、眼前に生起する馬がいかにも映像にすぎないという事実に覚醒させなければならない。だがこの実験的試みから半世紀が経過した。彼の認識は微妙に転移し、『イメージの本』では奇妙に魅惑的な両義性を湛えている。もし表象行為が暴力であるなら、植民地主義の眼差しから離れて、アラブ世界のことをいかに表象すればいいのか。ＪＬＧは未来に身を委ねる。千一夜の歳月が過ぎた後、シエヘラザードは別の方法で語ることだろうと、奇妙な韜晦《とうかい》を口にする。彼がこれだけはと強調して口にするのは、けして幻滅されることのない希望の力である。

エピローグはお笑い。オフュルスの『快楽』で舞踏会に謎の仮面男が現れ、狂ったかのように踊りまくる場面が引用される。誰もがその舞踏の見事さに注目していた次の瞬間、彼は大きく転倒する。救助に駆け付けた人々が仮面を剝がすと、現れ出たのは恐ろしいまでの老人である。もっともＪＬＧは最後までは見せない。

アラブ世界とも書物とも何の関係のないこのフィルム断片を、彼はどうしてわざわざ最後に引用したのだろうか。映像＝運動の現在を観客に喚起したかったって？　そんな映画オタクのような科白などどうでもいい。『イメージの本』の監督はただ、八十八歳になってもまだ頑張ってるゾというメッセージを、いくぶんの自嘲をこめて、世界全体に提示してみたかったのだ。天晴《あっぱれ》である。万事快調。これでいいのだ。

『イメージの本』の映像資料集めに奔走したニコル・ブルネーズによると、JLGは仕事が終わると使用したメモ、ラッシュ、資料のいっさいを焼却してしまうのだという。それでは彼がしばしば過去の自作に言及したり、その映像を引いてくるという事実はどう考えればいいのか。本当だろうか。こうしてまたしてもわれわれは落ち着かない気持ちに突き落とされてしまう。しかしこの噂は、さらに新しい作品を彼が準備中だという噂を前にして、あっという間に新しいゴダール神話と化してしまうばかりなのである。

二〇一九年

『イメージの本』（二〇一八）

本原稿は『キネマ旬報』四月下旬号に発表された。サイードの引用は、公開時の字幕ではあまりに単純化されていたので、原著に当たって照合した。

『イメージの本』は、完成した映画作品としては最後のものである。『勝手にしやがれ』から六十年、思えばはるか遠くに来つるものかな。齢九十に近くしてかくも力強い作品を手掛けてしまうゴダールに、わたしはただ感動していた。

ジョスリーン（抄）

実はもうひとつ、いい知らせがあるのよと、ジョスリーンがいった。ゴダールが尽力してくれて、わたしの写真集が出ることになったのよ。

すごい！　僕は思わず叫んだ。

ジョスリーンは一九七五年に短編『苦しみのレバノン』を監督して以来、動画と平行して、数多くのスチール写真を撮影していた。破壊されたベイルートの市街を、西サハラの解放戦線のキャンプを、ホメイニ革命に高揚するテヘランの街角を、証言者としてカメラに収めてきた。それを何とか写真集として纏めておきたいというのが彼女の願いだったが、製作費を捻出することができず、企画は長い間放置されたままになっていた。映像はやがて散逸し、撮影時の文脈が不明瞭となろうとしていた。それをマチルドが編集し直し、欠落したものは動画から補塡して、何とか写真集の体裁を整えた。その時スイスに住むゴダールがニコルを介して話を聞きつけ、制作費の三分の一を自分が負担するから刊行してほしいと提案してきたのだった。ちなみに彼は新作『イメージの本』で、ほんの数秒ではあるが、ジョスリーンが戦禍に喘ぐベイルートの街角を撮影した映像を引用していた。

もう後ひと月くらいで完成するのよ。ジョスリーンはいった。嬉しそうだった。

本が出たらよそ行きの格好をして講演をし、サイン会だってしなくちゃいけない。大変よ。マチルドがいった。まずサイン入りの本を一冊、スイスのジャン＝リュックに届けなくちゃね。

僕とマチルドはジョスリーンを車に乗せ、マイヨール美術館へ向かった。おりしもジャコメッティの回顧展で美術館はひどく混雑していたが、入口でスタッフが車椅子を準備してくれていたおかげで、会場には円滑に入ることができた。

奇蹟というものは起きるものなのだ。僕は感動していた。四十年間撮りためた写真がようやく日の目を浴びることになる。これだったらひょっとして、ドキュメンタリーも完成に漕ぎつけることができるかもしれない。ジョスリーンの身の上に奇蹟が起きなかったとしたら、いったい奇蹟は誰のために起きるというのか。

帰りのタクシーのなかで、ジョスリーンは寝息を立てて眠っていた。

二〇二二年
「ジョスリーン（抄）」
『さらば、ベイルート　ジョスリーンは何と戦ったのか』（河出書房新社、二〇二二）より一部を再録した。

ジョスリーン・サアブ（一九四八〜二〇一九）はベイルートに生まれ、パリで亡くなった映画監督・美術家である。彼女はイスラエル軍によって破壊され、包囲され、内戦によって分断された一九七〇〜八〇年代のベイルートをめぐり、ドキュメンタリー三部作を撮りあげた。西サハラ解放戦線について、旧サイゴンに住む高齢の女医について、ホメイニ革命について、いずれも現場に赴いてカメラを廻し、シュレンドルフの助監督として映画演出を学ぶと、四本の劇映画を監督した。

ジョスリーンは脊髄癌に侵され余命幾許《いくばく》もないと診断されたとき、人生の宿敵であった母親と和解するためといって、元日本赤軍最高幹部の重信房子とその娘メイを描くドキュメンタリー映画を撮る決意をした。わたしは彼女の助言者としてパリと東京を往還し、ベイルートに足を延ばした。

一九七〇年代の初め、到着したばかりのパリでゴダールに逢ったジョスリーンは、あなたがパレスチナで撮影された映像はどうなったのですかと直接に尋ねた。それはゴダールの周囲が気遣って、誰も尋ねることを遠慮している問いだった。ゴダールはあらかじめ準備しておいた構想に基づいて、難民キャンプで撮ることには撮った。しかし自分の生きる世界における映像環境とパレスチナとの関係がどんどん変化していくのを前に、ラッシュをどう編集して一本のフィルムに纏め上げればよいのかがわからなくなっていたのである。『ここよそ』が発表されるには、さらに数年を待たなければならなかった。

レバノンから来てパリのＴＶ局に就職したばかりの、この生意気な女性のことを、ゴダールはよく記憶していた。『イメージの本』のなかに、彼女のベイルート三部作のワンショットを引用した。ジョスリーンは死に瀕していたが、自分が報いられたと感じた。わたしも、またつねに彼女のかたわらにいたニコル・ブルネーズも、それをうれしく思った。

ゴダール監督を追悼する　I

映画監督のジャン＝リュック・ゴダールが逝去した。享年九十一。

本来であればその冥福を祈りたいが、死の直前まで映画のことを考え続け、休むところのなかった彼の情熱の確かさについては、むしろ寿《ことほ》ぎたい気持ちがしている。次回作を撮りかけようとして中途で人生を中断されたパゾリーニ、失意と不遇のうちに生涯を終えたウェルズと比べ、ゴダールは映画人として実に幸福な生涯を過ごした。晩年まで旺盛な創作欲に駆られ、最後に同時に二本の新作を発表するぞと宣言してしばらく後の死である。あっぱれではないだろうか。

ゴダールはパリ銀行の設立者を祖父としてブルジョア家庭に生まれ、徴兵制を嫌ってスイス国籍を取得。フランスのナショナリズムを横目で眺めながら、大学で人類学を学んだ。フランスでは少数派であるプロテスタントの家庭に育ったことが、後に大作『映画史』で、聖パウロの言葉に基づく映像観を説くことの遠因となった。

学生時代からの映画好きが昂じて映画監督となったが、撮影所で地道な助監督修業を重ねたというタイプではない。デビュー作『勝手にしやがれ』にはショットの初歩的な繋ぎ間違いがあったりする。だがその「へたうま」ぶりが閉鎖的な撮影所で制作される「お高級」フランス文芸映画に飽きていた観客を驚嘆させ、「新しい波」（ヌーヴェル・ヴァーグ）と呼ばれる現象を巻き起こした。子供がふざけて拵えた粘土づくりの人形のような顔をした新人俳優、ジャン＝ポール・ベルモンドを主役に据えたことも、大きく彼に幸いした。一九六〇年代の世界の映画シーンは、文字通りゴダールに牽引されたといってもよい。

とはいえゴダールが本格的に怪物的相貌を見せるのは、〈五月革命〉を契機に従来の映画製作＝配給＝上映のあり方に根源的な異議を申し立ててからである。「有名人ゴダール」という商品名詞を拒否し、パリの路上にカメラを持ち出すと、匿名でアジビラ映画を制作。プラハに、ロンドンに、パレスチナに飛んで撮影。スクリーンには何も映っていない黒画面が延々と続くばかり。その背後で人々がハリウッドの映画作りを批判し、政治討論を戦わせるという実験的な作風に移った。

この過激な時期が過ぎると、しばしの沈黙の後、今度は子供たちと女性の家事労働を主題にヴィデオを撮る。今日衰退の一途を辿っているのは社会主義と映画だと嘯《うそぶ》きながら、『ソシアリスム』なる題名のフィルムを撮る。自分が気に入った世界中の映画の断片を集め、四時間半にわたる『映画史』を編集する。晩年にはカンヌ国際映画祭のインタヴューにスマホで対応し、自分の飼い犬である保護犬を撮り続けたりした。とにかく一日二十四時間、ずっと映画のことを考えていて、新しい主題と方法を見つけると躊躇しない。恐ろしく強靭な精神である。

映画監督としてのゴダールは、喩えていうならば絵画におけるピカソ、文学におけるジョイスに匹敵する存在である。彼らはいずれも若くして評価されたが、傑作と呼ばれた過去の自作を軽々と乗り越え、人跡未踏の地へと探究に赴いた。美学的なスキャンダルに包まれたが、他人の評言には耳を傾けず信じるところを進み、晩年に至るまで旺盛な創作を続けた。すばらしい映画人生であった。世界が終わろうとするときには映像が降臨して人を救済するとこの監督は説いたが、まさに彼こそが最初にその映像に救済されたのである。

二〇二二年
「ゴダール監督を追悼する Ⅰ」
ゴダールの訃報を知って、ただちに『東京新聞』九月二十一日に寄稿した文章である。

ゴダール監督を追悼する　Ⅱ

ジャン゠リュック・ゴダールが九十一歳で逝去した。

そうか、ついにその日が来たかというのが、わたしの最初の感想である。心は少しく騒いでいる。パリのニコルはどういう気持ちだろうと、慌ててFBを検索してみると、一言もコメントはなく、一面黒画面になっている。『映画の前衛とは何か』の著者として日本でも知られているニコル・ブルネーズは、最晩年のJLGのため、世界中の映像断片を探索してきた協力者であり、五百頁近いゴダール論集の編者でもある。黒画面というのは納得がいく。他ならぬゴダールがそれを考案したからだ。一九六〇年代終わり、彼が「ジガ・ヴェルトフ集団」の名のもとに撮ったフィルムでは、随所にこの黒画面が挿入され、政治討論の音声だけが延々と背後に流れるという事態がしばしば見受けられた。

ニーチェは、人類はニーチェ以前とニーチェ以後に分かれるだろうという自覚を抱いていた。その伝でいけば、映画はゴダールの出現を待って、それ以前と以後に分かれるといってもいいだろう。

映画史には巨匠と呼ばれる人物が少なからず存在している。ウォルト・ディズニーやジョン・フォードといった人物だ。お望みならば、小津安二郎を加えてもいい。だが彼らは映画という表象゠制作システムの内側にあって適度の才能を発揮し、たかだかアニメや西部劇、小市民映画の名作の作者であるにすぎない。彼らは生涯に一度もアビューラ（自己の撤回、棄教）を体験しなかったし、映画そのものは彼らの出現によって微動だにしなかった。ゴダールは違う。まったく違っている。彼は過去の自作を一顧だにせず、自分の輝かしい経歴を放り投げると、まったく未知の領野へと突き進んでいった。往年のゴダールファンを当惑させ、ときに失望させながらも、映画というメディアそのものに向かって問いかけを続けた。おそらく前世紀において彼に匹敵できるのは、美術におけるピカソと文学におけるパウンドだけだろう。

わたしは映画がその百二十年を越す歴史においてデュシャンやケージといった存在をもたなかったことを、幸運なことであったと考えている。映画は彼らのように、論理的階梯を越えた批評的眼差しを作品化する者たちを必要としなかった。映画に必要だったのはゴダールだった。ゴダールは映画という現象を批評的に眺め、その認識そのものを映画にした。その点ではデュシャンやケージの同時代人ではあったが、同時に、そしてそれ以上に、映像としての世界の美しさと豊かさを、芸術の世界に回復させてくれた。この二律背反がゴダールである。映画とは何かと問われ、若き日の彼はただちに、「それは美しい感情の表現です」と、平然と答えてみせた。ゴダールが映画界に参入したのではない。映画がある必然のもとに、ゴダールという人格を創造したのだ。

わたしは一九六七年、中学三年生の夏休みに初めて『気狂いピエロ』を観た。その当時のポスターを見てみると、レインボーカラーのサングラスをかけてニヤリと笑っているベルモンドの大写しの上に、「太陽の強烈――原色が踊る」という惹句が添えられている。まるで日活アクションのノリである。もっとも裕ちゃんやアキラの映画とは違い、ひどく不親切な語り口だったので、筋立てを完全に理解できたわけではなかったが、場面場面の強烈な原色の氾濫には圧倒される思いがした。

『気狂いピエロ』で衝撃を受けて以来、ゴダールはわたしの映画的守護神として君臨してきた。わたしは彼の作品をつねに新作として観ることができたことを幸運に思う。四十年以上にわたって、新作が発表されるたびにレヴューを執筆してきたのだ。彼と時代をともにしてきたことを、つくづくと幸福に思う。

ゴダールのフィルムはひとたび観てしまうと、もう引き返すことができなくなってしまうような強烈な印象を与える。いたるところで逸脱を重ねる話法。不安定なカメラ。書物と絵画、そして音楽からの、すべて断片的な引用。氾濫する色彩。だが六〇年代の初期作品を特徴づけてきたこうした要素は、その後、映画内部の政治を告発する時期を経たのち、まったく異なった様相へと変化していく。八〇年代のゴダールはもはや自分が道化としてスクリーンに登場することを怖れない。彼は一方で喪失されたものをめぐる深いメランコリアの淵に沈みながら、もう一方でサイードを引用し、あらゆる表象行為が必然的に引き寄せてしまう暴力について語る。そして聖パウロの言葉を翻案し、復活の時にこそ映像は到来することだろうと託宣を下す。

今回、ゴダールの訃報を聞いて、その晩に『気狂いピエロ』と『東風』を見直してみた。もう何十回観たことか。それでもこれまで気が付かなかったことを発見して目を疑った。たとえば『ピエロ』の冒頭でベルモンドが裸でバスタブに入り、娘に美術史の本を朗読してみせるという場面があるのだが、実はバスタブにはいっさいお湯が入っていないという事実を、わたしは今日の今日まで見過ごしていたのである。これはいつまでも驚異的な細部を、ほとんど無限に携えているフィルムなのだ。

三十年かかったパゾリーニ論をようやく書き上げたわたしは、これから、これまで書き散らしてきたゴダール論を纏め、もう一度ゼロから彼の作品を見直すことで、一冊の書物を認《したた》めておきたいと思う。日本はゴダール論大国の国だが、彼の文体を生真面目に分析したり、引用映像の出典を調べ尽くしたりすることには熱心であっても、肝腎なことで探究されていないことがあまりに多い。ロラン・バルトと同様、フランスでプロテスタントの家庭に生まれ育った彼が、大作『映画史』において独自に披露した聖パウロ観とは、はたして何であったのか。その哲学と神学を基礎づけているものは何か。ユダヤ人とその表象をめぐる問題について、ジガ・ヴェルトフ集団時代の困難な営みについて、アルチュセールとサルトルの影響について、われわれは一度も真剣に考えたことがなかったのだ。こうした調べごとが完了した時点で、われわれはさらに新しい、思いもよらなかったゴダールのヴィジョンに到達することができるだろう。

人はゴダールについていくらでも饒舌を重ねることができるし、ゴダール映画を前にノスタルジアに耽ることもできる。ビートルズとゴダールは日本の「おタク」たちの特権的対象だ。だがもうゴダールについて知識を競い合うことなど止めようではないか。大切なのはゴダールに向かい合うことではなく、ゴダールと同じ側に立って世界と向かい合うことなのだ。

二〇二二年
「ゴダール監督を追悼する　Ⅱ」
一般紙では意を尽くせないところもあったので、わたしはさらに『図書新聞』十月十五日号に追悼文を執筆した。

68年ゴダールの喧嘩フィルム

先日物故したゴダールは、ピカソと同様、長短編を含め、おびただしい数のフィルムを遺した。なかには評判を呼んだジーンズのCFシリーズもあれば、撮影中にスタッフを大喧嘩をして放り出してしまったり、権利問題が拗《こじ》れて上映がままならぬというものもある。だからなかなか彼の全体像は推し量るのが難しい。今回のゴダールはその中でもとりわけレアものであり、世界各地で行われるJLG回顧上映でも、まず上映されることのなかったものだ。

一九六〇年代後半とは、フランスやイタリアのラディカルな映画監督たちが、いっせいにカメラをアメリカとキューバに向けた時期であった。アニエス・ヴァルダがブラック・パンサーのドキュメンタリーを撮り、アントニオーニが西海岸の若者を主人公に『砂丘』を撮った。パゾリーニもまた（実現こそしなかったが）聖パウロがニューヨークの黒人闘争のさなかに飛び込むという脚本を書き上げた。

もちろんゴダールも負けていない。一九六八年に〈五月〉が勃発するとパリの路上で、匿名でアジビラ映画を撮り、ロンドンでローリング・ストーンズを撮り、キューバにまで足を延ばしている。十一月には、そもそも〈五月〉を予感させた『中国女』を引っ提げ、ニューヨークに飛んだ。目的は『ワン・アメリカン・ムーヴィ』*1 American Movie*（1A.M.）というフィルムを撮ることだ。この題名もスゴい。そして待ち構えていたのが現地のドキュメンタリー監督D・A・ペネベイカーと撮影監督のリチャード・リーコックだった。

ニューヨークの大学での『中国女』上映は成功裡に終わった。今回上映される記録映画『ニューヨークの『中国女』』で上映後の質疑応答を見ると、雰囲気がよくわかる。映画は一時間に二、三分でも面白ければ、それでいいのですよ。北ベトナムの人たちはソ連映画を観て勇気づけられるというけれど、そのソ連映画がアメリカ映画をお手本としていることはどう考えればいいのでしょうね。勉強するのは滑稽で退屈だけれど、今は大学のクラス（教室）にではなく、クラス（階級）の闘争に戻ることが大切だよ。ゴダールはカンヌやヴァネツィアでの時と違い、とても真面目でキチンとした口調で、アメリカの学生の率直な質問に答えている。

その後で『1A.M.』の企画説明。ゴダールの頭のなかでは、もう映画の主題もプロットもキッチリ決まっている。後は撮影方法を説明するだけだ。撮るのはブロンクスに住む黒人の二人の少女。ウォール街。ブラック・パンサーの闘士。新左翼学生組織の代表。ジェファーソン・エアプレインの屋外コンサート。一人の人物の科白を別の人物が真似をしたり、同じ人物がまったく別の口調で繰り返し口にしたりする。撮影にあたっては正確な構図など気にかける必要なし。ある程度撮れていればいいとする。ズームは、まああまりしない方がいいね。ただし十分長回しすることが大切。途中でカットしてはいけない。事後の編集はなし。撮影の時点で編集は終わっているからだ。ありのままに撮る方が、映画は観念的に見えてくる……。

こうしてペネベイカーとリーコックの手で実際の撮影が行われる。先住民の正装である巨大な羽根飾りを頭につけた青年がウォール街を歩きながら、革命と反革命、子供の抑圧禁止といったスローガンを叫び、黒人中学校の教室に南軍の軍服を着た白人男が乱入、生徒たちが玩具の銃で応戦といったドタバタ寸劇のリハーサルがなされ、オーロラ姫のグレイス・スリックがビルの屋上でマイクを握って熱唱し……とはいうものの、ゴダールとアメリカ人スタッフは途中で喧嘩になってしまい、映画製作は中止。ペネベイカーはラッシュを自分なりに編集して、自分名義で発表する。*1A.M.* という原題が、いつの間にか *1P.M.* という題名になった。

ゴダールは自分の作品とは認めてはいないが、これは興味の尽きないフィルムである。『東風』の美しさに息を呑んだ体験のある人は、ここにその下書きデッサンを認めることだろう。

二〇二三年

「68年ゴダールの喧嘩フィルム」

『キネマ旬報』五月上旬号に発表された。『1A.M.』はゴダールが中途で放棄し、生前に日本では公開されることのなかったニューヨークでの撮影映像を、アメリカのドキュメンタリストが『1P.M.』に再編集したという、レアものの中のレアもの映画である。

遺作『奇妙な戦争』

二〇二二年九月に自殺したゴダールは、死の直前まで『奇妙な戦争』*Drôles de guerres* と『シナリオ』*Scénarios* という作品を構想し、二作を同時に公開すると豪語していたという。それがどこまで進行していたかは、今となっては知りようがない。死の翌年、二〇二四年五月のカンヌ国際映画祭では、『奇妙な戦争』のメモとも予告編ともいうべき、二十分の映像断片が上映された（以下では彼の志を汲んで、『奇妙な戦争』と呼ぶことにする）。正式な題名は、『奇妙な戦争』という、けっして存在してないフィルムの予告編」である。ちなみに Drôles de guerres という表現には歴史的な意味の含みがある。それは第二次世界大戦が勃発した直後、戦線が予想されていたよりもはるかに平静であったことを指す言葉であり、パレスチナからサラエヴォまで、ゴダールが同時代人として探究してきた戦争という主題に、本質的に関連している。

『奇妙な戦争』は赤と黒を重ねて大書された文字から始まる。アンリ・ミショーやアレシンスキーの手になる象形文字の試みに似ていなくもないが、ただちに意味はわからない。最晩年のゴダールが繰り返し試みては、ニコル・ブルネーズにスマホで送っていた抽象絵画作品の延長にある映像である。

作業机の上に、何もかもが未整理で断片的な映像が散らばっている。とりあえずそれを一か所に纏めてみたというのが、『奇妙な戦争』を観たときの第一印象である。やがて「全頁　ごちゃごちゃ」という文字があらわれるのだが、まさにその通りだ。最初のうちは何が何だかわからない。故人となった監督の意図が何であったかが理解できない。

「暗い部屋のなかで黒猫を探すのは難しい。とりわけ黒猫がそこにいない場合には」。

「感情　情熱」。

「スペインの報せは不吉なものだった」。

「カメラとは古いタイプの量子幻灯機（エピディアスコープ）にすぎない」。

スマホを手にしている人物。スマホをもつ手。カメラ。鳩。撮影行為をめぐるこうした静止映像のコラージュの余白に、こうした文字が書き込まれている。アルジェリア解放闘争のさいに「ジャンソン機関」を設立し、フランス国家と対立したフランシス・ジャンソンの『われらの戦争』という著書の名前が掲げられる。二人の女性の静止画像。十八年前に彼の『われらの音楽』に主演したナード・デューとサラ・アドラーだ。このあたりまでが五分ほどが無声で、それから少しずつ音楽や女性の独白する声が聞こえてくる。

「それは曖昧な映像。二人が横に並んでいる。わたしの隣に女の人がいる。知らない人だ。わからない。はるか遠くのことなのか、ずっと先のことなのか」。

「つかの間の一瞬が後に名高い過去となる」という字幕のもとに、碑に身を寄せて嘆く女性や、女性の遺骸に向き合っている男性の映像が並べられている。

ここまで観てきても、なんだかよくわからない。だが理解できるのは、どうやらゴダールがこうして音と映像を操作しつつ、自分の漠然とした構想に形を与えようとしているということだ。彼はあらかじめ頭の中にある構想を説明しようとしているのではない。編集機の前に坐りながら、その場にある音と映像を重ねたり離したりしながら構想を組み立てている。というより、むしろその作業が構想そのものなのだ。

『われらの音楽』の後半で、モスタルの橋の残骸に足を向け、廃墟と化した社会のなかで殉教を考えるに到ったユダヤ人女性オルガ（ナード・デュー）の科白が流れる。「われわれの、明らかに貧しい状況。わたしのいるところはいたるところ鉄条網だらけで、空が爆撃で赤く染まり、いたるところに爆発の痕跡がある。なぜこの廃墟が文化という概念と同時に存在し許されているのだろうか。文化を忘れ、追放する勇気が必要だ。勇気をもって、すべてを手際よく処理していかなければいけない。家が燃えているとき、家具を持ちだして守ろうとするのは馬鹿げたことだ。手にすることのできるものがあるとすれば、それは敗者としての歓びをみずから選ぶことだ……」。

「しかし、六八年だ」と字幕。さきほどから流れていたショスタコーヴィッチの弦楽四重奏第八番の音量が高まる。『映画史』から再引用された、メアリー・ピックフォードの映像。「その裏切りが」。ロシア語を話している男の声。「ロシア語はやめて。信用できない言葉よ」といいながら、それを拒む女の声。

「実をいうと、シナリオは昔の小説を簡単に脚色したものである。といってもマルセル・カルネやブライアン・デ・パルマなどと格が違う。常套句など相手にせず、必要にして真実の言葉とメタファーに本来の自由を取り戻させてみせる。過去のロケ地を訪れはしても、現在のアクチュアリティに目を向け、自分の選んだ悪夢に忠実にあろうとする」。

このあたりまで観てきて初めて、『奇妙な戦争』がどんな作品になるかが漠然と理解されて来る。主題は戦争であり、戦争における裏切りである。そこにはこれまで作者が関与し拘泥してきた、あらゆる戦争の記憶が重ね焼きされて登場することになるだろう。

ここでゴダールは、原作となるべき小説作品を明らかにする。シャルル・プリニエ（一八九六～一九五二）の連作短編集『偽旅券』（一九三七）である。プリニエは現在ではすっかり忘れ去られた作家であるが、ベルギーに生まれ、本作ではじめて外国人としてゴンクール賞を受けた。一九二〇年代にはトロツキストとして活躍し、『偽旅券』ではスターリン主義のもとに裏切られ、拷問され、破滅していく活動家たちの物語が語られている。ゴダールはそのなかでもとりわけブルガリア人ディトカとイタリア人カルロッタという二人の女性活動家に着目し、彼女たちを同時代のシモーヌ・ヴェイユ、ハンナ・アーレントに比すべき崇高な存在として描こうと考えているのだ。原作ではディトカは恋人が国外へ脱出したにもかかわらず留まり続け、最後に処刑される。カルロッタは恋人が密告者であると知って、心を鬼にしながら彼を粛正する。

画面に『われらの音楽』の二人のユダヤ系女性、サラ・アドラーとナード・デューの顔写真が並んで登場していたことを、ここで考えてみよう。どうやらゴダールはナード・デューにディトカを、サラ・アドラーにカルロッタを演じさせてみたかったのだ。

「またもう一度、映画が撮れるだろうか」と、ゴダールは自問する。齢九十を超えその声は咳でひどく枯れてはいるが、力強い。「プリニエが政治と革命という、かつての情熱に回帰したように。今の自分のように映画作りを充分に知った上で、メルヴィルが『海の沈黙』を撮ったときのように、映画に駆り立てられて撮るということがあるだろうか」。

ここでふたたび『われらの音楽』の引用となる。ユディスが駐サラエヴォ大使を公邸に訪問し、ナチス占領下でともにレジスタンス活動をした自分の父親のことを記憶していますかと尋ねる場面である。この作品がよくよくゴダールにとって大きな意味をもっていたことが、ここからも推測できる。おそらく『奇妙な戦争』は、スターリニズムとファシズムの狭間にあって捉えられ、自分の恋人による拷問を受けたカルロッタを、『われらの音楽』に登場する二人の真摯な女性のように描くものになったのではないだろうか。

とはいえここで予告編は終わる。

ここには老境に達し、周囲と和解して無難な名作を撮ろうとする意志もなければ、旧作をめぐる安易な自己模倣もない。もし何かが起きているとすれば、それは「美しき時の震え」(ガエタン・ピコン)としか形容しようもない事態が働いているというべきであろう。われわれはその先を知ることはできない。われわれが観ることができるのは、最後の瞬間にまで手を高く振り上げたゴダールの姿であり、その掲げられた手の、つまりは志の高さである。

「遺作『奇妙な戦争』」
ゴダールが生涯の最後に撮ろうとしていたものの、その死によって予告編だけが遺された作品である。この原稿は本書のための書下ろしとなった。

ゴダール馬鹿一代

1

最新情報では、今年二〇二四年五月のカンヌ映画祭で、ゴダールの本当の遺作『シナリオ』*Scénarios* が公開されたという。わたしは見ていないので、報告文から得られた情報をここに記すことしかできないが、本体は十八分。二十年来の協力者であったファブリス・アラーニョが制作過程を説明するテクストが三十四分、それに付加している。

えーっ、名前だけは聞いていたけれど、やっぱり作っていたのだ。『奇妙な戦争』の予告編だけじゃなかった。でも、これで本当に、最後の最後だよね。ビートルズみたいに、半世紀も後でわけのわからない音声操作で「新作」が公開されるというのではなければいいのだけれど。……とはいえ「ゴダール馬鹿一代」を自称している以上、論じないわけにはいかない。アラーニョに従って、かいつまんで内容を紹介しておこう。

『シナリオ』の主題は戦争である。ライフルを手にした兵士が、半身を水に浸している映像から始まる。晩年によく制作していたカラフルな絵画作品と、エイゼンシュテインの『イワン雷帝』のスティールなどがそれに続く。最後の二分間では、セーターを着たゴダール本人が書物を朗読している。サルトルである。彼はそれが終わると頭を少し擡《もた》げ、「ＯＫ」という。画面が黒くなり、これで終わり。

アラーニョによれば、ゴダールは亡くなる五日前、いつもの簡易寝台に横たわりながら、彼に向かってＡ４判のノートを渡し、『シナリオ』の細部についていろいろと説明した。ただ手元にサルトルの書物だけがなかった。どうもなかなか珍しいテクストらしい。アラーニョはさっそくパリに連絡をし、テクストを入手するとゴダールに渡した。朗読がなされ、制作は終了。ゴダールは翌日に亡くなった。「ＯＫ」というのは作品の完成とともに、彼の人生そのものの完成を意味しているのだろう。

2

自分が今でも人に知られていることにとても驚いているよと、ゴダールは語る。一九九七年、アラン・ベルガラ（後に『60年代ゴダール』を執筆）によるインタヴューでのことだ。時に御大は六十六歳。『映画史』の全四章が完結し発表された直後である。

でも、街角を歩いていて、あっ、ゴダールが歩いているってわかる人って、今のＴＶであなたの授賞式での姿とかを見ている人たちでしょ。そういう人たちが知っているのは、『勝手にしやがれ』とか『軽蔑』とか、あと『気狂いピエロ』だけですよねとベルガラ。

僕は六八年以前にはもっと有名だったんだ。今はまあこんなところにいるけどね。つまり僕は、映画とその偉大さについて自分なりの考えをもっていて、何人かの友だちとか知り合いに助けてもらいながら、悲惨に陥ることもなく、なんとか今まで生き残ってきた、ただ一人の遭難者だってわけだよ。『映画史』ははじめ、『映画の偉大さと悲惨』という題名にしようと思っていた。

ゴダールはさらに続ける。

映画は何でもできるといいたい。映画は、どんなものでもいいけれど、他のものがしているようなことはするべきじゃない。でもどんなことも、しようとすればできるんだ。

『ゴダール全評論・全発言集Ⅲ』（奥村昭夫訳、筑摩書房）から、いくぶんタメ口風にパラフレーズして引用してみた。原典から引用するとき、わずかだけ転調したり即興を加えたりするというのがゴダールの癖で、それをちょっと真似てみたのである。

実はこの後もゴダールは九十一歳まで、なんと二十四年も長生きをし、『われらの音楽』やら『さらば、言葉よ』やら、さまざまな問題作を世に問うことになるのだが、まあそれは別の話。ベルガラに今度はセルジュ・トゥビアナを交えた別のインタヴューでは、こんなことを語っている。

「われわれは映画の前史にいる。映画の歴史はその前史で止まってしまったんだ。その後のことはまた別の話なんだ。TVとともにまた始まりつつあるもの、また始まり……ヌーヴェル・ヴァーグへと向かったもの、あれはまた別の話なんだ。われわれはこう思ったものだ。これから始まろうとしている、われわれは生涯の終わりまで映画を作り続けることができるはずだ……」。

その通りになった。なってしまった。ゴダールは生涯の本当に最後まで映画を作り続けた。遺作のひとつとして発表された『奇妙な戦争』という映像断片は、スターリンの圧政下で拷問され破滅していく二人の女性を主人公とした同名のフィルムの予告編である。

しかしさらにスゴいのは、『映画史』を完成した直後のゴダールがまったく引退するつもりがなく、まだまだ映画は前史で止まっているままだと断言していることである。今が真ん中ぐらいで、それから後半が開始されるゾというわけだ。

3

イタリア語に「アビューラ」abiuraという言葉がある。フランス語ではabjuration。カトリックでは「異端誓絶」と訳したりするが、要するに、これまでしてきたことをサラリと捨て、絶対に振り返ろうとしない。そして、人が予想もしなかった方向へドンドン進んでいくことだ。人が期待している場所に身を置かない。自分が書いたものや撮ったものが権力によって利用され、権力に隷属させられたときに、それを公然と捨ててしまうこと。

ゴダールをライヴァル視していたパゾリーニはこのアビューラが得意だった。『テオレマ』のように、ごく少数の知識層しか理解できないような難解なフィルムを発表したかと思うと、そうした「積極的に退屈な前衛映画」は監督の狭小な映画観に基づいていると自己批判し、『デカメロン』や『カンタベリー物語』を撮った。だがそれが商業的に大当たりとなり、イタリアの「ポルノの帝王」と呼ばれるようになると、今度はあっさりと切り捨て、ふたたび『ソドムの市』のように陰鬱で難解なフィルムに戻った。突然に宣言を発し、百八十度の方向転換をしてしまうのである。観客は当惑し、批評家たちは、ああ、またやってるなあと、いくぶん冷ややかに眺めていた。

ゴダールも優れてアビューラの人だった。

ハリウッド映画の模倣とその挫折を、意図的に甘美に演じてみせデビュー時代。「映画界に第二、第三のヴェトナムを」と呼びかけ、映画の内在する政治を露呈することに腐心した時代。ヴィデオに新しい可能性を見出し、家族とジェンダー、とりわけ子供にカメラを向けた時代。商業映画に復帰し、自分でも道化役での出演を重ねた時代。映画という二十世紀の一大表象体系の全体を歴史的に統括しようと試みた時代。そしてもはや外界の現実を撮ろうとせず、先行する無数の映像の網状組織のなかで編集に専念した時代……。

ゴダールは配偶者を変えるたびに、みごとにアビューラを実践した。女性たちは、誰もが（程度の差こそあれ）フランス社会における他者であり、しかもアンナとかアンヌという名前だった。

ヌーヴェル・ヴァーグに、こうしたアビューラを壮絶に生きた監督は他にいない。シャブロルは生涯共産主義者としてブルジョアへの憎悪を描き続け、リヴェットは生涯、即興と反復に拘泥した。ロメールは省筆と寓意。トリュフォーは悔恨の惨劇。レネは時空の混乱。誰もがひとたび手にした主題を運命のように携え、それに殉じた。ただ一人、ゴダールだけがわが身に転移と断絶を引き受け、複数の創造的人生を生きた。

4

ゴダールは生涯に何本の作品を撮ったのだろう。いや、彼の場合、はたして「撮った」という言葉が正確なのかどうか、わからない。

『映画史』以降の彼の作品は、自分の手になるものであれ、他の監督の撮ったものであれ、すでに存在している世界中のフィルムの断片を蒐集し、結合させ、新しい意味の生成に関わるといったスタイルを採っている。かつてのように現実世界にカメラを向けて撮影することは、しだいに稀になっていった。だから、「撮る」という言葉は安易には使えない。とはいうものの、まあこの際、便利だから、慣例に応じてこの言葉を用いることを許していただきたい。

これは数え方にもよるだろうが、主だった長編映画を中心にすれば、作品数はまず五十本くらい。本編の準備のためのメモ映画やオムニバス映画の短編、予告編、それにジガ・ヴェルトフ時代に始まるTVのCFなどを含めれば、百本から百五十本の間。今となっては正確に確定することは不可能かつ無意味かもしれないが、〈五月〉の直後に路上に出て匿名で撮ったアジビラ映画（「シネ・トラクト」とも「フィルム・トラクト」ともいう）を勘定に入れればさらに数は増える。二百本くらいではないかという説もある。

日本で公開されたのは五十本を少し超えるくらいか。もっともそれも映画会社によって正規に配給され、一般の劇映画上映館に掛けられたものと、映画祭の会場などできわめて限定された状況のもとに上映されたもの、さらにDVDだけが発売されたものなど、何をどう計算するかで数字に異同が出てくる。いずれにしても日本では、『映画という小さな商売の興隆と頽廃』や『子供たちのロシアごっこ』『古い場所』といった重要なヴィデオ作品に、簡単にアクセスできないのは残念である。

初期ゴダールへのノスタルジアに満ちたレナウンのCFが一九八五年に日本のTVで洋画番組の合間に放映されたとき、おそらくそれと知らず観てしまった人は少なくないはずだ。パリで制作された香水のCF、ナイキやジーンズのCFなどは、その存在がほとんど知られていない。香水のCFはなんと、ジガ・ヴェルトフ集団が商業映画の制度的あり方を告発していた一九七一年に、アンヌ・ヴィアゼムスキーと並んで当時のゴダール・ギャルを代表するジュリエット・ベルト主演で撮られている。いったいどうなっているのだ、これは矛盾しているではないかと、本人が生きていれば思わず問い質してみたいのだが、闘争を継続するにはこのような作業も必要なことなのだといわれ、スラッと交わされそうな気がしている。こうした議論がなされるためにも、少なからぬ数に及ぶゴダールのCFは検討されてしかるべきだと思う。

ゴダール馬鹿一代であるわたしは現在、こうしたミッシング・リンクを、一本一本埋める作業に忙殺されている。

いくら精魂を詰めてもかならず遺漏は生じるだろう。そもそも「フィルム・トラクト」の作者をゴダールだ、いやどうではないと論じてみるという行為そのものが、ある例外状態にあって映像は個人の主体を離れ、匿名で撮られなければならないという彼の決意に反している。それをあえて作家という観念のもとに封じ込めることに、一体どのような意味があるのかが、疑わしく思われてくる。誰が撮ってもいいんだ、誰かがカメラを廻してさえいればそれでいいのだ。ベケットに倣ってそう確信していたゴダールを、不用意にアカデミックな死体解剖によって裏切りたくないためだ。

ともあれ監督が逝去して三年間の今年のカンヌで、遺作『シナリオ』が公開された。やれやれ、ああ、これで安心した。偉大なる映画作家のさらなる冥福を祈りたい。

本稿の最初の方で引いたベルガラ・インタヴューから、もう少し引いてみよう。

「僕は映画を、生計を立てるためにだけ作ってきた。そして今、自分の人生の終わりに到達しつつある。僕は自分の人生を獲得しなかったんだ。貯めてあるものが何もないんだ」。

いいこと、いうなあ。四方田は心のなかでは「うそ、うそ」と思うのだが、少なくとも口先だけでは、早くこういえるようになりたい。

二〇二四年
「ゴダール馬鹿一代」

『ふらんす』十月号のために執筆した。カンヌ国際映画祭で『シナリオ』なる遺作が上映されたのを契機に書かれた文章である。もうこれでゴダールについて書くことはないだろうという気持ちで書いたのだが、ひょっとしてまた書いてしまうかもしれない。

わたしに心残りがないわけではない。ドゥシャン・マカヴェイエフのことだ。彼は一九六〇年代後半の世界のアート映画シーンのなかで、ブニュエル、ゴダール、パゾリーニと並んで、「過激映画の四天王」と呼ばれていた。残念ながら日本では映像があまりにエロティックだというので、当時は一本も配給公開されることがなかった。彼は、

「四天王」のなかで唯一わたしが親し気に交際した監督であった。二〇〇四年にベオグラードの民族学博物館に客員研究員として籍を置きながらユーゴスラビア解体後の映画状況をリサーチしていたとき、家に入り浸っていろいろ話をした思い出がある。いつか彼についてもモノグラフを執筆しておきたい。

3

女に逃げられるという才能

「女は俺の成熟する場所だった」という名言を吐いたのは、日本の近代批評の神様といわれる小林秀雄である。小林がヌーヴェル・ヴァーグについて、また映画一般についてどの程度の見識をもっていたのか、残念ながら筆者はそれを語るべき立場にはないが、スイス人の映画監督であるジャン＝リュック・ゴダールについて考えるとき、この言葉はなるほどと人を納得させるだけの重みをもっている。

ゴダールと同時代を生き、遠く極東の地にありながらその優れたライヴァルであった大島渚は、次のように書いている。

「ゴダールはよほど自己変革してゆくことを重んじている人間にちがいない。アンナ・カリーナに続いてアンヌ・ヴィアゼムスキーもまたゴダールのもとを去ったと聞いて、私はああ女房に逃げられる才能を持つということもあるのだと言って感嘆したのだが、この一見自己変革しそうな顔付をした二人の美女は、自己変革を迫るゴダールのしつこい目付に耐え切れなくて逃げ出したのであろうと思う」。

大島は一九七〇年代初め、ゴダールの二番目の妻であったアンヌ・ヴィアゼムスキーが毛沢東派の学生と駆け落ちしたというゴシップを耳にした上で、こうした体験を一度ならずわが身に引き寄せてしまうゴダールに、ある逆説的な才能を見ている。TV番組『女の学校』で長らく司会を務めたこの監督の人間観察に、しばらく耳を傾けてみることにしよう。

「（自己変革が＝引用者註）とうてい不可能な女に、自己変革しろと迫るのがゴダールの趣味なのかも知れない。どうもゴダールにはそういう不可能へ寄せる情熱のようなものがある。そして美女たちは結局逃げ、ゴダール自身はそのことによって必然的に自己変革を迫られるという、ゴダール自身にとってはある意味でなかなか都合のいいシステムが出来上がっていて、だから私は、女房に逃げられるという一種の才能もこの世の中にはあると感嘆したのである」（「解体と噴出――ゴダール」『大島渚著作集第四巻――敵たちよ、同志たちよ』、現代思潮新社）

ううむ、これは凡百の作家論ではない。ゴダールをめぐってはこの四十年にわたって洋の東西を問わず、さまざまな映画オタクがノスタルジックな讃辞を重ね、記号学から脱構築批評まで最新流行の方法論を勉強した映画学者が緻密な分析的論文を発表してきた。いうまでもなく、筆者もまたその端くれであった。だがそのうちの誰一人として、大島渚のように大摑みではあるが彼の本質を射抜くがごとき評言を口にできた者はいなかった。どうして大島にのみそれが可能であったか。簡単にいってそれは、彼だけがあまたの映画オタクや学者とは違い、強い自己変革の意志をみずからに課してきたからだ。大島だけが手法や主題は違えども、つねにみずからを変革していこうとする意志をもったゴダールの姿を、時代を同じくする同志として懸命に見つめてきたからである。

ゴダールの人生

ゴダールは一九三〇年、富裕な銀行家の孫としてパリに生まれた。パリ大学で人類学を学び、徴兵制度から逃れるためスイス国籍を取得した。映画雑誌に短文の評を執筆したり、配給会社の宣伝部員として働きながら、一九五五年、二十四歳のときに短編『コンクリート作戦』で監督としてデビュー。だが彼の名声を決定的にしたのは、新人男優ジャン＝ポール・ベルモンドを主役に据えた『勝手にしやがれ』（一九六〇）である。このフィルムは文字通り従来の映画の文法を一新させるだけの強烈な衝撃力を持っており、ゴダールの名はこのフィルムの監修者のクロード・シャブロル、脚本のフランソワ・トリュフォーらとともに、フランス映画の新しい波、つまりヌーヴェル・ヴァーグの旗手として世界中に鳴り響いた。一九六〇年代を通じてゴダールは映画の最前線を生き抜き、『女と男のいる舗道』や『気狂いピエロ』といったフィルムを通して世界中の映画ファンを文字通り圧倒した。まだ世界がフランス映画の一挙一動に関心を抱いていた、よき時代の出来事である。

一九六八年、パリが五月革命を迎えたとき、ゴダールは革命的に変貌した。彼は映画をめぐる既成の製作・配給・上映体制を根源的に解体しようと目論み、すでに生ける伝説と化していた自分の名前を捨て、ジガ・ヴェルトフ集団という匿名の共同体の名のもとに映画を撮り出した。スクリーンには視線を拒否する黒画面が続き、マルクス＝レーニン主義的闘争を語る声が延々と続く。だが革命の昂揚はいつまでも続かず、一九七三年に男臭いジガ・ヴェルトフ集団は解散する。ゴダールは喧騒のパリを離れ、グルノーブルへ、さらスイスの小さな村ロールへと隠遁《いんとん》する。彼はそこに小さなスタジオを設け、辺境に位置しながら家族と子供を主題にする、ミニマルな作風に切り替えた。一九八〇年に『勝手に逃げろ／人生』で商業映画界に回帰してからは、ほぼ一年に一作の割で話題作を提供し、自演もいとわぬ活躍ぶりを続けて現在にいたっている。一九九八年には四時間二十二分に及ぶ大作『映画史』を完成。これは世界でこの百年の間に製作された無数のフィルムのなかから好きなショットだけを自由に引用し、それを註釈つきで組み合わせるという手法のもとに成った高次レヴェルの作品である。ゴダールはこの『映画史』によって、いまだに世界の映画状況にあって最前線に立っていることを立証した。二〇一一年、この原稿をわたしが執筆している時点で八十歳にいたった彼は、新作『ソシアリスム』に次ぐ新作を構想中である。

ゴダールの監督としての生涯をこう書き出してみると、もはや彼に匹敵する芸術家は二十世紀においてはピカソかシェーンベルクくらいしか存在しないのではないかという、眩暈《めまい》のような感覚に襲われてくる。この二人の画家と作曲家は長命であったばかりか、たえずみずからに自己変革を要請し、次々と主題とスタイルを変化させていった。ゴダールもまたしかり。映画への初々しい情熱に溢れた初期から、革命的映画のあり方を問うジガ・ヴェルトフ時代。家族と子供にヴィデオカメラを向けることに夢中だった一九七〇年代中期。そしてより複合的な視座のもとに西洋美術史や新約聖書、オペラにまで物語の素材を求めた一九八〇年代。個人映画と世界映画史の境界を自在に越境するにいたった一九九〇年代。さらにより自由闊達なスタイルのもとにヨーロッパ文明と映像の諸問題を論じる二〇〇〇年代と、どの時代を取ってもその作品という作品はつねに瑞々《みずみず》しい活力に溢れ、尽きせぬ映画的魅力を湛《たた》えている。

他者としての女たち

だが問題はここからである。ゴダールの芸術的生涯を区切るこうした複数の時代は、つねにある特定の女神《ミューズ》によって特徴づけられているのだ。彼が長編デビューをするにあたってその霊感の源泉となったのは、アメリカ人のジーン・セバーグである。六〇年代中期にその画面を飾ったのは、デンマーク人のアンナ・カリーナだった。ジガ・ヴェルトフ時代は亡命ロシア貴族の裔《すえ》にあたるアンヌ・ヴィアゼムスキー。そして七〇年代以降のゴダールの遠心力を制御し、フェミニズムと家庭の政治へと収斂させていったのは、アンヌ＝マリ・ミエヴィルというスイス人であった。ゴダールはこうして、いかなる時代にあっても正統的なフランス性から逸脱した血筋をもつ女性たち、いうなればフランス社会における〈他者としての女〉に導かれ、彼女たちから霊感を与えられることで新しい世界へと進展していったのである。一人の女性が去ると次の女性が現われ、これまで彼が知らなかった世界への入口を指し示す。ゴダールはそうして導かれるままに自己変革を重ね、現在にいたっているのだ。

大島渚の炯眼をもたなくとも、これを稀有の幸運な才能だと呼んでどうしていけないことがあるだろう。こんな真似が吉田喜重やフェリーニにできるか。またブリジット・バルドーと結婚し、ジェーン・フォンダとも結婚したとしても、いっこうに自己変革とは縁がなかったロジェ・ヴァディムにできるか。もちろん大島本人にもできない。パゾリーニにはもとからできない。そう考えてみると、世界映画史、というより世界男性史のなかでのゴダールの偉大さが、際立ってわれわれの前に屹立して見えるのである。

本書の第3部はそうしたゴダールの足跡を、もっぱら彼のミューズであった女性たちの物語を通して描き出そうと試みたエッセイである。ゴダールが契機となってヌーヴェル・ヴァーグのアイドルになったものの、黒人解放運動に関わって破滅の人生を歩んだジーン・セバーグ。ゴダールと訣別した後も逞しく女優業に邁進し、やがてヨーロッパ的な規模の大女優と化したアンナ・カリーナ。映画女優など若気の至りと思い切り、作家としてデビュー、いつしかフランス文壇のなかに確固たる地位を占めるにいたったアンヌ・ヴィアゼムスキー。ゴダール映画で一度は主演を務めながらも、彼からの容赦のない罵倒の標的となったジェーン・フォンダ。そして誰よりも長くゴダールと生活をともにし、彼と豊かな共同作業を続けてきながらも、けっして人前には現われず、依然として謎の存在であり続けるアンヌ＝マリ・ミエヴィル。この五人が出揃ったとき、ゴダールをめぐる女性たちの星座が完成する。

ゴダールがその死に際して「日本という枠を抜きにしてもっとも偉大な映画監督の一人であった」と追悼の辞を綴った溝口健二に、敗戦直後に撮られた『歌麿をめぐる五人の女』というフィルムがある。その顰《ひそみ》にならって、本書を「ゴダールをめぐる五人の女」の物語としてお読みいただければ幸甚である。

岡崎京子と一九九〇年代の思い出に

第一章　ジーン・セバーグ

零落の聖女

一九七九年九月十二日、ソウルの建国《コングク》大学校に滞在していたわたしは、毎日アパートに配達されてくる英字新聞の紙上で、ジーン・セバーグの突然の死を知った。彼女は八日の朝、パリの自宅付近に停車中の自動車の後部座席で、毛布に包まれた死体として発見されたのだった。新聞には死因については記載がなく、ただ享年が四十であったことだけが記されていた。わたしには何が何だかわからなかった。ただちに頭に浮かんだのは、彼女が縞模様のTシャツを着て、シャンゼリゼの街角で「ニューヨーク・ヘラルド・トリビューン」と声を立てながら新聞を立ち売りしている姿だった。ゴダールの『勝手にしやがれ』のなかでもっとも印象的な場面のひとつだ。

わたしには彼女の死について語ろうにも、誰と話していいのか、皆目相手が見つからなかった。当時の韓国は朴正熙《パクチョンヒ》軍事政権が言論の自由を徹底的に弾圧しており、年に数本、ハリウッドの戦争映画が上映されることを別にすれば、外国映画が一般公開されることはきわめて稀《まれ》であったし、表現をめぐっては強い検閲が行なわれていた。『勝手にしやがれ』がはたして過去にこの国で上映されたかどうかも、見当がつかなかった。わたしは呆然としてふたたび新聞を手に取った。それが偶然にも、韓国における『ヘラルド・トリビューン』の提携紙『コリアン・ヘラルド』であったことに気付き、余計に悲痛な気持ちになった。

やがて東京に戻ったわたしは、ジーン・セバーグの死因についていくつかの証言資料に当たり、彼女を描いたドキュメンタリー映画につきあってみた。精神錯乱による自殺だという説を聞いたこともあったし、ＦＢＩによる陰謀だという説を説く者もいた。薬物摂取が原因だと説く説さえあった。真相はいまだにわからない。銀幕の裏側では阮玲玉《ロアン・リンユイ》からジュディ・ガーランドまで、数多くの名花が非業の死を遂げている。それもマリリン・モンローのように、死因さえ不明の場合が少なくない。ジーン・セバーグもまた例外ではない。彼女は政治と人種問題に深く関わり、堕ちた偶像のなかでもとりわけ悲惨な死に方をしたのだった。そして彼女の死の翌年、元の夫だったロマン・ギャリーまでが自殺してしまった。

聖女の神話

ジーン・セバーグは一九三八年十一月十三日にアメリカ合衆国アイオワ州マーシャルタウンに、スウェーデン系アメリカ人の娘として生まれた。両親のいずれかに先住民の血が混じっているという風評を聞いたことがあるが、定かではない。一九五六年に一万八〇〇〇人の応募者の中から選ばれて、オットー・プレミンジャーの『聖女ジャンヌ』で主役を射止めた。その後、彼の『悲しみよこんにちは』でも小悪魔的な思春期の少女を演じ、その独特のショートヘアは主人公の名前に因《ちな》んで「セシルカット」と呼ばれ世界的に流行した。だがそれだけでは世にごまんといるハリウッドの寵児の物語にすぎない。セバーグがさらに大きな神話的存在となったのは、一九五九年にゴダールの処女長編『勝手にしやがれ』に主演して、ヌーヴェル・ヴァーグの偉大なるヒロインの一人となったことが原因している。全世界の映画の撮り方を一新させたといっても過言ではないこの作品のなかで彼女が披露した不思議な魅力には、ハリウッドのスターとは別種の、これまでいかなる映画人もが引き出そうとしなかった力が働いていた。

ちなみにわたしはここで「ジーン・セバーグ」と記しているが、Jean Sebergという綴りは正確に英語で発音すると「ジーン・シーバーグ」となる。フランス語では「ジャン・スベール」である。なんだか違うなあという往年のファンの呟きが聴こえてきそうだ。そこで本書では、半世紀以上にわたり日本で慣用とされてきたカタカナ表記を採用することをお断りしておきたい。

ヌーヴェル・ヴァーグのヒロインとしての彼女の栄光は、その後長くは続かなかった。セバーグはその後も一九六〇年代から七〇年代にかけて三十四本のフィルムに出演し、結婚と離婚を繰り返すが、かつての神話を凌駕する作品に到達することができない。一九六〇年代後半になると、彼女はアメリカで急速に興隆してきた黒人解放闘争に深く関わり始める。マルコムXの思想に共鳴し、ブラックパンサーの同志たちと積極的に行動をともにするようになる。これがスキャンダルにならないわけがない。FBIは執拗に彼女を追いかけまわし、ありえぬゴシップの種をメディアに撒《ま》き散らした。セバーグは精神的に疲弊の極に達し、奇行に奇行を重ねる。一九七六年に西ドイツで撮られた『野鴨』を最後に、彼女はスクリーンから姿を消し、誰からも見捨てられたまま一九七九年に突然の死を迎えるのである。

十七歳のジャンヌ・ダルク

『聖女ジャンヌ』は、誰もが知るフランスの救世主であるジャンヌ・ダルクの生涯を描いた作品である。かつてカール・ドライヤーの『裁かるるジャンヌ』でファルコネッティが悼《いた》ましくも崇高に演じ、ヴィクター・フレミング監督の『ジャンヌ・ダーク』（一九四八）で三十歳を越えたイングリッド・バーグマンが聡明な表情のもとに演じたこの役を、十七歳になったばかりの小娘がデビュー作としていきなり演じることになった。

聖女が火刑に処せられて歳月が経過したとき、深夜に就寝している国王シャルル七世の枕元に突然ジャンヌの亡霊が出現し、それに連れられて何人もの亡霊が回想の対話を始めるという奇妙な枠組みから、このフィルムは語り起こされている。フランスが危機に陥ったとき、突然村娘のジャンヌが神の託宣を語り出し、貴族や軍人の侮蔑をものともせず堂々と国王に進言し、兵の指揮を任せられたこと。イギリス軍に逮捕され、嘲笑的な審問のすえ火刑を宣告されたこと。そして興奮する群衆のなかで行なわれた火刑。ジャンヌはわが身に起こった受難をここまで物語ると、国王の前から消滅する。

ファルコネッティのジャンヌと違い、セバーグのジャンヌには髪の毛を切り取られるという痛ましい場面はない。彼女は最初の村娘時代は長い金髪だが、戦闘が開始された時点ですでに短髪であり、ただそれを修道女のような頭巾で隠している。彼女は居並ぶ巨大な兵士たちのなかへ物怖《ものお》じせずに入ってゆくと堂々と所見を述べ、彼らを鼓舞してみせる。スラリと刀を抜くと天に向けて立て、臆病な貴族や聖職者を嘲笑する。いささか大きすぎる感もある甲冑と、緊張した身振り。怜悧で凛々《りり》しい眼差しは、ときに予期せぬ悪意を前に曇り、彼女は子供のように泣き崩れる。だが次の瞬間には、眉筋くっきりと優しげに口を展《ひろ》げて微笑してみせる。表情の語彙はけっして多くはないが、少年のような中性的な魅力に満ちているといえる。それが囚われの身となり牢獄に下ったところでは、やつれて眼が落ち窪み、みすぼらしい衣服一枚の下に微《かす》かに胸の膨らみを感じさせるだけの、汚れた少女へと化してしまう。兵士たちに両脇を固められ、罵り叫ぶ群衆のなかを刑場へと進むジャンヌは、首が据わっていない惨めな人形のようであり、そこにはバーグマンのような落ち着きはらった崇高さはない。ただ泣きだすまいと懸命に堪《こら》えている少女だけがそこにいる。自失状態で柱に縛り付けられた可憐な顔に大きな炎が襲いかかると、彼女は苦痛と恐怖で顔を顰《しか》め苦悶する。その姿は聖女というよりも、稚けな少女のそれである。

冷たい透明感に満ちた眼差しと、過剰な苦痛に崩れる表情。自信に満ちてきびきびとした仕草と、寄る辺なさに立ち尽くす身振り。『聖女ジャンヌ』におけるセバーグを特徴づけているのは、こうした相反する身体の映像の対照である。演技の稚拙さについてはここでは言及すまい。ただセバーグの小柄な身体がもつ、一見自動人形のようなぎこちなさが、不思議な雰囲気を醸しだしていることは、やはり興味深いことだと思う。もっとも監督のプレミンジャーは女優としてのセバーグには不満を隠そうとしなかった。彼はいくたびとなく、主役をオードリー・ヘップバーンに替えるぞと怒鳴り散らした。

ハリウッド版フランス少女

とはいうものの『聖女ジャンヌ』の不評にもめげず、プレミンジャーはみずから製作を買って出、セバーグを主役に次回作『悲しみよこんにちは』を監督することになる。原作は十八歳のフランソワーズ・サガンが書いた著名なベストセラー小説である。プレイボーイの父親と南仏の海で優雅なヴァカンスを愉しんでいた少女セシルのもとに、亡くなった母親の親友だったという口やかましい中年女性が押しかけてきて、あまつさえ父親と結婚の約束をしてしまう。耐えられなくなったセシルは一計を案じ、父親と元の若い愛人との仲直りを取り持ってやる。中年女性はそれを目撃して、絶望のあまり自殺する。少女は予期しない破局に呆然として立ち尽くす……。

プレミンジャーはこのフランス小説を徹底してハリウッド映画に作り変えた。そこでは文学好きの夢想家の少女は姿を消し、膝の上に仔犬を乗せてシャンゼリゼをオープンカーですっ飛ばすブルジョア娘が冒頭から登場する。もちろん言葉は英語であり、フランス語はカタコトしか口にされない。彼女はジュリエット・グレコが歌うクラブで男友だちと気のないダンスをし、喧騒を避けて入った化粧室で、鏡に映る自分の顔を見つめながら、一年前の夏のことを回想する。ここまでがモノクロで、回想場面は華麗なテクニカラーである。『オズの魔法使』と同様の趣向であり、青春の始まりにあってふとした過誤から幸福は過ぎ去ってしまい、後はメランコリーに満ちた鉛の歳月だけが続くのだというメッセージが、そこには込められている。

原作には髪型の指定はない。だがプレミンジャーはセバーグに、『聖女ジャンヌ』における男の子のような短髪をふたたび要求し、まだ充分に成熟を遂げていない小娘の、恋愛とセックスに対する期待と不安、反撥を演じさせることに成功している。夏のリゾート地にあって、セシルは健康そのものの快活な少女である。彼女は赤い水着姿で姿勢よく海へと飛び込み、空色のシャツの前を帯のように結んで周囲を飛び回っている。水着を通して窺われるのは、川端康成ならば「まだ子供なんだ」とつい溜息をつきそうな、幼げな体形であり、それは父の愛人である陽気なエルザ(ミレーユ・ドモンジョ)の肉体的な成熟と好対照をなしている。ここに聡明にして自尊心の高いアンヌ(デボラ・カー)が父親の婚約者として出現したとき、セシルに異変が起こる。プレミンジャーはこの三人の女を髪の色とスタイルで区別している。鳥の巣のように乱れた明るいブロンドのエルザと、赤毛の髪をバックにして端正に整えたアンヌ。セシルの超ショートヘアは、この対立のどちらにも属さない少年的な中性性を意味している。

セシルは自分をどこまでも子供扱いしてやまないアンヌに反撥し、寝室にある人形に呪いのピンを突き立てたり、わざとサングラスをかけてお行儀悪く振舞う。あげくの果てには軽い関係の男友だちの寝室に押しかけてゆく。どうやらここで処女の喪失がなされたらしいとわかるのは、その直後、後ろめたい気持ちで別荘に戻ったセシルが微かに足を引き摺り、歩きづらそうにしているからである。彼女は慣れない手つきで煙草を吸おうとするが、手が震えて火をつけることができない。煙草が逆さまよと、アンヌが教え諭す。ちなみにこうした隠された性的なるものの暗示はプレミンジャーがときに好んだものであったが、彼からセバーグを譲り受けたゴダールにはどうしても到達できないところであった。

セバーグはこのフィルムの間中、眼を大きく見開き、鏡に映る自分の像を見つめ、わが身の状況と物語を確認しようとする身振りを繰り返している。意図的に採用された無表情と無感動。だがフィルムの最終ショットにおいて、その緊張と均衡が崩れる。すべてが過去として遠のいてしまった後、深夜一人で化粧台の前でコールドクリームを顔に塗っている少女は、突然に悲しみの発作に襲われて顔を崩してしまう。眼からは涙が流れてくる。にもかかわらず彼女はそれを無視して、しゃにむにクリームを顔に塗りたくってゆく……。

ファム・アンファン

さて実をいうと、『聖女ジャンヌ』と『悲しみよこんにちは』という二本のプレミンジャーのフィルムは、興行的には失敗し、批評家にも散々の不評であった。ところがここに奇特な例外がいて、二年連続してその年のベストテンに両者を入れた。それも『悲しみよこんにちは』にいたっては、ベスト3の一本にである。それがフランスで若手批評家として頭角を現わそうとしていたジャン＝リュック・ゴダールという青年であった。

ヌーヴェル・ヴァーグの新人監督たちの間には、上の世代の「名作」フランス映画を引き摺り下ろそうという戦略から、一九五〇年代ハリウッドの娯楽映画監督を必要以上に持ち上げ「作家」の称号を与えるという癖があった。サミュエル・フラーやニコラス・レイがこうして予期せぬ栄光にありついたわけだが、プレミンジャーに関してはその後のゴダールが丁寧にフォローをした痕跡はない。思うにこの時点でゴダールは、セバーグのもつ独特のファム・アンファン（少年っぽい女の子）の魅力に強く惹かれていたのだろう。彼が先の二本を絶賛したのは監督ゆえにではなく、もっぱら主演女優ゆえではなかったかと、わたしは推測している。

ゴダールは一九五九年に『勝手にしやがれ』を撮りあげ、長編監督としてデビューを果たす。脚本はトリュフォー、監修はシャブロル。すべて仲間うちで固めた。脚本家は最初、ベルナデット・ラフォンとシャルル・アズナヴールを主役にと構想していた。だがゴダールはセバーグを主演女優として起用し、一度自分の短編で起用したことのあるジャン＝ポール・ベルモンドという新人男優と組ませた。彼女はたちまち新時代の到来を告げる象徴的スターとして脚かったはずである。

光を浴びることとなった。おそらくこの時点でハリウッド女優であった彼女のギャラは、ベルモンドよりも何倍も高かったはずである。

『勝手にしやがれ』という事件

『勝手にしやがれ』は次のような筋立てをもったフィルムである。

ある夏の朝、マルセイユの港で正体不明のミシェル（ベルモンド）が女に手引きしてもらい、駐車中の自動車を盗む。彼は女を置去りにすると、上機嫌でパリまで向かおうとする。だが追越し禁止車線を守らなかったため、白バイに誰何される。ミシェルはたまたま車中にあった拳銃で警官を撃つと、車を捨てて逃げ出す。

二日後の朝、パリに到着したミシェルは、旧知のアメリカ人留学生パトリシア（セバーグ）の部屋を訪れるが、彼女は留守。別の女友だちの部屋で金を盗み取りシャンゼリゼを歩いているところで、偶然にも新聞売りをしているパトリシアに再会する。だがすでに自分の犯行が新聞に報道されていると知った彼は、どうも出所の怪しい大金の小切手を急いで換金しようとする。だが頼みの綱となるローマ時代のワル仲間ベルッチがなかなか見つからない。その間に刑事たちの捜索が本格的に開始される。一方、パトリシアは新聞記者からパリを訪れる著名作家のインタヴューの仕事をもらう。彼女と記者が接吻しているさまを垣間見てしまったミシェルは、何ともいえない悲痛な顔をする。翌朝、パトリシアが帰宅すると、部屋の寝台に何とミシェルが上半身裸で眠っている。彼はまたしても車を盗み、パトリシアを新聞社に送り届けるが、新聞に自分の大きな顔写真が掲載されているのを知る。新聞社にはすでに刑事がいて、パトリシアにミシェルの犯行を告げ密告を求める。彼女は映画館に駆け込み、トイレの窓から脱出して刑事の尾行を撒くと、別の映画館にはいって、ミシェルと接吻する。

その後、苦労の甲斐あってミシェルはベルッチを見つけ出し、その伝《つて》を辿《たど》って写真スタジオでパトリシアと一泊する。だが新聞を買う隙を見つけて外出したパトリシアは、刑事に密告の電話をし、さらにそれをミシェルに告げる。ようやくベルッチから大金を受け取ったミシェルは懸命に街頭に向かって駆け出すが、刑事たちの発砲に倒れる。そこへパトリシアが駆けつけてくる。

パリのアメリカ娘

トリュフォーが執筆した脚本を読むかぎり、そこには稚拙ながらもハリウッドの犯罪映画を真似た物語があり、辣腕の刑事と追い詰められてゆく犯人、裏切る女というステレオタイプの人物配置をそこに認めることができる。だがゴダールの関心はそこにはない。パトリシアは平然と密告の事実を告白し、ミシェルは逃げようともしない。心理的なサスペンスは霧散し、もっぱらミシェルとパトリシアという社会階層の違う二人の対話の齟齬に焦点が当てられている。

ミシェルは国籍も来歴も不明の男である。彼はハンガリー人の名前をもつパスポートを所有し、電話ではスイス方言のフランス語を話し、しきりとローマに行こうとパトリシアに唆《けしか》ける。どうやら以前には観光業界に身を置いていたらしいが、何か悪事を働いて得た大金をベルッチに預けていたようだ。女と自動車はどこにもタダで転がっているという哲学を信奉し、それを過激に実践している一方で、三週間前にニースで出会ったパトリシアのことが忘れられず、パリに向かう車のなかでも「パ、パ、パ……パトリシア！」と吃りながら上機嫌に叫ぶほどである。

一方のパトリシアはというと、両親に学資を出してもらって留学中の、ニューヨーク出身の女子学生という設定である。彼女はパリ大学が九月に新学期を始めるまで、得意の英語を駆使してアメリカ系新聞社でアルバイトをしている。おそらく語学学校の研修は一応終えたのだろうが、フランス語にはまだ相当に怪しいところがあり、horoscope（占星術）、faire la tête（むくれる）、dégueulasse（ゲロい）と、いつでもわからない単語があると周囲に尋ねまわっている。この最後の「ゲロい」については、後でもう少し説明することにしよう。会話の最中でもOui, Nonとフランス語でいうべきところを、ついYes, Noと英語で答えてしまったり、三週間ぶりに再会したミシェルに向かって、tutoyer（タメ口）を利いていいのかと真面目に聞いてみたりする。その癖、二言目には「フランス人って五分を一秒というのね」「フランス人って全然違っていても同じっていうのね」と、外国人特有の偏見を口にし、これまで寝た相手を尋ねられて両手で七本の指を立てたり、バイト先の上司と平然とディープキスをしたり、いかにも当時のフランス人が想像していた開放的なアメリカ娘のステレオタイプを演じてみたりもする。これがゴダールによる意図的な演出であることは間違いない。一九六〇年のフランス女性は性的解放においても社会的進出においても、アメリカよりはるかに遅れているという認識は、当時のフランスで一般的に共有されていた社会的神話であった。ゴダールはパトリシアが著名作家にインタヴューする際にこの話題に触れ、同時期のロラン・バルトに近い神話批判をそこで試みている。

だが何といってもパトリシアを特徴づけているのは、彼女が同時代のパリのファッションに完璧なまでに無関心である点だろう。これはパリが世界的なモードの発信地であるという長年の神話に対する、みごとな批判となっている。まず彼女が最初に登場するときの服装を見てみよう。シャンゼリゼのど真中で大声を張り上げながら、アメリカ人観光客相手に英字新聞を売っている彼女は、新聞社提供のロゴ入りTシャツの袖を捲《まく》り下はジーパンという、恐ろしくラフな格好をしている。アクセサリーはなく腕時計のみ。靴はバレエシューズのようだ。これが二〇一〇年代ではなく、一九六〇年のフィルムであることをここで念頭に置いて観てほしい。このいかにも女性らしくない服装が、短髪やサングラスとあいまってセバーグにユニセックスな、むしろ少年に近い雰囲気を与えるとともに、時代の最先端をゆく典型的なヤンキー娘という印象を一般のフランス人観客に与えたことは、想像に難くない。もっとも彼女の趣味が一貫していることは認めなければならない。Tシャツもワンピースも、おまけにミシェルが勝手に着てしまうパジャマでさえ、服はすべて白と黒のシマシマ模様なのだ。パトリシアはゴツいブラシで眉毛を梳き、好んで軍隊風の敬礼をしてみせる。こうした仕草の一つひとつに見られるアメリカ性は、彼女をパリで他者たらしめる点で、大きな意味をもっている（ちなみに公開当時の日本の観客は、それをすべてパリの最新流行だと、勘違いして受け取った）。

パトリシアは平然と、パリの女のスカートは短くて売春婦みたいだと悪口を叩き、ブラジャーもつけないでボートネックやノースリーヴのタンクトップ姿、学生靴を履いて街角を闊歩している。八月のパリという設定だから、流れる汗でシャツを通して乳房や乳首の形がくっきりと浮かび上がらないわけがないのだが、ゴダールはそうしたエロティックな要素を極力排し、パトリシアを中性的な領域に留めようとしている。アイメイクは跳ね上げラインで囲みメイクである。いつも袖を捲っているのは健康で活動的という記号だ。彼女がパリの流行の髪型や服装に無関心であることは、その室内を見回しても瞭然としている。そこには名画のポスターしかない。その点、ミシェルが最初に押しかけるTVスクリプターの女性の部屋には、モード雑誌から切り抜いたと思しき写真がいくつも壁にピンで貼られていて、彼女がファッションに目配りを怠らない現役のパリ女性であることが理解できる。

『勝手にしやがれ』においてもっとも映画的な魅力に満ちているのは、早朝に自室に戻ってきたパトリシアが、寝台のなかにミシェルを発見した後の、延々と続く二人のお喋りの場面である。ミシェルは彼女が新聞記者と昨晩寝たのかどうかが気になってしかたがない。彼は愛を告白し、それが拒絶されると知ると、道化的な身振りをして訴える。その目的はパトリシアと寝ることで、何とか隙を見て彼女の服を脱がそうとするが、スカートを捲ろうとすると平手打ちを喰らい、おまけに妊娠していると突然に宣言されたりする。ミシェルがセックスのことしか頭にないのに比べ、パトリシアの眼中にあるのは芸術、とりわけ文学への憧れだ。ところが彼女がフォークナーやディラン・トマスといった英米の文学者の名前を出し、暗誦までしてみせても、ミシェルはまったく無関心を決め込み、「お前の寝た男のことか」と素頓狂な返事をする。このあたりの対話の齟齬は、二人の「文化的蓄積」（ピエール・ブルデュー）の決定的な違いを通して階層差を浮彫りにしているという点で、きわめて興味深い。ゴダールにおいて重要なのは、フィルムに登場する引用の出典をオタク的に数え上げることではなく、その引用が指し示す階級的意味を見据えることにあるという事実を、ここで忘れてはならない。

この長いシークエンスにおいて、初めてセバーグの顔がクロースアップで登場する。ミシェルから八つ数え終わるまでに笑えと命じられた彼女は、しばらくお澄ましの表情を続けているが、相手が1、2、3、4 5 6、7……7と1/2、7と3/4などと目茶苦茶な数の数え方をするのに釣られて、つい噴き出してしまうのだ。二人の対話がいかにノンセンスな幸福さ、おかしさに包まれているかを示すために、一つだけ例を挙げてみよう。

ミシエル「ひょっとして……お前って火星人みたいだよな」
パトリシア「そうよ……わたし、月に住んでいるの」
ミシエル「頭、おかしいんじゃねえか、子供つくりたいとかよお」
パトリシア「まだわからないのよ、ミシェル。ただどういうか、知りたかったの」

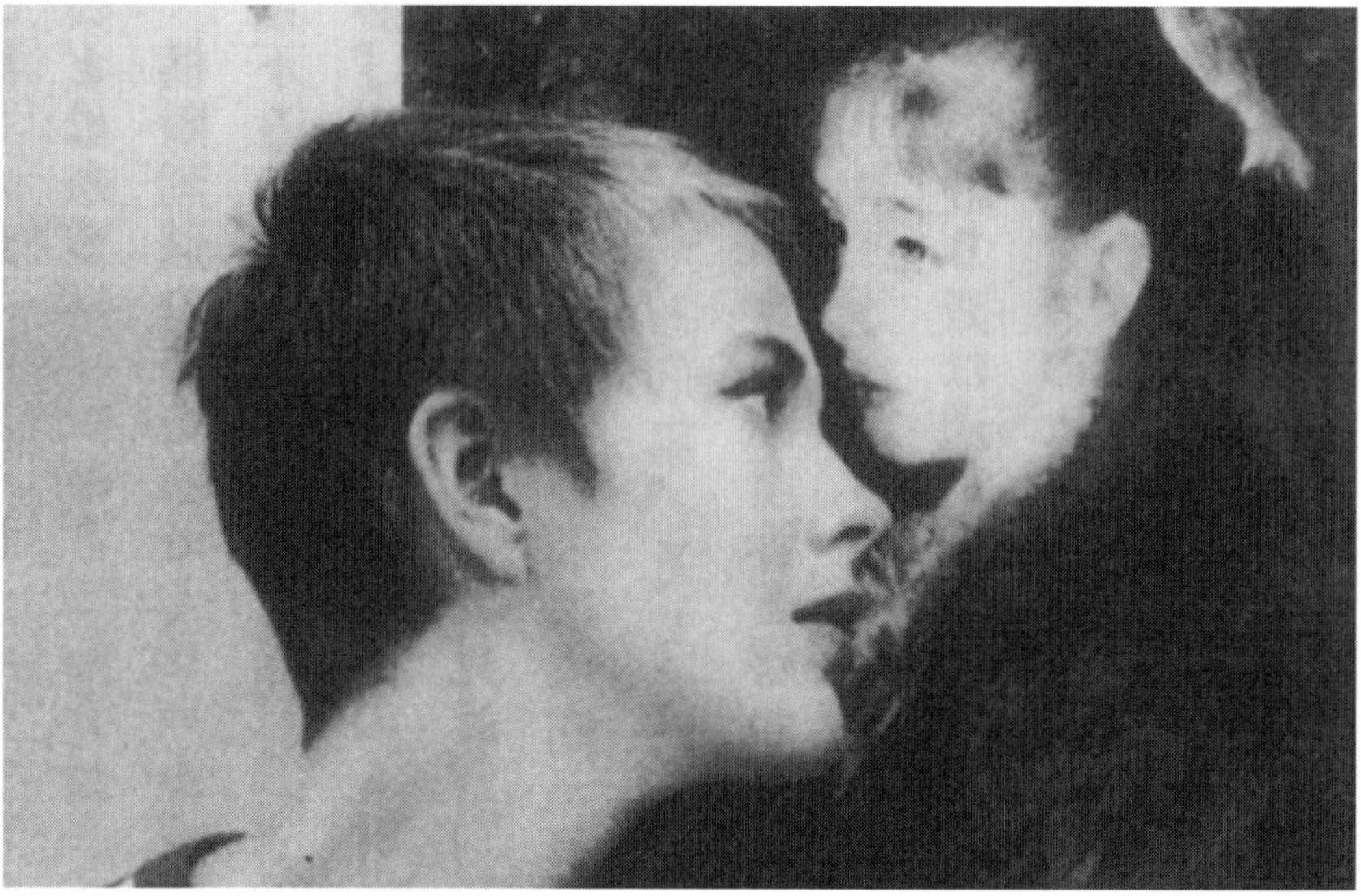

『勝手にしやがれ』のゴダールは、ジーン・セバーグの美しさを表現する際に、つねに比喩に頼った。いわく、彼女はルノワールの少女のように美しい。

ミシェル「どうして服を脱いで、裸にならねぇんだ？」

密告する美少女

パトリシアは子供っぽいようでいて計算高く、ミシェルを魅惑しながらもけっして心の底を見せない存在である。彼女はミシェルのすることを一つひとつ真似てみせる。ミシェルが口を大きく開け、顰め面をして閉じてみせ、まるで髭をなぞるかのように口元に指を這わせると、洗面台の鏡に向かって同じ仕草を反復してみせる。別のところでミシェルから「パトリシア？」と呼びかけられると、あたかも人形劇の人形のように舞台のカーテンの間から登場し、スカートの裾をあげて「何なのよ？《ケスキリヤ》」といい、にっこり微笑してみせる。みごとに韻を踏んだ洒落である。「わたし、わかんないわ」というのが口癖で、事実彼女にはミシェルの犯罪の意味も、彼が懸命になってベルッチを探し回っている理由も理解できていない。ただ虚無と悲哀のどちらかを選ぶべきかといった抽象的な問いかけだけが、彼女の脳裏を横切っているばかりだ。

ゴダールはこうしたパトリシアを、あるときはピカソのグロテスクに歪められた女性像のポスターの、あるときはルノワールの清純な少女像のポスターの脇に立たせてみせる。そして最後に、ジーン・セバーグ本人の肖像写真のパネルの前に立たせる。この映像の弁証法こそは、彼がセバーグという女優に寄せた最大のオマージュだろう。パトリシアとミシェルは丸めたポスターの両脇に顔をくっつけ、お互いの眼差しを見つめあう。眼差しが距離を廃絶したとき、そこに接吻が成立する。『勝手にしやがれ』はこうして一度廃絶された距離が、最後に突如として無限大にまで拡大されるという構造をもった劇である。

フィルムが後半にさしかかると、それまで時々であったパトリシアのクロースアップが急に頻度を増し、およそありえない状況においてもそれが出現するようになる。複数の人物が言葉を交わし、ただ一人状況を理解できないパトリシアだけが置去りにされてしまう場面で、ゴダールはすべての対話を画面外の声で処理し、ただパトリシアの寄辺ない顔が左右を向くところだけをカメラに収めたりするようになる。そして最後のシークエンス、つまりミシェルが路上で刑事に撃たれ、その場にパトリシアが駆けつける場面では、これまで論じてきたすべてのモチーフが重なり合って顔を見せることになる。

横断歩道のところでミシェルは力尽き、仰向きに倒れる。刑事たちとパトリシアが彼を見下ろすようにして取り囲む。最初パトリシアは左手で顔を半分隠し、目を伏せているが、やがて手を離し、眼下のミシェルを見つめる。ミシェルはかつて彼女の部屋でしてみせた奇妙な三面相をして見せ、口元を指でなぞると「こいつは本当にゲロいぜ！」C'est vraiment dégueulasse! といって息絶える。パトリシアは傍らの刑事に向かってその言葉を訊き直す。「あんたはゲロいって、いったんですよ」と刑事。そこで彼女はミシェルの真似をして口元を指でなぞり、「ゲロいって、どういう意味？」と尋ねると、首を後ろ側に回す。フィルムはここで断ち切れてしまう。

この終わり方は通常のギャング映画やメロドラマであるならば、理解のできないアンチクライマックスのように見える。だがこれまでパトリシアの奇妙な性癖に付き合わされてきた観客は、そこにみごとに主題的な統合を発見するだろう。いつもフランス語の単語の意味を人に尋ね、相手の仕草を真似ていなければ首を左右に動かしていただけの女の子。彼女はミシェルとの出会いから密告、さらにその密告の告白まで、自分の行動の意味を少しも自覚せず、あたかも著名作家へのインタヴューが終わったかのように後ろ側へと振り向いてしまう。ミシェルに心を許すこともなければ、彼を理解しようともしない。最後に絶望しきったミシェルから罵倒されたことにすら気付かない、どこまでも愚かなままの女。ここにはゴダールが無意識的に抱いていた女性嫌悪《ミソジニー》を読み取ることができる。だがそれと同時に、どこまでもパリという共同体の内側に入り込むことのできない、異邦の女の不幸と孤独を見てとることも不可能ではない。ゴダールにとってジーン・セバーグとは、つまるところそのような他者であった。

映像という詐欺

実は『勝手にしやがれ』には、滅多に言及されることはないのだが、不思議な続編が存在している。一九六三年にオムニバス映画『世界詐欺物語』のなかの一編としてゴダール本人が手掛けた、『立派な詐欺師』なる二十五分のフィルムである。

この短編のなかでジーン・セバーグは『勝手にしやがれ』と同様、パトリシアという名のもとに登場している。彼女は今ではサンフランシスコのTV局に属するリポーターで、小さな16ミリカメラを手に、ポーランド経由でモロッコのマラケッシュに来ている。英語と片言のフランス語を用いて自称「シネマ・ヴェリテ」を撮っているのだが、その実はリーダーズ・ダイジェスト提供の番組で、世界中に点在する「面白い人物」をルポしてまわっているにすぎない。

マラケッシュで彼女がインタヴューを試みるのは、広場に集う人々にむかって夥《おびただ》しい紙幣をバラ撒くという慈善活動をしているフランス人（シャルル・デネル）である。だがこの紙幣はことごとく贋札で、男は詐欺行為を働いているのだ。拾った紙幣で買い物をしようとしたパトリシアは警官に逮捕され、警察署で訊問を受ける。彼女は嫌疑が晴れて釈放されると、広場にふたたび出現した詐欺師を車で追跡し、ある廃屋の前で捕まえる。詐欺師は精神と記憶をめぐってひどく抽象的な言説を延々と語り続ける。その誇大妄想狂的なあり方は、さながらカフカの短編の登場人物のようである。パトリシアはその間もこの不思議な男を撮影し続け、彼はそれを不審に思う。彼にいわせると、パトリシアもまた彼から何か、つまり彼の映像を盗んでそれを商品として人に与えていることになる。やがて詐欺師は驢《ろ》馬《ば》に乗って、田舎道を遠ざかってゆく。

ゴダールは実はここで、大衆消費社会に流通している映像をめぐって社会学的な分析を行なっている。北アフリカの貧困と異国情緒の映像を撮影し、それをアメリカのＴＶ局を通して商品として流通させることは、中心から見た辺境のステレオタイプ、虚偽の映像の生産にほかならない。詐欺師はその点を素早く見抜き、自分が携わっている贋金造りと同じではないかと問いかける。もっともパトリシアにはその意味が理解できない。彼女は『勝手にしやがれ』のときと同じく、自分が自明のこととして携わっている行為のもつ政治性を、けっして認識することができない。ゴダールにとってジーン・セバーグとは、こうして魅力的ではあるもののどこまでも自己に覚醒しない、よそ者のアメリカ女性に留まり続けた。

当たり役は色情狂

ゴダールによってヌーヴェル・ヴァーグのヒロインとなったジーン・セバーグのその後の映画的経歴について、簡単に述べておこう。これまで紹介した四本以外に彼女は三十三本のフィルムに出演し、そのうち半分ほどが日本でも公開されている。その役どころには『黄金の男』（ジャン・ベッケル、一九六四）のように、『勝手にしやがれ』のベルモンドともう一度コンビを組んで、大量の金塊の密輸と強奪に関わるカメラマンであったり、『悪魔の生物教師』（ダニエル・ペトリ、一九七四）のように、カーク・ダグラス演じる高校教師を狂気へと追いやってしまう奇矯な妻であったり、アクションから怪奇サスペンスまで、少なからぬジャンルの娯楽映画が数多く含まれている。注目すべきなのは、彼女に宛がわれる役がしだいに男を破滅させる誘惑者へと収斂してゆくことである。いや、もっと端的にいうならば、色欲に身を任せ秩序を攪乱させる、危険な他者としての女性といい替えてもいい。いくつかの重要な作品を紹介しておこう。

『リリス』（ロバート・ロッセン、一九六四）のセバーグは、イヴの前にアダムの妻であったと伝説に語られるリリスという名前の女性である。彼女は統合失調症を患い、精神病院に収容されているのだが、新米の精神科医ウォーレン・ビーティを巧みに誘惑し、同じ病棟にいるピーター・フォンダを自殺へと追い込んでしまう。ノースリーヴのワンピースで野原を闊歩する彼女は、色欲の発作に見舞われると、男も女も見境がなくなってしまう。当惑するビーティに向かって、「神が万人を愛したとして神を憎むの？　わたしがみんなを愛してどこがいけないの？」と問いかけ、ついには格子窓のある病室に監禁されてしまう。この格子こそは、実は蜘蛛と化した彼女が張り巡らせた巣なのである。ロッセンは重病を押して『リリス』を撮り、フィルムの完成直後に死亡した。

一九六二年、最初の夫と別れたセバーグは作家のロマン・ギャリーと再婚する。ギャリーはリトアニア系ユダヤ人の亡命者で、当時四十七歳。二人の間には二十四年の年齢差があった。ゴダールの「女弟子」となる機会を逸したセバーグにとって、このギャリーが（いい意味でも悪い意味でも）教師の役を演じることになる。そして彼もまたセバーグに霊感を得て、映画監督を手掛けるようになった。

ギャリーの処女作『ペルーの鳥』（一九六八）におけるセバーグは、リマに住むブルジョアの人妻である。彼女はときおり暴力的なまでに性的な発作に見舞われ、そのたびごとに複数の男たちと見境のない性交をしてしまう。妻のニンフォマニアぶりに疲れきった夫（ピエール・ブラッスール）は、鳥という鳥の墓場だといわれる郊外の砂丘まで車を走らせ、妻を見つけ次第、殺してしまおうと決意している。セバーグは売春宿に身を寄せ、「わたしは自分の軀《からだ》が憎い」と叫ぶと、絶望のあまりに自殺を図る。だが隠者のごとき青年の手で救助される。夫は最後にセバーグを見つけ出し殺そうとするが、その場になるとどうしても殺すことができない。フィルムはセバーグが二人の男を引き摺るように連れながら、砂丘を横切ってゆくところで幕を閉じる。『ペルーの鳥』はゴダールを別にするならば、セバーグの主演作にあってもっとも大胆な実験精神に満ちた作品である。とりわけ娼館の老いたる女将ダニエル・ダリューに向かって挑戦するかのような眼差しを投げかけるときの彼女の表情には、疑いもなく素晴らしいものがある。

だがセバーグはフランスの作家主義的なフィルムにのみ出演していたわけではない。一九六九年にはハリウッドのミュージカル映画『ペンチャー・ワゴン』でリー・マーヴィンを相手に荒くれ男たちのなかで一人麦藁帽を被り、女性としての矜持を保ち続ける妻を演じている。もっともミュージカルとはいえ、歌える俳優が払底していた当時のハリウッドでは彼女が歌う場面は一箇所しかなく、それも吹替えである。このフィルムは興行的に失敗したばかりか、彼女にさらに大きな損失をもたらすこととなった。隔離されたロケ地での撮影が長期化したため、共演者のクリント・イーストウッドと寝てしまった彼女は、それが原因でギャリーと離婚してしまったのである。もちろんイーストウッドにとってセバーグは単なる遊び相手でしかなかったのだが。

続く『大空港』（一九七〇）は結果的に彼女の最後のハリウッド出演作となったが、これまでのセバーグの出演作のどれよりも多くの観客を集めた。とはいえ彼女はここでは役らしい役を宛がわれず、その他大勢の一人でしかない。『大空港』と対照的なのが、パリに戻ってから撮られた『孤高』（一九七四）である。この作品にはプロットも科白もなく、徹頭徹尾アンダーグラウンドな雰囲気が漂っている。登場人物はもっぱら二人。セバーグと、監督であるフィリップ・ガレルの当時の恋人であったニコ。彼女たちはモノクロの画面のなかでお喋りをし、笑いあい、互いを見詰めあう。そこから伝わってくるのは、俗を嫌い、孤独を恐れない二人の、癒されることのない生き方にほかならない。

セバーグの出演作は一九七〇年代に入って激減する。最後の作品はイプセンの原作による西ドイツ映画『野鴨』（ハンス・W・ガイセンデルファー、一九七六）であった。彼女はここで、偽善のうちに崩れゆく富裕な家で主人の妻の看護をし、隙を見て主人と情交を遂げるギーナを演じている。ギーナはその家の息子の同級生と結婚し、二人して写真屋を開業するや、懸命に生活を築き上げる。だが夫の前で元の主人との不倫を告白し、しかも夫を愛していると語る。このフィルムで見るセバーグは、以前と比べて相当に太っている。言葉の通じないドイツ映画への出演は、彼女にとってさぞかし苦痛であっただろう。スクリーンを観ているだけでも、それが伝わってくるかのようだ。『野鴨』は一九八三年に再映画化され、セバーグの役はリヴ・ウルマンが演じた。だがウルマンの演技には、セバーグが演じてみせた狂気一歩手前の喪失感が、惜しくも欠けている。そしてこの作品を最後にセバーグは女優としての沈黙に入る。もはや女優としてのエネルギーを使い果たしてしまい、深い不安と絶望に苛《さいな》まれるようになる。

息切れのする男性遍歴

ジーン・セバーグの男性遍歴はどのようだったのだろうか。

まず三回の結婚。最初は『悲しみよこんにちは』を撮影中に知り合った凡庸な弁護士で、後に彼女を主役に『プレイタイム』（一九六一）を監督することになるフランソワ・モレイユ。二度目が先に述べたロマン・ギャリー。ギャリーはエミール・アジャールの別名で『これからの人生』というベストセラー長編をも発表し、パリの場末に住む強制収容所体験者の老女が、北アフリカ人の少年に人生で最後の信頼を預ける物語を描いた。最後の夫はデニス・ベリー。彼は（ただそうした馬鹿なことをしてみたいという理由だけから）ラスヴェガスで結婚式を挙げた後、セバーグ主演で『大妄想』（一九七五）を監督した。ちなみにこの男はセバーグの死後、なんとアンナ・カリーナと結婚してしまい、「ゴダールのゴミ拾い」と綽名されることになる。

セバーグと性的な交渉のあった人物はというと、ウォーレン・ビーティ、サミー・デイヴィス・ジュニア、クリント・イーストウッド、フィリップ・ガレル、デニス・ホッパーといった映画人から、国際的テロリストのカルロス、ブラックパンサーのレイモンド・〈マサイ〉・ヘヴィット、黒人ナショナリストのハキム・アブドゥラー・ジャマル、アルジェリア人レストラン経営者のカデル・ハマディ、アルジェリアのサッカー選手のアフメッド・ハスニ、さらに人種と国籍を越えて、多くの学生、活動家、ミュージシャンが長蛇の列をなしている。このあたりはマート・マーティンの『彼女はした？　しなかった？』（シタデル、一九九五）に詳しいリストがある。ちなみにこの本は誰かが訳すといいのだが、世界中の有名女優をＡＢＣ順に並べ、彼女たちがセックスをした相手を調べられるかぎり調べた奇怪なゴシップ本である。

だがこうした軽薄なゴシップなど、実のところどうでもよい。それよりもセバーグの晩年の十年において大きな意味をもっていた黒人解放運動との関わりについて、最後に記しておくべきであろう。ちなみにこのあたりの事実関係については従来、口性《さが》ないゴシップが流布されていたが、幸いにも最近になって日本でもギャリー・マッギーの浩瀚《こうかん》な伝記『ジーン・セバーグ』（石崎一樹訳、水声社、二〇一二）が刊行されたので、本書ではそれを参照しつつ筆を進めることにする。

黒人解放運動、そして破滅……

セバーグが最初に黒人解放運動と接触する契機となったのは、一九六八年十月、ロスアンジェルスへ向かう飛行機のなかで、ハキム・ジャマルとたまたま対話をしたのが最初である。ジャマルは当時三十七歳の黒人活動家で、マルコムＸの強烈な信奉者であり、その遠縁を自称していた。彼はブラックパンサーの非専従党員として、マーロン・ブランドをはじめとするハリウッドの著名人をパンサーへと導く役割を担っていた。最初は警戒していたセバーグであったが、やがて気心が知れるとジャマル一家をロスアンジェルスの自宅に招待するようになった。ブラックパンサーの資金集めのため大掛かりなパーティを開いたり、みずからも惜しげもなく多額の寄付を行なうこともしている。ギャリーはこうした妻の行動に懐疑的であったが、セバーグがときに彼らから銃を預かるまでに活動に深入りするようになるには、さほどの時間はかからなかった。もっとも一九六〇年代後半という時代の雰囲気を考えてみると、彼女の選択が飛びぬけて奇抜なものであったとはわたしは思わない。一九六八年にはアニェス・ヴァルダでさえ、パリで〈五月〉を体験した直後に『ブラック・パンサー』というドキュメンタリーを発表しているくらいなのだから。

この点で対照的なのが、同じくゴダール作品に主演した体験をもつジェーン・フォンダである。一九七〇年当時、『バーバレラ』に主演して未来のセックスシンボルに躍り出たフォンダのヴェトナム戦争をめぐる反戦活動は、進歩的女優の政治参加として好意的に受け入れられた。彼女はアメリカの良心ともいえる進歩的俳優ヘンリー・フォンダ(『若き日のリンカーン』の主演)の愛娘《まなむすめ》であり、何といってもアカデミー賞に輝くハリウッドのスターであって、その一挙一動はアメリカの良心の表象であると見なされていたのである。「ハノイ・ジェーン」を悪しざまにいう者は誰もいなかった。

だがセバーグのように白人女優が黒人解放運動に共感を示すことは、白人中心主義社会であるアメリカの禁忌の枠組みの外側にあった。それはゴシップの種以上のものとしてメディアには受け入れられることはなかった。一九七〇年であったが彼女が妊娠したとき、生まれてくる子供が黒いか白いかという口さがないゴシップがメディアを賑わしたことがあった。これは当時FBI長官であったフーヴァーが意図的に行なった情報操作であったことが、関係文書の多くがすでに公開されている現在では明らかにされている。結局セバーグは薬物中毒になったうえ自殺を図り、千八百グラムの女の子を帝王切開で早産、ニナと名付けられた彼女は二日後に死亡してしまった。彼女が自分の死んだ娘の遺骸を抱きしめているところは、メディアによって写真に撮られた。当時、すでにセバーグと離婚をしていたものの、ギャリーはただちに記者会見を行い、ニナが自分の子供であることを言明するとともに、彼女が「憎しみによって殺害された」とメディアを非難した。この元夫の俠気《おとこぎ》にはなかなか立派なところがある。というのも私見によれば、ニナの父親はイーストウッドであったはずで、ギャリーもそれを重々承知だったからである。

とはいえギャリーの擁護にもかかわらず、怒りと疲労から精神の均衡を崩してしまったセバーグは、その後も毎年ニナの命日になると自殺未遂を繰り返すこととなった。ハリウッドとヌーヴェル・ヴァーグの神話的女優が黒人解放運動に関わることは、あってはならないことだったのだ。セバーグの一挙一動は正気の沙汰ではないかのように報道され、精神的に深く傷ついた彼女は生活を荒廃させると、心に絶望を蓄積させてゆく。FBIとCIAによって生活が逐一監視されているという妄想から彼女は自由になれず、一九七〇年代も中ごろになると太りだし、やがて左足を麻痺させてしまう。フィリップ・ガレルの証言によれば、彼女は精神病院で旧態依然の電気ショック治療をいくたびも体験していたという。

ギャリーは、『ホワイト・ドッグ』という長編小説のなかで、黒人と見れば襲いかかる訓練を施された純白の犬が、次々と殺人を犯してゆくという恐怖の物語を語った。一人の白人女優が偶然この犬と出会い、なんとか正常な犬に戻そうとして黒人の動物飼育係に預ける。その結果、犬は逆に白人と見れば襲いかかる魔犬へと変貌してしまう。この小説はサミュエル・フラーによって一九八二年に映画化され、冒頭に「ジーン・セバーグに捧げる」と献辞が添えられた。だが人種間の禁忌に触れているという理由から、アメリカではただちに上映禁止となった。

「わたしはかつて小さなお姫様だった。みんながやって来て、黒いリムジンに乗せてくれた。でも、もう誰もやって来ない」。一九七八年、死の前年に彼女が発した言葉である。だがギャリーはそれでも、かつての妻をモデルに小説を書き続けた。皮肉にも一九七九年の八月二十九日、セバーグが最後の同棲相手であったアルジェリア人のハスニとともに観たフィルム、コスタ＝ガヴラスの『女の明るさ』でもまた、そのギャリーが原作を執筆しており、ロミー・シュナイダーがリディアというヒロインを演じていた。リディアのモデルはいうまでもなくセバーグ本人である。セバーグは自分が世界のすべてから排除されているという気持ちを抱きながら帰宅し、翌朝早くに自宅から失踪した。残されたハスニはただ、「彼女はスカートも穿《は》かずにいなくなってしまったのです」とだけ語った。それから九日の後、彼女が車のなかで発見されたことは、すでに本章の冒頭で記したとおりである。だが、はたしてこの証言はどこまで信じられるだろうか。

ギャリーはただちにガリマール社にて緊急の記者会見を行ない、セバーグはFBIによって殺害されたと弾劾した。

だが彼もその翌年に自殺してしまう。リディアの役を演じたロミー・シュナイダーも、ほどなくして不慮の死を遂げた。ジーン・セバーグの死の真相はこうして誰にもわからなくなった。だがそれ以上に辿ることができなくなったのが、かつてジャンヌ・ダルクを演じたこの聖女の生の真相であることは、ここに記すまでもあるまい。

第二章　アンナ・カリーナ

今でも現役アイドル

初夏のコペンハーゲンの街角。人々がさまざまな靴を履いて歩いている。そのなかを一人の少女がアパートに帰ろうとしている。彼女は市電の線路を越え、石畳の道を渡りながら、露店の八百屋でプラムを買う。どうやら靴が傷んでいて、敷石の上を歩くことが辛そうだ。少女の広い額と後方で束ねた髪。その先端が尻尾のように尖《とが》っているのが可愛らしい。彼女は口に含んだプラムの種をお行儀悪く口から放り出しながら家の前まで帰るが、ふと思い立って豪華な靴屋のショウウィンドウを覗きこむ。そして形のいい黒いハイヒールを発作的に買い求めてしまう。彼女は帰宅すると、新旧二組の靴を並べて悦に入る。ソファーベッドと簡素な机、それにピカソの絵の複製がある部屋。恋人に電話してデートの約束をし、スラリとした足に新しい靴を履かせると、上機嫌で外に出て行く。

だが悦びはいつまでも続かない。最初は調子のよかった靴だが、歩いているうちに足が痛くなってきて、速く歩けない。約束の場所で恋人がいらいらして待っているさまが、彼の靴を映したショットだけを通して描かれる。少女は橋の上で靴を脱ぎ、思いきって靴を運河へと投げてしまう。一方、部屋に取り残された古靴は生気を得たかのように行進を開始し、玄関を抜け、横断歩道を横切って、少女を追跡してゆく。隣家の犬が吠え、自動車の運転手が驚いて慌てて車を停める。古靴は橋のうえで少女に追いつき、そのまわりをクルクル廻ってみせる。履きなれた靴に再会した少女はただちに駆け出し、恋人に追いつく。恋人に抱き上げられた少女の裸足の足に揺れる靴。二人は仲良く公園の並木道に消えてゆく。

アンナ・カリーナが十八歳のときに主演した『靴を履いた少女』*Pigen og skoene* という、十分たらずのフィルムである。脚本と監督はイブ・シュメーデス。一九五九年のカンヌ国際映画祭に出品され、ユーロヴィジョンのグランプリを受賞したと冒頭に謳《うた》われている作品だが、音声は音楽だけで、アンナは一言も科白を発しない。それどころか彼女の名前はどこにも記されていない。コペンハーゲンのフィルム・アーカイヴでこの作品を発見したわたしは狂喜し、ただちにＤＶＤに焼き付けてくれるよう依頼した（東京の同名の役所とは雲泥の差で、彼らはただちにそれを研究用に許可してくれた）。噂には聞いていたが、アンナはやはりデンマーク時代にすでに映画出演を果たしていたのだ。それもカンヌ映画祭に出品という、可愛らしくコミカルな、まるでアンデルセンの童話のように意味ありげな童話的作品によって！　もっともこのフィルムがコペンハーゲンで上映された頃、すでに彼女は生まれ故郷を去り、ほとんど無一文でパリに辿り着いたばかりだった。

かわいいアンナ

アンナ・カリーナは一九四〇年にハンネ・カリン・バイヤーとして、コペンハーゲンに生まれた。彼女はさまざまなインタヴューを通してみずからの生い立ちとゴダール時代を語っているが、どれにも微妙な陰影の違いがある。そこで、かなり信憑性が高いと思われるコリン・マッケイブの『ゴダール伝』（堀潤之訳、みすず書房、二〇〇二年二月と四月のインタヴューにもとづく）と、彼女が二〇〇〇年六月に来日したとき、筆者本人が直接に行なったインタヴューをもとに、その伝記的事実を簡単に記しておきたい。

アンナの母親は最後にはコペンハーゲンで三軒の婦人服店を経営し、カール・ドライヤーの『ゲルトルード』では衣装を担当した女性であった。父親は船長であったが、アンナが一歳のときに家庭を捨て、彼女は生涯に二度しか彼に会うことがなかった。アンナは幼くして祖母に引き取られ、次に里親を転々とし、やがて再婚した母親のもとに引き取られた。だが母親が別の男と親しくなり、彼を家に引き摺りこむと、中学生のアンナは困難な状況に追い込まれた。母親はアンナが生まれてこの方、一度も彼女のために料理を拵《こしら》えたことがなく、その新しい男はアンナを嫌って暴力を振るった。アンナは家出を繰り返し、不登校が続いてついに中学校を中退、デパートにエレヴェーターガールとして勤めだす。心のなかでは一刻も早くコペンハーゲンを脱出し、どこか遠い国に出かけることばかりを考えていたという。ちなみに後に夫となるゴダールは『気狂いピエロ』のなかでベルモンドに、「きみはエレヴェーターガールだったとき、何をしてた?」という質問を、カリーナ演じるところの恋人に尋ねさせている。もっとも彼女は痴漢の多さに辟易《へきえき》してエレヴェーターガールをほどなく辞めてしまい、イラストレーターの事務所で仕事を見つけると、映画のエキストラとして小さな役を貰い始めていたのである。夢は演劇学校に通うことであったが、年齢が若すぎる上に、学費を払う当てがいっこうになかったので、これは諦めなければならなかった。『靴を履いた少女』に主演したのは、こうした望みなき日々の終わりごろである。

一九五八年夏、アンナはヒッチハイクを重ねてパリに到着し、デンマーク人の聖職者の斡旋でともあれ小さな部屋を見つけた。中学でわずかに英語は学んだものの、フランス語はからっきし話せない。文字通り食うや食わずの状態で映画館に入り、理解できるまで繰り返し同じフィルムを観る。そうして彼女は会話を勉強したのだという(ちなみにわたしの知人であるデンマークの映画批評家は、久しぶりにアンナがコペンハーゲンに戻ったときインタヴューをしたが、長い間母国語を用いていなかったので、その言葉はほとんど聞き取れなかったとわたしに語った。結局インタヴューはフランス語で行なわれた)。

アンナにとって幸運だったのは、カフェの椅子に坐っていたとき、雑誌のためにモデルをしてみないかと声をかけられたことだ。モデルとしての仕事が重なるうちに次第に評判が高くなり、やがて『エル』からも依頼が来ることになった。『エル』の撮影現場で彼女はココ・シャネルに会う。彼女が名前を尋ねられて「ハンネ・カリン・バイヤー」と答えると、シャネルは「これからはアンナ・カリーナと名乗るといいわ」と助言を与えた。『エル』編集部は「カリーナ」Karinaをイタリア語で「かわいい女の子」を意味する「カリーナ」Carinaと聞き間違えてしまい、そう表記してしまったが、それは大したことではなかった。こうしてアンナ・カリーナは誕生し、女優としての道を歩むこととなった。『靴を履いた少女』に続いてわれわれが観ることのできるアンナ・カリーナの映像とは、石鹸のTVコマーシャルである。彼女はここで、思いっきり泡でいっぱいのバスタブに浸かり、嬉々として軀を洗っている。カメラは彼女の左手首に始まり、舐《な》めるように肩まで移動する。胸は泡で巧妙に隠されているが、美しい背中は丸見えだ。

最後に彼女は真正面に顔を向けて微笑んでみせる。目を凝らして観てみると、彼女が白いブラジャーをしているのが泡の隙間から確かめられるが、一度観たかぎりでは全裸だと見間違えても不思議ではないかもしれない。

ゴダールがアンナの住所を調べ上げ、彼女に電報を打ったのは、このCFが契機となってのことである。一九五九年夏、『勝手にしやがれ』を準備中の彼は、ミシェルの元恋人で、チラリと乳房を見せてくれるチョイ役の女性を探していて、石鹸の宣伝に出るくらいだから気楽に裸になってくれるだろうと高を括《くく》っていたのだった。気位の高いアンナがもちろん申し出を即座に断ると、ゴダールは決まり悪そうに「では三ヵ月したら会おう。また来てほしい」と答えた。アンナは冗談だと思って帰宅したが、この話をすると周囲の誰も彼もがそれはすごいことだと騒ぎ出したので、もう少し真面目に考えてみることにした。

『勝手にしやがれ』を撮り終わったゴダールは、ただちにアンナに二度目の電報を打って、彼女を呼び出した。彼は次回作は政治映画になるので服は脱ぐ必要がないといった。アンナはまだ成年に達していなかったので、出演契約書に署名するため、わざわざコペンハーゲンから母親が飛行機に乗ってやって来た。当時『勝手にしやがれ』の監督はパリ中の話題を独占していた。新聞がアンナを彼の新しい恋人だと書きたてたので、彼女は自分は娼婦ではない、出演を辞退したいと涙ながらに訴えた。ゴダールはただちに五十本の赤い薔薇をもって彼女の部屋の扉を叩き、アンデルセンの国の女の子が泣いたりしちゃいけないよと彼女を慰めたという。これはよく出来た伝説のように思えるが、長編第二作『小さな兵隊』をジュネーヴで撮影中にゴダールが彼女に求愛、その後まもなくして結婚というい ささか性急な経緯を考えてみると、あながち法螺《ほら》話として一蹴することもできない、美しい逸話のようにも思われる。

謎の微笑をもつ女

一九六〇年から六六年までの七年の間に、ゴダールはアンナ・カリーナを主役として「七本半」のフィルムを撮っている。この不思議な表現はアンナ本人が考え出したもので、いわずと知れたフェリーニの『8 1/2』に因んだものである。正確にいえば七本の長編と一本の短編。製作順に並べると、『小さな兵隊』(一九六〇)、『女は女である』(一九六一)、『自分の人生を生きる』(邦題は『女と男のいる舗道』、一九六二)、『はなればなれに』(一九六四)、『アルファヴィル』（一九六五）、『気狂いピエロ』（一九六五）、『メイド・イン・USA』（一九六六）、それに『期待　あるいは西暦二〇〇〇年における愛』（邦題は『未来展望』、一九六七）となる。ここではまずそれを前期と後期に分け、最初の四本について論じておこう。二つの時期に分割したのは、ゴダールとアンナの蜜月時代とその後に続く苦く苛立った歳月とを、ひとまず切り離して考察してみたいからである。

『小さな兵隊』はアルジェリアとスイスという、フランス社会の二つの周縁をめぐって展開する政治的メロドラマである。

主人公のブリュノはアルジェリア戦線に送られるのが嫌で、兵役拒否をしてジュネーヴへ逃げてきたフランスの青年である。彼はこの弱みを握っているフランスの秘密軍事組織から、アルジェリア解放戦線の要人を暗殺するよう命じられる。尾行と脅迫、監禁と拷問の場面が続くなか、フィルムは主人公の回想的な内面独白をともなって展開してゆく。ブリュノには謎めいた女友だちがいる。彼女は一見何も考えていない女の子のように見えて、実は後になって解放戦線側に属し、ブリュノを監視していた諜報員だと判明する。ブリュノは要人暗殺に成功するが、彼女が秘密組織に捕らえられ恐ろしい拷問の末に死んだことを知らされ、深い悲嘆と無力感に捕われる。

アンナ・カリーナはここではヴェロニカ・ドライヤーという、ヒロインを演じている。ドライヤーという姓はいうまでもなく、彼女の故郷であるコペンハーゲン出身のカール・ドライヤー監督に因んだものだろう。後にゴダールは『女と男のいる舗道』のなかに、アンナ演じる娼婦が彼の代表作『裁かるるジャンヌ』を映画館で観て感涙するという場面を設けているが、世界最高の怪奇映画監督と呼ばれるドライヤーに対する彼の敬意には並々ならぬものがある。もうひとつ気になるのはヴェロニカという名である。思うにこれはゴダールにとって、女性ゲリラを強く連想させる固有名詞であるようだ。というのもこれから七年後、アンヌ・ヴィアゼムスキーを主演に『中国女』が撮られたときにも、要人誘拐の是非を哲学者フランシス・ジャンソンに相談する彼女に、ヴェロニカをフランス語読みにしたヴェロニックという名前を与えているからだ。しかもそれどころかジャンソンは、アルジェリア戦争において解放戦線側を支持し、祖国を敵に回して闘った知識人であった。

とはいえ『小さな兵隊』は、シリアスな政治告発映画という前評判からはほど遠いフィルムである。理由は簡単。本筋から平然と逸脱して、いたるところにアンナ演ずるヴェロニカへの讃辞が過剰にちりばめられているためだ。

ヴェロニカは最初に登場するとき、ジュネーヴの街角で白いコート姿で市電を待ち、仔犬の玩具で遊んでいる。それを見つけたブリュノは心のなかで「彼女はジャン・ジロドゥの芝居から抜け出してきたかのようだ」と感動してしまう。唇を窄《すぼ》め、娼婦のように煙草を吹かしてみせるヴェロニカのクロースアップ。「その眼はベラスケスの灰色だったのか、それともルノワールの灰色だったのか？」。自室に戻ったヴェロニカは、チェックのロングスカートにセーター姿で眉を濃く引き、ばっちり付け睫毛《まつげ》をしながら、大きな鏡の前で長い黒髪を梳いている。部屋に招き入れてもらったブリュノは、手持ちのカメラで彼女を撮影し続ける。するとヴェロニカは、自分がコペンハーゲン生まれのロシア人だと、少し舌足らずの、片言のフランス語で答える。「ヴェロニカの魅力は彼女自身だった。肩の曲線と不安げな眼差し、それに謎の微笑」。ヴェロニカはハイドンの音楽を背景に、歓喜に満ちて部屋中を飛び回り、両手を拡げて踊り出すと、最後にソファにでんぐり返る。ブリュノは手帖に△□○の記号を書き、それに髭を加えてＡＩＭＥＲ（愛する）という言葉に直すと、彼女に見せる。「彼女はぼくを見た。ぼくの考えでは、女は二十五歳をけっして越えるべきではないのだ。年をとるにつれて男は美しくなっていくが、女は違う。女が年を重ねるというのは、あってはいけないことなのだ」と、後になってブリュノは独白する。

いったいこのようなお惚気《のろけ》場面がアルジェリア戦争をめぐる背信と絶望の物語とどう関わっているのか。今になって『小さな兵隊』を観直してみたとき了解できるのは、両者を弁証法的に統合できるだけの手法をゴダールがまだ獲得できていなかったという事実である。彼は明らかにアンナ・カリーナの美しさを前に、それをどのように表象していいのかわからず、ただただ戸惑っている。そのためブリュノという崇拝者を媒介とし、彼の内面独白という形でアンナへの讃辞を表現しなければならなかった。物語の最後ではヴェロニカが「アラブ側」であったという説明がなされるのだが、いかにもとってつけたようであり、説得力に欠けている。だからアンナ・カリーナの美しさを描くために政治を方便として用いたというのが、まず妥当な感想だろう。とはいえこのフィルムは、アルジェリア戦争が混迷の度合いを強くしていた一九六〇年に撮り上げられたため、ただちに公開禁止の処分を受け、正式な上映の許可は一九六三年まで延期された。アンナ・カリーナはその初主演において、図らずも「呪われた映画」のヒロインを演じてしまうはめとなった。

ミュージカルの真似ごと

『女は女である』と『女と男のいる舗道』は完璧なまでに正反対な雰囲気をもった二本であり、そのためアンナ・カリーナの表象をめぐって互いに分身の関係にあるといえなくもない。

『女は女である』はフランス風シネマスコープのカラー作品であり、ハリウッドのミュージカル映画への郷愁を惜しげもなく振り撒く、陽気で、楽天的で、ユーモアに満ちたフィルムである。街角のセットからヒロインの衣装にまで、全編にわたって赤、白、青というフランスの三色《トリコロール》が取り入れられ、観光主義の眼差しのもとに捉えられたパリの神話を巧みに取り込みながらも、女性の妊娠願望に親密な讃辞を贈っている。アンナはこの作品でベルリン国際映画祭の最優秀女優賞を獲得した。

一方、『女と男のいる舗道』はモノクロで、画面もスタンダードと狭い。「B級映画に」という献辞をもったこの作品のなかでは、華やかなパリの裏側に潜み隠れている娼婦やヒモ、チンピラ、ギャングの卑小な抗争、背信と犯罪が、ひどく距離化された視線のもとに描き出されている。絶望に満ちた世界にあって、もっぱら搾取の対象であった一人の女性が、孤独で寄る辺ない状況のなかでいかに自分の人生を切り開いているか。そうした問題が陰鬱な階調のもとに語られている。

とはいうものの両者に共通しているのは、ミシェル・ルグランの音楽だけではない。ゴダールはブレヒトが得意とした「異化効果」、つまり視座の変更によって日常的な事物を別の形で認識する方法をしだいに自覚的に援用することで、スクリーンをつねに醒めた眼差しのもとに見つめるよう、観客に訴えかけている。『小さな兵隊』とこの二本が決定的に異なっているのは、後者では観客を前にしたスペクタクル、つまり上演されるべきものとしての自己意識が、演出と編集の二つの次元において獲得されるにいたったという、厳然たる事実である。もはや主人公の感傷的な内面独白はない。代わりに登場するのは俳優の側から画面を眺めている観客への、あるいは撮影をしている最中のスタッフへの語りかけであり、あらかじめ先の物語展開を説明する字幕である。ゴダールはこうして、単にアンナ・カリーナを美的対象として崇拝することをやめ、彼女を媒介として女性とは何かという問いに向かい合おうと試みたのだった。

『女は女である』でアンナ・カリーナが演じるアンジェラは、場末の小さな劇場に出ている踊子で、子供が産みたくてしかたがない。彼女は書店で出産についての書物を立ち読みし、恋人のエミール（ジャン＝クロード・ブリアリ）に向かって「二十四時間以内に子供がほしい！」と叫ぶ。けれどもコペンハーゲンからパリに来てまだ日が浅いために、フランス語の不定冠詞を間違えたり、［r］の発音がうまくできず恋人にからかわれたりしている（このあたりのギャグはおそらくアンナとゴダールの新婚生活に由来するものだろう）。台所では生卵を床に落として悲しくて泣いてしまったり、そうかと思うとすぐに機嫌を直したりと、とにかくいつもドタバタと動き回っている。

先に述べたように、このフィルムでは赤・白・青の色彩の組み合わせが冒頭のタイトルバックに始まって、いたるところに登場する。シャルル・アズナヴールのシャンソンが流れるなか、アンジェラが最初に現われる場面を観てみよう。街角からカフェに飛び込んできた彼女は、白いコートに黒白の縞のスカート、黒い手袋に赤いパラソル、赤いストッキングという格好である。そして胸元に赤いものがチラチラしているのが実は真紅のカーデイガンであったと、後に観客は知ることとなる。舞台はまさに絵に描いたようなパリ、おパリである。次に彼女は劇場に到着すると、白いセーラー服に赤い水玉のついたセーラー帽という姿で、客たちの前でコケットリーに満ちた歌と踊りを披露する。長い髪で顔を覆ってみせたり、流し目をしたりする。舞台の照明がピンクや青に変わり、アップの彼女にさまざまな陰影を与える。

だがこのフィルムでは、演技は劇場の観客の前にかぎられているわけではない。街角でアルフレッド（ジャン＝ポール・ベルモンド）に出会ったアンジェラは、「わたしはミュージカルに出たいのよ！」と宣言する。するとその途端に彼女の衣装が赤いカーディガンから青いドレスに変わり、いかにもミュージカルといった音楽が背後に流れる。彼女はベルモンドを相手役に見立てて、いかにもミュージカル映画のスチール写真のような仕草を演じてみせる。だが次の瞬間には、彼女はまた元のカーディガン姿に戻っている。まるで日本の狸御殿映画における早変わりのようだ。アパルトマンに戻ったアンジェラはエミールと他愛のないいい争いをしてしまう。ここでもエミールは室内で自転車に乗ったり、箒《ほうき》をバンジョーに見立てて演奏するふりをしてみせる。そして二人はあたかも映画の観客に対するかのように、カメラの正面に向かって、可愛らしくお辞儀をする。

『女は女である』とはこのように、日常のすべてが演技でありノンセンスな虚構であることの幸福さを歌い上げている。ハリウッドのミュージカル映画に独特の浮遊感が借り受けられ、メタレヴェルで批評される。アルフレッドは「これから帰って、TVで『勝手にしやがれ』を観るんだ」といい、アンジェラは「科白を間違っちゃった、今のはナシね」と、泣いている演技のはずなのに笑って誤魔化す。ゴダールがこの作品で試みたのは、深刻なオフの語りを排し、その代わりにミュージカル喜劇という枠組みを導入してすべてを遊戯として提示することであった。アンナ・カリーナはその中心にあって、物語の水準のいくつもの層において女優、つまり虚構世界の演技者としての生を生きることになった。

楕円形の肖像

『女と男のいる舗道』ではすべてが逆転している。

このフィルムはブレヒトの演劇を忠実に真似て、一つひとつのシークエンスが「景《タブロー》」として纏《まと》められ、そのたびごとに黒画面に字幕で、以下に展開する物語があらかじめ要約され観客に告げられる。たとえば第一景から第四景までは「ビストロにて。ナナはポールと別れようと考える。ピンボール」「レコード屋。二〇〇〇フラン。ナナは生きる」「門番女。ポール。『裁かるるジャンヌ』。新聞記者」「警察。ナナの訊問」と要約されている。そのため観客は物語の展開に心躍らせるのとは反対に、明確に距離をもって事の成りゆきをスクリーンで眺めることとなる。

主人公のナナはレコード屋の店員で、いつか芝居の勉強をしたいと漠然と考えている。自分だけの人生を生きようと決意した彼女は、夫ポールと別れる。だがその結果、家賃が払えなくなり、アパルトマンを追い出されてしまう。そこで彼女は知り合いから、娼婦の道に入ることを誘われる。法を犯しても生き延びることを選ぶべきか、それとも内なる魂の純潔を守るべきか。この実存的選択に悩むナナは、映画館で受難のさなかにあるジャンヌ・ダルクの姿を観て深く感動する。またカフェでたまたま同席した哲学者から、愛が解決となるのは真実であるときだと教えられたりする。あるとき彼女はビリヤード場で突然、幸福感の発作に見舞われ、両手を拡げて部屋中を駆け廻って踊りまくる。だがその後で、「幸福って少しも愉しいものじゃない」という感想をもつ。彼女はそれからほどなくして、ギャングどうしの人身売買のコマに使われ、路上で射撃されて絶命する。

『女は女である』とはまったく対照的なパリがここには描かれている。まず娼婦の法的地位から女衒《ぜげん》の客引きの手口まで、売春をめぐる数多くの知識が詰め込まれている。その意味でこのフィルムは、『彼女について私が知っている二、三の事柄』から『勝手に逃げろ』にいたる、ゴダール映画における特権的な主題系列である売春が最初に顔を覗かせた作品として記念されるべきである。後に彼は売春を個人の実存的選択の問題としてではなく、後期資本主義社会における性と労働の交錯点として批判的に分析することになるのだが、それについては本書ではこれ以上は踏み込まない。『女と男のいる舗道』で探求されているのは売春をめぐる社会学でもなければ、隠されたパリ探訪のドキュメンタリーでもない。いわんや「哀れ彼女は娼婦」（ジョン・フォード）といった、お涙ちょうだいのメロドラマでもない。ナナは最後にあっけらかんと殺害され、フィルムは感傷の隙を見せずにただちに幕を閉じる。ゴダールの意図とは、どこまでも外部からの眼差しのもとにナナを追いかけつつ、彼女の身体の奥深くに隠された魂の無垢を浮彫りにすることにあった。その意味で彼が今回規範としたのは、対象をとことんまで追い詰めてゆく『少女ムシェット』のロベール・ブレッソンではなく、むしろ私淑してやまなかった『西鶴一代女』の溝口健二であり、『神の道化師、フランチェスコ』のロベルト・ロッセリーニであったはずだ。

『女と男のいる舗道』は冒頭に「B級映画に」という献辞が付けられている。だが『女は女である』とは対照的に、言及され引用されているのはハリウッドの娯楽映画ではなく、ランボーの詩句であり、モンテーニュの警句であり、ドライヤーの映画、つまり高級な芸術文化である。いずれにせよゴダール映画をこの後特徴づけることになる引用癖が本格的に開始されたのがこの作品からであったことは、先に言及したブレヒトの影響とともに注目すべきことだ。とりわけエドガー・アラン・ポーの『楕円形の肖像』の結末部が監督みずからの声で朗読されていることは重要であ

伝説のボブヘア女優ルイーズ・ブルックスに因んで、ゴダールは『女と男のいる舗道』でアンナ・カリーナに同じ髪形をさせた。

る。というのもこの短編のなかでは、主人公の画家が美しい女性の肖像を描ききった瞬間に彼女が息絶えていたという恐ろしい物語が語られているためである。ポーは夭折した愛妻ヴァージニアの儚《はかな》げな面影を、この作品の内側に縫いこめておこうと考えていた。ゴダールもまた「散りゆく花」にすぎないアンナの美しさを、『女と男のいる舗道』に縫いこめておきたいという欲望に駆られていたのだろう。

ゴダールがこのフィルムで試みたことは、『小さな兵隊』の内面独白や『女は女である』のジャンルの規則といった補助線を借りることなく、みずからの眼差しによってアンナの身体の内側に隠されている魂の美しさを引き出し、画面に定着させてみせることだった。冒頭、タイトルバックのための三つのショットを観るだけでも、それは歴然としている。

最初のショットではまずアンナの顔の左半分がアップで映し出される。彼女はルイーズ・ブルックスを真似たボブヘアをしているのだが、わずかに首筋のあたりにだけ照明が当っていて、顔は影となったままである。よく眺めていると、ゆっくりと肯《うなず》いたり、わずかだが口許を動かしていることから、これが静止画像ではないことが判る。次のショットではアンナはアップで真正面を向いている。だがここでも眼や鼻、口ははっきりとは見えず、薄暗さのうちに留まっている。第三のショットでは顔の右半分だけ。これも首筋にしか光が当たっておらず、相変わらず顔はシルエットのままである。いずれのショットにあってても音楽は流れ、突然に断ち切られる。それが不思議な効果を呼び、不意の沈黙が画面に高貴な静謐さに似たものを与えている。

左右の横顔と正面の顔の映像という組み合わせから通常想起されるのは、警察が取り調べのさいに用いる写真である。その後の物語のなかで警察に訊問されることになるナナにそうした被撮影体験があることは、充分に想像される。だがこのタイトルバックのスリーショットは、映像からあらゆる人物判別の機能を奪い去り、それを代替不可能な神秘の現前のものとして提示することに成功している。カメラの眼差しは人間を外部から撮影することはできる。だが内部の魂の人格に向かおうとしたとき、そこには影を発見するばかりで、シルエットを映し出すことしかできない。では映画はいかにして内なる魂の崇高さに接近することができるのだろうか。ゴダールが『女と男のいる舗道』において目標としたのは、この困難な問いに答えることであった。アンナを美しい女性として描くだけでは不充分である。あたかも肉体の牢獄から高貴な魂を救出するように、アンナの内側に潜んでいる生の崇高さを導き出してフィルムに定着することが、ここでは求められているのだ。

無為と徒労の青春

カリーナ時代の前期の終わりを告げるのは、『はなればなれに』である。

『女は女である』の目の醒めるような陽気さと『女と男のいる舗道』の崇高さの後でこのフィルムに接した観客は、それが軽快にして悲しげな余韻をもった青春映画だと知って、安堵の息を漏らすことだろう。英会話学校がきっかけで知り合ったオディール（アンナ・カリーナ）と二人の青年が、彼女が小間使いとして働いている町外れの一軒屋に押し入り、たどたどしい手つきで強盗を行なう。青年の一人は死ぬが、生き延びた二人は南米に高飛びする。『女と男のいる舗道』の撮影から二年の間、バルドーやセバーグ（ふたたび！）にカメラを向けるのに忙しく、被写体としてのアンナから遠ざかっていたゴダールの眼差しには、もはや以前のような切迫した気合は感じられず、むしろリラックスした感じで自然のままにアンナを素描しようとしている。これまでの作品がそれぞれ油絵であったとすれば、『はなればなれに』は鉛筆描きのデッサンに近い。

勤め先のお屋敷を出たオディールは二月の寒々とした荒野を歩きながら、「わたし、映画なんて嫌いよ。芝居も、ダンスも。自然のままに生きるのよ」と宣言する。彼女はダサい髪型をしたダサい田舎の女の子で、いつも仲よし二人組と行動をともにしている。三人はカフェでジャズをバックに足を合わせ踊ってみせる。だがいつしか一人が去り、次にもう一人が去ってしまう。それでもオディールは踊り続け、ふと周囲を見回して誰もいなくなったことに気付く。以前のゴダールであればここで気のきいた引用をしてみせたり、オフの語りを挿入したりするところだろう。だが『はなればなれに』ではいっさいの修辞的工夫はなされず、ただひどく寂しげなオディールの姿だけがいつまでも映し出される。彼女はいつも踊っている。でなければどこかしらを走っている。そして最後に南米に逃亡してしまうのだ。

『はなればなれに』は無為と徒労に終わった青春を物語るフィルムである。そしてこのフィルムの撮影の前後から、アンナ・カリーナとゴダールの間には微妙な亀裂が走るようになる。アンナの流産とゴダールの嫉妬。絶え間ない夫婦のいさかい。そして何よりも本質的だったのは、アンナが『女と男のいる舗道』を理解しようとせず、むしろこのフィルムを嫌っていたことであった。

後期カリーナとは

一九六四年夏から六六年暮れにかけての二年半は、ゴダールにおける後期カリーナ時代とでも呼ぶべき時期である。この間に彼は六本の長編と二本の短編を撮るという、驚異的な早撮りぶりを披露している。

もっとも前期と同じく、そのすべてにおいてアンナ・カリーナが主役を演じていたわけではない。『ある人妻』（邦題『恋人のいる時間』）はマーシャ・メリルを、『モンパルナスとルヴァロワ』はジョアンナ・シムカスを、『男性・女性』はアイドル歌手のシャンタル・ゴヤをそれぞれ主役に据えている。この時期の終わりにゴダールは、やがて次の時期に大きく発展する主題の萌芽ともいうべき『彼女について私が知っている二、三の事柄』を撮りあげている。

だがそこではもはやカリーナの姿はなく、マリナ・ヴラディが狂言廻しとなって、パリという大都市に横たわる神話をめぐる考察がなされている。ちなみに誤解がないようにいい添えておくと、「彼女」とはパリのことである。

ではこの時期、カリーナは女優として何をしていたか。二度目の自殺未遂の後、ゴダールがそれなりに彼女に気を配るようになったことは事実であった。彼は『ある人妻』を撮影中もたえず秘書に伝言を託し、彼女との連絡が途切れないように努力した。だがカリーナは自分のすべての洋服をズタズタに引き裂き、それに怒ったゴダールは彼女が大切にしていた人形コレクションのことごとくを破壊した。二人の間柄は『軽蔑』撮影時にすでに危機を迎えていたが、一九六四年の終わりごろ、『アルファヴィル』の撮影の直前についに離婚が成立した。カリーナはモーリス・ロネとの困難な恋愛に向かい、ゴダールはしばらくして（その演技の大根ぶりに怒り心頭に発しながらも）マリナ・ヴラディにご執心となった。彼のロシア系好みは、やがてアンヌ・ヴィアゼムスキーによって達成されることだろう。

こうした身辺の慌ただしい変化にもかかわらず、ゴダールがこの時期にカリーナを起用して撮りあげた『アルファヴィル』『気狂いピエロ』『メイド・イン・USA』はみごとな出来を示している。彼がカリーナを最後に撮影したお伽噺じみた短編『期待　あるいは西暦二〇〇〇年における愛』を含め、初期ゴダールを代表する傑作フィルムがこの危機的な時期に集中していることを否定する者はいないだろう。たとえ離婚をし私生活において別離の状態が習慣となったとしても、二人の間には、けっして余人が口を挟むことのできない濃密な映画的関係が横たわっていた。『気狂いピエロ』は最初、人気絶頂のシルヴィ・バルタンをマリアンヌ役として構想が練られていた。だがそれは結局のところ、いつもながらにカリーナ主演の作品として完成した。「自分に何ができるというのか。何をしていいのか、わからない」、『気狂いピエロ』ではマリアンヌが、波打ち際で小石を海に投げながら、この科白をいくたびも口ずさむ。だがそれは実のところ、ゴダールの内面の告白でもあったはずだ。だがゴシップはここまでにして、この時期のゴダール＝カリーナ作品の実際を観てみることにしよう。

未来都市でのメロドラマ

『アルファヴィル』は、ゴダールが熟《な》れない手つきで監督したSF映画である。ハリウッドのハードボイルド映画への憧れ、ジョン・フォードの『捜索者』をめぐる感傷的な記憶、アメリカン・コミックスへの関心が、当時のヌーヴェル・ヴァーグにあって必読書とされていたアルゼンチンの短編作家ホルヘ・ルイス・ボルヘスの説く奇怪な時間哲学と混ぜこぜになって、不思議な映像宇宙を作り上げている。舞台はアルファヴィルと呼ばれる未来都市で、巨大なコンピュータ「アルファ60」が全住民を管理し支配している反ユートピア社会である。売春が公的に制度化されているにもかかわらず、「愛」という言葉を口にするだけで処刑されるという恐怖社会がそこでは実現されている。ここにレミー・コーション（エディ・コンスタンティーヌ）という諜報員が取材記者に化けて侵入し、さまざまな冒険の末、コンピュータを破壊して都市機能を混乱させる。彼は大科学者の娘と愛を誓いあい、その救出に成功する。もっともハリウッドのような撮影所のセットをもたないゴダールは、このアルファヴィルを現在のパリと瓜二つという設定にし、ただひたすらパリの無機的な夜景を撮影して未来都市の代わりとした。コンピュータのためには巨大な換気扇が用いられ、神と見紛うべきその厳粛な声には、監督本人の声を機械的に変形したものが用いられた。要するにこれは典型的な低予算のブリコラージュ（手作りのあり合わせ仕事）映画である。

カリーナはレミーが探求する著名な物理学者の娘ナターシャを演じている。彼女が最初に現われるのは、ホテルの部屋の扉を開け、レミーに面会に来る場面である。これがいきなり黒地にクロースアップである。彼女はローレン・バコールのように煙草を口に咥《くわ》え、レミーに火を点けてほしいと、ひどい濁声《だみごえ》で求める。背景の黒と豊かな髪の毛の黒が重なりあい、白い顔だけが画面のなかに浮かび上がる。二人が対話をしている間、カメラは目を見開きどこか悲しげな表情でいるナターシャを正面のアップで捉え続ける。レミーは冗談めかして彼女に「プリンセス」と呼びかけ、彼女はそれに応じるかのように、白いフェイクの毛皮の縁取りのある黒いロングコートを着て、堂々と螺旋階段を上り降りする。なんだかペンギンのようだ。だが興味深いのは、この「美しいスフィンクス」の優雅な姿を前に、レミーの独白がオフで聴こえてくることである。「彼女の微笑と小さく尖った歯は、かつてシネラマ博物館で上映されていた吸血鬼映画を思い出させた」。『アルファヴィル』ではアキム・タミロフの起用を含め、オーソン・ウェルズの『審判』（一九六三）への言及が見え隠れしているが、思うにこのグロテスクな独白は、カフカが原作で描いた、魚の鰭《ひれ》のような手をもった裁判所の女性から発想されたものだろう。

レミーはある意味で、蜜月時代のゴダールの、今となっては望むべくもない教師ぶりを反復している。彼はナターシャにエリュアールの詩集『苦悶の首都』を朗読させ（実はかなり恣意的で出鱈目な朗読だが）、「意識」la conscienceという単語を思い出させようと試みる。誰もがコンピュータの命令通りに行動するこの社会では、自分の意識を明確に保つこと自体が禁じられており、誰もがこの単語を忘れてしまっているためである。ちなみにこの言葉は日本版ＤＶＤなどでは「心」などと曖昧に字幕スーパーがつけられているが、キチンと「意識」という意味に理解しておかなければならない。でないとレミーがアルファ60によって尋問されたとき、「意識の直接与件だけを信じる」と、ベルクソンを引用しつつ答えたことの意味がわからなくなってしまうからである。『アルファヴィル』はメロドラマであるばかりか、きわめて厳密な哲学的細部から構成されている作品なのだ。

さてレミーの教育は二重の意味でプラトン的である。まずそれは肉体の愛を伴わず、次に想起に重点を置いているためだ。その甲斐あってナターシャは少しずつ幼年時代に外国で過ごした記憶を回復し、フィルムの最後では、これまでどうしても発語することができなかった「愛」という単語を口にできるようになる。

『アルファヴィル』とは、非人間的環境に放置されていた一人の女性が、「わたし・あなた・愛する」とようやくいえるようになるまでの、波乱万丈な冒険物語として感動的に幕を閉じる。その意味でこの作品は、ゴダールがカリーナという素材を用いて撮った、最後のお伽噺だといえなくはない。この劇的な場面の直前、レミーとナターシャが至近距離にあって無言で見つめあい、さまざまな角度から強い照明が投じられたり、それが次の瞬間に暗黒に戻ったりする一連のショットが存在する。それは『女と男のいる舗道』の冒頭のキアロスクーロ（明暗強調）の光景が、レミーという相手役を得てより躍動的に再現された。だがそれは同時に、静謐さの美が喪失されたことでもあった。ゴダールはカリーナの顔をキャンヴァスに見立て、そこにさまざまな照明を投じることで劇を作り出すことに成功している。二人の主人公が車に乗って未来都市を脱出する場面でも、助手席に坐っているナターシャの顔に向かって、対向車のヘッドライトが繰り返し投じられる美しいショットがある。この手法は次回作『気狂いピエロ』でも、今度は闇夜に鮮やかな色彩を伴って、反復されることとなるだろう。

『気狂いピエロ』の面目

『気狂いピエロ』は、初期ゴダールにあって最高傑作というべき作品である。いや、この表現ではとうてい不充分だ。ゴダールの代表作だと説く人もいるし、戦後のフランス映画を代表する一本、いや世界映画史に永遠に記憶されるべき一本だと主張する人さえいる。実をいうと、わたしがそうである。試写会室でこの作品を観た詩人アラゴンは、「外に出るとパリの市街が真っ赤になったかのように見えた」と感動を語った。確かにその通りかもしれない。わたしはかつて大学のゼミで学生たちとともにこのフィルムをワンショットずつ丁寧に観るということを試みたことがあるが、半年が経過しても細部から湧き上がってくるものは汲めども尽きずという状態で、作品の内容の豊かさと一瞬ごとに変化してゆくスタイルに、改めて眩暈に似た感覚を体験した記憶がある。おそらく『気狂いピエロ』を読み解くという課題だけでも、わたしはゆうに一冊の書物が書けてしまうだろう。だがそれは本書においては許されることではない。そこでこの作品の全体を論じることは涙を呑んで諦め、今回はもっぱらカリーナの表象という側面にのみ焦点を当てながら論じていくことにしたい。

『気狂いピエロ』は逸脱に逸脱を重ねた文体のもとにあるが、それでも物語を要約できないわけではない。金持ちのイタリア女性と家庭をもうけたものの、TV局を馘《くび》になって毎日ブラブラしているフェルディナンという男がいる。彼は義理の両親のパーティに出席するため、知り合いの伝《つて》を辿ってベビーシッターを頼み、パーティに出かける。だがその場のブルジョア的な雰囲気に馴染めず、妻の顔にクリームケーキを投げつけて、早めに帰宅してしまう。ここでベビーシッターのマリアンヌが昔の女友だちであったことが判明。二人はさっそく彼女のアパルトマンで一夜を過ごしてしまう。翌朝、正体不明の殺人事件に巻き込まれたフェルディナンは、マリアンヌに誘われるまま南仏へと逃避行に出発する。彼女の兄がテルアヴィヴで武器密輸に関わり巨額の財を得たので、それを当てにすればいいのよと、マリアンヌは事もなげにいう。二人は車と洋服を盗んでは捨て、川を横切り、即興的に話芸を披露しては小銭を得て地中海に到達する。そこではもはや何からも邪魔されない、ロビンソン・クルーソーのような生活が待っている。フェルディナンは隠者然として作家を志し、日記をつけ始める。だがマリアンヌはどうやら何か隠しごとをしているらしい。日々の停滞した生活に苛立ち、やがて彼を捨てて行ってしまう。実は彼女は国際密輸組織の首領の愛人であり、

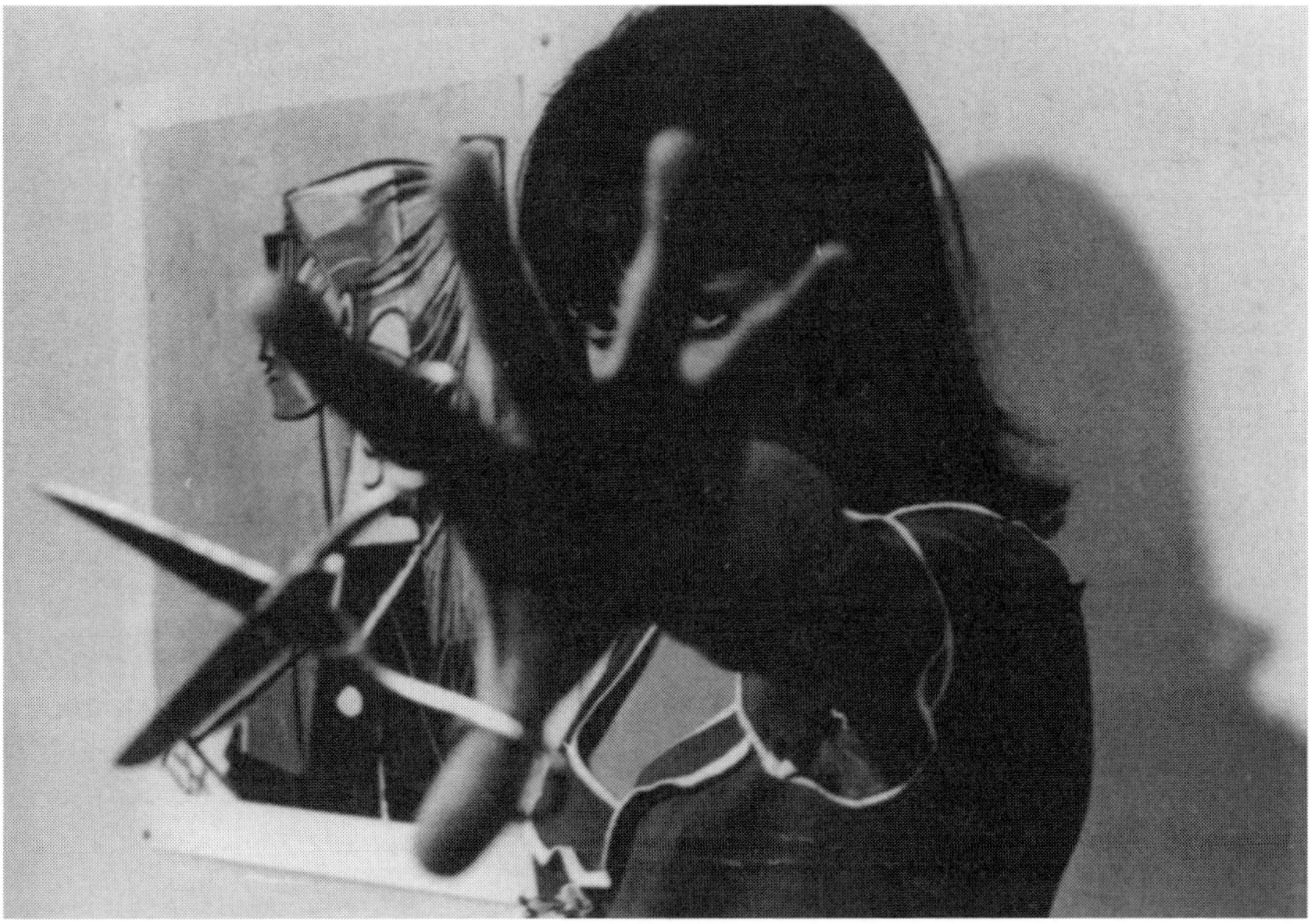
『気狂いピエロ』はアンナ・カリーナのもつ潜在的攻撃性を引き出した。

対立組織の目をくらますためフェルディナンを隠れ蓑として用いていただけであったのだ。裏切られたフェルディナンは、地中海の孤島でマリアンヌを射殺する。だが彼みずからも絶望の極致に達し、顔中にダイナマイトを巻きつけて自爆する。

『気狂いピエロ』には、全編にわたって狂気とアナーキズム、自由と絶望、放棄と死とが溢れかえっている。青、赤、白、緑、黄と、地中海の激しい陽光の下で原色が氾濫し、優しさと残酷さが交互に登場しては観る者を魅惑してやまない。『勝手にしやがれ』のおかげでスターの階段を順調に昇り、多忙な日程を押してゴダールとの再会を果たしたジャン＝ポール・ベルモンドと、ゴダールとの腐れ縁を断ち切れずに苛立っているアンナ・カリーナとが、ここではフェルディナンとマリアンヌというカップルを演じている。彼らはパリから地中海の島まで、原色に満ちた風景のなかを疾走し、文字通り破滅する。

氾濫する原色と絶望

『気狂いピエロ』がそれまでのゴダール作品と異なっている点を、いくつか書き出してみよう。

まずこの作品は、これまでのゴダール映画とは一桁違う予算のもとに製作された。ベルモンドはすでに大スターとなっており、製作者は彼を主人公としたアクション映画の線でヒットが期待できると考えた。当初から総天然色でシネマスコープという枠が設けられたのはそのためでもある。ちなみにこのフィルムが日本で初公開されたときわたしは十四歳であり、日活アクションにトチ狂っていた時分であったが、白地に大きくベルモンドの顔だけをあしらったポスターに「水平線がぎらっぎらっ」といった感じの惹句《じやつく》が添えられていたことを、強く記憶している。日本ヘラルドにはこの作品をまずゴダールの芸術映画としてではなく、ベルモンドのアクション映画として宣伝しようと目論んでいた形跡がある。これは日本におけるゴダール映画の初期受容のあり方を知る上で興味深い挿話である。というのも彼の処女作である『勝手にしやがれ』は、松竹ヌーヴェル・ヴァーグ以降の世代に決定的な影響を与えたが、それ以上にまずフランスで最新流行のアクション映画として受け入れられたからだ。事実、この作品をめぐっては、日活が無国籍アクション路線のもとに渡哲也と浅丘ルリ子によるリメイク『紅の流れ星』(舛田利雄、一九六七)を製作している。『気狂いピエロ』にしても、日本でさまざまなパロディやパスティーシュの源泉となったことは、前田陽一の『進め!ジャガーズ　敵前上陸』(一九六八)を観るだけで充分に想像できるだろう。

『女は女である』を例外として、これまでもっぱらモノクロ画面のなかで漆黒の長い髪を見せてきたカリーナは、このフィルムのなかで初めて本来の、茶色がかった金髪と、灰緑色の瞳をカラーで露《あらわ》にしている。憂鬱なパリの室内の人工照明を離れ、地中海の眩《まばゆ》い陽光の下で目を細め、頬に微かに走る雀斑《そばかす》の跡を見せる彼女のアップを、観客ははじめて目にすることになった。『小さな兵隊』や『アルファヴィル』とは比較にならないほどに、彼女は頻繁に衣装を替える。最初はいかにも女子大生といった雰囲気の白いブラウスと黒いブレザー、プリーツのあるスカート。やがてパリから逃走する段になると、空色のカーディガンにレースのスカート。さらに赤いセーターに迷彩服と戦闘帽でミリタリールックを決め、荷物も服も惜しげもなく捨ててしまったあとは、ずっと赤白の縞のワンピースだけという軽装。アメリカの海兵相手にヴェトナム戦争をめぐる即興風刺劇を演じるときは、それらしい農民の帽子を被り、京劇めいたキッチュなメイク。フェルディナンからは「きみの腰のラインがイカシてる」と歌で褒められたかと思えば、ボウリング場では「こんなピチピチのパンツなんか穿きやがって!」と罵られたりもする。そして彼女は真っ赤なスカートに空色のブラウスで、抜けるような青空のもと、額から血を流して息絶える。

筆者が直接にインタヴューの場で聞いたところでは、このフィルムで彼女が着ていた衣装のなかには、アントニオーニの『赤い砂漠』で衣装を担当したジット・マグリーニの手になる真っ赤なワンピースなども混ざっていたようだが、その大半はプリズニックのような安売り店にある「吊るし」の洋服だったようである。これは今の日本でいうならば西友、いやユニクロあたりの既製服の感じだろう。だがそれが逆に作用して、一九九〇年代後半から二〇〇〇年代前半にかけて日本のオリーブギャルたちの間で、ゴダール映画のなかのアンナ・カリーナのファッションを真似ようとする傾向が一部に出現し、彼女が『気狂いピエロ』三十年後にして日本のアイドルと化したことも事実である。

ともあれこのフィルムでカリーナがあたかも着せ替え人形のように次々と服を替えて登場すること自体が、フィルムの基調をなす驚異を構成していることは忘れてはならない。同じことは彼女のメイクにもいえる。深夜の車中で次々と襲いかかる赤や緑の光線を前に、隙のない化粧をして立ち向かうマリアンヌは、次のショットではいきなり翌朝、バスローブ姿の眠たげな表情のもとにアップで現われる。よく観るとかぎりなく薄くアイシャドウが塗られているだけだ。別のところでは彼女は陽光の強さに猫のように目を細め、倦怠そのものを体現しているかのように見える。ゴダールはこれまで『女と男のいる舗道』のようにカリーナを「楕円形の肖像画」のなかに閉じ込めたり、聖女ジャンヌの傍らに並べて神聖な映像に仕立てあげることはあったが、このように自然の顔をしたカリーナを撮ったことがなかった。これはゴダールの側に立つならば、さまざまな葛藤の末に離婚に踏み切ってしばらく時間が経過すると、以前のように手放しでカリーナの美しさを讃美したり、無理やりに自分が準備した枠組みのなかに閉じ込めてフェティッシュな愛情を披露したりするという行為から目醒め、いくぶん距離を置いて彼女の女優としての可能性を引き出すことに関心がむかうようになったということだ。

カリーナにむけられた眼差しの変化は同時に、彼女に与えられた役柄の性格付けや科白遣いの変化にも大きく関連している。『女と男のいる舗道』や『アルファヴィル』では、カリーナの演じるヒロインは最初のうち、つねに受動的に困難な状況を体験し、偶然に出会った男性から教育的助言を受けることを通して、自分の人生を独力で切り開く径《みち》を歩み始める。『気狂いピエロ』のマリアンヌの場合にはすべてが異なっている。彼女は最初から攻撃的であり、他人にむかって平然とmerde（糞、畜生）といった罵倒語を投げかけたり、手練手管を用いて見ず知らずの他人から小銭を巻き上げたりもする。人を殺すことにも一向に躊躇を見せず、自室の寝台に男の死体が転がっていても平然としているし、銃を連射して相手が次々と倒れてゆくとニコッと笑ったりもする。左手で大きく鋏を拡げ、ヴェトナム人らしき矮人《わいじん》を威嚇するさいの彼女のキツイ眼差しのショットには、一度見れば忘れられないほどの脅威感がある。だが彼女は同時に、いかにも猫を被るかのように媚態を見せてフェルディナンを誘惑し、海辺の松林では天真爛漫に両手を拡げて踊り、自分の運命線の短さを嘆く歌を歌ったりもする。そして急に悲しげな眼つきになって正面を向き、「あなたは人を殺したことがあるの？」などと問い質《ただ》す。

フェルディナンには彼女の真意がどうしても理解できない。彼はマリアンヌにむかって熱情に満ちた饒舌を投げかけるが、マリアンヌはその言葉には応えず、ただただ悲しげな表情を見せるばかりである。単純に物語の論理に立って考えてみるならば、この悲しみとは、マリアンヌが最初からフェルディナンを騙し、彼を囮として密輸取引の利益を恋人とともに獲得しようとしたという計画と、そこから生じる罪悪感に由来するものだと了解ができなくもない。だがゴダールがここで本質的に問うているのは、男がいかに情熱的な言辞をむけようともけっして接近することのできない、女性の本質に横たわる不可知性であるように見受けられる。おそらく『気狂いピエロ』という作品をそれ以前のゴダール＝カリーナ作品から峻別しているものがあるとすれば、それはそれ自体が空無でありながらも男を眩惑し、破滅させてしまう攻撃的な形象としてヒロインを描いたことに尽きるのではないだろうか。最終的にフェルディナンは挫折する。マリアンヌをめぐる真実に到達した直後、彼は絶望のあまりに彼女を射殺し、自殺を企てた瞬間にしかもそれに後悔するという失敗を犯す。

だがこうした過程のすべてを超越するかのように、ゴダールは一切が終わった後にそこに永遠なる愛の称号を与える。孤島でのフェルディナンの自爆を見届けたカメラが大きく水平線に沿ってパンを行ない、水色の空と水しかない空間に辿り着いたとき、どこからともなくマリアンヌとフェルディナンの声でランボーの著名な詩行が聴こえてくる。「見つかった」「何が？」「永遠が」「海と溶けあう太陽が」。この魅力的な結末は、あらゆる物語の波乱万丈を越えた時点で、『気狂いピエロ』という作品がなおかつ愛と永遠の直接体現であることを、われわれに告げている。

急ごしらえのアクション映画

『気狂いピエロ』で好評を得たゴダールは、その後日本でもそれなりにヒットしたアイドル歌手シャンタル・ゴヤの出世物語『男性・女性』（一九六六）を完成させると、日本を訪れて溝口健二の墓参りをしたり、浜美枝に迫ったり（?）しながら、一九六六年を過ごす。だがこの年、彼の製作者であったジョルジュ・ド・ボルガールに思いもよらぬ厄難が降りかかる。彼が製作し、ゴダールの盟友ジャック・リヴェットが監督した『修道女』が文化省によって上映禁止の処分を受け、ボルガールが破産寸前にまで追い詰められてしまったのだ。ゴダールはただちに文化相であるアンドレ・マルローに抗議の書簡を発表する。だがそれだけでは終わらない。というのも『修道女』はアンナ・カリーナ主演のフィルムだったからだ。もしこの作品の上映禁止が続けばそれは『小さな兵隊』に続く事件となり、カリーナには永遠に上映禁止女優という呪われた綽名が付き纏うだろう。そこでゴダールはド・ボルガールの提案を引き受ける。何か適当なアメリカの推理小説を探してくるから、そいつをネタにしてカリーナ主演で一本撮ることにしよう。こうして一九六六年の夏、きわめて短期間のうちに『メイド・イン・USA』が撮影されることとなった。驚くべきことにゴダールは午前中にこのフィルムを、午後にはもう一本、『彼女について私が知っている二、三の事柄』を同時進行で撮影し、完成させてしまったのである。

『メイド・イン・USA』はいうなれば『アルファヴィル』を裏返したようなフィルムである。ソ連をモデルにした陰鬱な夜ばかりの秩序都市の代わりに、すべてがハリウッド映画とアメリカン・コミックスのキッチュ的引用からなる架空の都市が舞台となり、レミー・コーションに代わってポーラ・ネルソンなる私立探偵が、失踪した婚約者の死の真相を突き止めるためにそこへ向かう。もちろんポーラを演じているのはアンナ・カリーナであり、彼女は自分の置かれている状況を、まるで「ハンフリー・ボガートがディズニー映画を演じているような」世界であると了解している。ヌーヴェル・ヴァーグが戦後アメリカ文化に対して抱いてきた憧れを煮詰めたようなこの作品においては、もはやゴダールの守護神はボルヘスではなくルイス・キャロルへと転じ、登場人物たちはいたるところで支離滅裂なノンセンスの対話に耽る。ときにポーラが「よお、修道女！」といきなり声をかけられたりするのは、この作品が

『修道女』の主演女優による、やっつけ作品であることへの、楽屋ネタだと見なすべきだろう。『メイド・イン・USA』を観ていてただちに感じるのは、『気狂いピエロ』からまだ一年しか経過していないというのに、カリーナがずいぶんと老けてしまったなあという印象である。二十六歳になった彼女は目に潑剌《はつらつ》とした勢いを失い、鼻の両脇から口許にかけてくっきりとした皺《しわ》を持つに至っている。ハードボイルドの女探偵という役柄も手伝ってか、彼女は始終苛立ち、不機嫌そうな眼差しで周囲を見回すばかりで、みずからの内面を観客に覗かせる隙を与えない。ときに悪意に満ちた微笑を口許に浮べ、ハイヒールの踵を振り上げて男を殺したりする。歩行中にサッと振り返ると、豊かな黒髪が勢いで靡《なび》き、そのたびごとにベートーヴェンの交響曲の著名な旋律が断片的に流れ突然に途切れる。ポーラ・ネルソンはどこまでも虚無と背信の世界にあって、両手を血で汚しながら生き延びている女性であり、その非情にして苛酷な生き方は、二人の清楚な女性が脇に登場することでいっそう強調されている。失われた子供時代の無垢を清らかな声で歌い上げるマリアンヌ・フェイスフルと、ギター一本で日本の歌を歌う小坂恭子のことである。

だが、いくらアメリカのハードボイルドが好きだからといって、これはどう考えても観念的な発想に無理やりに女優を当て嵌《は》めてみた、ミスキャストだとしかいいようがない。ゴダールはカリーナを美しくカメラに収めようとか、彼女の未知の魅力を引き出そうという課題に対し、すでに明らかに関心を喪失しているのだ。彼らの共同作業はもはや惰性で進行しているとしかいいようがない。

「たとえば幸福。彼が何かを欲しがると、わたしも欲しがった。名声。彼が望むと、それはただちに手に入った。彼が望まないものは、わたしも望まなかった。わたしはいつも満足していた。わたしは、彼が欲しいというものだけを欲しがっていたのだった……」。

このフィルムの冒頭、ホテルの一室の床で転寝《うたたね》をしながら、ポーラが夢うつつに口にする科白である。ゴダールとしてはカリーナ時代の終焉を記念するためにも、ぜひ彼女の口から吐かせたかった言葉だったのだろう。正直にいって『メイド・イン・USA』は、この冒頭のショットだけを観ておけば、もうそれで充分という作品だといえなくもない。ただカリーナを呪われた女優という綽名から救い出し、ボルガールを破産から救わんとするゴダールの俠気《おとこぎ》だけが、ヒシヒシと伝わってくるフィルムであることは事実である。

お伽噺への回帰

だがゴダールのカリーナ時代の終末を真に告げるのは、『メイド・イン・USA』のさらに三ヵ月後、一九六六年十一月に撮影された『期待　あるいは西暦二〇〇〇年における愛』という二十分の短編である。

『期待』は『アルファヴィル』のミニチュアとも続編とも呼べるフィルムである。舞台はやはりソヴィエト的な管理体制がテクノロジーと結合して、人間を抑圧している未来社会である。遠い宇宙から到来した旅客たちが陰気きわまりない空間で入国審査を受けているのだが、一人の男に問題があったらしく、別室に通される。彼はそこでさまざまな女性のヌード写真を見せられ、反応を検査される。やがて軍服の男が彼をホテルへ連行してゆく。ホテルには「肉体恋愛」専用の女性が控えていて、金属製の留め金を工具で外すとたちまち裸になるように施されている。彼女は男に性的な奉仕をしようとするが、口を利こうともせず、まさにセクシーな機械そのものだ。驚いた男が担当係員を呼び出すと、彼は法律によって女は一日に一人と決められていると説明する。だが男は特例で、もうひとつ別のタイプ、つまり「精神恋愛」専用の女性が派遣されることになる。これがアンナ・カリーナで、エレオノールというその役名はポーの短編『エレオノーラ』に由来するものだろう。エレオノールは旧約聖書の『雅歌』にある、女性に胸や秘所の美をエロティックに数え上げてゆく一節を朗誦し、自分は言葉専門だから服は脱がないという。

愛がかくも管理され分担されている事態に驚いた男は、それでも肉体の愛と言葉の愛が重なりあう場所が人間にはひとつだけ残されているはずだと主張する。二人は見つめあい唇を合わせる。するとこれまで無機的なモノクロ画面であった映画が、突然に鮮やかなカラー画面へと変化する。二人が唇を離すと、画面は元通りモノクロになってしまう。またしても接吻をするとカラーになる。彼らを監視していた女性の機械的な音声は、この予想もつかなかった事件を前に、「二人は何かを発見し、幸福に酔っています」と報告すると、後は「通信不能、通信不能」と繰り返すばかりである。

このフィルムでは、男女が肉体と感情の分離を克服して愛の神秘を生きるという行為が、映画が色彩を獲得することで幸福に到達するという観念と、アレゴリカルに重ね焼きされている。それは同時に、ハリウッドが世界中に蔓延させてきたハッピーエンドのイデオロギーをめぐる、ゴダール的な註釈でもある。『彼女について私が知っている二、三の事柄』で社会に流通する映像の脱神話化を試みたゴダールは、ここで一歩後退し、久しぶりに再会したカリーナを相手に、懐かしいお伽噺に興じている。メタリックなイヤリングをつけ、目の下に深い刻み目のような皺をもったカリーナに対し、ゴダールはもはや過剰な美化も神聖化も施そうとしていない。カリーナの顔は以前にもましてキツくなり、寓話の主人公を演じることはできても、かつてのような生気溢れる潑剌さを全身から発しているといった雰囲気からはほど遠い。というより、どこかしら表情に汚れとも澱ともつかぬ何物かが沈殿しているかのようである。それはこの短編のわずか四ヵ月後にゴダールが撮影した『中国女』における、新人アンヌ・ヴィアゼムスキーの無垢にして生気に満ちた表情と比較してみると瞭然としている。

かくしてゴダールのカリーナ時代は幕を閉じる。彼はその後、ヴィアゼムスキーを伴侶とし、また主演女優とすることで、お伽噺にも、ボルヘスにも、シネフィル主義にも、訣別を告げるようになる。一九六八年の〈五月〉がついそこまで迫っていたのだ。

修道女から魔女へ

それではゴダールの作品以外のところで、アンナ・カリーナは女優としてどのような活動を続けていたのだろうか。実は彼女は映画のみならず舞台女優としても長い経歴をもち、歌手としてもしばしばリサイタルを開催している。またみずからメガホンを握って、フィルムの監督までしている。もっとも本書では数十本に及ぶその華麗な映画的経歴のなかから主だったものだけを抜き取り、簡単に註釈を施すに留めておきたい。

一九六一年、『女は女である』でベルリン国際映画祭の主演女優賞を受けたアンナは、その直後にヌーヴェル・ヴァーグにおけるゴダールの盟友アニエス・ヴァルダの『5時から7時までのクレオ』に顔を覗かせている。彼女は夫ゴダールとともに短い無声映画の部分に友情出演したのだった。一般の劇映画の分野では、『シエラザード』（ピエール・ガスパール＝ユイ、一九六三）や『スタンダールの恋愛論』（ジャン・オーレル、一九六四）に出演し、ロジエ・ヴァディムがオフュルスの名作をリメイクした『輪舞』（一九六四）では、色事に長けた青年将校に誘惑される小間使いを演じている。もしこのフィルムに映画史的価値があるとすれば、それは監督ヴァディムと結婚したばかりのジェーン・フォンダが、同じ将校に誘惑される若い人妻として共演していることと、このフィルムの撮影が契機となってアンナがフォンダの夫役を演じたモーリス・ロネにご執心となり、ゴダールとの決裂が早まったことぐらいだろう。だが一九六〇年代のアンナ主演の非ゴダール作品でもっとも重要なのが、前項でも少し言及しておいたリヴェットの『修道女』（一九六六）であることは、まず間違いがない。

十八世紀の中ごろ、意に沿わぬ形で修道女にさせられたシュザンヌは、厳しい肉体的苦行と修道院の権威的な体制に我慢ができず、反抗を試みる。だがその結果、彼女は悪魔憑《つ》きであると判断され、危うくレスビアンの餌食にされそうになる。ある神父と懇意になったシュザンヌはともに修道院から逃亡することに成功するが、その直後に彼から犯されそうになり、娼館に逃れたり、乞食の身に転落したあげくに自殺する。ディドロの筆になるこの多分にポルノグラフィー的魅力をもった反カトリック的小説を、リヴェットは一九六三年に舞台にかけ、主役をアンナに振った。まだいくぶんフランス語にアクセントが残っていたものの、彼女の演技は高く評価され、いくつかの賞を受賞した。当時、パリに留学中でボードレールとシオランを読み耽っていたフランス文学者の出口裕弘氏は、極寒のさなかにこの芝居を観る機会があり、深い感動に包まれたと、かつてわたしに話してくれたことがあった。

だが三年後、リヴェットがこの舞台を映画化したときに問題が生じた。それは宗教的理由からただちに上映禁止となり、フランスの文化状況のなかで大きなスキャンダルとなった。ゴダールはこの時点でアンナとはすでに離婚をしていたが、彼女を『小さな兵隊』に続いて「上映禁止女優」にしてはならないと決心し、急ごしらえの『メイド・イン・USA』の主役の座に置いた。このあたりの混乱した事情については、前項でいくぶん詳しく述べておいたので、読み返していただきたいと思う。『修道女』におけるアンナの演技には鬼気迫るところがあり、ゴダールの枠組みを離れたところで彼女がメロドラマ女優としての、時に悪魔的とも呼べる才能を携えていることが明確に納得できる。

ゴダールの頸木《くびき》から解放された一九六八年以降のアンナには、フランスを越えて全ヨーロッパ的な規模で監督と製作者が声をかけるようになる。『異邦人』（ヴィスコンティ、一九六八）で、主人公のマルチェロ・マストロヤンニが母の死を聞いた直後に海水浴へと誘う女友だちを演じ、『悪魔のような恋人』(トニー・リチャードソン、一九六九)では、老いたる画商と結婚した小悪魔のような女を演じる。ロンドンの地にあってつねにヌーヴェル・ヴァーグの後追いばかりをしてきた感のあるリチャードソンは、ナボコフの『マルゴ』を下敷きにこの作品を撮ったのだが、結末部にいたって盲人と化した画商を嘲弄し苛めつくすアンナの演技には、ゴダール映画のなかで彼女がときおり垣間見せた攻撃性を何倍にも濃縮して見せた壮絶さがあった。『アレキサンドリア物語』(ジョージ・キューカー、一九六九)では、アヌーク・エーメと対決して恋に破れ、人生そのものから置去りにされてしまうエジプトの踊子メリッサ。『黒の過程』(アンドレ・デルヴォー、一九八八)では、ルネッサンス期の異端錬金術師であるジャン＝マリア・ヴォロンテに絡む女カトリーヌ。『宝島』(ラウール・ルイス、一九八五)ではジャン＝ピエール・レオとコンビで、迷宮じみた冒険譚に参加する。こうして汎ヨーロッパ的な規模で次々と個性的な監督とつきあってゆくアンナの背後には、いつしか危険な魔性をもった宿命の女といったオーラが立ちのぼるようになってゆく。その頂点をなすフィルムの一つが、ライナー・ヴェルナー・ファスビンダーが一九七六年に発表した『シナのルーレット』である。

『シナのルーレット』はファスビンダーの夥しい作品のなかにあっても、ひときわ深い絶望感に包まれ、物語の全体から腐臭が立ちこめるかのごときフィルムである。ピエル・パオロ・パゾリーニの『テオレマ』(一九六八)をもしこの夭折した監督が演出したらこうなったかもと、つい想像してしまう作品だといってもよい。西ドイツのあるブルジョア一家が、身障者である一人娘の企みによって図らずも週末を郊外の別荘で過ごすことになる。夫と妻はそれぞれに愛人を同行し、互いの悪徳を黙殺しあっている。娘は家族の全員を憎み、口の利けない女家庭教師は階級的な怨恨に捕われている。晩餐の後、中国式のルーレットをしようと、娘が提案する。けっして名前を口にすることなく、自分が一番憎んでいる人物を罵倒し、その処刑の方法を嬉々として提唱するという危険な遊戯のことである。最初は躊躇していた面々も、娘が口にする激しい秘密暴露と罵倒の連続に喚起され、やがて容赦のない言葉の地獄絵図が展開されてゆく。

アンナはこのフィルムのなかで、娘の父親である実業家の愛人を演じている。彼女は巨大な烏のように黒いスカーフを頭に巻き、家族の面々が発する強烈な憎悪の放射能を全身で浴びつつも、細い葉巻をふかしながら言葉の惨劇を眺めている。諦念と絶望が妖艶さを際立たせるかのようなアンナの大年増の迫力は、本妻を演じるマーギト・カルステンセンの怜悧な魅力とみごとな好対照をなしている。

だがアンナはスクリーンのなかで、つねに危険で頽廃的な雰囲気をもった女性を演じていたわけではない。ミュージカル仕立ての『アンナ』（ピエール・コラルニック、一九六六）ではセルジュ・ゲンズブール作詞作曲による数々のシャンソンをユーモアたっぷりに歌い、二〇〇〇年代に入っても『ぼくセザール、10歳半、１m39㎝』（リシャール・ベリ、二〇〇三）では、ちょっと太った少年の成長を優しく見守る初老の女性グロリアを演じている。ここでもう一度顔を出してくるのが、ジャック・リヴェットである。『修道女』の上映禁止騒ぎで彼女と困難な時をともにしたこのヌーヴェル・ヴァーグの「呪われた映画監督」は、一九九五年に『パリでかくれんぼ』を撮るにあたって、三十年ぶりにふたたびアンナに出演を依頼するのだ。彼女の役割は、三人のそれぞれに深刻な人生を生きる若い女性の物語に耳を傾け、独力でナイトクラブを経営する大年増の歌手である。ささいな偶然から人を傷つけてしまい、服役後はバイク便の仕事をする女性。五年に及ぶ昏睡状態から目覚めた途端に巨額の遺産を相続してしまった女性。図書館で働きながら生き別れの母親を探す女性。アンナは彼女たちの人生の合流する地点にあって、三人を優しく庇護者のように見守っている。この作品を観終わって感じるのは、アンナにとって娘の世代にあたる三人の女性が、いずれもアンナの映画的人生の三つの分身であり、ありえたかもしれないアンナであるという事実だ。

『パリでかくれんぼ』はリヴェットの波乱万丈な映画人生における統合点であるとともに、アンナの女優人生においてもある意味で統合点である作品であり、監督からかつての主演女優に対して贈られた巨大な讃美の花束のような印象を観る者に与える。ちなみにこうした長い流浪の歳月の後に、感謝をこめて元の場所に回帰するという習性はきわめてリヴェット的な行為ではあっても、ゴダールには無縁のものであった。ゴダールはつねに前方にむかって自己変革を続けてはいくが、自分が置去りにした者や自分を見捨てていった者に対し、追想的独白以上のものを投げかけることはないのである。

わたしは移り気なだけ

「ジャン＝リュックは天才よ。彼はいつも何か本を読んでいて、パッと姿を消してしまう。誰も彼のようにはできないわ。じっとしているということがなく、いつも何かしている。もちろん映画監督は誰もが違っているけれど、いい監督というのはどこかしら同じ門《ファミリー》に属しているものね。彼らは選ぶということを知っている。でもそのなかで、彼だけはまったく違っている」。

二〇〇〇年の夏、リサイタルのため東京を訪れたアンナ・カリーナは、わたしの前でそう語った。彼女は気さくで上機嫌であり、次から次へと信じがたい逸話を話してくれるのだった。ジャック・リヴェットはヒッチコックを尊敬するあまりに、いつも自作の片隅に顔を覗かせていたとか、彼が自分を主演に『修道女』を舞台にかけたとき、ブリジット・バルドーが真面目な顔つきでそれを観ていたとか。いったいどこまでが本当のことだろうと思いながら、わたしは耳を傾けていた。

「でもね、ジャン＝リュックの作品のなかでわたしはとても小さな役割しか果たしていないのよ」と、彼女はいった。わたしがご冗談でしょうと思わず反論すると、次のような答えが返ってきた。

「わたしは沢山のものを受け取ったと思う。でももしわたしの方で彼に何かをあげられたとしたら、それは移り気ということだけかもしれない。何しろわたしはいつだって、次から次へと別のことに気を取られていて、お昼を食べる前と後とで、まるっきり別の人間になっていたのだから。映画のなかのキャラクターには、わたし自身のそうした性格が相当に反映されていると思う。ジャン＝リュックの作品には七本半（「半」は短編の意味＝引用者註）出演したけど、もし一本を選ぶなら『気狂いピエロ』かな。でもそれは今日のことで、明日になれば別の一本を選んでいるかもしれないけど」。

正直にいって結婚生活は難しかった。わたしはまだ若くて何が何だかわからず、彼といい関係を保つことができなかった。〈五月〉にはすべてが変わった。すべてが無になったのよ。わたしがドイツでシュレンドルフのフィルムに出演してパリに戻ってみると、以前と同じものは何もなかった……」。

アンナ・カリーナには『ともに生きる』（一九七三）と『ヴィクトリア』（二〇〇八）という、二本の監督作品がある。未見なので詳しく論評することはできないが、彼女の説明によればどうやら前者は、若い教師が二人の少女を前に戸惑うといった、単純な筋立てをもったラブストーリーであるらしい。彼女はこのフィルムで脚本を手掛けたばかりか、それを小説に仕立てあげて発表までしている。ジャン＝リュックの文体の影響？　そんなもの、あるわけないわよと、彼女はガハハと笑い、どんな俳優だって心の底では一本のフィルムを撮りたがっているのよと言葉を添えた。彼女のこのあり方は、後にゴダールの前に出現し、彼の作風から影響を受けつつも、四十年以上にわたってその聡明な助言者となるアンヌ＝マリ・ミエヴィルとは、まったく対照的であるといえる。

このインタヴューの二日後、わたしは彼女のリサイタルに出かけた。アンナ・カリーナは黒一色のシンプルな衣装で次々とシャンソンを披露し、最後に『気狂いピエロ』に登場する名ナンバー「私の運命線」を歌った。彼女は昔のような舌足らずの歌い方をやめ、堂々と間を取りながら大年増のコケットリーを振り撒いていた。わたしは心のなかで、人知れず懐かしさに浸っていた。ところがリサイタルが終わり、カーテンコールとなった瞬間、突然に大勢の少女たちが舞台の下に駆けつけ、いっせいに「アンナ！　アンナ！」と連呼を開始したのだった。これはわたしにも、そしてアンナ・カリーナ本人にも予想のつかない事態だった。我も我もとサインをねだるファンたちを前に彼女は最初驚いた表情を見せたが、やがて座り込んで一人ひとりに対応しだした。騒ぎが収まったのはリサイタルが終了してなんと三十分後のことだった。

二十一世紀を迎えようとする日本で、アンナ・カリーナは世界映画史に刻まれた女優である以上に、現役のアイドルだったのだ。そう思うとわたしは彼女と言葉を交わしておいて、本当によかったと思った。

ちなみにパリでもアンナの神話的人気はいっこうに衰えを見せていないようだ。二〇一一年五月、『女と男のいる舗道』のニュープリントがカルチエ・ラタンの映画館ル・シャンで封切られ、初日の夜に彼女がトークをしたときにも、小さな劇場内には溢れんばかりの観客が押し寄せた。たまたまパリに滞在していたというのに、わたしは早く列に並ばなかったため、久しぶりの生《なま》アンナを見そびれてしまったのであった。彼女はもうすぐ神聖な怪物になろうとしている。

第三章　アンヌ・ヴィアゼムスキー

女優から作家へ

アンヌ・ヴィアゼムスキーは苛立っていた。誰を信じていいのかわからず、神経質になり、疲労感に襲われた。TV局から派遣されてきたインタヴュアーは訊ねた。ゴダールがプロポーズしたときの言葉は何だったのですか。ゴダールと結婚しているのは、どんな感じだったのですか。もちろん彼はアンヌの小説作品も、家系を遡行する追憶の書物も、何ひとつ知らなかった。天才監督ゴダールが見初めた十八歳の少女が、それから四十五年後にそれをどう思い出すかだけが、彼の関心事だった。二〇一〇年十一月、彼女が小説『少女』の日本での刊行に因んで東京を訪れたときのことである。

わたしはこの三十年間というもの、どこへ行っても同じ質問をされてきたのよと、アンヌは呟いた。ゴダールについてのたいがいの質問はうまくかわす術《すべ》を覚えたけれど、いつもうんざりね。わたしには彼女の嘆きがよく理解できた。そう、アンヌ・ヴィアゼムスキーにとってゴダールとは、大学生時代に知り合ってわずかの期間、その映画に出演し、私生活において夫であった人物にすぎないのである。人生はその前にも存在していたし、それからも長く長く続いた。その間に彼女が成し遂げた作家としての経歴に誰も関心を払おうとしないことに、彼女は諦めに近い苛立ちを感じているのだった。

亡命貴族の商

アンヌ・ヴィアゼムスキーは一九四七年にベルリンで生まれ、国際機関で働いていた父親の転勤によって、ベネズエラやスイスを転々とした後、パリで育った。彼女の人生にただちに踏み込む前に、その家系についてまず語っておいた方がいいだろう。

ヴィアゼムスキーという名からまずわたしが想起するのは、十九世紀のサンクト・ペテルブルクで活躍した詩人ピョートル・ヴィアゼムスキー公爵の存在である。彼は戯曲『検察官』が検閲によって葬り去られようとしたとき、勇気をもって皇帝ニコライの前でそれを朗誦してみせ、ゴーゴリの天才を救った。プーシキンの『エヴゲーニイ・オネーギン』の巻頭に彼の詩が引用されていることから、その名を知る人も少なくないだろう。

その後裔はロシア革命を避け、ヤルタから西側へと亡命し、無国籍者の悲哀を体験することになった。アンヌの祖父は宗家から見て傍系にあたっていたが、あちらこちらに分散して生き延びた者たちと連絡を取り合い、最終的にパリに落ち着いた。亡命貴族たちはレーニンが死ねば祖国も安定するだろうと高を括り、最初のうちは贅沢三昧をしていた。だがソ連の体制が揺るぐはずもなく、しばらくして窮乏生活を強いられることとなった。一家はアンヌの父親の代になってようやくフランス国籍を取得。もっともこの父親は祖父と違ってけっしてロシアへのノスタルジアを口にせず、むしろ積極的にフランス社会への同化を試みた。国際機関の官吏となってモーリアック家の娘と結婚し、二人の子供をもうけた。ちなみにアンヌの弟は現在、ヴィアズという筆名で活躍する漫画家となっている。後に作家としての地位を獲得したアンヌは、ソ連崩壊の後のロシアを訪問し、父祖の足跡を辿りながら『ひと握りの人々』という小説を発表する。それは彼女にアカデミー・フランセーズ小説大賞を与えることとなるだろう。

アンヌの母方の祖父はノーベル文学賞を受けた作家、フランソワ・モーリアックである。彼は穏健なカトリック教徒として『テレーズ・デケールー』や『蝮《まむし》の絡みあい』といった小説を発表し、人間における罪の問題を追究し続けた作家であった。ドストエフスキーを高く評価し、ロシア文学は世界最高の文学だとつねに公言していた。第二次世界大戦中は抵抗運動に参加しド・ゴール側に立つとともに、戦後には対独協力者の救済に関わった。アンヌは数ある孫たちのなかでもとりわけこの祖父に溺愛されて育つ。フランソワの息子クロードもまた作家となり、「反小説」なる文学的実験について理論的著述を発表した。

モーリアック家に漂う文学的雰囲気は、後にアンヌが作家としての人生を選択するさいに小さからぬ意味をもつことになる。一九九六年に発表された自伝的小説『愛の讃歌』には、小学生の孫娘を前にいつも慈愛に満ちた微笑を絶やさない、寛容さの権化ともいえるモーリアックの姿が描かれている。もっとも祖父がイエスに帰依した篤実なカトリックであったのとは対照的に、アンヌは信仰に反抗的で、両親の不和と別離に悩むたびに祖父の元を訪れる少女にすぎなかった。

突然、ブレッソンに

一九六五年、十七歳であったこのブルジョアの名家の少女に、突然の転機が訪れる。ロベール・ブレッソンが彼女を一目見て気に入り、長年温めてきた企画『バルタザールどこへ行く』の主役に抜擢するのである。ブレッソンはゴダールをはじめとするヌーヴェル・ヴァーグの映画人から畏怖の眼差しをもって遇されてきた監督であった。この時、六十三歳。仲介の労をとったのは彼の前作『ジャンヌ・ダルク裁判』で主役を務めたフロランス・ドゥレである。

後に小説家として名声を博し、スペイン文学の研究者としてアカデミー・フランセーズに入ることになるドゥレは、少女時代からアンヌと親しい間柄であった。彼女はどうやら自分が通過したブレッソン体験を、妹分のアンヌにも体験させてみたいという誘惑に駆られていたようである。ブレッソンによるオーディションは、彼の演出の文体と同様、単純にして独自のものだった。過去の自作『罪の天使たち』の科白を繰り返し朗誦させることだった。考えたり演じたりしてはいけない。あらゆる内面の意図を捨て去り、ただ朗誦をするのだとブレッソンは命じ、アンヌはそれに従った。こうして父親の死後、ともすれば陰鬱な気分に支配されがちの少女は、この謎めいた巨匠の庇護のもとに映画女優としての人生を開始することとなった。

ブレッソンの『バルタザールどこへ行く』は、ピレネー山脈の麓にある田舎の村に生まれた一頭の驢馬と少女の物語である。

この驢馬バルタザールは最初、別荘に遊びに来ているパリのブルジョアの坊ちゃんと村の少女マリーに可愛がられる。やがて成長すると毎日村人から鞭で叩かれながら、重い荷物を引かされることになる。思春期を迎えたマリーはバルタザールを愛《いと》おしみ、花々で冠を作ってその頭に被せたり、鼻筋に接吻をする。だが村の不良少年たちが驢馬を弄《なぶ》り叩くと途端に脅えてしまい、家の扉の隙間からその暴行を覗き見ていることしかできない。不良の頭目であるジエラールは、バルタザールの尻尾に新聞紙で火をつけて遊んだりする。いやそればかりではない。マリーを誘惑し、廃屋に積み上げられた干草の上で彼女の軀を弄ぶ。バルタザールはすべての光景を、ただ悲しげな眼差しのもとに眺めている。

驢馬はひとたび重い病に倒れ、すんでのところで獣医の手で殺されかける。だが村の酔っ払いがそれを引き取り、しばらく働かせた後でサーカスに売り飛ばす。サーカスでもお払い箱となったバルタザールはまたしても酔っ払いのもとに戻り、次に吝嗇な粉挽き職人のもとで酷使される。不良たちとの交際が原因で家出をしたマリーは、寄る辺もないままにある嵐の夜この職人のもとを訪れる。職人は、自分は金しか信じないと宣言し、マリーは彼と寝る。幼馴染のブルジョアの坊ちゃんが久しぶりに村を訪れ彼女に求婚する。だが彼女は無感動なままそれを拒絶し、ふたたび不良たちの餌食となって輪姦される。それ以後マリーの行方は杳として不明となる。その父親は失意のうちに死ぬ。バルタザールは彼の棺を運んだ後、不良たちの山を越えた密輸の手伝いをさせられる。そして深夜に警官隊から銃弾を食らい、山中に置去りにされる。翌朝、大勢の羊たちが牧草を食《は》みに来たとき、バルタザールはその中で横たわり最期を遂げる。

バルタザールという名前がイエスの生誕を祝福に来た東方の三博士の一人であることからも明らかなように、このフィルムには強いカトリシズムの寓意が働いている。驢馬とは単に屈辱のうちにイエスを乗せた驢馬であるばかりでなく、人間の悪と悲惨を目の当たりにし、みずからも際限のない苦痛に耐え続けたイエスその人の化身であると解釈できなくもない。ではマリーはといえば、論理的にいってイエスがあるとき出くわし、石打ちの刑から救い出すことになる不貞の女に相当しているのだろうか。だが彼女はマグダラのマリアのように娼婦という賤業を恥じて後悔するまでには到らない。ただ誘惑されるまま色欲の世界に溺れ最後に破局を見るだけの、弱く薄幸な存在にすぎない。

アンヌ・ヴィアゼムスキーはこのマリーの役を、かなり緊張した表情と身振りのもとに演じている。もっともそれは、映画からいっさいの演劇的要素を追放しようと目論むブレッソンの意図に適ったことだと解釈すべきだろう。心もち唇を開き、眼前に生起している光景をじっと見つめている少女。幸福だった幼年期の終焉とともに、早くも人生を諦念のもとに見ることを学んだ少女。ただ彼女は誘われるまま村の不良青年と寝て、しだいに無感動へと堕落してゆく。その目はつねにバルタザールの不動にして優しげな眼差しと対比されて描かれる。その彼女が一度だけ真剣な眼差しに立ち戻るのは、金こそがすべてだと主張する粉挽き職人（哲学者ピエール・クロソウスキーが演じている）と深夜に対話をするときだ。職人の手に翳《かざ》されたランプによって、これまで薄暗い場所にいた彼女の顔に光が投じられ、その顔に真摯な表情が浮んでいることが判明する。このショットは『ラルジャン』の老婆殺しのそれとともに、ブレッソンにとって面目躍如ともいうべき瞬間だろう。『バルタザールどこへ行く』という作品全体を包み込んでいる神聖な雰囲気は、こうした厳粛なショットの積み重ねから構成されている。

先にも触れておいたが、アンヌ・ヴィアゼムスキーはこのフィルムが撮られてから四十一年後の二〇〇七年、当時の回想を小説仕立てに描いた『少女』（國分俊宏訳、白水社）を発表している。いくぶん虚構が混ぜられていることを割り引いてみても、この時の体験はまさに聖女ジャンヌが受けた受難《パッシヨン》に似たものであり、それを彼女は情熱《パッシヨン》をもって通過したといえなくもない。そこに描かれているブレッソンとは、白髪で長身、いつももの静かで威厳に満ち、周囲から畏敬されている存在である。だがその一方で彼は老獪《ろうかい》にして辛辣であり、怒りを炸裂させたかと思うと、アンヌに向かって子供っぽく接吻を嘆願し、内気にして感傷的な老人でもある。俳優たちに対しては絶対的な帰依を要求する独裁者ではあるが、旧約聖書の神のように孤独で謎めいていて、その人格の深さを見通すことができない。父親の死以来、恒常的な喪に耽っていた十七歳の少女が、たちまち彼の磁力圏に巻き込まれたのも、無理はない気がする。そしてアンヌ・ヴィアゼムスキーは現在にいたるまで、その強い残響に包まれている。

わたしがアンヌから直接に聞いたところでは、ブレッソンにはフィルムごとに彼女のような女性が存在しており、彼女たちは「あたかも新宗教のカルトのように」しばしば集いあっているとのことである。またアンヌ自身がこうしたブレッソン・ギャルズの系譜に積極的な関心を抱いており、彼の初期作品『罪の天使たち』に出演した少女たちのその後を追って、『天使たち　一九四三年、あるフィルムの来歴』（二〇〇四）という興味深いＴＶドキュメンタリーを手掛けている。ブレッソンが九十歳を越えて身罷《みまか》ったときには、ドミニク・サンダやイザベル・ヴェンガルテンといったこうしたギャルズがいっせいに葬儀に駆けつけ、未亡人を助けたとも聞いた。

『中国女』で主演

フランスでもっとも畏敬されている監督の新作でいきなり主人公を演じてしまったアンヌは、その延長上に女優としての人生を歩むことになる。まずブレッソンを尊敬し、彼の作品の予告編まで作っていたジャン＝リュック・ゴダールが彼女に注目する。さらにピエル・パオロ・パゾリーニ、マルコ・フェレーリ、カルメロ・ベーネ、アラン・タネールといった、一九六八年のラディカリズムを体現する映像作家たちが『バルタザール』のマリーを探し出し、彼女に出演を依頼する。その最たるものが、ついに本人と結婚してしまったゴダールである。以下ではまず彼のもっとも過激であった時代の映画作品におけるアンヌの貢献について語り、次に他の監督との関係について書いてみることにする。もっとも一九六八年前後のことは、本人にもまだ完全に傷が回復していないようである。わたしがインタヴューをしたときにも、この時期は俳優としての自分とプライヴェイトな自分が不即不離の関係にあったので、なかなか話しづらいといわれたことを憶えている。そこをコリン・マッケイブの『ゴダール伝』（前掲書）によってゴダール側からの証言を補填しながら、なんとか構成してみることにしよう。

『バルタザールどこへ行く』の撮影が終ってパリに戻りしばらくして、アンヌは『気狂いピエロ』と『男性・女性』を観て、圧倒されてしまった。実はそれまでも周囲でゴダールをめぐっては賛否両論の嵐が巻き起こってはいたのだが、気位の高い彼女はそのブームに逆に反撥を感じ、あえて映画館に赴こうとはしなかったのである。ただちにファンレターを書き、ゴダールの住所を知らなかったので、『カイエ・デュ・シネマ』気付で送った。ゴダールは滅多に『カイエ』に来た郵便物など見ない人間だったが、なぜか奇跡が働いて二人は会うことになった。彼は『バルタザール』のマリーに心底感動しており、アンナ・カリーナと訣別して以来、彼女の浮気をめぐる嫉妬から解放されていたのである。

アンヌは一九六六年秋からパリ大学ナンテール分校に通い、フランシス・ジャンソン教授のもとで哲学を学んでいた。ナンテールは『中国女』にチラッと顔を覗かせているが、パリの新郊外にあり、周囲は水溜りと草叢《くさむら》、外国人労働者が多く住まう地域に建てられたばかりの大学であった。ここに通学することはカルチェラタンの古色蒼然たる法学部、つまりソルボンヌに通うこととはまったく異なった体験である。学生の間には大学行政に疑問を持つ者が少なくなく、やがてそれは二年後に〈五月〉における叛乱という形で噴出することとなる。

アンヌはこのキャンパスで、ダニエル・コーン＝バンディットとたまたま知り合うことになった。彼は社会学を学ぶ赤毛の青年で、同じく赤毛のアンヌに「連帯」を呼びかけたという。ダニエルは後に〈五月〉における学生運動の指導者として英雄視されることになるが、当時からすでにアナーキズムを信奉していた。だが学生運動のなかで彼が明確に頭角を現わす以前に、アンヌは場末のナンテールに通う気力を失い、もっぱらゴダールから映画の個人レッスンを受けることになる。夕方にどこかの映画館でヒッチコックやら溝口を一本観て、食事を摂った後にさらにもう一本を観るといった感じの毎日であったようだ。文学には親しんでいても一般の高校生としての平凡な映画体験しか持っていなかったアンヌは、こうして少しずつゴダールに感化され、シネフィルの世界に接近していった。翌年になりその機が熟したとき、ナンテールの学生たちの物語という設定で、かの伝説的な『中国女』が撮られることになる。

『中国女』はゴダールのあまたの作品のなかでもとりわけ物議を醸したフィルムである。ある夏休み、四人の大学生と一人のメイドが、ヴァカンスで不在のさるブルジョアのアパルトマンを借り受け、毛沢東思想学習のため合宿を行なう。彼らは朝起きるとヴェランダで毛沢東体操をし、小さな赤い書物である毛沢東語録を交互に朗読しながら、革命について討議を重ねる。ヴェロニク（アンヌ）は青い人民服にキャスケットを被り、右手に語録を掲げて革命闘争を誓う。ギヨーム（ジャン＝ピエール・レオ）は次々と色眼鏡を取り替えたり、顔に巻きつけた包帯をまた外したりして、寓話的なパフォーマンスを見せる。キリーロフはテロリズムを礼賛して自殺し、アンリは修正主義者だと非難されてアパルトマンを去る。彼らはプロレタリアートの解放を合言葉にしているが、誰一人としてメイドのイヴォンヌ（ジュリエット・ベルト）が討論の最中にもせっせと靴磨きをしていたり、田舎から上京して一時、売春をしていたといった過去に気を払わない。彼女だけが階級が違うのだが、他の四人はそれに気がついていない。やがて夏休

『中国女』
毛沢東語録を掲げる
アンヌ・ヴィアゼムスキー

みが終わり、一行は毛沢東思想など忘れてしまったかのように合宿を終える。

ゴダールはこの作品のなかで毛沢東思想に対するみずからの所見を直接語ることなく、氾濫する赤・白・青・黄の原色のなかでブルジョア学生たちのひと夏の知的冒険を皮肉っぽく描いてみせた。フィルムは一九六七年八月にパリで公開されるや大変な評判を呼び、ナンテール分校の学生たちを挑発してやまなかった。どちらかといえばアナーキズムに親近感を抱いていたアンヌは、フィルムのなかで讃美されている毛沢東思想に対しては当初から距離感を抱いており、監督に命じられるままに科白を口にしていたが、ブレッソンとはまったく異なった発想で映画を作ってゆくゴダールの一挙一動に魅惑されていた。『中国女』には二人の女性が登場する。どちらかといえば頑張って演技をしているのはジュリエット・ベルトの方である。彼女はヴェトナムの少女に扮して血みどろの寸劇を演じたり、労働者階級としての出自をめぐり長い独白を口にしている。それに対してアンヌには、命じられるままに演技をしているといった印象が強い。もっとも彼女が列車の車中においてたまたまジャンソン教授と向かい合わせとなり、革命とテロリズムをめぐる対話をする場面は、フィルム全体の要《かなめ》となっている。ソ連の文化相を暗殺するか否かという登場人物たちの議論は、日本やドイツ、イタリアといったポスト・ファシズム社会にあって新左翼運動がしだいにテロリズムの頽廃へと傾斜してゆく一九七〇年以降の状況を先取りしており、きわめて重要な場面であるといえる。この場面ではアンヌが髪の毛の内側にイヤホンを隠し、カメラの外側から発せられるゴダールの声を聞き取ってジャンソンと対話をするという仕組みで、同時録音がなされた。わたしはアンヌ本人に向かって、この作品について現在どう思うかと訊ねてみた。彼女は、この時期のゴダールの作品のなかで唯一キチンと纏まっているものだといい、いまだに若くて美しく、まるで十八世紀のマリヴォーの喜劇のように愉快で陽気な作品だと答えた。

〈五月〉の嵐の後で

『中国女』を撮り終ったゴダールとアンヌは、一九六七年夏、アヴィニョン演劇祭の直前に結婚する。やがてアンリ・ラングロワがシネマテック・フランセーズを解任されるという事件が生じ、多くの映画人が抗議集会に参加する。このときアンヌは群衆のなかにひときわ目立ってアジ演説をしている「赤毛のダニー」と再会した。彼が活動家として大きく成長したことが、はたから眺めていても明確にわかったという。

一九六八年から七二年にかけてゴダールが恐ろしい速度のもとに変貌してゆき、従来の映画製作、配給、上映のシステムのいっさいを廃棄して過激な実験を重ねていったことについては、すでにいたるところで論じられているので、ここでは細部にわたり説明する必要はないだろう。ゴダールは若き活動家であるジャン＝ピエール・ゴランらと組んでジガ・ヴェルトフ集団を結成した。ゴランは記者会見の場で「俺はゴダールにとっての小野洋子だ」と宣言。男どうしの絆からなるこの集団は、ロンドンに、プラハに、パレスチナに、キューバにと旅をしては、第二、第三のヴェトナムを映画界に築きあげようと檄を飛ばした。アンヌはそのほとんどすべての行程に妻としてまた女優として同伴し、夫に命じられるまま過激な女性闘士を演じたり、またブルジョアの令嬢を演じてみせた。ここでは『ワン・プラス・ワン』（一九六八）、『東風』（一九六九）、『ウラジミールとローザ』（一九七〇）における彼女の役柄について触れておくに留めておきたいと思う。

『ワン・プラス・ワン』はビートルズを撮るという計画がキャンセルとなり、代わりにローリング・ストーンズの録音現場をドキュメントするという着想から製作された。もっともゴダールはそのグループの名を知らなかった。全体の中心にあるのは、彼らが『悪魔を憐れむ歌』という新曲のためにリハーサルを重ねる場面に割かれている。だがゴダールはその間に、アンヌが演じるイヴ・デモクラシーなる女性との一問一答の場面を挿入したり、ポルノショップでヒトラーの『わが闘争』が朗読されるショットを延々と挿入している。このイヴ・デモクラシーはどのような質問にも「ウイ」と「ノン」でしか答えない。だがフィルムの結末に到って銃を手にゲリラ戦を戦い、息絶えると巨大なクレーンの上に乗せられ大移動を行なう。これは実はゴダールが製作者から予算を勝ち取り、クレーンを使用してよいという許可を得たことの結果である。通常の監督なら悦び勇んでみずからクレーンの上に乗り、大移動撮影を試みるところであるが、この溝口健二の偉大なる崇拝者は逆に、クレーンそのものを地上から撮影したのだった。アンヌの役柄はきわめて寓意的なものである。彼女は死体としてクレーンに乗ることで、映画史におけるハリウッドへの抵抗と殉教を英雄的に演じている。

『東風』は、アンヌのかつての同級生であったダニエル・コーン=バンディットを呼び寄せてイタリアで撮影され、「革命的西部劇」の名のもとに喧伝された。アメリカの北軍兵士、「インディアン」、上流階級の令嬢、騎兵士官、カウボーイといった登場人物たちが、それぞれに革命闘士や修正主義者、反動派、ブルジョワジーといった階級的人物を寓意的に演じ、それを画面外からさまざまな声が批判的に論じあうという内容の作品である。アンヌはここではイタリア語でシュプレヒコールの声を担当し、学生と労働者の連帯方法を提言する役割を担っている。またその一方で、傷ついて野原にうつ伏せとなって倒れていたままの若い女だったり、木立の前で映画監督のグラウベル・ローシャを待ち構え、「大切な階級闘争の最中に申し訳ありませんが、政治映画の方へ行くにはどちらの道を行けばいいのでしょうか?」と尋ねる、白い妊婦服を着た女性を演じたりしている。彼女が教えられた方向に進むと赤い風船が落ちている。妊婦はそれを蹴飛ばして、さらにローシャの周りを逡巡しながら廻っている。この寓意を読み解くことは容易ではないが、とりあえず赤い風船がラモリスの同名の作品に由来し、過去のフランス映画を意味していることは記しておくべきことだろう。

『ウラジミールとローザ』は『中国女』の乱暴な二番煎じといった印象の作品である。アンヌはふたたびジュリエット・ベルトとコンビを組み、解放闘争を戦う闘士を演じている。彼女は赤毛を振り乱しながら、仲間のアジトらしきところで闘争のシンボルであるTシャツを製作している。そして作業の合間に忙しげに煙草を吹かし、女性解放闘争を前にして個人の問題に拘泥することは許されないと攻撃的な口調で訴える。傍らにいる男の同志がその髪を愛撫しようとすると、ピシャリと手で払い除《の》ける（『バルタザール』で粉挽き職人クロソウスキーを撥ね除けたのと同じ身振り）。そして女性は今日の社会体制の犠牲者であり、その家内労働に眼を向けるようにアジる。一方、いつもながらに変装の大好きなベルトの方は、日本に渡ってマオイストと交流した活動家という設定で、何と緑色のヘルメットに角材らしきものをもって登場する。四年前の『中国女』と比較したとき判るのは、アンヌの顔から本来の優雅で若々しい表情が消え、代わりにひどく疲れ、苛立った表情が目立つようになったということだ。そしてこのヒロインの疲弊は同時に集団としてのジガ・ヴェルトフの疲弊であり、理論家としてまた運動家としてのゴダールの疲弊でもあった。

　ゴダールの同伴者としてのアンヌの役割は、一九七二年の『万事快調』をもって幕を閉じる。だがすでに『東風』が完成した時点において、二人の間の齟齬は回復できないままに拡がっていたと理解する方が正しいだろう。アンヌがゴダールやゴランが情熱を込めて論じあう政治的議論にいささかも馴染むことができず、ただ命じられたままに見かけの過激さを演じることに飽きてしまっていたことは、充分に推測がつく。彼女が嫉妬深いゴダールの元から出奔したとしても、いささかも不思議はなかった。だがこのあまりに過激に走り抜けた六年ほどの歳月を、アンヌはいまだに完全に咀嚼《そしゃく》できないでいる。彼女がブレッソンのときと同様、いずれゴダールについても一冊の物語を書き下ろす気があるのかどうか、それはわからない。だがこの歳月に終止符を打つためにもその作業は必要なことではないかと、わたしは思う。

パゾリーニとの出会い

　アンヌはパゾリーニの作品には、『テオレマ』（一九六八）と『豚小屋』（一九六九）の二本に出演している。いずれもがすでにパゾリーニが小説として、また戯曲として執筆したものの映画化である。二人の最初の遭遇は傑作なので、ここに書き記しておきたい。

一九六七年、ゴダールとの結婚式を挙げた後、『中国女』を出品する夫に随行してヴェネツィア映画祭に出かけたアンヌは、ヴェネツィア島からリド島へと向かうヴァポレット（フェリーボート）の甲板で、いきなり「オデッタ！」と呼びかけられた。声の相手は小柄で痩せていて、黒眼鏡をした男だった。彼はアンヌをしきりとオデッタと呼び、フランス語ともイタリア語ともつかない言葉で、きみは自分の映画に出るのだと執拗に主張した。そしてわけがわからず当惑するアンヌに向かって、紙切れに自分の名前を記すと、船から降りて出て行った。その晩、夕食の席で彼女がゴダールとベルナルド・ベルトルッチに紙切れを見せると、二人は大笑いを始めた。「ピエル・パオロ・パゾリーニ」と書かれていたからである。当時パゾリーニは『バルタザールどこへ行く』のマリーだけを観て、次回作『テオレマ』の少女オデッタの役は彼女でなければならないと固く決めていたのだった。その本人が突然にヴァポレットのなかで自分の眼前に立ってしまったので、興奮のあまりに先ほどの呼びかけとなってしまったのだ。

『テオレマ』はミラノのブルジョア家庭に正体不明の美青年が登場し、家族と使用人の全員と性的な関係をもった後、いずこかへと去ってしまうというスキャンダラスな物語である。アンヌはここで中学生のオデッタの役を演じている。彼女はトルストイの小説を読み耽り、邸宅の庭でくつろぐ父親と青年を写真に撮る。そして何気なく青年を自室に招くと、家族アルバムを見せる。青年は一言も口をきかず彼女のブラウスを脱がし、儀礼のように性行為を行なう（ここで一瞬、オデッタの平べったい両の乳房が服の間から見えるショットがあるのだが、おそらくは吹替えであろう）。その後しばらくして彼女は両眼を見開き、両の拳を固く握ったまま、死体のようにカタレプシー（強硬症）に陥る。この場面は使用人であったラウラ・ベッティがやはり青年との性行為を通して聖女となり、空中に浮遊するに到る場面と対照的に描かれている。オデッタがブルジョア階級の内側にあって、いかに家族という抑圧装置のもとに苦しんでいたかが窺われる光景である。ちなみにこのフィルムではイタリア語を解さないアンヌのため、アドリアナ・アスティが吹替えを担当した。

『テオレマ』ではほとんど科白のなかったアンヌであったが、次作『豚小屋』ではパゾリーニが執筆した戯曲の科白を饒舌に、しかも挑発的に語っている。彼女はここでもブルジョア家庭にあって居心地の悪さを感じている少女である。

西ドイツの二つのブルジョア家族が親しい関係にある。双方の父親は財閥の頭目であり、息子ユリアンと娘イーダが婚約をしたことにご満悦で、それをもって将来のさらなる発展の徴候だと考えている。もっともイーダ（アンヌ・ヴィアゼムスキー）は新左翼の反政府デモを話題にしてユリアンを挑発するが、ユリアン（ジャン＝ピエール・レオ）は現世に冷笑的で、イーダに対しても一向に異性としての関心を示さない。イーダがユリアンに別れを告げに来るときのアンヌは帽子を被り、青いワンピースにチェックのスカーフを身につけている。これはおそらく彼女のすべての出演作のなかでもっとも凛々しく可愛らしい感じのショットだろう。やがて敵対しあう大財閥どうしが企業合併し、ナチスと協力した過去の隠蔽《いんぺい》を目論むとき、突然にユリアンの死が報告される。彼は生まれつき豚にしか性欲を感じない青年であった。そして豚小屋に潜り込んでいたところで、腹を空かせた豚たちに食べられてしまったのである。『豚小屋』は、中世から現在にいたるまでヨーロッパにおいてユダヤ人が「豚」の蔑称のもとに差別されてきた事情を知らないかぎり、単なるグロテスクな見世物劇としてしか理解されないかもしれない。だがパゾリーニはここに、現下のヨーロッパを覆いつつあるポスト・ファシズム状況への警戒の意味を込めており、それは遺作『サロ』（邦題は『ソドムの市』）へと主題的に連結することになる。『豚小屋』においてレオとアンヌは『中国女』以来の再会を果たし、二人が対話する出演場面はフランス語でなされた後、イタリア語によって吹替えられた。

アンヌは『豚小屋』に到って初めて監督パゾリーニと親密な雰囲気を持てた。彼には父性的なところがあったと、彼女はいう。『豚小屋』が終わった後でパゾリーニはアンヌに向かい、来るべきフィルムの構想を語って協力を求めた。後に『ポルノ＝テオ＝コロッサル』という題名でシノプシスが書かれることになるそのフィルムの最初の構想にあっては、夜空に巨大な彗星を認めた東方の博士が道に迷い、三十三年の彷徨の果てにようやくイエスに到達することができる。だがそのときかつての幼子は磔刑で死にゆこうとするところであった。中世のパリを舞台にこの物語が語られるというのが、フィルムの枠組みであったようだ。パゾリーニはこの作品の構想を筆記して残さず、ニネット・ダヴォリのような心おきない仲間に断片的に語っただけであった。そこで彼らは監督の死後に互いの記憶を持ち寄り、その全貌を再構成しようと試みた（四方田犬彦『パゾリーニ』作品社、九五七頁以降を参照）。

一九七〇年の前後、アンヌはパゾリーニの他にも何人かのイタリアの映画人とともに仕事をしている。『カプリッチョ』（一九六九）のカルメロ・ベーネのようにノンセンスな実験に終始する者もいれば、『人間の種子』（一九七〇）のマルコ・フェレーリのように人類の終末と再生を寓話的な手法のもとに描く者もいた。とりわけフェレーリの場合は、現代の消費社会を仮借なく批判している点でゴダールときわめて近い地点にありながら、よりグロテスクで悲観主義的な作風をもっており興味が尽きない。

『人間の種子』では、チーノとドーラ（ヴィアゼムスキー）というカップルがドライヴインで食事をしている間に、全世界のほとんどの人類が正体不明の悪疫で滅亡してしまう。二人は汚染した人間社会を嫌って海岸に逃れ、農耕と牧畜に従事する。だが存続した国家は人類を継続させるため、ドーラに妊娠し出産することを命令する。彼女はチーノとの性交を拒み、海岸に打ち上げられた巨大な鯨の死骸を世界を滅亡させる悪の象徴だと信じる。ここに見知らぬ女（アニー・ジラルド）が突然現われ、二人の間に割って入る。ドーラは思いがけないこの競争者の登場に慌て、彼女を殺害するとその肉をチーノに食べさせる。ギリシャ悲劇への言及がうっすらと窺われる場面である。チーノはその復讐にドーラに睡眠薬を飲ませ、彼女が眠っている間に受精させることに成功する。

ドーラという主人公の名前がフロイトの有名なヒステリー患者ドーラに基因していることは、まず確かである。性的な齟齬と性交の拒否、嫉妬と挑発といった主題において、この作品はパゾリーニの二作と少なからぬものを共有している。だがそれは女性解放と革命を声高く叫ぶゴダールのこの時期の作品にあって、まったく欠落していた要素でもあった。パゾリーニもフェレーリも、ともに『バルタザールどこへ行く』から決定的な啓示を受け、ゴダールに一目置いていたことは事実であったが、彼らがアンヌのために準備した物語世界とは、『中国女』の監督のそれとは大きく隔絶したものであったといえる。

七〇年代の苦境

さてこのようにして一九七〇年という年を乗り切ったアンヌであったが、一九七二年のゴダールの『万事快調』の後、〈五月〉の興奮が遠ざかってゆくにつれて、段々と映画出演の機会が減ってゆく。アンヌ＝マリ・ミエヴィルの元に走ったゴダールとは事実上離婚状態となり、ジャック・リヴェットの『アウト・ワン』(一九七〇)やアラン・タネールの『アフリカからの帰還』(一九七三)、それにミシェル・ロジェの二本に出たあたりで、すっかり映画から遠のいてしまう。ファスビンダーの『ペトラ・フォン・カントの苦い涙』がパリで上演されるにあたり、侍女マルレーヌという脇役を受け取ったことはあった。だがここでも舞台女優としては、それ以上に期待されることがなくなる。

ところが一九七〇年代の終わりに到って、ここにゴダールの精神的息子を自称するフィリップ・ガレルが登場する。彼は熱心なシネフィルで、〈五月〉の興奮が急速に醒めていったパリに失望と停滞感しか感じていなかった。そしてそれを何とか映画に表現したいものだと、恐るべき貧困のなかで悪戦苦闘していた。これまで年長の世界的監督の眼差しのもとに庇護されてきたアンヌは、自分と同年齢の青年からもたらされた企画に新鮮なものを感じた。

ガレルの『秘密の子供』はほとんど二人の人物しか登場せず、科白よりも沈黙の方が印象深いフィルムである。ジャン=バチストとエリーという若者が出会い、愛し合う。エリーには以前に産み落とした子供がいて、それが彼女の心のしこりになっている。二人は公園のベンチで対話し、粗末な部屋で愛し合う。ジャン=バチストは穴の空いたセーターを着て、落ちている煙草を拾って大事そうに吸って自殺未遂をする。エリーは希望のない生活に疲れ果て、雨に濡れて錯乱し、高熱に苦しむ。無力感、後悔、貧困、孤独……摩滅しきった人生のなかを生きていく二人を、ガレルはモノクロのカメラで見つめ続ける。おそらくこれは一九七〇年代に撮られたフランス映画のなかで、もっとも暗い作品であるといって過言ではない。

アンヌはガレルが最初に持ち込んだ脚本を、そのあまりの理論臭さゆえに一度退けた。だがこのフィルムを撮ることはぼくにとって生死を賭けた(vitale)問題なのですと、彼はいった。その真摯な情熱に打たれ、アンヌはほとんどギャラもでないと知りつつ、主演を引き受けた。相手役がブレッソンの『たぶん悪魔が』で共演していたアンリ・ド・モーブランであったことも、この決断には働いていたはずだ。脚本の再検討からはじめ、クランクアップまではわずか十二日だった。だが不運なことにこのフィルムは完成したものの二年間にわたって上映の映画館が見当たらず、その間ガレルがどのように生き延びていたのかは訊ねるのも恐ろしいとアンヌはいう。ともあれ『秘密の子供』は上映されるや大きな話題となった。『カイエ・デュ・シネマ』誌の表紙を飾ったばかりか、その年のジャン・ヴィゴ賞まで受賞した。それ以後、「作家」と認定されたガレルの充実した監督ぶりについては、ここにあえて記すこともないだろう。

小説家への転身

アンヌ・ヴィアゼムスキーが本格的に書くことを職業として選ぶようになったのは、一九八〇年代後半のことだった。喧騒に満ちた映画の世界から遠ざかり、四十代にさしかかろうとしていた彼女は、父方の家系の向こう側にあるロシアという未知の、そして失われた社会に関心を抱くようになり、同時に母方の家に満ちていた文学的雰囲気への回帰を自然と求めるようになった。個人的な追憶に基づいていくつかの短編を執筆し、旧知の映画雑誌編集者ジャン＝アンドレ・フィエスキに見せたところ、それが好評でガリマール社に持ち込まれ、一九八八年に短編集『育ちのいい娘たち』の表題のもとに刊行され小説家協会賞を得た。ここでも運命の女神は彼女に微笑んだといえる。フランスの二十世紀文学の中枢にあったガリマールからいきなり処女作が出版され、しかも受賞してしまうという奇跡は、まず起こりえないからだ。書くことに自信を得た彼女はその後も精力的に書き続け、『わたしの美しい船』（一九八九）、『犬歯』（一九九〇）、『わが名はエリザベス』（二〇〇四）といった長編や中編を次々と発表、いくつかの文学賞を獲得した。とりわけヴィアゼムスキー家のロシアでの足跡を訪ねた『ひと握りの人々』（一九九八）はアカデミー・フランセーズ小説大賞の対象となり、彼女に作家としての栄光を与えた。

『ひと握りの人々』は旧ソ連が崩壊してまもなく、作者の分身ともいうべき中年女性が、ロシアの大学を退官した未知の教授より手紙を受け取り、そこに父方の大祖母にあたるナターシャの消息が記されていることから始まる、ルーツ探しの物語である。二十世紀のはじめ、夫の広大な所領地に住むことになった都会育ちのナターシャは、田舎の風物と習慣のすべてが珍しく、官能的な悦びに浸る。やがて革命が生じ、貴族たちが次々と亡命してゆくなかにあって、ナターシャだけは一人その土地に留まり、辛いソ連時代を生き延びることになる。亡命した人々は離散しながらも何とか連絡を取り合い、失われた故国に思いを馳せる……。

『愛の讃歌』（一九九六）は、彼女にとって五作目にあたる小説である。両親の思い出を契機に執筆されたこの作品は、作者と思しき語り手が母親の死後にその遺品のなかから、二十八年前に父親が残した遺言を発見するところから語り起こされている。そこにはジュネーヴに住むある女性に向けて、自分の腕時計やカフスボタン、旅行用のショルダーバッグ、髪の毛の一束とともに、エディット・ピアフのレコード「愛の讃歌」を送るようにという指示が記されてある。父親が死の直前、母親と離婚をする予定でいたことが、ここで思い出されてくる。この女性こそ父親の愛人であり、母親は遺言を履行しなかったと判断した語り手は、ある決意のもとにその女性に手紙を出す。折り返し返事が来て、語り手はジュネーヴを訪れることにする。もっとも指定された父親の遺品は今では散逸してしまっており、携えることができるのはピアフの傷んだレコードだけである。ところがあに図らんや、問題の女性は「愛の讃歌」という曲にまったく無関心であった……こうして一家のレコード棚に置かれた一枚のシャンソンのレコードが回転軸となって、語り手の家族の物語が甘美に、そしてときに苦く悲痛に解き明かされることになる。慈愛に満ちた祖父。その前で神の存在を否定し、彼を悲しませる孫娘。愛人の交通事故死に衝撃を受ける母親。だがあらゆる喜怒哀楽を超えて、「愛の讃歌」は高らかに鳴り渡る。それはいつしか人生そのものの隠喩と化してしまったのだ。

もっともアンヌ・ヴィアゼムスキーのすべての作品が、こうした出自に取材したものであるわけではない。『わが名はエリザベス』は、幼い小学生の少女の目から見た大人たちの世界の監禁や抑圧、解放と逃亡の諸相を描いた興味深い作品である。

エリザベスは精神病院の院長を父親に、ピアニストを母親にもち、小さな地方の町で自然を友として生きている少女である。あるとき飼犬のナッツが市の野犬捕獲員に捕えられ、鑑札がないと近々殺害されてしまうと宣言される。だが両親は不和が昂じて犬どころではなく、おまけにただ一人の味方だった姉のアニエスまでが、遠くの寄宿学校に入るため家を離れてしまう。時を同じくして、父親の勤務する病院から自殺癖のある青年イワンが脱走してくる。エリザベスは彼を納屋に匿《かくま》い、せっせと食物や冬服を運ぶ。納屋は彼女の心の避難所なのだ。彼女は生来的に虐げられた者や差別された者に惹かれるところがあり、小学校に大きな痣のある少年が転校してくると、こっそり彼と秘密を分かち合ったりする。このあたりはビクトル・エリセの『ミツバチのささやき』に登場する少女アナを、いくぶん連想させるところがなくもない。自分は生きていくのに不器用みたいだから、いつか気が狂ってしまうかもしれないと、エリザベスは本気で父親に話しかけるのだ。

やがて彼女は痣の少年にからかわれ、クラス中で笑いものにされる。納屋は両親の手で片付けられ、イワンは逃亡する。ある月のきれいな夜、エリザベスは追い詰められて手首を切ろうとするが、そのときイワンがこっそりと戻ってくる。二人は協力して捕えられている犬を解き放ち、連れ立って森に逃げ込むと、そこで一夜を過ごす。物語は両親が和解し、イワンがエリザベスの生命を救うところで、ハッピーエンドとなる。家を失った二人と一匹が寄る辺なく森を彷徨、互いに庇いあって生きるあたりには、かつて作者が主演した『バルタザールどこへ行く』の遠い残響を認めることができるかもしれない。

アンヌがこの作品を執筆する契機となったのは、たまたま訪問した田舎の精神病院での解放治療のあり方を目の当たりにしたことであった。だがそこには彼女がこれまで携わってきたいくつかの主題の交叉が見受けられる。とりわけ少女の孤独と試練の克服、逃亡し避難所を求めてきた者とその庇護という主題において、それは顕著といえるだろう。逃亡してきた青年にロシア名が与えられていることは、けっして偶然とは思えない。ちなみにこの作品はジャン＝ピエール・アメリスによって映画化され、『ベティの小さな秘密』という邦題で日本でも公開された。公開時に「原作アンヌ・ヴィアゼムスキー」というタイトルバックに注目した観客がどのくらい日本に存在していたか。おそらくほとんどいなかったのではないか。

この作品に続くのが、これまでいくたびか言及してきた『少女』であり、その後に『ベルリンのわが子』（二〇〇九）が発表されている。わたしはまだ読んでいないのだが、第二次大戦中ドイツに居留していた亡命ロシア人の運命を背景に、フランス赤十字に属して救援活動に従事していた母親のことを描いた物語であるらしい。翻訳が刊行されれば話題を呼ぶことだろう。

女優は若気の過ちか

アンヌ・ヴィアゼムスキーは十七歳で突然に映画の主役を宛がわれ、それをスクリーンで観てただちに深く魅惑されたゴダールによって、十九歳のときに「彼の」女優として『中国女』で再デビューした。この軌跡は、同じく十七歳で『聖女ジャンヌ』の主役に抜擢され、二十歳で『勝手にしやがれ』で世界中に衝撃を与えたジーン・セバーグと年齢的に重なりあっている。だがセバーグが政治闘争と度重なる男性遍歴のうちに破滅したのとは対照的に、アンヌは短くないスランプを克服すると作家として着実に第二の人生を生き、今では現代フランス文学の一角を占める作家として活躍している。あるいは女優であったこととは彼女の人生の物語にあって、最初の短い挿話にすぎないのではないか。彼女と対話をしている間に、わたしはふとそのような感想を抱いた。

とはいえ彼女がいまだにゴダールと過ごした歳月に複雑な拘泥を示していることも、やはり否定できない事実だろう。その点で対照的なのはアンナ・カリーナである。「ジャン＝リュックのこと？　何でも聞いてよ。何でも教えてあげるわよ」。わたしがインタヴューをしたとき、いまだに俳優として歌手として現役のアンナは、ガハガハと笑いながらそう答えた。アンヌ・ヴィアゼムスキーが示した繊細な苛立ちと神経質な配慮は、このガハガハの対極にある。しかしここでも彼女が作家として成功し、文学を通して「過去という偉大な力」（パゾリーニ）に回帰したことを強調しておくべきであろう。その著作の他のものが本朝でも翻訳されることをここに望みたい。

本稿をここまで書いてから二年が経過し、その間にアンヌ・ヴィアゼムスキーはとうとうゴダールとの日々を回想する書物をガリマール社から刊行した。心のわだかまりが解けたのであろう。

書物の原題は *Une Année Studieuse.* つまり「勉強ばっかりの一年間」である。これ、わかるなあ。だってゴダールって監督は映画のなかでも、現実の人生でも、いつだって先生として振る舞おうとする人だから。とりわけヴィアゼムスキーが十九歳のとき、彼は三十六歳。十七歳も年が違っていて、すでに世界的に有名な映画監督が、大学入試に落ちちゃった「夢見るブルジョア娘」（ドリュ・ラ・ロシェル）に会ってたちまち求婚し、一年後には名作『中国女』で主演女優に仕立てあげてしまうのだから、きっと何が何だかわからないまま、緊張と恍惚のうちに過ぎてしまった一年だったのだろう。ここには男性と映画という、二つの未知の世界を覗きこむ若い女性の、真摯にしてプライド高き冒険が、ここでは謙虚に綴られている。

初めて耳にした話もいっぱいあった。『中国女』が最初はモノクロで企画されていたこと。ゴダールが新進作家ソレルスと仲がよく、彼を出演させるつもりが、結局流れてしまい、その代わりに哲学者フランシス・ジャンソンが列車のなかであなたと対話するという名場面が撮影されたこと。ヴィアゼムスキーが共演者ジュリエット・ベルトの美しさと演技のすばらしさに圧倒されていたとき、肝腎のジュリエットはゴダールに毎日、ラヴレターを書いていたこと。彼女はヴィアゼムスキーがゴダールの恋人であると知って、強いショックを受けたこと。すごく面白い。噂ではこの回想録は映画化されるという。

〈追記〉　アンヌ・ヴィアゼムスキーは二〇一七年十月、パリで七十歳の生涯を閉じた。本書、五三二頁以降の追悼文を参照。

幕間　ジェーン・フォンダ

ただひたすら罵倒、罵倒

ジーン・セバーグが負け組の女であるとすれば、ジェーン・フォンダは勝ち組の女である。それも徹底して勝ち組の。およそ二十世紀の女性史のなかで、彼女ほど俳優としても、政治活動家としても、女性としても、思う存分に好きなことをし、両手に抱えきれないほどの名誉と栄光を手にした女もいないだろう。だが同時に彼女ほどにゴダールから手酷《てひど》く罵倒され、裏切り者、背信者として非難された女もいないはずだ。

ジェーンは一九三七年にニューヨークで、俳優ヘンリー・フォンダの娘として生まれた。父親はジョン・フォードの『若き日のリンカーン』を始めとして、ハリウッドでいくたびもリンカーンを演じてみせた国民的俳優であり、弟のピーターは『イージー・ライダー』でアメリカン・ニューシネマの象徴的存在となった男優である。ジェーンには血筋のよさに加え、名門女子大ヴァッサーとアクターズ・スタジオの両方で学んだという、恵まれた学歴があった。モデルとして『エスクワイア』や『ヴォーグ』の表紙を飾った後で、二十三歳で『のっぽ物語』(ジョシュア・ローガン、一九六〇)で女優デビュー。ルネ・クレマンの『危険がいっぱい』(一九六四)に誘われたのを契機にフランス映画界に乗り込み、たちまちロジェ・ヴァディムと結婚。一九六四年には彼の監督した『輪舞』で、アンナ・カリーナをチョイ役にさしおいて、お色気たっぷりの若い人妻を演じた。ヴァディムはやがてSFエロティックコメディ『バーバレラ』(一九六八)で、ジェーンを未来社会のセックスシンボルに仕立てあげた。

だがジェーンは一方で、セバーグ去りし後の巨匠プレミンジャーが撮った『夕陽よ急げ』(一九六七)に出演。ハリウッド・コネクションにも巧みに目を配り、『逃亡地帯』（ペン、一九六六）、『廃馬は撃たれるわけ？』（邦題『ひとりぼっちの青春』、ポラック、一九六九）といった、良心的にアメリカ社会を批判する「新傾向」のフィルムでも活躍を続ける。アメリカのヴェトナム侵略に反対するパフォーマンスを開始すると、日本を含むアジア各地の米軍基地を廻った。時のニクソン大統領はジェーンに苛立ったが、彼女は「ハノイ・ジェーン」という綽名をほしいままに華々しい反戦キャンペーンを展開した。一九七三年にはトム・ヘイドンと結婚。ちなみにこの人物はゴダールが『ワン・アメリカン・ムーヴィー』のなかでインタヴューを試みた学生運動の活動家である。ヘイドンはまた、『ウラジミールとローザ』（一九七一）でゴダールがモデルとした、一九六八年シカゴでの反戦デモで共謀罪で起訴された運動家たち、いわゆる「シカゴ8《エイト》」の一人であり、後に政治家となった。とはいえジェーンは黒人解放運動に加担したジーン・セバーグやパレスチナ解放闘争に走ったヴァネッサ・レッドグレーヴのように政治とスターダムとの間の均衡を崩すことはなく、反戦運動の期間中にも『コールガール』（パクラ、一九七一）でオスカーを取ることを忘れてはいなかった。

メディアのなかの進歩派女優

ゴダールとジャン＝ピエール・ゴランがジガ・ヴェルトフ集団の名のもとにジェーンに出演依頼をしたのは、こうした時期の出来事である。彼らは16ミリでのゲリラ的活動がパレスチナ取材の後に座礁したことの失地を挽回するため、新機軸を打ち出した。ハリウッドとフランスの有名スターを主役に据え、大映画会社ゴーモンを後ろ盾に多額の予算を準備すると、35ミリ作品『万事快調』を撮ろうと企画したのである。ジェーンの相手役には、これもフランス映画界にあって左翼陣営の代表と見なされていたイヴ・モンタンが選ばれた。もっともこの誇大妄想的な企画が実現される直前に、ゴダールはオートバイ事故で重傷を負ってしまう。骨盤が砕け、頭蓋骨に亀裂が走ったため、六日にわたって意識不明が続く。『万事快調』の撮影は、彼の治療と並行して行なわれることとなった。

ラジオ局から派遣されたジャーナリストのジェーン・フォンダと、著名な映画監督であるイヴ・モンタンが、工場を占拠して闘争している労働者の取材に出かける。二人は図らずも社長室に監禁されてしまう。そこで彼らは労働者と接するうちに、メディアのなかに生きてきた自分たちの階級的生活を批判的に検討し、知識人が革命に対して何をなしうるかという問いにしだいに目覚めてゆく。これが『万事快調』の筋立てである。けっして難解なフィルムではない。もっともセットの工場は意図的にチャチに作られていて、それがけっして現実ではないことを観客に告げ知らせている。冒頭では分厚い小切手帳の頁が延々と捲《めく》られ、このフィルムを製作するにあたって必要となった予算がすみずみまで理解できるように仕掛けがなされている。結末部では若者たちが巨大なスーパーマーケットを襲撃し、好きなだけ商品を掠奪するさまが、長い移動撮影によって描かれている。一見、図式的な中国映画のように見えて、細部のいたるところでブッ飛んでいるフィルムなのである。ジェーン・フォンダは最初は戸惑いながら、しかし一生懸命にこの前代未聞の映画撮影に歩調を合わせようとしている。

ところがこのフィルムの完成後、ゴダールとゴランのジェーンに対する関係は最悪のものとなる。クランクアップから数ヵ月後、彼女はハノイに招待され、その映像が「ヴェトナムの平和のために奮闘する闘士」として、『レクスプレス』誌に掲載される。それを手にしたゴダールとゴランは怒り心頭に発し、ただちに長文の批判的論文「ある映像についての調査」（Ⅱ、一二五頁以降）を書き上げると、当時毛沢東主義を標榜していた前衛的文芸雑誌『テル・ケル』に発表する。いや、それでは気がすまない彼らは、問題となったジェーンの報道映像だけを素材に、『ジェーンへの手紙』なる五十二分の16ミリ作品を撮りあげる。このフィルムは一九七四年に完成したが、パリでは公開されない。ようやくフランクフルト映画祭で上映され、以後は転々とアメリカ中の大学で上映される。ゴダールとゴランはその逐一につきあい、そのたびごとにジェーン批判を繰り返す。だがそれにしても、彼らは具体的にジェーンの何を批判したのだろうか。

問題となった写真のなかでは左側に物悲しそうな表情で口を閉じたジェーンがいて、ヘルメットを被ったヴェトナム人を前にしている。この人物の顔は見えないのだが、二人の中間にはもう一人、若いヴェトナム人が写っている。写真の焦点はジェーンに絞られており、このヴェトナム人の表情はボケている。この写真に対し、ゴダールとゴランは「真実というのは単純なものだが、しかし真実をいうのは単純なことではない」と、ジガ・ヴェルトフの警句を引

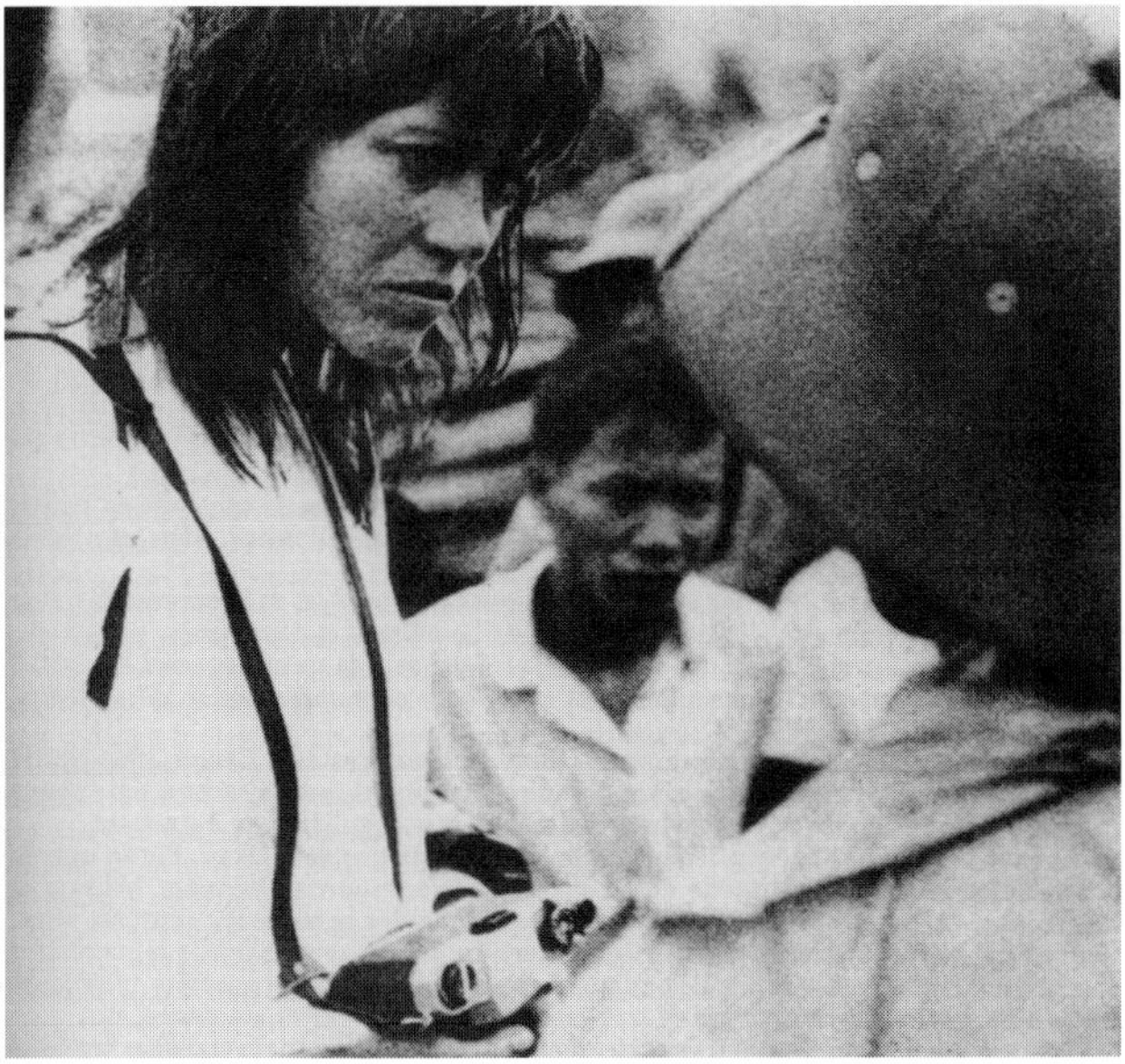

『ジェーンへの手紙』『レクスプレス』1972年7月31日に掲載された、ハノイの住民と対話するジェーン・フォンダの映像。ゴダールは怒り心頭に発し、この顔はジョン・ウェインだと罵倒した。

用しながら、細かなイデオロギー的分析を重ねてゆく。

この写真は北ヴェトナム政府の要請によって撮影され、欧米の資本主義社会で刊行されている週刊誌によってキャプションが施された。だがヴェトナム人と欧米人が人間の表情を読み取るコードは異なっているはずであり、受容の形態は双方にあって別々の形であるはずだ。『レクスプレス』はジェーンが何かを「訴えている」と言葉を添えているが、実は彼女は現地の民衆の声に聴き入っているのであり、ここに最初の虚偽が生じている。この写真は中央の無名のヴェトナム人について何も説明しようとせず、焦点をもっぱら著名なハリウッドの女優に絞っている。そこで実現されているのは、「偶然が現実の仮面を剝ごうとするまさにその瞬間に現実に仮面をかぶせる」という、資本主義社会における欺瞞にほかならない。

ゴダールとゴランは続いて、陰気に口を閉ざしたジェーンの表情についての分析に移る。この表情には見覚えがある。それはハリウッドのスタニスラフスキー的なショービジネスによって歪められた悲劇女優の表情だ。パクラの『コールガール』のなかで刑事ドナルド・サザーランドを哀れむように見つめ、後になって彼と寝る決心をする女の表情だ。いや、フォードの『若き日のリンカーン』でヘンリー・フォンダが悲惨な黒人たちに投げかけた表情だ。さらに二人は過激に罵倒を重ね、それはジョン・ウェインが『グリーン・ベレー』のなかで戦争に荒廃したヴェトナムを見つめるときの、哀れみに満ちた表情だとまで断定してみせる。ウェインは超タカ派の反共主義者で、アメリカのヴェトナム「援助」を積極的に支持していた男優である。およそ反戦運動家として自負していたジェーンについて、これ以上の侮辱は考えられないだろう。しかし「われわれはきわめて安い値段で自分のために良心をでっちあげることによって、ヴェトナム人に利益よりはむしろ害を与える危険をおかしている」と、ゴダールとゴランの批判は手厳しい。

　ジェーンの目は、ヴェトナムのなかに恐怖を読み取っただけで満足している。それに対し、彼女の隣のボヤけたヴェトナム人は、自分の恐怖全体のなかにアメリカの現実を見てとっている。ジェーンの顔は焦点が合っているのに、彼女の左翼的政治理念は焦点がボケている。ヴェトナム人の顔は焦点がボケているが、彼の政治理念は明確であり、一点の曇りもない。ジェーンにとって致命的な過誤とは、戦闘的女優としてハノイに招待されたというのに、ハリウッドにおいては女優として闘っていないことだ。彼女はヴェトナムについては関心をもって語っても、自分が今いるアメリカについては沈黙している。こうした一連の問いかけの後、ゴダールとゴランは歴史における表象《ルプレザンタシオン》＝代表作用とは何かという、大きな問題を提示することになる。いったい歴史を作るのはスターなのか、英雄なのか。誰が何を代表しているのか。どのように表象しているのか。「ルプレザンタシオン」という言葉は日本では愚劣な東大中心主義者の回覧誌の題名に使われてしまい、すっかり株が下がってしまった感のある言葉であるが、一九七〇年代中期の時点でゴダールがその原理的な批判を開始していたことは、後に哲学者のジル・ドゥルーズが彼のヴィデオ作品に好意を寄せた事実とともに、記憶されるべきことであるはずだ。

勝ち組女のその後

　私見するに、ジェーン・フォンダ本人はおそらくゴダールとゴランによる批判で何が問題となっているかを、ほとんど理解できなかったはずである。彼女が難解な前衛文学誌『テル・ケル』をフランス語で読んだとはとうてい考えられないし、『ジェーンへの手紙』に直接反論した形跡はない。いや、ひょっとして観ようともしなかったのではないか。ともあれジェーンは『万事快調』など存在しなかったかのように、翌年の一九七三年にはジョゼフ・ロージーのもとで『人形の家』のノラを演じ、女性解放運動を指導する進歩的女優という新しい称号を手にした。一九七四年には夫のヘイドンと共同で、『ヴェトナム旅行』（一九七四）というドキュメンタリーまで纏めている。一九七七年にはリリアン・ヘルマン原作による『ジュリア』（ジンネマン）で主演。ポスト・ヴェトナム映画の先駆といえる『帰郷』（アシュビー、一九七八）では二度目のオスカーに輝いた。そしてその後は？　いつしか彼女はヘイドンとも別れ、みずから演じるエアロビクスのヴィデオカセットで巨額の印税を得て、女たちの「新しい健康ライフ」を呼びかける偶像となった。彼女は今でもゴダールのことを思い出すことがあるのだろうか。いや、そもそもそれ以前に、かつて訪れたハノイと、そこで出会ったヴェトナムの民衆のことを。

ちなみにゴダールの『映画史』にはヘンリー・フォンダは現われても、その娘の映像はない。

第四章　アンヌ＝マリ・ミエヴィル

聡明な批判者

ゴダールにとって最後の女性となったアンヌ＝マリ・ミエヴィルについては、実のところけっして多くのことが知られているわけではない。ゴダールの盛名の蔭に隠れて、共作者としての彼女の名前はこれまであまりにも言及されることが少なく、その存在の大きさに比べて不当な無視が続いてきた。

もちろん言及の貧しさには原因がないわけではない。ミエヴィルは長きにわたってけっして観衆やジャーナリストの前に現われようとせず、黙ってゴダールに協力するか、でなければみずからの作品をそっと差し出す以外のことを、みずからに固く禁じてきた。たまにその映像が画面に映し出されることがあってもシルエットの背中とか逆光の金髪が映し出されるのが限度で、ゴダール・ファンにとって彼女はどこまでも謎の女性に留まっていた。その意味で彼女は、自己顕示欲の権化ともいえる小野洋子とは対照的な存在である。

ゴダールの商業映画復帰第一作である『勝手に逃げろ』（一九七九）には、共同脚本家として、ジャン＝クロード・カリエールとともに、彼女の名前が記されている。一九八〇年代初頭、ロラン・バルトによる「作者の死」の託宣がいまだに鳴り響いていたフランスとは違い、アメリカのフェミニスト映画研究家たちはともかく女性の監督の作品を発見し、玉石混交を厭《いと》わずそれを讃美することに懸命であった。とりわけ『シネマ・オブスキューラ』編集部はマルグリット・デュラス、シャンタル・アケルマンに次ぐ第三の女性シネアストとして、偉大なるゴダールに「影響」を与えたミエヴィルに焦点を定め、彼女について懸命に情報を集めようとした。

だがミエヴィルはいかなる応答も見せず、フェミニストからのイデオロギー的な誘惑をどこまでも無視した。フェミ系の批評家たちは空手形を渡されて引き下がるしかなかった。ミエヴィルには、そのような流行に惑わされることなく、自分が自分の根拠地にあって探求しているという自信があったからである。

だがこうした情報の稀有にもかかわらずミエヴィルの存在はきわめて重要であり、現在では彼女から与えられた霊感を無視して、ゴダールの全体像を思い描くことは不可能となっている。それは彼女がゴダールとともに歩んだ時間の長さを、これまでわたしが論じてきた他の女性たちと比較するだけでも明らかだろう。アンナ・カリーナとの結婚生活は四年かそこらで破綻し、その間もゴダールは複数の女優が主演するフィルムを平然と監督していた。アンヌ・ヴィアゼムスキーとの結婚も四年ほどで空中分解。それに比べゴダールとミエヴィルはなんと四十年にわたってパートナーシップを続け、その間にゴダールは一九六〇年代には見られなかった主題的拡がりを獲得したばかりか、より自由で解放された映画作りへと向かうのである。どうしてそのようなことが可能であったかを、まず考えてみることにしよう。

容赦なき批判者

ゴダールとアンナ・カリーナとの関係は、フォン・スタンバーグとディートリヒ、胡金銓《キン・フー》と徐楓《シュ・フォン》のそれと同様、才能に溢れた映画監督とその視覚的欲望の受け皿となった天才的女優との関係であった。アンヌ・ヴィアゼムスキーとの関係は教師と生徒であり、ヴィアゼムスキーは意味も充分に理解できないままに、ゴダールの指示通り、難解な政治議論の科白を攻撃的な口調で復唱しているばかりだった。だがゴダールとミエヴィルとの関係は、そのいずれとも異なっている。まず彼女は映画女優でもファッションモデルでもなかった。ジガ・ヴェルトフ集団のメンバーとなったジャン＝ピエール・ゴランがそうであったように、現実の政治情勢に対しては厳しい批判精神こそ抱いてはいたが、映画に対してはいかなる経験ももたず、いうなればズブの素人であった。

ゴダールはジーン・セバーグやアンヌ・ヴィアゼムスキーの時のように、巨匠のフィルムで主演を務めた少女の映像へのフェティッシュな欲望からミエヴィルに接近したわけではない。したがって、幻滅による心変わりを体験することもなかった。ミエヴィルは最初、挫折のさなかにあるゴダールの前に容赦なき批判者として出現したのである。次に彼にとってこれまでまったく未知の領域であった主題を次々と提示し、フィルム製作に関して強力な助言者として振舞った。両者の関係は簡単にいって、三つの段階に分けて考えることができる。

第一段階ではミエヴィルは、脚本、演出、編集の三分野においてゴダールを支え、ある時は霊感を、別の時には批判を与える役割を担った。その途上でゴダールは商業映画の世界に復帰した。次の段階で彼女は自作のフィルムのなかにゴダールを登場させ、ゴダールはミエヴィルの作品を自作の内部に引用した。ここでは映画テクストの間での幸福な相互言及関係が成立している。第三の、そして最終の段階にあって二人の共同作業は、互いに別個の作品を撮りながらも、そこに見えない形で共同作業の痕跡がはっきりと窺われるという域に到達するまでとなった。これは二人の才能溢れるシネアストの作業として理想的な形態であり、映画史上にあってはわずかにジャン=マリ・ストローブとダニエル・ユイレの場合だけがそれに匹敵できるのではないか。そういいたい衝動に、わたしは駆られている。

アンヌ=マリ・ミエヴィルは一九四五年、ローザンヌに時計会社社長の娘として生まれた。本人が言葉少なに語るところによれば、家庭はプロテスタントでブルジョア的な環境だったという。

ちなみにミエヴィル家は十七世紀に始まる旧家で、一族からはニーチェ学者のアンリ・ミエヴィルが出ている。彼女は二十歳をすぎてパリに出ると、フィリップ・ミシェルという広告業者と結婚し、娘アンをもうけた。ミシェルはギィ・ドゥボールを愛読する、一風変わったシチュエイショニストであり、フランスのコピーライトを一新させた人物であった。ミエヴィルはこのとき音楽に野心をもっていたので、実はバルクレーから二枚のレコードを吹き込んでいる。裾が拡がった白パンタロン姿は長い金髪で優雅な雰囲気から、ジョーン・バエズのフランス版と呼ばれ、ギターを抱いてバエズの歌を歌うこともあった。三オクターヴの声域をもち、フランソワーズ・アルディの「樹と森」のカヴァーヴァージョンをヒットさせた。

ミエヴィルがゴダールと知り合ったのは一九七一年四月。シネマテック・スイスの館長であるフレディ・ビュアシュに自作を見せるため、ローザンヌを訪問したときのことであった。ほどなくしてパリに出たミエヴィルはパレスチ

もっとも聡明なパートナー、アンヌ＝マリ・ミエヴィル。

ナ専門書店で働き、ゴダールと再会した。知り合ってまもなく、ゴダールは毎日ミエヴィルに手紙を書き送ったという。このあたりのマメさはポランスキーも顔負けといえる。

一九七一年六月ゴダールは、ジガ・ヴェルトフ集団のメンバーの女友だちであるクリスチーヌ・アヤの運転するオートバイの後部座席に坐りオルリー空港へ向かう途中、トラックとオートバイが衝突したせいで腰に瀕死の重傷を得た。ゴダールがブレヒトの戯曲集『メ・ティ』を買い忘れて、引き返そうとしたのが仇となったのである。アヤは過失傷害の罪で懲役一ヵ月の判決をいい渡された。このとき献身的に彼を看護したのが（もちろんヴィアゼムスキーであるはずがなく）ミエヴィル。半年にわたる入院と静養の後、ゴダールが『万事快調』の撮影に取り掛かったとき、ミエヴィルは夫の姓のもとにアンヌ＝マリ・ミシェルという名前で、スチール写真を担当している。もっともすでにその時彼女は夫を離れ、スイス人の映画監督であるフランシス・ロイセールと同居していた。このロイセールは、後にゴダールがパリを離れ、スイスに「隠遁」するにあたって人脈的にも重要な人物なので、簡単に紹介しておいたほうがいいだろう。

ロイセールは一九四二年にヴヴェで生まれた、スイスのドキュメンタリー映画・TV作家である。一九六九年から七〇年にかけてヨルダンを訪れ、パレスチナの大義を叙事詩的に描いた『ビラディ』を撮った。彼とミエヴィルは、空想的社会主義者シャルル・フーリエの命名による共同生活集団「ファランステール」で生活をし、パリやイタリアの極左の「同志」たちに門戸を解放していた。二人とも親パレスチナの左翼であり、小さな印刷所をもって毛沢東主義の小冊子やアジビラを印刷していた。一九七六年にはロカルノ映画祭で金豹賞を受け、俳優としてもアラン・タネールの『どうなってもシャルル』（一九六九）や『ジョナスは二〇〇〇年に二十五歳になる』（一九七六）といったスイス映画に出演している。ジュネーヴで映画芸術学院の映像系列学科を立ち上げたり、スイス映画の興隆にもっぱら情熱を傾けてきたシネアストである。当然のことながら同国人であるゴダールとは古くから親交があり、それはミエヴィルが彼を捨ててゴダールのもとに走った後もいささかも損なわれることがなかった。それどころかゴダールは彼を通して撮影監督のレナート・ベルタや録音技師リュック・イエルサンといった豊富なスイス人脈のなかに流れ込むことができ、そこからやがて『勝手に逃げろ』が立ち上がってくる。長々と人脈の連なりについて書いたのは、こうした全体的趨勢が働いて、一九七〇年代中ごろに疲弊しきったゴダールを喧騒と幻滅のパリから引き離し、グルノーブルへ、そしてジュネーヴ近郊のロール村での根拠地作りへと向かわせたということを理解していただきたいからである。

さてゴダールとミエヴィルに話を戻すと、『万事快調』が完成し、その後産である『ジェーンへの手紙』を携えて、ゴダールとゴランはアメリカ中の大学を廻る。だが、これは不毛な旅であった。徒労の極に達した二人は一九七三年に訣別し、四年間続いたジガ・ヴェルトフ集団はこれをもって解散する。ゴランに代わって新しくゴダールの協力者として登場したのが、アンヌ＝マリ・ミエヴィルである。一九七三年の年末、ゴダールはかつてゴダールとアンナ・カリーナが仲睦まじく築きあった「アヌーシュカ・フィルム」を改称し、新たに「ソニマージュ」なる製作会社をグルノーブルに発足させると、その法的な代表をミエヴィルに定める。「ソニマージュ」とは「ソン」（音声）と「イマージュ」（映像）を結合させた造語であるとともに、「彼の映像」という謎めいた意味をも含んでいる言葉である。そしてソニマージュ立ち上げに際してなされたインタヴューの席上で、ゴダールはこれから自分が目指している「真の政治映画」とは「私についての映画、つまり、私の妻と娘にありのままの私を見せることができるような映画」であると宣言し、約《つづ》めていうならばそれは「家族映画」であると語る（「もうひとつの技術を求めて」、『シネマ・プラティック』誌、一九七三年七～八月号、奥村昭夫訳、前掲書収録）。

こうして体制を固めた上で二人が手始めに取りかかるのは、ゴダールが一九七〇年に方法論的に挫折し、放り出したままになっていた『勝利まで』のラッシュを最初から見直し、その批判としてのフィルムを製作することであった。散逸した映像を拾い集め整理する作業は、すべてミエヴィルが担当した。こうして完成したのが『ここよそ』（一九七四～七五）である。以下に、このフィルムに始まるゴダールとミエヴィルの最初の共同作業の一つひとつを取り上げてみることにする。

転換期の証人

一九七〇年代中期から後期にかけてゴダールは商業的劇映画から完全に離れ、もっぱらドキュメンタリー（あるいはフェイク・ドキュメンタリー）の製作に情熱を傾けている。『ここよそ』、『パート2』（一九七五）、『うまくいってる?』（一九七五）、『6×2』（一九七六）、『二人の子供　フランス行ったり来たり』（一九七七～七八）といったそれらの作品は、16ミリで撮られていたり、ヴィデオを35ミリに焼き直していたり、単なるヴィデオであったり、実にさまざまな形態のもとに製作されている。それは現在においてなお、ゴダールのあまたの作品のうちでもっとも観る機会が稀有な作品でもあり、それゆえ一九七〇年代を通してこうした創造的作業を知る機会のなかった一般映画観客に長きにわたって、ゴダールの失調と低迷という神話を信じさせてきた。

だがその後のゴダールの目覚しい発展ぶりをすでに知悉しているわれわれからしてみれば、この七〇年代中ごろこそが彼にとってもっとも重要な転換期であり、その後に展開されるすべての主題を、あたかも種子のように含みこんだ揺籃期であったと考えることができる。優れた芸術家は生涯のある時期にみずから隠遁を選び、そこで根源的な思考を体験するものである。ゴダールにとってもっとも重要な変化とは、家族、女性、子供といった主題が作品の内側に積極的に取り込まれ、巨大な外部の政治に対して、日常生活に潜んでいる小さな内部の政治に目が向けられるようになったことだ。それがミエヴィルとの邂逅による結果であったことを、これから分析的に示していくことにしよう。

パレスチナの読み替え

『勝利まで』はゴダールがPLO（パレスチナ解放機構）の依頼を受け、一九七〇年に現地に飛び、撮影をしたものの編集もなされないままに封印されたフィルムであった。挫折の一因は、撮影後に中東情勢が激変し、PLOがアンマンから追放されたことにあった。だがより深い理由とは、ゴダールとゴランが方法論的に暗礁に乗り上げてしまったことであった。ゴダールとミエヴィルはそのうち捨てられた映像を見直しながら対話を続け、さらに新しい映像を付加することによって、本来の構想を批判的に乗り越える、メタ次元でのドキュメンタリーへと作り替えた。

新しく『ここよそ』と呼ばれることになったその作品では、ゴダールがパレスチナで撮影した映像がいくたびも反復されたり、同時に複数で提示され、そこにフランスの労働者の一家がTVを眺めている映像が接続される。失業中の父親。家事に勤《いそ》しむ母親。ピカソの『ゲルニカ』の複製のある勉強部屋で学校の宿題をする幼い娘。こうした平凡にして日常的な「ここ」の光景が、丘の上の難民キャンプや匍匐訓練をするフェダイーン（解放戦士）、虐殺された戦士の死体といった「よそ」の映像と同じ資格で並置されてゆく。「よそ」で生じたいかなる悲惨な映像も、遠く離れた「ここ」ではたかだかTVに次々と映し出され消費されてゆく映像にすぎず、二つの場所どうしの差異と隔たりはいっとうに認識されることがない。だが重要なのは「ここ」と「よそ」を繋ぐ助詞の「と（ET）」に注目することではないだろうか。突然画面に巨大な「ET」という文字模型が出現し、さまざまな色彩の照明を浴びる。ミエヴィルの声がオフで聴こえてくる。「ここよそ。勝利と敗北。外国と母国。速さと鈍さ。有ると無い。空間と時間。問いと答え……」。

パレスチナを映した映像には仮借ない批判が加えられる。廃墟を前にマフムード・ダルウィーシュの抵抗詩を朗誦する少女の映像を観ながら、ゴダールはそれがパレスチナの抵抗詩であるとだけ説明する。ミエヴィルはそれに対して、少女が演じている身振りがフランス革命時に「ここ」で生まれたもの（メロドラマと政治演説のスタイル）であると指摘し、この少女には何の罪もないが、まずこのフランス的身振りの功罪を論じるべきだと批判する。フェダイーンたちがヨルダン川の岸辺で理論と革命的実践について討議している映像をゴダールが示すと、ミエヴィルはこのような抽象的な言葉の提示よりも、むしろ彼らが土地を耕作するさいに用いる性的な隠喩のことを取り上げ、愛と性交について語るべきだという。以前にパレスチナ関係の書店に勤めていたので、ミエヴィルがかの地の状勢について知識をもっていることは差し引いても、これはゴダールの当初の撮影意図に対する根源的な批判であり、おそらく彼がそれまでの監督人生において一度も体験したことのない視座からの発言であったはずである。

ゴダールの回想的語りから始まったこのフィルムは、最後にミエヴィルの宣言で幕を閉じる。TV画面に見入っているフランス人一家の映像を前に、彼女は語る。「こうしたきわめて単純な映像をわれわれがこれまで見聞きできなかったのは、どうしてなのか。誰もがそうだったのだが、こうした映像を観ながら別のことを、つまり映像とは関係のないことを話してばかりいたのだ。われわれはまだ、観ることも聴くことも知らないでいる」。

家族と日常生活、夫婦と子供という主題は、およそこれまでのゴダールには無縁のものであった。このパレスチナ・ドキュメンタリーの改変を通してミエヴィルは、この未知なる領域こそ真の政治が宿る根源的な空間であると、ゴダールに示唆している。こうしてゴダールはジガ・ヴェルトフ時代の属性であった、アメリカへ、チェコへ、ロンドンへ、パレスチナへといった多幸症的移動癖を放棄し、あたかも憑き物が落ちてしまったかのように、グルノーブルへ、そして故郷スイスの小さな村へと閉じ籠り、新しい戦略を練ることになる。『こことよそ』の直後、一九七五年に製作された『パート2』と『うまくいってる？』は、家庭とメディアの内側に見えない形で横たわっている、政治的なるものの分析である。

家庭の政治学

『パート2』で描かれているのはある労働者の一家であり、一見ドキュメンタリーのように見えるが、実は職業俳優があらかじめ準備された台本を述べ、演技をしているという点で、フェイク・ドキュメンタリーと呼ぶべき作品である。冒頭にヴィスコンティの『家族の肖像』がチラッと引用されていることからも、この作品が人為的に形成された家族の劇であることが暗示されている。

父親は視聴覚関係の労働者で、工場と自宅を往復する日常に飽きている。彼は妻との性生活にも無関心となり、彼女が寝室でオナニーをしていても一瞥して部屋を出て行くばかりだ。だがあるとき妻が他の男と性交をしていることを知り、怒って彼女の肛門を犯す。だが彼は、幼い娘にその光景を目撃されてしまう。娘は入浴後、母親に訊ねる。「わたしも大きくなったら、両足の間から血が出るのかしら」。

娘と息子がセックスに関心をもっていることに気付いた両親は、あるとき子供たちを寝室に招き、めいめいの性器に手をあてて説明する。「女の子はみんな穴があるわけ？　だったら思い出がそこから流れていくの？」と、娘は訊ねる。彼女は父親のペニスがモノをいえないのが、不思議で仕方がない。

一方、祖母は台所で調理をしたり寝室の掃除をしながら、オーストラリアの女性運動家ジャーメイン・グリアの書物を引用する。男が女をどれほど嫌っているかを、女は知らないのだ。男の倒錯した暴力こそ女の堕落の根本原因だと、彼女は誰に聞かせるともなく独語する。一方、祖父は労働運動家として世界を経廻《へめぐ》り、スイスの武器工場から強制収容所へといたる長い物語を孫娘に語り聞かす。「ときどき自分の金玉を見るのだが、もうピクリとも動いてくれない。世の中のすべてがこの金玉を中心に動いていた時代が、わしにもあったというのに……」と、彼は呟く。『パート2』はこうした家族の肖像を描き続け、二台のモニターを通してそれを編集するゴダールが、疲れきって居眠りをしているところで終幕を迎える。画面のなかの妻役の女優が、「男はいつも命令するだけ。だったら代わって家事をしてごらんよ」と語る声に、ゴダールはハタッと目を醒まし、じっと考えこむ。

このフィルムではこれまで家族の物語を描いてきた一般劇映画でも、家庭の内側で製作されるホームムーヴィでも、厳重に禁忌とされていた主題があえて選択されている。セックスと政治、家事と労働、子供と高齢者といった問題である。一九七〇年代に英語圏のフェミニズムは、あらゆる個人的な事象とは実は政治的であるというテーゼを掲げながら、家庭のなかでこれまで言及されてこなかった家事や育児、性行為における合意、家庭内暴力といった現象を公的な眼差しのもとに論じようと試みたことがあった。一九六〇年代後半に信じられていたマクロな政治に連結しているはずなのは、より根源的な次元にあるミクロな政治であるという主張がなされた。この文脈に沿うならば、『パート2』は当時のフェミニズムの最先端に位置する映画作品であると見なしてもいいかもしれない。そしてこのフィルムを撮った時点においてゴダールは、小野洋子に霊感を与えられながら「女は世界のニガーだ」（邦題は軟弱にも「女は世界の奴隷か！」）という曲を発表したジョン・レノンと同じく、積極的に作品の内側で女性解放を訴える数少ない男性芸術家であったということができる。

だがここでのミエヴィルの貢献は、『ここよそ』の場合とは微妙に異なっている。なるほど『パート2』のクレジットを見ると、ゴダールとミエヴィルとが共同で製作と脚本を担当し、ゴダールが監督した作品であると表記されている。だがゴダールの発言によれば、ミエヴィルはどうやら現場にいなかったらしい。コリン・マッケイブとの対話『ゴダール 映像・音・政治』、BFI、一九八〇）のなかで、彼は語っている。

「カサヴェテスに『影響の下にある女』（邦題は『こわれゆく女』）という映画がありますね。そう、わたしのフィルムはすべて影響の下にあるのです。たとえば天気とか、たとえば……『パート2』はミエヴィルの影響の下に撮られました。彼女はその場にはおらず、わたしが彼女からたくさん借り出したというので怒ってました。だから自分はいつもこういう風なのだと、わたしは説明したわけです。もし太陽について映画を撮るなら、太陽から借り出すでしょう。わたしは自前では何もできないのです。他の監督たちがどうなのかは知りませんが、わたしはいつも借り出してきました。自分では創り出さないのです」。

いささか開き直りとも思える発言であるが、それは逆に、ゴダールがミエヴィルの圧倒的な影響下にあったことを証拠立てる言葉でもある。そしてこれに懲りて（?･）、次回作ではミエヴィルはより積極的に、ゴダールと自分との共同監督作品であることを画面に記すよう、主張することになった。

労働とメディア

『うまくいってる?･』は『パート2』とは対照的に、メディアのなかの政治を問うている。この作品では冒頭に男と女によるオフで、次のような対話がなされている。

「見えないものこそ直接的なものね」

「何だって?」

「眼差しのこと」

「当り前じゃないか」

「当り前じゃないこともあるのよ」


ゴダールの観客ならば、これがただちに『気狂いピエロ』の名高いラストシーンのパロディであることに気付くはずだ。だがここで語っているのはフランス共産党系の新聞の編集主幹であるミシェル・マロ（どことなく作家のギュンター・グラスのような、脂肪《あぶら》ぎった雰囲気の中年男）と、その秘書のオデットである。ボスは民主主義の促進のためにメディアを行使していると秘書にいい、二人はオフィスで社員たちがどのように労働をしているかを記録したヴィデオを眺めながら話している。マロがヴィデオを途中で省略すると、オデットはそれに抗議し、彼がメディアの頂点にあって体現している権力性を正面から批判してゆく。おりしもポルトガルでは、長期の独裁政権に対する民衆の抵抗が烈《はげ》しくなり、連日のように若者がデモに参加している。二人は、一人の若者が手を大きく振り上げた制服姿の兵士を阻止しようとしている写真を前に、議論を続ける。「ポルトガルはうまくいってないが、こちらはうまくいってる」と、マロが口を滑らす。オデットはすかさず、「うまくいってるとはどのようなことですか」と問い質す。民主主義陣営のために闘っていると自称しながらも、あなたは会社の労働者がどのようにタイプライターを操作しているかさえ知らないではないか。ジャーナリズムの権力はポルトガルにもフランスにもなく、その中間に横たわっているのではないかと。

彼女のこの口吻が『ことよそ』の延長上であることは明らかである。兵士を止める若者の映像が執拗に引用され、そのたびごとに新しい解釈が施されていく。オデットは『ヒロシマ、わが愛』の有名な科白を引用しながら、「あなたは広島で何も見なかった。ヴェトナムでも」と、マロを問い詰めてゆく。テクストが進行してゆくにつれ、しだいに両者の距離は狭まってゆき、最後には互いにクロースアップに近い状態にまで接近する。だが対話は物別れとなり、オデットはマロの部屋を出ると、二度と戻ってこない。冬の夕暮れ、凍てついた街角を一人歩くマロ。ラジオからスペインの独裁者フランコの死を告げるニュースが流れてきたところで、『うまくいってる？』は終わる。それは字幕にあるように、「活動する者と観客との間にあるフィルム」なのだ。

オデットを演じているのはいわずとしれたミエヴィル。だが彼女の顔は影になっていて、肩まで伸びた金髪の輪郭が逆光に照らし出されているところしかわからない。だがそのためもあってか、全編にわたって彼女の批判的な声の強度が観る者に強い印象を与えることになる。『女と男のいる舗道』や『中国女』において、ゴダールのヒロインたちがプロンプターとしての彼の声を反復し、哲学者と虚偽の議論を重ねていたことを、ここで想起してみよう。ミエヴィルがそうした見えない超越者の声を借りることなく、みずから思考し探究する主体としてゴダールと共同作業に入ったことの意味が、より明確に理解されることだろう。

子供vs.大人

『6×2』と『二人の子供　フランス行ったり来たり』は、ゴダールとミエヴィルの共同監督による長大なヴィデオ作品である。前者は百分の番組六篇から、後者は二十六分の番組十二篇から構成され、フランスのTV局から放映された。いずれの作品でも多岐にわたる主題が取り上げられているが、紙数の関係からいくつかのものだけを簡潔に紹介しておくに留めておきたい。

「6×2」の「6」とは、六篇のテープからなるTV番組という意味である。それぞれの組が主に複数の人々のインタヴューである「昼の部」と、一人の人物が長く話す「夜の部」に分かれていることから、そこに「×2」が生じている。たとえば「昼の部」では四人の失業者が生活の不満を訴えたり、幼稚園における言語学習を素材として、事物と言葉との関係がカフェで議論される。バングラデシュで撮影された残虐行為をめぐる映像が十分間にわたって静止画面で映し出され、それを前に政治家やジャーナリストが討議をするさまが描かれたかと思うと、獄中にあって際限のない長い手紙を書き続ける男性と、それに外の世界から応じる女性の物語とが、音声を伴わずに延々と続く。一方、「夜の部」では、数学者ルネ・トムが一人でカタストロフ理論を説き、ゴダール本人がフランスの新左翼系新聞

『リベラシオン』のインタヴューに応えるさまが映し出される。時計技師として優秀な腕前をもつマルセルが趣味で弄《いじ》くっている八ミリ映画が上映され、労働と余暇をめぐる彼の談話が流れる。精神を患った女性と吃音に苦しむ男性へのインタヴュー。前者は法王と結婚する夢をとうとうと語り、後者はメッセージの伝達に懸命な努力を払う。

こうした多彩なプログラムのなかでとりわけミエヴィルの存在が強く感じられるのが、第四篇の夜の部、「ナナス(女たち)」と題された章である。そこではミエヴィル本人が五人の女性の生き方の例を挙げながら、同志であるゴダールの認識不足を批判する。ちなみにこの部分を撮るにあたってゴダールが書き付けたメモを引用しておこう(奥村昭夫訳、前掲書)。

「私たちは山地の苦労はあとにした/これから平地の苦労が始まる」。

「ある女性が自分のことを話し、しかも、農夫が自分の土地に種をまくのと同じように、自分の言葉を〝黙らせる〟。彼女はどんな男にも考え出すことのできないいくつかのことを語る」。

『6×2』はフランスではけっして最上の時間帯にTV放映されたわけではなく、日本でも「ビデオ・テレビ・フェスティバル」の際に上映されただけで、それに接することのできた観客はほとんどいない作品である。だが哲学者ジル・ドゥルーズはただちにこの作品を高く評価し、ゴダールの「密度の高い孤独」を賞賛するとともに、彼が「自国語のなかで異邦人になろうとしている」と指摘した。『6×2』を通してゴダールはTVを占拠することに成功し、労働と情報をめぐって音と映像の内側で哲学的探究を実践していると論じた。『ことよそ』以来、ゴダールとミエヴィルが特権的な主題としてきた、二つの事象を繋ぐ助詞「と」の問題が、ここでは形而上学的な照明を当てられることとなった。二人で共同して作品を作り上げるという点で、ゴダールとドゥルーズは共通している。ドゥルーズもまた(反)精神科医であったフェリックス・ガタリと組んで、当時『アンチ・オイディプス』や『千のプラトー』といった書物を発表していたためである。

『二人の子供 フランス行ったり来たり』では、カミーユとアルノーという二人の子供が主人公となって、彼らの日常生活がカメラを固定したまま描かれている。子供たちは大人たちを「妖怪」と見なし、自分たちなりにそれを理解しようとして、リポーターであるゴダールに質問を投げかけたり、独自の世界解釈を手作りで拵えたりする。いわく「妖怪たちは多数派の掟に従う」「妖怪たちがお気に入りの伴侶とは、いずれも商品である」「妖怪たちは毎日、土のなかから這い出ては労働に出かける」……。

一九七七年から七八年にかけて製作されたこの六時間にわたるヴィデオ番組がもし興味深いとすれば、それはほぼ同じ時期に、かつてゴダールの同志であったゴランがカリフォルニアで不思議な双生児の少女たちを相手に、『ポトとカベンゴ』という作品を撮っているためである。貧しい移民の家に生まれ、絶え間なく続く両親からの干渉から身を守るため、自分たちにしか理解できない人工言語を考案した少女たちをめぐるこのドキュメンタリーは、大人に対する子供たちの抵抗を主題としている点で、図らずもかつての盟友の企てと重なり合うものを持っている。だがわたしには映画史の枠を越えて、このゴダールのヴィデオ作品をヘンリー・ダーガーの奇怪なSF小説やその挿絵と比較してみたい気がないわけでもない。ダーガーは近年、二十世紀アメリカの生んだアウトサイダー・アートの画家として評価が喧《かまびす》しいが、怪物的な大人たちの暴虐に耐えかねた子供たちが立ち上がり、両者の間に凄惨な戦闘が繰り返されるという長大な絵入り物語を生涯にわたって執筆し続けた芸術家であった。

さてここまでが、ジガ・ヴェルトフ集団解散後のゴダールとミエヴィルの歩みである。日本では接する機会がほとんどないに等しい作品ばかりなので、いささか叙述が長くなってしまったことをお許し願いたい。だがこれまで一般的に、ゴダールの冬眠時代と呼ばれてきたこの時期に、実は彼がミエヴィルから決定的ともいうべき示唆と助言を受けて、映画とヴィデオの双方においてこれだけの豊かな作品を残したことの意味は大きい。ミエヴィルはさらにそこに、共同監督あるいは脚本家・製作者として加わることとなった。このグルノーブルとロールでのソニマージュ時代に、ゴダールはまず女性たちにカメラを向け、やがてその対象は子供たちに転じた。その体験には決定的なものがあり、それが以後三十年以上にわたってゴダール作品の通奏低音となったことは、二〇一〇年の『ソシアリスム』において幼い子供たちが独自で選挙に立候補し、動物たちを招集して記者会見を開催するといった挿話を観るだけでも、充分に理解のできることである。

さて『二人の子供　フランス行ったり来たり』を撮りあげたゴダールは、ミエヴィルから思いがけない助言を与えられる。それは、そろそろ一般の商業映画の世界にカムバックしてはどうかという提案であった。

商業映画への回帰

一九七九年、いよいよゴダールは『勝手に逃げろ』を撮りあげ、みごとに商業映画界に復帰する。彼はそれを「第二の処女作」と呼んで憚《はばか》らない。そしてそれ以来、この原稿を執筆している二〇二二年の死の時点まで、年齢的にいって五十歳から九十二歳までの間、彼は途切れることなく作品を監督し続ける。長編フィルムの数だけでも二十本、短編やヴィデオまでを含めると夥しい数の作品がこうして発表される。そしてそのなかには四時間をゆうに越える大作、『映画史』四部作までが含まれている。ゴダールは一九六〇年代のように若さにまかせて驚異的な早撮りこそしなくなったが、これは計算すれば二年に一本の割で着実に長編を撮り続けているわけで、やはり相当なことではないだろうか。そこからは、中年以降の彼の仕事ぶりの安定と成熟とが強く窺われる。そしてそのすべての作品に何らかの意味でミエヴィルが関与していると考えるならば、人は改めて彼女の存在の重さに思い当たることだろう。もっともこの時期のゴダールの全作品にこと細かにつきあうだけの紙数は、本書には許されていない。それに関してはいずれ別個に中期ゴダール論を執筆することにして、ミエヴィルとの関係において重要と思われるいくつかのフィルムに絞って言及しておきたいと思う。

『勝手に逃げろ』は、ゴダールが少年時代を過ごしたスイスに帰還し、緑の森と高い青空の下にあることの悦びに溢れたフィルムである。またそれは同時に、彼が自分のありえぬ分身を主人公として物語ることの、いささかマゾヒスティックな嗜好を露にした最初のフィルムでもある。

主人公はポール・ゴダールという映像ディレクターで、別居中の妻子と月に一度会って食事をするという生活を送っている。彼は少しずつ脹《ふく》らんでいく娘の乳房に気掛かりを隠せず、母親に比べて父親が子供たちから引き離されているという事態に不公平を感じている。地元の中学校に呼ばれると、「映画とヴィデオはアベルとカインの関係である」と板書しながら講演をする。久しぶりにレストランで会った自分の娘に対しては、なぜか渡り鳥の移動と生態系の変化の話をし、途中で苛立つと、彼女にむかって洋服や下着を投げつけたり、子供じみた振舞いを見せる。

ポールにはドゥニーズという女友だちがいる。街中で鬱屈しているポールとは対照的に、ドゥニーズは自転車に乗って田園をスイスイと駆け抜け、日常生活における労働の位置について思念を廻らしている。彼女は田舎で豚の飼育をしている女性と対話する。この女性は豚にむかって尻を突き出し放尿をすることに、悦びと開放感を感じると告白する。一方、ポールは妻子と不機嫌な別れ方をした夜、イザベルという娼婦を買う。ちなみに彼女を演じているのは、その名も同名のイザベル・ユペールである。

このあたりでフィルムはイザベルを軸に回転し、彼女が他の客を取ったり、ヤクザに捕まって暴力を振るわれたりするさまを描く。客たちは金銭を通して彼女に性的な権力を振るうばかりか、思いつくままに言葉を復誦するように命令する。「娼婦も、タイピストも、銀行家も、誰だって一人では営業できない」「わたしのオッパイはみっともない」。顧客たちは卑小な倒錯に耽りながら、言説の反復をもって権力を確認する。だがイザベルは性行為の間中もいつも別のことを考えている。それが冷静な口調のもとにオフで流れることで、性交場面にはつねに微妙な距離化が施されることになる。娼婦のイザベルがこうした復誦を強いられているとき、街角では一人の女性が二人の男に暴力を受けている。彼女はどちらかの男を選べと命令され、そのたびに「わたしは選べない」と応えては激しく殴られている。彼女のあり方はイザベルの対極に位置している。

フィルムの結末部では、田舎に移住することを決意したドゥニーズのアパルトマンをイザベルが借りる契約をし、ポールは街角であっけなく車に轢《ひ》かれてしまう。そのかたわらを妻と娘が通り過ぎてゆくのだが、彼女たちはいささかもポールに関心を払おうとしない。

売春と自己出演

ジガ・ヴェルトフ集団の狂騒劇の後、しばしの沈黙を経て『勝手に逃げろ』に接した観客たちは、映画作家としてのゴダールが主題的にも文体的にも大きく変化したことに驚嘆の声をあげた。だが一九七〇年代中ごろの彼の試行錯誤をつぶさに眺めてみるならば、『勝手に逃げろ』はいささかも過去への断絶を宣言しているわけではなく、むしろ彼がそれに先立つ時期に手にした新しい主題、すなわち家族、子供、生態系、自然といった要素をより捻転させ、展開していった作品であることが理解できるはずだ。そこにはいささかも認識における非連続はなく、むしろ『パート2』や『うまくいってる?』で過激に提示されていた性と家族、権力と言説をめぐる政治の問題が、物語映画の形をとって新たに、より開放された空間のなかで展開されているのである。

売春という主題は、『女と男のいる舗道』で娼婦への転落物語を描いて以来、ゴダールがつねに拘泥してきたものであった。『彼女について私が知っている二、三の事柄』ではそれは、パリと呼ばれる資本主義下の大都市を語るさいの隠喩であり、『中国女』では労働と性の交錯点において論じられるべき符牒であった。『勝手に逃げろ』にあって売春はもはや外部の眼差しによって論じられることをやめ、イザベルという女性の内側から検討されるべき問題へと変化している。その意味で『女と男のいる舗道』のナナとこのイザベルとの距離をこそ、人は見つめなければならない。ナナにとっては心ならずも強いられた状況としての売春を、イザベルは主体的に生き抜くべき状況へと読み替えることで、性と権力をめぐる認識に到達するのだ。その認識は、次回作『パッション』(一九八二)で同じイザベル・ユペールが演じる役柄によって、より深化して問われることとなるだろう。

ポール・ゴダールを演じているのはジャック・デュトロンである。ゴダールはあえて彼に自分の姓を名乗らせ、『軽蔑』の結末以上にあっけない交通事故死を演じさせることで、みずからの分身の埋葬を企てているかのように思える。それが過去への訣別の意思表示であるのか、それとも自己嘲笑の表われであるかは、意見が分かれるところである。だがこの屈折した自己顕示がそれ以降のゴダール作品で繰り返し反復されることになることだけは、ここに記しておいてもいいだろう。『カルメンという名の女』(一九八三)でも『リア王』(一九八七)でも、ゴダールはちょっと頭のおかしい小父さんや教授として登場する。それが昂じて『右側に気をつけろ』(一九八七)では、本人がみずから『白痴』のムイシュキン公爵よろしくゴダール殿下として登場し、過去の罪悪を帳消しにしたければ一日でフィルムを完成して映画館に届けろとさる筋から命じられ、ドタバタ芝居に徹するし、『十二月の自画像』(一九九五)ではその題名通り、少年時代に遡《さかのぼ》ってみずからの映画への愛着を告白している。そしてこうした自作への出演と時を同じくするように、彼はミエヴィルのフィルムにも俳優として登場するようになる。『勝手に逃げろ』はこうして次第に高まってゆくゴダールの自己露出癖の、最初の徴候を示す作品として、きわめて興味深い。

不思議なことにゴダールはこの作品のタイトルバックにおいて、「監督」という一般的な表現を用いていない。その代わりにわれわれが目にするのは、「作曲　ジャン＝リュック・ゴダール」という表記である。そして共同脚本家としてジャン＝クロード・カリエールとアンヌ＝マリ・ミエヴィルの名前が、また共同編集者としてミエヴィルだけの名前が二度にわたって挙げられている。ブニュエルの座付き脚本家として一貫してヌーヴェル・ヴァーグを馬鹿にしてきたカリエールが、ここに絡んでいるのがまず面白いが、この共同脚本というのは、何を意味しているのだろうか。

先に『パート2』を発表した際、ゴダールが単独で自分の名前を監督名として記したとにミエヴィルが怒ったということを書いたが、『勝手に逃げろ』のタイトルバックであえて「監督」という表記が避けられているあたりにも、ミエヴィルのゴダールへの助言と示唆をめぐって、われわれは微妙な陰影を読み取ることができる。なるほど映画の演出において職業的な訓練を体験していないミエヴィルを「監督」としてクレジットすることは、ことが商業映画であるかぎり不自然かもしれない。ゴダールはその代償として自分は「作曲」したにすぎないと弁明し、イザベル・ユペール以下の俳優たちに演奏を託したと解釈することは不可能ではない。ゴダールが自分の分身を道化的に登場させ、彼に悲惨な結末を与えていることも、この作品を撮るにあたって決定的な影響を受けたミエヴィルに対する配慮と考えられなくはない。

だが「監督」という表現の忌避というこの事態は、別の角度からも解釈することができる。ゴダールは一九六八年の時点で、ヌーヴェル・ヴァーグの天才としてつとに伝説化されたみずからの名前を捨て去り、パリの街頭に立って16ミリカメラを廻すと、それをまったくの匿名の「フィルム・トラクト」（アジビラ映画）として工場や集会場で上映してみせたという体験を持っている。この体験が発展して、映画的にはズブの素人である活動家の若者たちと組み、ジガ・ヴェルトフ集団の名前の下に共同製作・監督を実践してきた。かつてロラン・バルトに『アルファヴィル』で声の出演を依頼したこともあるゴダールに、バルトが高らかに説いた「作者の死」という託宣が響いていなかったはずもない。久々に商業映画の世界に回帰するにあたってゴダールが「監督」という名前にもしいささかでも躊躇を示したとすれば、そこにはこうした体験の記憶が与《あずか》っていたのではないだろうか。自分はもはや『勝手にしやがれ』や『気狂いピエロ』を監督しているようには、この『勝手に逃げろ』を監督しているわけではないのだ。こうした思念がゴダールをして「作曲」という表記へと走らせたと考えることは、あながち根拠のない空想ではない。そしてこの曖昧な主体のあり方は、これまで律儀に踏襲されていた作家主義路線の英雄としてのゴダール像に、いくぶんかの訂正を要求することだろう。にもかかわらず世界中の映画ファンはゴダールの復活を悦び、彼が〈五月〉以来行なってきた試行錯誤を忘却するとともに、ミエヴィルの存在をあっけらかんと無視することになった。

もし『勝手に逃げろ』が家族と女性の自立の問題を扱う限りにおいて『パート2』のいささか判りやすい別ヴァージョンであるとすれば、『パッション』は社会のなかにあって労働と愛の快楽、メディアと映像を主題としているかぎりにおいて、『うまくいってる?』の一般ヴァージョンであると呼んでもいいかもしれない。『勝手に逃げろ』で思考する娼婦を演じたイザベル・ユペールが、ここでも孤軍奮闘を続けている。

『パッション』は（それを生真面目に論じる者が誰も言及しないのが不思議なのだが）信じられない馬鹿馬鹿しさを伴ったフィルムである。いつも曇り空の下にあるスイスの寒々とした村に、あるときポーランド人監督の率いる映画撮影隊が逗留し、大掛かりなセットを拵えて撮影を開始する。彼らはゴヤやベラスケス、レンブラントといった泰西名画の数々を実際の人間を用いて再現し、それを撮影してゆくのだが、いったいどのような構想と物語とをもった作品が意図されているのかは、最後まで明らかにされない。というより、誰も気にしない。実はこの作品はチリのラウール・ルイスがクロソウスキーに想を得て撮った、『盗難絵画の仮説』（一九七八、四方田犬彦『映画の領分』岩波書店、二〇二〇の分析を参照）にそっくりなのだが、それを口にする者ももちろんいない。唯一わかるのはそれが「パッション」という題名をもっていることだけだ。撮影は停滞し予算は超過する。怒った監督は俳優たちと喧嘩をする一方で、長逗留しているホテルの女主人と恋に陥る。

村には工場があって、労働者イザベルは無断で解雇される。彼女は同僚たちと語り合い、工場長と追いかけっこをしてやりあうが、処分撤回闘争をする気にもなれず、まだ一度も見たことのない映画の撮影現場を覗いてみたいと憧れている。彼女はまるで赤塚不二夫のマンガ『おそ松くん』に登場するチビ太のように、いつも一人で、勝ち目のない闘いに出かけて行っては負けて帰る。「労働は愛に発するのではなく、愛に向かうものよ」「仕事の身振りとセックスのそれが似ているように、労働と快楽は似ている」。イザベルは労働をめぐってこうした観念を抱きながら、映画監督に処女を与える。だが大作映画の撮影は中断され、村に集まった人々は四散する。イザベルも監督も家に帰ろうとする。ホテルの女主人だけは、帰る家を失って置去りにされる。

『パッション』は登場人物の全員がすべて挫折し、かくも豪華に設《しつら》えられた活人画の数々が無惨にも廃棄されてしまうという意味で、徒労そのものを物語としたフィルムである。だがここでもっぱら議論されているのは愛と労働、快楽と契約をめぐる二項対立をいかに乗り越えるかという問題である。かつて『6×2』のなかでゴダールは一人の熟練工の時計職人を取り上げ、彼が道楽で個人映画を撮るさいに見せる手つきが、時計修理のそれと寸分変わらないことを画像で示してみせた。にもかかわらずこの職人は映画製作からは金銭的収入を手に入れようとはけっしてしなかった。『パッション』ではこの時のインタヴューの体験に劇映画としての脹らみが与えられ、空想的社会主義者フーリエの教説にも通じる労働＝快楽説へのユートピア的接近が、イザベルの独言を通してなされている。同時にそれは、『うまくいってる?』においてゴダールとミエヴィルが構築しようとした、現代資本主義社会における労働と自己認識の乖離をめぐる批判の延長上にある試みでもある。にもかかわらずこのフィルムにおいても、ゴダールはミエヴィルの関与をどう表記していいかに戸惑いを見せている。タイトルバックには、監督と脚本としてゴダールの名前しかない。そして「セット撮影」と「助言」という項目にのみ、ミエヴィルの名前が記されている。このミエヴィルの地位の曖昧さは一九八〇年代を通してゴダール作品に伴うことになり、やがて彼女にゴダールとは別個の映画作品を監督させる契機を与えることになる。

大胆な自己パロディ

復帰後第三作の長編に相当する『カルメンという名の女』（一九八三）では、『パッション』とは逆にミエヴィルの名が脚本家として堂々と掲げられている。ここで語られているのは、ひとたびカルメンという神話的な魔性の女《ファム・ファタル》の名前を与えられ、その物語を生きることを要請された女性（マルーシュカ・デートメルス）の、逸脱と挫折の経緯である。だが興味深いことに、この作品においてこそゴダールは自由奔放にみずからの旧作を模倣し、カルメンの物語はオットー・プレミンジャーの同名のフィルムへの愛情に由来するものだと公言しているのだ。思い出してみよう。プレミンジャーとはそもそも、ゴダールにジーン・セバーグの魅力を教えたハリウッドの監督ではなかったのか。

繊細さと激情を兼ね備えた一人の青年が、あるとき謎めいた女に誘惑され、すべてを捨ててパリを逐電し、無人の海岸で甘美な日々を過ごす。女はしばしば青年の名前を間違って呼び、そのたびに彼は神経質にそれを訂正する。やがて女は仲間たちと銀行強盗を企み、青年との間には破局が訪れる。女は警官によって射殺され、最後に息も絶え絶えに質問をする。傍らにいたボーイが「何も知りません」と、そっけなく答える。これが『カルメンという名の女』の物語の概要である。誰が観てもそれは『勝手にしやがれ』と『気狂いピエロ』を混ぜこぜにしたものだと気付くだろう。おまけにこのフィルムには冒頭から、精神病院に入院中のジャン小父さんなる道化的人物が登場して、毛沢東を引用して今日の消費社会を批判したかと思うと、全世界の映画界への復讐を宣言したりする。演じているのはもちろんゴダール本人だ。

もうここまでくればこの作品が、ゴダールの一九六〇年代をめぐる自己パロディであることは瞭然としている。そしてその脚本家としてあえてミエヴィルの名前が掲げられていることを、わたしはどう受け取ってよいのか当惑している。推測するに、ミエヴィルが当初からこうしたドタバタを書き上げたとはまず考えられない。彼女が執筆したカルメンの物語を叩き台として、ゴダールがそれに徹底した演出を施し、原形を留めぬまでに変形してしまったと見なすべきだろう。というのもこの作品はそれまでのゴダールの作品系列のなかで、ミエヴィルの直接的影響がもっとも少ないように見えるフィルムであるからだ。

ミエヴィル、撮り出す

一九八三年、ミエヴィルは35ミリを用いて最初のフィルム『どうしてわたしに愛せようか（わたしが知っている男は、わたしを求めない）』を撮り上げる。残念ながら筆者は未見なので、この十三分の短編について語ることができない。だがもし一つだけ指摘をしておくならば、それはフランシス・ロイセールがカメラを担当していることである。ロイセール？　記憶のいい読者ならばすぐにピンとくるであろう。ミエヴィルがゴダールと組む前に恋人として交際していたスイスの映画監督のことだ。それを知ってからもう一度作品の題名に戻ってみると、何やら訳ありの事情が横たわっているのではないかと思えなくはない。

かつての小川徹ばりにここで強引に裏目読みをしてみると、ゴダールはこの当時、ミリアム・ルーセルという十九歳のバレエの練習生に夢中になっていた。ルーセルは『パッション』でドラクロワの「コンスタンチノープルへの十字軍入城」の撮影の際にエキストラの代役として周辺にいた女優で、工場長ミシェルの聾啞の姪という設定である。この聾啞という設定に隠喩的な意味はない。科白の準備の時間がなかったというだけのことだろう。さてゴダールはただちに彼女に霊感を感じると、彼女を起用して精神分析学者フロイトとその患者ドラの物語を撮りたいと提案し、やがてそれは『わたしの人生のなかの男』という、父と娘の物語へと変わった。ゴダールはそのためには実生活でも同じ関係を生きなければいけないと提唱して、彼女を当惑させている。ルーセル本人が後に語るところによると、彼が『カルメンという名の女』に彼女を用いたのは、二人の関係が途切れてしまわないための配慮だったという。ゴダールは『勝手に逃げろ』の配収でパリのサンジェルマン・デプレ近くに小さな隠れ家のアパルトマンを持っており、そこにルーセルを呼びよせると、ロメールの『海辺のポーリーヌ』を手始めに、いつものようにさっそく映画教育を開始した。二人はニューヨーク旅行までともに行なった。もっとも二人の関係はただちにミエヴィルの察知するところとなり、両者の間には殺意に近い雰囲気が漂ったようである。アントワーヌ・ド・ベックの『ゴダール伝』（グラッセ、二〇一一）のなかで、ルーセルはインタヴューに応じている。「彼はわたしの家の戸口のところに何時間も佇《たたず》んでいました。いっしょに寝たこともありましたが、わたしに触れることはありませんでした」。

『カルメンという名の女』でヴァイオリンを弾いているルーセルの顔を見ると、眉と眼下の隈の交差が作り出す険しい斜線がどこかしら拡げられた鋏を思い出させ、これはカリーナやヴィアゼムスキーの系譜上にある、ゴダール好みの顔だとただちに判明する。というより、読者の罵倒を覚悟していえば、わたしから見れば歴代のゴダール・ギャ

『カルメンという名の女』のミリアム・ルーセルは、典型的なゴダール顔。

ルズのなかでも飛び抜けて美少女だという気がする。現に彼女がゴダールのマドンナになりえた可能性もなかったわけではない。ゴダールの初期文章を集めたⅠに収録されている「フォト・ロマン＝バイオグラフィー」（一九八五年作成）を眺めてみると、一頁の中にカリーナ、ヴィアゼムスキーと並んでルーセルの写真が同じ扱いで掲載され、「彼女たちは映画における役を演じた」とキャプションが添えられている。だがこの浮気が回避されたのは、ひとえにミエヴィルの思慮と忍耐のなせるわざであったのだろう。この三人の写真の次の頁には、険しい表情で何かを訴えているミエヴィルの写真が、それこそ一頁大に拡大されて掲載されており、「彼女は人生における役を演じた」という添え書きが記されている。こちらの方が一段上だというわけである。ふたたびルーセルの談話に戻ると、彼女はゴダールとともに試写室でモーリス・ピアラの『愛の記念に』（一九八三）で出演するサンドリーヌ・ボネールを観たとき、負けを自覚した。ゴダールは自分の父親として留まったが、自分と彼とではボネールの地点にまでは到達できないと認めたと語っている。しかしゴダールは怒り、「お前はソフィー・マルソーにでもなりたいのか！」と彼女を怒鳴りつけた。

女たちの物語

『こんにちは、マリア』はゴダールのあまたの作品のなかで、もっとも宇宙論的な拡がりをもったものである。彼は女性に宿る神秘を媒介として、人間と宇宙との対応関係を暗示してみせた。新約聖書に記された物語の大胆な再解釈は、これまで家族や労働といった地上における諸問題に拘泥していた彼を、もはや隠喩でも表象でもない女性の身体そのものへの探求へと向かわせることとなった。

マリー（ルーセル）はガソリンスタンドの娘で、学校ではバスケットの練習に余念がない。ジョゼフはホンダに乗るタクシー運転手。あるときジョゼフは天使ガブリエルを乗せたまま、ガソリンスタンドに停車する。マリーが対応すると、ガブリエルは即座に受胎を告知する。まだ男性経験のないマリーは大慌てで医者に相談し、ジョゼフは戸惑い悩む。その後マリーはシーツに包《くる》まって、繭のように寝室に閉じこもり、神を呪ってみたり、脹らんでゆく乳房を憎んでヒステリー的な痙攣《けいれん》に陥る。だがあるとき彼女の上に大いなる恩寵が訪れ、彼女は歓喜のうちに分娩する。やがて少年へと成長した赤ん坊はマリーの青いスカートのなかに首を潜り込ませると、不思議そうに彼女の性器を触ってみたりする。「わたしは聖処女、やむをえずだけどね」と、マリーは独り言をいう。

『こんにちは、マリア』はキリスト教を侮辱しているという理由から、フランスでは上映阻止を訴える動きがあった。だがバッハの音楽を基調とし、スイスの美しい田園風景を背後に物語られるこの劇には瀆神《とくしん》的な気配はいささかもなく、逆にミリアム・ルーセルという女優の唇や乳房、腹部、陰毛といった身体の物質的な存在感がみごとに描き出され、それが男たちの口にする観念的な言辞の連鎖を飛び越えて、コスモロジカルな至福へと直接的に連結している。いうまでもなくそこにミエヴィルからの大きな示唆があったことは、瞭然としている。だが同時にこのフィルムを可能にしたもうひとつの力が、先に述べたようにルーセルを実の娘の代替物であるかのように見つめるゴダールの眼差しであったことも、否定できない事実である。彼はひょっとしてミエヴィルの連れ子に求めて得られなかった、娘的なるものの実現を、ルーセルに投影していたのではないだろうか。

ともあれ一九八四年、ゴダールがこの長編『こんにちは、マリア』を撮っている最中、ミエヴィルは別個にスタッフを組んで、その前編に相当する『マリーの本』という短編を監督した。彼女にとって二番目の監督作品であるこの二十七分の作品は、ゴダールのものとカップリングで、『ゴダールのマリア』として公開上映された。そしてこの『マリーの本』を契機として、ミエヴィルは単なるゴダールの聡明な助言者の地位を脱し、自立した映画監督としての道を歩みだすようになる。

さてここからはゴダールを少し離れて、ミエヴィルの個人の歩みを辿ってみることにしよう。彼女が監督した映像作品を、以下に書き出してみる（＊はゴダールとの共同監督作品）。

一九八五　　『マリーの本』（35ミリ）
一九八六　＊『ソフト＆ハード』（二人の友人による、真面目な問題についてのくだけた会話）（ヴィデオ）
一九八八　　『火星と金星』（35ミリ）
一九八九　＊『ダルティ報告〈ゴダール伝〉』（ヴィデオ）
　　　　　　『私の愛するテーマ』（35ミリ）
一九九〇　＊『芸術の幼年期〈ゴダール伝〉』（35ミリ）
一九九一　＊『トマス・ヴァンガイへの手紙』（ヴィデオ）
一九九三　＊『パリジエンヌ・ピープル』（35ミリ）
一九九四　　『ルーは否《ノン》をいわず』（35ミリ）
一九九五　＊『フランス映画の2×50年』（ヴィデオ）
一九九七　　『私たちはみんな、まだここにいる』（35ミリ）
一九九九　＊『古い場所』（二十世紀の終わりにおける芸術について）（ヴィデオ）
二〇〇〇　　『和解の後で』（邦題は『そして愛に至る』）（35ミリ）
二〇〇二　＊『自由と祖国〈ゴダール伝〉』（ヴィデオ）
二〇〇四　＊『われらの音楽』（35ミリ、ただし芸術監督）
二〇〇六　＊『アマチュア・レポート』（ヴィデオ、ただし映像のみ）

ちなみに『芸術の幼年期』はユニセフに依頼されて撮られた、子供の人権を呼びかける内容のものであり、『トマス・ヴァンガイへの手紙』とは、インドネシアにおいてスハルト政権に反対し、二十年以上の懲役刑を科せられた芸術家を支援し、その悲惨を全世界に訴えかける内容をもっている。『ルーは否《ノン》をいわず』はルー・ザロメとその若き男友だちであったリルケの間の往復書簡に想を得て製作された。こうして書き出してみると、家族の映像をめぐる批判から出発したミエヴィルの映像作家としての歩みが、年齢を重ねるごとにますます自由で軽快なものとなり、未知なる領域にむかって拡げられていったことが判る。その全部を論じつくすことは筆者の能力を超えているため、ここではとりわけ重要な作品と思われる、一篇の短編と三篇の長編フィルムについて説明しておきたい。

『マリーの本』の舞台は現在のスイスである。湖に面した美しいアパートで、夫婦が別居の是非をめぐっていい争いをしている。妻は家事と子育てに追いまくられてきたこの十年に飽きあきしており、もっと社会のなかで自分を拡げてみたいという強い要求を感じている。夫は妻の要求を理解できず、冷淡な返事しかしない。すると朝食の席に着いていた十歳のマリーが突然二人を遮り、皿に二分された林檎を人間の両眼に見立て、果物ナイフを片手に外科手術の真似を始める。彼女はこの手術の危険と回復の困難を、さながらTVリポーターのように説明してみせる。結局、妻は別居を宣言し、夫はしばらくホテル住まいをすることとなる。傑作なのは二人の争いの間中、マリーがTVを何気なく眺めていることであり、そこにはゴダールが二十年ほど前に撮った『軽蔑』のバルドーの顔が映っている。

その後しばらく経って、マリーは一人で列車に乗り、ジュネーヴに住むようになった父親のもとに遊びに行く。二人は数学の勉強をし、林檎を齧りあう。母親のいる家に戻ったマリーは、再生装置のヴォリュームいっぱいにマーラーの交響曲をかけ、歓喜のあまりに部屋中を駆け回って踊る。青いセーターとジーンズの格好で両手を拡げ、ベランダに飛び出たかと思うとクッションに抱きついたり、でんぐり返ったりする。彼女は疲れて床に倒れると、母親にむかっていう。「わたし、前と違うと思うの」「変化というものはないわ。別のものになるのよ。動かないものって、死んでるのと同じでしょ」。母親はこうしてマリーに話しかけ、Marieという言葉を弄くるとaimer（愛する）という言葉になると説明する。さらに時間が経過し夫婦は和解する。父親が家に戻ってくる。マリーは一人で朝食の席に着き、演奏会の指揮者の真似をしながらゆで卵をナイフで切り取り、ヨーロッパ共同体なんて早くなくさなければなど と、大人びた調子でいう。

『マリーの本』はそのままゴダールの『こんにちは、マリア』に接続するように作られている。具体的には言及されてはいないが、それは少女の初潮をめぐる美しい物語であり、やがて彼女が懐妊し出産するという大きな物語の雛形という形をとっている。未知のものを待ちうけ受け入れる女性の身体と、そこから生じる歓喜というのが、この短編の主題である。だが同時にそれは、ゴダールの『勝手に逃げろ』の物語をめぐる前編でもあり、かくもペシミスティックに終ったこのフィルムを、ミエヴィルの立場からより肯定的に撮り直したということでもある。娘から隔離された父親の孤独が、『マリーの本』では補償されているのだ。

『私の愛するテーマ』は『マリーの本』から四年後に発表された、ミエヴィルにとっての長編である。二世代の女性の間の親密な交歓を描いた前作に対し、ここでは祖母、母、娘と、三世代にわたる女性たちが登場している。娘はオペラ歌手として身を立てようと努力している。母親は翻訳家で、過去に離婚の体験をもっている。そして老いて死を迎えようとしている祖母。彼女たちはそれぞれ自分の信条に沿って、誰にも気兼ねしない単身生活を送っている。このフィルムのなかでは男たちはごくわずかしか登場せず、中心となっているのは女どうしのお喋りであり、歌であり、生き方をめぐる告白である。祖母が死に、娘が妊娠中絶をする。やがて彼女が次に出産することを除けば、事件らしい事件が起きるわけではない。自宅の白い壁をほとんど区別のつかない淡い空色に塗り替えてゆく娘の手つき。

祖母の葬儀が執り行なわれている教会の傍らを、硬い足音を響かせながら母親が険しい顔で通り過ぎてゆく。ただ一人取り残された祖父は、燃え立つような緑の草花を窓の向こうに眺めながら、もはや自分の人生が死への猶予にすぎないことを嘆く。自動車のフロントガラスを通して雲間に覗く陽光が見え、そこに娘の姿が天上的な雰囲気のもとに重ね焼きされる。ヴィデオ画面のなかの胎児の映像がそれに続く。

『私の愛するテーマ』では全編にわたってマティスの絵画が見え隠れし、色彩の基調を決めている。マーラーの音楽が恩寵であるかのように使用されているのは、『マリーの本』のときと同じである。この作品を、同じ家族の肖像を描いたゴダールの『パート2』と比較してみよう。フィルムの雰囲気の違いは明らかである。それはこの二人の映像作家が、家族に内在する政治こそ当面の探究の課題であると息せき切って問いかけた一九七〇年代中ごろから十数年が経過し、より緩やかな眼差しのもとに、宇宙論的な拡がりのなかで母の系譜を問い直そうという姿勢へと移行していったことを意味している。

理解しえぬ男と女

一九九〇年代も後半に差し掛かったとき、ミエヴィルの世界に微妙な転調が生じる。彼女は相変わらずゴダールと組んで、アムネスティ・インターナショナルやユネスコのために人権問題をめぐる短編を撮り、考案されて一世紀となる映画なるシステムを文化史的に再検証しようとするドキュメンタリーを手掛けたりもするが、その合間を縫って長編の準備に入る。ここで主題とされるのは、高齢に差し掛かった夫婦の間の齟齬の解決と和解である。

こうして一九九七年と二〇〇〇年に、相次いで二本の長編劇映画がミエヴィルの手で撮られることになった。興味深いのは、いずれの作品にもゴダール本人が俳優として出演していることだ。『カルメンという名の女』以来、ゴダールは機会あるたびに自作のなかで道化じみた「小父さん」を演じてきたが、六十代も後半にさしかかって大作『映画史』の仕上げと時を同じくして、とうとうシリアスな劇映画に素顔を晒すことになったのである。

『私たちはみんな、まだここにいる』は三部からなるフィルムである。第一部ではプラトンの対話篇『ゴルギアス』をもとに、古代ギリシャのソフィストであるゴルギアスに対し、虚構の人物であるカルリクレスが議論を仕掛ける。なぜ強者が弱者を支配することが正当化されうるのか。もっともギリシャのポリスの政治を論じる原作は換骨奪胎され、舞台が現在に移し替えられたばかりか、男女のカップルの間での支配・被支配の関係に置き換えられている。二人の哲人はオーロール・クレマンとベルナデット・ラフォンという女優によって演じられている。ちなみにラフォンは一九七〇年代にトリュフォーの『私のように美しい娘』でドタバタを演じていて、わたしは彼女がけっこう好きなのだが、もともとはゴダールが『勝手にしやがれ』を監督するとき、ジーン・セバーグの前にヒロイン候補として挙げていた女優であった。

第二部では逆に、一人の男優が誰もいない舞台に立って、ハンナ・アーレントの『全体主義の起源』の朗読を稽古している光景が三十分にわたって続く。演じているのはゴダールである。「始まりが実現されるために人間は創造されたと、聖アウグスティヌスはいう。始まりは個々の新しい誕生によって保証されている。始まりとは実は、個々の人間のことなのだ」。孤独と孤立の違いを説くゴダールの朗読は訥々《とつとつ》とし、ときに躊躇《ためら》いがちであるが、これまで数多くのフィルムで彼の独白を聴かされてきた者にとっては、さながらゴダールとアーレントが渾然と融合しあったかのような印象を受けるだろう。

第三部ではクレマンとゴダールが年老いたカップルを演じている。彼らは旅行の計画を立てたり、愛と労働をめぐって話し合いを続ける。演技はほとんどなく、対話にも芝居がかったところはない。クレマンは行き摺りの男に身を任せたことを語り、ゴダールはクレマンがいかに自分を憎んでいるかを声低く語る。第一部で論じられた強者支配への異議申し立てと、第二部での孤独が、第三部では現実の状況として重ね焼きされて描かれている。

アラン・ベルガラによるインタヴューによると、ゴダールはもともとこのフィルムに出演する気持ちはなく、ただクランクインの初日に予定されていた俳優が降板してしまったため、急遽代役を務めただけだという（Ⅲ、七一頁）。自作に出て思いつくままに道化を演じるのではなく、気心の知れた相手とはいえ他人の作品のなかで科白を与えられ演技をするというのは、さすがのゴダールといえども大変だったようである。いきなりの代役で充分に稽古の期間がなく、科白を憶えるのが一苦労であったと溢《こぼ》している。

もっとも本来が男性しかいなかった古代ギリシャの哲学者の対話をジェンダー的に逆転し、返す刀でアーレントを男性ゴダールに朗読させ、最後に両者の統合を行うというミエヴィルの意図には興味深いものがある。ストローブとユイレもしばしば古典テクストを現代の状況のなかへと移行することで新たな意味の生産に努めてきたし、高踏的なマラルメの象徴詩を移民労働者に朗読させるという行為を通して、言語と文化における位階を浮彫りにしてきたからである。ミエヴィルのジェンダー転倒の実験も、この系譜の上に立って理解することが不可能ではない。だが第三部の陰鬱で不毛な雰囲気は、期待していたはずの弁証法的統合の困難を暗示している。処女マリアを通してかくも宇宙論的な歓喜に到達しえたゴダールとミエヴィルにして、現実における男女のヘゲモニーをめぐってしかるべき調停に達することができなかったことを、このフィルムの結末部は告げている。

涙するゴダール

『和解の後で』（邦題『そして愛に至る』）が撮られたのは、この『私たちはみんな、まだここにいる』の第三部での停滞を再検討するためであったと考えられる。

このフィルムの短くないプロローグではミエヴィルの日常生活が、さながらホームヴィデオであるかのように紹介される。孫たちから「ミニー」と呼びかけられているミエヴィル。『私たちは……』を撮影した、親戚の貸家を訪れ、思い出を語るミエヴィル。作業机に向かい、電話でゴダールと次回作の予算について相談するミエヴィル。観客はいつまで経っても本編が始まらないことに苛立ちを感じ出すが、やがてこの導入部がミエヴィルにおける自画像の試みであることを理解する。「語り手を信じてはいけない。ただ物語だけを信じること」と彼女は宣言して、本編に移る。

物語の中心をなすのはミエヴィル演じるところの名もなき女性と、その連れ合いであるロベール（ゴダール）である。彼らは日常生活のささいな側面において齟齬を感じ、しばしば怒りと諦念に襲われている。主人公の女性はロベールのもとを去り、アルチュールという別の男性と接吻する。ロベールもまた新たに登場した女性カトスの魅力に抗しきれない。だが夫婦は再会し、もう一度話し合う。ロベールの言葉に主人公は烈しく怒り、その怒りを見てロベールは思わず涙を流す。

「ぼくたちはもうお互いから逃げることはできないんだよ」

「いいの、もういわないで。他所《よそ》の人、他所の人の孤独、他所の人との違い。最後までいつもこんな風に続くの？」

こうして居心地の悪い和解が取り結ばれたところで、フィルムは幕を閉じる。

『和解の後で』はゴダールの『愛の世紀』と時を前後して発表され、日本ではカップリングで配給公開された。この作品で注目すべきなのは、ついに齢《よわい》を重ねたミエヴィルがスクリーンに素顔を晒したという事実である。いや、そればかりではない。彼女は物語のなかで、ゴダールとともに解体寸前のカップルを演じてみせたのだ。俳優としてのゴダールは、今回は代役ではなく充分に準備ができたせいもあって、インタヴューのなかで映画出演は一種の気晴らしであったと語っている(『リベラシオン』二〇〇〇年十二月二十七日のインタヴュー)。『愛の世紀』の製作に支障が生じ、撮影が滞っている時期、「自分に帰せられている名前を離れたところでゲームの一翼を担うこと」は好ましいことだったというわけである。

だがそれにしても、ゴダールがさめざめと涙するアップの画面は、それまでのゴダール・ファンを驚嘆させるのに充分であったようだ。正直にいってわたしにしたところで、このフィルムを初めて観たとき、いくら演技であるとはいえ、それがただちに信じられなかったことを告白しておきたい。かつて黒眼鏡を離さず、会う人ごとに攻撃的警句を浴びせかけていたゴダールが、こともあろうに自分の至らなさを反省して落涙する老人を演じるとは! 奇抜な題名と発言、斬新な文体と警句で四十年にわたって世界中の観客たちを当惑させ挑発してきたゴダールは、メロドラマすれすれの演技を通して、またもやわれわれに謎を仕掛けてきたのだ。それがミエヴィルとゴダールの三十年にわたる共同作業の一つの頂点となったことは、ここに言葉を重ねるまでもないだろう。

巨大な映画史のなかで

それでは一九九〇年代におけるミエヴィルのこのような試みに対し、ゴダールのそれはどのように対応しているだろうか。

ゴダールは一九八八年に、その名も『映画史』と題するヴィデオ作品に取り掛かり、二十世紀が終わろうとする十年後の九八年にそれを完成させた。そこでは世界のあまたのフィルムが批評的に点検された上で、改めて映画がこの一世紀ではたした役割が大胆に問われている。四時間をゆうに超えるこの大作には何百という世界中のフィルムと書物の断片がふんだんに引用され、音と映像をめぐる夥しい数の問題提起がそれを通してなされている。また全編にわたってゴダール本人の声が流れ、その警句が観る者を刺激してやまない。「映画とは芸術でも技術でもなく、むしろ神秘だ」「映像は復活のときにこそ再来するであろう」「映画は燃えあがるべきだ。ただし内なる光によって」。宝石箱を覆したかのような煌《きらめ》きをもったこのヴィデオを通して体験されるのは、知的にして魔術的な音と映像の洪水である。

ミエヴィルの存在が強く意識されるのは、この『映画史』の結末部である第四部である。その前半、「宇宙の支配」と名付けられた二十七分の部分では、冒頭にカミーユ・クローデルやルー・ザロメといった、十九世紀から二十世紀にかけての女性芸術家や知識人の肖像が次々と登場し、しばらくした後でミエヴィルのそれが画面に浮かび上がってくる。そこには「ひとつの新しい波《ヌーヴェルヴァーグ》」という字幕が添えられている。さらにこの結末部の後半の三十四分、「御徴《みしるし》はわれらの裡《うち》に」Les Signes parmi nous と題された部分は、アンヌ＝マリ・ミエヴィルと自分とに献げられている。そこでは『巴里のアメリカ人』から『愛のコリーダ』まで、愛を表象する映像が列挙され、メアリー・ピックフォードからアンナ・カリーナまで歴代の銀幕のアイドルが登場し、ゴダールみずからの声で女性の肉体の輝きが讃美される。だが同時にアウシュヴィッツへと連行されるユダヤ少年の映像から『イワン雷帝』での虐殺場面、『ここよそ』でのパレスチナの解放戦士《フェダイーン》の映像までが並べられ、「広島、レニングラード、サラエヴォできみは何も見ていなかった」と字幕が流れる。さらに追い討ちをかけるように、「悲惨を想像せよ」という声が流れる。かと思うと突然に無声映画が開始され、ある村に世界の終わりを告げる行商人が到来したが、追放されてしまったという寓話が語られる。行商人とは映画のことだと、ゴダールは最後に種明かしをする。ランボーからパウル・ツェランまで、モーリス・ブランショからエミリー・ディキンソンまで、夥しい書物の引用が朗読され、やがて音と映像は緩やかに失速し、最後に有名な「コールリッジの花」の挿話で幕を閉じる。

「コールリッジの花」とは、ある男が天国に行って花を摘んだ夢を見たが、目覚めてみると掌に花が握られていたという、イギリス・ロマン派の詩人の体験のことである。ゴダールがコールリッジの作品に親しんでいたとはまず考えられないので、これはおそらく、いつもながらにボルヘスからの孫引きであろう。さてその夢見た男とは実は自分だったのだと告白するゴダールの声をもって、結末部は静かな終わりを迎え、『映画史』はさながら地獄から煉獄を経て天国に達したダンテのように、みずからの長い旅程に終止符を打つ。

半世紀に及ぶみずからの映画的、あるいは映画史的探究を閉じるにあたって、ゴダールはこうしてつねにミエヴィルに眼差しを向ける。彼女は彫刻においてカミーユ・クローデルが、哲学においてルー・ザロメが、ロダンやニーチエにとって決定的な意味をもっていたように、映画作家であるゴダールに不断の霊感を与えてきたのだった。そしてそれこそが「ヌーヴェル・ヴァーグ」の立役者であったゴダールにとって、「ひとつのヌーヴェル・ヴァーグ」であった。

『映画史』の結末部で提示されたこうした主張は、ゴダールがミエヴィルとともに続けて共同監督した『古い場所』(一九九九)において、さらに明確に繰り返されることとなる。そこでは彼ら二人がスタジオでヴィデオ画面を並んで見つめている映像と、オフで映し出された映像をめぐる討議と註釈の声とが組み合わされている。オーソン・ウェルズの『偉大なるアンバーソン家の人々』で主人公がみずからの死の到来を待ちうけ物思いに耽るショットに始まり、二十世紀の芸術がいかに死を表象してきたか、さまざまな例がモンタージュされる。もし芸術に起源があるとすれば、それは何かに抵抗するものであるはずだ。抵抗がまず起源にあるのだと、ミエヴィルの声が流れる。こう説明してみると『古い場所』は『映画史』の縮小版のように思えてくるが、重要なのはこの作品において『私たちはみんな、まだここにいる』に至るまでの過去のミエヴィルの少なからぬ映像作品が引用され、そこに註釈の言葉が加えられていることだろう。ニューヨーク近代美術館の依頼によって製作されたこの作品は、二十世紀芸術の意義を問うというきわめて大きな主題を取り上げると宣言しつつ、実のところきわめて身近で親密な映像の再検討を通して、それを実現させているのである。『映画史』結末部では先に述べたように、二十世紀の芸術家としてのミエヴィルという題目が掲げられていた。『古い場所』はその宣言の実現にほかならない。

ゴダールの返答

ではミエヴィルの『和解の後で』に対し、ゴダールはどのように応えているのだろうか。それを如実に示しているのが、半年後の二〇〇一年に発表された『愛の世紀』である。

シモーヌ・ヴェイユに献げるカンタータを作曲しようと夢見る青年エドガールが、ブルターニュ半島のとある村を訪れる。目的はドイツ占領下のフランスでの抵抗運動とカトリシズムとの関係の調査である。彼は自由フランス軍に参加して戦った老人の談話を取ろうと試みるが、その直前にハリウッドのスピバーグ社という映画会社が老人の物語を映画にしようと触手を伸ばしている。そこへ赤いセーターと黄色いコートの孫娘が登場し、ハリウッドの手先を追い出す。彼女はブレッソンの著作を手に取ると、真の監督とは他人を監督するのではなく、みずからをこそ監督するものだと朗読する。また聖アウグスティヌスを引用して、愛の基準とは基準を超えて愛することだと説く。エドガールは空手でパリに戻る。

それから二年が経過し、エドガールは愛をめぐる四つの主題、すなわち出会い、肉体の愛、別離、再会を三世代三組のカップルが演じる物語を描こうと腐心している。だがそれがオペラになるのか、映画か、演劇かは、未定である。画廊や映画会社を廻るうちに、彼は名も知れぬある女性と知り合いになる。彼女は三歳の娘を連れて恋人と別れた直後だ（このあたりはなんだか、ゴダールとミエヴィルの三十年前の出会いに似ていなくもない）。エドガールは彼女が二年前、ブルターニュの村で出会った老人の孫娘だと知る。彼女は死んだ祖父からの遺品だといって、彼に『カッサンドラ』という書物を渡す。予言の才に恵まれたが、神々の呪いによって誰からも信じてもらえず狂気のうちに消えた、囚われの王女の物語である。

ちなみにこの書物は過去に一度、ゴダールのフィルムに登場している。『愛の世紀』に先立つ三十六年前、『気狂いピエロ』の終わりごろ、訣別を告げるマリアンヌに向かって失意のフェルディナンがおずおずと差出し、相手にもされず引っ込めてしまうのが、この小説なのだ。『愛の世紀』でもこの『カッサンドラ』は、報いられない愛を示す記号と化している。この孫娘は「いかなる思考も崩れゆこうとする微笑を思い出させる」と謎めいた言葉を残しながら、顔も定かでないままにエドガーの前から消え去ってゆくのだから。

ゴダールはこの物語の前半をデジタル映像による鮮やかなカラーで、後半をブレッソンの『スリ』やメルヴィルのノワール物を想起させるモノクロで撮影し、しかも語りの順序を入れ替えてしまった。実際のフィルムでは前半に雨に濡れた舗道や深夜のパリの場面が続き、しかも無人の操車場や抵抗記念碑、強奪された絵画を無造作に扱う画廊といった光景が続くことで、あたかも現代のパリをドイツ占領下のそれであるかのように描き出した。

逆に後半では色彩感に溢れたブルターニュの光景が映し出され、孫娘が宣言する「国家の尊厳は愛の崇高の対極にある」という言葉が全体を基調づけることとなった。国家は世界の全体に達することができるのか。今日の若者はかつての世代のように愛に陥ることができるのか。人は今どきの映画のように、恋人を次々と取り替えることができるのか。『愛の世紀』はこうした問いを投げかけながら、さながらプルーストの小説のように円環的な話法のなかで、一人の女性の消滅と主人公の茫然自失を描いてみせる。おそらくそれはゴダールが初めて愛という観念に真正面から向き合ったフィルムであり、その色彩の美しさにはかつての『気狂いピエロ』を凌駕するところがないわけでもない。そしてこの『愛の世紀』こそ、ミエヴィルの『和解の後で』に対する回答であり、日本風にいうならば反歌であると見なすことができる。どこまでも内面へと閉じてゆき、親密さのなかで真剣にして困難な対話を試みるカップルを描くミエヴィルに対し、遠心力に促されるまま、相手の消滅した後の幻影のなかに立ち尽くすゴダールが、みごとに対応しているのだ。

理想的な同伴者

さてゴダールとミエヴィルの映画人としての共同作業について、われわれはその四十年に及ぶ持続を眺めてきた。ずいぶん分量のある記述になってしまったとわれながら反省しないわけでもないが、実は要所だけを押さえ、他は思い切って割愛して論じてみて、それでもここまでの長さになってしまったのだということを、読者にはご理解いただきたいと思う。この二人がカップルとして生きてきた時間は、カリーナとヴィアゼムスキーがゴダールとともに過ごした時間の合計の、何と六倍の長さをもっている。そしてそれは二〇二二年にゴダールが逝去する時まで進行中であり、未来のゴダール研究家はそこに「運命的」という形容詞を与えることであろう。

最初、ミエヴィルはゴダールの批判者として、放擲されたフィルムの再編集者として登場した。次に彼女は彼に、家族と子供、ジェンダーと労働という未知の主題を提示する者として、その新しい創作活動に決定的な助言を与えた。やがて彼女はみずからもフィルムを監督するようになると、ゴダールを俳優として起用し、ついにスクリーンの上で彼に落涙まで演技させるにいたった。現在、彼らはときに共作こそすれ、基本的には自分独自の世界で創造の径を歩んでいる。

だがいずれの作品にもかつての共作時代に受けた影響の痕跡は強く残されており、というより二人は時間を経過するにしたがって、ますます深い次元において互いを批判しまた肯定しあって現在にいたっているということができる。とはいえ世にゴダール研究者は多いが、その多くはミエヴィルの存在と貢献を無視してかかっており、そこには（ミエヴィルがかつて無視した、アメリカ・フェミニストの間での流行用語を用いるならば）女性の芸術活動をめぐるテクスチュアル・ハラスメントに似た状況が生じているといえなくもない。わたしはかつて魯迅の伝記を執筆したときに、彼の妻である朱安に対し、従来の魯迅学者たちのほとんどが挙《こぞ》って無視をしているという状況に疑問を感じたことがあった。「ドゥルーズ＝ガタリ」と書く者はいても、ゴダールの同伴者であるミエヴィルをガタリと対等な位置で論じようとする者は稀有である。本章をそうした事態に対する異議申し立てのひとつとしてお読みいただけたとすれば、それはわたしの望むところである。

二〇一一年
『ゴダールと女たち』

本書の第3部は講談社現代新書として、二〇一一年の初めに刊行された。帯文には「女に逃げられるという天才的才能」と大書されている。ゴダールが生涯に深く関わり訣別した女優たちを通して、彼のフィルムの変遷を辿ろうとする試みである。

最初のうち、わたしは冗談半分で執筆を始めた。個々のゴダール作品をテクストとして分析するのではなく、どこまでも女優の表象媒体と見なして論じること。ゴダール女優たちがその後どのような人生を歩むことになったかを探究すること。運がいいことに、わたしはアンナ・カリーナにもアンヌ・ヴィアゼムスキーにも会うことができ、いろいろな逸話を聞かせてもらう機会を得た。

心残りはミリアム・ルーセルのことだ。『パッション』にチョイ役で出て以来、理想のゴダール好み顔として『こんにちは、マリア』で主役を演じたのだが、その後大成することなく消えてしまった。もし彼女がその後もゴダール映画で活躍を続けていたとしたら一時代が築けたことだろう。

九〇年代以降のゴダールは、そのたびごとに主演女優を変えていくようになった。原石を磨き上げて、ハッとするような輝きを見せる女性に仕立て上げた例としては、『エラス・プル・モア』で高校生だったオード・アミオの溌剌とした魅力がただちに思い出される。『われらの音楽』で二人のユダヤ系女性ユディスとオルガを演じたサラ・アドラーとナード・デューのことも忘れることができない。ゴダールはその予告編が奇しくも遺作となってしまった『奇妙な戦争』において、この二人に主役を演じさせることを考えていた。だがその一方で、現実に肉体をもった生身の女優を越えて、ハンナ・アーレントとシモーヌ・ヴェイユというユダヤ系女性知識人へのオマージュを、機会あるたびに口にするようになった。ちなみに彼女たちもまたユダヤ系である。ゴダールの映画監督としての生涯を振り返ってみると、彼の無意識に宿っている女性的なるものが、ジーン・セバーグやアンナ・カリーナといった情感的存在から、アンヌ＝マリ・ミエヴィルを経由することで、しだいに殉教という観念を担う崇高な存在へと変容していったことがわかる。本書は分析心理学の書物ではないから、これ以上は踏み込むことをしないが、その途上でルーセルが失墜して行った事情も想像できなくはない。

さて、冗談半分に書き出したこの『ゴダールと女たち』ではあったが、章を重ねていくにつれて少しずつ真面目な書き方になっていった。原因はひとつ。アンヌ＝マリ・ミエヴィルの存在である。およそ日本ではゴダールといえばアンナ・カリーナ時代ばかりが持て囃され、しきりと甘美なノスタルジアの文章が大量生産されてきた歴史があるが、そうしたゴダール産業の担い手たちはことミエヴィルの話になるとピタリと口を閉ざし、無関心を決め込むのである。そのさまは、かつてジョン・レノンにかたわらにいたヨーコ・オノを無視するビートルズ・マニアに似ていなくもない。

だがミエヴィルは重要である。彼女こそが七〇年代以降のゴダールに新しい方向を与え、アーレントを読ませ、フェミニズムへと導いていったミューズであったためだ。しかも彼女はけっして公衆の前に姿を現わそうとはせず、自分がフェミニズムの文脈のもとに「女性監督」の範疇に回収されることを一貫して拒否している。もしわたしの『ゴダールと女たち』にいささかでも価値があるとすれば、それはこれまでゴダールおたくたちが無視し続けてきたこの映画監督の存在を正当に評価しようとしたことにあるだろう。

ジャン＝リュック・ゴダールに捧げる頌《オード》

わたしは遊ぶ
きみは遊ぶ
みんなは遊ぶ
映画のなかで
きみはまだ
何も知らない子供だから
遊びにはルールがあると思っている
それはただの遊びだけど
大人向きなのだと
でも　子供の遊びだということを
すっかり忘れてしまい
きみはもうそれを始めてしまった

もし映画にルールがあるとしたら
それは何だって投げ込んでもいいんだって

ロシアでは（誰も教えてないのに）
子供たちはみんな知っている
何もかもがよく見えない

*

ἄρτι γινώσκω ἐκ μέρους,
今《イマ》ワガ知《シ》ルトコロ全《マッタ》カラズ

スイスでは子供が政治を語る
社会主義
鏡という鏡が汚れ
秋の落葉を踏んで
飼っていた保護犬の後を追ったり
よく見えない
よく聞こえない

*

きみは遊んだ
わたしは遊んだ
ゴダールは何もかもをゴダールに変えちゃう

気狂いピエロだって
ヴラジミールとローザだって
残った非ゴダールはそのまま非ゴダール……
マフムード・ダルウィーシュだって
社会主義
いや、やっぱりゴダールになっちゃう
映画のなかで　みんなが遊んだ
ゴダールが好きな人たちは

きみはときどき苛立って
デリダールだって、ミランダールだって、
書物を途中で放り投げたり
ネルダール、ジエーン・フォンダール
画面を黒く塗り潰したりしたり
リオタール、ブロック・バスタール
世界を転倒させようと
バカニナール、
自分から逆立ちをしてみせたり
ヴェスタールだって大好き

映画は何からできている?
いろいろ定義はあるけれど

二つ三つ　教えてあげようか
鏡のなかに他の人を映し出す
すばやく　ゆっくり
世界とか
自分とかを
忘れたり　学んだり
考えたり　話したり
不思議な遊び
それが人生だ

*

だけど　いつか
その時が来れば
映画を撮ることが
子供の遊びだということが
顔を見合わせて
お互いを確かめ合うだろう
無垢な似姿を重ね合わせ
今はまだ全体が見えない
でも　いつかは
忘れたり　学んだり

考えたり　話したり
すべてを　何もかもを
見ることができる
ねえ　聖パウロ
愉快に遊び続けた
映像が降り立つとき
世界は幕を閉じ
わたしたちは掬い上げられる

＊

わたしは遊ぶ
きみは遊ぶ
よく見えない
よく聞こえない
當高達把一切都變成高達的
何もかもが薄暗く　明確ではない
みんなは遊ぶ
映画のなかで

βλέπομεν γὰρ ἄρτι
今《イマ》ワレラハ鏡《カゞミ》ヲモテ見《ミ》ルガゴトク

剰下不是高達的
きみはまだ
也自動變成不——是高達的
何も知らない子供だから
だけど　いつか
その時が来れば
喜歡高達的人也喜歡

δι᾽ ἐσόπτρου ἐν αἰνίγματι,
見《ミ》ルトコロ朧《オボロ》ナリ。

遊びにはルールがあると思い込んでいる
それはただの遊びだけど
徳希達米蘭達
大人向きなのだと
でも　子供の遊びだということを
聶魯達珍芳達
忘れてしまって
きみはもうそれを始めてしまった
保力達百視達

＊

映画は何からできている？
顔を見合わせて

τότε δὲ πρόσωπον
πρὸς πρόσωπον·
然《サ》レドカノ時《トキ》ニハ顔《カホ》ヲ對《アハ》セテ相見《アヒみ》ん

お互いを確かめ合うだろう
映画にはいろいろ定義があるけれど
千里達
二つ三つ　教えてあげようか
鏡のなかに他者を映し出す
今はまだ全体が見えない
でも　いつかは
すばやく　ゆっくり
世界を
自分を
すべてを　何もかもを
見ることができるだろう

速克達
忘れたり　学んだり
考えたり　話したり

然《サ》レド、カノ時《トキ》ニハ我《ワ》ガ知《シ》ラレタル如《ゴト》ク全《マッタ》ク知《シ》ルベシ。

映像が降り立つとき
わたしたちは掬い上げられ
愉快な遊び
世界は天蓋を閉じる
それが人生だ

ジャン＝リュック・ゴダール「映画の作り方をいっしょに学ぼうと、友だちに呼びかける手紙」（『ラヴァンセーヌ・シネマ』七〇号、一九六七年五月）
『コリント前書』第十三章一二
夏宇「高達」（『詩六十首』、香港商歐氏兄弟有限公司台灣分公司、二〇一一）

「ジャン＝リュック・ゴダールに捧げる頌《オード》」
これまでたびたびゴダール特集を込んできた『ユリイカ』が、二〇二三年一月臨時増刊号として、五七四頁にわたる大部の特集号を刊行した。フランスの『カイエ・デュ・シネマ』や『トラフィック』を圧倒するヴォリュームであ

り、論考の多彩さにおいてもきわめて優れたものである。わたしはいくつかの文章に教えられた。

わたしの詩はゴダールが一九六七年に書いた詩のパスティッシュである。中期以降の彼が映像の二重露出を方法論として意図的に採用した顰にならって、わたしは台湾の前衛詩人夏宇の「高達」(中国語でゴダールを示す)と、『コリント人への第一の手紙』のギリシャ語原文を重ね焼きしてみた。この重合を通してゴダール本人の詩がどのように形を変え、また歪められていくかを見定めようとした。わたしたちは今はまだ曇った鏡を覗き込んでいるように、お互いの姿を曖昧にしか認めることができないが、いずれ時満てば鏡の表面が美しく磨き抜かれ、正しい映像を前にすることになるだろう。これは聖パウロが説き、ボルヘスが好んだ言葉である。

ジャン＝リュック・ゴダール

後書き

本書は三部から構成されている。

最初の部分はゴダールの死を受けて、著者が自分の映画体験を振り返りながらこの特異な天才的監督のことを回想するという、きわめて私的なエッセイである。

第二の部分はこの半世紀にわたって著者が執筆してきたゴダールに関する文章を、時間軸に沿って並べたものである。お断りしておかなければならないが、それはけっしてゴダールの作品が制作され日本で配給公開された時期と、正確に対応しているわけではない。『万事快調』や『リア王』のように、彼のフィルムはしばしば制作年から大幅に遅れて日本公開されることが珍しくなかったし、いまだに正式には公開上映されていないものも数多く存在している。

ゴダールが生涯に何本の作品を遺したかは、研究者の間でも意見の統一がない。長編映画を中心に主だったものだけで五十本、CFや予告編、作品メモのようなまでものまでを含めるとまず百本。人によっては二百本ではないかという者さえいる。一般的に日本で知られているのはおそらくその半分にも満たないだろう。

こうした事情を考慮して、本書の第2部では収録された文章の配列にいささか工夫を施した。基本的には著者が執筆した文章を、その発表された時期に応じて並べている。だがこれまで著者が論じる機会のなかったゴダール作品、日本で未公開のままの作品については、ここに新しく原稿を書下ろし、作品の制作年に応じて配列を試みた。読者にこうした個々の文章の事情を理解していただくために、それぞれの文章の背後に簡単な註釈を施し、初出誌と執筆時の状況を説明した。ゴダールはかつて撮影したパレスチナの映像に、その後にそれを解体構築するような再編集を施し、『こことよそ』という別個の作品として発表した。この事情を知る読者であれば、本書第2部でのわたしのエッセイ配列の、ささやかな試みを受け容れて下さるだろうと思いたい。

本書の第3部は、かつて『ゴダールと女たち』と題し、二〇一一年に講談社現代新書として刊行されたものをもとにしている。今回の再録に当たっては、新資料に鑑みて若干の加筆と訂正を行なった。

本書は著者の先行する著作、『ルイス・ブニュエル』（作品社、二〇一三、増補改訂版二〇二二）、『パゾリーニ』（作品社、二〇二二）に続くものであり、三部作の完結篇にあたっている。十七歳の高校生にとって強い憧れであった三人の映画監督について、ほぼ半世紀後にモノグラフを執筆することができたという幸福を、現在の著者は噛み締めている。これでようやく自分の生きた時代に対し感謝を表明し、負債を返しえたという気持ちを抱いている。

長い人生のなかには、一度は世界のすべてを否定したくなるような時期があるものだが、その至高の時こそ人生において決定的な瞬間ではなかろうかと、アンドレ・ブルトンが『シュルレアリスム宣言』のなかで書いている。そんな時期にブニュエルを、パゾリーニを、そしてゴダールを一本でも観たことのある人ならば、わたしの気持ちを容易に理解してくださることだろう。

もっともここで誤解がないように読者に申しあげておきたいのは、著者がけっしてヨーロッパのアート映画を専門とする者でもなければ、フランス映画おタクでもないという事実である。本書に続いて著者が刊行する予定の、『アジア映画とは何か』（みすず書房）を手に取っていただければ、おそらく読者はそれを容易に理解してくださることだろう。わたしにとってアジアのアクション映画を観ることとゴダールを観ることとは、まったく同一の行為、同一の映画的欲望の発現なのである。

ゴダールは書いている。

「一本のフィルムなかに、何もかもを投げ込まなければならない」。

わたしもそう思う。一冊の書物のなかに、何もかも投げ込まなければならないのだ。

ゴダールはいう。万事快調。わたしはいう。これでいいのだ。

長きにわたって書き続けられたこの書物を編集してくださったのは、白水社の藤波健氏である。『気狂いピエロ』の挿絵を描いてくださったのはスージー甘金氏、装丁をしていただいたのは加藤光太郎氏である。三人の方に感謝の言葉を申し上げたい。

著者記

二〇二四年九月

ゴダール、ジャン＝リュック

二〇二四年一〇月二〇日　印刷
二〇二四年一一月一五日　発行

著　者 ©　四方田犬彦
発行者　岩堀雅己
印刷所　株式会社理想社
発行所　株式会社白水社

東京都千代田区神田小川町三の二四
電話　営業部〇三（三二九一）七八一一
　　　編集部〇三（三二九一）七八二一
振替　〇〇一九〇－五－三三二二八
　　　郵便番号　一〇一－〇〇五二
www.hakusuisha.co.jp
乱丁・落丁本は、送料小社負担にて
お取り替えいたします。

株式会社松岳社

ISBN978-4-560-09135-7

Printed in Japan

四方田犬彦　よもた・いぬひこ

1953年、大阪箕面に生まれる。東京大学文学部で宗教学を、同人文系大学院で比較文学を学ぶ。長らく明治学院大学教授として映画学を講じ、コロンビア大学、ボローニャ大学、清華大学、中央大学（ソウル）などで客員教授・客員研究員を歴任。現在は映画、文学、漫画、演劇、料理と、幅広い文化現象をめぐり著述に専念。映画論の著作に『電影風雲』『怪奇映画天国アジア』（白水社）、『パゾリーニ』、『ルイス・ブニュエル　増補改訂版』（作品社）、『無明　内田吐夢』（河出書房新社）、『大島渚と日本』（筑摩書房）。共著に『映画女優　若尾文子』（みすず書房）。翻訳にパゾリーニ『パゾリーニ詩集　増補改訂版』（みすず書房）、ダルウィーシュ『パレスチナ詩集』（筑摩書房）、サイード『パレスチナへ帰る』（作品社）。共編著に『ゴダール・映像・歴史』（産業図書）。『月島物語』で斎藤緑雨文学賞を、『映画史への招待』でサントリー学芸賞を、『モロッコ流謫』で伊藤整文学賞を、『ルイス・ブニュエル』で芸術選奨文部科学大臣賞を、『詩の約束』で鮎川信夫賞を受けた。

主要人名索引

ア行

カ行

サ行

タ行

ナ行

ハ行

マ行

ヤ行

ラ行

ワ行

ゴダール作品名索引

ローマ字

ア行

カ行

サ行

タ行

ナ行

ハ行

マ行

ラ行

ワ行